일제하 종교 법규와 정책, 그리고 대응

고병철

박문사

"종교 법규와 종교 범주의 관계, 그리고 남긴 숙제들"

1

대한제국 시기의 통감부, 그 뒤를 이은 조선총독부는 어떤 종교 관련 법규와 정책을 시행했고, 어떤 조직을 운용했을까? 당시 종교계는 종교 관련 법규와 정책에 대해 어떤 반응을 보였을까? 이 연구의 줄거리를 이루는 기본적인 물음이다. 이 물음에 답하기 위해 이 책에 '공인종교·신종교·유교' 관련 주요 법규와 제정 배경과 모법(母法)의 내용, 종교 정책의 담당 조직과 변화, 그리고 각 종교들이 보여준 주요 대응 현상을 담아본다. 이 책이 앞으로 종교 관련 법제를 활용한 후속연구에 보탬이 되기를 기대해본다.

이 연구를 통해 무엇을 확인할 수 있는가? 여러 부분이 있겠지만, 무엇보다 종교 관련 법규에 기초한 종교 범주의 고정화 현상을 확인할 수 있다. 이 말에는 우리가 사용하는 종교 범주가 당연한 것이 아니라 모종의 의도를 실현하는 과정에서 고정화되고 지속·확장되어 현재 당연시되고 있다는 필자의 관점이 담겨 있다.

2000년대를 살아가는 우리에게 종교라는 용어는 비교적 익숙한 편이다. 그래서 우리는 아주 오래 전부터 종교라는 용어를 사용한 듯 착각을 하거나 별다른 성찰 없이 종교라는 용어를 사용한다. 그렇지만 종교라는 용어를 사용한 역사가 개항 이후에 시작되었다는 점을 고려한다면 우리가 종교라는 용어를 사용한 역사는 그리 길지 않다.

또한 우리는, 그 기준이 대단히 자의적일지라도, 특정한 종류의 단체를 '참된' 종교 또는 '사이비'종교로 쉽사리 판단하는 경향을 보인다. 그렇지만 이런 인식 작용의 역사도 우리가 대한제국 시기부터 특정한 단체들만을 근대적 종교 범주로 판단하기 시작했다는 점을 고려한다면 그리 길지 않다.

2

우리 사회에서 근대적인 종교 범주를 가지고 특정 단체의 종교 여부를 법적으로 판단한 시초는 대한제국 시기에 설치된 통감부이다. 통감부는 당시 일본 정부의 종교 범주와 종교 분류법에 따라 '신도·불교·기독교'만을 종교로 분류하고 동시에 법제화한다. 조선총독부는 통감부가 법제화한 종교 분류법을 계승하고 동시에 종교 범주와 단짝이 될 수 있는 '유사종교'라는 용어를 개발한다. 그리고 두 범주의 관계는 종교 관련 법제에 기초한 언론의 영향 속에서 사회적으로 고정화되고 확장된다.

조선총독부가 법률용어로 만든 유사종교 범주와 종교 범주의 관계를 보면, 결코 대등한 경합 관계가 아니다. 유사종교 범주는 종교 범주와 경합을 벌이는 것이 아니라 오히려 종교 범주와 그 내용을 고정화하는 기능을 수행한다. 그리고 종교 범주가 도덕적이고 유사종교 범주가 비도덕적이라는 헤게모니(hegemony)를 작동시킨다.

일제강점기를 돌아보면, 종교 범주의 작동은 지배자의 이익을 극대화하는 장치로 기능한다. 통감부가 종교를 법률용어로 만들어 신도·불교·기독교만을 종교로 명시한 조치와 조선총독부가 유사종교를 법률용어로 만든 조치의 효과는 다분히 자발적 강요의 유도로 이어진다. 종교 범주 내의 단체들에게는 지배자가 인정한 종교의 동일한 성질을 앞으로도 유지하도록 한다. 그 외 단체들에게는 신도·불교·기독교라는 '모델'에 근접해야 최대한 유사종교라도 될 수 있다는 식의 상상을 펼치게 만든다. 이런 강요 방식은 통감부나 조선총독부가, 의도적이었든 그렇지 않든 간에, 종교 범주를 통해 지배에 필요한 '종교 범주의 동일한 성질'을 퍼뜨리려고 했음을 시사한다.

3

종교 범주의 내용물은 고정된 것이 아니라 변화한다. 해방 이후에 한국의 종교 범주에서 신도가 배제된 사례에서 쉽게 확인할 수 있다. 그런데 신도를 종교 범주에서 배제시킨 이유를 신도가 종교 범주의 동일한 성질을 잃어버렸기 때문이라고 설명할 수 있을까? 아니면 종교 범주의 내용물이 자의적이고 당시 사회·정치적 영향력이 개입된 결과라고 설명할 수 있을까? 현재 우리가 신도 외에도 불교·기독교만을 종교라고 부르지도 않는다는 점을 고려한다면 후자의 설명이 좀 더 논리적 설득력을 가지지 않을까 싶다.

해방 이후, 비록 신도가 배제되었지만, 일제강점기에 고정화된 종교 범주와 유사종교 범주 자체, 그리고 범주의 작동 효과는 지속되고 확장된다. 물론 남북분단 이후 반공이데올로기(ideology of anticommunism)가 우리의 지적·도덕적 차원의 내면적 합의까지 도출한 헤게모니로 작용하면서 종교 범주의 내용물에 변화가 생기기도 한다. 그렇지만 종교 범주와 유사종교 범주 자체는 지속·확장된다. 그래서 우리가 종교를 대하는 태도는 불교와 기독교 범주에 포함된 천주교와 개신교를 종교로 인식하고, 그 외의 사례들을 유사종교 또는 사이비종교로 인식하는 것으로 나타난다.

종교와 관련된 학문 영역도 종교 범주가 지속·확장되는 역사에서 빠뜨릴 수 없는 부분이다. 신학이나 교학은 스스로를 종교로 규정하려고 노력했다는 점에서, 종교학도 종교 범주 자체를 철저히 성찰하지 않은 채 모종의 현상을 포착하는 도구로 활용했다는 면에서 종교 범주가 사회적으로 고정되고 확대되는 데에 일정한 역할을 수행한다. 게다가 불교·천주교·개신교처럼 역사적으로 종교 범주에 포함된 경우를 제외한 다른 단체들을 신흥종교 또는 신종교, 민중종교, 민족종교 등 새롭게 범주화하는 작업도 수행했는데, 이러한 범주들은, 그 의도에도 불구하고, 오히려 기존의 종교 범주를 더욱 공고하게 만드는 효과를 발생시키는 역할을 한다.

4

우리가 종교 범주의 역사에서 확인할 수 있는 부분은 대한제국 이후 일제강점기를 거쳐 지금에 이르기까지 종교 범주 자체에 대해 물음을 제기한 경험이 거의 없다는 점이다. 예를 들어, 범주(category)라는 유개념의 종차를 '동일한 성질을 가진 부류나 범위'라고 본다면, 우리는 '과연 통감부 이후 종교 범주 내의 신도·불교·기독교가 동일한 성질을 가졌을까?'라는 물음을 던질 수 있다. '누가 어떤 이유로 종교 범주의 동일한 성질을 결정했고, 그 종교 범주의 작동 효과가 누구의 이익에 영향을 미칠까?'라는 물음도 던질 수 있다. 그렇지만 이러한 문제의식을 갖고 다양한 사례를 구체적으로 분석한 경우는 거의 찾을 수 없다.

종교 범주 자체의 역사와 효과를 끊임없이 성찰하는 일은 이제 남은 과제가 아닌가 싶다. 이 성찰이 필요한 이유는 바로 기존의 종교 범주가 작동할 때 만들어지는 인식과 판단과 실천이 우리에게 모종의 폭력성으로 다가올 위험 때문이다. 이러한 폭력성은 종교 범주의 작동이 우리 자신도 모르게 우리에게 종교에 대한 동일한 성질을 전제하게 만들어 특정 단체의 종교 여부를 쉽사리 판단해 실천하도록 유도할 때에 드러난다.

사실, 우리 주변에서 종교 범주의 작동 효과로 인한 폭력성을 쉽게 발견할 수 있다. 예를 들어, '저 단체는 종교가 아니라 사이비종교야!'라고 말하는 사례, '유교는 종교가 아니야!' 또는 '유교는 종교야!'라고 말하는 사례들은 종교 범주의 작동 효과가 빛을 발하는 순간이다. 이 순간들은 우리가 인식하지 못하는 사이에 기존의 종교 범주에 휘둘려 동일한 성질을 전제한 채 특정 단체에 대한 인식과 판단과 실천을 하고 있음을 시사한다. 그 과정에서 폭력은 꿈틀거리며 누군가를 향하게 된다.

우리 사회에는 역사적으로 종교 관련 법규에 굳게 기초한 종교 범주를 특히 도덕의 눈으로 보게 하는 헤게모니가 이미 지배하고 있다. 여러 단체들이 종교로 호명되려고 종교 범주의 동일한 성질을 갖기 위해 벌이는 경합 현상도 종종 확인할 수 있다.

그렇지만 종교 범주와 관련된 헤게모니는 보편적이거나 영구적인 고정물(a fixed body)이 아니다. 일제강점기와 해방 이후에 종교 범주의 내용물이 바뀌었듯이, 종교 관련 상식에 감춰진 지적·도덕적 차원의 내면적 합의와 사회적·현실적 경험의 충돌 지점을 '드러내는 순간' 종교 범주 자체와 그 내용물이 갖는 고정성은 일시적인 것이 되고, 기존의 헤게모니는 더 이상 헤게모니로 작동하지 못한다. 그래서 우리에게 종교 범주 자체와 그 내용물을 성찰하는 일이 끊임없이 필요한지도 모른다.

5

종교 범주의 성찰 외에도 이 연구는 여러 과제를 남기고 있다. 예를 들어, 이 연구에 포함된 종교 관련 법제를 분석해 식민 정치체가 인식한 근대적 과제들이 무엇이었는지를 파악하는 과제가 있다. 종교 관련 법제와 종교 정책에 대한 종교별 반응을 통해 근대 시기의 종교들이 인식한 과제들을 분석하는 과제도 있다. 종교 범주를 약화시켜 동일한 현상을 접근할 때 달라지는 지점이 무엇인지를 살펴보는 과제도 있다.

역사적 연속성에 비춰 근대 이후와 지금의 종교 관련 법규를 비교하는 과제도 중요하다. 종교 관련 법규들의 역사적 변화를 비교하는 작업은 법규가 사회적 현실과 괴리된다고 판단될 때마다 개정·폐지 대상이 되므로 복잡한 편이다. 그리고 법규의 지속적 개폐에도 불구하고, 종교 관련 법규들 사이에 큰 차이가 없을 수 있다. 그래도, 종교 관련 법규와 종교 범주의 연관성, 그리고 여전히 작동하는 종교 범주의 효과를 고려할 때 이 작업은 '종교 범주를 통한 상상의 한계'를 들춰낸다는 면에서 중요하다.

끝으로, 이 과제가 나오기까지 삶의 흔들림을 넉넉하게 지켜준 가족, 스승과 동료 선후배 연구자들께 감사를 드린다. 아울러, 부족한 연구물의 출판을 흔쾌히 받아준 박문사의 윤석현 대표와 관계자들께도 감사를 드린다.

•목차•

책을 내면서_3

Ⅰ. 들어가면서   13

1. 연구의 목적   15
   1) 연구의 목적과 범위   15
   2) 연구의 필요성과 방향   20
2. 주요 연구 내용   27
3. 종교와 근대 법규의 도입   34
   1) 갑오개혁기의 법규와 모방   34
   2) 통감부 시기의 법규와 적용 근거   40
   3) 조선총독부 시기의 법규   44

Ⅱ. 종교 법규와 인식   51

1. 공인종교 관련 주요 법규   57
   1) 일본 종교의 관리 법규   62
   2) 조선 불교의 관리 법규   89
   3) 조선 기독교의 관리 법규   107
   4) 유관 분야의 관리 법규   121
2. 신종교 관련 주요 법규   138
   1) 보안 관련 법규   140
   2) 경찰범 처벌 관련 법규   146
   3) 집회 금지 관련 법규   153

　　　4) 치안 유지 관련 법규　　　　　　　　　　157
　3. 유교 관련 주요 법규　　　　　　　　　　　166
　　　1) 제사 관련 법규　　　　　　　　　　　167
　　　2) 향교 재산 관련 법규　　　　　　　　　169
　　　3) 경학원과 명륜학원 관련 법규　　　　　175
　　　4) 문묘 직원과 장의 관련 법규　　　　　185
　　　5) 죽음 처리와 의례준칙 관련 법규　　　189
　4. 종교 법규의 적용과 인식　　　　　　　　　202
　　　1) 종교 처리 방식의 이식과 변용　　　　205
　　　2) 통치 방식의 전환　　　　　　　　　　214

Ⅲ. 종교 정책과 변화　　　　　　　　　　　　223

　1. 종교 정책 담당 조직과 역할　　　　　　　225
　　　1) 일본의 종교 정책 담당 조직과 역할　　225
　　　2) 통감부, 이사청, 경찰 조직과 종교 업무　246
　　　3) 조선총독부, 지방, 경찰 조직과 종교 업무　265
　2. 공인종교 정책의 흐름　　　　　　　　　　293
　　　1) 조선 통치와 신도의 확산　　　　　　297
　　　2) 일본 종교의 관리　　　　　　　　　324
　　　3) 조선 불교의 일본 불교화　　　　　　340
　　　4) 조선의 기독교 관리와 합병　　　　　347
　3. 신종교 정책의 흐름　　　　　　　　　　　368
　　　1) 신종교와 '유사종교' 개념　　　　　　368
　　　2) 기독교계 신종교와 다른 신종교의 차별화　374
　　　3) 신종교·무속의 단속　　　　　　　　378
　　　4) 신종교·무속의 해산　　　　　　　　388

4. 유교 정책의 흐름   391

    1) 조선 유교의 비종교화   391

    2) 향교 재산과 인력 관리   394

    3) 유림 단체의 지원   399

    4) 사회 교화의 주체화와 의례준칙   406

5. 종교 정책의 흐름과 인식   417

    1) 통감부·조선총독부의 종교 정책과 흐름   417

    2) 통감부·조선총독부의 종교 인식   430

Ⅳ. 종교별 주요 사건과 대응   437

1. 공인종교 관련 사건과 대응   439

    1) 불교 관련 주요 사건과 대응   439

    2) 기독교 관련 주요 사건과 대응   481

2. 신종교 관련 사건과 대응   524

    1) 신종교 정책과 대응   524

    2) 무속 정책과 대응   539

    3) 신종교와 무속, 그리고 조합운동   545

3. 유교 관련 사건과 대응   551

4. 종교별 대응의 여파   570

Ⅴ. 나오면서   583

1. 종교 법규, 정책, 그리고 대응   585

2. 일제하 종교 법규·정책과 한국 사회   599

참고문헌_610

찾아보기_627

I

들어가면서

1. 연구의 목적

1) 연구의 목적과 범위

통감부에 이어, 조선총독부는 조선인을 '이상적인 일본인'으로 만들려는 목표를 설정한다. 이 목표를 달성하기 위해 종교 영역에서는 정교 분리와 종교의 자유를 내세워 교파신도·불교·기독교만을 공인 또는 방임한다. 유교를 종교 아닌 것으로 만들고, 신종교를 해산 대상으로 삼는다. 신사(神社)의 보급·확산을 추진한다. 이러한 종교정책은 근대 종교의 모델 설정과 '문화적 차원의 신도 국교화'[1]로 요약할 수 있다.

통감부와 조선총독부의 종교정책 속에서 조선 사회에는 일본을 포함한 외국에서 교파신도·기독교 관련 단체들이 유입되거나 교파신도·불교·기독교를 근대 종교의 모델로 삼은 새로운 종교단체들이 등장한다. 이 상황은 '조선은 종교 부자'라는 제목의 1923년 12월 동아일보 기사에서 확인할 수 있다. 당시 조선인이 종교에 몰두한 상황을 비판한 이 기사는 '인류세계가 진화하고 있는데, 조선인은 오직 종교로써 세계를 지배하려고 둘이 모여도, 셋이 모여도 종교를 만든다. 그래서 최근 10년 동안 10개 이상이 생겼고, 10년을 더 지나면 20여 개가 더 생겨 종교부(宗敎富)가될 것이고, 이 종교를 각 주(洲)로 수출하면 육대주의 지배가 식은 죽 먹기보다 쉬울 것이다. 그렇지만 지금부터라도 합자회사 식의 교(敎)를 만들지 말아야 한다. 조선은 종교의 부자라는 말은 곧 영혼 부패의 광고일

---

[1] '문화적 차원의 신도 국교화'라는 표현은 조선총독부가 정교 분리와 종교의 자유를 내세우면서도 신사참배, 궁성요배, 교육칙어, 황국신민서사, 조선신궁과 부여신궁, 신궁대마(神宮大麻)를 포함한 신붕(神棚, 가미다나), 신도 관련 의례 등을 통해 신도를 문화의 정점에 두려는 시도를 말한다.

뿐이다'라는 식으로[2] 종교·비판의 논지(point of an argument)를 세운다.

이 기사는 당시 종교단체의 증가 현상에 대한 비판적 인식을 보여주고 있지만, 그만큼 조선 사회에 종교가 다양해졌다는 점을 시사하고 있다. 당시 종교가 다양해진 현상의 이면에는 정교 분리나 종교의 자유 담론이 있었지만 당시 종교 설립의 자유가 제도적으로 보장된 것은 아니다. 조선총독부가 일제강점기 내내 교파신도·불교·기독교만을 종교로 공인하는 정책을 유지하면서 공인의 범위를 벗어나면 종교로 인정하지 않는다는 그 이면의 논리도 지속되었기 때문이다.

필자는 특정 종교만이 강력한 힘을 발휘하지 못해 여러 종교가 공존하는 상황을 '다종교 상황'이라고 규정한다. 그리고 이러한 공존 상황이 제도적으로 보장된 사회를 '다종교사회'라고 규정한다. 이 개념을 적용하면, 일제강점기의 조선 사회는 여러 종교의 공존을 보장하는 제도적 장치들이 없어 다종교사회가 아니라 다종교 상황에 처한 사회에 해당한다.

그렇지만 해방 이후에는 정교 분리와 종교자유 담론이 계속 유통·확산되면서 명목상으로 종교 공인 정책이 폐지되고, 종래의 공인 범위를 벗어난 종교에 대한 정책적 억압의 강도도 약해진다. 종교의 다양성이 제도적으로 보장되기 시작한 셈이다. 이에 대해 다종교 상황과 다종교 사회의 개념을 적용하면 다종교 상황이 점차 다종교사회로 변화되기 시작했다는 가설을 세울 수 있다.

해방 이후에 한국사회가 점차 다종교 상황에서 다종교사회로 전환되었다는 가설에는 여러 가지를 시사한다. 예를 들어, 다종교사회의 역사적 기원을 일제강점기의 다종교 상황에서 찾을 수 있다는 의미가 있다.

---

2   「朝鮮은 宗敎富者」, 『동아일보』, 1923. 12. 18, 1면.

동시에 일제강점기의 종교 정책 연구가 현대 한국의 다종교사회를 이해하는 데에, 종교의 공존을 위한 제도적 장치들이 언제 어떤 맥락과 의도에서 만들어지고 변화되었는지 등을 파악하는 데에 주요 실마리가 될 수 있다는 의미도 있다.

일제강점기의 종교 정책을 연구할 때 중심 주제 가운데 하나는 종교 법규[3] 부분이다. 종교 정책의 주요 근거가 종교 법규이기 때문이다. 또한 종교 정책에 대한 종교계 반응도 빠뜨릴 수 없는 연구 주제이다. 종교 법규나 종교 정책이 종교계의 호응이나 거부 등 여러 반응에 따라 만들어지거나 바뀌는 경우가 적지 않기 때문이다. 이 두 지점을 고려하면 일제강점기의 종교 정책 연구는 종교 법규나 종교계의 대응과 함께 다루어질 필요가 있다.

이상의 문제의식에 따라 필자는 통감부와 조선총독부 시기의 종교 관련 법규와 정책, 종교계 대응을 연관시켜, 일제강점기의 종교 지형을 이해하고자 한다. 종교 법규와 종교 정책에 대해서는 종교별로 역사적 흐름에 따라 검토하고, 종교계 반응으로는 종교 정책의 시행 과정에서 발생한 주요 사건들을 살펴보려고 한다.

---

3   법령과 법규라는 용어는 명령, '국민의 권리·의무' 규정, 단순 행정사무의 분배나 훈령·고시처럼 특별 권력관계에 입각한 행정규칙[행정명령] 등의 포함 여부에 따라 자의적으로 규정할 수 있다. 이 연구에서는 '법령'이 법률과 명령에 국한된 것으로 오인될 수 있어, 국가 기관에서 공포해 법적 효력을 가진 법률, 규칙, 명령 등을 포괄하는 의미로 '법규(法規)'라는 용어를 사용한다. 그에 따라 종교 법규는 종교에 법적 효력을 미치는 법률, 규칙, 명령 등을 총칭하며, 법률에 따른 시행령과 시행규칙, 훈령(訓令)뿐 아니라 고시(告示) 등도 포괄한다. 다만, 원자료에 '법령'이라는 용어가 있을 때는 맥락에 따라 '종교 법령'이라는 표현을 사용한다. 한편, 이 연구에서는 종교 법규와 종교 관련 법규를 구분하고, 종교 법규를 '종교를 직접 대상으로 삼은 법규', 종교 관련 법규를 '종교에 간접 적용되는 법규' 또는 '종교와 관련된 법규'를 의미하는 표현으로 사용한다.

이 연구와 관련된 일제강점기의 종교 관련 문헌은 크게 세 종류이다. 첫째, 종교 법규, 종교 정책, 종교계 반응와 관련된 통감부와 조선총독부 자료이다. 종교 법규의 경우, 맥락에 따라 모법(母法)에 해당하는 일본의 종교 법규도 자료 분석 범위에 포함한다. 둘째, 일제강점기에 나온 잡지나 신문류, 종교계 자료 등이다. 셋째, 일제강점기의 종교 법규, 종교 정책, 종교계의 대응과 관련된 연구 성과이다.

연구 범위는 조선에 유입된 일본의 종교, 그리고 조선의 종교이다. 일본의 종교는 신사신도와 교파신도·불교·기독교를 말한다. 조선의 종교는 조선의 유교·불교·기독교·신종교·무속을 말한다. 물론 '신사 중심의 신도'(이후 신사신도)와 '문묘 중심의 유교'(이후 문묘유교)[4]가 종교가 아니므로 범위에서 제외해야 한다는 문제가 제기될 수 있다. 이와 관련해, 일본은 메이지 시기(1868-1912)부터 신사신도와 교파신도를 구별해 신사신도가 종교가 아니라는 '신도비종교론'을 내세우면서 종교 범위를, 비록 유교나 이슬람교 등의 포함 사례도 있지만, '교파신도·불교·기독교'로 한정하고, 통감부와 조선총독부는 메이지정부의 '신도비종교론'과 제도적 종교 범위를 조선에 적용한다. 그렇지만 필자는 신사신도가 일본의 민간신앙과 연관된, 동시에 일본이 여러 식민지에서 지속적으로 강요한 '신앙을 동반한 의례'였다는 점에서 연구 범위에 포함한다.

또한 일본은 유교를 '종교가 아닌 것'으로 분류한다. 유교는 신사신도와 비슷한 기능을 하는,[5] 즉 '교화'를 위한 문화적 장치 정도의 대우를

---

4 공자 사당인 공자묘(孔子廟)를 문선왕묘(文宣王廟) 또는 문묘(文廟)라고 한다. 묘(廟)는 무덤(墓)이 아니라 위패(位牌; 神主, 밤나무·뽕나무 등으로 만들어 죽은 사람의 이름을 적고 종묘나 가묘에 모신 나무패)를 모시고 제사를 드리는 사당(祠堂, 家廟; 祠宇)을 말한다. 중앙과 지방의 대표적인 공자사당이 성균관과 향교이다.

5 田川大吉郎, 『國家と宗敎』, 東京: 敎文館, 1938, pp.225-245.

받는다. 그렇지만 필자는 유교가 조선시대에 '국교 위치'에 있었고, 대한제국기에 황제나 관료들이 유교를 종교로 인식하는 흐름이 있었으며,[6] 일제강점기에 유교를 근대 종교로 만들려는 움직임들이 있었다는 점 등을 고려해 유교를 연구 범위에 포함한다. 유교를 종교 범주에서 분석하면 유교의 위치가 종래의 '국교' 수준에서 일제강점기를 거치면서 어떻게 변화되었는지, 일제강점기에 유교의 종교화 운동이 발생한 배경이 무엇인지 등을 파악하는 데에 유용하다.[7]

한편, 조선총독부는 1915년 〈포교규칙〉에서 공인 종교 외에 '종교유사단체'라는 용어를 명시한다. 이 때문에 우리는 신종교단체들이 일제강점기에 '유사종교'의 대우를 받았다고 오인하기 쉽다. 그렇지만 실제로 신종교단체들이 〈포교규칙〉의 '종교유사단체'로 대우를 받은 사례는 거의 보이지 않는다. 무속의 경우에는 일제강점기 내내 '비과학적 미신'으로 간주해 사회적 지탄 대상이 된다. 그렇지만 일제강점기에 신종교나 무속이 '종교가 아닌 것'으로 존재했다고 볼 근거는 없다. 필자도 이러한 맥락에서 양자를 연구 범위에 포함한다.

---

6   『고종실록』 39권(36년 4.27, 양력 2번째 기사, 1899); 〈儒敎를 崇尙하고 成均館官制를 改正하는 件〉(詔勅, 광무 3년 4.27), 송병기 외 2인 편저, 『한말근대법령자료집』 II, 대한민국국회도서관, 1971, 467-469쪽. 이에 따르면, 세계 만국에서 종교를 높이고 숭상해 힘을 다하는 것은 사람들의 마음을 깨끗하게 하고 정사를 잘 다스리는 방도가 나오기 때문이고, '우리나라의 종교가 우리 공자의 도가 아닌가(我國之宗敎 非吾孔夫子之道乎)'라는 내용이 있다. 동년 5월에는 '國家宗敎가 비유하면 人身元氣와 같아 元氣가 實하면 사람이 반드시 壽하고, 宗敎가 隆하면 國이 다스려지니 우리 大韓이 개국 이후로 聖神이 相繼하며 儒賢을 배출했는데 최근 庠序의 敎가 거의 粃糠만 남고, 人心이 漸薄하며 儒術이 多岐해져 우리 大皇帝陛下의 詔旨印本 몇 책을 頒送하니'라는 내용도 있다(규장각한국학연구원, http://kyudb.snu.ac.kr/pf01/rendererImg.do).

7   메이지 시기에도 일본 내에서 유교가 관점과 맥락에 따라 종교 또는 윤리나 철학 등으로 분류된 경우가 있었다는 점을 고려하면, 유교에 종교 개념을 구성하는 '특정 본질'이 없다는 이유로 유교를 종교로 볼 수 없다는 관점은 유교를 종교로 보는 관점에 비해 큰 의미가 있다고 보기 어렵다.

2) 연구의 필요성과 방향

종교학계에서 종교 법규와 종교 정책에 대한 연구는 법규와 정책 전반이 아니라 개별 종교와 관련된 법규나 정책을 다룬 연구가 주류를 이루고 있다. 이러한 연구 상황은 종교학뿐 아니라 개별 신학이나 교학, 역사학 등에서도 유사하다. 따라서 일제강점기의 종교 법규와 종교 정책의 전반적인 내용을 검토하고, 종교계의 대응을 연결시키는 연구가 필요한 상황이다.

일제강점기의 종교 법규, 종교 정책, 종교계의 대응에 관한 선행연구들을 보면 크게 세 가지 흐름을 보인다. 첫 번째는 특정 종교에 대한 정책 일반을 역사적으로 추적하는 경향이다. 두 번째는 특정 시기의 개별 종교 법규나 정책을 분석하는 경향이다. 세 번째는 특정 시기의 종교 법규나 정책에 대한 개별 종교나 종교계의 대응을 연구하는 경향이다.

이 가운데 첫 번째로 특정 종교에 대한 정책 일반을 연구하는 흐름은 박사논문[8]이나 일반 논문에서 찾아볼 수 있다.[9] 『일제강점기 종교정책사

---

8 이 경향과 관련된 주요 박사논문은 다음과 같다. 안유림, 『일제하 기독교 통제법령과 조선기독교』, 이화여자대학교 박사논문, 2013; 김승태, 『일제의 식민지 종교정책과 한국 기독교계의 대응, 1931-1945』, 한국학중앙연구원 박사논문, 2006; 김만수, 『일제와 미군정기의 종교정책이 불교 종립학교에 미친 영향』, 동국대학교 박사논문, 2007; 김순석, 『조선총독부의 불교정책과 불교계의 대응』, 고려대학교 박사논문, 2001; 최석영, 『植民地朝鮮における宗教政策と巫俗の研究』, 廣島大學 박사논문, 1998 등.

9 김재득, 「일제의 종교정책과 가톨릭교회－조선총독부의 법, 제도 및 행정을 중심으로」, 『가톨릭사회과학연구』 14, 2003; 최혜경, 「1910년 전후 일제의 종교정책과 종교계의 민족운동」, 『동학연구』 17, 2004; 정태식, 「1930년대 이후의 일제의 종교정책에 대한 일 고찰－대구 경북지역 기독교관련 공문서를 중심으로」, 『대구사학』 78, 2005; 박승길, 「일제 무단 통치 시대의 종교 정책과 그 영향」, 『사회와 역사』 35, 1992; 윤선자, 「일제의 종교정책과 신종교」, 『한국 근현대사 연구』 13, 2000; 박승길, 「관제개혁 이후 일제의 종교 정책과 그 영향」, 『법정연구』 3, 1997; 안유림, 「일제의 기독교 통제 정책과 〈포교규칙〉」, 『한국기독교와 역사』 29, 2008; 최경숙, 「일제의 종교정책과 기

자료집－기독교편, 1910-1945』(1996), 『일제의 종교정책과 천주교회』(2001), 『일제시대 조선총독부의 불교정책과 불교계의 대응』(2003), 『근현대 한일 종교정책 비교연구로－불교교단의 변천을 중심으로』(2011), 『일제의 한국 민족종교 말살책－그 정책의 실상과 자료』(2007), 『식민권력과 종교』(2012), 『일본제국의 법과 조선기독교』(2018) 등에서도 찾아볼 수 있다.[10]

두 번째로 특정 시기의 개별 종교 법규나 정책을 분석하는 흐름은 종교 정책 자체에 대한 관심보다[11] 종교 법규나 종교 정책의 일부를 개별 종교와 연관시키는 데에 관심을 두는 경우가 대부분이다. 이런 흐름에서 주로 다루어지는 연구 주제는 〈사찰령〉, 신사참배, 주지의 권한, 종교 법인, 종립학교의 종교교육, 정교 분리와 종교 자유 등이다.[12]

독교」, 『비교문화연구』 14, 2003 등.

10 김승태 편역, 『일제강점기 종교정책사 자료집－기독교편, 1910-1945』, 한국기독교역사연구소, 1996; 윤선자, 『일제의 종교정책과 천주교회』, 경인문화사, 2001; 김순석, 『일제시대 조선총독부의 불교정책과 불교계의 대응』, 경인문화사, 2003; 上別府正信, 『近現代 韓日 宗教政策 比較研究－佛教教團의 變遷을 中心으로: 불교교단의 변천을 중심으로』, 지식과 교양, 2011; 윤이흠, 『일제의 한국 민족종교 말살책－그 정책의 실상과 자료』, 모시는사람들, 2007; 김승태, 『식민권력과 종교』, 한국기독교역사연구소, 2012; 안유림, 『일본제국의 법과 조선기독교』, 경인문화사, 2018.

11 김익한, 「1910년 전후 山縣, 伊藤系의 대한정책 기조와 종교정책」, 『한국사연구』 114, 2001; 韓晳曦, 『日本の朝鮮支配と宗教政策』, 東京: 未來社, 1988 등.

12 김순석, 「일제의 불교정책과 본사 주지의 권한 연구」, 『일본학』 31, 2010; 류성민, 「근대 이후 한국 사회변동과 개신교 학교의 '종교교육'－종교의 자유와 정교분리 문제를 중심으로」, 『원불교사상과 종교문화』 51, 2012; 안유림, 「조선총독부의 기독교 단체 법인화(法人化) 정책－1920년대 선교회·교회 재단법인 설립을 중심으로」, 『한국기독교와 역사』 31, 2009; 윤선자, 「일본 군국주의 종교정책과 조선 천주교회의 신사참배」, 『한국사연구』 98, 1997; 이진구, 「일제의 종교/교육 정책과 종교자유의 문제－기독교 학교를 중심으로」, 『종교연구』 38, 2005; 이진구, 「일제하 신사참배 논쟁과 기독교－신사비종교론과 신사종교론을 중심으로」, 『일본학』 31, 2010 등. 관련된 주요 박사논문은 다음과 같다. 한동민, 『'사찰령' 체제하 본산제도 연구』, 중앙대학교 박사논문, 2006; 김덕순, 『신사참배 문제가 한국교회에 미친 영향에 관한 연구－경안노회 사례를 중심으로』, 칼빈대학교 박사논문, 2011 등.

세 번째로 특정 시기의 종교 법규나 정책에 대한 개별 종교나 종교계의 대응을 연구하는 흐름에서 주로 다루어지는 주제는 '종립학교의 종교교육, 국가주의에 대한 대응, 종교의 자유' 등이다.[13] 그 외에 '종교와 민족주의, 민족운동, 친일 문제' 등도 연구 주제이다.[14] 종교와 민족주의 관련 주제는 역사학계의 관심사이기도 하다.

세 가지 흐름 외에, 통감부나 조선총독부의 종교 정책을 일본의 정책과 연관시킨 연구들도 중요하다. 예를 들어, 신도국교화 정책이나 국체명징운동 등을 통해 조선총독부와 일본 국내의 종교정책이 여러 관계를 가지고 있다고 지적한 연구도 있다.[15] 그 외에 통감부와 조선총독부의 기독교 법제를 다루기 위해 메이지 시기 일본의 개신교 정책과 법제를 검토한 경우도 보인다.[16] 이처럼 통감부나 조선총독부의 종교 정책이나 종교 법제를 일본의 상황과 연결시키는 연구는 활성화될 필요가 있다.

---

13 이성전, 「선교사와 일제하 조선의 교육」, 『한국기독교와 역사』 3, 1994; 윤은순, 「1920~30년대 기독교 절제운동의 논리와 양상-금주금연운동을 중심으로-」, 『한국민족운동사연구』 59, 2009 등. 관련 주요 박사논문은 다음과 같다. 박용권, 『1930년대 조선예수교장로회 연구-국가주의에 대한 대응을 중심으로』, 장로회신학대학교 박사논문, 2007; 박태영, 『구한말과 일제식민통치 시대의 북미 선교사들의 정교분리 연구』, 숭실대학교 박사논문, 2014; 이진구, 『종교자유에 대한 한국 개신교의 이해에 관한 연구-일제시대를 중심으로』, 서울대학교 박사논문, 1996 등.
14 성주현, 『식민지시기 종교와 민족운동』, 선인, 2013; 성주현, 「1920년대 초 태을교인의 민족운동」, 『한국민족운동사연구』 29, 2001; 류성민, 「일제강점기의 한국 종교와 민족주의-일제의 식민지 종교 정책에 대한 한국 종교들의 대응을 중심으로」, 『한국종교』 24, 1999; 노치준, 「근대 한국의 종교와 민족주의의 문제-외래 종교인 그리스도교를 중심으로」, 『인문과학연구』 1, 1995; 강돈구·고병철, 「대종교의 종교민족주의」, 『고조선단군학』 6, 2002; 정용서, 「1930년대 천도교세력의 정치운동론과 시중회 참여」, 『한국민족운동사연구』 68, 2011; 황묘희, 「동학이단교파 제우교의 성립과 친일활동」, 『동학학보』 20, 2010 등.
15 원영상, 「근대일본과 조선총독부의 종교정책 관계에 대한 연구」, 『일본불교문화연구』 11, 2014, 31-32쪽.
16 안유림, 앞의 책, 2018, 29-103쪽.

통감부가 일본의 외교기관이었다거나 조선총독부가 주요 법규를 제정·시행하거나 주요 정책이나 제도를 결정할 때 대체로 일본정부의 입장을 반영하거나 승인을 거쳐야 했다는 점을 고려하면 통감부나 조선총독부와 일본정부의 연결성이 높기 때문이다.

다른 관점에서 종교 관련 법규를 다룬 선행연구들을 보면, 대체로 〈사찰령〉(1911)은 불교 통제, 〈경학원규정〉(1911)은 유교 통제, 〈사립학교규칙〉(1911)이나 〈개정 사립학교규칙〉(1915)은 그리스도교 통제, 〈포교규칙〉(1915)은 공인종교 정책 또는 기독교 통제, 〈보안법〉(1907)과 〈정치에 관한 옥외 대중집회를 금(禁)하는 건〉(1910)은 '유사종교' 통제를 설명하는 근거로 활용되고 있다.[17] 그리고 대체로 통제의 근거가 되는 특정 종교 법규나 정책 분석에 치중하는 경향을 보인다.

이처럼 특정 법규를 통제 근거로 설명하면서 특정 종교 법규나 정책 분석에 치중하는 경향은 연구 대상을 종교 일반이 아니라 특정 종교에 한정한다는 지점을 공유하고 있다. 예를 들어, 특정 종교만을 연구 대상으로 삼기 때문에 불교와 기독교에 대한 정책과 관련해서는 〈사찰령〉과 〈포교규칙〉이나 〈개정 사립학교규칙〉 등 이외의 종교 법규들을 거론하지 않는다.

그렇지만 특정 법규에 입각한 종교 정책도 독립적이라기보다 다른 법규나 정책들과의 연결망 속에서 진행되었다는 지점을 이해할 필요가 있다. 예를 들어, 〈포교규칙〉이나 〈개정 사립학교규칙〉이나 〈사찰령〉 등에 입각한 종교 정책도 〈보안법〉(1907), 〈정치에 관한 옥외 대중집회를 금(禁)하는 건〉(1910), 〈범죄 즉결례〉와 〈범죄 즉결례 시행수속〉(1910), 〈경

---

17 磯前順一·尹海東 編著, 『植民地朝鮮と宗敎: 帝國史·國家神道·固有信仰』, 三元社, 2013.

찰범처벌규칙〉(1912), 〈조선민사령〉(1912), 〈조선형사령〉(1912), 〈정치에 관한 범죄 처벌 건〉(1919), 〈치안유지를 위한 벌칙(罪則)에 관한 건〉(1923), 〈치안유지법〉(1925), 〈국방보안법〉과 〈국방보안법시행령〉(1941) 등과 연결되어 추진된다.

실제로 개별 종교에 특정한 종교 법규만 적용된 것도 아니다. 예를 들어, 〈보안법〉과 〈집회취체에 관한 건〉은 '유사종교'나 무속만이 아니라 공인종교 범주에 속한 종교단체에도 적용된다. 공인종교라고 해도 보안이나 치안이나 집회 단속 등을 위한 여러 법규가 작동하는 식민지 상황을 피할 수 없기 때문이다. 마찬가지로 유교 정책에 대해서도 〈경학원규정〉으로만 설명할 수 없다. 이 점을 고려하면 특정 종교 법규를 다룬다고 해도 다른 법규들과 연결해 종합적·유기적으로 검토할 수 있는 안목이 필요하다.

이상의 서술에서 논지는 일제강점기의 특정 종교 법규나 정책에 대한 연구가 조선의 종교와 관련된 법규나 정책 전반을 고려해 이루어질 필요가 있다는 점이다. 개별 종교와 관련해 특정 법규나 특정 종교 정책만 다룬다면 해당 법규와 정책이 전체 종교 법규와 정책에서 어떤 위치에 있었는가라는 지점을 간과할 한계가 있다. 이와 관련해, '일제의 기독교 정책 또는 통제도 〈포교규칙〉만이 아니라 〈사립학교규칙〉, 〈사립학교법〉, 〈치안유지법〉, 〈조선민사령〉, 〈조선형사령〉 등의 법제에 대한 실체적 연구가 있어야 규명될 수 있다'고 지적된 바 있다.[18]

나아가 통감부나 조선총독부가 개별 종교를 대상으로 제정·시행한 종교 법규나 정책을 당시 일본의 종교 법규나 정책과 연결시켜 접근하

---

18 안유림, 앞의 글, 2008, 63쪽.

는 안목도 필요하다. 그렇지 않으면 개별 종교와 관련된 특정 법규나 정책이 식민지 정책에서 어떤 위치에 있었는가라는 지점을 간과할 한계가 발생할 수 있다. 통감부나 조선총독부의 정책이 당시 일본정부의 지향점이나 방향, 그리고 일본 법규와 연장선에서 추진되었다는 점을 고려하면,[19] 통감부나 조선총독부가 제정·시행한 종교 법규나 종교 정책에 국한된 선행연구의 경향도 극복 대상이어야 한다.

그 외에 선행연구에서 통감부나 조선총독부의 종교 법규에 대한 오류도 수정이 필요하다. 예를 들면, 〈경학원규정〉(1911)을 제73호가 아닌 제65호로 표기한 경우, 〈경찰범처벌규칙〉(1912)이나 〈사원규칙〉(1936)을 부령(府令)으로 표기하지 않은 경우, 〈조선형사령〉(1912)을 제령(制令)이 아니라 부령으로 표기한 경우, 〈범죄 즉결례〉 시행 시기를 1910년이 아니라 1911년으로 표기한 경우 등이다. 종교 법규의 내용이 와전(訛傳)되거나, 법규 명칭이 바뀌거나, 심지어 '종교해산령'의 경우처럼 법규가 아님에도 불구하고 법규로 오인되는 사례도 나타나게 된다.

선행연구에서 종교 법규 관련 오류가 발생하는 이유는 연구자들이 선행연구에 담긴 종교 법규 자료를 직접 확인·검토하지 않았기 때문으로 보인다. 그렇지만 종교 법규에 대한 부정확한 정보들은 사실 관계를 왜곡시킬 수 있다. 게다가 연구자들이 선행연구를 신뢰하지 못해 매번 선행연구 안에 담긴 정보를 일일이 대조·확인해야 하는 상황을 초래해 후속 연구를 어렵게 만든다. 이런 상황을 타개하려면 일제강점기의 종교 법규 전반에 관해 정확한 정보가 필요하다.

이상의 내용을 정리해보면, 크게 세 가지 부분에 대한 연구가 필요하

---

19 성주현, 앞의 책, 2013, 18-21쪽.

다. 첫 번째는 통감부와 조선총독부의 종교 법규, 종교 정책, 종교계의 대응을 연결시키는 연구이다. 이러한 연구는 특정 종교 법규나 정책의 위치를 전체 법규나 정책 안에서 규명하는 데에 기여할 수 있다. 물론 제1차 자료를 토대로 종교 법규와 일반 법규의 종교 관련 내용을 확인해 정확히 서술하려는 노력이 동반되어야 한다.

두 번째는 통감부나 조선총독부의 종교 법규나 정책을 일본의 법규나 정책과 연결시켜 검토하는 연구이다. 이를 위해서는 통감부나 조선총독부의 법제 전반, 또는 한국법의 계보와 사상을 일본법과 연관시킨 법학계의 연구 성과 등에 주목해[20] 종교 관련 법규의 계보를 이해하려는 노력이 필요하다. 이러한 연구는 통감부나 조선총독부의 종교 법규나 정책의 계보를 이해하거나, 종교와 관련된 조선과 일본의 제도적 차이와 인식을 파악하는 데에 기여할 수 있다.

세 번째는 특정 종교에 국한하기보다 종교 법규의 전반을 검토하는 연구이다. 이러한 연구는 종교 법규를 근거로 삼는 종교 정책과 그에 대한 사회적 반향, 그리고 사회적 반향의 정책적 수렴 과정을 연속적으로 파악하려는 노력이다. 동시에 특정 종교와 관련된 종교 법규, 종교 정책, 종교계 대응을 다루는 선행연구들의 연구사적 위치를 파악하는 데 기여할 수 있다.

이상의 연구는 일제강점기의 종교 법규와 정책을 체계적으로 이해하는 데에도 필요하지만 다른 측면에도 기여할 수 있다. 예를 들어, 일제강점기 내내 유통된 정교 분리와 종교의 자유라는 경계선이 얼마나 자의

---

20 정긍식, 『통감부법령 체계분석』, 한국법제연구원, 1995; 이승일, 『조선총독부 법제 정책』, 역사비평사, 2008; 한상범, 「한국법의 계보와 사상－일본법과 한국법」, 『아·태공법연구』 8, 2000.

적이었는지, 종교 범주의 정착이 제국주의적 의도를 지닌 법적 토대와 어떤 관계가 있는지를 확인할 수 있다. 또한 근대 일본의 종교 법규와 정책, 나아가 해방 이후 한국의 종교 법규와 정책에 관한 이해와 후속 연구의 활성화에 기여하거나, 현존하는 종교단체들이 일제강점기를 거치면서 종교 법규와 정책에 대해 보여준 대응 방식의 유사성과 차이를 파악할 수 있다.

2. 주요 연구 내용

이 연구에서는 연구 목적과 관련해 세 가지 부분에 주목한다. 첫째, 통감부나 조선총독부가 조선의 통치를 위해 제정·시행한 각종 법규이다. 이러한 법규가 담긴 공문식(公文式) 형태를 보면, 통감부에는 법률(法律), 칙령(勅令), 통감부령(統令), 훈령(訓令), 학부령(學部令) 등이 있고, 조선총독부에는 법률, 칙령, 제령(制令), 조선총독부령(府令), 훈령, 관통첩(官通牒) 등이 있다. 이 공문식 형태는 대한(大韓)이라는 국호와 함께 광무 원년을 선포한 1897년 9월 이전부터 있어, 즉 1894년 11월 공문식에 '법률·칙령, 의정부령, 아문령, 경무령, 지방령, 훈령',[21] 1895년 5월 공문식에 '법률·칙

---

21 『고종실록』 32권(31년 11.21, 계사 2번째 기사, 1894)에 따르면, 고종은 1894년 11월에 칙령(勅令) 제1호로 공문식제(公文式制)를 공포해 종전의 공문 반포 규례를 폐지한다. 이 공문식제에는 의정부 회의를 거쳐 임금의 칙유(勅諭)로 공포하는 법률·칙령(제1조-제3조, 제15조), 총리대신의 의정부령(議政府令) 및 각 아문 대신의 아문령(衙門令, 제4조), 경무사(警務使)의 경무령, 지방관(地方官)의 지방령(地方令, 제5조), 그리고 총리 대신과 각 아문 대신이 관할 관리들에게 내리는 훈령(訓令) 등의 공문 형태가 보인다. 경무령과 지방령에 대해서는 내무대신(內務大臣)이나 기타 주임대신(奏任大臣)에게 취소 혹은 중지 권한이 주어졌다(제5조).

령, 각령, 부령, 훈령, 경무청령'이 있어,[22] 새로운 것은 아니다.

종교와 연관성을 고려할 때 통감부나 조선총독부가 제정·시행한 각종 법규는 종교와 직접 연관된 법규와 종교에 직간접적 영향을 미친 법규로 구분될 수 있다.[23] 이 가운데 종교 법규는 통감부나 조선총독부에 종무행정 조직을 설치하고 이 조직이 종교 정책을 수립할 수 있는 법적·제도적 근거가 되어, 종교 정책과 밀접한 연관성을 지닌다.

종교 법규의 경우, 법적·제도적 종교 범주인 '공인종교'에 적용된다. 관련 사례로 〈종교 선포에 관한 규칙〉(1906), 〈각 지방 사찰의 소유재산 보호에 관한 건〉(1908), 〈사찰령〉(1911)과 〈사찰령 시행규칙〉(1911), 〈사찰 보물 목록첩 조제(調製) 건〉(1911), 〈사찰 주지 취직인가에 따른 취급 방법 건〉(1911), 〈조선사찰 재산관리에 관한 건〉(1915), 〈신사사원규칙〉(1915), 〈축제일 당일 사립종교학교 거식(擧式) 예배에 관한 건〉(1915), 〈사립학교 성서교수(聖書敎授)에 관한 건〉(1915), 〈포교규칙〉(1915)과 〈포교규칙중개정〉(1920), 〈신사규칙〉(1936), 〈사원규칙〉(1936) 등을 들 수 있다.

---

22 『고종실록』 33권(32년 5.8, 무인 4번째 기사, 1895)에 따르면, 1895년 5월 칙령(勅令) 제86호로 반포한 〈공문식(公文式)〉에는 내각회의를 거쳐 황제가 친서(親署)해 어새(御璽)를 누른 후 내각 총리대신과 관계되는 대신과 함께 수결하는 법률·칙령(제2조), 내각 총리대신의 각령(閣令) 및 각부 대신의 부령(部令, 제5조), 내각 총리대신과 각부 대신이 관할·감독하는 관리(官吏)에게 내리는 훈령(訓令, 제8조), 경무청령(警務廳令, 제17조) 등의 공문 형태가 보인다. 한편, 인새(印璽, a royal seal)에는 국새(國璽)와 어새(御璽)가 있었고, 용처가 다르다. 두 가지 도장 모두 궁내대신(宮內大臣)이 보관하고(제12조), 친서가 필요하지만, 법률·칙령에는 어새를, 국서(國書)·조약비준서·외국 파견관리위임장·왕국재류각국영사증인장(王國在留各國領事證認狀)에는 국새를 찍는다(제14조). 칙임관(勅任官)과 주임관(奏任官) 임면에는 어새를 찍는다(제15조). 국새(國璽)는 옥새(玉璽)와 함께 혼용되어 사용된 바 있다. 그리고 부칙에 따르면, 본 칙령은 개국(開國) 504년 5월 8일부터 시행한다(제16조).
23 특정 종교들을 대상으로 삼은 법규를 '종교 법교', 종교에 간접적으로 영향을 미치는 법규를 '종교 관련 법규'로 표현한다. 맥락에 따라 종교 법규와 종교 관련 법규 전체를 가리킬 때에는 '종교 관련 법규'로 표현한다.

종교에 간접적 영향을 미친 일반 법규는 종교 법규보다 종류가 다양하다. 주요 법규로 〈보안법〉(1907), 〈사립학교령〉(1908), 〈집회 취체령(取締令)〉(1910), 〈범죄즉결례(犯罪卽決例)〉(1910)와 〈범죄즉결례 시행수속〉(1910), 〈조선교육령〉(1911, 1922, 1938, 1943), 〈사립학교규칙〉(1911)[24], 〈보통학교규칙〉(1911), 〈경찰범 처벌규칙〉(1912), 〈조선민사령〉(1912), 〈조선형사령〉(1912), 〈정치에 관한 범죄처벌 건〉(1919), 〈치안유지를 위한 죄칙(罪則)에 관한 건〉(1923), 〈치안유지법〉(1925), 〈국가총동원 준비 건〉(1937)과 〈국가총동원법을 조선, 대만과 사할린(樺太)에 시행하는 건〉(1938), 〈조선인 씨명(氏名)에 관한 건〉(1940), 〈국방보안법〉(1941)과 〈국방보안법 시행령〉(1941) 등을 들 수 있다.

물론 일반 법규는 조선인 전체에 적용되는 법규였기 때문에 '공인종교'에도 그대로 적용된다. 예를 들어, 1910년에 개신교 전도사가 〈보안법〉 위반으로 체포되고, '야소교회보'(제1권 40호)가 '치안 방해'를 이유로 〈신문지법〉(1907) 제34조에 의거해 발매 반포를 금지당하고 압수된 바 있다.[25] 이 사례들은 일제강점기의 종교 관련 법규나 정책을 연구할 때 일반 법규에 관한 분석도 이루어져야 한다는 점을 시사한다.

한편, 유교 관련 법규들도 보인다. 관련 법규는 〈향사이정(享祀釐正)에 관한 건〉(1908), 〈향교재산관리규정〉(1910), 〈경학원규정〉(1911), 〈향교재산관리규정 시행세칙〉(1915), 〈장의(掌議)에 관한 규정〉(1920)과 〈향교재산관리규칙〉(1920), 〈명륜학원규정〉(1930), 〈명륜전문학원규정〉(1939), 〈명륜전문학교 설립〉(1942) 등이다. 조선총독부가 유교를 '공인종교' 범주에

---

24 〈사립학교규칙〉(1911)은 여러 차례 개정되었지만, 특히 종교교육과 관련해 주목할 만한 개정은 1915년에 이루어진 바 있다.

25 〈耶蘇教會報發賣頒布禁止及押收〉(1910.11.29, 경무총감부 고시 제78호), 『조선총독부 관보』 제79호, 1910.12.2.

포함시키지 않았기 때문에 이 법규들은 공인종교 관련 법규도 아니고, 그 외 종교단체에 적용하기 위한 법규도 아니다. 그렇지만 이 연구에서는 역사적으로 유교가 불교나 노자 및 '신선도' 등에 대비되어 논의되었다는 점, 1906년 고종의 경우를 포함해 유교를 종교로 인식했다는 점 등을 고려해,[26] 유교 관련 법규를 종교 법규의 범주에 포함한다.

둘째, 각종 법규에 근거해 종교 정책을 추진한 종무행정 조직과 그 변화, 그리고 종교 단속을 담당한 경찰 조직과 그 변화이다. 통감부 시기에는 경성에 통감부, 각 지방에 이사청을 두어 종무행정을 취급하고, 동시에 경찰 조직이 종교 단속 업무를 취급한다. 통감부에서는 주로 지방부, 이사청에서는 주로 지방계, 경찰 조직에서는 주로 행정경찰계가 종교 상황을 다룬다. 조선총독부 시기에는 내무부 지방국 지방과(地方課), 경무총감부 고등경찰과 비밀계(機密係), 각 도의 내무부 학무계(學務係)에서 종무행정을 담당한다.[27] 그리고 조직 개편에 따라 달라지지만, 1919년 3·1운동 이후에는 조선총독부에 학무국과 경무국 등이 신설되어 종무행정을 맡게 된다.

26　『정종실록』 6권(2년 10.3, 갑오 4번째 기사, 1400), "경연에서 동지사 이첨과 유교·불교와 노자 및 신선도에 대해 문답하다"; 『고종실록』 47권(43년 4.15, 양력 1번째 기사, 1906), "성균관을 수리하고 재주있는 사람들을 불러들여 인재를 양성하고 유교를 밝힐 데 대하여 학부에 명령을 내리다"(十五日. 曰: 國之有太學, 所以尊宗敎而養賢士也. 聖學之廢興, 由是焉; 世道之汙隆, 由是焉. 其關於國家者, 豈不重且大歟? 肆本朝開國, 以尊道重敎爲急先務, 首建太學. 蓋有國則必有宗敎, 實天下萬國之所同. **而吾道者, 卽我東方數千年相傳之宗敎**也。其闡明興起之方, 固當汲汲講求以實行之).

27　〈조선총독부 사무 분장 규정〉(1910.10.1, 훈령 제2호); 〈조선총독부 지방관 관제 제12조 제2항에 의한 도사무분장규정〉(1910.10.1, 훈령 제3호); 〈조선총독부 경무총감부 사무분장 규정〉(1910.10.1, 훈령 제4호) 등에 따르면, 조선총독부의 내무부 지방국 지방과와 각 도의 내무부 학무계에는 '종교와 향사(宗敎及享祀)에 관한 사항', 경무총감부 고등경찰과 기밀계에는 사찰(査察), 집회·다중운동(多衆運動)·결사(結社), 외국인, 암호(暗號)와 함께, '종교취체(宗敎取締)에 관한 사항'이 종교 행정 업무이다.

통감부와 조선총독부의 종무행정 담당 조직을 대조해보면, 조선총독부가 통감부에 비해 종교 문제를 복합적으로 다루었다는 점을 알 수 있다. 이는 1910년 10월의 경무총감부 조직 배치를 통해 확인할 수 있다. 당시 경무총감부에서는 고등경찰과 기밀계가 종교 단속 업무를 담당하지만, 고등경찰과 도서계(圖書係)도 신문, 잡지, 출판물, 저작물에 관한 업무를 통해 종교 관련 언론을 규제한다. 또한 보안과 행정경찰계에서는 재해와 그 구호, 폭도, 영업 취체, 교통 취체, 풍속 취체, 극장·관람장·유희장·흥행 취체, 위험물 취체, 전기사업 취체, 전철·기차·석유 등의 취체, 그리고 사법경찰계(司法警察係)에서는 범서 수색(犯署 搜索)과 검거, 전과자·부랑자, 유치장, 형사피고인과 죄수(囚人) 호송, 장물(臟物), 변사상자(變死傷者), 기아·미아·실종자, 집달이사무(執達吏事務)에 관한 업무를 통해 종교 단속에 관여하게 된다.[28]

1919년 3·1운동 이후에 조선총독부가 학무국에 종교과(宗敎課)를 신설한 점도 종교 문제를 중시한 근거로 볼 수 있다. 그 후, 조선총독부는 학무국 사회과, 학무국 사회교육과, 학무국 연성과뿐 아니라 총독관방 외사과, 경무국 등에 종무행정과 종교 단속 업무를 배정한다. 그와 함께 각 도의 경우, 내무부와 경찰부에서 종교 문제를 함께 취급한다. 이러한 현상은 종무행정 조직과 경찰 조직이 함께 종교문제에 대처했음을 의미한다.

셋째, 통감부와 조선총독부가 제정·시행한 종교 법규나 정책에 대한 조선 종교계의 반향(反響)과 그 여파이다. 예를 들어, 〈신문지법〉(1907)은 종교계 언론, 〈개정 사립학교규칙〉(1915)은 성서 교육과 관련된 개신교계 종립학교, 〈사찰령〉(1911)은 불교계와 충돌 지점이 된다. 그리고 조선

---

28 〈朝鮮總督府 警務總監部 事務分掌 規程〉(1910.10.1, 훈령 제4호) 제5조.

인 모두에게 적용된 〈보안법〉(1907), 〈경찰범처벌규칙〉(1912), 〈치안유지법〉(1925) 등은 1918년 보천교(普天敎) 신자 검거 사건과 1920년대 이후의 백백교(白白敎) 사건 등을 포함해 신종교와 충돌 지점이 된다.[29]

이러한 충돌 지점에서 조선 종교계의 반향은 상황에 따라 다양하다. 어떤 경우에는 민족운동, 어떤 경우에는 친일 또는 부일(附日), 어떤 경우에는 무관심의 태도로 표출된다. 이러한 태도로 인해 기존의 법규가 개정되기도 하고, 새로운 종교 관련 법규가 제정·시행되기도 한다. 조선 종교계의 반향은 '공인종교'로 분류되는지 '유사종교'로 분류되는지에 따라 차이가 보이기도 한다.

이상의 맥락에서 이 연구는 세 부분을 검토한다. 첫 번째는 일제강점기에 조선에서 시행된 종교 법규와 일반 법규의 종교 관련 내용이다. 이 법규들의 모법에 해당하는 일본 법규도 검토이다. 이 내용은 '공인종

---

29 『한국민족문화대백과』백백교 항목에 따르면, 백백교의 창시자는 우광현(禹光鉉), 시점은 1923년, 전신은 백도교(白道敎)이다. 백도교 교주 전정예(全廷藝)가 사망(1919년)하자 우광현이 교주 아들 전용해(全龍海)와 상의해 암매장했지만, 1920년에 재산 탕진 관련 고발 사건을 수사하던 경찰이 사망을 밝히면서 신도들이 이탈한다. 이에 교명을 개칭한 백백교(교주 우광현, 교조 전정예)를 창설하고, 1924년 김공연(金公然) 교주를 거쳐, 1927년에 차병간(車秉幹) 교주 시기에 본부를 서울로 옮긴다. 그 때까지 실질적 교단업무를 전용해가 맡는데, 전용해와 간부 문봉조 등 18명은 신도 314명의 살해 혐의로 기소되고, 1940년에 체포되어 사형(12명)과 무기 징역 등 실형을 선고받는다. 도주한 전용해는 양평의 용문산에서 시체로 발견된다. 그렇지만 『동아일보』 기사를 보면 백백교라는 교명은 1923년이 아닌 1922년에 보인다. 그에 따르면 백백교는 전정훈(全正薰)이 강원도 금화군 근동면의 오신산(五申山)에서 만든, 그리고 전정훈이 죽은 후 그 가족들이 전정훈 교주의 부활 신앙을 가지고 유지한 교단이다(「白白敎란 果然 何인가, 계룡산을 중심삼은 견설로 어리석은 사람을 미혹케 해」, 1922.5.30, 3면). 백백교 항목에서 언급한 '전정예'는 전정훈을 말하고, 전용해는 그 둘째 아들로 교주가 된 인물이다(「魔의 使者! 白白敎徒 遂 法廷에서 待罪」, 1940.3.14, 2면). 이러한 상충되는 부분을 볼 때 백백교에 대한 정확한 연구가 필요해진다. 한편, 백백교의 교명은 전정예/전정훈의 다른 호칭인 '전백백(全白白)'에서 온 것으로 보인다(「白白敎主가 속은 검엇던가」, 『동아일보』, 1923.10.13, 3면).

교'·신종교·유교 관련 주요 법규, 그리고 종교 법규의 적용과 그 속에 전제된 종교 인식 등으로 나누어 서술된다.

'공인종교'에 대해서는 〈종교 선포에 관한 규칙〉(1906), 〈신사·사원규칙〉(1915), 〈신사(神祠)에 관한 건〉(1917), 〈신사규칙〉(1936)과 〈사원규칙〉(1936) 등 신도를 포함한 일본 종교 법규를 검토한다. 구체적으로, 조선 불교의 경우는 〈사찰령〉(1911), 기독교의 경우는 〈포규규칙〉(1915), 그리고 유관 법규로 〈사립학교령〉(1908), 〈사립학교규칙〉(1910), 〈조선민사령〉(1912), 〈법인의 설립 및 감독에 관한 규정〉(1912) 등을 검토한다.

신종교와 관련해서는 〈보안규칙〉(1906), 〈보안법〉(1907), 〈정치에 관한 범죄처벌 건〉(1919), 〈경찰범처벌령〉(1908), 〈한국에 있어서의 범죄즉결령〉(1909), 〈범죄즉결례〉(1910), 〈경찰범처벌규칙〉(1912), 〈정치에 관한 옥외 대중집회를 금하는 건〉(1910), 〈치안유지법〉(1925) 등 보안 유지, 경찰범 처벌, 집회 금지, 치안 유지 관련 법규를 검토한다. 이러한 법규들은 그 적용 범위에 다른 종교도 포함되지만, 특히 신종교 관련 부분이 적지 않기 때문에 신종교 관련 법규에 포함시켜 검토한다.

유교에 대해서는 〈향사이정(享祀釐正)에 관한 건〉(1908), 〈향교재산관리규정〉(1910), 〈향교재산관리규칙〉(1920), 〈경학원규정〉(1911), 〈명륜학원규정〉(1930), 〈명륜전문학원규정〉(1939), 〈문묘 직원(直員)에 관한 건〉(1911), 〈지방 문묘 직원(職員)에 관한 건〉(1911), 〈장의(掌議)에 관한 규정〉(1920) 등이 검토 대상이다. 그 외에 특히 유림과 관련된 〈묘지·화장장·매장·화장 취체규칙〉(1912), 그리고 법규는 아니었지만 유림의 생활 개선 운동과 직결된 〈의례준칙〉(1934)도 함께 검토한다.

두 번째는 종교 법규에 근거한 종교 정책의 내용을 종교별로 구분해 검토한다. 이 부분에서 다룰 세부 내용은 통감부와 조선총독부 시기에 종교 정책을 담당한 조직과 업무, '공인종교' 정책의 흐름, 신종교 정책의 흐름, 유교 정책의 흐름, 그리고 종교 정책 일반의 흐름과 인식 등이다. 종무행정 담당 조직 부분에서는 통감부와 조선총독부 조직이 당시 일본정부의 조직 형태와 관련된다는 판단 아래 일본정부의 종교 정책 담당 조직을 함께 검토한다.

세 번째는 종교 정책의 시행 과정에서 발생한 주요 사건과 대응 방식을 종교별로 구분해 검토한다. 이 부분에서 다룰 세부 내용은 '공인종교' 관련 사건과 대응, 신종교 관련 사건과 대응, 유교 관련 사건과 대응, 그리고 종교계 일반의 대응 방식과 여파 등이다. 다만, 종교별 대응 방식에는 다소 중복되는 부분이 있을 수 있다. 그렇지만 이 연구에서는 종교별 대응 방식의 특징을 드러내기 위해 종교별로 대응 방식을 구분한다.

3. 종교와 근대 법규의 도입

일제강점기의 종교 관련 법규를 이해하기 위해서는 조선 말기부터 시작된 '근대식' 법규를 이해할 필요가 있다. 이와 관련해, 갑오개혁 시기(1894.7-1896.2), 대한제국(1897.10-1910.8)과 일부 중첩된 통감부 시기(1906.2-1910.8), 그리고 조선총독부 시기(1910.8-1945.8)에 어떤 종류의 법규가 있었고, 어떻게 달라졌는지를 살펴보고자 한다.

1) 갑오개혁기의 법규와 모방

1894년 7월, 조선정부는 갑오개혁(1894.7-1896.2)을 시작한다. 이 시점은

1894년 2월 이후의 동학농민운동 저지를 위해 6월에 청군 파병을 요청하고
일본도 군대를 파견한 직후이다. 갑오개혁은 제1차(1894.7-11. 의정부 8아문),
제2차(1894.11-1895.5, 내각 7부), 을미사변 직후의 제3차(1895.8-1896.2.11, 을미
개혁)로 구분된다.[30]

제1차 갑오개혁을 주도한 조직은 김홍집(金弘集, 1842-1896)[31]이 영의정
과 함께 군국기무처 회의총재를 겸임한 군국기무처(軍國機務處, 1894.7-12)
이다.[32] 군국기무처는 1894년 7월, 일본군의 경복궁 점령 후 흥선대원군
(1820-98, 이하응)을 추대한 친일파 정권이 설치했는데,[33] 이로써 개화정책

---

30 『고종실록』 31권(31년 6.28, 계유 4번째 기사, 1894); 『고종실록』 33권(32년 3.25, 병신
    2번째 기사, 1895); 『고종실록』 33권(32년 5.8, 무인 1번째 기사, 1895). 한편, 『고종실
    록』 33권(32년 9.9, 병오 1번째 기사, 1895)에 따르면, 1894년 음력 11월 17일을 1895년
    1월 1일로 삼는다. 1895년 음력 9월 9일 이후 기사는 양력으로 기록된다.
31 김홍집은 1880년 인천 개항 등 현안 해결을 위해 제2차 수신사로 일본에서 『조선책
    략』과 『이언(易言)』을 가져와 개화정책 채택에 영향을 미친 인물이다. 이후 1882년
    미국, 1883년 영국·독일과 수호통상조약 체결, 일본 및 청과 제물포조약 및 조청상민
    수륙무역장정 체결, 1885년 초 일본과 한성조약 체결 등에 관여한다. 그리고 1894년
    7월에 일본군이 경복궁을 점령하고 친청 세력 타도와 내정개혁을 강요하는 과정에서
    설치된 군국기무처 회의총재를 맡아 1894년 12월 해체 시까지 과거제 폐지 등 제1차
    갑오개혁을 주도한다. 이어 박영효와 연립 내각을 구성해 내정개혁 목표로 〈홍범 14
    조〉를 발표하고 제2차 갑오개혁을 주도한다. 그러나 1895년 5월 재정 궁핍으로 개혁이
    중단되고 박영효와 갈등을 빚자 총재직을 사임하지만, 박영효가 역모 사건으로 일본
    에 망명하자, 2개월 만에 입각해 친미·친러파 제휴 내각을 구성해 제3차 갑오개혁을
    추진한다. 그렇지만 1895년 8월 을미사변 이후 1896년 2월 아관파천으로 친러정권이
    수립되어 내각이 붕괴되자 왜대신(倭大臣)으로 지목되어 광화문에서 타살된다(『한국
    민족문화대백과』, 김홍집 항목).
32 『고종실록』 31권(31년 6.25, 경오 7번째 기사, 1894). 군국기무처(1894.7.27-12.17)는
    1894년 7월 23일 일본군의 경복궁 점령 직후 흥선대원군을 추대한 친일파 정권이 제도
    개혁 등을 위해 합의체 형식으로 구성한 초정부적 입법·정책결정기구이다. 일본공사관
    서기관 杉村濬(스기무라)가 발의하고 대원군이 종래 기무처(機務處, 1882-1883) 이름을
    딴 명칭으로, 청일전쟁 선포(8월 1일) 직전 발족된다. 총재는 영의정 김홍집이 겸임,
    부총재는 내아문독판인 박정양이 겸한다(『한국민족문화대백과』, 군국기무처 항목).
33 『고종실록』 31권(31년 6.25, 경오 5번째 기사, 1894); 『고종실록』 32권(31년 11.21, 계사
    2번째 기사, 1894).

과 국내외 군국기무를 총괄하던 통리기무아문(統理機務衙門, 1880.12-1895. 3)[34]의 기능이 약해지고, 일본공사 大鳥圭介(오오토리 게이스케)가 제시한 내정개혁안과 별개로 자체 내정 개혁을 위해 설치한 교정청(校正廳, 1894.6.11-6.25, 음)[35]이 폐지된다.

군국기무처는 1894년 7월부터 약 5개월 존속하지만,[36] 입법 기구로 여러 공문서를 만든다. 이 공문서에는 근대 이전에 사용했던 '조칙(詔勅), 주본(奏本), 의안(議案)'이 붙는다. 조칙은 왕의 말과 황후·태자의 말을 문서화한 조령(詔令)처럼 왕의 명령을, 주본은 왕에게 올리는 글을, 의안은 법령을 의미한다.[37] 1894년 11월 이후부터는 공문서에 칙령(勅令) 외에 '아문령(衙門令)' 등의 용어도 표기된다.

군국기무처가 사용한 법규 용어의 최초 근거는 1894년 7월 〈[議案]

34　『고종실록』 17권(17년 12.21, 갑인 2번째 기사, 1880);『고종실록』 19권(19년 6.10, 갑자 10번째 기사, 1882). 통리기무아문은 몇 차례 기구 개편과 개칭을 거쳐 1895년 3월에 외부(外部)로 개편된다. 1882년 6월에 임오군란을 계기로 대원군이 재집권할 때 폐지되다가 대원군이 실각하면서 7월에 '기무처'로 설치되고, 11월에 '통리아문'('외아문'), 12월에 '통리교섭통상사무아문'으로 개칭된다. 그 후 갑오개혁 시기인 1894년 7월 20일에 통리교섭통상사무아문이 폐지되고 외무아문이 생겨 1895년 3월에 '외부' 관제가 정해진다. '외부' 관제는 1905년 11월 17일 한일협상조약으로 외교권이 박탈되면서 1906년 1월 15일부로 외부 사무는 '의정부 외사국'으로 이관된다(『한국민족문화대백과』, 통리기무아문 항목).

35　『고종실록』 31권(31년 6.11, 병진 1번째 기사, 1894).

36　『고종실록』 32권(31년 10.23, 병인 1번째 기사, 1894);『고종실록』 32권(31년 10.25, 무진 1번째 기사, 1894);『고종실록』 32권(31년 11.21, 계사 2번째 기사, 1894). 11월 21일자 기사에 따르면, 칙령 제1호로 종전의 공문 반포 규례의 폐지와 함께 〈공문식(公文式)〉를 반포하고, 칙령 제6호로 기무처 의원(機務處 議員)을 모두 감하고 중추원 회의의 관제와 장정(章程)을 의정부에서 의정(議定)해 시행한다. 한편, 군국기무처는 대원군과 (이태용·이원긍·박준양 등)와 반대파(김학우·이윤용·안경수 등)의 갈등, 일본 내무대신 井上馨(이노우에 가오루)이 조선주차특명전권공사(朝鮮駐箚特命全權公使, 주한공사)에 임명되어 제출한 '20개조 개혁 요구 조건', 전제왕권을 제약하는 군국기무처의 기능 축소 경향 등으로 12월 17일에 폐지된다(『한국민족문화대백과』, 군국기무처 항목).

37　'의안(議案)'은 법령을 말한다(정긍식,『한말법령체계분석』, 한국법제연구원, 1991, 36쪽).

명령반포식〉(총 9개조)이다. 이 법규는 공문서에 법령, 칙령, 부령(府令), 아령(衙令)을 붙이는 근거가 된다. 그에 따르면, 법령·칙령은 총리대신이나 각 아문대신(衙門大臣)이 안을 마련해 의정부에 제출하면 총리대신이 상재(上裁, 왕의 裁可)를 주청(奏請)해 재가를 받으면 왕의 유시[上諭]로 반포한다. 법률·명령 범위 내에서 총리대신은 부령, 각 아문대신은 아령을 내린다.[38]

제2차 갑오개혁(1894.11-1895.5)의 경우, 약 6개월 동안 추진되는데, 총리대신 김홍집 내각은 1894년 11월에 〈공문식〉을 반포해 '법률, 칙령, 의정부령과 아문령, 경무령과 지방령, 훈령(訓令)' 등의 근거를 만든다.[39]

---

38 〈命令頒布式〉(議案, 고종 31년 7월 12일, 1894), 송병기 외 2인 편저, 『한말근대법령자료집』 I, 대한민국국회도서관, 1970, 32-33쪽(이하 『한말근대법령자료집』 I, 1970). 이에 따르면, 왕이 재가한 법령·칙령은 어압(御押) 어새(御璽)를 찍고 총리대신이 주무대신과 연서(連署)한다(제4조-제7조). 외국에 보내는 국서(國書)와 조약 비준, 외국 파견관원 위임장, 재류(在留) 각국 영사관 인가장(認可狀)은 어압 어새를 찍는다(제8조). 칙임관(勅任官, 당상관 가운데 정1품에서 종1품급 사이 임명직) 임명은 관직 교지(敎旨)에 어압 어새를 찍고, 주임관(奏任官, 갑오개혁 이후 대신의 추천으로 임금이 임명하던 관직, 칙임관과 판임관 사이)은 어새만 찍는다. 판임관(判任官)은 천주(薦主, 추천인) 대신이 승정원에 천사(薦事, 천거)를 올리고 계하(啓下, 왕의 재가)를 받으면 천주 대신이 봉교직첩(奉敎職牒)을 성급(成給)하되 스스로 서압(署押) 개인(蓋印)한다(제9조).

39 〈公文式〉(칙령 제1호, 고종 31년 11월 21일, 1894), 『한말근대법령자료집』 I, 1970, 118-112쪽. 이 〈공문식〉에 따르면, 법률·칙령은 상유(上諭)로 공포하되(제1조), 의정부에서 기초 또는 각 아문대신이 안을 마련해 의정부에 제출하면 정부회의를 거쳐 총리대신이 왕에게 재가를 청하며, 긴급하지 않은 법률·칙령은 총리대신이 중추원으로 자문할 수 있다(제2조). 총리대신과 각 아문대신은 법률·칙령의 시행과 안녕·질서를 보지하기 위해 각각 의정부령과 아문령을 발할 수 있다(제4조, 제7-9조). 경무사(警務使)와 지방관은 관내 행정사무에 관해 각각 경무령과 지방령을 발할 수 있고(제5조, 제10-11조), 내부대신이나 주임(主任) 대신은 "公益을 害하고 成規를 違反하고 權限을 侵犯한다고 인정될 때 이를 주쇄(註鎖)하거나 중지시킬 수 있다(제6조). 각 관청의 일반 소관규칙은 의정부회의를 거쳐 시행하되 관청의 서무세칙은 주임 대신이 정한다(제12조). 총리대신과 각 아문대신은 소관 관리와 감독 관리에게 훈령(訓令)을 발할 수 있다(제13조). 한편, 국새(國璽)는 궁내대신이 관장하고(제16조), 법률·칙령은 친서(親署) 후 어새를 찍고(제17조), 국서·조약 비준·외국 파견관리 위임장·재류 각국 영

종래 〈명령반포식〉에 비해, 경무령과 지방령이 신설되고, 훈령이 등장한다. 이 시점부터 공문서에서 '의안(議案)'이라는 용어가 사라진다. 1895년 3월에는 〈각부관제통칙〉을 공포해 각부 대신이 법률·칙령의 제정·폐지·개정 초안을 내각에 제출하게 하고, 직무 집행을 위해 부령(部令)뿐 아니라 지방관과 경무사(警務使)가 지령(指令)·훈령을 내릴 수 있게 한다.[40] 그 외에 제2차 갑오개혁기 공문서에는 주본(奏本), 부령(府令), 군령(郡令)이 등장한다.[41] 1895년 5월에는 〈공문식 개정건〉이 반포되지만 종래에 비해 별다른 변화가 보이지 않는다.[42]

1895년 5월까지의 공문식을 보면, 조칙(詔勅)은 조서(詔書)처럼 왕의 명령을 일반에 알릴 목적의 문서이다.[43] 각령과 부령은 법률·칙령의 시행과 안녕·질서의 유지[保持]를 위해 총리대신과 각 아문대신이 각각 발하는 의정부령과 아문령, 훈령은 법률 내에서 각 대신이 관할·감독하는

사 증인장(證認狀)은 친서 후 국새를 찍고(제18조), 친임관(勅任官) 임명은 사령서(辭令書)에 어새를, 주임관(奏任官) 임명은 주천서(奏薦書)에 어새를 찍는다(제19조).

40 〈各部官制通則〉(칙령 제41호, 개국 504년 3.25, 1895), 『한말근대법령자료집』 I, 1970, 203-207쪽.

41 〈地方官廳에서 發하는 命令의 公布式〉(勅令 제174호, 개국 504년 10.6, 1895), 『한말근대법령자료집』 I, 1970, 590쪽.

42 『고종실록』 33권(32년 5.8, 무인 4번째 기사, 1895); 〈公文式 改正件〉(勅令 제86호, 제정 개국 504년 5.8, 시행 개국 504년 5.13, 1895), 『한말근대법령자료집』 I, 1970, 376-378쪽. 〈공문식 개정건〉에 따르면, 법률·칙령은 내각에서 기초 또는 각부대신이 안을 마련해 내각에 제출하되 급시(急施, 긴급 시행)가 아니면 중추원 자문을 받아 내각회의 결정을 거친 후 내각총리대신과 주임 대신이 상주(上奏)해 재가를 받고(제2조, 제3조) 상유(上諭)로 반포한다(제1조). 내각총리대신과 각부대신은 법률·칙령을 집행하고 안녕 질서를 보지하기 위해 각령과 부령을 발하고(제5조-제7조), 소관 관리와 감독 관리에게 훈령을 발한다(제8조).

43 〈地方制度改革에 관한 件〉(詔勅, 개국 504년 5.27), 『한말근대법령자료집』 I, 1970, 397쪽. 조칙은 왕이 직접 쓰는 것이 아니라 신하가 지어 바친 다음에 왕의 열람 또는 청문(聽聞)을 거치는 것이 상례이다. 조(詔)는 '왕의 말'을 의미한다(『한국민족문화대백과』, 조칙 항목).

관리(官吏)에게 내리는 훈시(訓示)와 명령이다. 고시는 관청이 일정 사항을 인민(人民)에게 고지하는 내용, 지령은 하급 관리의 문의[質稟]에 대한 상관의 지시(指示)이다.[44] 청령은 각 관청에서 발하는 명령이다.[45] 그 외에 왕실 업무 담당인 궁내부가 백성에게 알릴 때 '포달(布達)'이라는 용어를 사용한다.[46]

1895년 6월의 〈내각 및 내부 제정 공문류별 및 식양〉을 보면 공문식의 용어들이 더 명확해진다. 그에 따르면, 조회(照會)와 조복(照覆)은 각각 대등관(對等官)에게 보내 회답을 요구하는 공문과 회답 공문이다. 그에 비해 통첩(通牒)은 대등관에게 보내지만 '통지'에 해당해 회답을 필요로 하지 않는 공문이다. 훈령은 상관이 관할하는 관리에게 내리는 명령으로, 종래 관칙(關飭)·찰칙(札飭)·관하전령(管下傳令)·감결(甘結)을 대신한 용어이다. 지령은 하관이 상관에게 보낸 질품서(質稟書)와 장관에게 보낸 청원서(請願書)에 대해 지시하는 공문식으로 종래 보장(報狀)·제사(題辭)를 대신한 용어이다. 고시는 각 관청에서 인민에게 고지하는 것으로, 종래 민간전령(民間傳令)·계방(揭榜)을 대신한 용어이다.[47]

---

44 〈閣令·部令·訓令·告示及指令의 區分規程〉(칙령 제64호, 개국 504년 3.29, 1895), 『한말근대법령자료집』 I, 1970, 272-273쪽. 각령과 부령에 대한 내용은 〈公文式〉(칙령 제1호, 고종 31년 11월 21일, 1894) 제4조 참조(같은 책, 121쪽).

45 〈(各大臣間 規約條件 五十三) 閣令·部令·廳令·訓令·指令을 顧問官의 査閱에 供하는 件〉(奏本, 개국 504년 3.29, 1895), 송병기 외 2인 편저, 위의 책, 286쪽. 주본(奏本)은 임금에게 올리는 글을 의미한다.

46 〈宮內府官制〉(布達 제1호, 개국 504년 4.2, 1895); 〈地方官廳에서 發하는 命令의 公布式〉(勅令 제174호, 개국 504년 10.6, 1895), 송병기 외 2인 편저, 위의 책, 304-305쪽, 590쪽. 포달 제1호는 〈궁내부관제〉이다. 그렇지만 '포달'은 도지(島地)에서 다른 도지로 칙령을 전달할 때에도 사용된다.

47 〈內閣 및 內部 制定 公文類別 및 式樣〉(개국 504년 6.1·2, 1895), 송병기 외 2인 편저, 위의 책, 474-478쪽. 이 법규에는 '조회, 조복, 통첩, 청원서, 지령, 고시, 보고서, 질품서, 훈령' 등의 서식이 있다. 이 법규에는 1894년 7월 9일 議案 제2조에 따라 白紙로 印札板에 인쇄하되 해당 '官廳 記號'를 印出하도록 했고, 훈령과 지령에는 署押 대신에 '官章'

1895년 8월의 을미사변 이후 시작된 제3차 갑오개혁(1895.8-1896.2.11, 을미개혁)의 경우도 제2차 갑오개혁과 유사하게 김홍집 내각이 약 6개월 동안 추진한다. 당시 공문식 용어들은 제2차 갑오개혁 시기와 별다른 차이를 보이지 않고, 아관파천(1896.2-1897.2) 때까지 거의 그대로 사용된다.

이상의 갑오개혁기 공문식은 1886년의 일본 〈공문식〉(칙령 제1호)에 대한 모방·번안이다.[48] 이는 조선정부가 갑오개혁기에 일본 법제를 도입했다는 것을 시사한다. 실제로 일본의 1886년 〈공문식〉에는 '법률(法律), 칙령(勅令), 각령(閣令), 성령(省令), 훈령(訓令)' 등의 법규 종류와 그 반포 절차가 있다.[49] 그리고 〈공문식〉 내용, 특히 법률, 칙령, 훈령 등에 관한 내용이 제1차 갑오개혁기인 1894년 7월의 〈명령반포식〉, 제2차 갑오개혁기인 1894년 11월의 〈공문식〉 내용과 유사하다.

2) 통감부 시기의 법규와 적용 근거

대한제국(1897.10.12-1910.8.29) 시기에서 국호를 '대한'으로 정해 광무 원년[50]을 삼은 1897년 10월부터 일본의 여순 기습으로 시작된 러일전쟁

을 사용하도록 하고 있다.

48 정긍식, 앞의 책, 1991, 39-40쪽. 이 자료에는 '1887년의 칙령 제1호 公文式(총3장 17개 조)을 모방·번안'했다고 되어 있는데, 1886년(明治 19)이 정확하다.

49 〈公文式〉(勅令 第1號, 明治 19.2.24), 『官報』第739號, 大藏省印刷局, 1886.2.26(이하, 大藏省印刷局은 생략해 표기). '내각총리대신 伊藤博文' 명의로 공포된 공문식은 '제1 法律命令(제1-9조), 제2 布告(제10-13조), 제3 印璽(제14-17조)'로 되어 있다. 그에 따르면, 법률·칙령은 내각에서 초안을 잡거나 각 성(省)대신이 안을 만들어 내각에 제출하면 내각총리대신이 천황에게 상주(上奏)해 재가(裁可)를 청한다(제2조). 재가를 받으면 법률·칙령의 시행이나 안녕질서의 유지(保持)를 위해 내각총리대신은 閣令을, 각성대신主務大臣은 省令을 발포할 수 있다(제4조, 제5조). 각 관청의 일반 규칙은 내각총리대신이, 各廳處務細則은 그 주임대신이 정한다(제8조). 내각총리대신과 각성대신의 관할 관리(官吏)와 감독 관리에게는 훈령을 보낼 수 있다(제9조).

(1904.2-1905.6) 전까지를 '광무개혁'이라고 하는데, 대한제국은 이 시기에 법규 제정에 관심을 보인다. 이와 관련해, 1899년 6월에 법률에 밝고 사리에 해박한 자를 뽑아 규정을 세우도록 의정부에 임시로 교정소(校正 所)를 설치하고, 7월에 '법률을 정하고 규정을 통일·개선'하기 위해 교정 소를 법규교정소(法規校正所, 총재: 議政 尹容善)로 개칭해 별도의 국(局)으로 설치한다. 법규교정소는 동년 8월에 '자주 독립한 제국'과 '전제정치(專制 政治)'를 내세운 〈대한국국제(大韓國國制)〉를 마련하는 등 여러 활동을 하다 가 1902년 3월경에 의정부에 합설(合設)된다.[51] 이 과정에서 보이는 법규 종류는 갑오개혁기의 공문식에 있는 법규 종류와 크게 다르지 않다.

1905년 11월 〈한일협상조약〉(제2차 한일협약/을사5조약) 이후 1906년 2월 부터는 통감부와 이사청이 업무를 개시해 통감부령[52]과 이사청령(理事廳 令),[53] 그리고 일본의 공문식이 대한제국에서 통용된다. 이와 관련해, 일

---

50 『고종실록』 36권(34년 10.11, 양력 3번째 기사, 1897); 『고종실록』 36권(34년 10.13, 1897). 이 기사에서 국호를 대한으로 정한 맥락을 보면, 고종은 원구단(圜丘壇)에 첫 제사를 지내는 지금부터 국호를 정해야 하고, '우리나라가 삼한(三韓)의 땅이고 국초 (國初)에 천명을 받고 하나의 나라로 통합되었고 매번 각 국의 문자도 조선이 아니라 한(韓)이라 하였으니 국호를 대한(大韓)'으로 해야 한다는 뜻을 피력한다. 이에 의정 심순택(沈舜澤)은 삼대(三代) 이후 예전 국호를 답습한 경우가 없었고 조선이 기자가 옛날에 봉해졌을 때의 칭호이니 애당초 합당한 것이 아니었다는 논리로, 특진관 조병 세(趙秉世)은 천명과 온갖 제도가 새로워져 국호도 새로 정해야 하고 '한' 자의 변이 '조(朝)'자의 변과 들어맞는 것도 우연이 아니라는 논리로 찬성한다. 이에 고종은 원구 단에 행할 고유제(告由祭)의 제문과 반조문(頒詔文)에 '대한'으로 쓰도록 하교한다.

51 『고종실록』 39권(36년 6.23, 양력 1번째 기사, 1899); 『고종실록』 39권(36년 7.2, 1899); 『고종실록』 39권(36년 8.1, 1899); 『고종실록』 39권(36년 8.17, 1899); 『고종실록』 42권 (39년 3.16, 1902). 한편, 『고종실록』 44권(41년 1.11, 1904)에 따르면, 1902년에 법규교 정소를 의정부에 합쳤지만 총재(總裁) 이하를 모두 감하(減下)하는 조치는 1904년 1월 에 이루어진다.

52 〈統監府令公文式〉(統監府 府令 第4号, 明治 39.1.19), 『官報』 第6783号, 1906.2.12. 이에 따르면, 통감부령에는 통감이 서명하고, 공포 연월일을 기입해, 같은 날에 공포해(제1 조), 한성신보(漢城新報)에 포고한다(제2조). 각 관청은 통감부령이 도달한 다음날부터 기산(起算)해 만 7일이 지나 시행하되, 부령(府令)에서 시행시기를 정할 수 있다(제3조).

본은 러·일전쟁 도발 이후 '대한제국에 대한 제3국의 침해나 혹은 내란'을 빌미로 군사기지를 확보하고(韓日議定書서, 1904.2.23), 재정·외교 고문의 초빙 및 미리 일본정부와 협의를 거치는 외교관계 처리(조약, 외교안건 등)를 강요하고(韓日協定書, 1904.8.22, 제1차 한일협약), 외교권 박탈과 '오로지 외교 사항을 관리하기 위해' 통감을 두는 절차(韓日協商條約, 1905.11.17, 제2차 한일협약/을사5조약)를 거친다. 그렇지만 특히 1907년 7월 내각 총리대신 이완용과 통감 伊藤博文(이토 히로부미)이 조인한 〈한일협약〉(제3차 한일협약/한일신협약/정미7조약)[54] 이후에는 한국정부의 시정(施政) 개선에 관해 통감의 지도를 받고(제1조), 법령의 제정 및 중요한 행정상의 처분에 대해 미리 통감의 승인을 거쳐야 한다(제2조). 그리고 고등관리 임면에 대해 통감의 동의를 받고(제4조), 통감이 추천한 일본인을 관리로 임명하고(제5조), 통감의 동의 없이 외국인을 초빙·고용하지 말아야 한다(제6조). 이러한 내용은 대한제국에서 일본의 공문식이 통용될 수밖에 없었던 배경을 시사한다.

통감부가 사용한 법규 종류는 법률, 칙령, 통감부령, 통감부 훈령, 통감부 고시 등이다.[55] 그 외에 일본정부의 각령(閣令), 특히 외무성·체신성

---

53 〈理事廳令公文式〉(統監府 府令 第5号, 明治 39.1.19), 『官報』 第6783号, 1906.2.12. 이에 따르면, 이사청령에는 이사관(理事官)이 서명하고, 공포한 연월일을 기입해 같은 날에 공포한다(제1조). 이사청령의 포고(布告) 방법은 이사관이 정한다(제2조). 이사청령은 공포일부터 기산해 만 7일이 지나 시행하되, 청령(廳令)에서 시행시기를 정할 수 있다(제3조).

54 『순종실록』 1권(즉위년 7.24, 양력 2번째 기사, 1907).

55 정긍식, 앞의 책, 1995, 64-65쪽. 통감부령은 행정명령이나 한국의 법률에 준하는, 통감부 훈령은 통감부의 규칙에 해당하는 위상을 갖는다. 통감부 고시는 일반적인 사항이나 한국법률을 적용할 때 활용된다. 그 외에 이사청은 이사청령, 고시, 포달(布達) 등의 형식으로 법규를 공포하고, 1910년 6월에 경찰권을 위탁받은 경무총감부(警務總監部)는 경무총감부령, 각 지방의 경무부는 경무부령을 공포한다.

(遞信省)·대장성(大藏省) 등에서 공포한 성령(省令), 고시, 대장대신 승인(大藏大臣 承認) 등도 보인다.

통감부의 법규 용어에 대한 근거는 1907년 1월 전후가 다르다. 1907년 1월 이전에는 일본정부가 법률, 칙령, 각령, 성령, 훈령 등을 명시한 1886년의 〈공문식〉에 이어, 법률, 칙령, 명령, 계엄, 조칙 등을 명시한 1889년 2월의 〈대일본제국헌법〉에 근거한다.[56] 그 이유는 통감의 역할이 재한 일본인과 관헌을 관장하고 각성대신(各省大臣)에 속한 사항 가운데 한국에 관한 법규 시행을 담당하는 것이었기 때문이다.[57] 그에 비해 1907년 1월 이후에는 〈대일본제국헌법〉과 함께 종래의 〈공문식〉은 폐지되어 '조서(詔書), 칙서(勅書), 황실령, 법률, 칙령, 국제조약, 각령, 성령' 등을 규정한 1907년 1월의 〈공식령(公式令)〉에 근거한다.[58]

56 〈大日本帝國憲法〉(憲法, 明治 22.2.11), 『官報.』, 1889.2.11. 〈대일본제국헌법〉은 1890년(明治 23) 11월 29일부로 시행된다. 이 자료에 따르면, 천황은 '법률'을 재가하고 공포·집행을 명하고(제6조), 제국회의의 폐회(閉會) 시에 법률에 대신해서 '칙령'을 발하고(제8조), 법률 집행이나 공공의 안녕질서 보지와 신민의 행복 증진을 목적으로 필요한 '명령'을 발포하고(제9조), '계엄(戒嚴-일정 지역의 행정·사법권을 군이 맡는 일)'을 선고(宣告)한다(제14조). 다만, 칙령은 차기 회기에 제국의회에 제출해야 하고, 의회의 승낙이 없으면 정부는 장래에 그 효력을 잃었음을 공포해야 하며(제9조), 계엄의 요건과 효력은 법률로 정한다(제14조). 제국의회(귀족원·중의원) 가운데 귀족원은 〈귀족원령〉에서 정해진 황족·화족(華族)과 칙임(勅任) 의원으로 조직되고, 중의원은 〈선거법〉에 따라 공선(公選)된 의원으로 조직되고, 동시에 겸임할 수 없으며, 모든 법률은 제국의회의 협찬을 경유해야 한다(제23-27조), 모든 법률·칙령, 기타 국무에 관한 조칙(詔勅)은 국무대신의 부서(副書)가 있어야 한다(제55조).
57 〈內國官憲의 管掌에 屬하는 事項에 대한 統監의 職權에 관한 件〉(제정 1906.6.26, 법률 제57호); 〈韓國에 있어서의 內國官憲의 管掌事項을 統監의 職權에 屬하게 하는 件〉(제정 1906.6.26, 칙령 제167호), 송병기 편, 『통감부법령자료집』 上, 대한민국국회도서관, 1972, 102쪽(이하 『통감부법령자료집』 上, 1972). 칙령 제167호의 부칙에 따르면, 칙령은 1906년 법률 제57호 시행일부터 시행된다.
58 〈公式令〉(勅令 第6号, 明治 40.1.31), 『官報』 第7075号, 1907.2.1; 정긍식, 앞의 책, 1995, 248-251쪽. 〈공식령〉에 따르면, 황실의 大事와 大權의 시행에 관한 勅旨의 宣誥는 별단의 형식을 제외하고 詔書로 한다(제1조) 문서로 발하는 勅旨로 선고하지 않는 것은

다만, 통감부가 초기부터 〈대일본제국헌법〉이나 일본정부의 공문식
또는 공식령을 대한제국에 그대로 적용하지는 않는다. 당시 대한제국은
대만이나 관동주 등과 달리 일본의 특별 통치지역인 '외지(外地)'에 해당하
지 않아, 통감부의 법규도 재한 일본인에게만 적용하는 것이 원칙이었기
때문이다. 그렇지만 일본이 차관(次官) 정치를 통해 한국의 내정을 장악하기
시작한 1907년 이후, 대한제국정부가 통감부 법규를 적용하는 고시(告示)들
을 공포하면서 통감부가 법규를 대한제국에 적용할 근거를 갖게 된다.[59]

3) 조선총독부 시기의 법규

조선총독부 시기에는 법규 종류에 변화가 생긴다. 예를 들어, 1910년
8월 29일자『조선총독부관보』에는 한국의 '병탄(倂呑)' 이유, 한국 황제에
대한 대우, 죄수 사면 등의 내용이 담긴 여러 조서(詔書),[60] '한국 병합'에

勅書로 한다(제2조). 제국헌법의 개정은 상유(上諭-천황의 말)를 붙여 공포한다(제3
조). 皇室典範에 기초한 제반 규칙, 宮內官制, 기타 황실의 사무에 관해 勅定을 거친
규정으로 발표하는 것을 '황실령'이라 하고 상유를 붙여 공포한다(제5조). 법률, 칙령,
국제조약의 발표는 상유를 붙여 공포한다(제6-8조). 각령에는 내각총리대신, 성령에는
각성대신, 宮內省令에는 宮內大臣이 연월일을 기입하고 서명한다(제10조). 황실령, 칙
령, 각령, 성령은 별단의 시행 시기가 있는 경우를 제외하고 공포일부터 기산해 만
20일이 경과한 때에 시행하고(제11조), 각 공문의 공포는 관보로 한다(제12조). 이 령
은 공포일부터 시행하며 〈공문식(公文式)〉은 폐지한다(부칙).

59 통감부 설치 이후 1910년 병합까지 한국인에게 적용된 통감부 법규는 총 315건이다.
한편, 민사관계와 산업·경제 관련 대한제국의 일부 법규는 통감부 법령에도 그대로
나타난다. 통감부는 주로 부령과 고시 형태로 한국 법령의 적용을 선언한다. 이러한
한국 법령은 일본의 지도·간섭으로 제정되어 내용상 일본의 법령 내지 의도가 관철된
것이 대부분이다. 통감부 법규와 대한제국 법규가 고시 형태로 적용된 것은 속지주의
특성이자 법을 통한 침탈과 지배를 나타낸다(정긍식, 위의 책, 1995, 70-72쪽).

60 〈詔書〉(明治 43.8.29),『조선총독부관보』제1호, 1910.8.29. 조서에는 어명 어새(御名
御璽)가 찍힌다. 4건의 조서에는 내각총리대신 겸 대장대신(大藏大臣)인 桂太郎(가츠
라 타로우)을 포함한 8명의 서명, 또는 궁내대신과 내각총리대신의 서명이 있다.

관한 조약,[61] 한국의 국호를 '조선'으로 변경하고 조선총독부를 설치하는 등에 관한 여러 칙령(勅令)이 보인다.[62] 또한 일본법령과 한국법령의 효력 유지 등에 관한 여러 제령(制令),[63] 제령 공포식이나 『통감부공보(公報)』를 『조선총독부관보』로 개명하는 등에 관한 통감부령도 있고,[64] 그 외에 경무총감부령, 도령(道令), 경무부령 등도 보인다.[65] 또한 '구(舊)한국 내각·표훈원·궁내부·통감부특허국' 직원, 각 이사청 이사관, 통감부재판소검사국·통감부감옥·통감부경찰관서에 보내는 통감부훈령,[66] 통감 寺內正毅(데라우치 마사다케)의 조선총독 시정 강령(施政 綱領)에 관한 유고

---

61 〈韓國倂合二關スル條約〉(조약 제4호, 명치 43.8.29), 『조선총독부관보』 제1호, 1910.8.29. 짐(朕, 천황의 자칭)이 추밀(樞密) 고문의 자문을 받아 '한국병합에 관한 조약을 재가하고 공포한다'로 시작되는 이 조서에는 내각총리대신과 외무대신의 서명이 있다. 제3조에는 이 조약을 일본국 황제와 한국 황제의 재가를 받아 공포하는 날로 시행하고, 증거로 양 전권위원이 이 조약에 기명 조인(記名 調印)한다는 내용이 담겨 있다.

62 〈韓國ノ國號ヲ改〉メ朝鮮ト稱スルノ件〉(勅令 第318號, 明治 43.8.29); 〈朝鮮總督府設置二關スル件〉(勅令 第319號, 明治 43.8.29), 『조선총독부관보』 제1호, 1910.8.29.

63 〈朝鮮二於ケル法令ノ效力二關スル件〉(제령 第1號, 明治 43.8.29); 〈居留地ノ行政事務二關スル件〉(제령 第2號, 明治 43.8.29); 〈地稅等特別免除二關スル件〉(제령 第3號, 明治 43.8.29); 〈朝鮮二於ケル關稅及移出入稅二關スル件〉(제령 第1號, 明治 43.8.29), 『조선총독부관보』 제1호, 1910.8.29.

64 〈朝鮮總督ノ發スル制令ノ公布式〉(統監府令 第50號, 明治 43.8.29); 〈統監府令公文式中改正ノ件〉(統監府令 第51號, 明治 43.8.29); 〈條約二依リ居住ノ自由ヲ有セサル外國人二關スル件〉(統監府令 第52號, 明治 43.8.29), 『조선총독부관보』 제1호, 1910.8.29.

65 〈明治四十三年制令第一號二依ル命令ノ區分二關スル件〉(제령 第8號, 明治 43.10.1), 『조선총독부관보』 제29호, 1910.10.1.

66 〈當分ノ内 殘務整理ヲ命セラレタルモノト心得ヘシ〉(統監府訓令 第15號, 明治 43.8.29); 〈本日 公布ノ倂合條約二依リ韓國ハ帝國二倂合セラレ自今朝鮮ト改稱シテ…〉(統監府訓令 第16號, 明治 43.8.29); 〈本年 勅令 第三百二十五號 大赦二關スル件 施行手續〉(統監府訓令 第17號, 明治 43.8.29), 『조선총독부관보』 제1호, 1910.8.29. 통감부훈령 제15호는 구(舊) 한국 내각과 소속 직원, 표훈원·궁내부와 구(舊) 통감부 특허국 직원에게 당분간 잔무(殘務) 정리 명령을 받았다는 마음가짐(心得)을 가지라는 내용, 제16호는 각 이사청 이사관에게 병합조약에 따른 조치와 노력이 필요하다는 내용, 제17호는 통감부의 재판소 검사국, 감옥, 경찰서에 내린 것으로 칙령 제325호에 따라 대사(大赦)를 시행해 신속하고 자세하게 통감에게 보고하라는 내용이다.

(諭告),[67] 『조선총독부관보』의 발행·발매·구입에 관한 통감부고시 등도 있다.[68] 여기서 유고는 고시처럼 관청이 특정 내용을 일반인에게 알리는 문서이다. 이 외에 상위 법규에 근거해 하급관청에 명령을 전달하는 훈령과 달리, 하급관청에 특정 내용을 통지해 공유하는 관통첩(官通牒)도 보인다.[69]

조선총독부의 법규 종류는 '한일병합'으로 대한제국이 일본 영토로 편입된 상황이므로 통감부의 법규 종류와 차이를 보인다. 다만, 일본정부가 조선에서 시행할 목적으로 제정된 법률·칙령이 조선에 효력을 미치고 조선총독이 각성대신(各省大臣)의 하급관청에 해당해 각성대신이 발포한 명령이 총독의 관할 지역에 적용된다는 입장을 가졌음에도, 모든 법규가 그대로 조선에 적용된 것은 아니다. 그 이유는 조선이 '문명의 정도(程度), 인정(人情), 풍속(風俗) 등'에서 일본보다 낮은 수준에 있다는 판단 때문이다.[70]

실제로 일본정부는 조선총독부를 설립한 이후 일본 법률을 모두 조선에 적용하지 않고, 단계적으로 적용한다. 예를 들어, 1910년 10월부터는 일본

---

67 〈叡聖文武〉(明治 43.8.29, 諭告), 『조선총독부관보』 제1호, 1910.8.29. 강령의 내용은 병합이 조선의 안녕을 보장하고 동양의 평화를 영원히 유지하기 위한 것이라는 점, 한국의 황실을 대우한다는 점, 조선인이 제국신민(帝國臣民)이므로 관리나 직원으로 등용할 것이라는 점으로 시작된다. 그리고 식산(殖産), 홍업, 치안, 도로와 철도 건설, 병원 건립, 교육, 신교의 자유 보장 등과 관련된 내용으로 구성된다.

68 〈朝鮮總督府官報ノ發行及發賣ニ關スル件〉(明治 43.8.29), 『조선총독부관보』 제1호, 1910.8.29.

69 훈령이 감독권이나 직무권한을 가진 상급관청이 하급관청에 지시하는 '명령'이라면, 통첩은, '최후통첩'처럼 국제법상 국가의 일방적 의사표시 행위이기도 하지만, 대체로 상위관청이 하위관청에 어떤 사항을 통지해 내용을 공유하는 행위이다. 따라서 훈령과 통첩은 행정기관들 사이에 이루어지는 문서 양식이다. 그에 비해, 고시(告示)는 행정기관의 결정 사항을 공식적으로 '일반인에게' 알리는 문서 양식을 말한다.

70 田口春二郎, 『朝鮮警察犯要論』, 京城: 文星社, 1912, pp.17-18.

의 '〈회계법〉, 〈우편법〉, 〈우편위체법(郵便爲替法)〉, 〈철도선박우편법〉, 〈명치 23년 법률 제21호〉, 〈전신법〉, 〈우편저금법〉, 〈도망범죄인 인도조례〉, 〈외국 함선(艦船) 승조원의 체포 유치에 관한 원조법〉',[71] 1912년 6월부터 〈수달·물개 수렵 금지에 관한 법률〉,[72] 그리고 1913년 9월부터 '〈육군형법〉, 〈육군형법시행법〉, 〈해군형법〉, 〈해군형법시행법〉, 〈해군치죄법〉, 〈육해군군법회의 사소재판(私訴裁判) 강제집행법〉, 〈육군군인 군속 위경죄 처분례〉, 〈해군군인 군속 위경죄 처분례〉, 〈계엄령〉, 〈군기보호법〉, 〈군용전신법〉'을 적용하는 식이다.[73]

조선총독부 법규가 종래 법규와 특히 차이를 보이는 부분은 제령(制令)이다. 일본정부는 자국 법률을 조선에 시행할 때 칙령(勅令)으로 공포하게 했는데, 제령은 이 칙령에 위배되지 않는 한에서 조선총독이 정하는 명령이다. 이 명령은 상급 관청이 하급 관청에 보내는 차원의 명령과 달리, 조선총독이 조선에서 법률이 필요한 사항을 규정한 '법령'으로,[74]

---

71 〈朝鮮ニ施行スル法律ニ關スル件〉(勅令 第412号, 明治 43.9.29), 『官報』 第8184号, 1910.9.30; 〈朝鮮ニ施行スル法律ニ關スル件〉(勅令 第412号, 明治 43.9.30, 施行 1910.10.1), 『조선총독부관보』 제28호, 1910.9.30. 이 칙령은 내각총리대신 겸 대장대신인 桂太郎 명의이며, 1910년 10월 1일자로 시행된다(부칙).

72 〈明治四十五年法律第二十一號ヲ朝鮮, 臺灣及樺太ニ施行スルノ件〉(勅令 第135號, 明治 45.6.11), 『조선총독부관보』 제541호, 1912.6.17. 1912년 법률 제21호는 일본이 종래의 〈臘虎膃肭獸獵法〉을 폐지하고, 수달(獵虎, 海獺)과 물개(膃肭臍) 수렵을 금지한 법률을 말한다. 〈臘虎膃肭獸獵獲禁止ニ關スル件〉(法律 第21号, 明治 45.4.20), 『官報』 第8649号, 1912.4.22.

73 〈朝鮮ニ施行スル法律ニ關スル件〉(勅令 第283号, 大正 2.9.23), 『官報』 第348号, 1913.9.25; 〈朝鮮ニ施行スル法律ニ關スル件〉(勅令 第283号, 大正 2.9.23), 『조선총독부관보』 제351호, 1913.9.30. 이 칙령은 공포일부터 시행한다(부칙).

74 〈帝國憲法 第八條ニ依リ朝鮮ニ施行スヘキ法令ニ關スル件〉(勅令 第324號, 明治 43.8.29), 『조선총독부관보』 제1호, 1910.8.29; 〈朝鮮ニ施行スヘき法令ニ關スル件〉(法律 第30號, 明治 44.3.24), 『官報』 第8324号, 1911.3.25; 〈朝鮮ニ施行スヘき法令ニ關スル法律〉(法律 第30号, 明治 44.3.24), 『조선총독부관보』 제171호, 1911.3.29. 1911년 3월 법률 제30호에 따르면, 조선에서 법률을 필요로 하는 사항은 총독 명령으로 규정할 수 있는데(제1조),

법률과 동등한 위상을 갖는다. 제령을 〈조선에 시행할 법률에 관한 건〉(칙령 제412호)이 아니라 〈조선에 시행할 법령에 관한 건〉(칙령 제324호)으로 명명한 것도 제령이 일본이 아닌 조선에만 한정한 총독의 '법적 명령'이라는 점을 시사한다.

조선총독은 '제령 제정권'이라는 독자적 입법권을 통해 입법·행정·사법에 관한 전권을 장악한다. 예를 들어, 조선총독은 자신에게 직속된 조선총독부재판소를 설치·폐지하거나 관할구역을 정해 판사를 임면·징계·지휘 감독하는 권한까지 행사한다.[75] 이러한 맥락에서 제령 제정권은 법률 제정을 통해 총독의 통치권한을 극대화시킨 장치라는 평가를 받고 있다.[76]

제령 제정권에 대해서는 '조선총독이 입법·사법·행정의 모든 분야를 장악할 수 있는 장치'라는 의미를 부여할 수 있다. 그렇지만 일본정부가 〈대일본제국헌법〉에 명시된 입헌주의를 조선에 도입하지 않았다거

이를 제령(制令)이라고 한다(제6조). 이 명령은 내각총리대신을 거쳐 직재를 요청해야 하지만(제2조), 긴급한 경우 먼저 명령을 발한 후 직재를 청해야 하며, 칙재를 얻지 못하면 명령의 장래 효력이 없어진다(제3조). 그리고 법률의 전부 또는 일부를 조선에 시행할 필요가 있는 것은 칙령으로 정하며(제4조), 제령은 제4조의 법률과 특별히 조선에 시행할 목적으로 제정된 법률과 칙령에 위배될 수 없다(제5조).

75 김창록, 「한국의 법체계는 어디로 나아가고 있는가?」, 『법학연구』 38-1, 1997, 17쪽.
76 한승연, 「制令을 통해 본 총독정치의 목표와 조선총독의 행정적 권한 연구」, 『정부학연구』 15-2, 2009, 166-167쪽. 당시 가쓰라(桂太郎) 내각은 조선총독에게 위임입법권을 부여하기로 결정했으나, 마침 제국의회가 폐회 중이어서 강점 당일인 1910년 8월 29일에 긴급칙령(칙령 제324호)으로 「조선에 시행할 법령에 관한 건」을 공포한다. 재개된 제국의회가 위헌 소지 때문에 이 긴급명령의 승인을 거부하자 일본정부는 1911년 3월 24일에 〈1910년 칙령 제324호의 효력을 장래에 실효시키는 건〉(칙령 제30호)으로 이 칙령의 효력이 없어졌음을 공포하고, 동시에 제국의회의 협찬을 거쳐 같은 날 〈조선에 시행할 법령에 관한 법률〉(법률 제30호)을 공포해 총독의 제령 제정권을 법률로 인정한다. 특히 입헌주의를 기본으로 하는 메이지헌법 하에서 제령 제정권의 허용은 당시 한국이 〈제국헌법〉 적용을 받지 않는 외지(外地)였기 때문이다. 이는 동화주의를 기본으로 하는 일본의 식민지정책과 모순되는 정책이기도 했다(같은 글, 167쪽).

나,[77] 조선에 대한 상황 판단을 조선총독에게 전적으로 위임한 반증이라는 의미도 부여할 수 있다. 게다가 제령의 적용 범위가 조선에 국한된 부분은 일본이, 비록 1919년 3·1운동 이후 '내선일체의 구현'을 강조했다고 했을지라도, 조선인과 그 문화에 대한 차별적 인식을 전제했다는 지적도 가능하게 한다.

제령과 그 하위 법규들은 조선의 독특한 상황과 그에 대한 총독의 판단과 방향 설정을 읽을 수 있는, 그리고 조선에 적용된 일본의 일부 법규들은 일본정부와 조선총독부의 연결 고리를 읽을 수 있는 통로이기도 하다. 예를 들어, 형사(刑事) 사항에 대해 일본의 〈형법〉을 조선에 적용하기 전에 조선총독이 제령으로 제정한 〈조선형사령〉[78]의 내용은 당시 조선의 상황에 대한 총독의 판단과 방향을 암시한다.

종교와 관련해서도 제령은 조선의 종교 상황에 대한 총독의 판단과 방향을 암시한다. 1911년 6월 〈사찰령〉(제7호)은 조선 불교를 겨냥한 제령으로, 일본정부가 자국 불교에 적용하지 않았던 내용이다. 그 외에 1910년 12월 〈범죄즉결례〉(제10호), 1911년 11월 〈공립보통학교비용령〉(제12호), 1912년 3월 〈조선태형령〉(제령 제13호), 1919년 4월 〈정치에 관한

---

77 〈헌법〉은 '권력 분립에 따른 국가의 구성·조직·작용과 국민 기본권 보장에 관한 원칙을 규정한 국가의 기본법'에 해당한다. 일본은 비록 천황에게 절대적으로 종속된 의미일지라도, 1889년의 〈大日本帝國憲法〉에 의회제도와 '신민'의 권리를 포함해 입헌주의를 인정한다. 그렇지만 한국에는 일본의 헌법 가운데 '입헌적' 부분을 시행하지 않고, '신권주의'만을 지배이데올로기로 적용한다.

78 〈朝鮮刑事令〉(제령 第11號, 明治 45.3.18), 『조선총독부관보』 제465호, 1912.3.18. 〈조선형사령〉 제1조에 따르면, '형사(刑事)에 관한 사항은 〈조선형사령〉과 기타 법령에 특별 규정이 있는 경우를 제외하고 일본의 〈형법〉, 〈형법시행법〉, 〈폭발물취체벌칙〉 등 12가지 법률에 의한다'. 〈조선형사령〉은 1912년 4월 1일자로 시행되고(부칙 제40조), 종래의 〈형법대전〉, 〈철도사항범죄인처단례〉, 〈형사재판비용규칙〉은 폐지된다(부칙 제41조).

범죄처벌 건〉(제7호), 1941년 2월 〈조선사상범예방구금령〉(제8호) 등도 조선의 종교와 간접적으로 관련된 제령이다. 예를 들어, 〈공립보통학교 비용령〉은 유교의 향교재산과 관련해 향교 재산 수입을 공립보통학교 교육에 투입하게 만든 법적 장치로 작용한다. 물론 〈사찰령〉의 하위 법규인 부령 제83호인 〈사찰령시행기일〉이나 부령 제84호인 〈사찰령시행규칙〉 등처럼 제령의 하위 법규인 부령이나 통첩 등도 조선의 상황에 대한 총독의 판단과 방향을 시사한다.

이상의 내용을 보면, 조선은 갑오개혁기부터, 특히 1894년 11월 〈공문식〉의 경우처럼, 일본 〈공문식〉(1886)을 모방해 근대식 법제를 채택한다. 당시 법규 종류는 법률, 칙령, 의정부령, 아문령. 경무령, 지방령, 훈령 등이다. 이 법규 종류는 대한제국기에도 유지된다. 다만, 통감부가 1907년 1월 〈공식령〉에 근거해 조서, 칙서, 황실령, 법률, 칙령, 국제조약, 각령, 성령 등의 용어를 사용하면서 새로운 법규 종류도 나타난다. 통감부의 법규 종류는 조선총독부에서도 대부분 유지된다. 특히 조선총독부는 일본 법률의 적용과 동시에 제령 제정권을 통해 통치의 골격을 잡는다. 이 연구와 관련해 보면, 종교정책의 골격도 일본 법규의 적용뿐만 아니라 〈사찰령〉 등처럼 제령의 영향을 강하게 받았다고 할 수 있다.

II

종교 법규와
인식

1906년 2월, 메이지정부(明治, 1868-1912)가 대한제국에 통감부(1906.2-1910.8)와 이사청을 설치하고,[1] 통감부는 1906년 11월에 〈종교 선포에 관한 규칙〉[2]을 공포한다. 그 후 1910년 8월, 메이지정부는 한국의 국호를 조선으로 개칭하고 조선총독부(1910.8-1945.8)를 설치하고,[3] 조선총독부는 조선의 종교 상황을 처리하기 위해 1911년 6월의 〈사찰령〉 등 여러 법규들을 공포·시행한다.

통감부와 조선총독부가 제정·시행한 여러 법규들은 대체로 메이지정부뿐만 아니라 다이쇼(大正, 1912-1926)와 쇼와(昭和, 1926-1989) 정부가 제정·시행한 법규를 모법으로 삼는다. 게다가 일본정부가 제정한 법규들이 조선에 그대로 적용된 사례도 보인다. 이는 통감부와 조선총독부의 종교 관련 법규들을 볼 때 일본의 법규까지 고려해야 한다는 것을 의미한다.

일본의 경우, 메이지정부는 '종교법', '종교법령', '종교법규' 등의 용어를 만들고,[4] 경찰에게 그 내용을 숙지시킬 정도로[5] 종교 문제에 관심을

---

1 〈韓國ニ統監府及理事廳ヲ置クノ件〉(明治 38.11.22, 勅令 第240号), 『官報』 号外, 1905.11.23. 이 칙령은 천황의 재가를 받아 내각총리대신 겸 외무대신인 가쓰라 다로桂太郎가 공포한 것으로, 1905년(명치 38년) 11월 17일 제국정부와 한국정부 사이에 체결한 협약 제2조에 기초해 통감부를 경성에, 이사청을 경성, 인천, 부산, 원산, 진남포, 목표, 마산, 기타 요지(要地)에 설치하고, 협약에 의거해 제반 사무를 처리한다는 내용이다. 통감부의 직무는 종래 제국공사관, 이사청의 직무는 종래 제국영사관이 당분간 집행한다는 내용이 부칙에 있다.

2 〈宗敎ノ宣布ニ關スル規則〉(明治 39.11, 統令 第45號).

3 〈韓國ノ國號ヲ改メ朝鮮ト稱スルノ件〉(明治 43年 8月 29日, 勅令 第318号); 〈朝鮮總督府設置ニ關スル件〉(明治 43年 8月 29日, 勅令 第318号), 『官報』第8157号, 1910.8.29. 칙령 제318호는 천황의 재가를 받아, 칙령 제319호는 천황이 추밀고문의 자문을 거쳐 재가를 받아 가쓰라 다로桂太郎가 공포한 것으로, 시행일과 공포일이 같다. 주요 내용은 조선총독부를 설치함, 총독이 위임 범위에서 육해군을 통솔하고 모든 정무를 통할함, 통감부와 그 소속 관서를 당분간 존치시켜 통감이 총독의 직무를 행함, 종래 한국정부에 속한 관청은 내각과 표훈원(表勳院)을 제외하고 조선총독부 소속 관서로 간주해 당분간 존치함, 이 관서에 근무하는 관리는 구(舊) 한국정부에 근무 중인 것과 동일하게 취급함 등이다.

보인다. 다만, 종교법령의 분류는 자료에 따라 다르다. 예를 들어, 1902년 자료는 종교법령을 '통칙, 신도·불도, 신불도 외의 종교, 고사사(古社寺)·상지삼림(上地森林), 잡건(雜件)'의 5개 편으로,[6] 1934년 자료는 '헌법과 관제(官制), 신불도(神佛道), 기독교, 보고(報告), 관계 법규'의 5개 류(類)로 분류하고 있다.[7]

일본의 종교법령에 대해서는, 분류 차이에도 불구하고, 두 가지 부분에 주목할 수 있다. 첫 번째는 일본의 종교 처리 경험이 종교 법규에 반영되어 있다는 점이다. 여기서 종교 처리 경험은 신도 국교화를 시도하다가 실패한 후 신도를 천황(天皇) 중심의 신도[국가신도]와 교파신도로 구분하면서 교파신도를 종교로 처리한 경험, 국가신도화 과정에서 불교

4 　藤堂融, 『文明各國宗敎法論』, 東京: 宮川保全, 1898; 高松泰介 編, 『現行宗敎法令』, 東京: 有斐閣書房, 1902; 眞宗福音協會, 『眞宗宝鑑』, 東京: 眞宗福音協會, 1903(第廿一編 現行宗敎法規摘要 참조). 1902년의 『現行宗敎法令』는 편찬자 직위가 내무속(內務屬), 발문자가 내무참사관(內務參事官)이므로 정부 자료에 해당한다.

5 　警視廳總監官房文書課 編, 『警察法令類纂』 第2輯, 東京: 自警會, 1927, pp.98-101. 이 자료에 담긴 5가지 법규는 1899년의 〈宗敎宣布ニ關スル屆出方〉(明治 32.7, 내무성령 제41호), 1900년의 〈宗敎ノ宣布又ハ儀式執行ヲ目的トスル法人設立ニ關スル件〉(明治 33.8, 내무성령 제39호), 1884년의 〈神佛敎務所說敎所設立其ノ他屆出方(明治 17.10, 내무성 達乙 제38호), 1889년의 〈神佛敎會說敎所取締心得〉(明治 22.5, 훈령 甲 제32호), 1896년의 〈天理敎會等ノ類取締方〉(明治 29.4, 훈령 甲 제12호)이다.

6 　高松泰介 編, Op. cit., 1902, pp.1-28. 제1편 통칙은 '헌법·형법·관제, 법인, 학교, 관람교·기부금, 장의·복기(服忌)·묘지', 제2편 신도·불도는 '교파신도, 사원·불당, 사우(祠宇), 교회소·설교소, 보고(報告-지방관 보고)'로 구성된다. 제3편 신불도 이외의 종교 이후, 제4편 고사사(古社寺)·상지삼림(上地森林)은 '고사사, 상지(上地)·삼림', 제5편 잡건(雜件)은 '국어문(菊御紋)·육해군 휘장, 고분·매장물, 청원·소원·행정소송, 경찰 법규, 출판·저작, 예금, 관유지·토지수용, 보유(補遺)'로 구성된다.

7 　宗敎行政硏究會 編, 『(昭和 9年版) 宗敎法令類纂』, 東京: 宗敎行政硏究會, 1934, pp.1-472. 법규 부분은 같은 책, pp.263-472 참조. 신불도 관련 법규에는 교규(敎規)·종제(宗制), 관장·교사·승려, 사원·사우(祠宇)·불당, 교회소, 포교·의식(儀式)이 포함된다. 관계 법규에는 법인, 학교, 제원(諸願), 관람료·기부금, 형법·경찰과 각종 취체, 삼림·토지, 장의·묘지·고분·매장물, 제세(諸稅), 신탁(信託)·예금, 신분, 어문장(御紋章)·휘장, 국보·사적(史蹟)·명승·천연기념물 보존 등에 관한 법규가 포함된다.

를 포섭하다가 분리시켜 종교로 처리한 경험, 기독교를 사종문(邪宗門)으로 간주해 탄압하다가 종교로 처리한 경험, 유교를 종교로 처리하지 않고 유교의 국학운동을 국민 교화 수단으로 활용한 경험, 신종교를 종교로 인정하지 않고 탄압한 경험 등을 말한다.

두 번째는 종교의 법적 인정, 즉 공인 현상이다. 이 현상의 법적 계기는 두 가지이다. 하나는 1884년 태정관 포달(布達) 제19호이다. 이 법규의 핵심은 국민 교화(敎化)를 담당한 신도·불교의 교도직(敎導職)을 폐지하고 주지의 임면이나 교사 등급 등을 각 교종파(敎宗派) 관장에게 위임하되 내무경(內務卿)의 인가를 받아야 한다는,[8] 즉 불교와 교파신도(敎派神道)가 종교로 인정을 받으려면 내무경의 인가를 받아야 한다는 내용이다.

1884년 태정관 포달 이후, 일본에는 '공인종교와 그 외의 종교'라는 분류법이 나타난다. 이 분류법에서 공인종교는 교파신도·불교·기독교를, 그 외의 종교는 신종교와 민간신앙이다. 그리고 유교와 국가신도는 종교가 아닌 것이 된다. 실제로 당시 여러 종교 법규 관련 자료에서는 '신도·불교와 그 외의 종교'를 구분하고 있다.[9] 이 구분은 공인종교뿐만 아니라 신도와 불교의 경계가 약해져 하나의 범주로 묶였던 일본의 역

---

8 〈寺院住職任免及 教師進退各官長へ委任條件〉(明治 17.8.11, 太政官 布達 19號), 文部省宗敎局, 『宗敎要覽』, 文部省宗敎局, 1916, pp.8-9. 신도 각파 관장은 교규, 교사의 분한(分限, 신분 위계)과 명칭 결정, 교사 등급의 진퇴 등에 관한, 불교 각 종파 관장은 종제, 사법, 승려와 교사의 분한과 명칭 결정, 주지 임면과 교사 등급의 진퇴, 사원에 속한 고문서·보물·집기(什器)류 보존 등에 관한 조규를 정해 내무경 인가를 받아야 한다(4조).

9 주요 사례로는 〈神佛各宗派官長及舊敎導職身分取扱方〉(明治 17.8.11, 태정관 達 70호); 〈神佛道以外ノ宗敎ノ宣布及敎會等ノ取締規程〉(明治 32.7.27, 내무성령 41호); 〈神佛道以外ノ宗敎主義ノ敎育ヲ施ス學校設立認可ノ際學則回附方ノ件〉(明治 44.3.17, 종교국 통첩 宗 370호); 〈神佛道敎宗派事務報告(例)〉(大正 3.8.19, 문부성 훈령 6호); 〈神佛道敎會所規則〉(大正 12.7.24, 문부성령 33호) 등을 들 수 있다.

사적 경험을 보여주고 있다.

다른 법적 계기는 1889년의 〈제국헌법〉 제28조이다.[10] 〈제국헌법〉 제28조는 일본 신민(臣民)에 대한 '신교 자유(信敎ノ自由)' 보장 부분도 있지만, 신도·불교뿐 아니라 기독교의 법적 근거로 작용할 수 있었다는 점에서 일본의 종교 법규 역사에서 하나의 전환점이다. 다만, '안녕질서를 방해하거나 신민의 의무를 거스르지 않는 한'이라는 조건이 붙어, 신교의 자유는 제한된 자유가 된다.[11] '안녕질서의 방해 여부'를 판단하거나 '신민의 의무'를 규정하는 주체가 국가권력이기 때문이다.

그렇지만 종교의 공인 현상에도 불구하고, 일본의 종교 관련 법규를 보면, 종교별 분류가 명확하지 않다. 특정 종교[신도·불교·기독교]에만 적용된 경우도 있지만, '잡건'이나 '관계 법규'에 실린 〈형법〉이나 경찰과 각종 취체(取締) 관련 법규처럼 적용 대상이 혼재된 경우도 있다. 1938년 3월의 〈국가총동원법〉(법률 제55호)[12]처럼 '국가총동원 상 필요한 정보 또는 계발(啓發) 선전(宣傳)에 관한 업무'가 포함된 제3조를 제외하면 종교 관련 조항이 없음에도, 불교, 기독교, 유교, 천도교 등 종교계 일부가

---

10 〈大日本帝國憲法〉(公布 明治 22.2.11, 施行 明治 23.11.29), 村形吉作, 『大日本帝國憲法』, 東京: 永昌堂, 1889, pp.1-13.
11 伊藤博文, 『帝國憲法義解』, 國家學會, 1889, pp.40-42. 당시 伊藤博文의 설명에 따르면, 신교의 자유는 각국 정부가 인정하는, '근대 문명의 일대 미과(近世 文明ノ一大美果)'이다. 인간 내부에 있는 '본심의 자유(本心ノ自由)'는 국법이 간섭할 수 없는 '무형의 권리'지만, 신앙이 '내부의 심식(心識)'을 넘어 외부로 표출된 예배, 의식, 포교, 연설, 결사, 집회는 법률이나 경찰이 안녕질서를 유지하기 위해, 신민의 의무를 방해하지 않기 위해 제한될 수 있다. 즉 내부에 있는 신교의 자유는 완전해서 제한할 수 없고, 외부의 예배·포교의 자유는 필요한 경우 법률규칙으로 제한될 수 있다. 제28조는 '정교상호관계'의 경계(界域)라는 의미를 지닌다.
12 〈國家總動員法〉(昭和 13.3.31, 法律 第55號), 〈國家總動員法施行期日ノ件〉(昭和 13.5.3, 勅令 第315號), 〈國家總動員法ヲ朝鮮, 臺灣及樺太ニ施行スルノ件〉(昭和 13.5.3, 勅令 第316號), 松島信藏 編, 『戰時法令集』, 岐阜縣: 德行新聞社, 1938, pp.51-66. 〈국가총동원법〉은 일본과 조선·대만·사할린(樺太)에서 1938년 5월 5일자로 시행된다.

'국민정신총동원운동'에 적극 참여한 사례도 보인다. 종교가 주요 적용 대상이 아니지만 종교계 태도를 바꾸는 데에 영향을 미친 이러한 법규는 특정 종교와 관련된 법규로 분류하기가 쉽지 않다.

조선의 경우에도 법규의 종교별 분류는 쉽지 않다. 1915년 8월 〈포교규칙〉(부령 제80호)만 해도 적용 범위에 신도, 불교, 기독교가 모두 포함된다. 그 외에 1906년 4월 〈보안규칙〉(통감부령 제10호), 1907년 7월 〈보안법〉(법률 제2호), 1908년 10월 〈경찰범처벌령〉(통감부령 제44호), 1910년 8월 〈정치에 관한 옥외 대중(多衆)집회를 금(禁)하는 건〉(통감부 경무총감부령 제3호), 1912년 3월 〈조선태형령〉(제령 제13호)과 〈경찰범처벌규칙〉(부령 제40호), 1925년 4월 〈치안유지법〉(법률 제46호), 1941년 2월 〈조선사상범예방구금령〉(제령 제8호) 등도 신종교나 무속뿐 아니라 모든 종교에 적용된 법규이다.

이러한 법규 분류의 어려움에도 불구하고, 이 연구에서는 종교 법규를 '공인종교(신도, 불교, 기독교)', 신종교, 유교와 관련된 법규로 분류한다. 여기서 공인종교 관련 부분은 신도를 포함한 일본 종교, 조선 불교, 조선 기독교, 유관 분야의 관리 법규가 대상이 된다. 신종교 관련 법규에는 무속에 관한 내용을 포함한다. 법규의 종교별 구분 기준은 '법규의 주요 적용 대상'이고, 그 이유는 종교별 대응 양상의 차이 등을 보기 위해서이다.

1. 공인종교 관련 주요 법규

통감부와 조선총독부가 제정·시행한 공인종교 관련 법규는 다양하다. 일본의 종교 법규가 조선에 적용된 사례도 있다. 이와 관련해, 1924

년, 1932년, 1936년의 『조선법령편람』에 실린 조선총독부 시기의 종교 법규들을 정리하면 다음과 같다.[13]

〈표 1〉 조선의 종교법규 목록(1924년 자료)

	社寺	宗敎
24년	朝鮮神社創立竝其ノ社格(大正 8.7, 閣告 12) 神社寺院規則(大正 4.8, 總令 82) 神社寺院規則ニ依ル神社寺院創立願, 同財産届ノ樣式(大正 4.10, 總告 254) 官國幣社以下神社祭祀令(大正 3.1, 칙령 10) 神社ノ祭式竝例式及臨時ニ關スル件(大正 5.6, 總令 49) 府縣社以下神社神職ニ關スル件(明治 27.2, 勅令 22) 神職任用奉務及服裝規則(大正 5.6, 總令 50) 神宮神札ノ祭式(大正 6.3, 總訓 14) 神社奉仕ノ行사及作法(大正 5.6, 總告 157) 神司ニ關スル件(大正 6.3, 總令 21) 享祀釐正ニ關スル件(隆熙 2.7, 勅令 50)	布敎規則(大正 4.8, 總令 83) 布敎規則ニ依ル布敎届等ノ樣式(大正 9.4, 總告 102) 寺刹令(明治 44.6, 制令 7) 寺刹令施行期日(明治 44.7, 總令 83) 寺刹令施行規則(明治 44.7, 總令 84) 寺刹令施行規則 附則第三項ニ依ル住持就職認可申請書ノ樣式(明治 44.9, 總令 277) 寺刹ヨリ行政官廳ニ提出スル願届ハ本寺ヲ經由セシムル件(大正 2.10, 總訓 55)

〈표 2〉 조선의 종교법규 목록(1932년 자료)

	社寺	宗敎
32년	朝鮮神社創立竝其ノ社格(大正 8.7, 閣告 12) ▲朝鮮神宮改稱(大正 14.9, 閣告 6) ▲朝鮮神宮職員令(大正 14.9, 勅令 276) ▲官國幣社及神宮神部署神職任用令(明治 35.2, 勅令 28) ▲官幣大社朝鮮神宮出仕ニ關スル件(大正 15.5, 總令 44) ▲官幣大社朝鮮神宮神職奉給規則(大正 14.9, 總令 85) ▲官幣大社朝鮮神宮神職旅費規則(大正 15.4, 總令 29) ▲官幣大社朝鮮神宮處務規程(大正 15.4, 總訓 11) ▲官幣大社朝鮮神宮會計規則(大正 15.3, 總令 23)	布敎規則(大正 4.8, 總令 83) 布敎規則ニ依ル布敎届等ノ樣式(大正 9.4, 總告 102) 寺刹令(明治 44.6, 制令 7) 寺刹令施行期日(明治 44.7, 總令 83) 寺刹令施行規則(明治 44.7, 總令 84) ▼寺刹令施行規則 附則第三項ニ依ル住持就職認可申請書ノ樣式(明治 44.9, 總告 277)

---

13 朝鮮總督府 編, 『朝鮮法令輯覽』(大正 13年版), 東京: 帝國地方行政學會, 1924, pp.1-10 (第七輯 社寺·宗敎); 朝鮮總督府 編, 『朝鮮法令輯覽』(上), 東京: 帝國地方行政學會, 1932, pp.1-26(第七輯 社寺·宗敎); 朝鮮總督府 編, 『朝鮮法令輯覽』(上), 朝鮮書籍印刷, 1936, pp.1-26(第七輯 社寺·宗敎).

| 神社寺院規則(大正 4.8, 總令 82)
神社寺院規則ニ依ル神社寺院創立願, 同 財産届ノ
樣式(大正 4.10, 總告 254)
官國幣社以下神社祭祀令(大正 3.1, 勅令 10)
▲官幣大社朝鮮神宮祭式(大正 14.11, 總令 110)
▲官幣大社朝鮮神宮神職齋戒ニ關スル件(大正
15.1, 總令 1)
▲官幣大社朝鮮神宮ニ於テ恒例トシテ行レ式及
其ノ式次第立遙拜詞, 祓物及大祓詞ノ格例(大正
15.1, 總訓 1)
▲官幣大社朝鮮神宮鎭座祭及例祭日(大正 14.9, 閣告 9)
▲朝鮮神宮ニ於テ行ハルル祈年祭日(大正 15.3, 總告 60)
神社ノ祭式恒列式及齋戒ニ關スル件(大正 5.6, 總令 49)
府縣社以下神社ノ神職ニ關スル件(明治 27.2, 勅令 22)
神職任用奉務及服裝規則(大正 5.6, 總令 50)
神社制札ノ祭式(大正 6.3, 總訓 14)
神社奉仕ノ行事及作法(大正 5.6, 總告 157)
神祠ニ關スル件(大正 6.3, 總令 21)
享祀釐正ニ關スル件(隆熙2.7, 勅令 50) | 寺刹ヨリ行政官廳ニ提出スル
願届ハ本寺ヲ經由セシムル件
(大正 2.10, 總訓 55) |

※ ▲=이전 자료에 추가, ▼=이전 자료의 삭제, 진하게=원자료 표기

<표 3> 조선의 종교법규 목록(1936년 자료)

	社寺	宗敎
36년	※ 以上 1932년 자료와 上同 ▲卽位禮及大嘗祭ノ當日官國幣社以下神社ニ於テ 行レヘキ祭祀ニ關スル件(大正 4.7, 勅令 109) ▲入太子禮當日官國幣社以下神社ニ於テ行レヘ キ祭祀ニ關スル件(大正 5.10, 勅令 231) ▲天皇皇后結婚滿二十五年ノ祝養當日官國幣社以 下ニ於テ行レヘキ祭祀ニ關スル件(大正 14.5, 勅 令 169) ▲皇太子結婚禮當日官國幣社以下神社ニ於テ行 レヘキ祭祀ニ關スル件(大正 13.1, 勅令 7) ※ 以下 1932년 자료와 上同	1932년 자료와 上同

※ ▲=이전 자료에 추가, ▼=이전 자료의 삭제, 진하게=원자료 표기

이 외에, 1916년 문부성 종교국의 『종교요람』 자료에는 조선의 종교 관련 '제령과 총독부령'으로 <사찰령>과 <동(同) 시행규칙>, <신사·사원규

칙〉, 〈포교규칙〉이 실려 있다.[14] 1940년 12월판『조선법령집람』자료에는 〈사원규칙〉이 포함되어 있다.[15] 조선총독부 학무국의 1934년과 1940년 자료에는, 부서의 종무행정을 정리한 것으로 추측되지만, 〈사찰령〉, 〈신사·사원규칙〉, 〈포교규칙〉, 〈향사이정에 관한 건〉이 실려 있다.[16]

이상의 법규들을 종교별로 정리해보면, 일제강점기의 종교 법규는 크게 일본 종교와 조선 종교에 적용되는 법규로 구분될 수 있다. 다시 일본 종교 관련 법규는 교파신도, 신사, 불교, 기타 종교로, 조선 종교 관련 법규는 불교와 기독교 관련 법규로 구분될 수 있다. 그 외에 종교에 영향을 미치는 기타 법규도 있다. 이러한 분류법을 가지고 주요 법규들을 다시 정리하면 다음과 같다.

〈표 4〉 공인종교 관련 주요 법규

범위		주요 법규	비고
일본	신도, 불교, 기타 종교	〈宗敎ノ宣布二關スル規則〉(통감부령 제45호, 1906.11.17)	1915년 10월 〈포교규칙〉으로 대체
	신사, 불교	〈神社寺院規則〉(부령 제82호, 1915. 8.16)	1936년 8월 〈사원규칙〉으로 대체(폐지 1962.1.20)

---

14 文部省宗敎局 編,『宗敎要覽』, 東京: 文部省宗敎局, 1916(大正 5), pp.52-64.

15 朝鮮總督府 編纂,『朝鮮法令輯覽』(上), 朝鮮行政學會, 1940, pp.1-5(第八輯 宗敎). 1936년 자료집에 비해 〈포교규칙〉 다음 부분에 추가로 서술된 두 건의 종교법규는 〈寺院規則〉(昭和 11.8, 總令 80)과 〈寺院規則二依ル寺院創立願, 寺院財産屆ノ樣式〉(昭和 11.8, 總告 44)이다.

16 朝鮮總督府 學務局社會課,『(昭和 七年十二月末調) 朝鮮に於ける宗敎及亨祀一覽』, 朝鮮總督府, 1934, pp.89-119; 朝鮮總督府 學務局社會敎育課,『(昭和 十四年十二月末調) 朝鮮に於ける宗敎及亨祀一覽』, 朝鮮總督府, 1940, pp.109-137. 두 자료에 있는 법규는 〈寺刹令〉(明治 44.6, 制令 제7호, 개정 昭和 4.6, 제령 제9호)·〈寺刹令施行期日〉(明治 44.7, 總令 제83호)·〈寺刹令施行規則〉(明治 44.7, 總令 제84호), 〈神社寺院規則〉(大正 4.8, 總令 제82호)·〈神社寺院規則二依ル神社寺院創立願, 同財産屆ノ樣式〉(大正 4.10, 總告 제254호), 〈布敎規則〉(大正 4.8, 總令 제59호)·〈布敎規則二依ル布敎屆等ノ樣式〉(大正 9.4, 總告 제102호), 〈亨祀釐正二關スル件〉(隆熙 2.7, 칙령 제50호)이며, 서로 동일하다.

		〈神社規則〉(부령 제76호, 1936.8.11)	
		〈神祠ニ關スル件〉(부령 제21호, 1917.3.22)	
	불교	〈寺院規則〉(부령 제80호, 1936.8.11)	
조선	불교	〈寺刹令〉(제령 제7호, 1911.6.3)	시행 1911.9.1, 폐지 1962.1.20
	불교, 기독교	〈布敎規則〉(부령 제83호, 1915.8.16, 시행 1915.10.1)	폐지 1962.1.20
기타	사립학교 (종교교육)	〈私立學校令〉(칙령 제62호, 1908.8.26) 〈私立學校規則〉(부령 제114호, 1911.10.20) 〈私立學校規則中改正〉(부령 제24호, 1915.3.24) 〈祝祭日當日私立宗敎學敎擧式禮拜ニ關スル件〉(관통첩 제209호, 1915.7.1)	〈私立學校令〉(시행 1908.10.1) 〈私立學校規則中改正〉(시행 1915.4.1)
	종교 법인화	〈法人ノ設立及監督ニ關スル規程〉(부령 제71호, 1912.3.30)	〈朝鮮民事令〉(제령 제7호, 1912.3.18, 시행 1912.4.1) 〈朝鮮刑事令〉(제령 제11호, 1912.3.18, 시행 1912.4.1)

이러한 법규들 가운데 일부 종교 법규들이 해방 이후 1962년까지 존속된 부분은 특이하다. 1911년 〈사찰령〉, 1936년 〈사원규칙〉, 1915년 〈포교규칙〉의 폐지 일자가 1962년 1월 20일이다.[17] 게다가 〈사찰령〉은 1962년 5월의 〈불교재산관리법〉, 1988년 5월의 〈전통사찰보존법〉, 2009년 3월의 〈전통사찰의 보존 및 지원에 관한 법률(약칭: 전통사찰법)〉으로 연결되고 있다.[18] 그리고 1920년 6월의 〈향교재산관리규칙〉은 1948년 5월의 〈향교

---

17 〈사찰령·사원규칙·포교규칙 폐지에 관한 법률〉(법률 제994호, 1962.1.20, 일괄폐지), 『관보』 제3054호, 1962.1.20("1911년 제령 제7호 사찰령, 1936년 총령 제80호 사원규칙 및 1950년 총령 제83호 포교규칙은 이를 폐지한다").
18 〈불교재산관리법〉(제정·시행 1962.5.31, 법률 제1087호); 〈불교재산관리법시행령〉(각령 제939호, 제정·시행 1962.8.22); 〈전통사찰보존법〉(법률 제3974호, 제정 1987.11.28, 시행 1988.5.29); 〈전통사찰보존법시행령〉(대통령령 제12457호, 제정·시행 1988.5.28); 〈전통사찰의 보존 및 지원에 관한 법률(약칭: 전통사찰법)〉(법률 제9473호, 개정 2009.3.5, 시행 2009.6.6); 〈전통사찰의 보존 및 지원에 관한 법률 시행령〉(대통령령 제21528호, 개정 2009.6.9, 시행 2009.6.9).

재산관리에 관한 건〉으로 그 효력을 상실했지만, 1962년 12월의 〈향교재산법〉으로 연결되고 있다.[19] 이러한 부분들은 일제강점기의 종교 법규가 한국의 종교 상황에 미친 여파가 적지 않다는 점을 시사하고 있다.

1) 일본 종교의 관리 법규

(1) 종교 선포에 관한 규칙: 선포 규제

① 종교 선포에 관한 규칙의 제정

1905년 11월 외부대신 박제순과 특명전권공사(特命全權公使) 林權助(하야시 곤노스께)가 〈한일협상조약〉에 서명하고, 일본이 〈한일협상조약〉 제3조에 의거해 통감부와 이사청을 설치하라는 칙령을 공포한 후(칙령 제240호), 동년 12월에 통감부와 이사청 관제를 공포한다(칙령 제267호). 그리고 1885년에 초대 내각총리대신 등 여러 관직을 거치다가 1898년에 제7대 내각총리대신에 취임해 1889년에 〈대일본제국헌법〉을 제정하는 등 근대 법규에 밝았던, 또한 1907년 7월의 〈한일협약〉 서명자인 伊藤博文(이토 히로부미, 1905.5-1909.6)을 한국 통감에 임명한다. 이토 히로부미는 1906년 1월부터 〈우편법·우편위체법·우편저금법·철도선박우편법·전신법의 시행은 체신령과 고시에 의하는 건〉(통감부령 제1호)을 시작으로 여러 부령(府

---

19 〈향교재산관리규칙〉(부령 제91호, 제정·시행 1920.6.29); 〈향교재산관리에관한건〉(군정법령 제194호, 제정·시행 1948.5.17); 〈향교재산법〉(법률 제958호, 제정·시행 1962.1.10); 〈향교재산법시행령〉(각령 제1091호, 제정·시행 1962.12.27); 〈향교재산법〉(법률 제9215호, 개정 2008.12.26, 시행 2008.12.26); 〈향교재산법 시행령〉(대통령령 제20676호, 개정 2008.2.29, 시행 2008.2.29). 1948년 5월 군정법령 제194호 제14조에 따르면, 〈향교재산관리규칙〉(1919.6.29, 총령 제91호)과 〈지방문묘규정〉(1945.5.14, 총령 제110호)은 본령 시행 20일 후부터 효력을 상실한다.

令)을 공포하다가 동년 3월에 착임(着任)한다.[20]

　종교 법규와 관련해 이토 히로부미는 1906년 11월, 본문 6개조와 부칙 2개조의 〈종교 선포에 관한 규칙〉(통감부령 제45호)을 공포하고, 12월 1일자로 시행한다. 이 법규의 적용 범위는 '일본의 신도(神道), 불교, 기타 종교에 속하는 교종파(敎宗派)와 일본인 포교자'(제1조, 제2조)이다. 주요 내용은 다음과 같다.[21]

〈표 5〉 1906년 11월 〈종교 선포에 관한 규칙〉의 주요 내용

조	주요 내용	
1	일본 종교(神道, 佛道, 기타 종교에 속하는 敎宗派)가 한국에서 포교할 때는 종단 차원에서 한국의 관리자를 지정하고(이력서 첨가), 포교 방법과 포교자의 감독 방법을 제출해 통감 인가를 받아야 함	(통감 인가)
2	제1조에 속하지 않은 일본인(제국신민 포교자)이 종교의 선포에 종사하려면 '종교 명칭, 포교 방법, 이력서'를 소관 이사청의 이사관을 경유해 통감 인가를 받아야 함	(통감 인가, 이사관 경유)
3	종교 시설(寺院, 堂宇, 會堂, 說敎所, 講義所의 類)을 설립할 때는 '[시설] 명칭과 소재지, 종교 명칭, 관리·유지 방법'을 갖추어 시설 소재지를 관할하는 이사관의 인가를 받아야 함	(이사관 인가)
4	일본의 종교단체나 포교자는 한국사원의 관리 위촉(委囑)에 응할 때 필요한 서류를 갖춰 소관 이사관을 경유해 통감 인가를 받아야 함	(통감 인가, 이사관 경유)
5	제1조~제4조의 인가사항을 변경할 때는 인가를 갱신해야 함	(인가 갱신)
6	제1조의 일본 종교단체나 제2조의 포교자는 소속 포교자의 이름과 자격을 소관 이사관에게 제출해야 하고 포교자의 변경이 있을 때도 소관 이사관에게 제출해야 함	(이사관에게 제출 의무)
7	이 규칙은 1906년 12월 1일부터 시행	(부칙)
8	이미 포교에 종사하거나 종교시설을 갖춘 경우(제3조)나 한국사원의 관리 위촉을 받은 경우(제4조)는 이 규칙 시행 후 3개월 이내에 해당 인가사항을 제출해야 함	(기존 사례 적용)

20　『고종실록』 46권(42년 11.15, 양력 1번째 기사, 1905); 『고종실록』 46권(42년 11.17, 양력 1번째 기사, 1905); 『고종실록』 47권(43년 2.1, 양력 1번째 기사, 1906); 『고종실록』 47권 (43년 3.9, 양력 3번째 기사, 1906); 『순종실록』 1권(즉위년 7.24, 양력 2번째 기사, 1907).

21　〈宗敎ノ宣布ニ關スル規則〉(시행 1906.12.1, 통감부령 제45호, 1906.11.17 제정), 『통감 부법령자료집』 上, 1972, 234-235쪽.

〈종교 선포에 관한 규칙〉 8개조의 주요 내용은 통감 인가 사항 3건, 이사관 인가 사항 1건이다. 우선, 통감 인가 사항을 보면, 한국에서 포교하려는 일본 종교는 종단에서 관리자를 지정하고, 이력서를 포함해 포교 방법과 포교자의 감독 방법을 마련해야 한다(第1조). 제1조에 속하지 않은 일본인 포교자는 '종교 명칭, 포교 방법, 이력서'를 갖추어야 한다(第2조). 그리고 한국 사원의 관리를 위촉(委囑)할 일본의 종교단체나 포교자는 필요한 서류를 갖추어야 한다(第4조). 일본 종교단체의 포교 업무는 통감 인가 사항, 개인이나 한국 사원의 관리는 소관 이사청의 이사관을 경유한 통감 인가 사항이다.

다음으로, 이사관의 인가 사항을 보면, 종교 시설(寺院, 堂宇, 會堂, 說教所, 講義所의 類)을 설립할 때 '[시설의] 명칭과 소재지, 종교 명칭, 관리·유지 방법'을 갖추어야 한다(第3조). 제1조의 일본 종교단체나 제2조의 포교자는 소속 포교자의 이름과 자격을 소관 이사관에게 제출해야 하고, 포교자의 변경이 있을 때도 마찬가지이다(第6조). 그리고 제1조~제4조의 인가사항을 변경할 때는 인가를 갱신해야 한다(第5조).

이러한 법규의 핵심은 일본의 종교 단체와 개인이 한국 포교, 한국 사원의 위탁 운영, 종교 시설의 설립 등을 시도할 때 통감이나 이사관 인가를 통해 관리를 받아야 한다는 데에 있다. 따라서 이 법규의 초점은 한국 내 일본 종교 상황을 파악하고 관리·조절하는 데에 있다. 다만, 일본 종교의 한국 포교를 허가가 아닌 인가 대상으로 삼았다는 점에서, 즉 통감과 이사관의 동의만으로 법적 효력을 인정했다는 점은 낮은 차원의 통제였다고 할 수 있다.[22]

22 '허가'는 건축허가, 운전면허, 음식점허가 등처럼 일정 요건을 갖추어 국가나 행정 목적의 달성에 배치되지 않고 타인에게 피해를 주지 않는 적법한 경우에만 용인된다는

② 제정 배경과 모법

〈종교 선포에 관한 규칙〉이 제정된 배경과 모법은 무엇일까? 우선, 제정의 주요 배경은 '일본 종교의 한국 진출 현상'을 관리하는 데에 있다. 이와 관련해, 1876년 개항 이후 일본 불교가 경쟁적으로 조선에 진출하는 상황이 전개된다. 아울러, 시기상 뒤의 일이지만, 1907년 한국 군대의 해산으로 각지에서 활발해진 의병이 사찰을 항일운동의 공간으로 삼아 사찰을 황폐화시키자 조선의 여러 사찰이 정토진종대곡파(淨土眞宗 大谷派)에 사찰 관리를 요청하던 상황이 지적된 바 있다.[23] 이러한 지적은 〈종교 선포에 관한 규칙〉의 초점이 당시 한국에 진출한 일본 종교의 관리에 있었다는 점을 시사한다.

일본 종교의 한국 진출에 대한 일본정부의 관심과 관리는 통감부 설치 이전에 이미 마련된 해외 포교 정책에서 찾아볼 수 있다. 일본의 내무성 종교국은 1901년 6월에 불교의 각 관장(館長)에게 통첩을 보내 해외 포교자를 관리하도록 한 바 있다. 그에 따르면, 당시 내무성 종교국은 일본 내 부랑자들이 승려로 사칭(詐稱)하며 포교를 빙자해 청국과 한국에 들어가는 경우가 종종 있어 그 폐해가 적지 않고 종파의 체면도 구겨지고 있다고 판단하고, 이를 막기 위해 종파가 관할하는 승려가 청국과 한국에서 포교할 때 목적과 신원(身元) 등에 관한 증명서를 휴대하게 만

의미이다. 허가에는 '공기관과 국민의 관계'가 전제되므로 허가 없는 행위는 행정상 처벌과 강제집행의 대상이 될 수 있다. 그에 비해, 인가는 조합정관 승인, 보험약관 승인 등처럼 '국민 간 계약에 국가나 행정관청이 관여해 계약의 법률적 효력 발생을 인정'한다는 의미이다. 행정기관의 인가 없는 계약은 '처벌 대상이 되지 않지만' 법률적으로 효력 없는 행위가 된다. 다만, 허가와 인가가 행정상 명확히 구분되는 것은 아니다.

23 카미벳부 마사노부, 『近現代 韓日 宗敎政策 比較硏究 ─佛敎敎團의 變遷을 中心으로』, 지식과 교양, 2011, 144-146쪽.

든다. 그리고 통감부 설치 직후인 1906년 5월에 〈청국과 한국에 대한 포교 취체건(淸國及ビ韓國ニ於ケル布敎取締ノ件)〉을 공포해 일본 종교의 해외 포교를 관리한다.[24]

다음으로, 〈종교 선포에 관한 규칙〉의 모법은 무엇일까? 이 법규의 모법을 어느 하나로 단정하기는 쉽지 않다. 〈종교 선포에 관한 규칙〉이 공포된 1906년 11월 이전까지 이미 일본에는 종교 선포에 관해 여러 법규가 있었기 때문이다.

이와 관련해, 1899년 6월의 내무성령 제41호 〈종교 선포에 관한 신고 방법(宗敎宣布ニ關スル屆出方)〉(6개조)을 보면, 종교 선포 종사자는 '이력서를 포함해 종교 명칭과 포교 방법'을 관할 지방장관에게 신고해야 하고(제1조), 종교용 시설을 설립하려면 '설립 이유, 설립 완료 기한, 명칭·소재지·부지·건물 관련 사항(도면 첨가), 종교 명칭, 관리·유지 방법, 담당 포교자의 자격과 선정 방법'을 제출해 관할 지방장관의 허가를 받아야 한다(제2조). 이러한 조치는 〈종교에 관한 규칙〉의 제2조·제3조의 내용과 유사하다. 이 법규에는 '신불도(神佛道) 포교자와 그 사원·불도교회소(佛道敎會所) 등의 설립·이전·폐지에 관해 모두 종전(從前)의 규정에 의한다'(제5조)는 내용이 있어 〈종교 선포에 관한 규칙〉처럼 신도와 불교를 주요 대상으로 하고 있음을 알 수 있다.[25]

또한 1900년 8월 〈종교 선포 또는 종교상 의식집행을 목적으로 하는

---

24 黒住敎本廳 編, 『黒住敎敎規敎則說明 並宗敎法令抄』, 岡山市: 黒住敎本廳, 1910(明 43.3), pp.64-65. 이 자료에 실린 '〈淸國若クハ韓國ニ於テ敎ニ從事スル僧侶取締ニ關スル件〉(明治 34.6.19, 宗敎局 通牒 外甲 第39號), 〈淸國及ビ韓國ニ於ケル布敎取締ノ件〉(明治 39.5.7, 內務省訓 第336號)' 참조.

25 〈宗敎宣布ニ關スル屆出方〉(明治 32.6.27, 內務省令 第41號, 시행 明治 32.8.4), 內務省總務局文書課, 『(訂正增補)法規類抄』(下), 東京: 內務省總務局文書課, 1900, pp.368-369.

법인의 설립 등에 관한 규정(宗敎ノ宣布又ハ宗敎上ノ儀式執行키目的ㅏ스ル法人ノ 設立等二關스ル規程)〉도 〈종교 선포에 관한 규칙〉의 내용과 연관되어 있 다. 모두 4개조로 구성된 이 규정은 종교 법인 설립에 관한 내용인데, 법인 설립에 필요한 사항들(제1조)의 일부 내용이 〈종교 선포에 관한 규 칙〉의 제2조·제3조와 중첩된다.[26]

이 외에, 1901년 6월 〈청국·한국에서 포교에 종사하는 승려 취체 건 (淸國若クハ韓國二於テ布敎二從事スル僧侶取締二關スル件)〉도 불교에 국한된 법 규지만, 일본 종교의 해외 포교를 관리하는 것이어서 〈종교 선포에 관한 규칙〉과 연결되어 있다. 통감부 설치 이후인 1906년 5월에 공포된 〈청 국과 한국에 대한 포교취체 건(淸國及ビ韓國二於ケル布敎取締ノ件)〉도 각 교 종파가 청국과 한국에 포교자를 파견할 때 '포교자 자격, 포교 방법과 감독'에 관해 해당 교종파의 교규(敎規)·종제(宗制)에 규정해 내무대신 '인 가(認可)'를 받도록 하는 내용을 포함하고 있어,[27] 〈종교 선포에 관한 규 칙〉의 제1조, 제2조, 제6조 등과 연관된다.

이상의 내용을 보면, 〈종교 선포에 관한 규칙〉은 통감부 설치 이전부 터 일본정부가 시도했던 해외 포교 관리 정책의 연장선에서 제정된, 그

---

26 〈宗敎ノ宣布又ハ宗敎上ノ儀式執行키目的ㅏ스ル法人ノ設立等二關스ル規程〉(明治 33.8.1, 內務省令 第39號), 內務省總務局文書課, *Ibid.*, 1900, pp.369-370. 이 규정에 따르 면, 법인 설립을 위해서는 정관과 기부행위 외에도 '종교 명칭과 소속 교종파 명칭, 의식과 포교 방법, 포교자 자격과 선정 방법, 신도(信徒)와 사원(寺院)의 관계, 신도와 사원될 자의 원수(員數), 종교용 시설의 소재지와 설립허가 연월일' 등을 기재한 서류를 만들어 제출해야 한다(제1조). 그리고 '서류 제출 시 신불도의 교종파에 속한 경우에는 관장의 첨서(添書)를 붙여야 한다'(제4조).

27 黑住敎本廳 編, *Op. cit.*, 1910, pp.64-67. 이 자료에 따르면, 〈宗敎ノ宣布二關スル規則〉 (明治 39.11, 統監府令 第45號) 이후에도 내부성은 1907년 2월에 〈韓國布敎ハ內務省ノ 認可키要セサル件〉(明治 40.2.23, 內務省 統甲 第9號)을 공포해 일본 종교의 한국 포교 를 관리한다. 그에 따르면, 해외포교에 관한 교사(敎師) 취체 방법에 대해서는 1906년 (明治 39년 內務省訓 제336號)(같은 책, pp.65-67).

리고 종래 여러 법규들을 종합한 결과물이라고 할 수 있다. 이 법규는 그 적용 범위를 당시 일본인의 한국 포교 종교 활동에 국한하고 있어 한국의 종교와 직접적 연관성이 없어 보이지만, 오히려 그 적용 범위를 '신도, 불교, 기타 종교에 속하는 교종파'에 한정해 이들 종교만 공인종교라는 일본 사회의 인식을 한국 사회에 퍼뜨리는 계기로 작용했다고도 볼 수 있다.

〈종교 선포에 관한 규칙〉은 언제까지 지속되었을까? 〈종교 선포에 관한 규칙〉을 폐지한다는 내용이 1915년 10월부터 시행된 〈포교규칙〉 제16조에 실려 있으므로 이 법규는 통감부 시기부터 1915년 10월의 〈포교규칙〉으로 대체될 때까지 약 9년 동안 지속된다. 그 동안 이 법규는 1911년 3월 임제종 묘심사파(妙心寺派) 조선포교관리자 변경 건, 1911년 9월 일본 기독교회 포교관리자의 선임 건 등처럼[28] 일본 종교의 조선 포교를 규제하는 법적 근거로 작용한다. 이와 관련해, 조선총독부 공문서에도 일본 불교인 임제종 묘심사파 외에 조선에 들어온 진종의 본원사파·대곡파, 진언종의 고야파·어실파·제호파·어보파, 정토종, 천태종, 황벽종, 교파 신도인 금광교, 신리교, 신습교, 천리교, 그리고 일본기독교회 등이 포교·선포, 출장소·설교소·포교소·교회소의 설립이나 폐쇄나 위치 및 명칭 변경, 조선포교관리자·포교자 신고와 교체, 관장의 교체 등에 대해 통감과 이사관 인가를 받으려고 했던 모습들을 확인할 수 있다.[29]

---

28 〈布敎管理者認可〉,『조선총독부관보』제21호, 1910.9.21(포교관리자: 大谷虞日);〈布敎管理者認可〉,『조선총독부관보』제315호, 1911.9.14(일본조합기독교회).

29 박광수·이부용·장혜진·최세경·편용우,『조선총독부 공문서 사사종교 1911』, 집문당, 2018, 3-220쪽.

(2) 신사·사원규칙: 시설 규제

① 신사·사원규칙의 제정

1909년 10월 26일 안중근이 하얼빈 역에서 伊藤博文(이토 히로부미)을 사살한 후 曾禰荒助(소네 아라스케)가 1년 정도 통감(1909.6-1910.5)을 맡는다. 그렇지만 약 1년 만에 曾禰荒助가 병으로 업무를 볼 수 없게 되자 1910년 5월부터 육군대신 寺內正毅(데라우치 마사다케)가 통감(1910.5-1910.9)을 겸임한다. 寺內正毅는 동년 6월 경성에 와, 한국정부의 경찰 사무를 일본국 정부에 위탁한다는 〈한일약정각서〉,[30] 8월에 〈한일병합조약〉을 체결한 후, 10월부터 초대 총독(1910.10-1916.10)을 맡아 약 6년간 복무한다.[31] 寺內 正毅는 1902년 육군대신이 되어 러일전쟁의 추진 공로를 인정받고, 귀국 후 1916년 10월 총리대신(수상)이 되어 팽창 정책을 수행한 조슈(長州) 육군 군벌의 적통이다.[32]

주목할 부분은 寺內正毅 총독이 조선의 종교 상황에 관심을 두었다는

---

30 池田常太郎, 『日韓合邦小史』, 東京: 讀賣新聞社, 1910, pp. 190-196; 『순종실록』 4권(3년 5.30, 양력 2번째 기사, 1910); 『순종실록』 4권(3년 6월 24일 양력 1번째 기사, 1910); 『순종실록』 4권(3년 8.22, 양력 2번째 기사, 1910); 『순종실록』 4권(3년 8.22, 양력 3번째 기사, 1910).

31 『순종실록』 4권(3년 6.24, 양력 1번째 기사, 1910); 『순종실록부록』 1권(3년 10.12, 양력 2번째 기사, 1910). アジア歴史資料センター アジ歴グロッサリー(Asian History Center Asian History Glossary, https://www.jacar.go.jp/glossary/term2/0050-0020-0020-0010.html, 접속: 2018.12.20) 조선총독 항목. 총독과 재임기간은 ①寺內正毅(1910.10.1-'16.10.14), ②長谷川好道('16.10.14-'19.8.12), ③齋藤實('19.8.13-'27.12.10), ④宇垣一成·臨時總督('27.4.15-'27.10.1), ⑤山梨半造('27.12.10-'29.8.17), ⑥齋藤實('29.8.17-'31.6.17), ⑦宇垣一成('31.6.17-'36.8.5), ⑧南次郎('36.8.5-'42.5.29), ⑨小磯國昭('42.5.29-'44.7.22), ⑩阿部信行('44.7.24-'45.9.28) 등이다. 총 11명 가운데 寺內正毅, 齋藤實, 宇垣一成 3명이 총독을 거쳐 수상을 역임한다.

32 하영휘, 「경남대 소장 데라우치문고의 서첩자료」, 『사림(성대사림)』 50, 수선사학회, 2014, 196쪽.

점이다. 이 관심은 〈한일병합조약〉을 체결 직후인 8월 29일, '신앙과 종교의 자유' 부분을 포함시킨 寺內正毅 총독의 유고(論告)에서 확인할 수 있다.

신앙과 종교의 자유는 여러 문명국가들이 모두 인정하는 바이다. 각자 숭배하는 교지(敎旨)에 의지하여 안심입명(安心立命)의 터전을 구함은 비록 그 하는 바이나 종파가 다름으로 하여 함부로 분쟁을 일삼으며 또 신앙 종교에 이름을 올려 정치를 묻고 의논하며 모반을 기도함은 곧 선량한 풍속을 더럽혀서 안녕을 방해하는 자로 인정하여 마땅히 법에 따라 처단하지 아니할 수 없다. 그러나 유불 제교(儒佛 諸敎)와 기독교를 불문하고 그 본 취지는 필경 인심세태(人心世態)를 개선함에 있으므로 진실로 정무를 시행하는 목적과 배치되지 않을 뿐만 아니라 도리어 가히 이를 도울 것을 의심하지 않으니, 이 때문에 각종 종교를 대함에 친소(親疎)한 생각을 조금도 갖지 않음은 물론 그 포교 전도에 대하여 적당한 보호와 편의를 부여함이 인색하지 않을 것이다.[33]

1915년 10월, 데라우치 총독은 경성에 도착한 지 약 3개월 만에 〈포교규칙〉과 동시에 〈신사·사원규칙〉을 부령 제82호로 공포한다. 〈신사·사원규칙〉의 적용 범위는 신사와 일본 불교 각 종파의 사원에 국한된다.

---

33 『순종실록』 4권(3년 8.22, 양력 2번째 기사, 1910); 『순종실록』 4권(3년 8.22, 양력 3번째 기사, 1910); 『순종실록부록』 1권(3년 8.29, 양력 2번째 기사, 1910). 유고에는 '신앙과 종교 자유' 부분 외에도 일본이 조선의 안녕을 보장하고 동양 평화를 유지하기 위해 통치권 양여를 수락했다는 부분, 조선인이 제국 신민이 되어 천황의 교화와 혜택을 받을 것이고 그 일환으로 작위와 은금(恩金) 수여 등의 조치를 취하니 봉공(奉公)의 마음을 가지라는 부분, 생명과 재산의 안전 도모라는 정치의 요체를 위해 일본 군대와 헌병 경관과 법정을 활용하겠다는 부분, 산업의 진작을 위해 철도를 신설해 일자리를 주겠다는 부분, 중추원 규모를 확장해 자문을 받고 각 도·부·군에 참여관 또는 참사(參事) 직을 설치해 인재를 등용하겠다는 부분, 경성의 중앙의원과 전주·청주·함흥의 자혜의원처럼 각 도에 자혜의원을 증설하겠다는 부분, 교육의 폐단을 바로잡겠다는 부분 등이 있다.

주요 내용은 다음과 같다.[34]

<표 6> 1915년 10월 〈신사·사원규칙〉

조	주요 내용	비고
1	神社를 창립하려면 8가지를 갖추어 創立地에서 崇敬者 30인 이상 連署해 총독 허가를 받아야 함. 1. 창립 사유, **2. 신사 칭호**, 3. 창립지명, **4. 祭神**, 5. **건물과 境內地의 평수·도면, 경내지 주위 상황**, 6. 창립비와 지불[支辨] 방법, **7. 유지 방법**, 8. 숭경자 數	신사 설립: 총독 허가
2	寺院를 창립하려면 8가지를 갖추어 創立地에서 檀信徒 30인 이상 連署하고 소속 종파 官長의 승인서를 첨부해 총독 허가를 받아야 함. 1. 창립 사유, **2. 사원 칭호**, 3. 창립지명, **4. 本尊과 소속 종파 명칭**, **5. 건물과 境內地의 평수·도면, 경내지 주위 상황**, 6. 창립비와 지불[支辨] 방법, **7. 유지 방법**, 8. 檀信徒 數	사원 설립: 총독 허가
3	신사에는 神殿과 拜殿을 구비해야 함	주 건물 구비
4	사원에 本堂과 고리(庫裏, くり, 주지나 그 가족의 거처)를 구비해야 함	주 건물 구비
5	①신사 또는 사원 창립 허가를 받은 자가 허가일로부터 2년 내에 神殿·拜殿 또는 본당·고리를 건설하지 아니하면 허가가 효력을 상실함. 다만, 특별한 사유가 있을 때에는 총독 허가를 받아 그 기간을 연장할 수 있음. ②건설을 준공한 때에는 총독에게 신고[届出]해야 함	건설 완공: 총독 신고
6	①變災로 인한 神殿·拜殿과 본당·고리의 亡失, 또는 망실한 神殿·拜殿과 본당·고리의 재건 시에는 총독에게 신고해야 함. ②神殿·拜殿과 본당·고리를 망실한 날로부터 6년 이내에 재건하지 아니한 때에는 창립허가의 효력을 상실함	
7	신사나 사원의 移轉 시에는 4가지 사항을 구비해 총독 허가를 받아야 함. 1. 이전 사유, 2. 移轉先地名, 3. 건물과 경내지의 평수·도면과 境內地 주위 상황, 4. 이전비와 지불 방법	이전: 총독 허가
8	제5조 규정은 신사 또는 사원 移轉의 경우에 준용함	
9	신사, 사원의 폐지나 합병 시에는 그 사유와 재산 처분방법을 구비해 총독 허가를 받아야 함	폐지·합병: 총독 허가
10	①다음 5가지 사항에는 총독 허가를 받아야 함. 1. 신사 칭호의 변경 또는 祭神의 증감 변경, 2. 사원 칭호의 변경 또는 本尊의 증감 변경, 3. 사원의 소속 종파 변경, 4. 신사나 사원의 유지 방법 변경, 5. 건물이나 경내지 평수의 증감 ②전항 제5호의 경우에는 그 圖面을 신청서에 첨부해야 함	주 신고 사항 변경: 총독 허가
11	①사원에 住職을 두어 사원의 사무를 관리하게 해야 함. ②주직을 명받은 때에는 본인, 사망과 기타 사유로 주직에 이동이 있는 때에는 檀信徒 總代가 총독에게 신고해야 함	주지 임명·변동: 총독 신고
12	①神社에 崇敬者總代, 사원에 檀信徒總代 각 3인 이상을 두고 그 주소,	총대 3인 이상:

---

34 〈神社寺院規則〉(시행 1915.10.1, 부령 제82호, 제정 1915.8.16), 『조선총독부관보』 제911호, 1915.8.16.

	씨명을 신사와 사원 소재지를 관할하는 道長官에게 신고하고, 이동 시에도 신고해야 함. ②도장관은 전항의 총대를 不適任이라고 인정할 때 변경할 수 있음. ③總代는 신사나 사원의 유지보존에 관해 神職과 住職을 보조하고 신사나 사원에 관한 願屆에 연서해야 함	도장관 신고, 변경 명령권
13	신사나 사원은 소유 부동산과 寶物에 관해 3가지 사항을 구비해 총독에게 신고하고, 이동 시에도 신고해야 함. 1. 토지에서는 住所地, 地番號, 地目, 地積, 境內地와 境外地의 구별, 2. 건물에서는 소재지, 建坪, 명칭, 구조의 종류, 경내지와 경외지에 있는 것의 구별, 3. 보물에서는 명칭, 員數, 품질, 形狀, 치수(寸尺), 作者와 傳來	부동산과 보물: 총독 신고
14	신사나 사원은 재산 臺帳을 갖추어 소유 부동산과 보물에 관해 전조(13조) 각호 사항을 등재해야 함	
15	다음 3가지 사항에는 총독 허가를 받아야 함. 1. 부동산 또는 보물의 賣却, 讓與, 교환, 質入 또는 抵當, 2. 경내지 立竹木의 伐採, **3. 負債를 지고자 하는 때**	총독 허가
16	경내지와 그 건물은 도장관 허가를 받지 않으면 神社의 경우에 祭典儀式 집행, 사원의 경우에 전법, 포교, 법요 집행 및 僧尼 止住의 목적 이외로 사용하거나 사용하게 할 수 없음	도장관 허가
17	제5조 제1항 但書(본문 다음의 조건이나 예외), 제7조, 제9조, 제10조, 제15조에 의해 사원이 제출하는 願書(がんしょ, 청원서)에는 소속 종파 관장의 의견서를 첨부해야 함	
18	본령에 의한 신고는 事故 발생일로부터 2주 내에 해야 함	
19	본령 가운데 **사원에 관한 규정은 內地의 佛道各種派에 속한 것에 한해 적용함**	
20	허가를 받지 않고 신사와 사원 또는 그것과 유사한 建造物을 설립하는 자는 1년 이하의 禁錮 또는 200원 이하의 罰金에 처함	禁錮(감금○, 노역×)
부칙	①본령은 大正 4년 10월 1일자로 시행, ②본령 시행 당시 존재하는 신사나 사원은 본령 시일일로부터 5일 내로 제1조나 제2조의 수속을 해야 함	

〈신사·사원규칙〉의 핵심은 신사와 사원 창립에 필요한 사항의 세분화와 '총독 허가'이다. 우선, 신사 창립 시 갖출 사항은 '창립 사유, 신사칭호, 창립지명, 제신, 건물과 경내지의 평수·도면 및 경내지 주위 상황, 창립비와 지불(支拂) 방법, 유지 방법, 숭경자 수'(제1조)이고, 사원 창립시 갖출 사항은 '창립 사유, 사원 칭호, 창립지명, 본존(本尊)과 소속 종파명칭, 건물과 경내지의 평수·도면 및 주위 상황, 창립비와 지불 방법, 유지 방법, 단신도(檀信徒) 수'이다(제2조). 이 내용은 '창립 신청서'에 실려

있다.[35] 이 부분에서 특이점은 신사와 사원의 창립 조건을 유사하게 만들어 양자를 동일선상에서 다룬다는 데에 있다. 이 부분은 '신사·사원에 관한 사항'(神社寺院二關スル事項)이라는 표현처럼,[36] 1920년대까지 신사와 사원을 동일선상에서 다룬 일본의 상황과 유사하다. 이는 불교와 신도의 경계가 희미했다는 점을 시사한다.

다음으로, 종래 〈종교 선포에 관한 규칙〉에서 일본 종교의 포교와 시설 설립 등에 대해 '인가' 방침을 취했지만, 이 법규에서는 일본인이 조선에서 신사와 사원을 창립할 때 '총독 허가'를 받아야 한다. '인가' 방침에 비해 '허가' 방침은 보다 엄격한 관리 정책이다. 이 부분은 제20조, 즉 '허가 없이 신사와 사원 또는 그와 유사한 건조물 설립자에게 1년 이하의 금고(禁錮) 또는 200원 이하의 벌금(罰金)'에 처한다는 처벌 조항에서 확인할 수 있다.

② 제정 배경과 모법

〈신사·사원규칙〉을 제정한 배경과 모법은 무엇일까? 주요 제정 배경은 두 가지이다. 하나는 합병 후 일본인 이주자가 증가해 신사나 사원도 증가하지만 유관 법규가 없어 창립자에게 불편을 주거나 종종 유지방법 등을 확립하지 못하거나 신사와 사원 설비를 갖추지 않은 경우 등 폐해가

---

35 〈神社寺院規則二依ル神社寺院創立願, 同財産 届ノ樣式〉(告示 第254號, 大正 4.10.1), 『조선총독부관보』호외, 1915.10.1. 예를 들어, 〈신사·사원규칙〉 제1조에 따라 신사 창립 신청서에는 '창립 사유, 신사의 명칭, 창립지 명칭, 제신(祭神), 건물과 경내지의 평수, 경내지 주위의 상황, 창립비용과 그 지불 방법, 유지 방법, 숭경자(崇敬者)의 수' 등이 포함된다.

36 林儀一郞, 『現行 願届書式 大全 —附 契約証書文案』, 東京: 弘明館書店, 1919, pp.168-173 ('神社寺院二關スル事項'); 日本法律研究會 編, 『願届書式總覽』, 東京: 三光社, 1920, pp.553-565('神社寺院二關スル願届').

발생할 우려 때문이다. 다른 하나는 신사의 경우에 '일본의 국체(國體)와 밀접한 관계'가 있어 설립과 유지에 특히 신중해야 하므로 '내지(內地-일본)와 같은 제도'를 만들어 신사에 해당하는 설비를 갖추게 해야 한다는 인식 때문이다.[37] 이러한 배경에서 〈신사·사원규칙〉에는 일본인이 설립할 신사와 사원의 설비를 갖추게 하고 유지 방법을 정하게 한다.

다음으로, 〈신사·사원규칙〉의 모법은 일본정부가 메이지유신 이후 신사와 사원에 관해 적지 않은 법규를 공포한 바 있어 어느 하나로 단정하기가 쉽지 않다. 이와 관련해, 1878년 9월에 내무성에서 공포한 〈사사취급개칙(社寺取扱槪則)〉에는 〈신사·사원규칙〉의 일부 내용이 담겨 있다. 이에 따르면, 신사에 필요한 사항은 제신, 유서(由緖), 경내 평수와 지종(地種), 사원간[社間] 수(數), 신관, 씨자(氏子) 수, 관할청과의 거리, 사원에 필요한 사항은 본존, 유서(由緖), 경내 평수와 지종(地種), 불당[堂] 간수(間數), 주직, 단도(檀徒) 수, 관할청과의 거리 등이다.[38] 이 내용은 〈신사·사원규칙〉의 제1조와 제2조에 해당한다.

그렇지만 〈신사·사원규칙〉이 1915년 10월에 공포되었다는 점을 고려할 때, 신사의 경우에 가장 근접한 모법은 1913년 4월의 내부성령 제6호 〈관국폐사이하신사의 제신, 신사명, 사격, 명세장, 경내, 창립, 이전, 폐

---

37 「神社寺院規則, 制定흔 主旨와 今後의 神社」, 『매일신보』, 1915.8.20, 2면. 이에 따르면, 일본과 같은 신사 제도를 운영하기 위해 조선총독부는 신직의 자격, 임용, 복무 등에 대해 규정을 만들려고 한다. 실제로 1916년 7월에 내무부장관은 각 도장관에게 통첩을 보내 〈神職任用二關スル規則〉 발포 후 〈신사·사원규칙〉 제1조에 의해 신사 설립 허가를 얻은 경우는 明治 27년 칙령 제22호 〈府縣社 以下ノ神職制〉 제2조에 의해 숭경자 총대(總代)가 신속히 사장원(社掌員) 수의 인가와 大正 5년 부령 제50호 〈신직임용봉무급 복장규칙〉 제10조에 의해 〈神職補命二關スル手續〉을 하도록 지시한다. 〈神社ノ神職二關スル件〉(관통첩 제120호, 大正 5.7.19), 『조선총독부관보』 제1188호, 1916.7.19.
38 〈社寺取扱槪則〉(明治 11.9.9, 內務省 達乙 제57호), 市岡正一 編, 『大日本地方政典』, 東京: 博行館, 1897, pp.751-753; 服部正貞, 『僧侶必携 現行寺院法規』, 東京: 壽永堂, 1891 참조. 이 사항들은 각각 '신사 명세서'와 '사원 명세서'에 기입될 항목들이다.

합, 참배, 배관, 기부금, 강사, 신찰 등에 관한 건〉이다. 이렇게 판단하는 근거로는 이 법규가 기존의 신사 관련 법규들을 종합한 법규라는 점을 들 수 있다. 실제로 이 법규에서는 신사를 창립할 때 씨자(氏子)나 숭경자 50인 이상의 연서 후 '제신과 신사명, 유서(由緖), 사전(社殿), 진좌지(鎭座地)와 경내지(境內地), 건설비와 그 지불 방법, 유지방법' 등 6가지 사항을 갖추어 지방장관을 경유해 내무대신의 '허가'를 받게 했는데[39] 이 내용은 〈신사·사원규칙〉 제1조와 유사하다.

〈신사·사원규칙〉은 언제까지 지속되었을까? 이 법규는 조선총독부가 1936년 8월에 〈사원규칙〉과 〈신사규칙〉을 분리해 제정·시행하면서 폐지된다. 따라서 약 21년 동안 조선에서 일본의 신사와 사찰, 특히 사찰 창립 허가의 법적 근거로 작용한다. 실제로 일본 불교는 이 법규에 근거해 1916년 1월 진종본원사파의 별원(別院, 경성부)·본서사(本瑞寺, 인천부)·본서사(本誓寺, 경성부) 창립 허가, 신의진언종지산파(新義眞言宗智山派)의 대사사(大師寺, 전남 목포부) 창립 허가, 그리고 동년 2월 조동종의 조계사(曹谿寺, 경기도 경성부) 창립 허가 등을 진행한다.[40]

(3) 신사(神祠)에 관한 건: 시설 규제

① 신사에 관한 건 제정

寺內正毅(데라우치 마사다케) 총독이 1915년 10월 〈신사·사원규칙〉에서

---

39 〈官國幣社以下神社ノ祭神, 神社名, 社格, 明細帳, 境內, 創立, 移轉, 廢合, 參拜, 拜觀, 寄附金, 講社, 神札等ニ關スル件〉(내무성령 제6호, 大正 2.4.21), 廣島縣神職管理所 編, 『現行神社法令』, 廣島縣: 廣島縣神職管理所, 1914, pp.67-88.

40 〈寺院創立許可〉, 『조선총독부관보』 제1041호, 1916.1.26; 『조선총독부관보』 제1042호, 1916.1.27; 『조선총독부관보』 제1051호, 1916.2.7.

신사 창립 조건을 규정한 바 있지만, 1917년 3월에 長谷川好道(하세가와 요시미치) 총독(1916.10-1919.8)은 〈신사에 관한 건(神祠ニ關スル件)〉(부령 제21호)을 공포한다. 이 법규에서 신사(神祠, しんし)는 1915년 10월 〈신사·사원규칙〉에 있는 신사(神社, じんじゃ)에 비해 인적·물적으로 규모가 작은 시설을 말한다. 이 법규의 주요 내용은 다음과 같다.[41]

〈표 7〉 1917년 3월 〈神祠에 관한 건〉의 주요 내용

조	주요 내용	비고
1	본령에서 神祠는 神社가 아니되 公衆에게 참배케 하기 위해 神祇를 奉祀하는 것을 말함	
2 (총독 허가)	神祠를 설립하려는 때는 崇敬者가 될만한 者 10인 이상 連署해 다음 7가지를 갖추어 '총독 허가'를 받아야 함. 1. 설립 사유, 2. 神祠 칭호, 3. 설립 地名, 4. 祭神, 5. 건물·敷地의 평수와 건물의 구조, 도면, 6. 설립비와 지불[支辨] 방법, 7. 유지 방법	〈신사·사원규칙〉 제1조: 崇敬者 30인 이상의 連署, 8가지 조건. 1. 창립 사유, 2. 신사 칭호, 3. 창립 지명, 4. 祭神, 5. 건물과 境內地의 평수·도면, 경내지 주위 상황, 6. 창립비와 지불[支辨] 방법, 7. 유지 방법, 8. 숭경자의 數
3 (총독 허가)	前條 제2호 내지 제5호 또는 제7호 사항을 변경하려는 때는 그 사유를 갖추어 '총독 허가'를 받아야 함	
4 (총독 허가)	神祠를 폐지하려는 때는 그 사유와 부지, 건물 등의 처분방법을 갖추어 '총독 허가'를 받아야 함. 다른 神祠에 合祀하려는 때도 동일함	
5 (도장관 신고)	神祠에는 숭경자의 協議로 總代를 정하고 그 주소와 氏名을 神祠 소재지를 관할하는 '도장관에게 届出'할 것 그 異動이 있는 때도 동일함	〈신사·사원규칙〉 제12조: 총대 3인 이상: 도장관 신고, 변경 명령권
6	숭경자 총대는 神祠에 속한 일체 사무를 擔任함	
7 (도장관 신고, 허가)	①숭경자 총대는 神祠의 제사를 神職에게 위탁하고 그 주소와 씨명을 '도장관에게 届出'해야 함. 그 異動이 있는 때도 동일함 ②지방의 상황에 의해 前頭의 위탁을 할 수 없는 때는 그 사유를 갖추어 '도장관의 인가'를 받아야 함	
부칙	발포일부터 시행함	

---

41 〈神祠ニ關スル件〉(부령 제21호, 大正 6.3.22), 『조선총독부관보』 제1387호, 1917.3.22.

이 법규의 핵심은 〈신사·사원규칙〉에 비해 숭경자 수와 총대 수의 축소이다. 〈신사·사원규칙〉에서는 숭경자(崇敬者) 30인 이상의 연서(連署)와 총대 3인 이상 등이 신사 설립 허가에 필요한 기본 사항이었지만, 이 법규에서는 숭경자 수 10인 이상과 총대 1명 이상으로 축소된다. 다만, 설립을 위한 7개 조건(①설립 사유, ②신사(神祠) 칭호, ③설립지명, ④제신, ⑤건물·부지의 평수와 건물의 구조 및 도면, ⑥설립비와 지불 방법, ⑦유지 방법)을 제시하고 있어 〈신사·사원규칙〉의 8개 총독 허가 조건(①창립 사유, ②신사 칭호, ③창립지명, ④제신, ⑤건물과 경내지의 평수·도면, 경내지 주위 상황, ⑥창립비와 지불 방법, ⑦유지 방법, ⑧숭경자 수)에 비해 1개 조건이 준 것처럼 보이지만 빠진 부분이 '숭경자 수'이므로 두 개 법규의 내용은 유사하다.

② 제정 배경과 모법

〈신사(神祠)에 관한 건〉이 제정된 배경과 모법은 무엇일까? 우선, 주요 배경은 재정이 어렵거나 숭경자 수가 적어 일본인이 일정 규모가 필요한 신사(神社)를 창립하기 곤란하고, 그 때문에 경신숭조(敬神崇祖)를 실천할 방안이 부족하다는 정책적 판단이다. 이 법규가 제정·시행되면서 신사(神社)를 경영할 여건이 미흡한 일본인들도 소규모의 사전적(社殿的) 설비를 갖추어 총독 허가 하에 신사(神祠)를 설립할 수 있게 된다.

실제로 이 법규가 시행된 이후에 일본인들의 신사(神祠) 설립 신청[出願] 건수는 전반적으로 늘어난다. 예를 들어, 1927년 12월에 숭경자 24명의 설립 신청으로 허가가 난 전북 영광군 신명신사(神明神祠)를 시작으로 소규모 신사들이 계속 생겨난다.[42] 그리고 신사(神祠)의 설립 신청 건수를 보면

---

42 예를 들어, 1928년 『조선총독부관보』의 '神祠設立許可' 부분에는 영광군(靈光郡), 담양군(潭陽郡), 서산군(瑞山郡), 고성군(高城郡), 상주군(尙州郡), 사천군(泗川郡), 구성군

1934년 3월까지 218건, 1939년 12월말까지 544건으로 증가된다.[43]

다음으로, 〈신사(神祠)에 관한 건〉의 모법은 일본 법규에서 찾아보기 어렵다. 그 이유로는 이미 일본에 신사 수가 적지 않았고, 숭경자 수가 부족한 경우도 거의 없어 이러한 법규가 일본에서 제정될 필요가 없었다는 점을 들 수 있다. 그렇다고 신사(神祠)가 조선에서만 유통된 것은 아닌 것은 아니다. 이와 관련해, 1893년 당시 시즈오카현(靜岡縣) 시즈오카시(靜岡市)의 소개 자료를 보면 신사가 10개[神祠(拾)]라는 표현이 있다.[44] 또한 일본의 〈경찰범처벌령〉을 해설한 1933년 자료를 보면, 비록 '소규모 신사'라고 확언할 수 없지만, '신사와 불당 등의 더럽힘(神祠佛堂等の汚瀆)'(제2조 33호)이라는 표현도 보인다.[45]

③ 주요 개정: 1936년 8월, 1939년 4월

〈신사에 관한 건〉은 몇 차례 개정을 거쳐 지속된다. 이 가운데 변화 폭이 넓었던 것은 1936년 8월의 개정(부령 제70호)이다. 핵심은 크게 세 가지이다. 첫 번째는 '숭경자 총대회(總代會)'를 설치하고 총대장(總代長)을 선임해 신사(神祠)에 관한 사무 일체를 맡긴다는 내용이다(제5조-제9조).

(龜城郡), 인제군(麟蹄郡), 울진군(蔚珍郡) 등의 신명신사(神明神祠) 설립 허가가 보인다. 그리고 천안군(天安郡) 신명신사(神明神祠)의 폐지 기록이 보인다.

43 朝鮮總督府, 『朝鮮總督府施政年報』(昭和9年), 京城: 朝鮮總督府, 1936, pp.181-182; 朝鮮總督府, 『朝鮮總督府施政年報』(昭和 14年), 京城: 朝鮮總督府, 1941, pp.161-162. 1941년 자료에 따르면, 신사의 본의는 '국가의 종사(宗祀)'에 있고, 경신숭조는 존황(尊皇)의 대의와 함께 건국의 근본으로 국체의 정화(精華, 깨끗하고 순수한 부분), 국민도덕의 근저를 이루며 그 연원이 멀리 황천(皇天) 2조(祖)의 신칙(神勅)에서 나온다고 한다(같은 책, p.161).

44 野村鐵太郎, 『靜岡繁昌記』, 靜岡縣: 光風社, 1893, p.137.

45 塩野季彦, 『警察犯處罰令釋義－附・改正違警罪卽決例釋義』, 東京: 巖翠堂書店, 1933, pp.133-136(神祠佛堂等の汚瀆).

두 번째는 〈신사규칙〉 제12조, 제13조, 제26조, 제29조, 제30조 규정을 신사(神祠)에 준용한다는 내용이다(제10조). 세 번째는 허가 없이 신사(神祠)를 설립한 자에게 1년 이하의 금고나 200원 이하의 벌금에 처한다는 내용이다(제11조). 이 개정은 신사(神祠) 규제의 강화 정책을 시사한다. 그 외에 〈신사에 관한 건〉 제2조 제5호의 내용도 '건물과 부지 평수, 건물과 기타 공작물의 구조, 도면과 배치도'로 바뀐다.[46]

1936년 8월의 개정의 주요 배경은 무엇인가? 그 배경은 같은 시기에 제정된 〈신사규칙〉(부령 제76호)의 내용을 반영하려고 했던 데에 있다. 이러한 판단은 〈신사규칙〉 제14조부터 제17조 사이에 있는 '숭경자 총대회' 관련 내용이 〈신사에 관한 건〉의 제5조-제9조에 포함된다는 점에서 확인할 수 있다.[47]

그 외에도, 1939년 4월에 〈신사에 관한 건〉(부령 제57호)이 개정된다. 핵심은 신설된 '제10조 2'로 총독의 신사(神祠) 폐지권, 폐지된 신사에 대한 도지사의 잔여 재산 처분권이다. 그에 따르면, 총독은 신사(神祠)를 유지경영하기 어려운 특별 사유가 있다고 인정할 때 신사를 폐지할 수 있고, 총독이 폐지한 신사에 잔여 재산이 있을 때 도지사가 처분할 수 있다. 이러한 총독의 신사 폐지권은 중일전쟁 이후의 전시 상황을 반영한 강력한 규제 정책이었다고 할 수 있다.[48]

---

46 〈神祠ニ關スル件中改正〉(부령 제70호, 昭和 11.8.11), 『조선총독부관보』 제2874호, 1936.8.11.
47 〈神社規則〉(부령 제76호, 昭和 11.8.11), 『조선총독부관보』 제2874호, 1936.8.11.
48 〈神祠ニ關スル件中改正〉(부령 제57호, 昭和 14.4.14), 『조선총독부관보』 제3668호, 1939.4.14. 이 외, 1939년 4월 개정을 보면, '제3조 전조 제2호 내지 제5호 사항을 변경할 때는 총독에게, 동조 제7호 사항을 변경할 때는 도지사에게 허가받아야 한다'는 내용이 포함되어 있다.

(4) 신사규칙과 사원규칙

① 신사규칙과 사원규칙의 제정

宇垣一成(우가키 가즈시게, 재임 1931.6-1936.8) 후임으로 부임한 南次郎(미나미 지로, 재임 1936.8-1942.5) 총독[49]은 부임 직후인 1936년 8월에 〈신사규칙〉(부령 제76호), 그리고 '일본 불교 각종파'에만 적용되는 〈사원규칙〉(부령 제80호)을 제정·시행하고 기존의 〈신사·사원규칙〉(부령 제81호)을 폐지한다. 즉 1936년 8월부터 신사와 사원을 분리해 관리하기 시작한다. 〈신사규칙〉과 〈사원규칙〉의 주요 내용을 정리하면 다음과 같다.[50]

〈표 8〉 1936년 8월 〈신사규칙〉의 주요 내용

조	주요 내용	비고
1	신사 창립 시 崇敬區域인 府邑面에 주소를 둔 崇敬者 50인 이상이 連署해 8개 사항에 대해 총독 허가를 받아야 함. 1. 祭神과 신사명, 2. 由緖, 例祭日과 鎭座地, 3. 경내지 평수, 神殿 기타 경내지의 工作物 도면배치도와 설계서, 4. 경내지 주위 상황과 도면, 숭경구역의 槪況과 略圖, 5. 창립비 예산과 지불 방법, 6. 1개년 수지예산과 유지비 부담 방법, 7. 숭경구역과 숭경자 戶數, 8. 기본재산의 조성 방법	신사 창립: 총독 허가
2	신사에 神殿[しんでん, 신사 본전], 玉垣[みずがき, 신사 울타리],	신사 시설

---

49 20世紀日本人名事典(https://kotobank.jp/dictionary/japan20/276/, 南次郎). 1931년 와카쓰키[若槻] 내각의 육군대신으로 만주 문제에 강경론을 펴고 12월에 군사 참의관이 된다. 1934년 관동군 사령관 겸 만주국주재특명전권대사·관동장관으로 만주 침략을 추진한다. 1936년 3월, 2·26사건의 책임을 지고 물러나지만 8월에 우가키 총독 후임으로 부임해 창씨 개명, 지원병제도 등 내선일체 정책을 추진한다. 1942년에 총독을 사임하고 추밀고문관이 되고, 종전 후 A급 전범으로 종신 금고형을 선고받는다.

50 〈神社規則〉(부령 제76호, 昭和 11.8.11), 『조선총독부관보』 제2874호, 1936.8.11; 〈神社寺院規則ハ昭和十一年八月十日限リ之ヲ廢止ス〉(부령 제81호, 昭和 11.8.11), 『조선총독부관보』 제2874호, 1936.8.11; 〈寺院規則〉(부령 제80호, 昭和 11.8.11), 『조선총독부관보』 제2874호, 1936.8.11.

	神饌所しんせんじょ], 拜殿はいでん, 본전 앞 건물], 手水舍てみずや/ちょうずや], 鳥居とりい, 신사 입구 기둥], 社務所를 갖출 것	
3	①신사 창립 허가일로부터 2년 내 전조[제2조]의 工作物 건설을 준공하지 않으면 허가 효력을 상실함. 다만, 특별 사유가 있을 때에는 미리 총독 허가를 받아 기간을 연장할 수 있음. ②전조[제2조]의 공작물 건설을 준공한 때에는 지체 없이 別記樣式에 따라 明細帳을 작성해서 총독에게 제출해야 함	신사 시설 준공: 총독 허가, 제출
4	신사 移轉 시, 4가지 사항을 갖추어 총독의 허가를 받아야 함. 1. 이전 사유, 2. 이전지, 3. 제1조 제3호와 제4호 사항, 4. 이전비 예산과 지불방법	신사 이전: 총독 허가
5	제3조 제1항과 제2항 규정을 신사 移轉 시에 준용함	
6	신사의 폐지나 합병한 때에는 그 사유와 재산 처분방법을 구비해 총독 허가를 받고, 폐지나 합병할 때에는 그 顚末을 갖추어 지체 없이 총독에게 신고 해야 함	폐지·합병: 총독 허가, 신고
7	①제2조의 공작물 멸실 또는 훼손 시 즉시 총독에게 신고. ②전항의 경우 神殿이나 拜殿의 멸실 또는 훼손 때로부터 6년 이내에 복구를 완료하지 않으면 신사를 폐지한 것으로 간주. 다만, 특별 사유가 있는 때에는 미리 총독의 허가를 받아 기간을 연장할 수 있음 ③전항의 규정에 따라 신사를 폐지한 경우, 신사재산의 잔여분은 도지사가 총독의 인가를 받아 처분함	신사 시설 복구, 재산 잔여분: ①, ②항은 〈사원규칙〉 제4조 참조
8	①다음 5가지 사항에는 총독 허가를 받음. 1. 신사명칭 변경이나 제신의 증감 변경, 2. 유지비 부담 방법의 변경, 3. 경내지 건물의 신축·개축·증축 또는 模樣 교체, 4. 鳥居, 玉垣, 燈籠とうろう], 계단, 碑表, 形像, 기타 공작물의 신설·증설·개조, 5. 경내지 증감이나 모양 교체. ②전항 제3호 내지 제5호의 경우, 공사설계서, 도면, 소요 경비 예산과 지불 방법이 담긴 허가신청서를 첨부. ③전2항 규정은 전조 [제7조] 제1항의 공작물 復舊에 대해 준용	신사명·제신, 시설 등: 총독 허가
9	경내지에 제신이나 국가를 대상으로 한 것이 아니면 碑表나 形像을 건설할 수 없음	경내지 碑表·형상 규정
10	①도지사 지휘를 받아 경내에 所轄道名의 制札[せいさつ, 금기를 기록한 푯말]을 건설할 수 있음 ②제찰의 기재 사항 槪目은 5가지: 淸淨 유지, 火氣 주의, 건물 汚損 금지, 樹木의 禁養, 魚鳥의 愛護	所轄道名의 制札 건립과 내용
11	도지사가 境內地의 林藪 經營上 필요할 때는 신사에 그 방법을 지정할 수 있음	林藪 經營 방법 지장 도지사
12	①경내지와 경내지 건물은 도지사 허가를 받지 않으면 祭典과 의식 집행의 목적 외에 사용할 수 없음 ②경내지에서 喪祭를 행할 수 없음	목적 외의 경내지와 건물 사용: 도지사 허가
13	도지사는 다음 사항에 해당될 경우, 경내지 사용을 금지 아니면 정지 또는 공작물의 개조·철거, 기타 필요한 조치를 명령할 수 있음. 1. 制規의 수속을 밟지 않을 때, 2. 공익상 필요하다고 인정될 때, 3. 법령이나 허가 조건에 위배될 때	경내지 사용 금지 등: 도지사 명령권
14	①신사에 崇敬者總代會를 설치함 ②총대회는 숭경자의 협의로 선임한 숭경자 총대 5인 이상으로 조직함 ③총대회는 총대 중에서 總代	숭경자총대회, 총대 선임, 총대장

	長을 선임해야 함 ④총대회는 총대 중에서 副總代長 약간 명을 선임할 수 있음 ⑤총대, 총대장, 부총대장을 선임할 때는 그 주소, 직업, 씨명을 지체 없이 도지사에게 '신고'해야 하고, 異動 시에도 동일함	등: 도지사 신고
15	총대회는 신사 사무 사항을 협의. 1. 수지예산의 결정, 2. 神社費 分賦와 부담 방법의 결정, 3. 기본재산 설치·관리·처분, 4. 적립금 설치·관리·처분, 5. 借入金, 6. 前各號 외 신사 유지경영에 관한 중요 사항	
16	총대회에 관해 필요한 사항은 총대회의 협의로 결정함	
17	①총대장은 신사의 유지경영에 관해 上席社掌을 보좌하고 신사에 관한 願屆에 連署해야 함 ②총대장 事故 시 부총대장을 둔 신사에서는 부총대장, 기타 신사에서는 총대중 연장자가 그 직무를 대리함	
18	도지사는 신사의 감독, 기타 법령에 규정한 사항에 대해 필요한 規程을 설치할 수 있음	規程: 도지사
19	제1조 내지 제13조 규정은 官國幣社의 攝社[せっしゃ]와 末寺에 대해 준용함 ※攝社: 本社의 祭神과 인연이 깊은 신을 모신 神社로, 격은 본사의 아래, 末社의 위	
20	신사는 소유 부동산과 보물에 관해 다음 사항을 총독에게 신고(異動 시도 동일). 1. 토지: 소재지, 地番, 地積, 경내지나 경외지의 구별 및 경외지 용도, 2. 건물: 소재지, 명칭, 구조의 종류, 건평 수, 경내지와 경외지에 있는 것을 구별 및 경외지에 있는 것의 용도, 3.보물: 그 명칭, 員數, 형상, 寸尺, 作者, 傳來	소유 부동산과 보물: 총독 신고
21	신사는 財産臺帳을 갖추어 소유 부동산과 보물에 관한 前項 各號 사항을 登載해야 함	
22	①신사는 총독 허가를 받아야 借入金이 가능. 단, 예산 내 지출을 위한 일시 차입은 도지사 인가를 받아야 함 ②前項 但書의 차입금은 그 회계연도 내 수입으로 償還해야 함	차입금: 총독 허가
23	신사의 회계연도는 매년 4월 1일부터 익년 3월 31일까지로 함	회계연도
24	①上席社掌은 매 회계연도의 수지예산을 정해 연도 개시 1개월 전가지 도지사 인가를 받아야 함 ②예산의 추가경정 시는 도지사 허가를 받아야 함 ③도지사가 전2항 인가를 할 때는 총독에게 보고해야 함	회계연도 수지예산: 도지사 인가
25	①신사의 출납은 익년 4.30까지로 閉鎖 ②上席社掌은 매 회계연도의 수지결산서와 기본재산명세서를 익년 5.31까지 총대회 認定을 거쳐 도지사에게 보고. ③도지사가 전항 보고를 받으면 총독에게 보고함	수지결산 등: 도지사·총독 보고
26	①기본재산을 신사 유지를 위해 사용할 수 없는 경우가 아니라면 費消할 수 없음 ②전항의 규정에 따라 기본재산을 費消할 때는 기한을 정해 積戻해야 함	기본재산
27	기본재산에서 생기는 수입은 경비로 充用할 수 있음	
28	보물을 처분할 때는 총독 허가를 받아야 함	보물 처분: 총독 허가
29	다음 사항은 도지사 인가를 받아야 함. 1. 기본재산 처분, 2. 부동산 처분, 3. 立竹木 처분	재산 등 처분: 도지사 인가

조	주요 내용	비고
30	①총독은 신사를 유지경영하기 어려운 특별 사유가 있다고 인정할 때는 신사를 폐지할 수 있음 ②제7조 제3항의 규정은 전항의 규정에 의한 신사 폐지의 경우에 준용함	신사 폐지관 총독
31	허가 없이 신사를 설립하거나 그 유사한 시설을 한 자는 1년 이하 금고나 200원 이하 벌금	
부칙	①본령은 發布日부터 시행. 단, 제24조 규정은 昭和 12년도분부터 적용 ②본령 시행 전 〈신사·사원규칙〉에 의해 창립을 허가한 신사는 본령에 의해 허가된 것으로 간주 ③전항의 신사에서 제2조의 공작물을 갖추지 않은 것은 본령 시행일로부터 2년 이내에 완비해야 함. 단, 특별 사유가 있는 때는 미리 총독 허가를 받아 그 기간을 연장할 수 있음 ④제2항의 신사는 제3조 제2항 규정에 준해 明細帳을 본령 시행일로부터 1개월 이내에 제출해야 함 ⑤제2항의 신사는 본령 시행일로부터 2개월 이내에 총대와 총대장을 선임해야 함 ⑥본령 시행 당시, 舊令에 의해 신사 창립 출원 중에 있는 것은 본령에 의해 출원한 것으로 간주함	(別記樣式 생략)

〈표 9〉 1936년 8월 〈사원규칙〉의 주요 내용

조	주요 내용	비고
1	사원을 창립하려면 創立地에서 檀信徒가 될 50인 이상이 連署해 소속 종파 관장의 승인서를 첨부해 8가지 사항에 대해 총독 허가를 받아야 함. 1. 창립 사유, 2. 사원 칭호, 3. 창립지, 4. 本尊과 소속 종파의 명칭, 5. 건물의 평수·도면·배치도·설계서, 境內地의 평수와 주위 상황, 6. 창립비 예산과 지불[支辦] 방법, 7. 유지 방법, 8. 단신도의 戶數	사원 창립: 총독 허가
2	사원에 本堂과 고리(庫裏, くり, 주지나 그 가족의 거처)를 구비해야 함	종교 시설 완비
3	①사원창립 허가를 받은 자가 허가일로부터 2년 내에 본당과 고리 건설을 준공하지 아니하면 허가가 효력을 상실함. 다만, 특별한 사유가 있을 때에는 미리 총독 허가를 받아 그 기간을 연장할 수 있음. ②본당과 고리의 건설을 준공한 때에는 지체 없이 총독에게 신고[屆出]해야 함	종교 시설 준공: 허가 상실, 총독 신고
4	①본당과 고리의 멸실이나 현저한 훼손 시에 총독에게 신고해야 함. ②전항의 경우에 본당과 고리를 멸실 또는 훼손한 때로부터 6년 이내에 재건 또는 복구를 준공하지 아니한 때에는 창립허가의 효력이 상실됨. 다만, 특별한 사유가 있는 때에는 총독의 허가를 받아 그 기간을 연장할 수 있음	종교 시설 문제: 총독 신고
5	사원 移轉 시에는 4가지 사항을 구비해 총독 허가를 받아야 함. 1. 이전 사유, 2. 이전지, 3. 제1조 제5호의 사항(건물의 평수, 도면, 배치도, 설계서, 境內地의 평수와 주위 상황), 4. 이전비 예산과 지불 방법	사원 이전: 총독 허가
6	제3조 규정은 사원 移轉의 경우에 준용함	
7	사원의 폐지나 합병 시에는 그 사유와 재산 처분방법을 구비해 총	사원 폐지·합병

	독 허가를 받아야 함	시 재산 처분: 총독 허가
8	①다음 4가지 사항에는 총독 허가를 받아야 함. 1. 사원 칭호의 변경 또는 본존의 증감 변경, 2. 소속 종파의 변경, 3. 유지 방법의 변경, 4. 경내지 건물의 신축, 개축, 증축이나 경내지 평수의 증감. ②전항 제4호의 경우에는 공사설계서, 도면, 소요경비 예산과 지불 방법에 관한 조서를 허가신청서에 첨부해야 함. ③전2항 규정은 제4조 제1항의 본당과 고리 재건 또는 복구에 대해 준용함	사원 칭호 등: 총독 허가
9	①사원에 住職(じゅうしょく)을 두어 사원에 관한 사무를 관리하게 해야 함. ②주직을 명받은 때에는 본인이, 사망과 기타 사유로 주직에 이동이 있은 때에는 檀信徒 總代가 종파 관장의 증명서를 첨부해 지체 없이 총독에게 신고해야 함	주지: 총독 신고
10	①사원에 단신도 총대 3인 이상을 두고 그 주소와 성명을 사원 소재지를 관할하는 도지사에게 신고해야 함. 이동 시에도 신고해야 함. ②도지사는 전항의 총대를 부적당하다고 인정하는 때에는 이를 변경하게 할 수 있음. ③단신도 총대는 사원의 유지 경영에 관해 주직을 보좌하고 사원에 관한 원계(願屆)에 연서해야 함	단신도 총대 3인 이상: 도지사 신고
11	사원은 소유 부동산과 寶物에 관해 3가지 사항을 구비해 총독에게 신고해야 함. 이동 시에도 신고해야 함. 1. 토지는 住所地, 地番, 地目, 地積, 境內地나 境外地의 구별, 2. 건물은 소재지, 명칭, 구조의 종류, 건평수, 경내지와 경외지에 있는 것의 구별, 3. 보물은 그 명칭, 員數, 품질, 形狀, 치수寸尺, 作者와 傳來	부동산 보물: 총독 신고
12	사원은 재산대장을 갖추어 소유 부동산과 보물에 관해 전조(11조) 각호 사항을 등재해야 함	재산대장
13	다음 3가지 사항에는 총독 허가를 받아야 함. 1. 부동산 또는 보물의 처분, 2. 立竹木의 처분, 3. 부채를 지고자 하는 때	재산 처분: 총독 허가
14	경내지와 경내지에 있는 건물은 도지사 허가를 받지 않으면 전법, 포교, 법요 집행 및 僧尼 止住의 목적 이외로 사용하거나 사용하게 할 수 없음	목적 이외 사용: 도지사 허가
15	제3조 제1항 但書, 제4조 제2항 단서, 제5조, 제7조, 제8조 제1항, 제13조 규정에 의해 제출하는 허가신청서에는 소속 종파 관장의 의견서를 첨부해야 함	관장 의견서 첨부
16	**본령은 內地의 불교 각종파에 속하지 아니하는 것에는 적용하지 아니함**	**일본 불교에만 적용**
부칙	①본령은 發布日부터 시행 ②본령 시행 전 〈신사·사원규칙〉에 의해 창립을 허가한 사원은 본령에 의해 허가받은 것으로 봄 ③본령 시행 당시 舊令에 의해 사원 창립 出願 중인 것은 본령에 의해 출원한 것으로 봄	

〈신사규칙〉의 핵심은 신사를 창립할 때 신사의 부속 시설을 완비해 총독 허가를 받아야 한다는 점, 숭경자 총대회를 구성해야 한다는 점,

신사의 재산뿐 아니라 차입금에 대해 총독 허가를 받아야 한다는 점, 신사에서 상제(喪祭)를 할 수 없다는 점, 기본재산과 부동산 등을 처분할 때 도지사 인가를 받아야 한다는 점 등이다. 다음으로, 〈사원규칙〉의 핵심은 사원을 창립할 때 부속 시설을 완비해 총독 허가를 받아야 한다는 점, 부동산이나 보물을 처분하거나 부채를 질 때 총독 허가를 받아야 한다는 점, 일본 불교에만 적용한다는 점 등이다.

이 가운데 〈사원규칙〉에서 총독의 사원 창립 허가 부분은 〈신사규칙〉의 내용과 유사하다. 그렇지만 재산 처분과 부채를 질 때에는 도지사 인가가 아니라 총독 허가를 받아야 한다고 전환한 점은 〈신사규칙〉에 비해 강력한 규제 정책을 의미한다.

② 제정 배경과 모법

〈신사규칙〉과 〈사원규칙〉이 제정·시행된 배경과 모법은 무엇일까? 우선, 주요 배경으로는 두 가지를 지적할 수 있다. 하나는 1936년 8월에 부임한 南次郎(미나미 지로) 총독이 정책적으로 宇垣一成(우가키 가즈시게) 총독의 신사참배 정책[51]을 계승했다는 데에 있다. 이와 관련해, 南次郎 총독은 신사참배를 내선일체 구현의 핵심으로 보고 경신사상(敬神思想)의 확대 명분을 내세워 각 지방마다 신사를 설립해 민심의 중심에 두려는 정책을 추진한다.[52] 신사와 사원을 함께 관리했던 1915년 10월 〈신사·사원규칙〉(부령 제82호)과 달리, 신사와 사원의 관리를 분리시킨 법규

---

51 「宇垣總督의 時局談」, 『동아일보』, 1936.1.23, 1면.
52 「神宮의 大麻, 各 家庭에 奉齋」, 『동아일보』, 1937.11.25, 2면; 「神職의 養成을 積極的으로 援助」, 『동아일보』, 1938.2.9, 2면; 「內鮮一體의 關係에 異心을 抱하면 斷不容貸」, 『동아일보』, 1938.4.20, 1면; 「神社 建立 各地方 計劃 進捗」, 『동아일보』, 1938.12.15, 2면.

를 제정한 이유도 이러한 정책에서 찾을 수 있다. 오히려 〈신사규칙〉에서 시설을 완비해 참배 분위기를 갖춘 신사만 창립을 허가한다는 점, 숭경자총대회를 구성해 신사 운영의 전문성을 갖추게 했다는 점 등은 보다 철저해진 신사 보급 정책을 시사한다.

다른 하나는 기독교학교의 신사참배 거부 움직임에 대한 대응이다. 이미 1930년 전후 기독교계 학교의 신사 불참배 또는 거부 움직임이 조선의 사회 문제로 부각된 바 있지만,[53] 신사참배문제가 확대된 시점은 1935년 말경이다. 1935년 10월의 조선신궁 어진좌(御鎭座) 10주년 기념제 문제로 경기도 학무국 학무과장(木野藤雄)과 도내 미션학교 선교사들의 회담도 이루어졌지만,[54] 1935년 11월 평안남도 중등학교 교장회의에 참석한 4명의 선교사가 신사참배를 거부하면서 신사참배 거부 움직임이 본격화된다. 이에 대해 평안남도 당국은 기독교인이라는 이유로 신사참배를 거부한다면 선교사가 아닌 사람을 교장에 임명하고, 교장을 따르는 학생들이 있으면 총독 허가를 얻어 폐교 명령을 내린다는 강경한 입장을 밝힌 바 있다.[55]

조선총독부는 신사참배를 거부하는 장로교계 학교에 대해 묵인한 적도 있지만,[56] 전반적으로 강경한 입장을 유지한다. 예를 들어, 평양경찰서는 신사참배 문제에 대해 학교장이 해결할 문제이고 노회가 나설 문

53 주요섭, 「朝鮮敎育의 缺陷 (二十), 4. 宗敎問題」, 『동아일보』, 1930.9.28, 4면.
54 「神社參拜問題로 代表 外人과 協議」, 『동아일보』, 1935.10.8, 2면.
55 「參拜拒否問題로 平南道 態度 强硬, 四校長에게 今後 態度 回答 要求, 敎理上으로 愼重 研究」, 『동아일보』, 1935.11.24, 2면.
56 「神社崇拜 안터라도 校內에서 式을 擧行하라」, 『동아일보』, 1935.12.4, 2면. 이 기사는 1935년 12월에 천황의 어명명식(御命名式)과 관련해 조선총독부 학무국이 장로교계 학교에 '신사참배를 하지 않아도 학교에서 봉축식을 거행하라'고 요구하자 학교가 수용했다는 내용이다.

제가 아니라는 이유로 기독교신자의 신사참부 가부를 결정하려는 평양 노회에 대해 집회금지 처분을 내린다. 그렇지만 이에 대해 선교사들은 노회가 종교적 집합이므로 경찰의 집회금지에 복종할 수 없다는 입장을 표명한 바 있다.[57]

조선총독부의 강경책 속에서 1936년 1월에 평안남도 순안(順安) 의명학교(義明學校) 교장과 안식교조선합회(安息敎朝鮮合會) 회장 등은 평안남도 지사를 방문해 금후부터 학교장으로서 신사에 참배한다고 밝히기도 한다.[58] 그렇지만 장로교계 학교의 신사참배 거부 움직임이 이어지고, 이에 대해 평안남도 지사는 조선총독부의 협조 하에 북장로파 숭실전문학교 교장의 인가를 취소한다는 성명을 발표한다.[59] 그렇지만 평양 숭의여학교에서도 신사에 참배할 수 없다는 회답을 평안남도 당국에 제출하고, 당국에서 교장 인가를 취소하는 등[60] 신사참배 거부 움직임은 지속된다.

이러한 맥락에서 보면, 〈신사규칙〉는 신교의 자유나 교육의 조력(助力)도 법률·규칙과 미풍양속과 질서를 준수하는 범위에서 가능하다는 논리와 신사가 종교가 아니라는 우가키 총독의 논리[61]를 계승해 종립학

---

57 「神社參拜問題와 미순會 態度, '宣敎 開始 五十年에 이번 같은 苦悶은 처음, 最善의 努力으로 問題를 解決하겠다', 尹山溫 博士와 最初 會見記」, 『동아일보』, 1935.12.10, 2면; 「神社參拜問題와 長老敎會: 政治的 折衷은 絶望, 米國 本部에 報告, 專門 一, 中學 十五, 小學 二五七 結果 如何론 學校의 存廢」, 『동아일보』, 1935.12.11, 2면.

58 「敎會의 不干涉을 元老長老에 嚴示, 安息敎系 順安 義明校에서는 今後 校長의 神社參拜를 聲明」, 『동아일보』, 1936.1.18, 2면. 기사에 따르면 평안남도 지사와 내무부장은 평양신학교 교장(남궁혁)과 평양기독청년회장(김동원) 등 20명을 도청 회의실로 초청해 '교회에 절대 간섭하지 않을 것이며, 국가 의식이라는 점을 충분히 양해해 오해하지 말라'고 설득한다.

59 「安武 知事 聲明, 신사불참배학교 교장처분에 대하야」, 『동아일보』, 1936.1.19, 2면. 숭실전문 교장 尹山溫은 미션회 소속으로 본명은 맥큔(George Shannon McCune)이다.

60 「崇義女學校도 不參拜 表明」, 『동아일보』, 1936.1.22, 2면; 「平壤 崇義女校 校長代理 取消, 道에선 代理申請하라 慫慂, 卒業期 앞두고 걱정」, 『동아일보』, 1936.2.23, 2면.

61 「宇垣總督의 時局談」, 『동아일보』, 1936.1.23, 1면(1935년 12월 9일 총독부 학무국장과

교도 신사참배를 해야 한다는 강경한 입장[62]을 드러낸 법규였다고 할 수 있다. 이 가운데 신사가 종교가 아니라는 '신사비종교론'은 〈신사규칙〉 제12조 2항에 명시된 '상제(喪祭)의 금지' 부분에서 유추할 수 있다.

다음으로, 〈신사규칙〉과 〈사원규칙〉의 모법은 이미 메이지유신 이후부터 신사나 사원에 관해 적지 않은 법규들이 제정·시행되었기 때문에 어느 하나로 단정하기가 쉽지 않다. 예를 들어, 1926년에 발표된 종교법안에는 〈신사규칙〉이나 〈사원규칙〉의 일부 내용이 포함되어 있다.[63] 또한 일본의 전국정촌장회(全國町村長會)가 〈신사·사원규칙〉의 모법에 근접한 1913년 4월의 내부성령 제6호를 1929년의 '사사(社寺) 관계 법령'에 포함시켰다는 점을 고려하면,[64] 이 법규도 〈신사규칙〉이나 〈사원규칙〉에 영향을 미쳤다고 볼 수 있다. 그 외에도 1935년 자료를 보면 이미 사원의 재무 관련 법규가 존재했다는 점을 확인할 수 있다.[65]

〈신사규칙〉과 〈사원규칙〉은 제정·시행 이후인 1936년 8월부터 큰 변화 없이 지속된다. 예를 들어, 1939년 4월에 개정(부령 제56호)된 바 있지만, 신사 시설 준공 기간의 연장에 대한 총독의 사전 허가(제3조 제1항)를 '도지사 허가'로 바꾸어 도지사 허가 범위가 넓어졌을 뿐 별다른 내용 변화는 보이지 않는다.[66]

선교사대표의 회담이 결렬되었다는 내용).

62 「牧師 長老를 召喚, 神社參拜를 警告, 啓聖學校 生徒에게 參拜케 해, 大邱署 高等係에서」, 『동아일보』, 1936.6.24, 2면.
63 淺利基道 編, 『今般新に發表された宗敎法案』, 東京: 宗敎時報社, 1926, pp.1-21.
64 福井淸通, 『(大正十年二月本會創設以來)宣言及決議事項竝其経過要覽』, 東京: 全國町村長會, 1929, p.71.
65 大河內貫靜 編, 『現行寺院財務關係法規集』, 京都: 仏敎聯合會京都府支部, 1935, pp.1-47.
66 〈神社規則中改正〉(부령 제56호, 昭和 14.4.14), 『조선총독부관보』 제3668호, 1939.4.14.

2) 조선 불교의 관리 법규

① 사찰령 제정

1911년 6월에 寺內正毅(데라우치 마사다케) 총독은 〈조선에 시행할 법령에 관한 건〉(법률 제30호)에 근거해 칙재(勅裁)를 받은 〈사찰령〉을 제령(制令) 제7호로 공포한다. 〈사찰령〉은 1910년 조선총독부 내무국 지방과의 촉탁(囑託)으로 있던 渡邊彰(와타나베 아키라)이 입안한 것으로 알려지고 있다.[67] 그렇지만 1910년 당시 渡邊彰가 내무부 지방국 지방과 소속이었고, 촉탁이 아니라 서무 종사자인 속(屬)의 신분이었기 때문에[68] 정확히 누가 입안했는지는 미정이다. 〈사찰령〉의 주요 내용은 다음과 같다.[69]

---

67 김순석, 「朝鮮總督府의 〈寺刹令〉 공포와 30 본사 체제의 성립」, 『한국사상사학』 18, 2002, 503쪽.

68 朝鮮總督府, 『朝鮮總督府及所屬官署職員錄』, 京城: 朝鮮總督府, 1912, p.7; 한국사데이터베이스(http://db.history.go.kr/item/level.do?itemId=jw, 조선총독부및소속관서직원록, 접속: 2018.12.20). 渡邊彰(와타나베 아키라) 신분은 1910년에 내무부 지방국 지방과의 속(屬, 관등 3)이고, 1912년도 동일하다. 1920년부터 학무국 종교과의 속(屬, 관등 1, 공훈 정7훈7)이다. 1922년 자료에 학무국 종교과와 고적조사과의 속(屬)으로 함께 명시되어, 부서를 고적조사과로 옮긴 것으로 보인다. 1923년부터는 학무국 고적조사과의 '촉탁(囑託, 관등 연2200, 공훈 정7훈6)'이고, 1924년도 동일하다. 한편, 촉탁은 국가와 사인(非公務員) 간 계약으로 맺어진 임시직으로, 식민지 시기 관공서 근무자 신분인 칙·주·판임관과 고원·용인, 촉탁 가운데, 친임관을 제외한 칙임관(친임관＋고등관 1, 2등)과 주임관을 '고등관', 판임관 이상을 '관(공)리'라고 한다. 고원은 관리 신분이 아닌 준공무원, 용인은 하급종사자나 일용노동자에 해당하고, 촉탁은 역할에 따라 관리부터 고원 대우의 보수를 받는 임시직이다(박이택, 「조선총독부의 인사관리제도」, 『정신문화연구』 29-2, 2006, 289쪽; 장신, 「일제하 이왕직의 직제와 인사」, 『장서각』 35, 2016, 81쪽).

69 〈寺刹令〉(제령 제7호, 1911.6.3, 시행 1911.9.1), 『조선총독부관보』 제227호 1911.6.3, 법률 제30호는 〈朝鮮ニ施行スヘキ法令ニ關スル法律〉(明治 44.3.24)을 말한다. 이에 따르면, 조선에서 법률이 필요한 사항을 총독의 명령으로 규정할 수 있고(제1조), 이 명령을 내각총리대신을 경유해서 칙재를 요청해야 한다(제2조).

<표 10> 1911년 6월 〈사찰령〉의 주요 내용

조	주요 내용	비고
1	사찰의 병합·이전 또는 폐지, 터 또는 명칭의 변경 시에 '총독 허가'를 받아야 함	(총독 허가)
2	사찰의 터 및 가람은 지방장관의 허가를 받아야만 전법·포교·법요 집행 및 승니 거주 이외의 목적으로 사용할 수 있음	(지방장관 허가)
3	사찰의 본말관계·승규·법식, 기타 필요한 사법(寺法)은 각 본사(本寺)에서 정해 '총독 인가'를 받아야 함	(총독 인가)
4	①사찰에 주지를 두어야 함. ②주지는 사찰에 속한 재산을 관리하고 사무 및 법요집행의 책임을 지며 사찰을 대표함	
5	사찰에 속하는 토지·삼림·건물·불상·석물·고문서·고서화, 기타 귀중품은 '총독 허가'를 받아야만 처분할 수 있음	(총독 허가)
6	전조(5조)의 규정 위반자는 2년 이하의 징역 또는 500원 이하의 벌금에 처함	(제재)
7	이 영의 규정 외에 사찰에 관해 필요한 사항은 총독이 정함	
부칙	이 영의 시행기일은 총독이 정함 ※사찰령은 1911년 9월 1일부터 시행. 〈1911.7.8 부령 제83호〉	

〈사찰령〉의 주요 내용을 보면, 사찰의 병합·이전·폐지나 사찰 터와 명칭의 변경(제1조), 사찰의 토지·삼림·건물·불상·석물·고문서·고서화와 기타 귀중품 처분(제5조)은 총독 허가 사항이고, 각 본사(本寺)에서 규정한 사찰의 본말관계·승규·법식과 기타 사법(寺法)은 총독 인가 사항이다(제3조). 전법·포교·법요 집행과 승려 거주의 목적 이외의 사찰 터와 가람 사용은 지방장관 허가 사항이다(제2조). 그 외 사찰에는 재산의 관리와 사무 및 법요집행의 책임을 맡는 대표자로 주지를 둔다(제4조 ①과 ②). 주지 임명은 각종 허가나 인가의 신청 주체를 만들기 위한 것으로 보인다.

〈사찰령〉에서 핵심은 총독의 '허가·인가'와 지방장관의 '허가' 사항, 주지 제도와 규정 위반자에 대한 처분, 기타 사항에 대한 총독의 권한 규정이다. 이러한 맥락에서 〈사찰령〉은 조선의 사찰에 대해 총독과 지방

장관의 권한을 명시한 법규였다고 할 수 있다. 이와 관련해, 총독을 〈사찰
령〉에 없는 사찰에 관한 필요 사항을 규정하는 존재로 만든다(제7조).

이 법규에서 주목할 부분은 처벌 조항이다. 〈사찰령〉 제6조에 따르
면, '총독 허가' 없이 사찰에 속하는 토지·삼림·건물·불상·석물·고문서·
고서화, 기타 귀중품을 처분하는 경우에는 '2년 이하의 징역' 또는 '500원
이하의 벌금'에 처해진다. 이 처벌 조항은 1906년 11월의 〈종교 선포에
관한 규칙〉에 없었고, 그 후 1915년 10월의 〈신사·사원규칙〉, 1917년
3월의 〈신사(神祠)에 관한 건〉, 1936년 8월의 〈신사규칙〉과 〈사원규칙〉
에도 보이지 않는다. 불교를 포함한 일본 종교, 특히 신사신도 관련 법규
에 없던 처벌 조항을 조선의 종교 관련 법규에만 둔 것은 조선총독부가
설립 초기부터 차별적 정책을 기획했다는 점을 의미한다.

1911년 6월의 〈사찰령〉 공포 직후, 동년 7월에 〈사찰령시행규칙〉이
공포되어, 〈사찰령〉과 함께 1911년 9월 1일부터 시행된다. 〈사찰령시행
규칙〉의 주요 내용은 다음과 같다.[70]

〈표 11〉 1911년 9월 〈사찰령시행규칙〉의 주요 내용

조	주요 내용	비고
1	주지를 정하는 방법, 주지의 교체 절차, 임기 중 사망과 기타 사고로 인한 缺員 발생 시 사무취급방법은 사법에 규정함	
2	①30개 사찰의 주지 취직에 대해서는 총독에게 신청해서 인가를 받아야 함 ②전항 이외의 사찰 주지 취직에 대해서는 지방장관에게 신청해서 인가를 받아야 함	(총독, 지방 장관 인가)
3	전조(2조) 인가 신청서에는 주지(住持)될 자의 신분, 연령, 수행이력서를 첨부함	
4	주지 임기는 3년으로 하되, 임기 만료 후 재임할 수 있음	
5	주지의 범죄와 기타 부정행위, 직무 태만 시에는 취직 인가를 취소할 수	(인가 취소)

70 〈寺刹令施行期日〉(부령 제83호, 明治 44.7.8), 〈寺刹令施行規則〉(부령 제84호, 明治
44.7.8), 『조선총독부관보』 제257호, 1911.7.8.

	있음	
6	전조(5조)에 의한 인가 취소된 주지는 사법(寺法)의 정한 바에 따라 일체 사무를 인계하고 1주일 내에 그 사찰에서 퇴거(退去)해야 함	
7	①주지는 사찰에 속한 토지, 삼림, 건물, 불상, 석물(石物), 고문서, 고서화(古書畵), 범종, 경권(經卷), 불기(佛器), 불구(佛具), 기타 귀중품의 목록서를 작성해서 주지 취직 후 5개월 내에 총독에게 신고해야 함 ②전항의 재산 증감과 이동 시에는 5일 내에 총독에게 신고해야 함	
8	제7조의 신고를 하지 않은 자는 50원 이하의 벌금 또는 拘留에 처하고, 제6조 규정을 위반한자도 동일함	
부 칙	①본령은 사찰령시행일부터 시행함 ②각 본사에서는 본령 시행 후 5개월 내에 사법 인가를 신청해야 함 ③본령 시행 당시 주지가 없는 사찰은 관례에 따라 본령시행 후 3개월 내에 주지를 정해 인가를 신청해야 함	

〈사찰령시행규칙〉에 따르면, 총독에게 30개 사찰, 지방장관에게 그외 사찰의 '주지(3년 임기) 인가권'이 주어진다(제2조, 제4조). 주지는 주지 취직 후 5개월 이내에 사찰에 속한 토지·삼림·건물·불상·석물(石物)·고문서·고서화(古書畵)·범종·경권(經卷)·불기(佛器)·불구(佛具)·귀중품의 목록서, 그리고 재산의 증감 이동 상황을 5일 내에 총독에게 제출해야 한다(제7조). 총독은 범죄나 부정이나 직무 태만 등을 적용해 주지 인가를 취소할 수 있고(제5조), 인가 취소된 주지는 사법(寺法)에 따라 일체 사무를 인계하고 1주일 내에 사찰에서 나와야 한다(제6조). 만약 제6조를 위반하거나 제7조에 따른 서류를 제출하지 않으면 '50원 이하의 벌금' 또는 '구류'에 처할 수 있게 된다(제8조).

〈사찰령〉과 〈동(同) 시행규칙〉의 시행 이후, 먼저 각 사찰에서 시작된 일은 주지 인가, 사법 제정, 사찰재산목록 작성이다. 우선시된 것은 사법 제정이다. 사법에는 〈사찰령시행규칙〉 제1조에 따라, 주지를 정하는 방법, 주지의 교체수속, 임기 중 사망과 기타 사고로 인한 결원 발생 시 사무취급방법이 규정된다. 이와 관련해, 정무총감과 내부무장관은 각 지방장관에게 주지 취직과 사법 인가 신청서와 사찰재산목록서를 받을 때 필요한 사항들을 관통첩으로 전달한다.[71]

정무총감이 보낸 관통첩의 내용은 4가지이다. 첫 번째는 각 사찰에 현재 '적법한 주지'가 없으므로 9월 1일로부터 3개월 내에 주지를 정해 〈사찰령시행규칙〉 제2조에 따라 인가를 요청하되 사법 인가 전에 주지 선정 관례(慣例)를 신중히 조사할 것, 두 번째는 주지 취직 인가신청서를 수리(受理)할 때 주지 선정방법이 관례에 위배되거나 당선자가 적임자인지를 조사해 총독에게 의견을 보내고 조사 결과에 따라 주지를 인정하지 못할 때 총독 지휘를 받을 것, 세 번째는 주지 인가 후 9월부터 기산해 5개월 이내에 사법 인가를 신청할 것, 네 번째는 주지가 취직 후 5개월 내에 〈사찰령시행규칙〉 제7조에 따라 사찰 재산목록서를 작성하고, 그 후의 증감 이동을 5일 내로 신고하되 재산목록서와 그 신고를 수리한 경우에 상세히 조사해 상급기관에 올릴 것[進達]이다.[72]

내무부장관이 보낸 관통첩의 내용은 주지 취직 인가를 취급하는 방법이다. 그에 따르면, 사찰의 성쇠(盛衰)가 주지에게 달려 있으므로 주지 천거가 관례대로 되었는지를 검증[檢案]해야 한다. 그와 관련해 주지 선정 관행에 대해 사자상승(師資相承: 스승의 인가), 법류상속(法類相續: 법손들의 협의), 초대계석(招待繼席: 초빙)의 세 가지가 가장 현저하다고 안내한다.[73]

---

71 〈寺刹令施行ニ關スル處務方法ノ件〉(정무총감 관통첩 제259호, 明治 44.9.8), 〈寺刹ノ住持就職認可ニ付取扱方ノ件〉(내무부장관 관통첩 제260호, 明治 44.9.8), 『조선총독부 관보』 제310호, 1911.9.8.
72 〈寺刹令施行ニ關スル處務方法ノ件〉(정무총감 官通諜 제259호, 明治 44.9.8), 『조선총독부관보』 제310호, 1911.9.8.
73 〈寺刹ノ住持就職認可ニ付取扱方ノ件〉(내무부장관 官通諜 제260호, 明治 44.9.8), 『조선총독부관보』 제310호, 1911.9.8.

〈사찰령〉과 〈동(同) 시행규칙〉의 시행 이후, 사찰에는 어떤 변화가 있었을까? 우선, 〈사찰령시행규칙〉 부칙 제3항에 근거해, 1911년 11월부터 30개 사찰이 '주지 취직 인가신청서'를 제출해 '주지 인가'를 받기 시작한다.[74] 그리고 1912년 6월에는 원종종무원에서 제1회 30본산 주지회의를 개최해 불교 종지와 종명을 '선교겸학(禪敎兼學)'과 '조선불교선교양종'으로 각각 정하고 선교양종30본산회의소(禪敎兩宗三十本山會議所)를 조직한다. 이 결정은 당시 원종과 임제종 등 포함한 다른 종지를 사용할 수 없게 만들고,[75] 1912년 6월부터 불교가 하나의 종파 형태로 존재하게 되었음을 의미한다.

다음으로, 〈사찰령〉 제3조에 근거해, 30개 사찰은 1912년 7월경부터 〈본말사법〉 인가를 신청한다. 1912년 7월 2일자 인가를 받은 '선교양종 법찰대본사 해인사본말사법(禪敎兩宗 法刹大本寺 海印寺本末寺法)'을 시작으로, 1913년 3월 말까지 대부분 사찰의 사법이 인가를 받는다. 구체적으

---

74 〈社寺, 宗敎一住持就職認可〉, 『조선총독부관보』 제369호, 1911.11.18(함남 장관이 10월 20일자로 楊萬基를 歡喜寺 주지로 인가); 『조선총독부관보』 제370호, 1911.11.20(신청에 따라 11월 17일자로 徐震河를 법주사, 趙世果를 건봉사, 金慧溟을 월정사, 金九河를 통도사, 姜大蓮을 용주사, 吳惺月을 범어사 주지로 인가); 『조선총독부관보』 제372호, 1911.11.22(11월 20일자로 張普明을 마곡사 주지로 인가); 『조선총독부관보』 제382호, 1911.12.5(경남 장관이 11월 25일자로 宋寶琪, 朴榮秀, 呂在禧, 裵龍湖를 각각 蔚山郡 新興寺, 引聖庵 東竺寺, 白楊寺, 그리고 吳滋雲을 단성군 栗谷寺 주지로 인가); 『조선총독부관보』 제383호, 1911.12.6(12월 4일자로 李晦光을 경남 陜川郡 해인사 주지로 인가); 『조선총독부관보』 제396호, 1911.12.21(경남 장관이 12월 11일 金鍾泰를 함양군 마천면 碧松寺 주지로 취직 인가) 등.

75 〈寺刹ノ宗旨稱號ヲ妄リ二設ケシメサル件〉(内務部長官 官通牒 第229號, 1912.6.26). 1912년 6월 20일 속개된 주지회의에서 기존의 원종종무원(圓宗宗務院)의 명칭을 변경해 '조선선교양종 각본산주지회의원(朝鮮禪敎兩宗 各本山住持會議院)'으로 개정하고 '각본산주지회의원규칙(各本山住持會議院規則)'을 정하면서 30본산주지회의원이 공식 발족된다(한동민, 『사찰령』 체제하 본산제도 연구』, 중앙대학교 박사논문, 2006, 155쪽).

로, 해인사(李晦光) 이후, 1912년 9월에 용주사(姜大蓮)·전등사(金之淳)·김
룡사(金慧翁)·법흥사(李順永)·유점사(金錦潭)·건봉사(趙世杲)·석왕사(金崙
河)·법주사(徐震河)·건봉사(李振聲)·보석사(朴徹虛)·통도사(金九河), 10월에
마곡사(張普明)·동화사(金南坡)·은해사(朴晦應)·봉은사(羅晴湖)·범어사(吳惺
月)·월정사(金慧溟), 12월에 대흥사(白翠雲)·구엽사(貝葉寺, 姜九峰)·성불사
(成佛寺, 申湖山)·보현사(普賢寺, 裵影海)·귀주사(歸州寺, 鄭煥朝)·기림사(祇林寺,
金萬湖)의 본말사법이 인가된다. 그리고 1913년 1월에 영명사(崔香雲)·고
운사(李萬愚), 2월에 송광사(李雪月)·백양사(金幼應), 4월에 봉선사(洪月初)
등의 본말사법이 인가된다.[76] 각 사찰명 앞에는 '선교양종대본산(禪敎兩宗
大本山)'이라는 종명이 붙는다.[77]

30개 본사의 사법이 지닌 형식과 내용은 거의 동일하다. 선행연구에
따르면, 그 이유는 渡邊彰(와타나베 아키라)이 일본 승정(僧政)의 예를 참작
해 식민통치에 편리하도록 만든 것을 표본으로 삼았기 때문이다.[78] 이와
관련해, 전문 13장 100개조의 〈해인사본말사법〉을 보면, 마지막 제100
조에서 "본 사법은 조선총독의 인가를 經홈이 아니면 變更을 不得홈"이

---

76 〈社寺, 宗敎 ― 寺法認可〉,『조선총독부관보』제556호, 1912.7.4;『조선총독부관보』제
   31호, 1912.9.4;『조선총독부관보』제38호, 1912.9.12;『조선총독부관보』제52호,
   1912.10.2;『조선총독부관보』제54호, 1912.10.4;『조선총독부관보』제57호, 1912.10.8;
   『조선총독부관보』제66호, 1912.10.19;『조선총독부관보』제73호, 1912.10.28;『조선총
   독부관보』제122호, 1912.12.25;『조선총독부관보』제123호, 1912.12.26;『조선총독부관
   보』제125호, 1912.12.28;『조선총독부관보』제129호, 1913.1.8;『조선총독부관보』제
   132호, 1913.1.11;『조선총독부관보』제160호, 1913.2.14;『조선총독부관보』제222호,
   1913.4.30. 대부분의 본말사법은『조선제사본말사법(朝鮮諸寺本末寺法)』(제1권-제4권,
   국립중앙도서관 소장)에 실려 있다.
77 1938년 3월에는 31본산 주지대회에서 '조선불교 선교양종 총본산 사법을 제정해 총독
   부에 인가를 신청하기로 결정한다(「朝鮮佛敎 禪敎兩宗 總本山 寺法 制定, 총독부에
   인가를 신청키로, 住持大會 昨日 閉幕」,『매일신보』, 1938.3.20, 9면).
78 김순석, 앞의 글, 2002, 511쪽.

라는 규정은 사법 제정의 근거가 〈사찰령〉이라는 점을 보여주고 있다.

이러한 사법 제정은 조선의 사찰이 조선총독부의 관리 체제에 들어갔을 뿐만 아니라 일본 불교의 색채를 갖게 되었다는 점을 시사한다. 그 근거로는 사법의 제7장 법식 부분에 사방배(四方拜, しほうはい, 1월 1일 풍작 기원), 기원절(紀元節, 2월 초대 진무[神武]천황의 즉위 기념), 천장절(天長節, 4월 쇼와[昭和]천황의 탄생 기념), 신상제(新嘗祭, にいなめさい, 11월 햅쌀 관련 의례) 등 일본 불교 의례가 대거 포함되어 있다는 점을 들 수 있다.[79]

② 제정 배경과 모법

〈사찰령〉의 제정 배경과 모법은 무엇일까? 우선, 제정 배경으로 두 가지를 지적할 수 있다. 하나는 일본의 각 불교 종파가 경쟁적으로 조선 불교 사찰을 확보하려는 현상을 관리하려는 데에 있다. 이와 관련해, 선행연구에 따르면, 〈사찰령〉 시행으로 한반도에서 일본 불교 각 종파의 움직임이 억제되고, 조선불교를 분열 없이 일원적으로 관리하는 정책이 가능해졌으며, 결과적으로 일본 불교 종파들의 조선인 포교가 급속하게 쇠퇴했다고 한다.[80]

다른 하나는 조선 불교의 사찰과 그 재산을 통제하려는 데에 있다.

---

79 「海印寺本末寺法」, 『조선불교월보』 제7호, 조선불교월보사, 1912.8, 38-61쪽. 제1장 총칙(제1조-6조), 제2장 사격(社格, 제7조-15조), 제3장 주지(제16조-23조), 제4장 직사(職司, 제24조-31조), 제5장 회계(제32조-36조), 제6장 재산(제37조-40조), 제7장 법식(法式, 제41조-45조), 제8장 승규(僧規, 제46조-68조), 제9장 포교(제69조-75조), 제10장 포상(褒賞, 제76조-77조), 제11장 징계(제78조-제90조), 제12장 섭중(攝衆, 제91조-94조), 제13장 잡칙(雜則, 제95조-제100조)으로 구성된다. 제8장 승규의 경우에는 다시 제1款 분한(分限, 제46조-50조), 제2관 행해(行解, 제51조-59조), 제3관 법계(法階, 제60조-66조), 제4관 의제(衣制, 제67조-68조)로 구성되어 있다. 이 자료에는 '제2장 사격(社格)'이라는 표현이 누락되어 있지만, 다른 사법을 고려해 포함하였다.
80 카미벳부 마사노부, 앞의 책, 146쪽.

1911년 9월 정무총감이 각도 장관에게 보낸 관통첩에 따르면, 〈사찰령〉
의 제정·공포 취지는 '조선 사찰의 퇴폐(頹廢)를 막고 그 유지·존속을 보
호하기 위해 상당한 취체를 하려는' 데에 있다.[81] 그렇지만 본말사 관계
를 포함시킨 사법을 제정하게 해 총독이 본사 주지를 임면하고 사찰재
산의 처분 여부를 결정하게 했다는 점에서 그 취지 이면에는 사찰과
그 재산의 통제라는 의도가 있다고 할 수 있다.

　여기서 흥미로운 부분은 조선총독부가 조선 사찰과 그 재산의 통제
방식을 고민했다는 점이다. 〈사찰령〉 제정 이전의 기사를 보면, 처음에
는 일본의 경우를 참조해 조선 사찰과 그 재산을 통제하는 방식을 고려
했던 것처럼 보인다. 이와 관련해, 1911년 5월에는 조선 사찰의 재산관
리규칙이 없기 때문에 부정행위로 사원 재산을 매매하거나 양도(讓渡)해
도 취체할 수 없어 조선총독부가 '사원재산관리규칙'을 발포해 '내지[일
본]와 동일하게 법인으로' 재산을 관리하게 할 것이라는 내용이 보인
다.[82] 〈사찰령〉이 조선 불교에 '재단법인을 조직하게 하려는 것'이라는
내용도 보인다.[83] 그렇지만 〈사찰령〉에 법인제도 관련 내용이 없다는
것은 조선총독부가 사찰 재산의 통제 방식을 일본의 재단법인화 등과
달리 결정했다는 것을 의미한다.

　다음으로, 〈사찰령〉의 모법은 무엇일까? 선행연구에 따르면, 〈사찰
령〉은 일본에서 메이지유신 이후에 국가신도의 위상을 강화하고 모든
종교를 통치정책에 순응시킬 목적으로 문부성이 1898년 제14회 제국의

81　〈寺利令施行ノ旨趣告諭方ノ件〉(정무총감 관통첩 제270호, 明治 44.9.18), 『조선총독부
　　관보』 제318호, 1911.9.18.
82　「寺院財産 管理規則」, 『매일신보』, 1911.5.25, 2면.
83　「寺利令 御裁可」, 『매일신보』, 1911.5.31, 2면; 「寺利令 裁可」, 『海洋硏究所報』, 경남일
　　보사, 1911.6.4, 2면.

회에 제출한 종교법안을 참조한 것이며, 제1조, 제3조, 제5조가 각각 종교
법안의 제14조, 제7조, 제21조를 모방했다고 한다.[84] 구체적으로, '종교법
안은 53개조(제1장 총칙 제1조-15조, 제2장 교회 및 寺 제16조-27조, 제3장 교파
및 종파 제28조-32조, 제4장 교사(敎師) 제33조-39조, 제5장 벌칙 제40조-46조, 부칙
제47조-53조)'로, 〈지조(地租)조례〉, 〈민법〉, 〈민법시행법〉, 〈형법〉, 〈형사
소송법〉, 〈민사소송법〉 등을 종합해 반영했다는 점, 신도와 불교 외 종교
까지 포함해 법인화하려고 했다는 점 등이 특징이다.[85] 그리고 이 종교법

---

84 김순석, 앞의 글, 504-505쪽. '종교법안' 제14조, 제7조, 제21조의 주요 내용을 보면,
    敎派·宗派·敎會·寺 기타 종교단체는 주무관청의 감독에 속하며 주무관청은 사무 보고
    를 요구해서 그 상황을 검사하고, 기타 감독상 필요한 명령을 발하거나 또는 처분할
    수 있음(제14조), 敎派·宗派·敎會나 寺는 本法이 정한 외에 敎規·宗制·敎會規則이나
    寺規則에 정한 바에 의해 공익사업과 아울러 그 목적을 실행해야 함(제7조), 寺의 재산관
    리 및 처분은 명령에 정한 대로 주무관청의 명령을 받아야 하고, 인가를 받지 못한
    행위는 寺의 행위로 간주하지 않음(제21조) 등이다. 다만, 조선총독부가 본국에서 실행
    불가능했던 법안을 모방해 〈사찰령〉을 조선에서 시행하였다는 지적(같은 글, 503쪽)에
    는 근거가 약한 측면이 있다. 한편, 신교의 자유라는 헌법정신에 위배되고 국가의 종교간
    섭이 시대착오라는 이유로 부결되고 몇 차례 더 상정과 부결을 반복하다가 1939년
    4월에야 〈종교단체법〉으로 통과된 종교법의 내용은 "김승태 편역, 『일제강점기 종교정
    책사 자료집 — 기독교편, 1910-1945』, 한국기독교역사연구소, 1996, 305-314쪽에 〈종교
    단체법〉(1939.4.8, 법률 제77호, 개정 1940.3.29, 법률 제25호) 번역본 참조".
85 渡辺兵吉 編, 『宗敎法案雜纂』, 東京: 六合館, 1900, pp.1-32. 제1조에서는 종교 선포나
    종교상 의식 집행이 목적인 사단이나 재단은 본법이 아니면 법인이 될 수 없다고,
    제2조에서는 '교회'가 공적으로(公二) 종교를 선포하거나 종교상 의식 집행을 목적으
    로 하는 사단법인이나 재단법인으로 절이 아닌 것(寺二非サルモノ)을 말한다고, 제3조
    에서는 절(寺)이 사원을 소유하고 교법(敎法)을 선포하고 법의(法儀) 수행을 목적으로
    하는 재단법인을 말한다고 규정한 부분은 기독교의 포함 가능성을 시사한다. 다만,
    제6조에서 '교파·종파·교회나 절을 유지하는 사단이나 재단을 제외하고 종교단체를
    유지하는 사단이나 재단은 법인이 될 수 없다'고 규정해 종교단체 자체의 법인화를
    경계하고 있다. 한편, 부칙의 제47조에 따르면, 내무성 전달 사항(明治 14. 乙 제33호
    達, 戌 제3호達, 明治 15년 戌 제1호達, 明治 17년 태정관 제19호 布達) 등 종교법에
    저촉되는 것은 신불도의 종교단체 또는 그 종교단체를 유지하는 사단 또는 재산, 사원
    과 종교용 건물에 관해 그 효력을 상실한다. 다만, 종교법 시행 후 1개년 이내에 종교
    법에 의해 인가 또는 허가를 받은 것에 대해서는 그 효력을 유지한다. 이러한 내용은
    종교법이 다양한 법규를 참조하고 있음을 시사한다.

안에는 〈사찰령〉의 일부 내용이 있다. 예를 들어, 앞서 지적한 내용 외에
도, 종교법안에서 사찰 설립 시 사규칙(寺規則)을 만들어 주무관청 허가를
받아야 한다거나(제16조), 사규칙을 변경할 때 주무관청 인가를 받아야
한다는(제17조) 내용은 〈사찰령〉 제3조와 연결된다. 그리고 사찰에 주지
[住職]을 두어야 한다는 내용(제18조)은 〈사찰령〉 제4조 제1항의 내용과
동일하다.

　그렇지만 〈사찰령〉의 모법을 1898년의 종교법안에만 국한시키기는
쉽지 않다. 〈사찰령〉의 모법에 해당하는 종교법안에도 이미 선행 법규
가 있기 때문이다. 예를 들어, 주지 임명 부분은 신도와 불교의 교도직
(敎導職)을 폐지하는 대신 사원에 주지를 두도록 한 1884년 8월 태정관
포달(太政官 布達) 제19호에서 확인할 수 있다. 구체적으로, 태정관 포달
제19호는 신도 각파와 불교 각 종파에 내무경 인가를 받은 1인의 관장을
두게 하고(제2조), 관장이 입교개종의 취지[入敎開宗の主義]와 함께 '①종제
(宗制), ②사법, ③승려와 교사의 분한(分限) 및 호칭, ④주지 임면과 교사
의 등급 및 진퇴(進退), ⑤사원에 속한 고문서·보물·집기[什器] 류의 보존'
등을 정해 내무경 인가를 받게 한다(제4조).[86] 이 내용들을 종합해보면,
〈사찰령〉은 일본에 존재했던 여러 사찰 관련 법규들을 취사선택해 만들
어진 것이라고 할 수 있다.

③ 주요 개정: 1929년 6월, 1941년 4월

　〈사찰령〉은 불교계 상황과 조선총독부의 여러 인식이 맞물려 1924년,

---

86 〈神仏敎導職ヲ廢シ住職ヲ任免シ敎師ノ等級進退ハ各管長ニ委任等ノ儀〉(太政官布達 第
　　十九号, 明治 17.8.11),『太政官布達』(明治 17年), 1900, pp.1-3. 신도관장의 경우는 '①교규
　　(敎規), ②교사(敎師)의 분한(分限) 및 호칭, ③교사의 등급 및 진퇴' 세 가지이다(제4조).

1929년, 1941년 등 몇 차례 개정을 거치고, 그에 따라 〈사찰령시행규칙〉도 개정된다. 다만, 〈사찰령〉 개정과 무관하게 〈사찰령시행규칙〉이 개정된 경우도 있다. 전남 구례 화엄사를 본사에 포함시키기 위해 개정한 1924년 11월의 〈사찰령시행규칙〉이 그에 해당한다.[87]

　〈사찰령〉과 〈동(同) 시행규칙〉 개정 가운데 변화 폭이 큰 경우와 그 배경은 무엇일까? 우선 변화 폭이 큰 개정은 山梨半造(야마나시 한죠) 총독(1927.12-1929.8) 재임 말기인 1929년 6월 10일에 이루어진다. 동년 7월부터 시행된 개정안은 1928년 초 이전에 일본 내각 법제국(法制局)으로 송부된 것으로 보이므로[88] 일본의 승인 시기가 다소 길었다고 할 수 있다. 1929년 6월에 개정된 〈사찰령〉과 그 시행세칙의 주요 내용은 다음과 같다.[89]

〈표 12〉 1929년 6월 〈사찰령 개정〉의 주요 내용

조	주요 내용	비고
1-4	개정 없음	
5	①사찰재산은 총독 허가를 받지 않으면 양도(讓渡)·담보(擔保) 제공, 기타의 처분할 수 없음. 사찰 부채(負	〈1911.6.3〉 사찰에 속하는 토지·삼림·건물·불상·석

87　〈寺刹令施行規則中改正〉(부령 제69호, 大正 13.11.20), 『조선총독부관보』 제3680호, 1924.11.20. 이에 따르면, 〈사찰령시행규칙〉 제2조 중 '선암사(仙巖寺)' 다음에 '구례군 화엄사(求禮郡 華嚴寺)'를 추가한다. 이 시행규칙은 발포일부터 시행된다. 즉 1924년 11월부터 조선 불교 사찰은 31본사 체제가 된다.

88　「朝鮮 寺刹令 改正-法制局で審議中」, 『朝鮮思想通信』 第848号, 朝鮮思想通信社, 1929(1.11), 53면; 「朝鮮寺刹令 改正 發表 方針, 초안을 제출한 지는 일년, 法制局 審議 後 실시」, 『동아일보』, 1929.1.11, 2면. 두 자료에 따르면, 조선총독부 학무국이 〈사찰령〉 개정안을 내각 법제국(內閣 法制局)으로 송부한지 1년 이상이 지났지만 금일까지 아직 결정되지 않았다고 한다.

89　〈寺刹令中改正〉(제령 제9호, 昭和 4.6.10), 〈昭和 4年 제령 제9호(寺刹令中改正ノ件)ハ 昭和 4년 7월 1일로 시행한다〉(부령 제51호, 昭和 4.6.10), 〈寺刹令施行規則中改正〉(부령 제52호, 昭和 4.6.10), 『조선총독부관보』 제730호, 1929.6.10; 朝鮮總督府, 「(雜纂)朝鮮寺刹令 改正」, 『朝鮮』 第141号, 1929, pp.109-110.

조	주요 내용	비고
	(債)를 위해서도 동일함 ②전항의 허가 없이 사찰재산을 양도하고, 담보에 제공하고, 기타 처분하거나 부채를 진 때에는 이를 무효로 함 ③사찰재산은 사찰에 속한 부동산, 기타 총독이 정한 재산을 말함	물·고문서·고서화, 기타 귀중품은 '총독 허가'를 받아야만 처분할 수 있음
6	사찰재산을 처분하는 경우에는 사찰 주지가 그것을 취득할 수 없음. 다만, 특별한 사정에 의해 총독 허가를 받았을 때는 이 제한을 받지 않음	〈1911.6.3〉 전조(5조)의 규정 위반자는 2년 이하의 징역 또는 500원 이하의 벌금에 처함
7	개정 없음	
부칙	①시행 기일은 총독이 정함. ②시행 당시의 사찰 부채는 제5조의 허가를 받은 것으로 간주함. ③전항의 부채는 액수(額), 용도, 방법, 이율, 상환 방법을 갖추어 본령 시행일로부터 3개월 내에 총독에게 신고해야 함	〈1911.6.3〉 이 영의 시행기일은 총독이 정함

〈표 13〉 1929년 6월 〈사찰령시행규칙 개정〉의 주요 내용

조	주요 내용	비고
1-6	※ 개정 없음	제6조: 인가 취소 주지의 퇴거
7	사찰에 속한 불상, 석물, 고문서, 고서화, 범종, 경권, 기타 동산으로써 각 호의 一에 해당하는 것을 '사찰재산'이라고 함 1. 해당 사찰에 유서(遺緒)가 있는 것, 2. 학술, 기예(技藝)나 고고(考古) 자료가 될 만한 것, 3. 총독이 특별히 지정한 것	
8	①주지는 별기양식(別記樣式)에 의해 재산대장(財産臺帳)을 조제(調製)해서 사찰재산에 관한 사항을 등재해야 함 ②전조(7조)의 사찰재산에 대해 그 용기(容器) 또는 적당한 개소(個所)에 사찰의 인장(印章), 기호(記號), 기타 사찰재산에 속한 것을 표시하는 표찰(票札)을 부착하거나 번호표를 붙여 재산 대장에 그 번호를 기입해야 함	재산대장 구비
9	①주지는 재산대장 양식에 준해 사찰재산목록서를 조제하고, 이를 총독에게 신고해야 함 ②사찰재산의 증감 이동이 있을 때는 5일 내로 총독에게 신고해야 함	재산목록서의 총독 신고
10	총독이 전조(9조)의 신고를 受理한 때에는 사찰재산의 품목(品目), 종류, 개수(個數), 기타 필요하다고 인정한 사항을 공고(公告)함. 단, 부동산에 대해서는 이 제한을 적용하지 않음	
11	①사찰이 부채(負債)를 질 때는 주지가 부채 금액, 용도, 방법, 이율, 상환방법을 정해 총독 허가를 받아야 함. 부채 금액, 용도, 방법, 이율, 상환방법을 변경할 때도 동일함. 다만, 부채액 감소, 이율 저감(低減), 상환연한(償還年限) 단축, 조기상환(繰上償還), 또는 이미 정해진 상환연한을 연장하지 않고 저리(低利)로 대체[借替]한 경우는 예외로 함	사찰 부채 시 총독 신고와 총독 허가

	②전항 (但書의 경우에는 주지는 10일 내로 총독에게 그 취지[旨]를 신고해야 함	
12	①주지는 사찰의 매 회계연도 수입·지출예산을 정해 年度 개시 1개월 전에 제2조 제1항의 사찰은 총독에게, 기타 사찰은 도지사에게 보고해야 함 ②예산을 추가경정(追加更正) 할 때는 그 때마다 보고해야 함 ③사찰 예산 중 경리상 부적당할 때에는 제2조 제1항의 사찰은 총독, 기타 사찰은 도지사가 그 변경을 명령할 수 있음	매 회계연도 수입·지출예산의 총독/도지사 보고, 명령
13	사찰의 회계연도는 매년 1월 1일로부터 시작해서 12월 31일에 마침	
14	주지는 사찰의 매 회계연도 수입·지출결산서를 조제해서 연도 종료 후 2개월 내에 제2조 제1항의 사찰은 총독에게, 기타 사찰은 도지사에게 보고해야 함	매 회계연도 수입·지출결산서의 총독/도지사 보고
15	주지는 장부(帳簿)를 갖춰 사찰의 수입·지출을 기입해야 함	
16	제6조, 제8조, 제9조의 규정 위반자는 50원 이하의 벌금, 구류, 또는 과료에 처함	제재
부칙	①본령은 昭和 4년 7월 1일자로 시행함. ②주지는 본령시행 당시의 사찰재산에 대해 본령시행일로부터 40일 내에 제8조와 제9조의 수속을 해야 함. ③별표	

1929년 6월 〈사찰령〉 개정의 핵심은 두 가지이다. 하나는 '총독 허가 없는 행위의 무효화' 규정이다. 제5조에 신설한 제1항과 제2항에 따르면, 부채(負債)를 포함해 사찰재산의 양도(讓渡), 담보(擔保) 제공, 기타 처분에 대해 총독 허가를 받아야 하고, 총독 허가 없는 사찰재산의 양도, 담보 제공, 기타 처분, 부채 등은 무효가 된다. 다른 하나는 처벌 조항을 없애는 대신 사찰 재산을 원천적으로 봉쇄하는 규정이다. 즉 위반(제5조) 제재가 담긴 제6조 내용을 사찰재산을 처분한 경우에도 총독 허가를 받지 않는 한 사찰 주지가 취득할 수 없다는 내용으로 바꾼다. 이 두 가지 내용은 개정의 핵심이 주지의 사찰재산 처분권에 대한 원천 봉쇄라는 점을 의미한다.

〈사찰령시행규칙〉 개정에서는 〈사찰령〉 개정의 내용을 구체화하는 몇몇 조치가 취해진다. 우선, 주지가 사찰의 재산대장을 갖추고 재산목록서를 만들어 총독에게 신고하게 한다. 다음으로, 사찰이 부채를 질때 사전에 총독에게 그 취지를 신고하고, '부채 금액, 용도, 방법, 이율, 상환 방법'을 정해 총독 허가를 받게 한다. 다음으로, 매 회계연도 개시 1개월 전에 사찰의 1년분 수입·지출예산을 정하고 매 회계연도 종료후 2개월 내에 수입·지출결산서를 작성해 31본사는 총독, 그 외 사찰은 도지사에게 보고하게 한다. 그리고 사찰의 1년분 수입·지출예산을 정할때 경리상(經理上) 부적당할 경우, 총독에게 31본사에 대한, 도지사에게 그 외의 사찰에 대한 변경 명령권을 부여한다. 이 조치들 때문에 기존의 본문 8개 조문은 16개 조문으로 늘어난다.

그렇다면 1929년 6월의 〈사찰령〉 개정 배경은 무엇일까? 조선총독부가 '사찰 유지보호'라는 목적을 배경으로 내세웠지만,[90] 다소 복잡하다. 이를 정리해보면, 사찰 재산을 둘러싼 불교계 분쟁을 해소하기 위해,[91] 도회지 포교와 포교사 양성에 사찰재산을 활용하기 위해,[92] 그리고 주지권한 축소를 위해 〈사찰령〉 개정이 필요하다는 불교계 일부 인사들과 조선총독부의 인식[93] 등이 맞물린 1920년대 〈사찰령〉 개정 담론의 영향

---

90 「朝鮮寺刹令 改正 發表 方針, 초안을 제출한 지는 일년, 法制局 審議 後 실시」, 『동아일보』, 1929.1.11, 2면. 이 자료를 보면 '사찰의 유지보호'와 함께 거대한 재산의 산일(散逸) 방지도 〈사찰령〉 개정 목적에 포함된다.

91 「橫說竪說」, 『동아일보』, 1922.5.26, 2면(학무국이 분쟁 원인을 제공한 〈사찰령〉 개정 의사를 밝힘).

92 「寺刹令 改正의 內意, 적은 절을 폐하고 도회에 포교서 설치, 학무국에 주지가 모힌 내용」, 『동아일보』, 1922.5.26, 3면(학무국은 30본산주지총회를 위해 상경한 주지들에게 지방의 작은 절을 폐지하고 재산을 정리해 각 도회지에 교당을 설립해 포교에 노력해야 하고, 이를 위해 학교보다 포교사 양성소가 더 급하다고 주장하면서 〈사찰령〉 가운데 부적당한 것을 개정하겠다고 말했다는 내용).

93 「참지못할 一呵, 去益非違의 佛敎界」, 『동아일보』, 1925.10.31, 1면(〈사찰령〉이 불교계 타락을 조장하고 圓融 살림을 깨뜨리고 주지의 독재권을 허가했다는 비판); 「寺刹令 改正運動, 梵魚寺 僧侶의 烽火로, 住持의 權限 縮小가 主眼」, 『매일신보』, 1926.4.6, 1면(金尚昊 외 4명의 범어사 승려가 주지 권한 축소를 위해 〈사찰령〉 개정을 촉구했다

이라고 할 수 있다.

특히 〈사찰령〉 개정 배경에는 사찰 부채 증가 현상에 대한 견제 의도가 담겨 있다. 1920년대 후반 기사를 보면, 비록 〈사찰령〉이 재산 처분에 관한 취체가 심해 주지의 자유재량 범위가 협소하므로 개정을 위해 조사 중이라는 1927년 10월 기사도 있지만,[94] 사찰 부채 증가 문제에 대한 내용이 많아지기 시작한다. 주로 〈사찰령〉 때문에 총독 허가 없이 사찰재산을 처분할 수 없지만, 주지들이 임의로 사찰 재산을 담보로 설정해 차입(借入)하는 경우가 많다는 내용이다.[95] 이와 관련된 1929년 5월 1일자 『동아일보』 기사를 정리해 인용하면 다음과 같다.

> 조선사찰령은 조선사찰을 단속하는 유일한 법규인데 간섭하지 않아도 좋을 곳은 꽹장히 치밀하고, 치밀해야 될 곳은 도리어 소홀함. 그 일례를 보면, 주지의 재산처분에 대해서는 총독의 허가를 맡아야 하지만, 주지의 금전 차입(借入)에는 인가를 받으라는 조항이 없어 주지들이 함부로 부채를 하여 거의 파산상태에 빠진 합천해인사 같은 절도 있고, 그 밖에 1,300군데나 있는 본말사 대개가 내용은 텅 비인 상태이므로 학무국 종교과에서는 그동안 사찰령개정안을 꾸며 내각 법제국에 보냈는데 2년 동안 심의가 되지 못하다가 지난 30일 법제국에서 최후의 심의를 종료하여 학무국 원안대로 통과되었음. 신사찰령의 내용은 위에 말한 것처럼 주지가 빚을 쓸 때에도 총독의 인가를 받아야 된다는 것으로 재

는 내용); 「寺法及寺刹令을 改正하야써 住持의 權限을 制限, 從來의 法令은 不備點이 만아서 財産關係 其他에 非行이 잇섯다, 總督府에서 考研中」, 『매일신보』, 1926.6.19, 1면.

94 「寺刹令 改正?」, 『동아일보』, 1927.10.14, 1면. 이 기사에 따르면, 당시 〈신사·사원규칙〉과 〈포교규칙〉도 개정 범위에 포함되어 조사 대상으로 거론된다.

95 「朝鮮寺刹令, 十日付 改正 公布」, 『중외일보』, 1929.6.9, 1면(사찰에서 임의로 재산을 담보로 차입(借入)하는 사례가 많아져, 총독부 종교과에서 이를 막기 위해 사찰령을 개정한다는 내용).

산사용권에 엄중한 감독을 가하려는 것이 구사찰령보다 다른 것뿐이라고 함. 종교과장 이창근(李昌根)에 따르면, 신령이 발포되는 대로 각 사찰로 하여금 이전에 차용한 부채액까지 보고케 하겠음으로 현재 각 사찰의 재산을 명료히 알 수 있겠으며, 이전과 같이 주지가 임의로 빚을 써서 사찰의 유지를 위태케 하는 일이 근절되리라고 함.[96]

이상의 내용을 보면, 〈사찰령〉 개정의 주요 배경은 '사찰 재산의 통제'이다. 사찰 재산의 통제는 주지 또는 사찰의 재산 활용 범위를 축소시키는 것이므로 결과적으로 조선 불교의 통제로 이어진다. 조선총독부도 〈사찰령〉 개정 전까지는 각 사찰의 예산이 명확하지 못하고 주지들이 마음대로 경비를 지출하거나 채무를 져서 사찰이 폐지되는 일도 있었지만, 개정 이후 학무과가 직접 감독해 예산안을 조정하므로 주지 개인 때문에 사찰의 존폐 문제가 발생하지 않을 것이라는 의도를 비친 바 있다.[97]

그렇지만 1930년대 중반의 조선 불교는 경제적 위기에서 벗어나지 못한다. 〈사찰령〉 개정 이전에 이미 각 사찰에 부채가 있었고, 여전히 조선총독부 승인 없이 비밀리에 진행된 고리(高利)의 부채도 있었기 때문이다. 이 때문에 몇몇 사찰과 그 영향을 받는 불교사업단체인 교무원도 재정적 불안을 느낀다. 이에 대해 학무국 사회과(社會課)는 정리 방침을 마련해 도지사에게 통첩을 보내려고 준비하기도 한다.[98] 또한 주지의

---

96 「今明間 發表될 改正寺利令, 사유재산을 감독할 신사찰령, 작일 법제국에서 최종의 심의, 放漫住持의 頂上一針」, 『동아일보』, 1929.5.1, 5면.
97 「寺利內部를 整理, 社會事業 奬勵, 경긔 관내 각 사찰에 대하여, 京畿道 學務課 計劃」, 『동아일보』, 1931.1.25, 2면.
98 「財政難中의 各 寺利, 負債가 百萬餘圓, 敎佛鮮朝한 面直에 機危, 總督府에서 整理方針을 草案中, 不日 各 道知事에게 通牒」, 『동아일보』, 1934.3.6, 2면.

사찰 재산 문제를 '물욕 투쟁(物慾鬪爭)'으로 간주하고 주지 권한을 축소하기 위해 1930년대 중후반에 다시 〈사찰령〉 개정을 준비한다.[99]

결과적으로 여러 차례의 〈사찰령〉 개정은 사찰 재산 통제를 통한 조선 불교의 관리라는 흐름에 놓여 있다. 이 흐름은 南次郎(미나미 지로) 총독(1936.8-1942.5) 시기인 1941년 4월의 〈사찰령시행규칙〉 개정에서 종래 내용을 거의 계승해 주지 인가 취소 범위를 넓혔다는 점에서도 확인할 수 있다. 이와 관련해, 1941년 4월의 〈사찰령시행규칙〉 개정 내용을 보면 다음과 같다.[100]

〈표 14〉 1941년 4월 〈사찰령시행규칙 개정〉의 주요 내용

조	주요 내용	비고
1	※ 개정 없음	
2	- 제2조 제1항 중 「京畿道 廣州郡 奉恩寺」를 「京畿道 京城府 太古寺, 京畿道 廣州郡 奉恩寺」, 「全州郡」을 「完州郡」, 「大邱府」를 「達城郡」, 「長鬐郡」을 「廣州郡」, 「釜山府」를 「東萊郡」, 「順安郡」을 「平原郡」, 「杆城郡」을 「高城郡」, 「高城郡」을 「同」, 「咸興郡」을 「咸州郡」으로 고침 - 同條 제2항 중 「지방장관」을 「道知事」로 고침	※ 봉은사→ 태고사, 봉은사 ※ 군(郡) 명칭 변경 ※ 지방장관→ 도지사
3	「身分, 年齡」을 「戶籍謄本」으로 고침	
4	※ 개정 없음	
5	주지의 부정행위, 직무 태만, 또는 기타 사유로 인해 부적당하다고 인정한 때는 그 취직의 인가를 취소할 수 있음	(1911.7.8) 주지의 범죄와 기타 부정행위, 직무 태만 시에는 취직 인가를 취소할 수 있음
6-16	※ 개정 없음	
부칙	본령은 발포일로부터 시행함	

---

99 「物慾鬪爭 防止코저 寺利令改正計劃, 社會課에서 立案中」, 『조선중앙일보』, 1936.6.21, 2면;「不正事件 頻發에 朝鮮寺利令 改正, 住持權限 縮小와 古物 保存 等, 學務局에서 立案 中」, 『매일신보』, 1936.6.21, 1면.

100 〈寺利令施行規則中改正〉(부령 제125호, 昭和 16.4.23), 『조선총독부관보』 제4273호, 1941.4.23.

3) 조선 기독교의 관리 법규

① 포교규칙의 제정

1915년 8월 寺內正毅(데라우치 마사다케) 총독은 〈신사·사원규칙〉(부령 제82호)과 함께 전문 19조의 〈포교규칙〉(부령 제83호)을 공포하고 동년 10월 1일부터 시행한다. 이 법규가 제정되면서 1906년 11월 〈종교 선포에 관한 규칙〉(통감부령 제45호)은 폐지된다(제17조). 이 법규의 적용 범위는 신도, 불도[불교], 기독교이다(제1조). 주요 내용을 정리하면 다음과 같다.[101]

〈표 15〉 1915년 8월 〈포교규칙〉의 주요 내용

조	주요 내용	비고
1	본령에서 종교는 神道·佛道·基督教를 말함	종교 범위
2	①종교 宣布 종사자는 3가지를 갖추어, 포교자 자격 증명 문서와 이력서를 첨부해 총독에게 신고[屆出]해야 함. 다만, 포교관리자를 둔 교파/종파나 조선 사찰에 속한 자는 제2호 사항을 생략 가능함. 1. 종교와 그 교파/종파 명칭, 2. 敎義의 要領, 3. 포교 방법 ② 전항 각호 사항의 변경 시 10일 내로 총독에게 신고해야 함	포교: 총독 신고
3	①신도 각 교파나 內地[일본] 불교 각 종파가 포교할 때는 해당 교파나 종파의 관장이 포교관리자를 정해 총독에게 인가를 받을 것. 1. 종교와 그 교파/종파 명칭, 2. 敎規 또는 宗制, 3. 포교 방법, 4. 포교관리자 권한, 5. 포교자감독 방법, 6. 포교관리사무소 위치, 7. 포교관리자의 氏名과 이력서 ②전항 각호 사항의 변경 시, 총독에게 인가를 받아야 함	일본 포교관리자: 총독 인가
4	총독은 포교 방법, 포교관리자 권한, 포교자감독 방법, 또는 포교관리자가 부적당하다고 인정하는 때 그 변경을 명령할 수 있음.	변경권: 총독
5	①포교관리자는 조선에 거주하는 자로 함. ②포교관리자는 매년 12월 31일 현재의 소속 포교자 명부를 작성해 익년 1월 31일까지 총독에게 신고해야 함. ③전항 名簿에는 포교자의 씨명과 거주지를 기재해야 함	포교자 명부: 총독 신고
6	①총독이 필요할 때는 제3조 이외의 교파/종파에 대해 포교관리자를 두게 할 수 있음. ②전항에 따라 포교관리자를 둘 때는 10일 내에 제3조 제1항 각호 사항을 총독에게 신고해야 하고 변경 시에도 동일함	포교관리자: 총독 신고
7	①前條의 포교관리자에게는 제4조와 제5조를 준용함. ②제3조 이외의	

---

101 〈布敎規則〉(부령 제83호, 大正 4.8.16, 시행 大正 4.10.1), 『조선총독부관보』 제911호, 1915.8.16.

	교파나 종파에서 그 규약 등에 의해 포교관리자를 둘 때는 제4조, 제5조, 前條 제2항을 준용	
8	종교 선포 종사자의 氏名 변경, 거주지 이전, 또는 포교 폐지 때에는 10일 내에 총독에게 신고해야 함	선포자: 총독 신고
9	①종교용 교회당, 설교소, 또는 강의소 류를 설립하려는 자는 다음 7가지 사항을 갖추어 총독 허가를 받아야 함. 1. 설립 사유, 2. 명칭과 소재지, 3. 敷地 면적과 건물 평수, 그 소유자의 씨명과 圖面, 4. 종교와 그 교파/종파의 명칭, 5. 포교담임자의 자격과 선정 방법, 6. 설립비와 그 지불[支拂] 방법, 7. 관리와 유지 방법 ②前項 제5호에 따라 포교담임자를 선정할 때는 설립자나 포교담임자는 그 씨명과 거주지를 갖추고, 이력서를 첨부해 10일 내에 총독에게 신고해야 하고 변경 시에도 동일함	종교 시설: 총독 허가
10	前條 제1항 제2호와 제7호 사항의 변경 시는 그 사유에 대해 총독 허가를 받아야 함	시설 변경: 총독 허가
11	종교용 교회당, 설교소 또는 강의소 류의 폐지 시는 10일 내에 총독에게 신고해야 함	시설폐지: 총독 신고
12	①포교관리자와 조선사찰의 본사 주지는 각기 소속 사원, 교회당, 설교소 또는 강의소별로 매년 12월 31일 현재 신도수와 그 해의 신도 증감수를 익년 1월 31일까지 총독에게 신고해야 함 ②前項 신고 시, 포교관리자를 두지 않은 교파/종파와 조선의 사찰에 속하지 않은 교회당, 설교소 또는 강의소에는 [그 곳에 있는] 포교담임자가 신고해야 함	신도증감수: 총독 신고
13	포교관리자를 둔 교파/종파에 속한 자나 조선사찰에 속한 자가 본령에 의해 허가를 받거나 신고할 때에는 포교관리자나 본사 주지의 副書(ふくしょ)를 첨부해야 함	
14	제9조 제1항이나 제10조 위반자는 100원 이하의 벌금 또는 과료에 처함	제재
15	①총독은 필요한 경우, 종교 유사단체로 인정한 단체에 본령을 준용할 수 있음 ②前項에 의해 본령을 준용할 단체는 이를 告示함	적용 범위
16	본령은 大正 4년 10월 1일부터 시행함	이하 (부칙)
17	明治 39년[1906] 통감부령 제45호를 폐지함	
18	1906년 통감부령 제45호 제1조, 제2조, 제3조로 인가를 받은 자는 본령 제2조의 신고를 한, 또는 제3조의 인가, 또는 제9조의 허가를 받은 자로 간주함. 다만, 본령 제2조 해당자는 동조 제1항 제2호, 제3조 해당자는 동조 제1항 제2호·제4호, 제9조 해당자는 동조 제1항 제3호·제5호 사항과 함께, 포교담임자의 성명과 이력을 갖추어 본령 시행일로부터 3개월 내에 총독에게 신고해야 함	(신고)
19	①본령 시행 당시에 종교 선포에 종사하거나, 포교관리자를 두거나, 종교용 교회당, 설교소 또는 강의소 류를 관리하는 자로서 前條에 해당하지 않은 자는 본령 시행일로부터 3개월 내에 제2조·제3조 또는 제9조 사항을 갖추어 총독에게 신고해야 함 ②前項에 따라 제9조 사항을 신고한 자는 본령에 의해 허가를 받은 자로 간주함	

〈포교규칙〉의 주요 내용은 크게 6가지이다. 첫 번째는 교파·신도·불

교·기독교만을 종교로 공인했다는 점이다. 두 번째는 종교 선포 종사자·포교자, 포교 방법, 종교 시설의 폐지, 매년 신도 증감수 등에 대한 총독 신고제이다(제2조, 제5조, 제8조, 제11-제12조). 세 번째는 교파신도와 일본 불교의 조선 포교관리자에 대한 총독 인가제(제3조)와 그 이외 교·종파에 대한 포교관리자 요구권이다(제6조-제7조). 네 번째는 포교 방법과 포교관리자 등에 대한 총독의 변경 명령권이다(제4조). 다섯 번째는 종교 시설 설립에 대한 총독 허가제이다(제9조-제10조). 여섯 번째는 〈포교규칙〉을 준용할 수 있는 '종교 유사단체'에 대한 총독 인정권이다(제15조).

〈포교규칙〉의 내용을 1906년 11월의 〈종교 선포에 관한 규칙〉과 비교하면, 몇 가지 차이가 보인다. 종교 선포자에 대한 인가제는 신고제로 바뀌고 그 절차가 간소화된다.[102] 또한 적용 범위를 일본 종교[神道, 佛道, 기타 종교에 속한 敎宗派]뿐 아니라 조선의 불교와 기독교로 확대한 부분(제1조, 제3조), 일본의 교파신도·불교 포교관리자에 대한 인가제(제3조, 제6조-제7조), 종교 시설 폐쇄와 매년 신도 증감수 등에 대한 신고제, 종교 시설 설립 관련 제재 조치, '종교유사단체'의 인정 가능성 등도 〈종교 선포에 관한 규칙〉에 없던 내용이다.

특히 주목할 부분은 〈종교 선포에 관한 규칙〉에 없던 처벌 조항이다. 바로 종교용 교회당·설교소·강의소 류를 설립하려는 자가 총독 허가를 받을 때 '설립 사유, 명칭, 소재지, 관리와 유지 방법'을 빠뜨리면 '100원 이하의 벌금형'이나 '과료형'에 처한다는 내용이다(제14조). 처벌 수위가 〈사찰령〉 제6조의 '총독 허가 없는 사찰 재산 처분'에 대한 처벌 수위(2년 이하의 징역 또는 500원 이하의 벌금)보다 낮은 편이지만, 일본의 교파신도·불

---

102 「布敎規則 發表(二)」, 『매일신보』, 1915.8.19, 2면.

교·기독교에도 적용된다는 점은 종래와 달라진 부분이다. 이 처벌 조항은 조선총독부가 일본정부처럼 교파신도와 신사신도를 구분하는 정책을 시행했다는 것을 시사한다. 판단 근거로는 1915년 10월의 〈신사·사원규칙〉, 1917년 3월의 〈신사(神祠)에 관한 건〉, 1936년 8월의 〈신사규칙〉과 〈사원규칙〉에 이러한 처벌 조항이 보이지 않는다는 점을 들 수 있다.

전반적으로 〈포교규칙〉은 일본인의 종교 선포를 규제하는 데에 관심을 둔 종래 〈종교 선포에 관한 규칙〉을 계승하면서도 종교 시설에 관한 규제를 강화한 조치였다고 평가할 수 있다. 그리고 선·포교자에 대한 신고제, 종교시설의 설립·변경에 대한 총독 허가제가 특징이다. 또한 '종교 유사단체'를 명시해 〈포교규칙〉으로 규제할 수 있다는 내용도 특징으로 볼 수 있지만, 실제로 이 내용을 적용한 사례는 찾기 어렵다.

② 제정 배경과 모법

〈포교규칙〉의 배경과 모법은 무엇일까? 우선, 주요 제정 배경으로는 1910년 8월 강제병합 이후 일본 종교의 본격화된 조선 진출 현상과 종교 전반에 대해 규제가 필요하다는 조선총독부의 인식을 지적할 수 있다. 강제병합 직후에 일본 종교는 조선 포교를 본격적으로 시도하고, 조선 총독부는 〈포교규칙〉의 제정을 준비한다. 이 상황은 1910년 9월 직후 일본의 "各 宗教本山에서는 朝鮮에 布教를 盛行"하고자 당국에 포교 허가를 신청하자 당국이 〈포교규칙〉을 발포해 규칙 위반자를 용서하지 않을 것이라는 기사에서 확인할 수 있다.[103] 이 기사는 조선총독부가 강제병합 직후에 〈포교규칙〉 제정을 준비했다는 점을 시사한다. 그리고

---

103 「布教取締規則」, 『매일신보』, 1911.1.12, 2면.

1915년의 〈포교규칙〉은 재한(在韓) 일본인에 적용한 1906년 11월의 〈종교 선포에 관한 규칙〉과 달리, 일본인과 조선인·외국인을 구별하지 않고 조선에 있는 종교를 규제할 법규가 된다.[104]

이 법규의 제정 배경과 관련해, 〈포교규칙〉이 1911년 〈사찰령〉과 1915년 〈신사·사원규칙〉을 고려할 때 주로 기독교 통제를 목적으로 제정되었다는 주장이 있다. 그 근거로 조선총독부가 〈포교규칙〉 제3조의 포교관리자에 관한 규정이 기독교 교파를 대상으로 한 것이라고 밝혔다는 점, 1923년판 『조선의 통치와 기독교』에서 〈포교규칙〉이 기독교 대상 법규로 명시되었다는 점 등이 지적된다. 그리고 일본에서 1899년부터 발의된 〈종교단체법〉이 무산되다가 1939년 4월에 통과되지만 조선에 시행되지 않아 일제강점기 내내 〈포교규칙〉이 조선 기독교의 조직과 활동을 규율했다는 점이 제시된다.[105] 이 주장은, 만주사변 직후인 1932년 11월경에 조선총독부가 〈포교규칙〉을 근거로 각지의 예배당 59개소를 폐지했다는 기사를 보면,[106] 다소 설득력이 있다.

그 외에 〈포교규칙〉에는 1900년대 초반 이후 일본정부가 기독교를 종교로 인정한 정책의 방향이 반영된 것으로 보인다. 이와 관련해, 일본에는 1900년 전후로 '신불 이외의 종교'의 토지와 건물 과세가 문제로 부각된 바 있다. 이는 기독교의 교회당과 성당, 설교소와 강의소에 부현세(府縣稅)와 시정촌세(市町村稅)를 부과해야 하는지, 사사(社寺)에 준해 면세를 해야 하는지에 관한 문제이다. 이 문제는 1902년 4월에 지방장관

---

104 「社說 − 布敎規則 發布」, 『매일신보』, 1915.8.19, 1면.
105 안유림, 「일제의 기독교 통제정책과 〈포교규칙〉」, 『한국기독교와 역사』 29, 2008, 35-36쪽.
106 「各地 禮拜堂 六十處 廢止, 布敎規則에 依하야 전후 59개소를 폐지」, 『중앙일보』, 1932.11.19, 2면.

허가를 받고 교규(敎規)에 따라 예배나 의식 장소(교회당·성당)에 대해 사사(社寺)에 준해 면세하되, 설교나 강의 공간인 설교소나 강의소에 대해 직접적인 종교용 가옥이 아니므로 면세하지 않는다는 내무성 방침이 만들어지면서 해소된다.[107] 이 방침은 당시 내무성이 기독교를 법규상 종교로 인정했다는 것을 의미한다. 기독교를 종교로 인정하는 방침은, 1915년 12월 문부대신 관방 문서과 자료에 24개 종교의 '신불도 이외 종교 선포자'와 회당·강의소의 통계가 실렸듯이,[108] 이후에도 지속된다.

그렇지만 〈포교규칙〉의 영향력이 기독교 통제에만 국한된 것은 아니다. 이와 관련해, 비록 법규와 직접 연관된 것은 아니지만, 불교계는 〈포교규칙〉을 고려해, 1916년 1월에 선교양종 30본산 연합교당인 각황사에서 30본산 주지 정기총회를 열고, 포교비용을 마련하기 위해 불교진흥회 회원이 제출한 '재미(齋米) 일체 시행건'을 채택한 바 있다.[109] 또한

---

107 〈神仏二敎以外ノ宗敎ノ用ニ供スル土地家屋營造物ニ對シ課税セシメサル件〉(明治 32.9.13. 內務次官 通牒 地甲 第72號), 〈神仏二敎以外ノ宗敎ノ用ニ供スル土地家屋等ニシ社寺ニ準スヘキ者ニ對シ府縣税及市町村税ヲ賦課セサル件〉(明治 35.4.23, 內務省 地方局長 通牒 地甲 第42號), 宮城縣內務部第五課, 『會計法規』(上), 仙台: 宮城縣內務部, 1904, pp.169-170.

108 文部大臣官房文書課 編, 『教育統計摘要 附宗敎』(大正 4年12月刊行), 東京: 文部大臣官房 文書課, 1915, pp.118-121. 종교 선포자(神佛道以外ノ宗敎宣布者)를 '총수(내국인/외국인)'로 표시하면, 天主公敎(천주교) 145명(53/145), ハリスとス正敎(동방정교회: Khristos) 222명(221/1), 일본기독교회 377명(261/116), 조합기독교회 171명(132/39), 일본성공회 415명(281/134), 침례교회 125명(77/48), 일본めソヂスト교회 373명(233/140) 등이다. 그 외에 美普교회, 布美교회, 복음교회, 복음路帖, 동포교회 등은 총수 40명 미만이다. 총수는 2,255명(1,506/749)이다(같은 책, pp.118-119). 그리고 회당·강의소(神佛道以外ノ宗敎ノ用ニ供スル會堂講義所等)를 보면, 일본기독교회 233개소, 일본성공회 213개소, 天主公敎(천주교) 189개소, 일본めソヂスト교회 187개소, ハリスとス正敎 131개소, 조합기독교회 130개소, 침례교회 69개소 순이다. 나머지는 40개소 미만이다. 총수는 1,356개소이다(같은 책, pp.120-121).

109 이능화(尙玄居士), 「布敎規則과 吾人의 覺悟」, 『朝鮮佛敎界』 제1권, 佛敎振興會, 1916, 5-11쪽.

1916년 6월과 7월에는 〈포교규칙〉 제8조에 의거해 진종본원사파(眞宗本願寺派)에서 충남 대전과 함북 청진의 포교 폐지 신청서를 제출한 바 있다.[110] 이러한 상황을 고려할 때, 〈포교규칙〉 제정 자체가 기독교 통제용이라거나 제정의 주요 목적이 기독교 통제에 있다는 주장은 다소 재고 여지가 있다.

다음으로, 〈포교규칙〉의 모법은 무엇일까? 〈포교규칙〉의 모법에 대한 연구자들의 의견은 다르다. 예를 들어, 1939년 4월에 일본에서 공포된 『종교단체법』(법률 제77호) 원안 중 하나로 의회에 몇 차례 상정되었다가 부결된 1899년 안(案)이 〈포교규칙〉의 모델이었다는 주장이 있다.[111] 그에 비해 〈포교규칙〉의 모델이 1899년 7월의 〈신불도 이외의 종교 선포 및 당우(堂宇)·회당 등에 관한 규정〉(내무성령 제41호)이라는 주장도 있다.[112]

그렇지만 〈포교규칙〉의 모법을 어느 하나로 단정하기는 쉽지 않다. 예를 들어, 1899년 7월의 내무성령 제41호는 〈포교규칙〉과 연관된 내용이 있지만 신도와 불교를 제외했다는 점에서 기본적으로 차이가 있다. 또한 〈포교규칙〉 공포 이전까지 일본정부가 신도와 불교를 대상으로 제정·시행한 여러 법규도 〈포교규칙〉의 내용과 연결되어 있다.[113] 게다

---

110 〈布敎廢止〉, 『조선총독부관보』 제1211호, 1916.8.15(휘보 → 관청사항 → 社寺/宗敎).
111 윤선자, 「1915년 〈포교규칙〉 공포 이후 종교기관 설립 현황」, 『한국기독교와 역사』 8, 1998, 111쪽.
112 안유림, 앞의 글, 2008, 42-45쪽, 66쪽. 〈神佛道以外의 宗敎宣布竝堂宇會堂等ニ關スル規程〉(내무성령 제41호, 明治 32.7.27, 개정 明治 38.12, 내무성령 제23호)은 1899년에 제정되어, 1905년에 개정된 바 있다.
113 〈神佛道以外ノ宗敎ノ宣布及敎會堂等ノ取締規程〉 또는 〈神佛道以外ノ宗敎ノ宣布及堂宇會堂說敎所講義所取締規程〉(內務省令 第41號, 明治 32.7.27), 文部省宗敎局 編, 『宗敎要覽』, 東京: 文部省宗敎局, 1916, p.3, pp.12-14; 警視廳總監官房文書課 編, 『警察法令類纂』第2輯, 東京: 自警會, 1927, pp.98-101(〈宗敎宣布ニ關スル屆出方〉, 明治 32.7, 내무성령 제41호); 宗敎行政硏究會 編, Op. cit., 1934, pp.223-238(기독교). 내무성령 제41호에 대한 명칭은 자료에 따라 다소 다르게 서술된다.

가, 〈포교규칙〉의 모법에는 1906년 11월의 〈종교 선포에 관한 규칙〉(통감부령 제45호)도 포함된다. 이 법규를 대체한 것이 〈포교규칙〉이었기 때문이다. 실제로 〈포교규칙〉은, 비록 종래 인가제 형태가 신고제 형태로 바뀌었지만, 〈종교 선포에 관한 규칙〉의 통감 인가 사항인 포교 방법(제1조)과 종교 시설 설립(제3조)에 관한 내용을 계승하고 있다.

이러한 여러 상황을 고려하면, 〈포교규칙〉의 모법은 1899년의 종교 단체법안, 1899년 7월의 내무성령 제41호, 1906년 11월의 통감부령 제45호 등 다양하다고 할 수 있다. 그 외에 일본에서 시행된 신도와 불교에 관한 여러 법규의 내용도 계승했다고 할 수 있다.

흥미로운 부분은 1915년 8월의 〈포교규칙〉이 다른 식민지의 〈포교규칙〉에 대한 모법으로 작용했다는 점이다. 이와 관련해, 일본은 1921년 1월 사할린(樺太)에 〈사원규칙〉(청령 제49호)과 함께 14개조의 〈포교규칙〉(청령 제50호)을, 1931년 8월 사이판과 괌 등을 포함한 남양군도(南洋群島)에 〈포교규칙〉(청령 제9호)을 제정·시행한다. 이 법규들의 내용은 다음과 같다.[114]

〈표 16〉 〈포교규칙〉의 대조

조	사할린(樺太)의 〈포교규칙〉(1921.1)	남양군도의 〈포교규칙〉(1931.8)
1	본령에서 종교는 신도, 불교, 기독교를 말함	본령에서 종교는 신도, 불도, 기독교를 말함
2	본령에서 포교소는 寺院 이외에 종교를 선포하고 종교상의 의식을 집행하는 곳을 말함	①종교 선포 종사자는 다음 사항을 갖추고 이력서를 첨부해서 南洋廳長官에게 신고해야 함. 1. 종교 명칭, 2. 포교 방법 ②前項 각호 사항 변경 시 10일 이내에 남양청 장관에게 신고해야 하고, 씨명 변경, 주소지

---

114 宗敎行政研究會 編, Op. cit., 1934, pp.1180-1185. 사할린섬의 〈사원규칙〉(廳令 제49호, 大正 9.12.30), 〈布敎規則〉(廳令 제50호, 大正 9.12.30, 시행 大正 10.1.1), 남양군도의 〈포교규칙〉(廳令 제9호, 昭和 6.8.15)은 pp.1180-1185, pp.1185-1189, pp.1198-1201.

		이전. 포교 폐지 시도 동일함 ③종교 선포 종사 단체는 포교관리자가 前 각항을 신고해야 함. 단, 다른 支廳 管內의 포교자에 관한 사항은 그 관내의 上席布教者가 대신 신고해야 함
3	포교 종사 자는 다음 사항을 갖추어 포교자 자격을 증빙할 문서와 이력서를 첨부해서 樺太廳長官에게 신고해야 함. 1. 교파·종파의 명칭. 2.포교 방법. 3. 교파·종파의 포교자 자격	①종교용 堂宇, 會堂, 說敎所 또는 講義所 류를 설립하려는 자는 다음 사항을 갖추어 남양청장관 인가를 받아야 함. 1. 설립 이유, 2. 설치 마감 기한, 3. 명칭·소재지·부지·건물에 관한 중요 사항. 단, 도면을 첨부함, 4. 종교 명칭, 5. 관리와 유지 방법, 6. 담당포교자를 둘 때 그 자격과 선정 방법 ②前項의 설치 마감 시 그 旨를 즉시 남양청장관에게 보고해야 함 ③제1항 각호 사항 변경 시 그 사유를 10일 이내에 남양청장관에게 신고해야 하고, 폐지 시도 동일함. 단, 제3호의 변경은 남양청장관 인가를 받아야 함
4	포교자가 씨명, 주소 또는 제3조 제1항 각호 사항을 변경하거나 포교를 그만둘 때는 10일 내에 화태청장관에게 신고해야 함	前條 제1항 제6호의 의해 담당포교자를 둔 때에는 설립자 또는 관리자가 그 씨명을 10일 이내에 남양청장관에게 보고해야 하고, 변경 시도 동일함
5	①포교소 설립자는 다음 사항을 갖추어 화태청장관의 허가를 받아야 함. 1. 설립 사유, 2. 포교소 명칭, 3.설립지, 4.소속 교파·종파 명칭, 5. 건물과 부지의 평수, 도면(설립자 소유가 아닐 때는 소유자의 씨명 기재), 6. 설립비와 그 지불 방법, 7. 포교 방법, 8.관리와 유지 방법 ②전항 제2호 내지 제8호 사항을 변경할 때는 그 사유를 갖춰 설립자 또는 관리자에 대해 화태청장관의 허가를 받은 자가 그 허가를 받아야 함	①종교 선포 목적으로 학교나 유사 사업을 개시하려면 다음 사항을 갖춰 남양청장관에게 신고해야 함. 1. 명칭, 소재지, 건물에 관한 중요 사항. 단, 도면을 첨부해야 함. 2. 학칙, 3. 관리와 유지 방법 ②前項 각호 사항의 변경 시는 10일 이내에 남양청장관에게 신고해야 하고, 폐지 시도 동일함
6	포교소 설립 허가일로부터 1년 내에 포교소를 설립하지 않을 때는 허가의 효력을 상실함. 단, 특별 사유가 있을 때는 화태청장관의 인가를 받아 그 연한을 연장할 수 있음. 설립을 마칠 때는 10일 내에 화태청장관에게 신고해야 함	각 포교소의 신도수, 각 종교학교의 직원, 생도수는 매년 4월말 현재 설립자 또는 관리자가 익월 10일까지 남양청장관에게 보고해야 함
7	포교를 폐지할 때는 10일 내에 설립자나 관리자가 화태청장관에게 신고해야 함	남양청장관은 전조 이외에 필요하다고 인정한 보고를 받을 수 있음
8	포교 담임자를 정한 때는 설립자나 관리자가 10일 내에 포교자 자격을 증명할 문서와 이력서를 첨부해 화태청장관에게 신고해야 하고, 그 변경 시도 동일함	
9	화태청장관은 포교자가 公安風俗을 해	

	친다고 인정할 때는 그 포교를 정지 또는 금지 또는 포교소설립 허가를 취소하거나 포교자 변경을 명령해야 함	
10	설립 또는 관리자는 매년 12월 31일 현재 신도수를 익년 1월 31일까지 화태청장관에게 신고해야 함	
11	각 교파 종파에 포교관리자를 둘 때는 그 관장이나 감독권한을 가진 자가 다음 사항을 갖춰 화태청장관의 허가를 받아야 하고, 그 변경 시도 동일함. 1. 교파, 종파 명칭, 2. 포교관리자의 권한, 3. 포교자 감독의 방법, 4. 포교관리 사무소의 소재지, 5. 포교관리자의 씨명과 그 이력서	
12	화태청장관은 포교관리자 권한, 포교감독 방법 또는 포교관리자를 부적당하다고 인정할 때에는 그 변경을 명령함	
13	본령 제3조, 제6조 제1항, 제7조의 신고서는 신도, 불교의 경우 소속 종파 관장, 기독교의 경우 감독 권한을 가진 자의 관할을 받은 것은 그 감독자의 副書가 필요함. 단, 제12조의 포교관리자를 둔 경우는 그 副書로 대신할 수 있음	
14	다음 각호 해당자는 구류 또는 과료에 처함. 1. 허가 없이 포교소를 설립한 자, 2. 신고 없이 포교에 종사한 자, 3. 제4조, 제7조 규정 위반이나 제9조 규정의 명령 위반자	
부칙	①본령은 大正 10년 1월 1일부터 시행함 ②본령 시행 당시, 포교 종사자, 포교관리자 또는 포교소 관리자는 본령 시행일로부터 3개월 내에 제3조, 제5조 또는 제11조에 정해진 사항을 갖춰 화태청장관에게 신고해야 함 ③전항에 의거해서 신고한 자는 본령에 의해 허가 또는 인가를 받은 것으로 간주함	①본령은 공포일부터 시행 ②본령 시행 전의 종교 선포 종사자는 본령 시행 후 3개월 이내에 제2조 제1항을 신고해야 함 ③본령 시행 전의 종교용 당우, 회당, 설교소, 강의소 류는 설립자 또는 관리자가 본령 시행 후 3개월 이내에 제3조 제1항 제3호 내지 제6호를 신고해야 함 ④전항을 신고한 때에는 제3조 제1항의 인가를 받은 것으로 간주함 ⑤본령 시행 전에 종교 선포를 목적으로 행한 학교 또는 유사 사업은 설립자 또는 관리자가 본령 시행 후 3개월 이내에 제5조 제1항을 신고해야 함

또한 〈포교규칙〉은 만주국에서 1938년 9월에 시행한 〈임시 사묘와 포교자 취체규칙(暫行寺廟及布敎者取締規則)〉(총 14개 조항과 부칙)으로도 연결

된다. 다만, 이 취체규칙에서 사묘 범위는 '사묘(寺廟), 교회, 포교소 등 종교 교의(敎義)의 선포 또는 종교상의 의식 집행을 위한 시설', 포교자의 범위는 '주지, 승려, 도사, 목사, 교사(敎師) 등 종교 교의 선포 또는 종교 상 의식 집행에 종사하는 자'라고 명시되어(제1조), 종교 범위가 다르다. 그리고 사묘 설립은 '민생부대신 허가제'이고, 설립을 위해 제출할 사항 은 '①사유, ②명칭, ③설립지, ④종파계통, ⑤본말관계(국내외 다른 사묘와 본말관계가 있을 경우), ⑥주사(主祀)와 병사(倂祀)의 신불(神佛), ⑦제례의 명 칭과 그 기간, ⑧당우, 기타 경내 부속 건물의 위치, 종별(種別), 구조, 용도, 면적과 도면, 경내지의 면적, 도면과 주위의 상황, ⑨설립비와 그 지불방법, ⑩건축의 기공과 준공 예정 기일, ⑪포교방법, ⑫유지방법, ⑬사묘 대표자의 이름, 본적, 현주소, 생년월일, 이력, 자격과 그 증명서, ⑭소속 포교자의 직명(職名)과 정원'(제2조)으로 〈포교규칙〉보다 상세하 다.[115] 적용 범위가 〈포교규칙〉보다 넓은 이유는 중국의 '도교'까지 포함

---

115 〈暫行寺廟及布敎者取締規則〉(民生部令 第93號, 공포·시행 康德5.9.24), 國務院法制局 編纂, 『滿洲國法令輯覽』第2卷, 新京: 滿洲行政學會, 1943, pp.1-5(寺廟 부분). 만주국은 〈정부조직법〉(시행 大同 1.3.9)에 따라, ①통치권자인 집정(執政), ②법률·교령(敎令)· 예산·선언(宣言)·중요한 관리 임면·기타 중요한 국무(國務)에 대해 집정에게 자문하는 참의부(參議府), ③매년 집정이 소집하면 법률안과 예산안을 익찬(翼贊)하고 국무에 관해 국무원에 건의하고 인민의 청원을 수리하는 입법원(立法院), ④집정의 명을 받아 제반 행정을 처리하는 국무원(國務院: 民政, 外交, 軍政, 財政, 實業, 交通, 司法部), ⑤법원, ⑥감찰원 등으로 조직된다. 이 가운데 종교 업무는 교육·학예(學藝)·예속(禮 俗) 업무와 함께 민정부(民政府: 總務·지방·警務·토목·위생·文敎司)의 문교사에서 담 당한다(東亞同文會調査部 編, 『新滿洲國要覽』, 東京: 斯文書院, 1932, pp.138-143, pp.158-160). 그렇지만 대동(1932.3-1934.2) 원년 7월부터 민정부 문교사에서 담당하던 종교 업무는 문교부 예경사(禮敬司)에서 담당하게 된다. 〈문교부분과규정(文敎部分科 規程)〉(공포 시행 大同 1.7.15)에 따르면, 문교부에는 총장(總長) 밑에 '총무·학무·예경 사(司)'가 있고, 총무사는 4개 과(비서, 문서, 서무, 조사과), 학무사는 3개 과(총무, 보통 교육, 전문교육과), 예경사는 2개 과(사회교육과, 종교과)로 구성된다. 그리고 제12조에 따르면, 종교과는 '종교, 종교단체, 승려·도사·교사, 묘우(廟宇)·묘산(廟算), 사적과 명 승 보존에 관한 사항'을 담당한다(滿洲國法令輯覽刊行會 編, 『滿洲國法令輯覽』, 東京:

되었기 때문으로 보인다.

조선과 사할린과 남양군도에서 시행된 〈포교규칙〉은 각기 다른 상황에서 제정되어 그 내용에 다소 차이가 있다. 그렇지만 종교 범위에 '신도, 불교, 기독교'만 포함시킨 부분(제1조), 포교소와 포교자의 통제에 초점을 맞춘 부분 등 동일한 부분이 적지 않다. 이러한 부분을 고려하면, 조선의 〈포교규칙〉은 사할린과 남양군도에서 시행된 〈포교규칙〉의 모법이었다고 볼 수 있다. 또한 만주국에서 시행된 〈임시 사묘와 포교자 취체규칙〉도 적용 범위나 허가 사항이 〈포교규칙〉보다 많지만, 기본 방향이 포교 시설과 포교자의 관리였다는 점에서 〈포교규칙〉의 영향을 받았다고 유추할 수 있다.

③ 주요 개정: 1920년 4월, 1933년 12월

〈포교규칙〉은 1920년 4월, 1933년 12월 등 몇 차례 개정을 거치게 된다. 우선, 1920년 4월 개정은 해군 출신으로 미국 유학파였던 齋藤實(사이토 마코토)이 제3대 총독(재임 1919-27), 1933년 12월 개정은 제4대 총독(1927.4-1927.10)이었던 宇垣一成(우가키 가즈시게)가 다시 7대 총독(재임 1931-36)으로 부임한 시기에 이루어진다. 이 가운데 1920년 4월 개정(부령 제59호)의 주요 내용을 정리하면 다음과 같다.[116]

滿洲國法令輯覽刊行會, 1932, pp.[4編]223-228). 이러한 예경사의 역할은, 강덕(康德: 1934.3-1945) 원년 3월 1일에 제제(帝制)를 실시해 칙령으로 총장을 대신(大臣)으로 개칭하는 등의 변화가 있었지만, 대체로 유지된다. 1937년 자료를 보면, 만주국 문교행정 조직은 '大臣-次長-總務司, 學務司, 禮敬司'로 이루어진다. 총무사는 4개 과(科: 비서과, 인사과, 서무과, 조사과), 학무사는 3개 과(총무과, 보통교육과, 전문교육과)와 2개 실(編審官室, 督學官室), 예경사는 3개 과(총무과, 사회교육과, 종교과)와 1개 실(建國史編纂室)로 확대된다(國務院文敎部 編, 『第三次 滿洲帝國 文敎年鑑』, 新京: [滿洲國]國務院文敎部, 1937, pp.1-2).

〈표 17〉 1920년 4월 〈포교규칙〉 개정의 주요 내용

조	주요 내용	비고
2	①종교 선포(宣布) 종사자는 2가지를 갖추어 포교자 자격의 증빙 문서와 이력서를 첨부해서 총독에게 신고[届出]해야 함. 1. 종교와 그 교파/종파의 명칭, 2. 포교의 방법. ② 내용 변경 시 10일 내로 총독에게 신고하고, 씨명 변경, 주소 이전, 포교 폐지 시에도 동일하게 신고해야 함	신고사항 축소: 2. 敎義의 要領 부분 삭제
5	제2항과 제3항 삭제 - 〈1915.8.16〉 ②포교관리자는 매년 12월 31일 당시의 소속 포교자 명부를 작성해서 익년 1월 31일까지 총독에게 신고해야 함 ③前項 名簿에는 포교자의 씨명과 거주지를 기재해야 함	
8	삭제 - 〈1915.8.16〉 종교 선포 종사자의 氏名 변경, 거주지 이전, 포교 폐지 때에는 10일 내에 총독에게 신고해야 함	제2조 제2항으로 통합
9	①종교용 교회당, 설교소, 강의소 류를 설립하려는 자는 즉시 5가지를 갖추어 총독에게 신고해야 함. 1. 명칭과 소재지, 2. 종교와 그 교파/종파의 명칭, 3. 포교담임자의 자격과 선정 방법, 4. 설립비와 그 지불(支辨) 방법, 5. 관리와 유지 방법. ②前項 각 호의 변경 시 그 사유를 갖추어 즉시 총독에게 신고해야 함	총독허가를 신고로 바꿈 신고사항 축소: 1. 설립 사유, 3. 敷地 면적과 건물 평수, 그 소유자의 씨명과 圖面 부분 삭제
10	前條 제1항 제3호에 의해 포교담임자를 선정한 때에는 설립자나 포교관리자가 그 씨명과 주소를 갖추어 10일 내에 총독에게 신고해야 하고, 그 변경 시에도 동일함	총독허가를 신고로 바꿈
12	총독은 종교용 교회당, 설교소, 또는 강의소 류에 대해 安寧秩序를 紊亂하게 할 우려가 있을 때에 그 설립자나 관리자에게 그 사용을 정지 또는 금지시킬 수 있음	종교 시설 사용 정지/금지 조문 신설 (신도 증감수 신고 부분 삭제)
13	'허가를 받거나 또는' 부분 삭제 〈1915.8.16〉 포교관리자를 둔 교파/종파에 속한 자, 조선사찰에 속한 자가 본령으로 허가를 받거나 또는 신고할 때에는 포교관리자 또는 본사 주지의 副書(→정본)를 첨부해야 함	총독허가를 삭제하고 신고 부분만 남김
14	총독은 포교관리자, 포교담임자, 또는 조선사찰주지에 대해 필요한 보고의 제출을 명령할 수 있음	벌금·과료 삭제
16	본령은 발포 일로부터 시행함	부칙

  1920년 4월 개정의 핵심은 규칙의 수속 간편화와 신고사항의 최저화, 벌금형 삭제, 안녕질서의 문란 시 종교 시설 사용 금지 등이다.[117] 실제로 종교 시설 설립를 허가제에서 신고제로 바꾸고 신고 사항도 축소된

116 〈布敎規則中 改正〉(부령 제59호, 大正 9.4.7),『조선총독부관보』제2294호, 1920.4.7.
117 「布敎規則 改正」,『동아일보』, 1920.4.7, 2면.

다(제2조, 제9조). 매년 신도 증감수의 신고 조항도 삭제된다. 그리고 제14조의 제재 내용도 삭제된다.

이 개정에서 주목할 부분은 처벌 조항의 삭제이다. 이와 관련해, 당시 언론에서 "宣敎師 또는 一般 敎人의 感情을 눅기어 주는 策으로 大正 9年 4月에 〈布敎規則〉을 改正하야 敎會 布敎所의 設立 等에 從來 許可를 要하던 것을 届出만 하면 足하게 하엿다"고 보도한 것은,[118] 1919년 3·1운동의 영향으로 종교 규제가 약화된 현실을 반영한다. 그렇지만 '안녕질서를 문란하게 할 우려'가 있다고 판단될 때 종교 시설의 사용을 금지시킨다는 제12조 규정의 신설을 보면, 규제 강도는 오히려 높아진다. '안녕질서를 문란하게 할 우려'에 대한 판단 기준이 무엇인지가 모호하고, 그 부분을 판단하는 주체가 조선총독부였기 때문이다.

다음으로, 1933년 12월 개정(부령 제135호)의 특징은 종래 제11조의 내용('종교용 교회당, 설교소 또는 강의소 류의 폐지 시 총독 신고')을 '종교용 교회당, 설교소, 강의소 류를 폐지하거나 그 설립자가 변경될 때 총독에게 신고'하도록 바꾼 부분이다.[119] 개정 명분은 당시까지 포교소 설립자가 바뀌면 종래 포교소를 일단 폐지하고 다시 신설하는 형식을 취해야 했던 신도, 불교, 기독교 측의 불편 해소이다.[120]

그 외에 1938년 5월경에도 〈포교규칙〉 개정이 추진된 바 있지만, 일본 정부의 〈종교단체법〉 제정과 전쟁 등의 상황이 맞물리면서 적용되지 않는다. 당시 개정 추진 배경으로는 조선총독부 경무국에서 사상 대책의 하나로 내세운 '조선 종교의 일본화' 방침을 들 수 있다. 이와 관련해,

---

118 「一大 轉換期에 선 宗敎界의 昔今」, 『개벽』 제57호, 1925, 47-48쪽.
119 〈布敎規則中改正〉(부령 제135호, 昭和 8.12.1), 『조선총독부관보』 제2069호, 1933.12.1.
120 「布敎規則 全部가 改正」, 『동아일보』, 1933.12.1, 2면.

조선 종교를 일본화하기 위해 그 동안 신도와 불교에 비해 가볍게 취체한 기독교를 엄격히 취체해야 한다는 점, 엄격한 취체 차원에서 종교 시설 설립에 대한 종래 신고제를 허가제로 바꾸었다는 점 등이 거론된 바 있다.[121] 이러한 개정 움직임은 미국 선교사가 본국 철수를 고려하던 시점에 이루어졌다는 점에서 정치적 고려를 함축한다.[122] 그렇지만 1939년에 〈종교단체법〉이 귀족원과 중의원을 통과하면서 조선총독부는 〈종교단체법〉과 연계성 등을 고려해 〈포교규칙〉 개정 작업을 보류한다.[123] 그리고 1940년 9월에 독일·이탈리아·일본이 동맹을 체결하고, 동년 11월 이후 선교사가 대거 철수하면서 종래 〈포교규칙〉이 잔존하게 된다.[124]

4) 유관 분야의 관리 법규

(1) 사립학교의 종교교육

① 사립학교령

1908년 8월 〈사립학교령〉(칙령 제62호)은, 伊藤博文(이토 히로부미) 통감 (1906.3-1909.6) 시기와 겹치는데, 대한제국(1897.10.12-1910.8.29) 내각에서

---

121 「布教規則을 改正하여 宗教統制를 더욱 强化, 教會堂 說教所를 設置하려면 今後로는 許可를 要한다」, 『동아일보』, 1938.5.26, 2면.

122 「傳道本部에서 態度 決定 督促」, 『동아일보』, 1938.5, 62면.

123 「朝鮮에는 特殊宗教法, 現在 布教規則에 宗教團體法 綜合해서 새 法令을 立案」, 『동아일보』, 1939.4.11, 2면.

124 미일관계 악화에 따른 미국의 훈령으로 미국인 219명이 1940년 11월 16일 마리포사호(The Mariposa)를 통해 귀국해 소수 선교사만 남는다. 이들도 대부분 1941년 10월의 '만국부인기도회사건' 이후 본국으로 철수한다(조선혜, 「1941년 '만국부인기도회사건' 연구」, 『한국기독교와 역사』 5, 1996, 138-148쪽). 당시는 1939년 9월 독일의 폴란드 침공과 영국·프랑스의 개입, 중일전쟁의 장기화와 1940년 9월 독일·이탈리아·일본의 동맹, 1941년 12월 일본의 하와이 진주만 공격 등 제2차 세계대전이 가속화되던 상황이다.

강제합병 이전에 사립학교를 규제한 법규이다. 이 법규는 본문 15개조로, 사립학교의 개·폐교 보고, 설립인가, 학칙, 교과서 범위, 교원 자격, 학부대신의 변경·폐쇄·금지 명령권 등의 내용을 포함하고 있다.[125]

당시 〈사립학교령〉의 구체적인 내용은 다음과 같다. 제2조에는 사립학교의 개·폐지에 대한 보고제와 사립학교 설립에 대한 인가제, 제3조에는 학칙 사항, 제4조에는 학교 명칭에 '사립(私立)'을 넣을 것, 제5조에 학교장을 둘 것, 제6조에 학부가 편찬했거나 학부대신 검정을 받은 교과용도서를 사용하되 다른 도서를 사용할 때에는 학부대신의 인가를 받을 것, 제7조에는 구비할 장부 목록이 명시된다. 제8조부터 제11조까지는 학부대신의 명령권이다. 제8조에는 설립자·학교장·교원이 될 수 없는 4가지 조건, 제9조에는 학교 설비·수업·기타 사항에 대한 변경 명령권, 제10조에는 사립학교 폐쇄 명령권, 제11조에는 설립인가 없는 학교 사업에 대한 금지 명령권(제11조)이 명시된다. 그 외에 제12조에는 학교장의 학부대신 보고 사항(매년 5월말 기준), 제13조에는 학부대신의 지휘에 의한 지방관의 학교 감독권, 제14조에는 〈사립학교령〉에 규정된 문서를 지방관을 경유해 학부대신에게 제출할 것, 제15조에는 〈사립학교령〉의 서당(書堂) 적용 금지가 명시된다.[126]

이러한 내용을 보면, 〈사립학교령〉의 초점은 사립학교 운영을 규제하는 데에 있다. 이와 관련해, 종교교육에 대한 별다른 규제 조항은 보이

---

125 〈私立學校令〉(칙령 제62호, 隆熙 2.8.26, 시행 隆熙 2.10.1), 송병기 외 3인 편저, 『한말 근대법령자료집』 Ⅶ, 대한민국국회도서관, 1971, 277-279쪽.
126 〈사립학교령〉 부칙 2개조에는 시행일(隆熙 2.10.1, 제16조), 기설(旣設)한 사립학교는 〈사립학교령〉 시행일부터 6개월 이내에 학부대신 인가를 받을 것(제17조)이 규정되어 있다. 설립인가를 위한 구비 사항은 ①학교의 목적·명칭·위치, ②학칙, ③교지 교사 (校地 校舍)의 평면도, ④1개년 수지예산, ⑤유지방법(단, 기본재산 또는 기부금에는 증빙서류를 첨부함), ⑥설립자·학교장·교원 이력서, ⑦교과용도서명'이다(제2조).

지 않는다. 이는 대한제국 내각에서 당시까지 종립학교의 종교교육 부분을 정교분리 문제와 연관시켜 인식하지 않았다는 것을 시사한다.

② 사립학교규칙

조선총독부는 1911년에 〈조선교육령〉과 〈사립학교규칙〉을 제정해 사립학교의 종교교육에 관한 일부 규제를 시작한다. 먼저, 1911년 8월 〈조선교육령〉(칙령 제229호)을 공포해 학교교육 틀을 바꾼다. 주요 골자를 보면, 이 법규를 조선에서 조선인 교육의 근거로 삼고(제1조), 교육칙어에 맞춰 '충량한 국민을 육성'하는 것을 본의로 삼아(제2조), 시세와 민도(民度)에 적합한 교육을 하고(제3조), 교육을 보통·실업·전문교육으로 구분한다(제4조). 사립 보통학교의 설치·폐지는 공립처럼 총독 인가를 받고, 그 교과목·교육과정·교과서·수업료 관련 규정은 총독이 정한 바에 따른다.[127]

다음으로, 조선인을 교육하는 사립학교를 규제하기 위해 1911년 10월에 18개조와 부칙으로 구성된 〈사립학교규칙〉(부령 제114호)을 공포해 1911년 11월부터 〈조선교육령〉과 함께 시행한다. 〈사립학교규칙〉에 따르면, 사립학교 설치는 〈조선교육령〉의 규정에 따른 총독 인가제이고,

---

127 〈朝鮮敎育令〉(칙령 제229호, 明治 44.8.23, 시행 明治 44.11.1), 『조선총독부관보』 제304호, 1911.9.1. 이 〈조선교육령〉을 통상 제1차 조선교육령(1911.8-1922.2), 그리고 1922년, 1938년, 1943년의 개정 교육령을 제2차, 제3차, 제4차 조선교육령이라고 한다. 제1차 조선교육령에서 보통교육은 보통의 지식·기능을 전수하되 국민된 성격을 함양해 국어(일본어-필자 주)를 보급하려는, 실업교육은 농·상·공업 등에 관한 지식·기능을 전수하려는, 전문교육은 고등의 학술·기예를 전수하려는 목적이다(제5조-제7조). 그리고 공립·사립의 보통학교, 고등보통학교, 여자고등보통학교, 실업학교, 전문학교의 설치·폐지는 총독 인가를 받아야 한다(제28조-제29조). 종래 보통학교·고등학교·고등여학교는 보통학교·고등보통학교·여자고등보통학교로 간주하고, 농업·상업학교 및 실업보습학교는 농업·상업학교 및 간이실업학교로 간주한다(부칙).

'목적, 명칭과 위치, 학칙, 교지(校地)·교사(校舍)의 평면도와 소유자, 1년 수지예산, 유지방법, 설립자·학교장·교원의 이름과 이력서 등 7가지 사항을 갖추되(제2조), 학칙에 수업연한·교과과정·매주수업시수, 학생정원, 학년·학기 및 휴업일, 입학자 자격 및 입학·퇴학, 수업료 등을 포함시켜야 한다(제6조). 그리고 학교의 개교·폐지를 총독 신고제(제4조)로 하고, 학교명 앞에 '사립'이라는 글자를 붙여야 한다(제7조).[128]

〈사립학교규칙〉에는 〈조선교육령〉이나 1908년 8월 〈사립학교령〉처럼 '종교교육'을 직접 명시하지 않는다. 그렇지만 다른 학교 관련 규칙과 대조해보면 휴업일 관련 규정은 종교교육과 연결된다. 이와 관련해, 보통학교·고등보통학교·여자고등보통학교·실업학교에는 각각 第26조·第34조·제31조·제16조에 일요일 외 휴업일(四方拜, 元始祭, 孝明天皇祭, 紀元節, 春季皇靈祭, 神武天皇祭, 秋季皇靈祭, 神嘗祭, 天長節, 新嘗祭) 준수가 의무로 부과된다. 그렇지만 사립학교에는 신사신도 관련 휴업일 준수 의무가 부과되지 않는다. 이 휴업일 준수 의무가 조선인 남자에게 법률·경제 지식을 교수하는 경성전수학교에 부과되었음을 볼 때,[129] 당시 종립학교를 포함한 사립학교에 대한 규제는 약했다고 볼 수 있다.

---

128 〈私立學校規則〉(부령 제114호, 明治 44.10.20, 시행 明治 44.11.1), 『조선총독부관보』 호외, 1911.10.20. 대만의 경우에는 종래의 〈사립학교설치폐지규칙〉(부령 제3호, 명치 31.1)을 폐지하고, 1905년 11월 29일에 〈사립학교규칙〉을 제정해 1906년 4월 1일부로 시행하는데, 모두 10개조와 부칙이다(대만총독부령 제88호, 명치 38.11.29, 시행 명치 39.4.1).

129 〈普通學校規則〉(부령 제110호, 明治 44.10.20, 시행 明治 44.11.1), 〈고등보통학교규칙〉(부령 제111호, 明治 44.10.20, 시행 明治 44.11.1), 〈여자고등보통학교규칙〉(부령 제112호, 明治 44.10.20, 시행 明治 44.11.1), 〈실업학교규칙〉(부령 제113호, 明治 44.10.20, 시행 明治 44.11.1), 〈京城專修學校規程〉(부령 제115호, 明治 44.10.20, 시행 明治 44.11.1), 『조선총독부관보』 호외, 1911.10.20. 보통학교나 실업학교 규칙들은 대체로 '제1장 設置及 廢止, 제2장 敎科目·敎則·課程, 제3장 敎科用圖書, 제4장 學年·學期·休業日, 제5장 入學·退學·懲戒, 제6장 修業·卒業, 제7장 雜則' 등이 본문에 규정된다.

③ 사립학교규칙의 주요 개정: 1915년, 1920년, 1929년

그렇지만 1915년 3월에 〈사립학교규칙〉 개정(부령 제24호)으로 사립학교의 규제 강도가 높아진다. 사립학교의 교과과정과 수업연한을 보통학교·고등보통학교·여자고등보통학교규칙에 준해 정하게 했기 때문이다.[130] 이 내용은 보통·실업·전문교육을 하는 사립학교의 교과과정을 보통·고등보통·여자고등보통·실업·전문학교 규칙에 준해 정해 다른 교과과정을 부가할 수 없도록 만든 조항(제6조의 2)에 담겨 있다.[131] 이 정책을 '사립학교의 관공립학교화 정책'이라고 할 수 있다.

이 개정으로 특히 문제가 된 부분은 사립학교의 종교교육이다. 이와 관련해, 1915년 3월에 도·부·군(道·府·郡)에 보낸 훈령을 보면, 사립학교는 "官公立의 敎育機關과 均히 完全흔 敎育을 實施케흐는 方針"뿐 아니라 일본의 학정(學政)이 "宗敎 外에 立케 흠을 主義로 흠"에 근거해야 한다. 그에 따라 총독은 성서연구회와 일요학교 등 종교 연구가 목적인 경우를 제외하고 관공립학교는 물론 사립학교에서 "宗敎上의 敎育을 施흐고 又는 其 儀式을 行흠을 不許"한다. 다만, 조선인이 경영하거나 외국교회가 설립한 사립학교의 경우 개정 규칙의 즉시 적용이 어려우므로 교과과정에 관한 규정에 대해 10년간, 교원의 국어(國語) 통달 부분에 대해 유예 기간을 둔다.[132]

이처럼 종교교육의 금지 조치를 담은 1915년 3월의 〈사립학교규칙〉

---

130 〈改正私立學校規則二依ル私立學校ノ分科, 敎科課程等ノ取扱二關スル件〉(官通課 제192호, 大正 4.6.18), 『조선총독부관보』 제862호, 1915.6.18. 이 자료는 內務部 長官이 각도 장관에게 발송한 통첩이다.
131 〈私立學校規則中改正〉(부령 제24호, 大正 4.3.24, 시행 大正 4.4.1), 『조선총독부관보』 제789호, 1915.3.24.
132 〈조선총독부 訓令 제16호〉(大正 4.3.24, 總督 寺內正毅), 『조선총독부관보』 제789호, 1915.3.24.

개정은, 유예기간에도 불구하고, 특히 기독교계 사립학교의 반발을 불러
일으킨다. 조선총독부 내무부 장관도 1915년 7월에 각도 장관에게 통첩을
보내, 국가 제사일에 학교에서 진행하는 의식이 일본의 일반적 예식(禮式)
이므로 그 취지가 종교상 예배와 전혀 다르지만, 기독교 신자 중에 종종
종교상 예배와 혼동해 의식 참여를 거부하는 경우가 있으므로 기독교계
사립학교 당사자와 다른 사람의 오해를 풀어주도록 지시한 바 있다.[133]
이 통첩은 기독교계 사립학교가 신사신도 관련 행사를 종교로 인식했다는
점과 함께 〈사립학교규칙〉 개정에 반발했다는 점을 시사한다.

　기독교계 사립학교의 반발 상황이 지속되면서, 그리고 1919년에 3·1
운동이 발생하면서 조선총독부는 1920년 3월 〈사립학교규칙〉 개정(부령
제21호)으로 한 발 물러나는 모양새를 취한다. 종래 사립학교가 보통·고
등보통·여자고등보통·실업·전문학교 규칙 외의 교과과정을 운영할 수
없게 하던 것에 비해 조선총독부의 편찬과 총독의 검정 외에도 총독
인가를 받은 교과서를 사용할 있게 만든다(제9조, 제10조).[134] 이러한 흐름
과 관련해, 1908년의 〈사립학교령〉부터 1920년의 〈사립학교규칙〉 개정
까지 변화된 내용을 교과서 범위를 중심으로 보면 다음과 같다.

〈표 18〉 사립학교 법규의 변화: 교과서, 교원자격, 폐쇄 명령권

법규	교과서 범위	교원 자격	학교 폐쇄 명령권
私立學校令 (1908)	제6조 ①학부가 편찬했거나 학부대신의 검정을 받은 교과용도서를 사용하되, ②'다른 교과	제8조　설립자·학교장·교원이 될 수 없는 4가지 조건은 ①禁獄 이상의 형을 받았던 자(단, 特赦 復權의 경우는 제외), ②징역 처	제10조 ①법령의 규정에 위배될 때, ②안녕질서를 문란하거나 풍속을 壞亂할 우려(慮)가 있

---

133 〈祝祭日當日私立宗教學教擧式禮拜ニ關スル件〉(관통첩 제209호, 大正 4.7.1), 『조선총
　　독부관보』 제873호, 1915.7.1.
134 〈私立學校規則改正〉(부령 제21호, 발포·시행 大正 9.3.1, 제6조는 大正 9.4.1 시행),
　　『조선총독부관보』 제2263호, 1920.3.1.

		분으로 免官에 처해 2개년이 지나지 않은 자(단, 징계를 면한 자는 제외), ③'教員許狀' 환수 처분을 받고 2개년이 지나지 않은 자, ④'性行不良'으로 인정한 자	을 때, ③6개월 이상 규정된 수업을 하지 아니할 때, ④학부대신의 변경 명령(제9조 근거)에 위배될 때
	용도서를 사용할 때에는 학부대신 인가를 받을 것'		
私立學校規則 (1911)	제9조 ①조선총독부에서 편찬했거나 총독의 검정을 받은 교과용도서를 사용하되, **②'이런 교과용도서가 없을 때는 총독 인가를 받아 다른 도서를 사용할 수 있음'** 제10조 총독 인가를 받으려면 도서의 명칭, 책수, 사용 학년, 저·역자·발행자 이름, 발행연월일을 구비해 신청할 것	제11조 교사 자격 제한 조건 5가지 제시 ※ '파산 또는 家資 분산 선고를 받고 복권치 못했거나 파산 처분을 받고 채무의 변상을 마치지 못한 자' 신설	제14조 ①법령의 규정을 위반한 때, ②안녕질서를 문란하거나 풍속을 壞亂할 우려[慮]가 있을 때, ③제14조 명령을 위반한 때 ※ ③항에서 '제14조 명령'은 '제13조 명령'으로 보임
私立學校規則 (1915 개정)	제6조의 2 ①보통·실업·전문교육을 하는 사립학교의 교과 과정은 보통학교·고등보통학교·여자고등보통학교·실업학교·전문학교 규칙에 준해 정하고, **②'그 외의 교과과정을 부가할 수 없음'**	제10조의 2 국어(일본어-필자)에 통달하고 해당 학교에 맞는 학력을 가진 자. 초등의 보통교육을 하는 사립학교 교원은 별도의 시험 합격자나 교원 면허증 소지자나 총독의 지정학교 졸업자에 한함 (외국어·조선어·한문 또는 특종의 기술 교수 자 제외)	
私立學校規則 (1920 개정)	제9조 **조선총독부가 편찬한 것, 총독의 검정을 거쳤거나 인가를 받은 것을 사용함** 제10조 교과용도서의 인가를 받으려면 도서 명칭, 卷冊의 記號 사용 학년, 저역자·발행자 이름, 발행연월일을 갖추어 신청할 것	제11조 ①초등의 보통교육을 하는 사립학교의 교원은 사립학교 교원시험에 합격한 자나 총독이 지정한 자로 함(단, 조선어, 한문 교수자는 제외) ②초등 이외의 사립학교의 교원은 학교의 정도에 맞는 학력을 갖추고 國語(일본어-필자)에 通達함을 증명할 것 (단, 조선어, 한문, 외국어, 전문학과나 특종의 기술 교수자에 한해 國語에 通達치 아니할 수 있음)	제16조 ①법령의 규정에 위배될 때, ②안녕질서를 문란하거나 풍속을 壞亂할 우려[慮]가 있을 때, ③6개월 이상 소정의 수업을 하지 아니할 때, ④제14조(교원 해직/인가 취소), 제15조(설비·수업·기타 변경)의 명령을 위반할 때

이러한 변화에도 불구하고, 사립학교 교육체제를 관공립학교의 경우처럼 변화시키려는 '사립학교의 관공립학교화' 방침은 1920년 이후까지 지속된다. 이 판단의 근거는, 여러 개정에도 불구하고, 교원 자격 및 학

교 폐쇄 명령권에 별다른 변화가 없었다는 데에 있다. 그리고 이 정책은 보통교육 학제를 '일어 사용자'를 위한 소학교-중학교-고등여학교 체제, '일어 미사용자'를 위한 보통학교-고등보통학교·여자고등보통학교 체제로 양분한 제2차 〈조선교육령〉(1922.2-1938.3)[135]에 따른 1922년 3월 〈사립학교규칙〉 개정과 그 후 개정에서도 볼 수 있다.[136]

조선총독부는 山梨半造(야마나시 한죠) 총독(1927.12-1929.8) 시기인 1929년 2월 〈사립학교규칙〉 개정(부령 제13호)을 통해 학교 유사 시설까지 〈사립학교규칙〉을 적용한다.[137] 이 개정에는 조선의 향학심(向學心)이 증가하면서 법규에 의거하지 않고 학교와 유사한 교육시설을 통해 유아교육이나 초등보통교육을 하거나 청소년 교육을 하는 경우가 증가하고 있어 이를 규제해야 한다는 판단이 작용한다. 이로 인해 개정 당시 학교와 유사한 교육시설을 갖추어 종교교육을 하던 16개 시설도 그 대상이 된다. 1929년 2월 〈사립학교규칙〉 개정의 적용 대상은 다음과 같다.[138]

---

135 〈朝鮮教育令〉(칙령 제19호, 大正 11.2.4, 시행 明治.11.1), 『조선총독부관보』 제2843호, 1922.2.6.

136 〈私立學校規則改正〉(부령 제27호, 大正 11.3.28, 시행 大正 11.4.1), 『조선총독부관보』 제2884호, 1922.3.28; 〈私立學校規則改正〉(부령 제63호, 大正 14.5.23), 『조선총독부관보』 제3829호, 1925.5.23; 〈私立學校規則改正〉(부령 제13호, 昭和 4.2.19), 『조선총독부관보』 제638호, 1929.2.19; 〈私立學校規則改正〉(부령 제37호, 昭和 5.4.16), 『조선총독부관보』 제983호, 1930.4.16; 〈私立學校規則改正〉(부령 제39호, 昭和 7.4.8), 『조선총독부관보』 제1574호, 1932.4.8; 〈私立學校規則改正〉(부령 제54호, 昭和 10.4.1), 『조선총독부관보』 제2463호, 1935.4.1; 〈私立學校規則改正〉(부령 제90호, 昭和 12.7.22), 『조선총독부관보』 제3155호, 1937.7.22.

137 〈私立學校規則改正〉(부령 제13호, 昭和 4.2.19), 『조선총독부관보』 제638호, 1929.2.19. 주요 내용은 "제16조 2 감독관청이 학교 사업으로 인정한 때는 그 취지를 관계자에게 通告하고 본령 규정에 의하지 않으면 그것을 폐지해야 함. 제20조 제1항 중 '제11조 내지 제16조'를 '제11조 내지 제16조 2'로 고침"이다.

138 「(雜纂) 私立學校規則의 改正」, 『朝鮮』 제137호, 경성: 조선총독부, 1929.3.1, 98-99쪽.

〈표 19〉 1929년 2월 〈사립학교규칙〉 개정의 적용 대상

	경기도	충북	전북	경북	경남	황해도	평남	함남	계
유아교육	1		1		4				6
보통교육	36	4	36	33	51	27		4	191
청소년교육			3	2	1	1			7
종교교육	6		6				4		16
계	43	4	46	35	56	28	4	4	220

　　조선총독부의 '사립학교의 관공립학교화' 방침은 제3차 〈조선교육
령〉(1938.3-1943.4)에 따른 1938년 3월의 〈사립학교규칙〉 개정에서도 지
속된다. 제3차 〈조선교육령〉이 국민정신총동원 차원에서 일본 학제개
혁의 중점인 '국체본의(國體本義)의 철저화'를 반영해[139] 조선인과 일본인
교육 체제를 소학교－중학교－고등여학교 체제로 통일하려는 목적을
지녔다는 점을 고려하면,[140] '사립학교의 관공립학교화' 방침의 지속성
을 감지할 수 있다. 게다가 1941년 12월 태평양전쟁이 시작된 후 전시
총동원 체제를 강화하기 위해 소학교 체제를 국민학교 체제로 바꾸고[141]
아예 조선어 교육을 폐지한 제4차 〈조선교육령〉(1938.3-1943.4)에서도 이
상황은 마찬가지이다.

　　이러한 '사립학교의 관공립학교화' 방침은 두 가지 차원으로 해석될

---

139 「國體本義의 徹底化가 學制改革의重點, 貴族院 會議서 首相 答辯」, 『동아일보』,
　　1938.1.25, 1면.
140 〈私立學校規則改正〉(부령 제42호, 昭和 13.3.30, 시행 昭和 13.4.1), 『조선총독부관보』
　　제3358호, 1938.3.30. 한편, 1938년 제3차 조선교육령은 〈육군특별지원병령〉과 함께
　　시행되어 '납세, 교육, 병역의 3대 국민의무가 정비되는 단계'에 들어섰다는 평가를
　　받기도 한다(고병철, 『한국 중등학교의 종교교과교육론』, 박문사, 2012, 90쪽).
141 일본은 1941년 2월에 소학교 체제를 국민학교 체제로 바꾼 〈國民學校令〉(昭和 16.2.28,
　　勅令 第148號, 시행 昭和 16.4.1), 동년 3월에 〈國民學校令施行規則〉(昭和 16.3.14, 文部
　　省令 第4號, 시행 昭和 16.4.1)을 공포한다. 國民學校制度研究會 編, 『小學校對比國民
　　學校法規事項別解義』, 東京: 文敎書院, 1941, pp.3-68.

수 있다. 하나는 학교가 국가 소유물이므로 학교는 국가가 지정한 교육 과정을 운영해야 한다는 차원이다. 다른 하나는 정교분리 국가의 소유 물인 학교에서 종교교육을 할 수 없다는 차원이다. 이러한 두 가지는, 1899년 8월에 문부성이 북해도청에 보낸 훈령에서 관공립학교와 그 교육과정에 종교교육과 의식을 실행할 수 없다고 한 것처럼, 메이지유신 이후 일본이 추구하던 방향이기도 하다.[142]

(2) 종교 법인화

① 조선민사령과 법인의 설립 및 감독에 관한 규정

조선에 종교 법인이 설립된 시기는 1919년 3·1운동 이후이다. 구체적으로 1920년 5월에 경성구(京城區)천주교회유지재단의 설립 허가가 이루어진다.[143] 1922년 12월에는 재단법인 조선불교중앙교무원(朝鮮佛敎中央

---

142 〈官立公立學校及學科課程ニ關シ法令ノ規定アル學校ニ於テ宗敎上ノ敎育儀式施行禁止〉(明治 32.8.3, 文部省 訓令 第12號), 靜岡縣敎育協會 編, 『敎育法規類聚』, 靜岡市: 吉見書店, 1912, p.37; 中澤倉太郎·丹生谷一 編, 『袖珍小學校法規』, 島根縣: 武永貞助, 1913, p.259; 神戶高等工業學校 編, 『神戶高等工業學校一覽』, 神戶市: 神戶高等工業學校, 1939, p.56. 1899년 8월에 문부성이 북해도청에 보낸 훈령은 관립학교와 공립학교, 그리고 그 교육과정에서 종교교육과 의식을 실행할 수 없다는 내용이다. 이 훈령의 효력은 그 후로도 유지된다.
143 「法人登記」, 『조선총독부관보』 제2351호, 1920.6.12. 이 내용은 다음과 같다. ◎명칭: 경성구천주교회유지재단(京城區天主敎會維持財團) / ◎사무소: 경성부 명치정 2정목 1번지 / ◎목적: 경성구 천주교회의 종교교회, 자선사업을 위해 직접 필요한 동산, 부동산을 소유해 유지하고 그것을 공급(供給)함 / ◎설립허가년월일: 대정 9년 5월 8일 / ◎자산 총액: 금877,225원 / ◎출자 방법: ①경성구 천주교회 소속 각 선교사와 기타에서 기부한 부동산 ②매년 불란서 파리 외방선교회에서 보낸 기부금과 기타에서 기부한 재산, ③본 재단의 소유 재산에서 생기는 과실(果實) / ◎이사 이름과 주소: 경성부 명치정 2정목 1번지의 프랑스인[佛國]시 3명과 한기근(韓基根), 경성부 원정(元町) 4정목 1번지의 김성학(金聖學).

教務院)이 설립 허가를 받는다.[144] 개신교계의 경우는 1910년대부터 교육
과 의료 부분에서 일부 재단법인화가 이루어지지만, 장로교가 1910년대
부터 추진한 법인화는 1920년대 중반부터 이루어진다. 유교계의 경우에
는 1920년 〈향교재산관리규정〉 개정을 통해 향교재산의 소유권을 확보
하게 되지만 법인 형태는 아니며, 1920년대부터 향교재산을 활용한 재
단법인 설립 움직임이 나타난다.[145]

종교의 법인화 현상은 종교계의 법인 설립 추진과 조선총독부의 법인
설립 허가 정책이 연결된 결과이다.[146] 우선, 종교계의 법인 설립 요청은
1910년대부터 기독교계와 불교계에서 이루어지는데, 1919년 3·1운동
이후 법인 설립에 관심이 높아진다. 법인이 되면 종교 관련 재산을 개인
명의로 등록했을 때 발생할 소유권 문제를 해소하고, 세제 혜택도 받을
수 있었기 때문이다.[147]

다음으로, 1920년대부터 조선총독부가 종교 법인의 설립을 허가한다.
법인 설립 허가 이유는 1919년 3·1운동 이후 '내선일체'를 명분으로 일본
과 조선의 제도를 유사하게 만들어야 한다거나, 종교계의 재산을 독립

---

144 「教會法人 許可」, 『동아일보』, 1920.5.9, 2면; 「曙光이 빗치는 東光校, 불교교무원 재단
   법인 인가, 동광학교는 고등보통으로」, 『동아일보』, 1923.1.4, 3면; 「朝鮮佛教 財團法人
   에 對하여」, 『매일신보』, 1923.1.18, 4면; 「南北監理教 合倂을 決定, 년래로 문데잇든
   남북감리의 합병, 이번 년회에서 합병위원까지 결명, 名稱부터 '美監理教', 財團은 法人
   허가가 되여」, 『동아일보』, 1926.7.1, 2면.
145 개신교계와 유교계의 법인 설립 추진 내용은 각각 제IV장 제1장 2번과 제IV장 제4장
   참조.
146 윤선자, 「日帝下 朝鮮天主教會의 法人化 과정」, 『북악사론』 4, 북악사학회, 1997,
   241-273쪽(특히 242-244쪽); 윤선자, 「일제하 종교단체의 경제적 기반 확보 과정」, 『한
   국 근현대사 연구』 24, 2003, 62-90쪽(특히 68-69쪽); 안유림, 「조선총독부의 기독교
   단체 법인화(法人化) 정책: 1920년대 선교회·교회 재단법인 설립을 중심으로」, 『한국
   기독교와 역사』 31, 2009, 123-158쪽(특히 124쪽).
147 법인화 추진이 식민지에서 선교 활동을 보장받고 교권을 장악할 수 있는 방법이었다
   는 관점도 있다(윤선자, 위의 글, 1997, 241-242쪽).

운동 등 다른 곳이 아니라 법인의 설립 목적에만 사용하게 해야 한다는 등의 판단에서 찾을 수 있다. 뿐만 아니라 종교 법인은, 1942년 5월에 미국과 영국계 종교법인에 〈적산관리법〉을 적용한 사례처럼,[148] 종교재산을 쉽게 통제할 수 있는 근거가 되기도 한다.

그렇지만 법인 설립이나 허가의 선행 조건은 관련 법규의 제정이다. 이와 관련해, 조선에서 종교단체의 법인 설립 허가 시점은 대체로 1920년 이후지만, 이미 1912년에 〈조선민사령〉(제령 제7호) 및 〈법인의 설립 및 감독에 관한 규정〉(부령 제71호) 등 종교 법인 설립에 필요한 법규가 제정된 바 있다. 종교 법인 설립에 필요한 법적 근거가 이미 있었지만 법인 설립 허가 정책이 늦게 마련된 셈이다. 물론 일본에서 1899년경에 종교 법인 규정이 있었다는 점을 고려하면,[149] 1912년에 종교 법인 설립 관련 법규를 제정한 것도 시기적으로 늦은 편이다.

구체적으로, 1912년 3월의 〈조선민사령〉(제령 제7호)과 〈법인의 설립 및 감독에 관한 규정〉(부령 제71호)은 종교 법인 설립에 필요한 법규이

---

148 「米英系宗敎法人에 敵産管理令適用을 決定」, 『매일신보』, 1942.5.24, 2면. '적산관리령'은 1941년 12월의 〈敵産管理法〉(昭和 16.12.22, 법률 제99호), 〈敵産管理法施行令〉(昭和 16.12.22, 칙령 제1179호), 〈敵産管理法施行規則〉(昭和 16.12.22, 대장성령 제76호)이다. 이 법규에 따라 일본은 1941년 12월 〈敵産管理法二基ク敵國指定ノ件〉(昭和 16.12.24, 대장성 고시 제585호)을 고시해 미국(필리핀 연방과 領地 전체 포함)과 영국(인도와 해외영토 포함)을 적국으로 규정한다. 1942년 1월에는 대장성 고시 제12호(昭和 17.1.16)로 네덜란드와 네덜란드령 인도(和蘭國及 蘭領 印度)를 적국으로 규정한다. 그리고 조선에는 1941년 12월에 〈敵産管理法ヲ朝鮮, 臺灣及樺太二施行スルノ件〉(昭和 16.12.22, 칙령 제1178호)을 공포해 제11조(정부 자문에 응할 적산관리위원회 설치) 규정을 제외한 〈적산관리법〉을 적용한다(銀行問題硏究會, 『(戰時統制法令叢書 第3輯)大東亞戰爭完遂法令解說』, 大阪: 銀行問題硏究會, 1944, pp.93-107).

149 小關紹夫, 「宗敎法人について」, 『彦根高商論叢』 第19号(彦根高等商業學校硏究會 編), 滋賀縣: 彦根高等商業學校硏究會, 1936, p.63; 〈宗敎宣布又ハ儀式執行ノ法人設立二關スル件〉(明治 33.8.1, 內務省令 第39號), 警視廳, 『警察要務』(上), 神田區: 警視廳第一部, 1900, pp.33-34.

다.[150] 법인의 부동산 등록이나 세금 납부를 위해 1912년 3월에 공포한 〈조선부동산등기령〉, 〈조선부동산증명령〉, 〈조선등록세령〉 등도 법인 설립에 따른 후속 조치에 해당하지만 넓게 보면 법인 설립 관련 법규라고 할 수 있다.[151]

이 가운데 〈조선민사령〉에 따르면, 민사 사항은 〈조선민사령〉과 '기타 법령에 특별한 규정이 있는 경우'를 제외하고 일본의 〈민법〉·〈상법〉·〈민사소송법〉 등 23개 법률의 적용을 받는다(제1조). 그리고 23개 법률 가운데 칙령으로 위임받은 사항은 총독이 부령(府令)으로 정한다(제2조). 이는 조선인의 민사 사항에 대해 다른 법규보다 〈조선민사령〉과 기타 법령에 특별한 규정이 있는 경우를 먼저 적용한다는 의미이다.

조선총독부는 〈조선민사령〉에 법인 설립 관련 규정이 없었기 때문

---

150 〈朝鮮民事令〉(제령 제7호, 明治 45.3.18, 시행 明治 45.4.1), 『조선총독부관보』 제465호, 1912.3.18; 〈法人ノ設立及監督ニ關スル規程〉(부령 제71호, 明治 45.3.30), 『조선총독부관보』 호외, 1912.3.30. 〈조선민사령〉은 明治 44년 법률 제30호 제1조와 제2조에 의해 칙재를 얻은 법규로 82개조(본문 76개조, 부칙 6개조)이다. 민사 사항은 〈조선민사령〉과 기타 법령에 특별한 규정이 있는 경우를 제외하고, '〈민법〉, 〈明治 35년 법률 제50호〉, 〈明治 37년 법률 제17호〉, 〈明治 32년 법률 제40호〉, 〈明治 33년 법률 제51호〉, 〈明治 33년 법률 제13호〉, 〈민법시행법〉, 〈상법〉, 〈明治 33년 법률 제17호〉, 〈상법시행법〉, 〈明治 23년 법률 제32호〉, 〈상법시행조례〉, 〈민사소송법〉, 〈외국재판소의 촉탁으로 인한 共助法〉, 〈明治 32년 법률 제50호〉, 〈家資分散法〉, 〈人事訴訟手續法〉, 〈非訟事件手續法〉, 〈민사소송비용법〉, 〈商事非訟事件印紙法〉, 〈執達吏수수료규칙〉, 〈供託法〉, 〈競賣法〉' 등에 의한다(제1조). 여기서 '집달리(執達吏)'는 위의 지시를 받아 일을 집행하는 '집달관(執達官)'의 옛 명칭이다.

151 〈朝鮮不動産登記令〉(제령 제9호, 明治 45.3.18), 『조선총독부관보』 호외, 1912.3.18; 〈朝鮮不動産登記令施行規則〉(부령 제36호, 明治 45.3.22), 〈朝鮮不動産證明令〉(제령 제15호, 明治 45.3.22, 시행 明治 45.4.1), 〈朝鮮不動産證明令施行規則〉(부령 제37호, 明治 45.3.22, 시행 明治 45.4.1), 〈朝鮮登錄稅令〉(제령 제16호, 明治 45.3.22, 시행 明治 45.4.1), 『조선총독부관보』 호외, 1912.3.22. 〈조선부동산등기령〉은 1915년 9월 1일부터 1918년 2월 10일 사이에 경기도 일부 지역부터 시행된다. 〈조선부동산등기령시행규칙〉은 〈조선부동산등기령〉 시행일부터, 〈조선부동산증명령시행규칙〉〈조선부동산증명령〉 시행일부터 적용된다.

에[152] 1912년 3월에 〈조선민사령〉 제1조의 '기타 법령에 특별한 규정이 있는 경우'에 해당하는 〈법인의 설립 및 감독에 관한 규정〉을 제정해 〈조선민사령〉과 함께 시행한다. 그 주요 내용은 다음과 같다.[153]

〈표 20〉 〈법인의 설립 및 감독에 관한 규정〉의 주요 내용

조	주요 내용	비고
1	〈民法〉 제34조에 의해 총독 허가를 얻어 社團 또는 財團을 법인으로 하는 때는 사단의 경우 '정관, 자산 총액. 사원 수'를, 재단의 경우 '기부행위와 자산총액'을 갖추어 조선총독에게 신청할 것	총독 허가
2	법인은 설립허가가 나면 지체 없이 '1.정관 또는 기부행위, 2.이사 및 감사의 이름과 주소, 3.재산목록과 사단법인의 경우는 사원 수'를 주된 사무소 소재지의 도장관에게 보고할 것. 제1호와 제2호 사항 중에 변경 사항이 생긴 경우에도 동일함	
3	①법인은 매년 3월말 조사에 의해 익월 중에 재산목록을 첨부해 '1.법인의 목적 사업의 상황, 2.전년도 사무처리(處務)의 요목(要目), 3.전년도 경비, 수입지출금액과 그 비목(費目)'을 조선총독에게 통지(報知)할 것. 다만, 특별한 사업연도를 정한 것은 연도 말 조사에 따라 그 연도가 끝나고 30일 이내에 보고할 것 ②사단법인은 전항에 있는 사항 이외에 사원수를 보고할 것	
4	도장관은 법인의 업무를 감독할 것	
5	①도장관은 법인의 감독상 필요한 보고를 받거나 실제적으로 그 업무와 재산의 상황을 검사할 수 있음. ②전항에 의해 받은 보고나 검사의 성적은 지체없이 조선총독에게 보고할 것	
6	도장관은 법인에게 〈民法〉 제71조에 해당하는 행위라고 인정될 때는 그 사유를 자세히(詳具) 조선총독에게 보고할 것	
부칙	①明治 45년 4월 1일자로 시행. ②시행 전 설립허가를 얻은 법인은 시행일로부터 30일 이내에 제2조에 게시된 사항을 도장관에게 보고	

이 법규에 등장하는 〈민법〉 제34조는 법인 설립에 관한 것으로 제사,

---

152 1912년 3월의 〈朝鮮民事令〉에서 법인 관련 규정은 제15조("민법 제49조 규정은 조선 외의 주소를 가진 법인이 조선에 사무소를 설립하는 경우에 준용한다")와 제75조("비송사건수속법 중 외국회사 및 외국법인의 등기 규정은 조선 외에 주소가 있는 회사 기타 법인이 조선에 지점 또는 사무소를 설립하는 경우에 준용한다")이다. 이는 1941년 4월에 개정된 〈朝鮮民事令〉(제령 제20호, 시행 1941.4.21)에서도 마찬가지이다.

153 〈法人ノ設立及監督ニ關スル規程〉(부령 제71호, 明治 45.3.30), 『조선총독부관보』 호외, 1912.3.30.

종교, 자선, 학술, 기예, 기타 공익에 관한 사단 또는 재단으로 영리를 목적으로 하지 않는 경우에 주무관청의 허가를 얻어 법인으로 할 수 있다는 내용이다(제2장 법인 제1절 법인의 설립). 그리고 〈민법〉 제71조는 법인 해산에 관한 것으로 법인이 그 목적 이외의 사업을 하거나 설립 허가를 받은 조건을 위반해 기타 공익을 해칠만한 행위를 하면 주무관청이 그 허가를 취소할 수 있다는 내용이다(제3절 법인의 해산).[154]

② 법인의 설립 및 감독에 관한 규정의 모법

종교 법인 설립의 법적 근거였던 〈법인의 설립 및 감독에 관한 규정〉의 모법은 무엇일까? 이 법규의 제정 이전까지 일본의 종교 법인 관련 법규로는 1896년 4월의 〈민법〉(법률 제89호), 1898년 6월의 〈민법시행법〉(법률 제11호), 1899년 8월의 〈문부대신의 주관에 속한 법인 설립 및 감독에 관한 규정〉(문부성령 제39호), 1900년 8월의 〈종교 선포 또는 의식 집행을 목적으로 하는 법인설립규정〉(내무성령 제39호) 등이 있다. 이 법규들의 주요 내용은 다음과 같다.[155]

〈표 21〉 1912년 이전 일본의 종교 법인 관련 법규의 주요 내용

법규	주요 내용
〈民法〉	제34조 제사, 종교, 자선, 학술, 기예, 기타 공익에 관한 사단 또는 재단으로 영리를 목적으로 하지 않는 것은 주무관청의 허가를 얻어 법인으로 할 수 있음

---

154 〈民法〉(明治 29.4.27, 法律 第89號), 金田謙, 『帝國法典』, 東京: 自治館, 1912, pp.8-15.
155 〈民法〉(明治 29.4.27, 法律 第89號), 〈民法施行法〉(明治 31.6.15, 法律 第11號), 〈宗敎ノ又ハ儀式執行ヲ目的トスル法人設立規定〉(明治 33.8, 內務省令 第39號), 宮本隆範 編, 『新義眞言宗智山派宗規類纂』, 東京: 智嶺新報社, 1916, pp.1-2; 〈文部大臣ノ主管ニ屬スル法人ノ設立及監督ニ關スル規程〉(明治 32.8.16, 文部省令 第39號), 靜岡縣敎育協會 編, Op. cit., 1912, pp.26-28.

〈民法施行法〉	제28조 민법 중 법인에 관한 규정은 당분간 神社, 寺院, 祠宇와 佛堂에 준용함
〈文部大臣ノ主管ニ屬スル法人ノ設立及監督ニ關スル規程〉	제1조 민법 제34조에 따라 문부대신의 허가를 얻어 사단이나 재단을 법인으로 설립하려면 사단은 정관, 자산 총액, 社員 數, 재단은 기부행위와 자산총액을 구비해 신청서를 문부대신에게 제출 제2조 ①법인 설립자와 법인이 문부대신에게 제출하는 서류는 사무소 소재지의 지방장관을 경유하고, ②지방장관은 서류에 검토 의견을 붙여 상급기관으로 보낼 것 제3조 법인이 설립 허가나 민법시행법 제19조의 인가를 얻은 때는 다음 사항을 즉시 지방장관에게 보고할 것. 제1호와 제2호 사항 중 변경이 있을 때도 동일함. 1.정관 또는 기부행위, 2.이사 및 감사의 이름과 주소, 3.재산목록과 사단법인의 경우는 사원 수 제4조 ①敎育會를 제외한 법인은 매년 3월말 조사에 의해 익월 중에 재산목록을 첨부해서 '1.법인의 목적 사업의 상황, 2.전년도 處務의 要件, 3.전년도 경비, 수입지출금액과 그 費目'을 문부대신에게 報告할 것. 다만, 특별한 사업연도를 정한 것은 연도 말 조사에 따라 그 연도가 끝나고 30일 이내에 보고할 것. ②사단법인은 전항에 있는 사항 이외에 사원수를 보고할 것. ③법인이 된 학교는 제1항 제1호와 제2호 사항의 보고 불필요 제5조와 제6조(明治 37년 문부성령 제23호로 삭제) 제7조 지방장관은 법인에게 민법 제71조 또는 민법시행법 제23조에 해당하는 행위라고 인정할 때는 그 사유를 상세히 갖추어 문부대신에게 보고할 것. 부칙 제8조 본령 시행 전 설립 허가나 민법시행법 제19조의 인가를 얻은 법인은 분령시행일로부터 30일 이내에 제3조 사항을 지방장관에게 보고할 것
〈宗敎ノ又ハ儀式執行ヲ目的トスル法人設立規定〉	제1조 종교 선포 또는 종교상 의식집행이 목적인 사단이나 재단을 법인으로 할 때는 설립자가 정관 또는 기부행위 외 다음 사항을 기재한 문서를 제출. 1.종교 명칭과 소속 교·종파 명칭, 2. 의식과 포교 방법, 3.포교자 자격과 선정 방법, 4. 信徒와 법인의 관계, 5.信徒와 社員될 자의 員數, 6.종교용 堂宇, 敎會所, 會堂, 說敎所 또는 講義所 류를 갖춘 경우 그 소재지와 설립허가 연월일 제2조 前條의 법인이 前條 제1항 제1호 또는 제4호 사항을 변경할 때는 즉시 신고해야 함 제3조 ①제1조의 법인이 제1조 제1항 제2호나 제3호 사항을 변경할 때는 인가를 받아야 함 ②前項 규정에 위배될 때는 민법 제71조에 의해 그 설립 허가를 취소함 제4조 본령에 의거해 書面을 제출할 경우에 神佛道의 교파나 종파 소속이면 관장의 添書를 첨부함

구체적으로는, 〈민법〉 제34조에는, 앞서 서술했듯이, '영리를 목적으로 하지 않는 제사, 종교, 자선, 학술, 기예, 기타 공익에 관한 사단 또는 재단의 법인 설립 가능성'에 대한 내용이 있다. 그리고 〈민법시행법〉 제28조에는 '민법 중 법인에 관한 규정은 당분간 신사(神社), 사원(寺院),

사우(祠宇)와 불당(佛堂)에 준용한다'는 내용이 담겨 있다.

〈민법〉과 〈민법시행법〉이 다른 관련 법규의 상위 법률이라는 점을 고려해 제외한다면, 1912년 3월 〈법인의 설립 및 감독에 관한 규정〉의 모법에 근접한 법규는 두 가지이다. 하나는 1899년 8월 〈문부대신의 주관에 속한 법인 설립 및 감독에 관한 규정〉(문부성령 제39호)이고, 다른 하나는 1900년 8월 〈종교 선포 또는 의식집행을 목적으로 하는 법인설립규정〉(내무성령 제39호)이다.

이 가운데 〈법인의 설립 및 감독에 관한 규정〉의 모법에 보다 근접한 법규는 1899년 8월의 문부성령 제39호이다. 이 법규는 전문 8개조(본문 7개조와 부칙)로 이루어져 있다. 주요 내용은 〈민법〉 제34조에 의해 사단이나 재단을 법인으로 할 때 문부대신에게 신청서를 제출하되(제1조), 소재지 지방장관을 경유할 것(제2조), 법인 설립 허가나 〈민법시행법〉 제19조의 인가를 받을 때 지방장관에게 세 가지 사항을 보고하고(제3조), 매년 재산목록을 문부대신에게 보고할 것(제4조) 등이다.[156] 그리고 이 법규의 제1조, 제3조, 제4조, 제7조는 각각 〈법인의 설립 및 감독에 관한 규정〉 제1조, 제2조, 제3조, 제6조의 내용과 거의 유사하다.

이 법규의 시행과 더불어, 일본은 1899년 9월부터 신도와 불교 외의 종교용 토지나 가옥이나 건축물에도 과세하지 않고, 부현세(府縣稅)와 시정촌세(市町村稅)를 부과하지 않거나 면제를 해주는 조세 정책을 진행한다.[157] 그에 따라 종교 법인 설립 신청 사례가 증가 추세를 보이게 된다.

---

156 〈文部大臣ノ主管ニ屬スル法人ノ設立及監督ニ關スル規程〉(明治 32.8.16, 문부성령 제39호, 개정 明治 37, 문부성령 제23호), 〈民法〉(明治 29.4.27, 法律 제89호), 文部省普通學務局 編, 『公益法人一覽』, 文部省, 1934, pp.61-68.

157 〈神仏二教以外ノ宗敎ノ用ニ供スル土地家屋營造物ニ對シ課稅セシメサル件〉(明治 32.9.13, 內務次官 通牒 地甲 제72호), 〈神仏二敎以外ノ宗敎ノ用ニ供スル土地家屋等ニシテ

이 상황에서 내무성은 다시 1900년 8월 〈종교 선포 또는 의식집행을 목적으로 하는 법인설립규정〉을 공포해, '사단이나 재단인 종교단체의 법인화 현상'을 별도로 관리하기 시작한다. 전문 4개조로 구성된 이 법규의 주요 내용은 종교 선포나 종교상 의식집행이 목적인 사단이나 재단을 법인으로 할 때의 제출 사항(제1조)과 변경 시 신고(제2조)와 인가 사항(제3조), 신도·불교의 교·종파 소속 시 관장의 첨서(添書) 첨가(제4조) 등이다.[158]

2. 신종교 관련 주요 법규

조선총독부는 신종교를 혹세무민(惑世誣民)하는 '유사종교'로 인식한다. '유사종교'라는 용어는 1915년 〈포교규칙〉이나 1935년의 발간 자료

社寺ニ準スヘキ者ニ對シ府縣稅及市町村稅ヲ賦課セサル件〉(明治 35.4.23, 地甲 제42호 內務省 地方局長 通牒), 〈社寺ニ準スヘキ土地家屋營造物等ニ關シ市町村稅免除ノ件〉(明治 35.5.20, 內一地 제1667호 內務部將ヨリ各郡市長ヘ通牒), 宮城縣內務部第五課, 『會計法規』(上), 仙台: 宮城縣內務部, 1904, pp.169-171.

158 〈宗敎宣布又ハ儀式執行ノ法人設立ニ關スル件〉(明治 33.8.1, 內務省令 第39號), 警視廳, 『警察要務』(上), 神田區: 警視廳第一部, 1900, pp.33-34. 주요 내용은 다음과 같다. 제1조 종교 선포 또는 종교상 의식집행을 목적으로 사단 또는 재단을 법인으로 하는 경우에는 설립자가 정관 또는 기부행위 외에 1.종교 명칭과 소속 교파·종파 명칭, 2. 의식과 포교 방법, 3.포교자 자격과 선정 방법, 4.신도와 법인의 관계, 5.신도와 사원(社員)의 수, 6.종교용 당우, 교회소, 회당, 설교소 또는 강의소 등을 갖춘 경우 그 명칭, 소재지, 설립허가 연월일을 기재해 서면으로 제출해야 함. 제2조 제1조의 법인은 제1항, 제1호 또는 제4호 사항이 변경되면 즉시 신고해야 함. 제3조 ①제1조의 법인이 제1항 제2호 또는 제3호를 변경한 때에는 '인가'를 받아야 함. ②전항의 규정을 위반하면 민법 제71조에 의해 그 설립 허가를 취소함. 제4조 본령에 의해 서류를 제출하는 경우에 신불도(神佛道)의 교파 또는 종파에 속한 경우에는 관장의 첨서(添書)를 붙여야 함.

(『조선의 유사종교』)에서 사용된 바 있다.[159] 이러한 신종교 인식은 일본 사회의 경우와 다소 다르다. 일본 사회에서는 신종교(新宗敎)라는 용어가 1800년 이후 종종 사용되는데, 맥락에 따라 기존 종교보다 늦게 다른 형태로 등장한 종교라든지, 종교가 새로워져야 한다는 의미를 담고 있다.[160] 그렇지만 조선총독부의 신종교 인식은 '사라져야 할 단체'를 전제로 하고 있다. 게다가 무속의 경우에는 종교로 보지 않고, 유사종교 범주에서 포착하려는 모습도 없다. 신종교 인식과 마찬가지로 '사라져야 할 존재'로 인식하고 있다고 할 수 있다.

이러한 인식에 따라 신종교와 무속에 대해서는 제도 종교의 편입 근거인 관련 법규를 별도로 제정하지 않고, 일반 법규를 적용한다. 일제강점기에 신종교와 무속에 적용된 일반 법규의 유형은 보안을 위한 해산, 경찰범 처벌, 집회 금지, 치안 유지, 기타 등으로 구분될 수 있다. 여기서 기타는 1912년 3월의 〈조선민사령〉(제령 제7호), 〈조선형사령〉(제령 제11호)[161]처럼 신종교가 주요 대상이 아니지만 신종교인에게 적용된 경우를 말한다. 이 유형을 정리하면 다음과 같다.

---

159 村山智順, 『朝鮮の類似宗敎』(調査資料 第42輯), 朝鮮總督府, 1935(昭和 10.9).
160 土屋詮敎, 『日本宗敎史』(東京專門學校文學敎育科第一回一學年講義錄), 東京: 早稻田大學出版部, 1800, pp.156-161(第七節 新宗敎の勃興); 池田良吉, 『天理敎處分論』, 東京: 護法書院, 1896, pp.1-5(第一 維新以來の新宗敎); 鈴木大拙, 『新宗敎論』(宗敎文庫 第1編), 京都: 貝葉書院, 1896 등. '사이비종교'라는 용어는 1938년에 전쟁 상황에서 '국민정신'이 중요한데 '사이비종교'가 맹위를 떨치고 있어 비상시의 국민정신위생에 큰 문제라는 맥락에서 등장한 바 있다(上田庄三郞, 『新しき敎育への出發』, 東京: 啓文社, 1938, pp.49-64). '似而非宗敎と日本精神'이라는 소제목에 등장한다.
161 〈朝鮮民事令〉(제령 제7호, 明治 45.3.18, 시행 明治 45.4.1), 〈朝鮮刑事令〉(제령 제11호, 明治 45.3.18, 시행 明治 45.4.1), 『조선총독부관보』 호외, 1912.3.18, 〈조선형사령〉은 寺內正毅 총독이 明治 44년 법률 제30호 제1조와 제2조에 의해 칙재를 얻어 공포한 법규이다.

〈표 22〉 신종교 관련 주요 법규 목록

유형	주요 법규 목록	특징
보안을 위한 해산	〈保安法〉(법률 제2호, 1907.7.27) 〈保安規則〉(통감부령 제10호, 1906.4.17) 〈政治ニ關スル犯罪處罰ノ件〉(제령 제7호, 1919.4.15)	결사 해산, 처벌 집회 해산, 처벌
경찰범 처벌	〈警察犯處罰令〉(통감부령 제44호, 1908.10.1) 〈韓國에 있어서의 犯罪卽決令〉(칙령 제240호, 1909.10.16) 〈犯罪卽決例〉(제령 제10호, 明治 43.12.15); 〈犯罪卽決例 施行手續〉 (훈령 제72호, 1910.12.30); 〈犯罪卽決例中改正〉(제령 제12호, 시행 明治 45.3.18) 〈朝鮮笞刑令〉(제령 제13호, 明治 45.3.28) 〈警察犯處罰規則〉(부령 제40호, 明治 45.3.25)	처벌
집회 금지	〈政治에 관한 屋外多衆集會를 禁하는 件〉(統監府 警務總監部令 제3 호, 1910.8.23) 〈統監府 警務總監府令 제3호(政治에 관한 集會 或은 屋外多衆集合 의 禁止)〉(내각 고시 제98호, 隆熙 4년 8.24, 1910)	집회 금지, 처벌
치안 유지	〈治安維持ノ爲ニする罰則ニ關スル件〉(칙령 제403호, 大正 12.9.7) 〈治安維持法〉(법률 제46호, 大正 14.4.21); 〈治安維持法中改正〉(법률 제54호, 昭和 16.3.8) 〈朝鮮思想犯豫防拘禁令〉(제령 제8호, 昭和 16.2.12)	처벌
기타	〈朝鮮民事令〉(제령 제7호, 明治 45.3.18, 시행 明治 45.4.1) 〈朝鮮刑事令〉(제령 제11호, 明治 45.3.18, 시행 明治 45.4.1)	※ 종교법 인화 현상 참조

1) 보안 관련 법규

① 1906년 보안규칙

통감부 이후, 보안 관련 법규는 크게 세 가지이다. 첫 번째는 1906년 4월, 伊藤博文(이토 히로부미) 통감이 재한(在韓) 일본인을 대상으로 공포한 13개조의 〈보안규칙〉(통감부령 제10호)[162]이다. 이 법규의 핵심은 재한 일본인에 대해 이사관(理事官)이 주거를 정하고 생업을 구할 것을 명령하

---

162 〈保安規則〉(통감부령 제10호, 1906.4.17, 시행 1906.5.1), 『통감부법령자료집』上, 1972, 53-54쪽.

고 관련 보고를 받을 수 있다거나(제1조), 변호사나 이사관 허가 없이 다른 사람의 소송에 참견하지 못한다거나(제2조), 금품 모집이나 단체 가입 권유 시에 이사관 허가를 받아야 한다거나(제3조) 폭행·협박·사기 의 수단으로 다른 사람의 업무나 행위를 방해할 수 없다는 등(제4조) 일 상생활의 유지에 관한 내용이다. 이 법규는 적용 대상이 재한 일본인이 므로 원칙적으로 조선인과 큰 관련이 없었다고 할 수 있다.

② 1907년 보안법

두 번째는 伊藤博文 통감 시기인 1907년 7월의 〈보안법〉(법률 제2호)이 다. 이 법규는 내각총리대신 이완용, 내부대신 임선준(任善準), 법무대신 조중응(趙重應)이 칙재를 받아 반포한 것으로 본문 9개조와 부칙 1개조이 다. 이 법규의 제정 목적은 '정치에 대한 비판적 언행 금지'이다. 주요 내용을 정리하면 다음과 같다.[163]

<표 23> 1907년 7월 〈보안법〉의 주요 내용

조	주요 내용
1	내부대신은 안녕질서를 保持하기 위해 필요할 경우에 '結社의 解散을 命흠'을 得흠
2	경찰관은 안녕질서를 保持하기 위해 필요할 경우에 '集會 又는 多衆의 運動 或은 羣集을 制限 禁止 又는 解散흠'을 得흠
3	경찰관은 前2조의 경우에 필요로 認흠 시에는 武器와 爆發物 기타 위험한 물건의 휴대를 금지함을 득함
4	경찰관은 街路나 기타 공개한 처소에서 문서 도서의 게시와 分布와 낭독 또는 언어와 形容과 기타의 作爲를 하여 안녕질서를 문란할 慮가 있다고 認흠 시에는 그 금지를 명함을 득함
5	내부대신은 정치에 關흐야 不穩흔 動作을 行흘 慮가 有흠으로 認흘 者에게 對흐야

---

163 〈保安法〉(법률 제2호, 반포·시행 1907.7.27), 송병기 외 3인 편저, 『한말근대법령자료 집』 V, 대한민국국회도서관, 1971, 591-592쪽. 〈보안법〉 하단의 봉칙(奉勅)은 칙령을 받드는 것, '어압 어새(御押 御璽)'는 어압(御銜, 왕의 자필 도장)으로 기명(記名)하고 어새(玉璽의 높임말)를 찍어 왕의 결정을 받들었다는 의미이다.

	其 居住處所에서 退去를 命ᄒ고 旦 一個年 以內의 期間을 指定ᄒ야 一定ᄒ 地域 內에 犯入홈을 禁止홈을 得홈
6	前5조에 의한 명령을 위반한 자는 40 以上의 笞刑 또는 10개월 이하의 禁獄에 처함
7	정치에 關ᄒ야 不穩의 言論과 働作 又는 他人을 煽動과 敎唆 或은 使用ᄒ며 又는 他人의 行爲에 關涉ᄒ야 因ᄒ야 治安을 妨害ᄒ 者는 五十 以上의 笞刑 十個月 以下의 禁獄 又는 二個年 以下의 懲役에 處홈
8	본법의 公訴時效[164]는 6개월 간으로 함
9	본법의 범죄는 신분에 여하를 불문하고 지방재판소 又는 港市裁判所의 管轄로 홈
부칙	본령은 반포일로부터 시행함

〈보안법〉의 주요 내용을 보면, 내부대신은 '안녕질서를 위해' '결사(結社) 해산 명령'을 내릴 수 있고, 정치에 관해 불온(不穩) 행위를 할 '우려만 있어도' 거주지의 퇴거나 범입(犯入)을 금지할 수 있다. 경찰관도 안녕질서의 보호·유지를 위해 '집회나 대중의 운동 또는 군집(羣集)을 제한·금지·해산'할 수 있고, 위험한 물건의 휴대를 금지할 수 있으며, 공개 장소에서 글의 게시·분포(分布)·낭독 등의 행위를 금지할 수 있다.

특히, 정치에 관해 불온 행위를 '할 만한 우려'가 있어 내린 거주지 퇴거나 범입(犯入) 금지 명령을 위반하면 태형(笞刑)이나 금옥(禁獄)에 처해진다. 실제로 정치와 관련된 불온 언행, 선동과 교사(敎唆), 간섭으로 치안을 방해한 경우에는 태형과 금옥뿐 아니라 2개년 이하 징역에 처해진다. 비록 6개월이 지나면 검사가 공소를 제기할 수 없도록 공소시효를 두어 형벌권을 소멸시켰지만, 범죄인을 신분에 관계없이 지방재판소나 항시재판소(港市裁判所)에서 관할해 곧바로 처리하도록 했기 때문에 6개월의 공소시효는 큰 의미가 없었다고 할 수 있다.

이러한 보안 관련 법규의 특징은 '안녕질서의 유지[保持]'를 명분으로

---

164 형(刑)의 시효가 재판 확정 후 형 집행을 받지 않은 채 일정 기간이 경과해 형 집행권이 소멸(면제)되는 제도라면, 공소시효는 해당 범죄 처리 기간이 지나면 '검사의 공소권이 없어져' 그 범죄에 공소를 제기할 수 없는 제도를 말한다.

일상생활의 규율·처벌뿐 아니라 금지·해산 명령이 가능하다는 데에 있다. 예를 들어, 경무총감부는 1911년 1월 28일자로 '안녕질서의 유지'를 위해 '실업회(實業會) 전주지부'에게 해산을 명령한 바 있다.[165] 1912년에는 〈토지조사령〉 제4조와 관련해 토지 소유의 미신고 사례에 '불량한 행위'라는 이유로 〈보안법〉 위반죄를 적용한 바 있다.[166] 1919년 3·1운동 참여자에게도 〈출판법〉 위반과 함께 〈보안법〉 위반죄가 적용된다.[167]

1920년대에는, "대정(大正) 8년 제령 제7호 〈정치범죄처벌령〉, 구한국 시대의 〈보안법〉이라든지 〈집회취체에 관한 府令〉 등은 第一着으로 其 廢止를 斷行"해야 한다는 주장이 제기된 바 있지만,[168] 순회강연자에게 독립 선전 혐의를 두어 〈보안법〉 위반을 적용하는 등의 방법으로 각종 집회를 해산시킨다.[169] 1930년대에도 〈보안법〉 위력은 지속된다. 이러한 상황을 보면, 〈보안법〉은 신분 여하를 떠나 조선인에게 집회·결사·언론의 자유를 강력하게 통제한 조치였다고 할 수 있다. 정치에 관해 불온 행위를 실천하지 않아도 '할 수 있다는 우려만으로' 집회·결사·언론의 자유를 제한할 수 있었기 때문이다.

---

165 〈朝鮮總督府 警務總監部 告示 第20號, 明治 44.2.4〉, 『조선총독부관보』 제130호, 1911.2.7(警務總監部公文).
166 「保安法을 違反, 보안법 위반죄로」, 『매일신보』, 1912.12.11, 3면.
167 「朝鮮獨立運動의 一大史劇, 萬人의 注目할 第一幕이 開하다」, 『동아일보』, 1920.7.13, 3면.
168 「橫說竪說」, 『동아일보』, 1922.12.7, 2면(현안이던 〈재판소령〉, 〈민사령〉, 〈형사령〉 개정이 발표되자, 시세에 적당하지 않은 주요 법령의 개폐 문제를 제기해 〈경찰범처벌령〉, 〈보안법〉, 〈집회체체에 관한 부령〉과 함께 출판 시의 원고검열제도, 조선인의 조선외 여행에 필요한 증명제도 등을 폐지해야 한다고 주장한 내용).
169 「巡廻講演團 永永 解散」, 『동아일보』, 1920.7.19, 3면; 「勞農會員卄六名은 保安法違反으로 이십팔일 검사국에 송치」, 『매일신보』, 1924.4.29, 3면; 「保安法 違反이라고 郡民 大會 禁止」, 『시대일보』, 1925.11.17, 3면.

③ 1919년 정치에 관한 범죄처벌 건

세 번째는 長谷川好道(하세가와 요시미치) 총독 시기인 1919년 4월의 〈정치에 관한 범죄처벌 건〉(제령 제7호)이다. 이 법규는 1919년 3·1운동 직후 〈보안법〉을 보완하기 위해 제정된 법규이다. 〈보안법〉이 개인 행위의 제한 차원에서 제정되어, '대규모 소요 사건'을 처리할 법적 근거가 없었기 때문이다.[170] 주요 내용을 정리하면 다음과 같다.[171]

〈표 24〉 1919년 4월 〈政治ニ關スル犯罪處罰ノ件〉의 주요 내용

조	주요 내용
1	①정치의 변혁을 목적으로 ᄒᆞ야 多數 共同ᄒᆞ야 安寧秩序를 妨害ᄒᆞ며 又는 妨害코져 ᄒᆞᆫ 者는 十年 以下의 懲役 又는 禁錮에 處홈. 但 (刑法) 제2편 제2장의 規程에 해당ᄒᆞ는 時는 本令을 適用치 아니홈 ②前項의 行爲를 ᄒᆞ게홀 目的으로써 煽動을 ᄒᆞᆫ 者의 罰 亦 前項과 同홈.
2	前條의 罪를 犯ᄒᆞᆫ 者 發覺 前 自首ᄒᆞᆫ 時는 其刑을 減輕 又는 免除홈
3	本令은 帝國 外에서 제1조의 罪를 犯ᄒᆞᆫ 帝國臣民에亦 此를 適用홈

〈정치에 관한 범죄처벌 건〉의 핵심은 '정치 변혁'의 범위를 확대해 금지시켰다는 데에 있다. 여기서 확대한 범위는 일본 〈형법〉 제2편 제2장 '내란에 관한 죄'의 범위보다도 넓다. 당시 〈형법〉에서 내란죄 부분은 정부를 전복(顚覆)하거나 국토[邦土]를 참절(僭竊)하거나 기타 헌법[朝憲]을 문란(紊亂)할 목적으로 폭동을 일으킨 자는 내란죄로 처단하되 미수죄(未遂罪)도 벌하고(제77조), 내란의 예비나 음모를 한 자는 1년 이상 10년 이하의 금고(제78조), 병기 또는 돈과 곡식[金穀]을 공급[資給]하거나 기타 행

---

170 김세정, 「判例를 通해 본 保安法과 制令 第七號(續)」, 『批判』, 批判社, 1931.6, 95-101쪽; 김세정, 「判例를 通해 본 保安法과 制令 第七號(續)」, 『批判』, 批判社, 1931.7, 59-65쪽.
171 〈政治ニ關スル犯罪處罰ノ件〉(제령 제7호, 1919.4.15), 『조선총독부관보』 호외, 1919.4.15(明治 44년 法律 第30號 제1조·제2조에 의한 칙재).

위로 제77조와 제78조의 죄를 방조한 자는 7년 이하의 금고(제79조)에 처하고, 제78조와 제79조의 죄를 범해도 폭동에 이르기 전에 자수한 자는 그 형을 면제한다는 내용(제80조)인데,[172] 여기에 '정치 변혁을 목적으로 공동으로 안녕질서를 방해하거나 방해하려고 한 자'를 추가했기 때문이다. 이 법규의 적용 범위가 조선인에 국한되지 않는다는 점도 특징이다.

〈정치에 관한 범죄처벌 건〉은 〈보안규칙〉, 〈보안법〉과 함께 지속적으로 적용된다. 이 가운데 특히 〈보안법〉과 〈보안규칙〉은 1931년 12월

---

172 川西房治郎 編, 『改正日本六法全書』, 東京: 修學堂書店, 1914, pp.1-58(제2편은 pp.19-58). 당시 일본 〈형법〉(明治 40.4.24, 법률 제45호)은 제1편 13장, 제2편 40장으로 구성된다. 제1편 '총칙'은 '제1장 법례(法例), 제2장 형(刑), 제3장 기간 계산, 제4장 형의 집행유예, 제5장 가출옥, 제6장 시효, 제7장 벌칙의 불성립과 형의 감면, 제8장 미수죄, 제9장 병합죄(倂合罪), 제10장 누범(累犯), 제11장 공범, 제12장 작량감경(酌量減輕), 제13장 가감례(加減例)'로 구성된다. 제2편 '죄(罪)'는 '제1장 황실에 대한 죄, 제2장 내란에 관한 죄, 제3장 외환에 관한 죄, 제4장 국교(國交)에 관한 죄, 제5장 공무 집행을 방해한 죄, 제6장 도주 죄, 제7장 범인 장닉(藏匿)과 증빙 인멸(湮滅) 죄, 제8장 소요죄, 제9장 방화와 실화(失火) 죄, 제10장 일수(溢水)와 수리(水利)에 관한 죄, 제11장 왕래(往來)를 방해한 죄, 제12장 주거를 침입한 죄, 제13장 비밀을 침범한 자, 제14장 아편연(阿片煙)에 관한 죄, 제15장 음료수에 관한 죄, 제16장 통화위조(通貨僞造) 죄, 제17장 문서위조 죄, 제18장 유가증권 위조 죄, 제19장 인장(印章) 위조 죄, 제20조 위증 죄, 제21장 무고(誣告) 죄, 제22장 외설(猥褻)·간음·중혼(重婚) 죄, 제23장 도박·부첨(富籤)에 관한 죄, 제24장 예배소(禮拜所)와 분묘(墳墓)에 관한 죄, 제25장 독직(瀆職) 죄, 제26장 살인 죄, 제27장 상해 죄, 제28장 과실상해(過失傷害) 죄, 제29장 타태(墮胎, 낙태) 죄, 제30장 유기(遺棄) 죄, 제31장 체포와 감금 죄, 제32장 협박(脅迫) 죄, 제33장 약취(略取)와 유괴(誘拐) 죄, 제34장 명예에 대한 죄, 제35장 신용과 업무에 대한 죄, 제36장 절도(竊盜)와 강도 죄, 제37장 사기와 공갈 죄, 제38장 횡령 죄, 제39장 장물(臟物)에 관한 죄, 제40장 훼기(毁棄)와 은닉(隱匿) 죄'로 구성된다. 한편, 제77조에 따르면, 수괴(首魁)는 사형 또는 무기금고, 모의 참여자 또는 군중 지휘자는 무기 또는 3년 이상의 금고 및 기타 여러 직무에 종사한자는 1년 이상 10년 이하의 금고, 부화(附和)해 기타 단순 폭동에 간여한자는 3년 이하 금고에 처해진다. 여기서 참절(僭竊)은 분수에 넘치는 높은 작위(爵位)를 가진다는 의미 외에, 법률상 어떤 국가의 영토 전부 또는 일부를 점거해 그 국가의 주권 행사를 배제하고 국가의 존립·안전을 침해하는 일을 말한다. 조헌(朝憲, ちょうけん)은 조정의 법규 외에, 국헌 또는 헌법의 이칭이다.

에 대구에서 개최된 제5회 변호사대회 가결안에 '언론·집회의 자유에 관한 제도 완화, 조선인의 〈국적법〉 실시 촉진'과 함께, '〈보안법〉과 〈보안규칙〉의 철폐'가 포함되었듯이,[173] 일제강점기 내내 신종교나 무속의 존립을 어렵게 만든다.

2) 경찰범 처벌 관련 법규

다음으로, 경찰범 처벌 관련 법규이다. 1910년 6월에 내부대신 박제순과 寺內正毅(데라우치 마사다케) 통감이 한국 경찰 제도가 완비되었다고 인정될 때까지 경찰 사무를 일본국 정부에 위탁한다는 각서에 서명한 바 있지만, 통감부 이후 경찰범 처벌에 관한 법규로는 1908년 〈경찰범처벌령〉, 1909년 〈한국에 있어서의 범죄즉결령〉, 1910년 〈범죄즉결례〉 등 여러 법규가 있다. 그 외에, 〈경찰범처벌령〉 이전인 1907년 10월에 내각 총리대신 이완용과 伊藤博文(이토 히로부미) 통감이 〈한일협약〉(1907.7.24) 제5조에 의해 한국 경찰관이 일본 관헌의 지휘 감독을 받아 재한(在韓) 일본인에 대한 경찰 사무를 집행한다고 약정한 바 있다. 그렇지만 1907년 8월에 이미 대한제국이 松井茂(마쓰이 시게루)를 내부 경무국장(內部 警務局長, 칙임관 2등)에 임용한 바 있다.[174] 이 내용을 종합하면, 이 법규들은 표면상 대한제국에 적용되지 않는 것처럼 보이지만 실제로는 적용된 것으로 보인다. 이 법규들의 내용을 구체적으로 보면 다음과 같다.

---

173 이인, 「法律戰線에서의 우리의 最小 要求, 辯護士大會의 提案解說」, 『동광』 제29호, 1931.12.27, 22-25쪽.
174 『순종실록』 1권(즉위년 10.29, 양력 1번째 기사, 1907); 『순종실록』 4권(3년 6.24, 양력 1번째 기사, 1910); 『순종실록』 1권(즉위년 8.13, 양력 1번째 기사, 1907).

① 1908년 경찰범처벌령

첫 번째는 伊藤博文 통감 시기인 1908년 10월의 〈경찰범처벌령〉(통감부령 제44호)이다. 이 법규는 4개조로 구성되어 있다. 주요 내용은 4가지 위반 행위에 대한 구류(拘留), 47가지 위반 행위에 대한 구류나 과료(科料), 28가지 위반 행위에 대한 과료이다(제1조-제3조). 그리고 이러한 위반 행위를 부추기거나(敎唆) 돕는(幇助) 자도 처벌하되, 정상(情狀) 참작을 통해 형(刑)의 면제가 가능하다(제4조).[175]

② 1909년 한국에 있어서의 범죄즉결령

두 번째는 曾禰荒助(소네 아라스케) 통감(1909.6-1910.5) 부임 직후인 1909년 11월의 〈한국에 있어서의 범죄즉결령(犯罪卽決令)〉(칙령 제240호)이다. 이 법규는 일본 내각총리대신 桂太郞(가쓰라 타로우)이 천황 재가를 얻은 것으로, 본문 8개조와 부칙으로 구성되어 있다. 주요 내용은 통감부의 경시(警視)나 경부(警部)로 한국의 경찰서장 분서장(分署長) 직무나 그 대리를 맡은 자가 경찰서나 분서(分署) 관할구역 내에서 '정식 재판 없이' 피고인의 진술과 증빙만으로 '구류나 과료에 처할 죄, 한국 법규에 의해 태형(笞刑), 구류 또는 30원 이하의 벌금에 처할 죄'를 즉결(卽決)한다는 것이다(제1조, 제2조).[176]

---

175 〈警察犯處罰令〉(통감부령 제44호, 공포·시행 1908.10.1), 송병기 편, 『통감부법령자료집』中, 대한민국국회도서관, 1972, 360-364쪽. 부칙은 본령을 공포일로부터 시행한다는 내용이다.
176 〈韓國에 있어서의 犯罪卽決令〉(칙령 제240호, 제정 1909.10.16, 시행 1909.11.1), 송병기 편, 『통감부법령자료집』下, 대한민국국회도서관, 1972, 107-108쪽(이하 『통감부법령자료집』下, 1972). 이에 따르면, 즉결 처분[言渡]를 수용하지 않으려면 정해진 기간 내 관할재판소에 정식 재판을 요청해야 한다(제3-5조). 유치(留置)된 자가 정식 재판을 청구해 호출장(呼出狀)이 송달(送達)될 때는 즉시 유치를 해제해야 한다(제8조).

③ 1910년 범죄즉결례

세 번째는 寺內正毅 총독 부임 직후인 1910년 12월의 〈범죄즉결례〉
(제령 제10호)이다. 이 법규는 1910년의 칙령 제324호 제1조와 제2조에
의거해 1911년 1월부터 시행되고, 1912년 4월에 개정(제령 제12호)되어
4월부터 시행된다. 1910년 12월의 〈범죄즉결례〉와 1912년 4월 개정 법
규의 주요 내용을 정리하면 다음과 같다.[177]

〈표 25〉 1910년 12월 〈범죄즉결례〉와 1912년 4월 개정의 주요 내용

조	〈범죄즉결례〉: 본문 11개조와 부칙	〈범죄즉결례〉(제령 제12호)
1	경찰서장 또는 그 직무를 취급하는 자는 그 관할구역 안의 다음 범죄를 즉결할 수 있다. 1. 구류·**태형** 또는 과료형에 해당하는 죄 2. 3개월 이하의 징역 또는 100원 이하의 벌금이나 과료형에 처해야하는 도박죄 및 구류 또는 과료형에 처해야하는 〈형법〉 제208조의 죄 3. 區裁判所의 재판권에 속하는 사건으로 3개월 이하의 징역형에 처해야하는 〈형법대전〉 제5편 제9장 제17절 및 제20절의 죄 4. 區裁判所의 재판권에 속하는 사건으로 3월 이하의 징역·금고·禁獄이나 구류·태형 또는 100원 이하의 벌금이나 과료형에 처해야하는 행정법규 위반의 죄	경찰서장이나 그 직무 취급자는 관할구역 내 각호의 범죄를 즉결 가능. 1. **구류 또는 과료형**에 해당하는 죄 2. 3개월 이하의 징역 또는 100원 이하의 벌금이나 과료형에 처해야하는 도박죄 및 구류 또는 과료형에 처해야하는 형법 제208조의 죄 3. 3개월 이하의 징역·금고, 구류 또는 100원 이하의 벌금 또는 과료형에 처해야하는 행정법규 위반의 죄 4. [삭제]
2	①즉결은 재판의 正式을 이용하는 피고인의 진술을 듣고 증빙을 취조해 즉시 言渡하여야 한다. ②피고인을 호출할 필요가 없는 때 또는 호출하더라도 출두할 수 없는 때에는 즉시 언도서 등본을 본인 또는 그 주소로 송달할 수 있다.	좌동

---

177 〈犯罪卽決例〉(제령 제10호, 明治 43.12.15, 시행 明治 44.1.1), 『조선총독부관보』 제90
호, 1910.12.30; 〈犯罪卽決例 施行手續〉(훈령 제72호, 明治 43.12.30), 『조선총독부관
보』 호외, 1910.12.30; 〈범죄즉결례 시행수속〉(훈령 제68호, 大正 10.12.28, 일부개정),
『조선총독부관보』 제2814호, 1921.12.28; 〈犯罪卽決例中改正 ノ件〉(明治 45.3.18, 제령
제12호, 시행 明治 45.4.1), 『조선총독부관보』 호외, 1912.3.18, 〈犯罪卽決例中改正 ノ
件〉은 칙재를 얻어 明治 45년 3월 18일에 공포된다.

3	즉결의 언도를 받은 자가 이에 복종할 수 없을 때에는 관할구재판소에 정식재판을 청구할 수 있다.	관할구재판소 → '관할지방법원'
4	즉결의 언도서에는 피고인의 성명·연령·신분·직업·주소·범죄의 사실·적용한 법조· 언도한 형·정식재판을 청구할 수 있는 기간과 언도를 한 관리의 관직·성명 및 연월일을 기재하여야 한다.	좌동
5	①정식재판을 청구하는 자는 즉결의 언도를 한 관서에 신청서를 제출해야 하고, 그 기간은 제2조 제1항의 경우에는 언도일부터 3일, 동조 제2항의 경우에는 언도서 등본의 송달이 있은 날부터 5일로 한다. ②전항의 기간 내에 정식재판을 청구하지 아니한 때에는 즉결의 언도는 확정된 것으로 한다.	좌동
6	전조의 신청을 받은 관서는 신속히 관계서류를 관할구재판소 검사에게 송치하여야 한다.	관할구재판소 검사 → '관할지방법원 검사'
7	징역·금고 또는 금옥의 언도를 받은 피고인에 대해 경찰서장 또는 그 직무를 취급하는 자는 구류장을 발행할 수 있다.	징역·금고 또는 禁獄의 언도 → '징역 또는 금고의 언도'
8	①구류 언도를 한 경우에 필요 시에는 제5조에 정한 기간 내에 피고인을 유치할 수 있다. 다만, 언도한 형기에 상당하는 일수를 초과할 수 없다. ②태형의 언도를 받은 피고인에 대하여는 태5를 1일로 절산하여 전항의 규정을 준용한다.	① 좌동 ② [삭제]
9	벌금 또는 과료의 언도를 한 경우에는 그 금액을 가납하게 하여야 하고 만약 납부할 수 없을 때에는 1원을 1일로 절산해 피고인을 유치하며 1원 미만이라 하더라도 1일로 계산한다.	좌동
10	유치된 자가 정식재판을 청구해 호출장의 송달이 있는 때에는 즉시 유치에서 석방하여야 한다.	좌동
11	제8조·제9조에 의한 유치 일수는 구류의 형기에 산입하고, 태형의 언도를 받은 자에 대하여는 1일을 태5로 절산해 태수에 산입하며, 벌금 또는 과료의 언도를 받은 자에 대하여는 1일을 1원으로 절산해 그 금액에 산입한다.	제8조 규정에 의한 留置 일수는 구류 刑期에 산입하고, 제9조 규정에 의한 유치 일수는 1일을 1원으로 折算해 벌금 또는 과료 금액에 算入함
부칙	본령은 明治 44년 1월 1일부터 시행	본령은 明治 45년 4월 1일부터 시행

〈범죄즉결례〉는 '경찰범즉결례'라는 표현처럼[178] 경찰범의 즉시 처분을 위한 법규이다. 그 핵심은 4가지 종류의 범죄에 대해 관할구역 안의 경찰서

---

178 「光州警察이 不法監禁을 하엿다고 고소」, 『동아일보』, 1923.9.23, 3면.

장 또는 그 직무를 취급하는 자가 즉결할 수 있다는 내용이다(제1조).

1912년 개정 법규를 1910년의 〈범죄즉결례〉와 비교해보면, 제1조에서 '태형(笞刑)'이 삭제되고 제3호 내용이 바뀌고 제4호가 삭제된다. 그렇지만 태형은 다른 법규를 통해, 즉 1912년 3월의 〈조선태형령〉(제령 제13호)에서 조선인에게만 적용되어 존속된다(제13조).[179] 태형을 유지시킨 이유는 태형이 '예부터 조선에 넓게 적용하여 민도(民度)에 적합한 형벌'이라는 조선총독부의 인식 때문이다. 조선인에게만 적용된 태형령은 '일본인과 조선인 사이에 형벌제도상 차별을 없앤다'는 명분으로 1920년 3월 말이 되어서야 폐지된다.[180]

④ 1912년 경찰범처벌규칙

네 번째는 寺內正毅(데라우치 마사타케) 총독 시기인 1912년 3월의 〈경찰범처벌규칙〉(부령 제40호)이다. 이 법규는 개정 〈범죄즉결례〉, 〈조선태형령〉과 함께 1912년 4월부터 시행된 것으로,[181] 1908년 10월의 〈경찰범처벌령〉(통감부령 제44호)의 연장선에 있다. 두 법규에서 종교와 관련된 주요 내용을 정리하면 다음과 같다.

---

179 〈朝鮮笞刑令〉(제령 제13호, 明治 45.3.28, 시행 明治 45.4.1), 『조선총독부관보』 호외, 1912.3.18. 13개조와 부칙으로 구성된 이 법규에 따르면, 3개월 이하 징역이나 구류(제1조), 100원 이하 벌금이나 과료(제2조, 제3조) 처분을 받은 조선인이 주요 대상이다.

180 「笞刑令 廢止에 關하야, 水野 政務總監 談」, 『동아일보』, 1920.4.1, 2면. 이 기사는 조선총독부가 明治 45년 4월에 日鮮外人에 대한 형사법규를 정리할 때 잠시 舊刑을 襲用해 경미한 범죄의 制裁에 활용했으나 近時 조선인이 점차 向上하므로 직접 육체에 고통을 주는 제도를 철폐함이 지당하고, 일본인과 조선인 사이에 형벌제도상 차별이 있는 것도 新政의 취지와 맞지 않아 大正 9년 3월말일부로 폐지하기로 정했다는 내용이다.

181 〈警察犯處罰規則〉(부령 제40호, 明治 45.3.25, 시행 1912.4.1), 『조선총독부관보』 제470호, 1912.3.25.

〈표 26〉 1908년 10월 〈경찰범처벌령〉과 1912년 3월 〈경찰범처벌규칙〉의 주요 내용

1908년 10월 〈경찰범처벌령〉	1912년 3월 〈경찰범처벌규칙〉(시행 1912.4.1)
제2조(拘留 또는 科料) 14. 祭祀, 祝儀(축하 의식) 又는 其 行列에 對해 惡戲 又는 妨害를 한 者 24. 함부로 吉凶禍福을 論하고 又는 祈禱 符呪 等을 하며 又는 符籍類를 授與해 사람을 惑하게 하는 者 25. 病者에 對해 禁壓 祈禱 符呪 等을 行하며 又는 神符 神水 等을 주어 醫療를 妨害하는 者 26. 함부로 催眠術을 行하는 者 40. 神祠 佛堂 禮拜所 墓所 碑表 形像 其他 此에 類似한 物件을 汚瀆한 者	제1조 다음 각호의 1에 해당하는 자는 구류 또는 과료(科料)에 처한다. **-8. 단체가입을 강청한 자** -19. 함부로 대중을 모아 관공서에 청원 또는 진정을 한 자 ※20. 불온한 연설을 하거나 불온한 문서·도서·시가의 게시·반포·낭독 또는 방음(방음)을 한 자 ※21. 사람을 광혹하게 하는 유언·부설 또는 허위의 보도를 한 자 22. 무분별하게 길흉화복을 말하거나 기도·주문 등을 하거나 부적 류를 수여해 사람을 미혹시키는 행위를 한 자 23. 병자에 금염, 기도, 주문 또는 정신요법 등을 행하거나 부적, 신수(신수)등을 주어 의료를 방해한 자 24. 함부로 최면술을 행한 자 36. 제사, 장의, 축의 또는 그 행렬에 대해 악희 또는 방해를 한 자 66. 신사, 불당, 예배당, 묘소, 비표, 형상 기타 이와 유사한 것을 오독한 물 제2조 이 영에 규정한 위반행위를 교사(敎唆) 또는 방조한 자는 전조에 비추어 이를 벌한다. 다만, 정상에 의하여 그 형을 면제할 수 있다.

1912년 3월의 〈경찰범처벌규칙〉은 모두 제2개조 87개항으로, 1908년 10월의 〈경찰범처벌령〉에서 규정한 처벌 범위(전체 제4개조 79개항)의 확대라는 특징을 보이고 있다. 주요 내용은 87개 위반행위에 해당하는 사람을 '구류 또는 과료'에 처하고(제1조), 이 위반행위를 교사 또는 방조한 자도 제1조에 준해 벌하되 정상을 참작해 그 형을 면제할 수 있다는 것이다(제2조).

이 법규들은, 일본에서도 〈경찰범처벌령〉이 지속되지만,[182] 일제강점

---

182 「警察犯卽決」, 『警視廳統計書, 제50回』(警視總監官房文書課統計係 編), 東京: 警視總監官房文書課, 1940, pp.344-365. 이 자료에서 1931년부터 1940년까지 일본의 경찰범 즉결 건수를 보면, 1937년을 정점으로 감소 추세를 보인다(같은 책, p.344). "〈輕犯罪法〉(法律 第39号, 昭和 23.5.1, 施行 昭和 23.5.2), 『官報』第6386号, 1948.5.1"의 부칙에 따르면, 일본의 〈警察犯處罰令〉(明治 41年 內務省令 第16號)은 1948년 5월에 모두 4개

기 내내 조선인의 일상을 규제한다. 1913년에 평양에서 경찰범의 일제 단속이 이루어진 적도 있다.[183] 그 외에도 조선인은 경찰의 제지를 어긴 사람, 우마차(牛馬車) 통행 금지 간판을 무시하고 다리를 건넌 사람, 자기가 운영하는 상점 앞에 쓰레기(塵芥物)를 두고 치우지 않은 사람 등으로 다양한 경찰범이 되어 끊임없이 과료 대상자로 전락하게 된다.[184]

게다가 이 법규들은 조선에서 종교 활동의 규제 근거로도 활용된다. 예를 들어, 헌병경찰에서 보통경찰로 전환된 이후인 1921년, 평안남도 안주군에서 경찰 허가 없이 전도를 목적으로 거리에서 악기를 불고 옥외 집회를 한 사람들에게 강제전도라는 이유로 〈경찰범처벌령〉을 적용하거나, 기독교청년강연회에서 전도강연을 한 통영의 장로교회 조사에게 구류 10일의 즉결 처분을 내린다.[185] 즉결 수도 증가한다.[186] 승려들이 즉결 처분 대상이 되기도 한다.[187] 특히 이 법규들이 신종교나 무속에 적용되어야 한다는 인식이 강하게 보이고, 실제로 신종교인이나 무속인들이 즉결 처분 대상이 된다.[188]

조와 부칙으로 구성된 〈輕犯罪法〉이 제정되면서 폐지된다.
183 「平壤 警察犯 一束」, 『매일신보』, 1913.3.19, 4면.
184 「東署의 警察犯, 동서의 여러 경찰범 처벌, 일반히 극히 쥬의를 홀 일」, 『매일신보』, 1913.7.4, 3면. 1921년에는 사회주의동맹회 사무소 앞에서 소변을 본 '사회주의자' 일본인 변호사가 '경찰범처벌령' 위반으로 재판을 받고 풀려나기도 한다(「五十錢으로 裁判, 사회주의자가 오줌을 눈 사건」, 『동아일보』, 1921.2.28, 3면).
185 「許可 업시 屋外 傳道, 십오일 구류를 불복, 정식재판을 이르켜」, 『동아일보』, 1921.3.6, 3면; 「傳道講演의 舌禍」, 『동아일보』, 1921.3.13, 3면.
186 「卽決 增加, 헌병복장을 버슨 룡산경찰의 통계」, 『동아일보』, 1922.9.16, 3면(즉결 건수가 1919년 240건, 1920년 490건, 1921년 1,368건으로 증가한 것에 대해 그 전에는 범죄자를 혹독히 처분해 검사국에 보냈지만 보통경찰 이후 훈계 방면이 많고 벌금이나 과료에 처했기 때문이라는 용산경찰서장 답변).
187 「僧侶들의 賭博, 발각되야 벌금」, 『동아일보』, 1925.9.16, 5면(마곡사 승려들이 마곡사 뒷산에서 50전 내기를 벌여 공주경찰서가 도박죄로 벌금 30원씩 즉결 처분했다는 내용).
188 「歲月 맛난 巫女와 卜術」, 『동아일보』, 1921.9.6, 4면(〈경찰범처벌령〉이 있지만 숭신인조합에 대해 '미신이라도 정도만 넘지 않으면 관계가 없다'는 당무자의 말을 비판);

경찰범 관련 법규들은, 통감부뿐만 아니라 조선총독부 시기 내내 지속된다. 이 지속성은 1934년에 〈경찰범처벌규칙〉 적용 범위가 넓다는 이유로 개정 작업이 진행되었다는 데에서,[189] 그리고 1938년의 순사(巡査)·간수(看守, 교도관)·경부보(警部補) 시험 범위에 1908년 10월 〈경찰범처벌령〉(통감부령 제44호)과 1911년 1월 〈범죄즉결례〉가 있었다는 데에서 확인할 수 있다.[190]

3) 집회 금지 관련 법규

① 1910년 정치에 관한 옥외 대중집회(多衆集會)를 금(禁)하는 건

다음으로, 집회 금지 관련 법규이다. 寺內正毅(데라우치 마사타케) 통감 (1910.5-1910.8) 말기에 통감부 경무총감이 공포한 1910년 8월의 〈정치에 관한 옥외 대중집회(多衆集會)를 금(禁)하는 건〉(통감부 경무총감부령 제3호)

「神火라는 妖言으로 어리석은 여자를 능청슬업게 속여」, 『동아일보』, 1922.1.25, 3면 (점을 쳐준 여자에게 경찰범위반으로 과료 15원을 즉결처분); 「西署에 一網打盡된 白晝에 蠢動하는 魍魎群, 普天敎의 後裔, 彌勒殿 正體」, 『동아일보』, 1927.12.1, 2면(1927년 彌勒敎 교주와 간부들이 경성에서 치병 목적으로 돈을 받은 것이 즉결처분 대상이라는 내용); 「術法으로 致富한다고 愚昧한 農民 欺瞞, 감쪽같이 五十여 원 떼여 黃州警察 犯人 搜索」, 『동아일보』, 1935.1.20, 5면.

189 「警察犯處罰規則 改正 立案에 着手, 大體는 內地와 同樣」, 『매일신보』, 1934.8.17, 1면; 「警察犯取締規則의 改正案을 作成中, 警務課의 調査 完了」, 『조선중앙일보』, 1934.8.17, 2면(〈경찰범취체규칙〉 개정안에 대해 법규 범위가 넓고 다른 법규와 중복되어 일본 내무성에서 적용한 정도로 개정하는 것이 좋다고 답변 내용).

190 宮川寬, 『巡査·看守警部補合格準備試驗問題と解答集: 內地, 北海道, 滿, 鮮, 台, 樺各官公署』, 東京: 東江堂, 1938, pp.44-46, pp.341-350. 〈朝鮮總督府 巡査任用規則〉(pp.44-46)을 보면, 통감부 시기부터 조선의 순사는 신체검사와 학술시험으로 임용된다(제1조). 학술시험 과목은 '경찰법규 대요(大要), 형법과 형사소송법 대요, 역사와 지리(일본과 한국), 작문과 필적(筆蹟), 산술(가감승제)' 등 5가지이다(제6조). 한편, 경부보(警部補)는 경부와 순사부장(巡査部長) 중간인 판임관(判任官)의 경찰관으로, 현재 경장(警長) 정도이다.

이 여기에 해당한다.[191] 발포일부터 시행된 이 법규의 제정 목적은 정치 관련 집회와 대중 집회의 금지이고, 핵심은 '당분간은 정치에 관한 집회 또는 옥외(屋外)에서 대중(多衆) 집회를 금지하고, 본령을 위반하는 자를 구류 또는 과료에 처한다'는 내용이다.

이 법규는 통감부에서 공포했지만, 조선인에게도 적용된다. 이 법규가 공포되자, 내각총리대신 이완용이 곧바로 이 법규에 따라 〈정치에 관한 집회 혹은 옥외 대중집회(多衆集合)의 금지〉(내각 고시 제98호)를 공포했기 때문이다. 내각 고시 제98호의 내용은 "現今間 政治에 關혼 集會 或 屋外에서 多衆의 集合禁止에 關ᄒ야 統監府 警務總監府令 第三號를 左갓치 揭布홈(隆熙 四年 八月 二十四日, 內閣總理大臣 李完用)"이다.[192] '통감부 경무총감부령 제3호'를 그대로 반복 공포한 것이다. 당시 언론에 등장한 '집회취체령(集會取締令)'도 다른 법규가 아니라 1910년 8월의 통감부 경무총감부령 제3호 또는 이 내각 고시 제98호를 말한다.

이 법규가 시행되면서 조선에서는 정치에 관한 집회의 자유뿐 아니라 대중 집회의 자유도 제재를 당하게 된다. 이 법규의 취지는 "人民의 言論集會自由를 '當分間' 制限하는 것"[193]이었지만 지켜지지 않는다. 통감부 경무총감부령 제3호와 내각 고시 제98호에 담긴 표현처럼 '당분간' 적용된 것도 아니다. 강제합병 후에도 조선총독부는 이 법규의 폐지 의사를 보이지 않고,[194] 1930년대 후반에도 폐지 요청이 있었을 정도로,[195] 지속시킨다.

---

191 〈政治에 관한 屋外多衆集會를 禁하는 件〉(統監府 警務總監部令 제3호, 1910.8.23), 『통감부법령자료집』 下, 1972, 710쪽. 통감부 警務總監 明石元二郞의 이름으로 제정된 법규이다.
192 〈統監府 警務總監府令 제3호(政治에 관한 集會 或은 屋外多衆集合의 禁止)를 揭布하는 件〉(내각 고시 제98호, 隆熙 4년 8.24), 송병기 외 3인 편저, 『한말근대법령자료집』 IX, 대한민국국회도서관, 1972, 584쪽(이하 『한말근대법령자료집』 IX, 1972).
193 「集會取締의 原則的 見解, 警察當局의 神經過敏을 難함」, 『동아일보』, 1932.2.21, 1면.

② 주요 모법: 〈집회취체방법〉, 〈집회 및 정사법〉, 〈치안경찰법〉

1910년 8월의 〈정치에 관한 옥외 대중집회(多衆集會)를 금(禁)하는 건〉의 모법은 무엇일까? 이 모법을 어느 하나로 단정할 근거는 약하다. 메이지정부는 이미 1878년 12월의 〈집회취체방법(集會取締方)〉, 1890년 7월의 〈집회 및 정사법(集會及政社法)〉(법률 제53호), 1900년 3월의 〈치안경찰법(治安警察法)〉(법률 제36호) 등을 공포한 바 있다. 그렇지만 1900년 3월에 〈집회 및 정사법〉이 〈치안경찰법〉으로 대체되었다는 점을 고려하면, 〈치안경찰법〉이 이 법규의 모법에 가장 근접해 있다.

구체적으로 보면, 메이지정부의 태정대신 三條實美(산죠 사네토미)는 1878년 7월 12일에 내무성과 부현(府縣)에 제29호 포고를 보내 근래 지방에서 국사정체(國事政體)를 논의할 목적으로 결사체를 조직하거나 연설하거나 대중집회를 갖는 경우들이 국가 안보를 방해하는지를 살피도록 명령한다. 그에 따라 당시 내무경(內務卿)이었던 伊藤博文(이토 히로부미)은 동년 12월 4일에 7개조의 〈집회취체방법(集會取締方)〉을 공포한다. 핵심 내용은 정담강학(政談講學)이 목적인 대중집회 연설 또는 논의 장소에 경찰관이 감임(監臨)해(제1조), 연설이나 논의의 요지가 불온하면 저지해야 한다(제2조)는 것이다.[196]

---

194 「集會禁止令 續行」,『매일신보』, 1910.11.2, 2면. "時局 解決 前에 發布한 屋外集會及 다수의 集團을 禁止홈에 대ㅎ야는 당시에 現今間이라고 규정ㅎ얏스나 병합 후에 형세는 尙히 執行의 必要가 有ㅎ즉 2-3개년간은 解禁치 안이한다더라". 한편, 일반적으로 언급되는 〈集會取締令〉(1910.8.25)은 별도로 제정·시행된 법규가 아니라 통감부 경무총감부령 제3호, 즉 〈政治에 관한 屋外多衆集會를 禁하는 件〉를 의미하는 것으로 보인다.
195 「辯護士協會總會, 注目되는 重大案件 걸고 今日 開會, 出席人員 八十餘名」,『동아일보』, 1938.10.28, 2면.
196 〈集會取締方〉(內務卿 伊藤博文, 明治 11.12.4), 警視廳,『警視廳 權限類抄』, 東京: 警視廳, 1893, pp.58-63(集會取締方 또는 集會取締 ノ件).

이어, 1890년 7월에 〈집회 및 정사법(政社法)〉(법률 제53호)이 공포된다. 이 법규의 기조는, 그 내용에 차이가 있지만, 집회 자체를 인정했던 〈집회 취체방법〉의 기조와 유사하다. 그에 따르면, 정치집회[政談集會]는 발기인이 개회 48시간 이전에 집회장소 소재지의 관할 경찰관서에 신고를 거쳐 개최할 수 있다(제2조). 물론 법규 위반이나 안녕질서의 위배 시에 경찰관에게 해산명령권(제13조)이 있어,[197] 통제 기조도 이어졌다고 할 수 있다.

이어, 〈집회 및 정사법〉은 1900년 3월에 33개조의 〈치안경찰법〉(법률 제36호)이 공포되면서 폐지된다(제33조).[198] 다만, 통제를 하되 집회 자체를 금지하지 않는다는 기조는 유지된다. 그와 관련해, 〈치안경찰법〉에 따르면, 정사(政事)에 관한 결사의 조직이나 변경은 3일 이내(제1조), 정사에 관한 집회는 개회 3시간 전(제2조), 제사·장례(祭葬), 강사(講社)·학생·생도(生徒)의 체육운동, 기타 관례를 제외한 옥외(屋外) 대중운동(多衆運動)은 12시간 이전에 관할경찰서에 신고해야 한다(제4조). 그리고 '현역 및 소집중인 육해군 군인 예비후보, 경찰관, 신관(神官)·신직(神職)·승려와 기타 제종 교사(諸宗 敎師), 관립·공립·사립학교의 교원과 학생 생도, 여자, 미성년자, 공권(公權) 박탈과 정지 중인 자'는 정사에 관한 결사에 가입할 수 없다(제5조).

이상의 내용을 보면, 메이지정부가 집회와 관련해 제정·시행한 〈집회 취체방법〉, 〈집회 및 정사법〉, 〈치안경찰법〉 등에서는 통제 조건이 점차 세밀화되는 경향이 있지만 정치에 관한 집회 자체를 인정하는 기조

---

197 〈集會及政社法〉(法律 제53호, 明治 23.7.25), 『法規便覽』, 東京: 帝國議會事務局, 1890, pp.275-286. 이 법률에서 정담집회(政談集會)는 정치에 관한 사항을 강담논의(講談論議)하기 위해 공중(公衆)을 회동(會同)한 경우, 정사(政社)는 정치에 관한 사항을 목적으로 단체를 조직한 경우를 말한다(제1조).

198 〈治安警察法〉(法律 제36호, 明治 33.3.9), 高松泰介 編, Op. cit., 1902, pp.296-302.

는 유지되고 있다. 이 부분은 〈치안경찰법〉의 내용을 통해 확인할 수 있다. 그에 비해 조선에서 통감부가 공포한 1910년 8월의 〈정치에 관한 옥외 대중집회(多衆集會)를 금(禁)하는 건〉에서는 조선인의 정치 집회 자체가 아예 금지된다. 이러한 점을 보면, 일본과 조선에서 정치에 관한 결사나 집회에 관한 법규의 내용과 기조는 차별적이었다고 할 수 있다.

4) 치안 유지 관련 법규

① 1923년 치안유지를 위한 벌칙에 관한 건

다음으로, 치안 유지 관련 법규이다. 치안 유지 관련 법규는 1919년 3·1운동 이후, 즉 1920년대부터 제정·시행된다. 첫 번째는 齋藤實(사이토 마코토) 총독(1919.8-1927.12) 시기에 공포된 1923년 9월 〈치안유지를 위한 벌칙에 관한 건〉(칙령 제403호)이다. 주요 내용은 '출판, 통신, 기타 방법을 불문하고 폭행, 소요, 기타 생명과 신체 혹은 재산에 위해를 미칠만한 범죄를 선동하며 안녕질서의 문란을 목적으로 치안 방해 사항을 유포하거나 인심을 미혹하고 어지럽게 할 목적으로 유언부설(流言浮說)을 한 자는 10년 이하 징역 혹은 금고 또는 3,000원 이하 벌금에 처한다'는 것이다.[199] 1919년 4월 〈정치에 관한 범죄처벌 건〉(제령 제7호)에서 규정된 '10년 이하의 징역이나 금고'에[200] '3,000원 이하의 벌금에 처한다'는 내용을

---

199 〈治安維持ノ爲ニする罰則ニ關スル件〉(칙령 제403호, 제정·시행 大正 12.9.7), 『조선총독부관보』 제3329호, 1923.9.10. 이 법규는 천황이 치안유지를 위해 긴급하다고 인정하여 추밀고문의 자문(諮詢)을 거쳐 제국헌법 제8조 제1항에 의해 재가하고 공포한 것이다. 칙령에는 내각총리대신겸 외부대신부터 대장대신까지 내각대신 10명의 서명이 있다. 이 칙령은 공포일부터 시행된다(부칙).
200 〈政治ニ關スル犯罪處罰ノ件〉(제령 제7호, 1919.4.15), 『조선총독부관보』 호외, 1919.4.15.

추가해 처벌 수위를 높인 셈이다.

1923년 9월에 칙령 제403호가 제정된 주요 배경은 무엇일까? 그와 관련해, 통감부 시기부터 '치안 방해'는 압제(壓制)와 구속의 명분이 된다. 예를 들어, 황제에게 상소(上疏)하거나 누군가 무리한 학대(虐待)라고 호소하면 치안방해죄로 체포하는 식이다.[201] 따라서 통감부 시기부터 법이 있어도 인민이 안녕하지 못한 이유를 '법률사용인'의 잘못에서 찾는 경우들이 생기게 된다.[202] 게다가 합병론이 대두되면서 조선 사회에는 치안경찰준용설(治安警察準用說)까지 퍼진다.[203]

강제합병 이후에도, 조선총독부는 정감록(鄭鑑錄) 유포를 치안방해 대상에 포함시켰듯이,[204] 치안방해를 유효한 명분으로 삼는다. 그리고 1919년 3·1운동 이후, 조선인이 점차 평온(平穩)해지고 있다는 판단과 위기의식을 동시에 나타낸다. 평온해지고 있다고 판단한 이유로는 제1차 세계대전(1914.7-1918.11) 이후 민주주의와 민족 자결주의가 확대되는 상황에서 무력[武斷]보다 문화운동을 통해 독립을 도모하려는 움직임, 즉 곧바로 독립하는 것이 불가능하다고 자각해 조선의 문화를 촉진하기 위해 학교를 건설하고 산업을 발달시키고 실력을 양성해 장래에 조선의 독립을 도모하려는 움직임을 생겼다고 보기 때문이다. 그에 비해 위기의식은 점차 청년들에게 사회혁명운동 또는 공산주의가 확대되고 있다

---

201 「治安妨害의 機關」, 『대한매일신보』, 1906.7.11, 2면.
202 전덕기, 「(聯合會演說 續)法律은 治安의 機關」, 『만세보』, 1907.3.7, 3면.
203 「治安警察準用說」, 『황성신문』, 1909.12.9, 2면(一進會의 合邦宣言 이후 漢城이 混亂騷亂한 상태가 되자 일본관리가 자국의 치안경찰을 準用하여 취체하자고 발론해 일본관리들 사이에 密議가 진행 중이라는 내용).
204 「鄭湛錄은 治安妨害의 材料」, 『매일신보』, 1912.2.29, 3면(水門洞 경찰분서가 『정감록』을 유대하고 각 인가로 다니는 사람들이 우매한 남녀를 미혹케 하여 치안을 방해한다는 이유로 『정감록』을 압수하고 그 출처를 엄중히 취조 중이라는 내용).

는 판단에서 비롯된다.[205]

특히 조선총독부가 감지한 위기의식은 3·1운동 이후, 관동군사령관이 치안 유지를 위해 군대 증파 계획을 세우고, 경무국장이 치안 유지 필요성을 제기하고,[206] 일본의 〈치안경찰법〉이 소개되는 등의 현상으로 나타난다.[207] 그 과정에서 조선 사회에는 치안 유지 담론이 퍼지게 된다.[208] 1921년에는 일본의 〈치안경찰법〉 개정안 가결 소식도 전해진다.[209] 그리고 일본에는 치안경찰 시대가 아니라 문화경찰에 적응할 시대가 도래했지만, 조선에는 아직 사상이 불안해 조선 경찰이 문화경찰에 힘을 기울일 여지가 없고 치안에 주력해야 한다는, 즉 일본 경찰과 조선 경찰의 역할에 차이가 있어야 한다는 내용의 기사도 유통된다.[210]

이상의 여러 상황을 정리해보면, 1923년 9월 칙령 제403호는 1919년 3·1운동 이후 문화운동을 확대해 독립을 추진하려는 움직임, 사회혁명운동 또는 공산주의의 확대 움직임에 대한 위기의식 등을 배경으로 제정되었다고 할 수 있다. 특히 1921년에 일본에서 〈치안경찰법〉 개정안이 가결된 것도 조선의 '치안 유지' 강화라는 명분으로 이어져 법규 제정의

---

205 丸山鶴吉(總督府 事務官), 『朝鮮治安の現狀及將來』, 朝鮮總督府, 1922, pp.1-26.
206 「治安維持와 增派」, 『매일신보』, 1919.7.26, 2면; 「治安維持의 必要, 野口 警務局長 談」, 『매일신보』, 1919.9.3, 2면.
207 「일본의 소위 치안경찰법, 데十七됴의 덕용과 민원」, 『신한민보』, 1919.11.22, 3면.
208 「治安警察法 改正과 婦人의 政治的 解放」, 『매일신보』, 1921.4.7, 1면. 한편, 미국 내 '치안법 제정 반대' 소식도 전해진 바 있다(미국 언론 자유와 로동령, 치안법 제명을 반대하여」, 『신한민보』, 1920.1.22, 1면).
209 「結婚法 禁止案과 治安警察法 第五條 改定」, 『매일신보』, 1920.7.6, 3면; 「治安法 改正案 可決」, 『매일신보』, 1921.2.25, 2면.
210 「治安警察로부터 文化警察에(上), 千葉 警察部長 談」, 『매일신보』, 1921.4.7, 1면; 「治安警察로부터 文化警察에(下), 千葉 警察部長 談」, 『매일신보』, 1921.4.9, 1면; 「治安警察로 文化에, 警察을 民衆化케 ᄒ라. 京畿道 警察部長 千葉了氏 談」, 『매일신보』, 1921.5.30, 2면(경기도 경찰부장이 일본 각 府縣 경찰부장회의에 참석해 논의한 것을 소개한 내용).

배경이 된다.

② 1925년 치안유지법

두 번째는 齋藤實(사이토 마코토) 총독 시기인 1925년 5월부터 적용된 일본의 〈치안유지법〉(법률 제46호)이다. 일본정부는 일본노동총연맹의 관동철공조합(關東鐵工組合) 등의 여러 반대 시위에도 불구하고,[211] 1925년 4월 말에 〈치안유지법〉을 법률로 공포한다. 그와 함께 1923년 9월의 〈치안유지를 위한 벌칙에 관한 건(治安維持ノ爲ニする罰則ニ關スル件)〉을 폐지하고, 1925년 5월 12일부터 조선, 대만, 사할린(樺太, サハリン)에 〈치안유지법〉을 시행한다.[212] 〈치안유지법〉의 내용은 다음과 같다.[213]

〈표 27〉 1925년 4월 〈치안유지법〉의 주요 내용

조	주요 내용
1	①국체의 변혁이나 사유재산제도의 부인을 목적으로 결사를 조직하거나 사정을 알고 이에 가입한 자는 10년 이하의 징역 또는 금고에 처한다. ②전항의 未遂罪는 벌한다.
2	전조 제1항의 목적으로 그 목적 사항의 실행에 관해 협의한 자는 7년 이하의 징역 또는 금고에 처한다.
3	제1조 제1항의 목적으로 그 목적 사항의 실행을 선동한 자는 7년 이하의 징역 또는 금고에 처한다.
4	제1조 제1항의 목적으로 소요·폭행, 기타 생명·신체 또는 재산에 해를 가할만한 범죄를 선동한 자는 10년 이하의 징역 또는 금고에 처한다.
5	제1조 제1항 및 제3조의 죄를 범하게 함을 목적으로 하여 금품, 기타 재산상의 이익을

---

211 「治安法에 反對, 勞働總同盟에서」, 『동아일보』, 1925.2.2, 1면; 「兩法反對 示威運動」, 『동아일보』, 1925.2.3, 1면(이 자료에서 양법은 의회에 제출할 〈치안유지법〉과 〈노동조정법〉을 의미); 「朝鮮人 五名 拘束, 동경 치안유지법 반대회에서 피착」, 『동아일보』, 1925.2.12, 2면; 「檢束 六十二名」, 『동아일보』, 1925.2.13, 1면.
212 〈治安維持法ヲ朝鮮, 臺灣及樺太ニ施行スルノ件〉(칙령 제175호, 大正 14.5.7, 시행 大正 14.5.12), 『조선총독부관보』 제3820호, 1925.5.13.
213 〈治安維持法〉(법률 제46호, 大正 14.4.21, 시행 1925.4.29), 『조선총독부관보』 제3807호, 1925.4.27. 내각총리대신, 내무대신, 사법대신의 서명이 있다.

	供與하거나 그 신청(申込) 또는 약속한 자는 5년 이하의 징역 또는 금고에 처하되, 사정을 알고 공여를 받거나 그 요구 또는 약속을 한 자도 같다.
6	전5조의 죄를 범한 자가 자수한 때에는 그 형을 減輕 또는 면제한다.
7	이 법은 누구를 불문하고 본법 시행구역 외에서 죄를 범한 자에게도 준용한다.
부칙	1923년 칙령 제403호는 폐지한다.

〈치안유지법〉의 특징은 '국체 변혁'뿐 아니라 '사유재산제도의 부인', 그리고 그와 관련된 미수죄까지 범죄로 규정해 처벌 수위를 높였다는 데에 있다. 이 법규가 조선인에게 미친 영향은 사회운동이 비밀리에 진행되는 경우가 증가했고, 조선총독부가 1926년에 각도 경찰부 경무과 의견을 수렴해 고등경찰 증원 계획을 수립했다는 데에서 간접적으로 확인할 수 있다.[214] 이 〈치안유지법〉은 〈보안법〉이나 〈범죄즉결례〉 등과 함께 순종의 인산일(因山日)에 발생한 1926년 6·10만세운동을 포함해 조선인을 규제하는 법규가 된다.[215]

〈치안유지법〉은 제정 이후 몇 차례 개정된다. 1928년 개정의 경우, '국체의 변혁'이나 '사유재산제도의 부인'이라는 범위가 달라지지 않지만, 처벌 수위는 더 높아진다. 그에 따르면, 국체 변혁의 경우, 1925년 〈치안유지법〉에서는 결사 조직자나 가입자에게 10년 이하의 징역이나 금고에 처하게 하지만, 1928년 개정 〈치안유지법〉에서는 결사 조직자나 임원에게 사형이나 무기징역이나 5년 이상의 징역이나 금고에 처하게 한다.[216]

---

214 「社會運動 取締로 高等警察 增員, 경찰부당회의에서 결명」, 『동아일보』, 1926.4.25, 2면.
215 「保安, 制令, 治維, 세 가지 중에 어느 것, 아직은 알 수 업다고」, 『동아일보』, 1926.6, 42면; 「延專 中心의 四十七人, 制令과 治維法, 몃명은 석방될 듯하다고, '六十萬歲'와 長尾 檢事正 談」, 『동아일보』, 1926.6.22, 3면.
216 川西誠, 『日本憲法硏究要綱』, 東京: 螢雪書院, 1941, pp.130-131; 〈治安維持法中改正〉(昭和 3.6.29, 칙령 제129호), 『조선총독부관보』 제454호, 1928.7.4. "제1조 ①국체 변혁을 목적으로 결사를 조직한 자 또는 결사의 역원(役員, 임원)과 기타 지도자 임무에 종사하는 자는 사형 또는 무기 또는 5년 이상의 징역 또는 금고에 처하고, 사정을 알고 결사에 가입한 자 또는 결사의 목적 수행을 위한 행위를 한 자는 2년 이상의

〈치안유지법〉과 관련해, 南次郎(미나미 지로) 총독은 1941년 2월과 3월에 각각 〈조선사상범예방구금령〉(제령 제8호)과 그 〈시행규칙〉(부령 제52호)을 공포한다.[217] 이 법규는 〈치안유지법〉 위반 전과자(前科者) 가운데 재범 우려가 현저한 자를 구금(拘禁)하고, 피구금자에게 적절한 지도 훈련을 시키기 위해, 즉 치안을 강화하기 위해 '예방구금(豫防拘禁)제도'을 운영하려는 목적이다. 당시 언론에 따르면, 이 제도는 일본에 없지만, 조선총독부가 조선 사정이 특수하다는 이유로 추진한 것이다.[218] 그렇지만 일본에서 1930년대 중반에 예방구금제도의 운영 가능성이 논의되었다는 점을 고려할 때,[219] 조선총독부가 독자적으로 법규 제정을 판단한 것은 아니었던 것으로 보인다.

<hr/>

유기 징역 또는 금고에 처함. ②사유재산제도를 부인할 목적으로 결사를 조직한 자, 결사에 가입한 자 또는 결사의 목적수행을 위한 행위를 한자는 10년 이하의 징역 또는 금고에 처함. ③전2항의 未遂罪는 벌함. 제2조 중 '전조 제1항'을 '전조 제1항 또는 제2항'으로 개정함. 제3조와 제4조 중 '전조 제1항'을 '전조 제1항 또는 제2항'으로 개정함. 제5조 중 '제1조 제1항과'을 '제1조 제1항 제2항 또는'으로 개정함. 부칙 본령은 공포일부터 시행함".

217 〈朝鮮思想犯豫防拘禁令〉(제령 제8호, 昭和 16.2.12, 시행 昭和 16.3.10), 『조선총독부관보』 제4215호, 1941.2.12; 〈朝鮮思想犯豫防拘禁令施行期日〉(부령 제48호, 昭和 16.3.1), 『조선총독부관보』 제4230호, 1941.3.1; 〈朝鮮思想犯豫防拘禁令施行規則〉(부령 제52호, 昭和 16.3.7), 『조선총독부관보』 제4235호, 1941.3.7.

218 「問題中의 豫防拘禁制度, 思想犯 前科者에 限定, 運用內容은 制令으로 發布」, 『동아일보』, 1940.1.8, 2면. 이 기사에 따르면, 예방구금령 적용범위에 대해 동경에서 돌아온 大野綠一郎(오노 로쿠이치로) 정무총감은 대체로 치안유지법 위반자인 사상범의 전과자에 대해 보호관찰에 붙여 감독 지도하여 오는 중이나, 개전(改俊)하는 희망이 없거나 전향 태도가 분명하지 않은 불온한 자를 상대로 예방구금령을 적용해 갈 것이라고 한다. 이 제도의 목표는 불온사상범을 이 사회로부터 격리시켜서 사상의 정화를 도모하는 동시에 그 본인을 개전시키는 데 있다고 한다.

219 正木亮, 『監獄法槪論』, 東京: 有斐閣, 1934, pp.40-41. 이 자료에 따르면, 서구(특히 영국)에서는 구금 효과가 떨어져 점차 폐지될 움직임을 보이지만, 일본에서는 이와 반대로 '예방구금제도'의 실현 가능성을 보이고 있다. 그 근거로는 제65 의회(議會)에 제출된 '치안유지법 개정법률안'에서 확신범인(確信犯人)에 대한 예방구금을 규정한 점을 지적하고 있다.

③ 치안유지법 개정

세 번째는 南次郎(미나미 지로) 총독(1936.8-1942.5) 시기인 1941년 3월에 일본정부가 전면 개정한 〈치안유지법〉(법률 제54호)이다. 이 개정에 따라 〈치안유지법〉은 종래 7개조에서 65개조로 확장된다. 적용 시점은 1941년 5월 15일자이다. 법규의 주요 내용은 다음과 같다.[220]

<표 28> 1941년 3월 〈치안유지법〉 개정의 주요 내용

장	주요 내용
제1장 죄	제1조 국체 변혁을 목적으로 결사를 조직한 자 또는 결사의 역원 기타 지도자의 임무에 종사한 자는 사형 또는 무기나 7년 이상의 징역, 결사에 가입한 자 또는 결사의 목적수행을 위한 행위를 한 자는 3년 이상의 유기징역. 제2조 前條의 결사를 지원하는 것을 목적으로 결사를 조직한 자 또는 결사의 역원 기타 지도자의 임무에 종사한 자는 사형 또는 무기나 5년 이상의 징역, 결사에 가입한 자 또는 결사의 목적수행을 위한 행위를 한 자는 2년 이상의 유기징역. 제3조 제1조의 결사의 조직을 준비하는 것을 목적으로 하여 결사를 조직한 자 또는 결사의 역원 기타 지도자의 임무에 종사한 자는 사형 또는 무기나 5년 이상의 징역, 결사에 가입한 자 또는 결사의 목적수행을 위한 행위를 한 자는 2년 이상의 유기징역. 제4조 전3조의 목적으로 집단을 결성한 자 또는 집단을 지도한 자는 무기 또는 3년 이상의 징역, 전3조의 목적으로 집단에 참가한 자 또는 집단에 관하여 전3조의 목적수행을 위한 행위를 한 자는 1년 이상의 유기징역 제5조 제1조 내지 제3조의 목적으로 그 목적사항의 실행에 관하여 협의 또는 선동을 하거나 그 목적사항을 선전하고 기타 그 목적수행을 위한 행위를 한 자는 1년 이상 10년 이하의 징역. 제6조 제1조 내지 제3조의 목적으로 소요·폭행 기타 생명·신체 또는 재산에 해를 가할 수 있는 범죄를 선동한 자는 2년 이상의 유기징역.
	제7조 국체를 부정하거나 신궁 또는 황실의 존엄을 모독할 수 있는 사항을 유포하는 것을 목적으로 결사를 조직한 자 또는 결사의 역원 기타 지도자의 임무에 종사한 자는 무기 또는 4년 이상의 징역, 결사에 가입한 자 또는 결사의 목적수행을 위한 행위를 한 자는 1년 이상의 유기징역. 제8조 前條의 목적으로 집단을 결성한 자 또는 집단을 지도한 자는 무기 또는 3년 이상의 징역, 前條의 목적으로 집단에 참가한 자 또는 집단에 관해 前條의 목적수행을 위한 행위를 한 자는 1년 이상의 유기징역. 제9조 전8조의 죄를 범하게 하는 것을 목적으로 금품 기타 재산상의 이익을 공여하

---

220 〈治安維持法中改正〉(법률 제54호, 昭和 16.3.8, 시행 昭和 16.5.15), 『조선총독부관보』 제4278호, 1941.5.1. 〈치안유지법〉은 〈칙령 제553호〉(1941.5.13)에 의해 1941년 5월 15일부터 시행된다.

	거나 그 신청 또는 약속을 한 자는 10년 이하의 징역. 공여를 받거나 그 요구 또는 약속을 한 자도 같다.
제1장 죄	제10조 사유재산제도를 부인하는 것을 목적으로 결사를 조직한 자 또는 결사에 가입한 자나 결사의 목적수행을 위한 행위를 한 자는 10년 이하의 징역 또는 금고. 제11조 前條의 목적으로 그 목적 사항의 실행에 관하여 협의를 하거나 그 목적사항의 실행을 선동한 자는 7년 이하의 징역 또는 금고. 제12조 제10조의 목적으로 소요·폭행 기타 생명·신체 또는 재산에 해를 가할 수 있는 범죄를 선동한 자는 10년 이하의 징역 또는 금고. … 중략 … 제16조 이 장의 규정은 이 법 시행지 외에서 죄를 범한 자에게도 적용한다.
제2장 형사 수속	제17조 이 장의 규정은 제1장에 게기한 죄에 관한 사건에 대하여 적용한다. … 중략 … 제38조 조선에서는 이 장 중 사법대신은 조선총독, 검사장은 복심법원검사장, 지방재판소검사 또는 구재판소검사는 지방법원검사, 형사소송법은 조선형사령에 의할 것을 정한 형사소송법으로 한다. 다만, 형사소송법 제422조 제1항은 조선형사령 제31조로 한다.
제3장 예방 구금	제39조 ①제1장에 게기한 죄를 범하여 형에 처하여진 자가 그 집행을 마치고 석방될 경우에 석방 후에 다시 동장에 게기한 죄를 범할 우려가 있는 것이 현저한 때에는 재판소는 검사의 청구로 인하여 본인을 예방구금에 부치는 취지를 명할 수 있다. … 중략 … 제65조 ①조선에서는 예방구금에 관하여 지방재판소가 하여야 하는 결정은 지방법원의 합의부에서 한다. ②조선에서는 이 장 중 지방재판소의 검사는 지방법원의 검사, 사상범보호관찰법은 조선사상범보호관찰령, 형사소송법은 조선형사령에 의할 것을 정한 형사소송법으로 한다.
부칙	①이 법의 시행기일은 칙령으로 정한다. … 중략 … ⑦이 법 시행 전 조선사상범예방구금령에 의한 예방구금에 관한 수속은 이 법 시행 후에도 그 효력을 가진다. ⑧전항의 예방구금에 관한 수속에서 이 법에 상당하는 규정이 있는 것은 이 법에 의한 것으로 본다.

〈치안유지법〉의 특징은 치안유지 위반 범위의 확대와 처벌의 강화이다. 이 특징은 '국체의 부정이나 신궁 또는 황실의 존엄을 모독할 수 있는 사항의 유포'를 목적으로 한 결사에 대한 처벌이나 형기를 마친 자를 미리 구금한다는 내용 등을 통해 확인할 수 있다. 〈치안유지법〉에 '예방 구금'이 포함되면서 법률상 내용이 중복되는 종래 〈조선사상범예방구금령〉은 폐지된다.[221]

결과적으로, 〈치안유지법〉은 단순한 치안 유지가 아니라 치안 유지

---

221 〈朝鮮思想犯豫防拘禁令廢止〉(제령 제21호, 昭和 16.5.14, 시행 昭和 16.5.15), 『조선총독부관보』 제4289호, 1941.5.14.

를 명분으로 '조선인의 이상적 일본인화'를 추진하려던 법적 장치였다고 볼 수 있다. 이 부분은 〈치안유지법〉에 담긴 예방구금제도의 취지에서 확인할 수 있다. 그 취지에 따르면, 이 제도의 목적은 사회 방위 차원의 서구 예방구금제도와 달리, '충량한 일본신민 만들기' 또는 '일본 도의(道義)의 구현'이다.[222]

〈치안유지법〉은 〈보안법〉과 함께 종교 통제, 특히 신종교 통제를 위한 법적 장치가 된다. 이 법규들에 의한 신종교 통제 사례로는 1927년에 김중건(金中健) 등의 원종교(元宗敎) 관계자들이 〈치안유지법〉 위반 혐의로 검거되었다가 공소가 취하된 사례를 들 수 있다.[223] 그리고 이 사례들은 1930년대부터 빈번하게 나타난다. 예를 들어, 백백교, 청림교, 미륵불교, 천존신명교, 미륵도, 인도교, 무극대도교, 인천교, 정도교, 도리원교 등이 〈보안법〉 위반 혐의로,[224] 천도교 구파, 선도교 등이 〈치안유지법〉 위반 혐의로 검거된 바 있다.[225] 인도교의 경우처럼 〈보안법〉 위반과

---

222 日本法理硏究會 編, 『(日本法理叢書 特輯四)日本刑事手續要綱』, 東京: 日本法理硏究會, 1943, pp.130-132. 예방구금 수속은 형무소와 보호관찰소 소장이 신청하고, 검사의 청구와 재판소의 심리결정(審理決定)을 거쳐, 예방구금을 집행으로 것으로 이루어진다.
223 「無政府와는 判異, 현제도 밋헤 잇는 종교의 주의, 無罪言渡한 裁判長 解釋」, 『동아일보』, 1927.6.15, 2면; 「檢事가 控訴取下 六名 全部 白放, 공판 중에 검사가 돌연 공소취하 전부 여섯 명이 무죄로 백방되어, 無國主義者 公判 續行 中」, 『동아일보』, 1927.10.9, 2면.
224 「白日下 暴露된 靑林敎 正體」, 『동아일보』, 1930.12.27, 7면; 「巨金을 詐取코저 '彌勒佛敎' 創設」, 『동아일보』, 1937.10.6, 7면; 「'天尊神明敎'의 全貌, 神道力갖엇다 憑藉(빙자)코」, 『동아일보』, 1937.11.21, 2면; 「邪敎 彌勒道團 事件, 慶北 警察部長 談」, 『동아일보』, 1938.1.14, 2면; 「水原 人道敎 事件, 幹部 七名 豫審 廻附」, 『동아일보』, 1938.2.27, 2면; 「被檢者 二千三百名, 無極大道敎 送局」, 『동아일보』, 1938.8.12, 2면; 「人天敎主 等 六名 送局, 後天世界說로 膏血 搾取 萬餘圓」, 『동아일보』, 1938.12.7, 2면; 「正道敎 再建 事件, 首魁 三名을 今日 送局」, 『동아일보』, 1939.6.15, 2면; 「染血된 人天敎의 罪狀, 全龍珠에 死刑의 斷罪」, 『동아일보』, 1939.8.9, 2면; 「惑世誣民의 邪敎徒, 敎主 等 十一名 起訴, 桃李園敎의 罪狀 暴露」, 『동아일보』, 1939.12.20, 3면; 「白白敎事件 論告 要旨(七)」, 『동아일보』, 1940.3.24, 2면.
225 「人道敎 中心·怪秘社 全貌, 共産主義의 秘社 摘發, 幹部 三十三명 不日 送局, 所謂 新國家

〈치안유지법〉위반 혐의를 동시에 받기도 하고, 경우에 따라 살인, 상해, 사기 또는 사기미수, 횡령, 〈위생취체규정〉위반, 분묘 발굴, 강간, 불경(不敬), 금품 편취, 〈육군형법〉위반 혐의 등이 적용되기도 한다.

1907년 7월 이래로 시행된 보안 관련 법규들은 신종교의 생존에 치명적 영향을 준다. 그 이유는 이 법규들이 '해산 명령'을 내리는 근거가 되기 때문이다. 특히 〈보안법〉이 '안녕질서의 유지'를 명분으로 내부대신에게 '결사 해산 명령권'(제1조), 경찰관에게 '대중 집회의 제한·금지·해산권'(제2조)을 준 부분은 신종교 해산의 법적 근거로 작용한다. 이것은 별도의 법규가 적용되던 기독교나 불교나 신도(神道) 단체의 사례와 다른 경우라고 할 수 있다.

3. 유교 관련 주요 법규

유교 관련 법규를 보면, 통감부 시기에는 1908년 7월 〈향사이정(享祀釐正)에 관한 건〉(칙령 제50호), 1908년 8월 〈서당 관리에 관한 건〉(학부 훈령 제3호), 1910년 4월 〈향교재산관리규정〉(학부령 제2호) 등이 제정된다. 조선총독부 시기에는 1911년 1월 〈사직단제(社稷壇祭) 폐지 건〉(훈령 제2호)과 〈사직단제 폐지에 관한 건〉(참비발 제76호), 1911년 6월 〈경학원규정〉(부령 제73호), 1920년 6월 〈향교재산관리규칙〉(부령 제91호), 1920년 9월

建設을 標榜코 愚昧한 儒林層 網羅」, 『동아일보』, 1937.9.5, 2면; 「轉向 聲明, 警務局長 談」, 『동아일보』, 1938.5.1, 2면; 「不老長生의 仙道敎 敎主 等 十名에 體刑, 最高 五年부터 最低 二年 求刑, 今日 法廷에 傍聽 滿員」, 『동아일보』, 1939.8.2, 2면. 1938년 천도교 구파 간부의 경우 〈치안유지법〉과 함께 〈政治ニ關スル犯罪處罰ノ件〉(제령 제7호, 1919.4) 위반도 적용된다.

〈장의(掌議)에 관한 규정〉(강원도령 제16호), 1930년 2월 〈명륜학원규정〉
(부령 제13호) 등이 제정된다. 유교 관련 법규의 주요 목록을 정리하면
다음과 같다.

〈표 29〉 유교 관련 주요 법규 목록

시기	주요 법규 목록	비고
1920년 이전	〈享祀釐正에 關흔 件〉(칙령 제50호, 제정·시행 隆熙 2.7.23) 〈厲祭壇城隍堂等祭祀ヲ廢シ社稷壇祭祀ハ依舊執行セシムル件〉(內部 訓令 地電發 64호, 隆熙 3.2) 〈鄕校財産管理規程〉(學部令 제2호, 隆熙 4.4.23, 1910) 〈成均館官制改正件〉(칙령 제76호, 隆熙 2.10.29) 〈成均館學則〉(학부대신 인가 隆熙 2.11.20) 〈經學院規程〉(부령 제73호, 明治 44.6.15) 〈文廟直員二關スル件〉(부령 제127호, 明治 44.10.28) 〈地方文廟職員二關スル件〉(부령 제68호, 大正 12.4.21)	〈書堂管理에 관한 件〉(학부 훈령 제3호, 隆熙 2.8.28) 〈社稷壇祭廢止ノ件〉(總訓 제2호, 明治 44.1) 〈社稷壇祭廢止二關スル件〉(參秘發 76호, 明治 44.1)
1920년 이후	〈鄕校財産管理規則〉(부령 제91호, 大正 9.6.29)	〈掌議二關スル規程〉(江原道令 第16號, 大正 9.9.14)
1930년대	〈明倫學院規程〉(부령 제13호, 昭和 5.2.26) 〈明倫專門學院規程〉(부령 제13호, 昭和 14.2.18, 시행 昭和 14.4.1) 〈墓地火葬場埋葬及火葬取締規則〉(부령 제123호, 明治 45.6.20) 〈儀禮準則制定二關スル件〉(官通牒 第39號, 昭和 9.11.10)	〈墓地, 火葬場, 埋葬及火葬取締規則〉(부령 第123號, 明治 25.6.20); 〈墓地, 火葬場, 埋葬及火葬取締規則施行細則〉(경무총감부령 제5호, 大正 1.11.19) 〈墓地, 火葬場管理二關スル取扱規程〉(경무총감부 훈령 甲 제35호, 大正 2.8.18)

1) 제사 관련 법규

제사 관련 법규는 대한제국 내각에서 '허례(虛禮)를 폐지하고 제사를
정리하라'는 조칙(詔勅)[226]에 따라 1908년 7월부터 시행한 〈향사이정(享祀
釐正)에 관한 건〉(칙령 제50호)을 말한다.[227] 본문 8개조와 부칙으로 구성된

법규는 내각총리대신 이완용과 궁내부대신 민병석의 서명이 보여주듯이, 통감부가 제정한 것이 아니지만, 일제강점기 내내 신사(神社) 관련 법규로 분류된다.

〈향사이정(享祀釐正)에 관한 건〉의 목적은 향사의 이정(釐正), 즉 제사 규정인 사전(祀典)의 정비이다. 주요 내용은 신위(神位) 합사(合祀), 제사 폐지, 국가 소유 전환 또는 정부 관리에 관한 것이다. 구체적으로, 제1조에는 궁내부가 거행하는 단(壇)·묘(廟)·사(社)·전(殿)·궁(宮)·릉(陵)·원(園)·묘(墓)를 1년에 몇 차례 할 것인지가 명시된다. 그에 따르면, 조선의 역대 왕과 왕비의 신위를 봉안한 종묘에는 1년 4차례와 2차례의 고유제(告由祭)를, 각각 명성황후와 순명황후의 신주를 봉안한 경효전(景孝殿)과 의효전(懿孝殿)에는 1년 4차례, 그리고 제천단인 환구단, 토지와 곡식을 관장하는 신에게 제사하는 사직, 조선 태조의 선대 4조 대왕과 왕비 및 종묘 정전에서 5세 원조(遠祖)가 되어 이관한 왕과 왕비 신위를 봉안한 영녕전, 공자를 정위(正位)로 두고 중국과 조선 명현의 신위를 봉안한 문묘(文廟) 등에는 1년 2차례 제사를 거행하게 된다. 그 외에 마지막 제8조의 "歷代 廟·殿·陵·祠及 地方에 設置흔 社稷壇·文廟ᄂᆞᆫ 總히 政府의 所管으로 홈"이라는 규정은 유교 시설·재산을 정부가 관리한다는 내용이다.

이 법규의 특징은 '사전의 간소화'이다. 이 특징은 1909년 2월, 제사를 받지 못하는 무주고혼(無主孤魂)이나 역질(疫疾)을 퍼뜨리는 여귀(厲鬼)에게 국가에서 제사를 지내는 '여제단(厲祭壇)과 성황당(城隍堂) 등의 제사를 폐지하되 사직단 제사를 유지하라'는 내부(內部) 훈령에서도 확인할 수

---

226 '詔勅'(隆熙 2.7.23), 『官報』(內閣法制局官報課) 제4136호, 1908.7.27, 87쪽.
227 〈享祀釐正에 關ᄒᆞᆫ 件〉(칙령 제50호, 제정·시행 隆熙 2.7.23), 『官報』(內閣法制局官報課) 제4136호, 1908(7.27), 88-89쪽.

있다.[228] 여제단·성황당·사직단은 조선시대 관아에서 성읍 바깥의 주로 북쪽·동남쪽·서쪽에 각각 세웠던 제단인데,[229] 이 가운데 사직단 제사만 남긴 것이다.

그렇지만 사전의 간소화라는 특징은 1911년 1월의 〈사직단제 폐지 건〉(훈령 제2호)으로 사직단 제사마저 폐지되면서 국가 종교로 인식되던 유교의 위상 격하로 이어지게 된다. 당시 〈사직단제 폐지 건〉의 내용은 사직단을 유지시킨 1909년 2월의 '내부 훈령'을 폐지한다는 것이다. 이어, 정무총감은 각도장관에게 각 도부군(道府郡)의 사직단 제사를 폐지하고 봄에 기년제(祈年祭), 가을에 신상제(新嘗祭)를 지내라는 내용의 〈사직단제 폐지에 관한 건〉(참비발 제76호)을 하달한다.[230]

2) 향교 재산 관련 법규

① 1910년 향교재산관리규정

통감부 이후에는 향교 재산의 중앙 관리 및 수입 처리를 위해 크게 두 가지 법규가 제정된다. 하나는 曾禰荒助(소네 아라스케) 통감 시기인 1910년 4월의 〈향교재산관리규정〉(학부령 제2호)이고, 다른 하나는 齋藤

---

228 朝鮮總督府 編纂,『朝鮮法令輯覽』, 東京: 巖松堂書店, 1916, p.7(第七輯 社寺 宗敎). 〈屬祭壇城隍堂等祭祀ヲ廢シ社稷壇祭祀ハ依舊執行セシムル件〉(內部 訓令 地電發 64호, 隆熙 3.2)은 여제단과 성황당 등의 제사를 폐지하고, 사직단 제사만은 기존대로 집행하도록 각 군에 전달하라는 내용이다(같은 책, p.7).
229 신혜원,「조선시대 지방 단유(壇壝)건축 신실(神室)의 유형과 변화」,『건축역사연구』 26-6, 2017, 9쪽.
230 〈社稷壇祭廢止ノ件〉(明治 44.1, 總訓 2호), 〈社稷壇祭廢止ニ關スル件〉(參秘發 76호, 明治 44.1), 朝鮮總督府 編纂, Op. cit., 1916, p.7(第七輯 社寺 宗敎). '隆熙 3년 내부훈령 지전발 제64호'는 1909년 2월에 보낸 〈屬祭壇城隍堂等祭祀ヲ廢シ社稷壇祭祀ハ依舊執行セシムル件〉(隆熙 3.2, 內部 訓令 地電發 64호)을 말한다.

實(사이토 마코토) 총독 시기인 1920년 6월의 〈향교재산관리규칙〉(부령 제 91호)이다. 우선, 1910년 4월 〈향교재산관리규정〉에는 학부대신 이용직 (李容稙)의 서명이 들어있는데, 그 주요 내용은 다음과 같다.[231]

<표 30> 1910년 4월 〈향교재산관리규정〉의 주요 내용

조	주요 내용	비고
1	향교재산은 觀察使의 指揮監督을 受ᄒ야 府尹, 郡守가 관리홈. 但 特別ᄒ 事情이 有ᄒ 時는 부윤, 군수는 관찰사의 許可를 受ᄒ야 特定管理人을 置ᄒ야 管理케홈을 得홈. 此 境遇에는 부윤, 군수는 특정관리인의 管理事務를 監督홈	재산 관리: 부윤, 군수, 특정 대리인(관찰사 감독)
2	향교재산은 放賣, 讓渡, 交換, 典當 又는 費消홈을 得치못홈. 但 特別ᄒ 事由가 有ᄒ 時는 부윤 又는 군수가 其 事由를 具ᄒ야 관찰사를 經由ᄒ야 學部大臣의 指揮를 受홈이 可홈	재산 소비 금지: 학부대신 지휘 필요
3	①향교재산에서 生ᄒ는 收入은 鄕校 所在 郡內의 公立學校 又는 관찰사의 指定ᄒ 학교의 經費에 使用ᄒ는 者로 홈. ② 前項 이외에 관찰사가 必要로 認ᄒ 時는 特히 鄕校 又는 文廟의 受理費及 享祀費에 使用홈을 得홈	재산 수입 사용: 공립 또는 지정학교 경비, 문묘 수리 및 향사
4	①부윤, 군수는 매년 향교재산의 收支豫算을 定ᄒ야 관찰사의 認可를 受홈이 可홈 ②부윤, 군수는 향교재산의 收支決算을 관찰사에게 報告홈이 可홈	재산 수지·결산: 관찰사 인가 및 보고
5	①향교재산에서 生ᄒ는 收入의 保管及 出納에 關ᄒ 事務는 부윤, 군수가 行홈 ②향교재산 중의 現金及 收入金은 郵便局所, 金融組合 又는 銀行에 任置홈이 可홈	재산 수입 보관 및 출납: 부윤, 군수
6	부윤, 군수는 향교재산 原簿를 作ᄒ고 其 謄本을 관찰사에게 提出홈이 可홈	부윤·군수의 재산 원부 작성 및 등본 관찰사 제출
7	**관찰사는 本規程에 依ᄒ야 향교재산에 關ᄒ 報告를 受ᄒ나 又는 認可를 與ᄒ 時는 此를 學部大臣에게 報告홈이 可홈**	**관찰사의 재산 보고나 인가: 학부대신 보고**
8	관찰사는 本規程 施行에 關ᄒ 細則을 設홈을 得홈	
부칙	本規程은 頒布日로붓터 施行홈	

〈향교재산관리규정〉의 특징은 '향교 재산의 정부 관리' 추진, 그리고 이를 위해 '학부대신-관찰사-부윤·군수-특정관리인'의 관리 체제를

---

231 〈鄕校財産管理規程〉(學部令 제2호, 隆熙 4.4.23), 『관보』(內閣法制局官報課) 제4136호, 1910.4.28; 『한말근대법령자료집』 IX, 1972, 415-417쪽.

최초로 갖추었다는 데에 있다. 주요 내용은 두 가지이다. 하나는 향교 재산의 관리 주체가 관찰사의 지휘감독을 받는 부윤(府尹)·군수(郡守)이고, 학부대신의 지휘를 거치지 않으면 재산 처분이 불가능하다는 점이다. 그리고 재산 관리를 위해 부윤·군수가 관찰사에게 매년 수지예산을 '인가'받고, 수지결산을 보고하고, 향교재산 등본(謄本)을 제출하고, 관찰사가 학부대신에게 향교재산 관련 보고나 인가 조치를 보고하는 체계가 만들어진다.

다른 하나는 향교재산의 수입을 향교·문묘(文廟) 수리비나 향사비(享祀費)보다 향교 소재 지역의 공립학교나 관찰사가 지정한 학교의 경비에 우선 사용해야 한다는 점이다. 이 내용은 법규의 목적이 향교 재산을 문묘나 향교 수리비뿐 아니라 지방교육비를 충당하도록 하는 데에 있었다는 점을 의미한다. 이 목적은 〈향교재산관리규정〉의 제정·시행을 위해 1910년 4월에 학부대신이 향교 직원(直員)에게 보낸 〈향교직원 사무 감독 건〉(학부훈령 제2호)과 관찰사·부윤·군수·향교 직원에게 보낸 〈향교재산관리규정 반포의 취의〉(학부 훈령 제3호)에서도 확인할 수 있다.[232]

이 가운데 학부 훈령 제3호의 요지는 향교가 "古來 我國 育英 養士ᄒ기 爲ᄒ야 設立되얏슬 ᄲᅮᆫ더러 兼ᄒ야 先聖 先賢을 崇尙ᄒᄂ 意를 寓ᄒ 者임"이고, 그 재산도 형성 과정에 차이가 있지만 "公共的 財産으로 地方敎育을 爲ᄒ야 設定" 또는 "慕聖 育英을 本旨로 ᄒ야 設定"되었는데, 지방유림의 사적 공유(共有)에 속한 것으로 오인·처분되고 있어, 이를 관리해 그 취지에 맞게 "地方敎育 及 文廟 鄕校의 費用에 充當"하겠다는 내용이다. 그렇지만 훈령의 마지막 부분에 있는 "此의 誤解를 去ᄒ야

---

232 학부훈령 제3호의 명칭은 〈鄕校附屬財産地方敎育及文廟鄕校費用充當件〉으로 표기되기도 한다(『관보』 제4664호, 1910.4.28).

流說을 傳播ᄒᆞᄂᆞᆫ 等事가 無ᄒᆞ도록 注意흠이 可事"[233]라는 내용으로 보아, 이 법규 시행 당시에 유림의 반발을 예상했던 것으로 보인다.

이러한 향교 재산의 중앙 관리 시스템은 강제합병 후에도 지속된다.[234] 이와 관련해, 1915년 2월에 평안남도, 동년 9월에 충청남도, 1916년 12월에 경기도 등 각 도별로 〈향교재산관리규정 시행세칙〉이 제정된다.[235] 이 시행세칙들을 보면 향교의 기본 재산 운영 및 관리 방식을 확인할 수 있다. 예를 들어, 1915년 2월에 종래 〈향교재산 회계처리규정〉(평안남도 훈령 제12호, 1911)을 폐지하고 총4장 18개조와 부칙으로 구성된 〈향교재산관리규정 시행세칙〉을 공포한 평안남도의 경우, 향교 재산은 소작용 전답(田畓)과 잡종지(雜種地), 향교 건물과 부지, 기본금 등이고(제12조, 제14-15조), 수입은 소작료, 대부료(貸付料), 대부금 이자, 예금 이자, 조월금(繰越金, 이월금), 기부금(제7-8조, 제10조)이다. 수입금은 인건비(常備人料) 외에 공립보통학교비로 지출된다(제9조). 그리고 부윤과 군수는 토지대장, 건물대장, 기본금대장, 대부금대장을 구비해 정리해야 하고, 대부금대장을 제외한 다른 대장은 등본을 도장관에게 제출해야 한다(제16조).[236]

---

233 〈鄕校財産管理規程 頒布의 趣意〉(학부 훈령 제3호, 隆熙 4.4.26, 관보 隆熙 4.4.28), 『한말근대법령자료집』 Ⅸ, 1972, 419-420쪽.
234 「鄕校財産修報」, 『매일신보』, 1910.11.22, 2면(忠北道廳에서는 ○下 各郡의 향교재산의 收入支出表를 수정해서 學務局으로 提呈했다는 내용).
235 〈鄕校財産 管理規程 施行細則〉(평안남도 훈령 제5호, 大正 4.2.15, 시행 大正 4.4.1), 『조선총독부관보』 제764호, 1915.2.22; 〈鄕校財産管理規程 施行規則〉(조선총독부 충청남도 훈령 제9호, 大正 4.9.18), 『조선총독부관보』 제944호, 1915.9.25; 〈鄕校財産管理規程 施行細則〉(조선총독부 경기도 훈령 제18호, 大正 5.12.15), 『조선총독부관보』 제1310호, 1916.12.15. 경기도의 경우, 시행세칙에는 소작(賃貸)료의 납부 기한, 소작 기간 등 향교의 學田에 관한 내용도 포함되어 있다.
236 〈鄕校財産 管理規程 施行細則〉(평안남도 훈령 제5호, 1915.2.15, 시행 1915.4.1), 『조선총독부관보』 제764호, 1915.2.22. 이 법규는 평안남도 장관(松永武)이 府尹과 郡守에게 발송한 지방청공문으로, "제1장 總則, 제2장 豫算及 決算, 제3장 收入及 支出, 제4장 財産"으로 구성되어 있다.

② 1920년 향교재산관리규칙

齋藤實(사이토 마코토) 총독(1919.8-1927.12) 시기인 1920년 6월에는 1919년 3·1운동 여파로 본문 8개조와 부칙으로 구성된 〈향교재산관리규칙〉(부령 제91호)이 공포된다. 그리고 이에 따라 1910년 4월의 〈향교재산관리규정〉(학부령 제2호)이 폐지된다. 〈향교재산관리규칙〉의 주요 내용을 정리하면 다음과 같다.[237]

〈표 31〉 1920년 6월 〈향교재산관리규칙〉의 주요 내용

조	주요 내용	비고
1	향교재산은 부윤, 군수, 島司가 관리함	관리: (특정 대리인 삭제)
2	향교재산을 賣却, 讓與, 交換거나 擔保로 제공하고자 하는 때에는 **총독 인가**를 받아야 함	재산 소비: 총독 인가
3	**향교재산은 교육, 기타 敎化사업에 제공하기 위해 필요한 경우를 제외하고는, 無料로 貸付하거나 사용하게 할 수 없음**	사용 범위 제한: 교육, 교화사업
4	향교재산에서 발생하는 수입은 文廟 비용, **기타 敎化** 비용으로 사용해야 함	재산 수입 사용처: 문묘비, 교화비
5	①부윤, 군수, 島司는 매년도 향교재산의 수지예산을 정해 道知事 認可를 받아야 함. ②前項의 향교재산의 收支像算은 도지사가 정하는 바에 의해 選任한 掌議의 意見을 구하여 정해야 함	매년 수지예산: 도지사 인가
6	①향교재산에서 발생하는 수입의 보관 및 출납에 관한 사무는 부윤, 군수, 島司가 행함. ②향교재산에 속한 현금 및 수입금은 우편국소, 금융조합 또는 은행에 預入해야 함	수입 보관과 출납: 부윤, 군수, 島司
7	부윤, 군수, 도사는 향교재산 原簿를 구비해 재산의 異動을 整理해야 함	**재산 원부 구비:** 부윤, 군수, 島司
8	道知事는 이 영 시행에 관한 세칙을 設할 수 있음	
부칙	①이 영은 發布日부터 시행함 ②隆熙 4년 **學部令 제2호는 廢止**함	1910년 **學部令 제2호 廢止**

〈향교재산관리규칙〉의 주요 특징은, 1910년 4월의 〈향교재산관리규정〉과 달리, 향교 재산의 사용처에서 '공립 또는 지정학교 경비'를 삭제

---

[237] 〈鄕校財産管理規則〉(부령 제91호, 大正 9.6.29), 『조선총독부관보』 제2365호, 1920.6.29.

했다는 데에 있다. 그 외에 향교 재산 관리 주체에서 '관찰사 허가를 받은 특정 대리인' 부분을 삭제하고 '부윤, 군수, 도사(島司)²³⁸'를 관리 주체로 정했다는 점, 재산 처분에 대한 총독 인가제를 도입한 점 등도 특징이라고 할 수 있다.

이 법규의 주요 제정 배경은 유교를 활용해 1919년 3·1운동 이후의 상황에 대처하려던 의도에서 찾을 수 있다. 이 의도는 1920년 6월에 齋藤實(사이토 마코토) 총독이 도지사, 부윤, 군수, 도사에게 보낸 훈령 제27호에서 확인할 수 있다. 이 훈령에는 최근에 시국의 영향이 사상계에 일대 변동을 주어 공론횡의(空論橫議)가 퍼지고 고래(古來)의 선풍양속(善風良俗)을 배척해 사회 인륜의 대본(大本)이 무너지고 있으니 이를 바로잡기 위해 동양 도덕의 근원인 유교의 본의(本義)를 천명해야 한다는 내용이 담겨 있다. 그리고 문묘 제사를 중심으로 유교 정신을 발양하고, 시대 추세와 지방 정황에 적절·유효한 교화 시설을 만들어 인심을 계발하고 국가의 진운에 공헌하라는 지시가 들어 있다.²³⁹ 이 맥락을 고려하면, 〈향교재산관리규칙〉은 향교를 지방교화의 수단으로 삼기 위한 조치였다고 볼 수 있다.

다만, 1920년 6월의 〈향교재산관리규칙〉으로 향교 재산의 사용처가 달라졌을지라도, 향교재산이 '공공 재산'이라는 종래 인식이 바뀐 것은 아니다. 이러한 종래 인식은 1930년대 자료에도 보인다. 이에 따르면, 향교재산이 지방문묘의 제사와 경학의 강명(講明)이라는 목적으로 형성

---

238 島司는 도지사(道知事)의 감독(監督)하에 섬의 행정 사무를 보던 지방관으로, 군수와 대등한 관직이며, 흔히 경찰서장을 겸임한다. 1915년 제주도와 울릉도에 군제(郡制)를 폐지하고 도제(島制)로 개편해 도청(島廳)과 도사(島司)를 설치한 바 있다.

239 〈鄕校財産管理規程改正ニ關スル件〉(훈령 제27호, 大正 9.6.29),『조선총독부관보』제2365호, 1920.6.29.

된 '공공적 성질을 띤 재산'이므로 그 수입의 대부분이 공립보통학교 경비로 사용된 바 있다. 그렇지만 1919년 이후 점차 외래 사상이 민심을 동요시킨다고 판단해, 1920년 6월부터 〈향교재산관리규칙〉에 근거해 '문묘 유지와 사회교화 시설'에 투자해 유림을 사회교화의 직접적 주체로 만든다.[240] 이는 〈향교재산관리규칙〉이 유림을 교화 주체가 호명하는 장치였음을 시사한다.

3) 경학원과 명륜학원 관련 법규

① 1911년 경학원규정

1911년 5월 이후 성균관 관제 개정설에 관한 보도가 있었지만,[241] 寺內正毅(데라우치 마사다케) 총독은 1911년 6월에 〈경학원규정〉(부령 제73호)을 공포해 성균관을 총독의 감독을 받는 경학원(經學院)으로 개편한다. 이 법규의 주요 내용을 정리하면 다음과 같다.[242]

〈표 32〉 1911년 6월 〈經學院規程〉의 주요 내용

조	주요 내용	비고
1	경학원은 총독의 감독에 속해 經學을 講究하고 風敎德化를 裨補함을 목적으로 함	
2	경학원을 경성에 둠	
3	총독은 各道로부터 學識德望이 있는 자를 擧(천거)하여 경학원에 列(참여)케 함	

240 朝鮮總督府社會課長, 「朝鮮の社會事業(八)」, 『朝鮮社會事業』 12-6, 朝鮮社會事業協會, 1934, pp.38-39.
241 「成均館制改正」, 『경남일보』, 1911.5.23, 2면(성균관 관제를 개정해 관원을 增置할 계획이고 성균관장에 子爵 趙重應이 被任한다는 설); 「成均官制變更」, 『海洋硏究所報』, 1911.6.12, 2면.
242 〈經學院規程〉(부령 제73호, 明治 44.6.15), 『조선총독부관보』 제237호, 1911.6.15.

4	①경학원은 매년 春秋 2회 文廟의 祭祀를 거행함 ②제사는 총독의 지휘를 받아 大提學이 행하고 經學院 講士가 그(제사)에 列(참여)함	문묘 제사: 춘추 2회
5	①경학원에 職員을 둠. 大提學 1인, 副提學 1인, 祭酒 5인, 司成 약간 명, 直員 약간 명. ②前項 職員의 進退는 총독이 행함	職員 진퇴: 총독 결정
6	대제학은 총독의 지휘감독을 받아 院務를 總理함	대제학
7	부제학은 대제학을 補佐하고 대제학이 事故가 있는 때에는 그 직무를 대리함	부제학
8	제주는 上職의 명령을 받아 院務를 分掌함	제주
9	①司成은 上職의 지휘를 받아 院務에 종사함. ②直員은 上職의 지휘를 받아 庶務에 종사함	사성과 直員
10	경학원의 職員에게는 수당을 給할 수 있음	職員 수당 지급
11	①만16세 이상의 講士로 功勞 또는 德望이 顯著한 자에게는 특히 手當을 給할 수 있음 ②京城 이외에 在住하는 강사로 경학원에 列하는 자에게는 여비를 給함	강사: 수당, 여비 지급
12	前2條(10조, 11조)의 수당과 여비액, 그 지급방법에 就해서는 별도로 정한 경우에 따름	
13	경학원의 職員과 강사의 수당, 여비, 기타 경비는 기본재산으로 생기는 수입과 기타 수입으로 充함	
14	경학원은 기부를 받을 수 있음	
15	①기본재산은 토지, 건물, 국채증권 또는 확실한 유가증권 혹은 은행 예금으로 해서 보관해야 함. ②기본재산은 총독 인가를 받지 않으면 처분할 수 없음	기본재산 처분: 총독 인가
16	①대제학은 매년 회계연도 세입세출 예산을 調製하여 年度 前에 총독 인가를 받아야 함. 예산의 추가 또는 경정을 진행할 때에도 역시 동일함 ②대제학은 매 회계연도 세입세출결산을 그 年度 후 3개월 내로 총독에게 보고해야 함 ③前2개항의 회계연도는 정부의 회계연도에 따름	세입세출예산: 총독 인가 세입세출결산: 총독 보고
17	본 규정의 시행에 관해 필요한 사항은 총독 인가를 받아 대제학이 정함	

〈경학원규정〉의 핵심은 제1조의 내용처럼, 성균관을 '총독의 감독을 받아 문묘 제사와 사회교화를 하는 기관', 즉 경학원으로 전환한다는 데에 있다. 경학원 기능을 성균관 기능과 비교해보면, 성균관이 수행했던 '강학(講學) 중심의 생도 교육 기능'이 빠지고, 성균관 기능에 없던 '사회교화 기능'이 추가된다.

〈경학원규정〉이 1911년 6월에 공포 당시에 시행된 것은 아니다. 그와 관련해, 『조선총독부관보』 서임·사임(敍任及辭令)란에 따르면, 1911년 7월 11일자로 '성균관 강사'를 촉탁(囑託)하고, 10월 31일자로 '성균관 교수 겸 직원(直員), 성균관 교수'를 조선총독부 도서기(道書記)에 임명한다.[243] 이어, 1911년 7월 31일자로 경학원 대제학, 부제학(2인), 사성(司成, 2인)을 임명하고, 1912년 2월 29일자로 경학원 강사(14인)를 임명한다.[244] 이 내용을 보면, 경학원 기능이 작동하기 시작한 시점은 1911년 중후반에서 1912년 초 사이라고 할 수 있다.

경학원의 설립 취지와 지향점은 종래 성균관 관련 법규와 비교할 때 명확한 편이다. 구체적으로, 1905년의 〈성균관관제〉(칙령 제23호)를 대체한 1908년 10월의 〈성균관관제〉(칙령 제76호)를 보면, 성균관은 '文廟를 虔奉ᄒ며 經學 其他 學科를 肄習ᄒᄂ'(제1조) 목적으로, '직원(職員), 학부대신 인가로 촉탁한 강사(講師), 그리고 학원(學員)'으로 구성된 기관이다.[245] 학원(學員)은 30명 정원으로 기숙하면서 3개년 동안 경학과 함께

---

243 『조선총독부관보』 제259호, 1911.7.11(成均館講師ヲ囑託ス 官立漢城高等學校教授 朱榮煥); 『조선총독부관보』 제360호, 1911.11.8(任朝鮮總督府道書記 四級俸 下賜 成均館教授兼成均館直員 韓翼源, 任朝鮮總督府道書記 五級俸 下賜 成均館教授 李敎承).

244 『조선총독부관보』 제279호, 1911.8.3(經學院大提學ヲ命ス 子爵 朴齊純 / 經學院副提學ヲ命ス 子爵 李容稙 / 經學院副提學ヲ命ス 男爵 朴齊斌 / 經學院司成ヲ命ス 金有濟 / 經學院司成ヲ命ス 李人稙); 『조선총독부관보』 제453호, 1912.3.4(經學院講士ヲ命ス 黃敦秀 / 宋秉珣 / 成樂賢 / 金東振 / 曹協承 / 郭鍾錫 / 朴昇東 / 鄭鳳時 / 吳憲泳 / 朴殷植 / 朴龍欽 / 韓晦善 / 李義錫 / 呂圭亨).

245 〈成均館官制改正件〉(칙령 제76호, 隆熙 2.10.29), 『관보』 제4216호, 1908.10.31. 이 〈성균관관제〉에는 내각총리대신 李完用, 학부대신 李載崑, 탁지부대신 任善準의 서명이 있다. 본문 10개조와 부칙 2개조의 주요 내용을 보면, 관장에게는 관무(館務)의 장리(掌理)와 소속 직원의 총감(總監), 그리고 '존성흥학(尊聖興學)'의 책임이 주어진다(제3조). 직원(職員)은 관장(1인, 勅任 또는 奏任)과 교수(專任 3인, 奏任 또는 判任), 교수 중에서 겸임한 직원(直員 2인)이며, 이 가운데 직원(直員)의 역할은 '文廟를 直守ᄒ며 上官의 命을 承行야 館內 庶務에 從事ᄒ'이다(제2조-제5조). 그 외에 관장은 학부대신 인가를 얻어 '강사'를 촉탁해 모(某) 학과의 전임을 맡길 수 있다(제6조) 성균관 졸업생과 매년 1회 실시되는 사업시선(司業試選, 제7조)의 합격자는 사업(司業)이라고 부르

일본어를 포함한 서구식 교과목을 배우고, 1년간 학업 성적과 평소 조행(操行)에 따라 수료나 졸업 여부를 판정받는다.[246] 이 법규에 따르면, 성균관의 일차 목적은 '문묘 제사와 경학을 포함한 강학'이다.

　그에 비해 경학원은, '매년 춘추 2회의 문묘 제사'(제4조)를 거행하지만, "經學을 講究하고 風敎德化를 裨補"(제1조)한다는 목적을 가진다. 이 설립 목적의 차이는 직원(職員) 책임자의 역할에서 확인할 수 있다. 구체적으로 '관장(1인)−교수(3인)−직원(直員, 2인)'과 강사 체제를 갖춘 성균관에서는 관장에게 '존성흥학(尊聖興學)'의 책임을 부여한다. 그렇지만 '대제학(1인)−부제학(1인)−제주(祭酒, 5인)−사성(司成, 약간 명)−직원(直員, 약간 명)'과 강사 체제를 갖춘 경학원에서는 대제학에게 '총독의 지휘 감독을 받는 원무(院務)의 총리(總理)' 역할을 부여한다. 이 경학원의 직원 체제는, 성균관에 비해, 조선총독부의 사회교화 정책 실현을 위한 것이었다고 할 수 있다.

　다만, 성균관의 경우처럼, 경학원에서 '경학 공부'가 강조되기도 한다. 1911년 8월 寺內正毅 총독이 경학원에 보낸 훈령에 따르면, 총독은 경학원 설립 취지가 '경학을 익히고(講) 문묘(文廟)를 제사(祭祀)하고 교화(敎化)를 비보(裨補)하는 데에 있다'고 밝힌다. 그리고 인심의 계발과 무위도식(無爲徒食)에 빠져 공론횡의(空論橫議)를 일삼는 등의 폐해를 막고자 천황이 국탕(國帑) 25만원을 하사해 경학원 기금으로 충당했으니 그 뜻을 받들어 직원과 강사가 책을 읽고 제사를 지내고 풍속을 교정하고 양속(良俗)을 조장해 일반 교화를 비보(裨補)하라고 지시한다.[247] 그렇지만 이 훈

고 판임관(判任官)의 대우를 받게 된다(제7조-제8조). 관장은 성균관학칙을 정해 학부대신의 인가를 받아야 한다(제9조). 제11조(부칙)에 따르면 본령은 반포일부터 시행하고, 제12조에 따르면 광무 9년 칙령 제23호 성균관관제는 폐지된다.
246 〈成均館學則〉(학부대신 인가 隆熙 2.11.20), 『관보』 제4226호, 1908.11.15.

령은 오히려 경학원이, 성균관과 달리, 생도 교육이 아닌 사회교화를
위한 기관임을 시사하고 있다.

조선총독부가 성균관을 경학원으로 바꾸면서 종래 성균관의 생도 교
육 기능을 없앤 이유는 무엇일까? 그 이유 가운데 하나는 일본이 강제합
병 이전부터 성균관의 교육 기능을 부정적으로 인식했다는 데에서 찾을
수 있다. 이 부정적 인식은 조선을 답사하고 1905년에『한국경영』을 발
간한 일본 정치인 加藤政之助(가토 마사노스케, 1854-1941)에게서 확인할 수
있다. 당시 가토 마사노스케는 성균관을 일본 막부시대의 쇼헤이코(昌平
校)에 비교하면서도 '옛 유물' 정도로 낙후되었다고 지적한 바 있다.[248]
가토 마사노스케가 1889년에 중의원이 되고, 1927년에 귀족원 의원이
되는 등 40년 이상 정치가였다는 점을 고려하면,[249] 그의 인식은 일본정
부 관료들의 인식과 크게 다르지 않았다고 볼 수 있다.

〈경학원규정〉은 齋藤實(사이토 마코토) 총독 시기인 1922년 1월, 그리
고 南次郎(미나미 지로) 총독 시기인 1939년 4월과 1940년 11월에 개정된

---

247 〈經學院ニ對スル訓示〉(조선총독부 훈령 제65호, 明治 14.8.1),『조선총독부관보』제
277호, 1911.8.1.
248 加藤政之助,『韓國経營』, 東京: 實業之日本社, 1905, pp.33-34. 加藤政之助(가토 마사노
스케)에 따르면, '성균관이 全道 5校가 설립되었다가 3校로 줄었고, 현재 1校가 남아
있다. 교과서는 사서오경 류, 생도는 3-40인, 교장은 칙임관(勅任官)이다. 교수는 유생
에서 선발 임용된 자가 많고, 온돌(溫突) 화실(爐室) 안에서 규율 없이 앉아 연초를
피우며 교수하고, 교실과 기구(器具) 설비가 매우 불충분해, 옛 유물로는 다소 볼만한
가치가 있어도, 교육법이 완비된 금일로 말하면 대학이라고 하기에는 우습다고 한다.
그에 비해, 서당(書房)은 小學 또는 手習師匠으로 본다(같은 책, pp.31-32). 그리고 향
교에 대해서는 일본의 中學과 유사하며, 公共의 성질을 갖추어, 學田이라는 부속 토지
가 있고, 그 수입으로 校費 일부분을 충당하고 있고, 그 교실과 과정도 서당에 비해
완비된 곳이 있는데, 근년에 많이 폐교되었고, 폐교 후 부속지의 수입을 어떻게 사용하
는지 상세하지 않다고 서술한다(같은 책, pp.32-33).
249 가토 마사노스케, 구태훈·김주영 역주,『100년 전 일본인의 한국 넘보기』, 재팬리서치
21, 2010, 9쪽, 53-56쪽.

바 있다. 그렇지만 경학원의 설립 목적은 그대로 이어진다. 1922년 1월, 1939년 4월, 1940년 11월 개정의 주요 내용은 다음과 같다.[250]

〈표 33〉 1922년 1월, 1939년 4월, 1940년 11월 〈經學院規程〉 개정의 주요 내용

조	주요 내용	비고
3	〈1940.11.12〉 1개항 추가: 講士 임기는 3년으로 함. 다만, 필요한 경우에는 임기 중에도 해임할 수 있음	40년 - 추가
5	《1911.6》 ①경학원 職員: 大提學 1인, 副提學 1인, 祭酒 5인, 司成과, 直員 약간 명) 〈1939.4.5〉 제5조 제1항 중 '祭酒 5인'을 삭제함	職員 중 祭酒 없앰
8	《1911.6》 제주는 上職의 명령을 받아 院務를 分掌함) 〈1939.4.5〉 삭제함	제5조에 따라 제주 역할 삭제
9	〈1939.4.5〉 제9조의 2. 경학원에 顧問을 두어 학식경험 있는 자 가운데 총독이 임명함 顧問에는 중요사항에 대해 대제학의 자문에 응함	顧問 신설: 39년
10	〈1922.1.28〉 ①경학원의 講士와 職員에게는 수당을 지급할 수 있음 ②京城 이외에 在住하는 講士로 經學院に 참여하는 자에게는 여비를 지급함	강사 수당 지급: 22년
11	《1911.6》 ①만16세 이상의 講士로 功勞 또는 德望이 顯著한 자에게는 특히 手當을 給할 수 있음 ②京城 이외에 在住하는 강사로 경학원에 列하는 자에게는 여비를 給함) 〈1922.1.28〉 삭제함	22년 - 삭제. ②항은 10조로 이관
12	《1911.6》 前2條의 수당과 여비액, 그 지급방법은 별도로 정한 경우에 따름) 〈1922.1.28〉 제12조 중 '前二條'를 '第十條'로 고침 〈1939.4.5〉 제12조의 2. 顧問에는 별도 규정에 따라 여비를 지급함	顧問 여비 지급 신설: 39년
13	《1911.6》 경학원의 職員과 강사의 수당, 여비, 기타 경비는 기본재산으로 생기는 수입과 기타 수입으로 充함) 〈1939.4.5〉 제13조 중 '여비' 아래에 '並二顧問ノ旅費'를 추가함.	顧問 여비 추가: 39년
부칙	〈1922.1.28〉 본령은 발포일로부터 시행함. 〈1939.4.5〉 본령은 발표일로부터 시행함 〈1940.11.12〉 ①본령은 발표일부터 시행. ②본령 시행 당시 講士 職에 있는 자에게는 任領日로부터 昭和 15년 12월 31일까지 3년을 경과한 임기는 同日로 종료한 것으로 간주. ③본령 시행 당시 講士職에 있는 자가 前項에 해당하지 않는 임기는 그 임명일로부터 3년으로 함	

250 〈經學院規程中改正〉(부령 제4호, 大正 11.1.28), 『조선총독부관보』 제2836호, 1922.1.28; 〈經學院規程中改正〉(부령 제49호, 昭和 14.4.5), 『조선총독부관보』 제472호, 1939.4.5; 〈經學院規程中改正〉(부령 제240호, 昭和 15.11.12), 『조선총독부관보』 제4143호, 1940.11.12.

위의 개정에서 종래와 달라진 내용은 1922년 1월부터 강사에게 직원(職員)처럼 수당을 지급하게 한 점, 1939년 4월부터 직원(職員) 체제에서 제주(祭酒) 5인을 없앤 점, 1940년 11월부터 고문(顧問) 제도를 신설한 점 등이다. 그렇지만 경학원 설립 목적 자체에는 별다른 차이가 없다. 이는 경학원이 해방 전까지 조선총독부 의도대로 사회교화 기관으로 존재했음을 시사한다.

실제로 조선총독부는 1920년대에도 경학원을 사회교화 수단으로 삼는다. 그와 관련해, 齋藤實(사이토 마코토) 총독은 도지사, 부윤, 군수, 도사에게 보낸 1920년 6월의 훈령 제27호에서 유교가 '동양에서 도덕의 근원'이라는 인식을 바탕으로 경학원을 '문묘의 제사와 경학의 강구'를 통해 '민풍작흥(民風ノ作興)의 자원'으로 삼겠다는 의도를 보인 바 있다.[251]

1930년대에도 경학원은 향교처럼 '사회교화' 범주에서 인식된다. 당시 경학원에서 전개한 사회교화의 내용을 보면, 춘추 2회의 문묘 석전, 매월 강연회 개최, 직원(職員)의 지방 파견과 임시강연회 개최, 경학원잡지의 발간·반포, 각 도별 강사의 도내(道內) 순강(巡講) 등이다. 이러한 활동에 대해 조선총독부는 시정방침에 순응해 '이륜의 부지(彝倫の扶持)와 인심의 계발'에 노력하고 있다고 평가한 바 있다.[252]

② 1930년 명륜학원규정과 1939년 명륜전문학원규정

齋藤實(사이토 마코토) 총독은 1930년 2월에 〈명륜학원규정〉(부령 제13

---

251 〈鄕校財産管理規程改正ニ關スル件〉(훈령 제27호, 大正 9.6.29), 『조선총독부관보』 제 2365호, 1920.6.29.

252 朝鮮總督府社會課長, *Op. cit.*, 1934, p.38. 이 자료에 따르면, 사회교화의 범주에는 明倫學院, 鄕校, 경학원, 근검 장려와 민심작흥운동(民心作興運動), 모범부락(模範部落)의 지도, 순회강연, 팸플릿과 영화, 청년훈련소 등이다(같은 글, pp.31-43).

호)을 공포해 경학원에 명륜학원(明倫學院)을 설치한다. 그리고 공포 다음 날에 경학원 대제학인 정만조(鄭萬朝)를 명륜학원 총재(總裁), 경학원 사성(司成)인 김완진(金完鎭)을 간사(幹事)에 임명한다.[253] 1930년 4월 21일에는 경학원 명륜당에서 명륜학원 개원식 겸 입학식을 진행한다.[254] 〈명륜학원규정〉의 주요 내용은 다음과 같다.[255]

〈표 34〉 1930년 2월 〈明倫學院規程〉의 주요 내용

조	주요 내용	비고
1	①명륜학원은 유학에 관한 교수를 위한, 아울러 인격을 도야하기 위한 목적으로 함 ②명륜학원은 경학원에 附置함	경학원에 附置
2	①수업연한 2년의 正科를 설치함. ②필요에 의해 임시강습회를 개최할 수 있음	2년 正科
3	①正科의 교과목은 유학과 유학사, 국어, 동양철학, 한문학, 公民科로 함 ②명륜학원은 총독 인가를 받아 전항 이외의 교과목을 추가할 수 있음	교과목 추가: 총독 인가
4	명륜학원은 학칙을 정해 총독 인가를 받을 것	학칙: 총독 인가
5	명륜학원은 생도에게 수업료를 징수하지 말 것	수업료: 없음
6	명륜학원 正科의 생도수는 60인 이내로 함. 단, 특별한 사정이 있을 때는 총독 인가를 받아 증가할 수 있음	정원: 60인 이내
7	①명륜학원에 두는 직원: 총재 1인, 학감 1인, 강사·간사·서기 약간 명 ②전항의 직원은 총독이 任免함	총재-학감-강사·간사·서기: 총독 임면
8	①총재는 총독의 지휘감독을 받아 院務를 統理함. ②학감은 총재의 명을 받아 敎務를 맡음. ③강사는 생도의 교수를 맡음. ④간사는 上職의 명령을 받아 서무를 맡음. ⑤서기는 上職의 지휘를 받아 서무에 종사함	총재: 院務의 統理
9	①명륜학원에 平議員會를 두어 의장과 평의원으로 조직함. ②의장은 경학원 대제학으로 충원함. ③평의원은 學識經驗이 있는 자 가운데 총독이 명함. ④평의원회는 명륜학원에 관한 중요 사항을 심의함	평의원회 조직: 의장 (경학원 대제학)
10	총재는 處務에 관한 규정, 기타 本令 시행상 필요 사항을 정해	處務 규정 등: 총독

253 「敍任及辭令」, 『조선총독부관보』 제944호, 1930.2.27.
254 「經學院內에 盛大極한 明倫學院 開院式」, 『매일신보』, 1930.4.22, 2면.
255 〈明倫學院規程〉(부령 제13호, 昭和 5.2.26), 『조선총독부관보』 제943호, 1930.2.26.

	총독 인가를 받을 것	인가
11	경학원 경비 가운데 명륜학원 경비는 특별회계로 해서 보조금, 기부금, 기타 수입으로 충당함	
부칙	본령은 발포일로부터 시행함	

〈명륜학원규정〉에 따라 명륜학원은 경학원 부속 기관으로 설치된다. 그리고 2년 과정의 정과(正科)를 설치하고 60인 이내의 생도를 모집해 유학과 유학사, 국어, 동양철학, 한문학, 공민과(公民科) 등을 교수한다. 이 조치는 성균관에 있었던 생도 교육 기능을 복구한 것처럼 보인다.

조선총독부가 경학원 부속 기관으로 명륜학원을 설치한 목적은 무엇일까? 〈명륜학원규정〉 제1조에 따르면 '유학의 교수와 인격의 도야'가 표면적 목적이다. 그렇지만 그 배경에는 유교 보급을 통해 당시 확산되던 신사상(新思想)에 대항하려는 의도가 보인다.[256] 또한 명륜학원 강사로 경성제국대학 교수들을 촉탁했듯이, 명륜학원 설치 이후 경학원에 일본인 강사 임용을 확대한다. 그리고 1944년에 高橋亨(다카하시 토오루)이 제학(提學)을 맡을 정도로 일본인 중심으로 재편된다.[257] 이는 명륜학원이 당시 일본인의 지식이 교수되는 기관이었다는 점을 의미한다.

1930년대 말부터 1942년 초 사이에 명륜학원은 명륜전문학원, 명륜전문학교로 바뀐다. 그와 관련해, 南次郞(미나미 지로) 총독은 중일전쟁 이후 전시체제가 강조되던 1939년 2월에 〈명륜전문학원규정〉(부령 제13호)

---

256 朝鮮總督府社會課長, Op. cit., 1934, p.38. 이 자료에 따르면, 경학원은 향교재산의 기부금으로 유지·경영된다. 수업연한은 3개년, 필요에 따라 강습회를 개최하고, 일반인에 대해 한층 유도의 보급진흥을 기한다. 생도 정원은 90명이고, 지방유림의 자제 중에서 도지사가 추천하는 자에 대해 전형한다. 교과목은 '유학, 유학사, 국어, 동양철학, 한문학, 공민과'이다. 강사로는 경성제국대학 교수와 기타 조선내의 석유(碩儒) 10명을 촉탁한다. 이 자료에서 명륜학원 개원 시점을 5월로 서술한 것은 오기이다.

257 박영미, 「經學院에 보이는 근대 일본 유학의 경향－東京斯文會의 관계를 중심으로」, 『일본학연구』 27, 2009, 94쪽.

을 공포해, 명륜학원을 명륜전문학원으로 전환한다. 이 학원은 1939년 4월부터 3년 과정의 본과(本科)와 2년 과정 이상의 연구과(硏究科)를 설치하고 수시로 강습회를 개최하게 되어 있는데(제2조), 그 목적을 '황국정신에 기초하여 유학을 연찬(硏鑽)해 국민도덕의 본의를 천명하고 충량한 황국신민을 양성'하는 데에 둔다(제1조).[258]

이어, 南次郎 총독은 재직 말기인 1942년 3월에 명륜전문학원을 '전문학교'로 인가해 3개년 과정의 '명륜전문학교'로 전환한다.[259] 그와 함께 종래 〈명륜전문학원규정〉(부령 제13호)을 1942년 3월 말일부로 폐지한다.[260] 그 후 재단법인 명륜전문학교는 1944년 10월 14일에 '재단법인 조선명륜연성소(朝鮮明倫鍊成所)'로 바뀌고, 그 목적도 '皇道儒學을 講究해서 國民道德의 本義를 闡明함과 동시에 사회의 指導者에게 필요한 교육을 실시하기 위해 朝鮮明倫鍊成所를 설립·경영한다'로 바뀐다.[261] 조선명륜연성소는 해방 직후인 1945년 10월에 '대학'으로 전환된다.[262]

---

258 〈明倫專門學院規程〉(부령 제13호, 昭和 14.2.18, 시행 昭和 14.4.1), 『조선총독부관보』 제3623호, 1939.2.18. 이 법규는 본문 11개조와 부칙으로 구성된다. 본과의 학과목은 국민도덕, 경학, 유학사, 지나철학, 지나문학, 국어, 국사, 사회교육, 체조, 교련, 지나어(支那語)이다. 연구과의 연구과목은 경학, 자학(子學), 지나철학, 지나문학, 지나사학, 작시문(作詩文)이며, 이 가운데 생도가 선택하게 된다. 그리고 총독 인가를 통해 학과목이나 연구과목을 추가할 수 있다(제3조).
259 〈明倫專門學校設立〉(조선총독부 고시 제397호, 昭和 17.3.25), 『조선총독부관보』 제4545호, 1942.3.25. 이 고시에 따르면, 명륜전문학교의 위치는 경성부 명륜정 3丁目 53번지, 설립자는 '재단법인 명륜전문학교', 수업연한은 3개년, 생도 정원은 150인(1학년 50인宛)이다.
260 〈明倫專門學院規程廢止〉(부령 제106호, 昭和 17.3.31), 『조선총독부관보』 제4550호, 1942.3.31.
261 〈法人組合登記 財團法人 明倫專門學校 變更〉, 『조선총독부관보』 제5349호, 1944.12.2.
262 〈명칭변경(경성제국대학을 서울대학으로 공자묘경학원을 성균관대학으로)〉(부령 제15호), 『미군정관보』, 1945.10.16.

4) 문묘 직원과 장의 관련 법규

① 1911년 문묘 직원(直員)에 관한 건

문묘의 직원(直員) 정비와 관련된 법규는 寺內正毅(데라우치 마사다케) 총독이 1911년 10월에 공포한 〈문묘직원(文廟直員)에 관한 건〉(부령 제127호)을 말한다. 여기서 직원(直員)은 직장 근무자[職員]가 아니라 성균관이나 향교의 문묘 관리자를 말한다. 이 법규의 주요 내용을 정리하면 다음과 같다.[263]

<표 35> 1911년 10월 〈文廟直員二關スル件〉의 주요 내용

조	주요 내용	비고
1	府·郡에 在힌 文廟에 直員 1人을 置홈	직원 1인
2	直員은 名譽職으로 ᄒ야 府尹, 郡守의 指揮를 承ᄒ야 文廟를 直守ᄒ고 庶務에 從事홈	직원: 명예직
3	直員의 進退는 府尹, 郡守의 申請에 依ᄒ야 道長官이 行홈	진퇴: 도장관 결정
부칙	①本令은 明治 44년 11월 1일부터 施行홈. ②本令을 施行ᄒ는 際에 現히 鄕校直員인 者는 本令에 依ᄒ야 文廟의 直員을 命홀 바가 된 者로 홈	

〈문묘직원에 관한 건〉의 핵심은 문묘에 명예직 직원(直員) 1명을 두고, 부윤(府尹)·군수(郡守)의 지휘를 받아 문묘 관리와 관련 서무에 종사하게 한다는 내용과, 직원의 진퇴(進退)를 부윤·군수의 신청으로 도장관이 결정한다는 내용이다. 이 부령 시행 당시 이미 향교에 직원(直員)으로 있던 사람은 문묘 직원으로 간주된다. 문묘 직원은 단순히 "文廟를 直守ᄒ고 庶務에 從事"하는 것만이 아니라 조선총독부의 유교 관련 정책을 지역에 전달하고 실천하는 기능을 하게 된다.

---

263 〈文廟直員二關スル件〉(부령 제127호, 明治 44.10.28), 『조선총독부관보』 호외, 1911.10.28.

이 법규의 특징은 '향교 직원'의 '문묘 직원' 전환 조치이다. 다른 내용은 종래 법규와 유사하다. 예를 들어, 1908년 10월 〈성균관관제〉(칙령 제76호)에 따르면, 성균관에는 교수 중에서 겸임 직원(直員) 2인을 두고(제2조) "文廟를 直守ᄒᆞ며 上官의 命을 承ᄒᆞ야 館內 庶務에 從事흠"이라는 역할을 맡긴다(제5조). 향교에도, 비록 봉급이 없지만, 해당 군(郡) 유림 중에서 선임한 직원(直員) 1인을 판임관(判任官)으로 둔다(제10조).[264] 그 외에 학부대신이 1910년 4월에 〈향교재산관리규정〉(학부령 제2호)과 함께 공포한 학부 훈령 제2호에 따르면, '향교 직원'은 향교와 지방문묘 사무에 관해 지방관의 지휘감독을 받아야 한다.[265]

② 1923년 지방 문묘 직원(職員)에 관한 건

齋藤實(사이토 마코토) 총독은 1923년 4월에 〈지방문묘직원(地方文廟職員)에 관한 건〉(부령 제68호)을 공포하고, 1911년 10월의 〈문묘직원에 관한 건〉을 폐지한다. 이 법규의 주요 내용은 다음과 같다.[266]

〈표 36〉 1923년 4월 〈地方文廟職員二關スル件〉의 주요 내용

조	주요 내용	비고
1	지방 문묘 중 경기도 개성군 송도면 소재 문묘에 司成 1인, 直員 1인을 置ᄒᆞ고 기타 지방에 在흔 문묘에는 直員 1人을 置흠	司成 1인 추가: 송도면 한정
2	司成의 進退는 道知事의 申請에 依ᄒᆞ야 朝鮮總督이 此를 行흠	사성 진퇴: 총독 결정
3	司成은 名譽職으로 ᄒᆞ되 郡守의 指揮를 承ᄒᆞ야 文廟의 享祀及 管守(맡아 지킴)에 關흔 事務를 掌理ᄒᆞ며 所屬 直員을 監督흠	사성: 명예직

---

264 〈成均館官制改正件〉(칙령 제76호, 隆熙 2.10.29), 『관보』 제4216호, 1908.10.31.
265 〈鄕校直員은 鄕校와 地方文廟의 事務에 관하여 地方官의 指揮 監督을 받는 件〉(학부 훈령 제2호, 隆熙 4.4.26, 관보 隆熙 4.4.28), 『한말근대법령자료집』 IX, 1972, 419쪽.
266 〈地方文廟職員二關スル件〉(부령 제68호, 大正 12.4.21), 『조선총독부관보』 제3206호, 1923.4.21.

4	直員의 進退는 부윤, 군수, 島司의 신청에 依ᄒ야 道知事가 此를 行홈	직원 진퇴: 도지사 결정
5	直員은 名譽職으로 ᄒ되 부윤, 군수, 島司及 司成의 지휘를 承ᄒ야 文廟를 直守ᄒ며 庶務에 종사홈	직원: 명예직
부칙	①본령은 발포일부터 시행홈. ②明治 44년 부령 제127호는 폐지홈. ③본령 시행홀 際에 文廟直員의 職에 在ᄒ 者는 本令에 依ᄒ야 任命된 것으로 홈	부령 제127호 폐지

〈지방문묘직원에 관한 건〉의 내용은 사성(司成) 부분이 추가되었다는 점을 제외하면 1911년 10월의 〈문묘직원에 관한 건〉과 거의 동일하다. 다만, 지방 문묘 중 경기도 개성군 송도면에 소재한 문묘에만 차이를 두어, 직원(直員) 1인 위에 사성 1인을 두되, 사성을 명예직으로 하고 그 진퇴를 총독이 최종 결정하게 한다.

③ 1920년 이후의 문묘 장의제도

문묘에 장의(掌議)[267]를 두는 제도는 1920년 9월부터 강원도와 충청남도 등에 만들어진다. 다만, 장의 제도 관련 규정은 지역별로 차이가 있다. 예를 들어, 1920년 9월 강원도의 〈장의에 관한 규정〉을 보면, 장의의 정원은 문묘를 대중소(大中小) 규모로 구분해 큰 문묘에 12명, 중간 문묘에 10명, 작은 문묘에 8명을 둔다(제1조). 장의는 임기 2년(보궐 장의의 임기는 전임자의 잔임 기간)의 명예직으로(제3조), 문묘에 관계한 유림에서 선거하고(제2조), 군수가 선거 기일과 회장(會場)을 지시한다(제4조).[268] 그에 비해, 충청남도의 경우에는 장의의 정원을 군(郡)별로 정하고 직무에 필요

---

267 장의(掌議)는 성균관이나 향교에서 숙식하며 일을 맡던[齋任] 일종의 임원이다. 성균 관에서는 유생 중에서 선출해 동재(東齋)와 서재(西齋)에 각 1명씩 장의를 두었는데 이를 '태학장의(太學掌議)'라고 한다. 이와 관련해, 성균관의 재임(齋任) 가운데 장의 후보로 추천한 방문(榜文)이나 사람을 '장의방(掌議榜)'이라고 한다.
268 〈掌議二關スル規程〉(江原道令 第16號, 大正 9.9.14), 『조선총독부관보』 제2433호, 1920.9.18.

한 비용을 제공하며 임기를 3년으로 정한다.[269]

전라남도와 경기도의 경우는 충청남도의 경우처럼 군별로 나누어 장의의 정원을 정하지만, 장의 임기를 3년이 아니라 2년으로 한다.[270] 황해도의 경우는 장의의 정원을 군(郡)별이 아니라 문묘 1개당 10명으로 정하고(제1조), 문묘 직원(直員)도 선거를 통해 장의에 임명될 수 있게 한다(제2조). 그 외 내용은 다른 지역의 경우와 동일하다.[271] 전라남도의 경우는 군수나 도사(島司)가 장의를 소집할 때 소요 경비를 지급한다는 〈장의비용 변상규정〉을 별도로 마련한다.[272]

이러한 문묘 직원(直員) 제도는 부윤이나 군수가 친일 성향의 인사를 선출해 총독 인가를 받는 방식이었기 때문에 종래 유생들이 선출해 교임(校任)으로 '도유사(都有司)－장의(掌議)－유사(有司)' 등을 두던 제도와

---

269 〈掌議ニ關スル規程〉(忠淸南道令 第13號, 大正 9.9.22),『조선총독부관보』제2439호, 1920.9.27. 이에 따르면, 장의의 정원(定員)은 군(郡)별로 8~14명이다(제1조). 장의는 유림에서 선거하고(제2조), 선거 기일과 회장(會場)은 군수가 지정한다(제3조). 장의는 명예직으로 하되, 직무를 위해 필요한 비용의 변상(辨償·변제)을 받을 수 있다(제4조). 장의의 임기는 3년이며, 보궐(補闕) 장의의 임기는 전임자의 잔임 기간으로 한다(제5조). 이 훈령은 발포일부터 시행한다(부칙).

270 〈掌議ニ關スル規程〉(全羅南道 訓令 第309號, 大正 9.10.15),『조선총독부관보』제2475호, 1920.11.10; 〈掌議ニ關スル規程〉(京畿道 訓令 第29號, 大正 9.10.22),『조선총독부관보』제2464호, 1920.10.27. 경기도지사 工藤英一이 공포한 이 훈령에 따르면, 장의의 정원은 군(郡)별로 4~12명이다(제1조). 장의는 문묘에 관계한 유림이 선거로 후보자를 뽑고 군수가 추천해 도지사가 임명한다(제2조). 장의는 명예직으로, 임기가 2년(補缺 장의 임기는 전임자 잔임 기간)이다(제3조). 장의 선거의 기일과 회장(會場)은 군수가 지시한다(제4조). 이 훈령은 발포일부터 시행한다(부칙).

271 〈掌議ニ關スル規程〉(黃海道令 第1號, 大正 10.1.12),『조선총독부관보』제2523호, 1921.1.12.

272 〈掌議費用辨償規程〉(全羅南道令 第3號, 大正 10.2.15),『조선총독부관보』제2564호, 1921.3.2. 이에 따르면, 장의 직무를 위해 군수나 도사(島司)의 초집(招集·소집)에 응할 때 비용을 변상한다(제1조). 비용 변상은 기차비(汽車費), 기선비(汽船費), 용선비(傭船費)와 일액(日額)의 4종류로 하고(제2조), 여행 일수와 거리에 따라 정하며(제3조-제6조), 그 외의 비용 변상 지급 방법은 '국비 여비 지급의 사례'에 의한다(제7조). 이 도령(道令)은 발포일부터 시행한다(부칙).

차이가 있다.[273] 장의 제도도, 장의라는 용어가 동일하지만, 장의들이 장의회(掌議會)를 통해 향교재산의 수입·지출에 관여하고 그에 관해 부윤·군수에게 자문하는 역할이었기 때문에[274] 역시 종래의 경우와 차이가 있다. 오히려 문묘 직원과 장의회 제도는 신사(神社)·신사(神祠)에 숭경자총대(崇敬者總代)와 숭경자총대회(崇敬者總代會)를 두어 신사 재산에 관여하게 제도와 유사한 것으로 보인다.

5) 죽음 처리와 의례준칙 관련 법규[275]

① 1912년 묘지·화장장·매장·화장 취체규칙

寺內正毅(데라우치 마사다케) 총독은 1912년 6월의 〈묘지·화장장·매장·화장 취체규칙〉(부령 제123호)을 공포해 묘지, 화장장, 매장·개장·화장에 대한 규제와 위반자에 대한 처벌 사항을 정한다. 이 법규는 본문 24개조와 부칙으로 구성되어 있고, 주요 내용은 다음과 같다.[276]

---

273 『경국대전』 권1. 이전(吏典) 외관조(外官條)에 따르면, 중앙은 종6품인 '교수(敎授)'를 부(府)·목(牧)·대도호부(大都護府)의 향교에, 종9품인 '훈도(訓導)'를 군현(郡縣)에 교관으로 파견해서 교생(校生)의 교육과 향교의 운영을 맡게 한다. 또한 각 향교에는 교생 중에 대표를 선발해 '당장(堂長)·장의(掌議)·유사(有司)' 등의 직책을 주고 향교의 운영과 활동을 돕게 한다. 그렇지만 15세기 이후부터 중앙의 교관 파견이 중단되자, 각 향교의 유생들은 스승이 될 만한 유생을 교임(校任, 서열: 都有司—掌議—有司)으로 선출한 후 수령에게 보고한 후 향교 운영을 맡게 한다(김명우, 「일제강점기 향교 直員과 掌議」, 『중앙사론』 25, 한국중앙사학회, 2007, 127-128쪽. 향교 직원의 출신성분에 대해서는 같은 글, 133-135쪽).

274 김명우, 위의 글, 2007, 158쪽; 김명우, 『日帝 植民地時期 鄕校 研究』, 중앙대학교 박사논문, 2007, 71-76쪽.

275 이 부분에서 다루는 법규는 〈묘지·화장장·매장·화장 취체규칙〉과 〈의례준칙〉이다. 이 법규들은 직접적으로 특정 종교를 대상으로 제정된 것이 아니다. 그렇지만 이 법규들이 유교적인 죽음 처리 방식이나 의례 간소화 담론에 영향을 미쳤다는 점에서 유교 관련 법규에 포함한다.

〈표 37〉 1912년 6월 〈墓地火葬場埋葬及火葬取締規則〉의 주요 내용

조	주요 내용	비고
1	묘지의 신설/변경/폐지는 警務部長(경성은 경무총장)의 허가를 받아야 함	묘지 신설 등: 허가제
2	묘지는 면/리/동/기타 지방공공단체나 그에 준한 단체만 신설 가능(단, 특별 사정이 있을 때는 單獨이나 一族 또는 合族의 묘지를 허가할 수 있음)	묘지 신설 주체: 개인 아님
3	묘지 조성 제한 조건: 1. 도로/철도/하천에서 10間 이상, 人家에서 60間 이상의 거리. 2. 水源/水流/食用井泉와 무관한 토지	묘지 설치 제한 조건
4	①화장장의 신설/개축/증축은 경무부장의 허가를 받을 것, ②화장장 사업의 중지/폐지는 경무부장에게 신고할 것	화장장 신설 등: 허가제 화장장 폐지 등: 신고제
5	화장장 설치의 제한 조건: 1.도로/철도/하천에서 60間 이상, 人家/公衆輻輳場所에서 120間 이상의 거리. 2.市街/部落에 바람 영향을 주지 않는 토지. 3.火爐煙筒을 갖춰 炊煙을 막는 장치를 할 것. 4.주위에 높이 6척 이상의 담장 설치(단, 산림·원야 등 인가와 떨어진 장소는 예외)	화장장 설치 제한 조건
6	화장장 공사 완료 시, 경찰서(경찰분서/경찰서 사무 취급 관서 포함)에 신고해서 피검을 거쳐 인가를 받지 않으면 사용할 수 없음	화장장 공사 완료: 경찰서 신고 및 인가
7	신설한 묘지/화장장 주위에 식수를 할 것	식수: 신설 묘지/화장장
8	①묘지 관리자는 관리하는 묘지 도면과 묘적을 작성, ②화장장에 화장대장을 비치	묘지도면/묘적, 화장대장
9	묘지와 화장장은 청결을 유지하고 損壞한 곳은 즉시 보수할 것	청결 유지, 즉시 보수
10	①死體/遺骨은 묘지 이외에 매장/개장할 수 없음. ②死體의 화장은 화장장 이외에서 할 수 없음(단, 화장장 없는 경우, 경찰서 허가를 받으면 예외)	매장/개장/화장 가능 장소
11	사체는 사후 24시간 경과해야 매장/화장할 수 있음(단, 전염병자 사체 예외)	사체 매장/화장 가능 시간
12	매장/개장/화장 시 경찰서/순사주재소/헌병파견소와 同出장소의 인허증 받을 것	인허증
13	묘지 관리자와 화장장 경영자는 前條의 인허증을 수령해야 매장·개장·화장 가능	인허증
14	사체를 다른 곳으로 이송할 때는 경찰서 허가를 받을 것	사체 이송: 경찰서 허가
15	화장은 일몰 후에 할 것(단, 경찰관리/그 직무 수행자의 인가 시 예외)	화장 시점: 일몰 후
16	전염병자의 사체는 특별 허가 경우가 아니라면 경찰서가 지정한 묘지에서만 매장할 수 있으며, 개장은 3년 이상 경과해야 가능함	전염병자 사체의 경우

---

276 〈墓地火葬場埋葬及火葬取締規則〉(부령 제123호, 明治 45.6.20), 『조선총독부관보』 제544호, 1912.6.20.

17	광혈의 깊이는 관의 정면과 지반면과의 간격을 2척 이상(단, 유골 매장 시 예외)	광혈의 깊이
18	경무총장은 묘지/화장장이 공중위생에 해가 있거나 토지의 변상으로 묘지/화장장으로 적합하지 않다고 인정할 때는 이전을 명령할 수 있음	이전 명령권: 경무총장
19	경무부장은 필요 시 묘지/화장장에 대한 개량/보수/사용정지를 명할 수 있음	개량 등 명령권: 경무부장
20	①경무부장은 관리자가 모르는 분묘에 대해 1년 이상 기간을 정해 신고할 취지를 고시해야 함. ②前項의 기간 내에 신고가 없는 것은 무연분묘로 간주함	무연 분묘 신고 고시: 경무부장
21	①경찰서는 묘지 이외에 매장한 사체/유골에 대해 개장을 명령할 수 있음. ②前項의 경우에 매장자를 모를 때 토지 소유자/관리자가 경찰서 허가를 받아 개장 가능	묘지 이외의 경우 개장 명령 및 허가: 경찰서
22	무연분묘는 前條 규정을 준용함	
23	3개월 이하 징역이나 100원 이하 벌금 대상: 1.타인의 점유지에 함부로 사체/유골을 매장/개장한 자, 2.화장장 이외에서 화장을 한 자, 3.사체나 사체를 넣은 棺槨을 산림/원야/기타 장소에 방치한 자, 4.제18조/19조/21조 제1항의 명령 위반자	징역 또는 벌금
24조	구류 또는 과료: 1. 제1조/4조/6조/8조/10조1항/11조/17조 규정 위반 자, 2. 매장/화장/개장이나 사체 이송 방해자 3. 경찰관리의 독촉을 받고 묘지/화장장 청소를 하지 않은 자	구류 또는 과료
부칙	①본령 시행 지역과 기일은 총독이 정함. ②본령 시행 당시의 공동묘지는 본령으로 설치된 것으로 간주(단, 그 관리자는 시행일부터 3개월 내 도면/소재지/위치/墓籍을 신고). ③前項을 신고하지 않으면 묘지를 폐지한 것으로 간주. ④본령 시행 당시의 공동묘지 이외 墳墓는 본령으로 설치된 것으로 간주(단, 관리자는 시행일로부터 1년 내 소재지/위치/묘적을 신고), ⑤前項의 신고가 없으면 無緣墳墓로 간주. ⑥본령시행 당시의 화장장은 본령으로 설치된 것으로 간주(단, 그 경영자는 시행일로부터 1개월 내 소재지/위치/구조를 신고). ⑦前項을 신고하지 않은 것은 사업 폐지로 간주. ⑧제4항에 의해 신고한 墳墓에는 그 분묘에 매장된 자의 배우자 死體에 한해 合葬할 수 있음	시행기일: 총독 지정 공동묘지, 분묘, 화장장 신고

〈묘지·화장장·매장·화장 취체규칙〉의 주요 내용은 묘지의 신설·변경·폐지와 화장장의 신설·개축·증축에 대한 허가제이다. 그렇지만 이법규는 두 가지 조치에서 유림에게 문제가 된다. 하나는 묘지 조성 주체를 '부·면·리·동이나 기타 지방공공단체나 그에 준한 단체'로 한정해 '개

인이나 문중'을 제외한 조치이다. 이는 개인 묘뿐 아니라 가족 묘, '문중
묘'의 존재를 위협할 수 있기 때문이다. 다른 하나는 묘지와 화장장에
대한 경찰 통제이다. 이 통제는 종래 조선인의 죽음 처리 관습이 징역이
나 벌금, 구류나 과료 등의 제재 대상이 된다는 것을 의미한다.

〈묘지·화장장·매장·화장 취체규칙〉의 시행 지역과 시기는, 부칙에
명시되었듯이, 지역에 따라 다르다.[277] 그 과정을 보면, 경무총감부는
1912년 11월에 〈묘지·화장장·매장·화장 취체규칙〉의 시행세칙을 공포
해, 경무부, 경찰서·경찰분서, 헌병분대(分隊)와 헌병분견소(分遣所)에 취
급수속을 보낸다.[278] 1913년 3월에는 정무총감이 경상북도 장관의 질의
내용과 그 답변을 각도 장관에게 보내 〈묘지·화장장·매장·화장 취체규
칙〉 제2조의 단서조항에 있는 '단독, 일족'의 의미 등을 설명한다.[279] 동
년 8월에는 경무총장이 훈령으로 〈묘지·화장장 관리에 관한 취급규정〉
을 경무부, 경찰(분)서, 경찰서 사무를 보는 헌병분대·헌병분견소에 하
달한다.[280]

이 과정이 진행된 후, 경기도 경성부는 1913년 9월부터 〈묘지·화장
장·매장·화장 취체규칙〉을 시행해 17개소의 '공동묘지 설치 허가'를 발
표한다.[281] 그 후, 1914년 3월에 경성부를 제외한 경기도·충청북도와 경

---

277 「墓地取締 規則施行」, 『매일신보』, 1913.8.30, 2면.
278 〈墓地, 火葬場, 埋葬及火葬取締規則施行細則〉(경무총감부령 제5호, 大正 1.11.19), 〈墓
地, 火葬場, 埋葬及火葬取締規則 取扱手續〉(경무총감부 훈령 甲 제11호, 大正 1.11.19),
『조선총독부관보』 제92호, 1912.11.19.
279 〈墓地, 火葬場, 埋葬及火葬取締規則中疑義 ノ件〉(관통첩 제56호, 大正 2.3.4), 『조선총
독부관보』 제175호, 1913.3.4. 이 답변에 따르면, 제2조의 단서조항에서 단독묘지는
1명의 개인묘지, 일족의 묘지는 민적(民籍)상의 한 가족의 전용묘지, 합족의 묘지는
동성동본의 관계인 2호(戸) 이상의 전용묘지를 말한다.
280 〈墓地, 火葬場管理ニ關スル取扱規程〉(경무총감부 훈령 甲 제35호, 大正 2.8.18), 『조선
총독부관보』 제315호, 1913.8.18.

상남도, 동년 5월에 함경남도, 동년 6월에 평안남도, 동년 7월에 전라북도, 동년 9월에 강원도와 경상북도, 동년 10월에 함경북도, 동년 11월에 평안북도, 1915년 3월에 충청남도에서 〈묘지·화장장·매장·화장 취체규칙〉을 시행한다.[282]

주목할 부분은 1912년의 〈묘지·화장장·매장·화장 취체규칙〉이 일본정부의 묘지와 매장에 관한 취체 경험을 조선에 적용한 결과라는 점이다. 이와 관련해, 이 법규의 내용은 일본이 1884년 10월에 태정관 포달(布達)로 공포한 〈묘지와 매장 취체규칙(墓地及埋葬取締規則)〉과 그 시행을 위해 동년 11월에 내무성 달을(達乙) 형태로 공포한 〈묘지와 매장 취체규칙 표준(墓地及埋葬取締規則標準)〉에 가깝다. 법규 내용도 묘지와 화장장, 매장과 화장으로 구성되었다는 점에서 크게 다르지 않다. 다만, 관련 업무를 내무성 지리국(地理局)이 담당했다는 점을 고려하면[283] 일본정부

---

281 〈墓地, 火葬場, 埋葬及火葬取締規則施行〉(부령 제85호, 大正 2.8.30), 『조선총독부관보』제326호, 1913.8.30; 『조선총독부관보』제332호, 1913.9.6('司法, 警察及監獄' 부분의 共同墓地設置許可, 大正 2.9.1).

282 〈墓地, 火葬場, 埋葬及火葬取扱規則施行〉(부령 제15호, 大正 3.3.1), 『조선총독부관보』호외, 1914.3.1(경기도, 충북); 〈墓地, 火葬場, 埋葬及火葬取扱規則施行〉(부령 제16호, 大正 3.3.10), 『조선총독부관보』제481호, 1914.3.10(경남); 〈墓地, 火葬場, 埋葬及火葬取扱規則施行〉(부령 제49호, 大正 3.4.29), 『조선총독부관보』제522호, 1914.4.29(함남); 〈墓地, 火葬場, 埋葬及火葬取扱規則施行〉(부령 제61호, 大正 3.5.20), 『조선총독부관보』제540호, 1914.5.20(평남); 〈墓地, 火葬場, 埋葬及火葬取扱規則施行〉(부령 제102호, 大正 3.6.29), 『조선총독부관보』제572호, 1914.6.29(전북); 〈墓地, 火葬場, 埋葬及火葬取扱規則施行〉(부령 제116호, 大正 3.8.5), 『조선총독부관보』제603호, 1914.8.5(강원도); 〈墓地, 火葬場, 埋葬及火葬取扱規則施行〉(부령 제135호, 大正 3.9.8), 『조선총독부관보』제631호, 1914.9.8(경북); 〈墓地, 火葬場, 埋葬及火葬取扱規則施行〉(부령 제150호, 大正 3.10.5), 『조선총독부관보』제653호, 1914.10.5(함남); 〈墓地, 火葬場, 埋葬及火葬取扱規則施行〉(부령 제159호, 大正 3.10.29), 『조선총독부관보』제673호, 1914.10.29(평북); 〈墓地, 火葬場, 埋葬及火葬取扱規則施行〉(부령 제6호, 大正 4.2.19), 『조선총독부관보』제762호, 1915.2.19(충남).

283 內務省地理局, 『地理局例規』, 東京: 內務省地理局, 1891, pp.87-89. 〈墓地及埋葬取締規則〉(태정관 布達 제25호, 明治 17.10.4)은 8개조이다. 내용은 묘지와 화장장 구역을

가 일본 국토의 효율적 이용이라는 차원에서 이 법규를 제정한 측면도 지적될 수 있다.

조선총독부가 〈묘지·화장장·매장·화장 취체규칙〉을 제정해 공동묘지제도를 시행한 배경은 무엇일까? 이 법규 공포 당시에 조선에는 공동묘지뿐 아니라 화장장도 있었던 것으로 보인다. 이것은 1912년 〈묘지·화장장·매장·화장 취체규칙〉 부칙에 있는 '본령 시행 당시의 공동묘지, 공동묘지 이외의 분묘, 화장장'이라는 표현에서 유추할 수 있다. 이와 관련해, 일본인 경성민단(京城民團)이 농상공부(農商工部)에서 땅을 무료로 양도받아 1910년 9월에 화장장을 설치한 바도 있다.[284]

〈묘지·화장장·매장·화장 취체규칙〉에 대해 조선인이 특히 문제로 인식한 부분은 공동묘지제도이다. 이 제도에 대해 조선인은 '악정(惡政)의 하나'라거나 '총독의 문화적 시정(施政) 중 천려일실(千慮一失)'이라는 시선을 보낸다. 이에 대해 조선총독부는 '조선 일반의 지식이 이 제도의 정신을 받아들이기에 아직 충분하지 않다'는 인식을 보인다. 그렇지만 단독·일족·합족의 묘지가 귀족이나 국가 공로자에게만 허가되는 상황에서[285]

관할청(管轄廳)의 허가 구역으로 한정하고(제1조), 관할 경찰서의 취체를 받아야 하며(제2조), 사체(死體)의 매장과 화장은 사후 24시간이 지나야 가능하다(제3조)는 점, 매장이나 화장을 하려면 구장(區長)이나 호장(戶長)의 인허증(認許證)이 있어야 하고 개장(改葬)하려면 관할 경찰서의 허가를 받아야 한다는 점(제5조), 장의(葬儀)를 사당(寺堂)에 딸린 가옥 구내 또는 묘지에 딸린 화장장에서 할 수 있다는 점(제6조), 비표(碑表)를 세우려면 관할 경찰서의 허가를 받아야 한다는 점(제7조), 이 규칙을 시행하는 세칙은 경시총감부 지사 현령(警視總監府 知事 縣令)으로 내무경(內務卿)에게 신고해야 한다는 점(제8조) 등이다. 〈墓地及埋葬取締規則標準〉(내무성 達乙 제40호, 明治 17.11.18)은 〈墓地及埋葬取締規則〉 제8조에 기재한 방법세목의 조건을 표준으로 만든 것으로, 15개조로 구성되어 있다.

284 「火葬場의 位置」, 『황성신문』, 1910.9.10, 2면.

285 「所謂墓地規則에 就하야, 大塚參事官 談」, 『동아일보』, 1920.9.3, 2면. 이 기사에 따르면, 조선총독부 참사관은 이 규칙 개정으로 인해 암장(暗葬), 투총(偸塚), 늑장(勒葬) 등이 행해져 묘지에 관한 분쟁이 소송의 대부분을 차지하는 상태, 그리고 조상숭배의

공동묘지제도는 더 좋은 묘지를 선점하기 위해 풍수설을 활용하고 무덤 [墳墓]에서 제사를 지내던 조선인의 문화를 위협하는 존재가 된다. 그 이유는, 비록 '미신' 비판 관련 내용이지만, '조선인의 심리에서 귀신과 명당 그 두 가지만을 떼여 버렷으면'이라는 1930년대 기사처럼[286] 묘지문제가 조선인에게 그 만큼 중요했기 때문이다.

조선총독부는 공동묘지제도를 시행한 이유로 무덤에 관한 미신의 폐풍(弊風) 일소(一掃), 사회 질서 유지, 국토의 효율적 이용, 위생 등을 든 바 있다.[287] 1910년대 묘지 통제 조치에는 위생적 환경을 조성하고 폐습을 없애 문명화·근대화를 이루어야 한다는 추상적 논리, 식민지 운영을 위해 토지를 효율적으로 사용하고 공안을 유지해야 한다는 현실적 논리가 지적되기도 한다.[288] 과거에 '미개' 시기였지만, '과학'이 발달하면서 공동묘지와 화장제도가 생겼다는 인식도 1930년대 중반의 기사에 보이고 있다.[289]

묘지제도는 齋藤實(사이토 마코토) 총독이 1919년 9월에 〈묘지·화장장·매장·화장 취체규칙〉을 개정하면서 변화를 보인다. 이 시기부터 종래 공동묘지제도와 함께, 사설공동묘지제도를 시행해 신고[屆出]묘지와 허가묘지를 인정했기 때문이다.[290] 이는 가족공동묘지가 인정되어, 선산

미풍(美風)이 미신(迷信)에 기초해 폐습화(弊習化)된 상태가 사라질 것으로 인식한다. 조선총독부도 병합 당시에 미신 등에 기초한 폐풍(弊風)을 일소(一掃)하고 사회 질서를 유지함과 함께 국토의 이용과 위생상의 견지에서 이 규칙을 제정해 공동묘지제도를 힘써 행한 것이라고 한다.

286 「迷信業者들에게 見欺되지 마자」, 『동아일보』, 1936.8.13, 5면.
287 「所謂墓地規則에 就하야, 大塚參事官 談」, 『동아일보』, 1920.9.3, 2면.
288 정일영, 「1910년대 묘지 통제에 담긴 일제 식민지배의 논리」, 『한국민족운동사연구』 80, 2014, 75-113쪽.
289 「迷信業者들에게 見欺되지 마자」, 『동아일보』, 1936.8.13, 5면.
290 〈墓地, 火葬場, 埋葬及火葬取締規則中改正〉(부령 제73호, 大正 4.7.21, 시행 大正

(先山)에 매장하는 일이 가능해졌다는 것을 말한다.[291] 이와 관련해, 1912년 6월 법규와 1919년 9월 개정 법규 사이의 차이에 해당하는 부분을 정리하면 다음과 같다.

〈표 38〉 〈묘지·화장장·매장·화장 취체규칙〉과 개정의 주요 내용

주요 법규	교과서 범위	비고
제정 (1912.6.20)	제1조 묘지의 신설·변경 또는 폐지는 경무부장(경성에서는 경무총장. 이하 같다)의 허가를 받아야 한다. 제2조 묘지는 부·면·리·동 기타 지방공공단체 또는 이에 준하지 아니하면 신설할 수 없다. 다만, 특별한 사정이 있는 때에는 단독이나 일족 또는 합족의 묘지를 허가할 수 있다.	공동묘지제도
개정 (1919.10.15)	제1조 ①'공동묘지' 이외에 祖先 또는 배우자의 분묘를 가진 자는 그 境域에 또는 이에 接續하여 **자기 소유지 내에 묘지를 설치**할 수 있음 ②전항의 묘지 면적은 3,000평 이하로 하고 一家에 1個所로 제한함. 단 다음 각 호에 해당하여 '도지사의 허가'를 받은 때는 이 제한을 받지 않음. 1.묘지 매장의 餘地가 無홈에 至혼 時, 2. 토지상황의 변경에 依ㅎ야 墓地됨에 不適홈에 至혼 時, 3. 前 2호외에 특별혼 사유가 有혼 時 ③제①항에 의해 묘지를 설치한 때는 10일 이내에 묘지의 위치와 면적을 '도지사에게 신고'할 것 제2조 前條에 규정한 경우를 제외하고 묘지를 신설하려는 때는 묘지의 위치와 면적을 기재한 서류와 도면을 갖추어 '도지사에게 원출(願出)하여 허가'를 받을 것. 이것을 변경하려는 때도 동일함.	공동묘지제도 사설묘지(가족묘)제도: 신고묘지, 허가묘지

4.8.1), 『조선총독부관보』 제890호, 1915.7.21; 〈墓地, 火葬場, 埋葬及火葬取締規則中改正〉(부령 제152호, 大正 8.9.30, 시행 大正 8.10.15), 『조선총독부관보』 제2142호, 1919.9.30. 1915년 개정은 문구 수정 정도이다.

291 「滿員된 共同墓地, 부텡에서는 새로히 설명 준비」, 『동아일보』, 1922.7.5, 3면; 「質疑應答」, 『동아일보』, 1923.12.8, 3면. 「질의응답」 자료에 따르면, 자기 소유의 산야(山野)에 사유묘지인 가족묘지를 두려는 경우, 그 산야에 묘적신청(墓籍申請)을 해서 '도지사의 허가'를 얻은 조상의 분묘가 있으면 관할 경찰서에 계출(屆出)하면 된다. 그 분묘가 묘적신청을 거쳐 허가를 얻은 것이 아닐 경우에는 먼저 도지사에게 묘적신청을 해서 허가를 얻지 않으면 무연분묘(無緣墳墓)가 되므로 사유묘지를 설립할 수 없다(경기도 위생과 직원은 이외의 경우에 대해 규칙이 번잡하므로 도청 위생과나 소관 경찰서에 물으라고 안내함).

1919년 9월 이후의 묘지제도, 즉 '공동묘지, 신고묘지, 허가묘지의 3종류'는 1930년대까지 묘지제도의 근간이 된다. 다만, 3가지 묘지제도로 인해 특히 신고묘지를 포함한 묘지 면적이 증가할 뿐만 아니라 '묘지범'까지 급증하자, 조선총독부는 각각 '임야자원 개발과 사회범죄 방지'라는 명분을 적용해 1940년에 변화를 시도한다. 그 핵심은 공동묘지 장소의 적절한 선택과 식수(植樹) 환경 조성, 그리고 '신고묘지'를 폐지하고 '허가묘지제'로 바꾸되 그 면적을 제한한다는 내용이다.[292]

② 1934년 의례준칙

宇垣一成(우가키 가즈시게) 총독 시기인 1934년에는 의례준칙 제정과 보급을 통해 혼례·상례·제례의 내용과 절차를 간소화하는 정책이 추진된다. 1933년 2월에 조선어연구회 모체인 계명구락부(啓明俱樂部)가 정기 총회에서 일상풍습을 개량하기 위해 상례(喪禮) 변경안을 결정한 것을 보면,[293] 당시 이러한 흐름이 있었던 것으로 유추되지만, 실질적인 정책은 1933년 의례준칙의 제정 움직임에서 시작된다.

의례준칙의 제정 과정은 다음과 같다. 1933년 7월, 제1회 중추원회의에는 宇垣一成 총독의 자문 요청사항으로 농산어촌(農山漁村)의 진흥 시

---

292 「[사설] 墓地規則 改正에 對하여」, 『동아일보』, 1940.2.17, 1면. 이 자료에 따르면, 1919년 9월 〈묘지·화장장·매장·화장 취체규칙〉의 개정이 '묘지범죄'의 속출 현상을 막으려는 데에 있었다고 한다.

293 「(사설) 喪禮 變改 案」, 『동아일보』, 1933.2.21, 1면. 계명구락부는 1918년에 최남선(崔南善)·오세창(吳世昌)·박승빈(朴勝彬)·이능화(李能和)·문일평(文一平) 등 지식인 33명이 발기해 문화 증진과 구락부원간 친목 도모를 목적으로 설립한 단체이며, 1927년 최남선·정인보(鄭寅普)·이윤재(李允宰)·임규(林圭) 등 계명구락부원들이 주시경(周時經)·이규영(李奎榮) 등의 '말모이' 원고를 토대로 『조선어사전』 편찬에 착수해 조선어연구회의 모체가 되기도 했다(『한국민족문화대백과』, 계명구락부 항목).

설 건과 의례준칙의 제정 건이 올라온다. 당시 의례준칙 제정 건이 올라
온 이유는, 기존의 개선 권장에도 불구하고, 조선의 혼례와 장례 등이
번잡해 시간 낭비뿐 아니라 막대한 비용으로 파산(破産)에 이르는 폐해
가 적지 않아 개선의 의범(儀範)을 만들어야 한다는 명분 때문이다.[294]
중추원은 이 문제가 중대하다고 보고 위원회를 조직해 1934년 2-3월경
까지 답신한다는 입장을 취한다.[295]

1934년 2월, 중추원은 중추원 시정연구회가 작성한 의례준칙 제정안
을 확정하고,[296] 조선총독부는 동년 4월 말 중추원회의에서 최종안을 통
과시킨다.[297] 그 후, 학무국 중심으로 중추원의 최종안을 연구·정리해
동년 11월 10일에 총독 유고(諭告) 형태로 발표한다.[298] 정무총감도 1934
년 11월 10일자로 소속 관서의 장, 경학원 대제학, 명륜학원 총재, 사립
전문학교장에게 〈의례준칙 제정에 관한 건〉이라는 통첩을 보낸다.[299]

---

294 「中樞院 會議 諮問事項, 十八, 九日 招集」, 『동아일보』, 1933.7.16, 1면. 이 자료에는
일부에서 농촌진흥운동의 발흥함에 따라 해결 과제의 하나로 고려하고 있지만, 그
준칙을 제정하여 '범(範)을 시(示)한다는 점'에는 아직 논급(論及)되지 않았다고 한다.
295 「巫女取締는 漸減, 驛名(朝鮮文) 廢止 反對, 三항목과 기타 중요 문제 답신, 中樞院施政
硏究會에서」, 『동아일보』, 1933.11.24, 2면. 이 자료에 따르면, 1934년 2-3월경까지 답
신하기로 한 자문사항은 중추원본회의에서 위원 부탁으로 된 의례준칙 제정의 건과
동양도덕(東洋道德)의 신수를 단명해 일반교화의 근원을 삼을 방책, 시국이 미치는
경제적 영향과 그 대책, 시장의 개선문제 등이다. 한편, 당시 중추원 의원 송지헌은
경박한 문장과 허례허식[浮文虛式]를 타파하겠다는, 신석린은 의례준칙으로 당시 풍속
[時俗]의 폐해가 자연 제거될 것이라는 포부를 밝히기도 한다(「儀禮準則審査委員의
抱負, 委員 宋之憲」, 『매일신보』, 1933.9.13, 7면; 「儀禮準則審査委員의 抱負, 委員 申錫
麟」, 『매일신보』, 1933.9.14, 7면).
296 「儀禮準則 制定」, 『동아일보』, 1934.2.27, 2면.
297 「中樞院會議 閉會」, 『동아일보』, 1934.4.29, 1면.
298 「中樞院案을 基準으로 儀禮準則을 制定」, 『매일신보』, 1934.7.13, 1면; 「總督의 諭告,
朝鮮風習 改善에 對하야」, 『동아일보』, 1934.11.10, 1면.
299 〈儀禮準則制定ニ關スル件〉(官通牒 第39號, 昭和 9.11.10), 『조선총독부관보』 제2351호,
1934.11.10.

비록 법규 형태를 띠지 않았지만, 『조선총독부관보』에 기재되었다는 점에서 의례준칙은 법규 못지않은 위상을 지닌다.

의례준칙은 발표 직후 신문 기사 등에 전문이 실려 보급된다.[300] 조선총독부는 순회강연, 실행위원 배치, 통첩, 유림 초청 설명회 개최, 선전물 배부 등 다양한 방법으로 의례준칙을 선전한다.[301] 심지어 1936년 6월에는 도지사회의에서 의례준칙을 영화로 만들어 각도에 보급하는 안이 나와 학무국에서 각본을 제작하게 되고, 1937년 4월에는 경기도가 관혼 예식을 영화로 만들 계획을 수립하기도 한다.[302] 1937년 6월경에는 의례준칙에 따라 혼례식을 하고, 신랑과 신부가 경학원 문묘에 참배해 이성지합(二性之合)을 두 성현에게 고해야 한다는 조건을 붙여 경학원을 결혼식장으로 개방하기도 한다.[303] 이러한 과정을 거치는 동안, 비록 반발도 있었고,[304] 본질상 변화가 없었다는 지적도 있었지만,[305] 의례준칙

---

300 「儀禮準則 全文」, 『매일신보』, 1934.11.10, 1면; 「儀禮準則 全文, 十日附 總督府 發表」, 『동아일보』, 1934.11.11, 4면.

301 「儀禮準則을 宣傳코저 道幹部 巡廻講演」, 『매일신보』, 1934.12.8, 5면; 「儀禮準則 實行委員을 配置, 公州郡에서 各洞里마다」, 『매일신보』, 1935.2.14, 3면; 「儀禮準則의 普及方法 通牒, 咸南道 積極 努力」, 『매일신보』, 1935.2.22, 4면; 「道內儒林은 招請, 儀禮準則을 勵行, 咸南道 實行 徹底를 企圖」, 『매일신보』, 1935.9.22, 8면; 「民心作興協議會」, 『동아일보』, 1937.10.29, 7면(경북 칠곡군에서 1주일간의 '民心作興週間'에 의례준칙의 인식을 철저하게 하기 해 郡內에 선전 비라를 배부하기로 했다는 내용).

302 「儀禮準則을 映畵로 各道에 頒布 公開, 知事會議 意見一致, 學務局이 脚本 作製」, 『매일신보』, 1936.6.25, 1면; 「儀禮準則에 基한 冠婚禮式 映畵化, 規範 만들고저 京畿道서 準備, 虛禮 打破의 再認識」, 『매일신보』, 1937.4.22, 3면.

303 「結婚式場으로 經學院을 開放」, 『동아일보』, 1937.6.3, 2면.

304 「儀禮準則 反對에 附和雷同은 不可, 忠北道 各郡을 團束」, 『매일신보』, 1935.5.11, 3면; 「遠來客의 喪主 面會까지 敎化主事가 拒絶, 위문객과 주인측의 불평이 자자, 金泉 儀禮準則 强制 勵行」, 『동아일보』, 1935.7.11, 5면; 「儀禮準則 違反者에 違約金을 徵收, 熙川郡 西面에서」, 『매일신보』, 1935.12.24, 8면.

305 이희재, 「일제강점기의 유교의례 변화양상—1930년대 『의례준칙』에서의 가정의례를 중심으로」, 『일본연구』 15, 2011, 565-583쪽. 이희재는 남녀유별적인 유교적 혼례의 본질이 그대로 유지되었고, 유교의 가부장적 문화, 명절의례를 비롯한 제례의 경우에

은 점점 확대된다.[306]

1934년 의례준칙의 내용은 무엇일까? 주요 내용은 관혼상제에서 관례를 제외한 혼례·상례·제례의 절차와 형식 부분이다. 일부 지역 상황에 따라 다르지만,[307] 의례준칙에서 관례 부분은 빠져 있다. 구체적으로, 혼례 부분은 혼인 연령, 약혼, 연길(涓吉), 납폐(納幣), 초례(醮禮) 등 5개 항목이다. 상례 부분은 '임종, 상주, 호상(護喪: 葬儀委員), 부고(訃告) 등으로 시작해 상기(喪期)와 복기(服期)까지 20개 항목이다. 제례 부분은 제사, 제전(祭奠) 공물(供物) 등 2개 항목이다.

의례준칙의 방향은 혼례 후 축연(祝宴) 참석자 제한, 상기(喪期) 축소, 기제 범위 축소 등 '의례의 간소화'이다. 이러한 방향 설정과 관련해, 당시 학무국장은 관혼상제 가운데 혼례·상례·제례가 '형식에 흘러 정신을 몰각(沒却)하고, 다액(多額)의 비용과 막대한 시간을 낭비'하고 있어, 형식을 간소하게 하고 정신을 중시해야 한다고 밝힌 바 있다. 이 내용은 宇垣一成 총독의 유고(諭告)에도 담겨 있다.[308]

그렇지만 의례준칙에는 이러한 방향 설정과 무관한 내용도 담겨 있다. 예를 들어, 혼례에서 혼인 연령을 '남자 20세, 여자 17세 이상'으로 규정한 부분은 의례준칙 시행 논리의 하나인 '형식의 간소화와 정신의 강조'와 무관해 보인다. 또한 신부의 집 외에 신사(神社)·사원(寺院)·교회당(教會堂)을 초례 장소에 포함시켜 신사·사원·교회당의 의식에 따라야 한다는 부분도 의례준칙의 시행 방향과 다소 무관해 보인다. 게다가 초

그다지 변화가 없었다고 보고 있다(같은 글, 583쪽).
306 「冠婚喪祭 費用 節約, 儀禮準則 漸奏效, 반개년간의 통계에 비추어본 반가운 民衆의 自覺」, 『매일신보』, 1936.6.19, 11면.
307 이희재, 앞의 글, 2011, 574쪽.
308 「社會事業 槪觀, 渡邊 學務局長 談」, 『동아일보』, 1935.10.4, 4면.

례 장소를 '공인종교'의 시설로 한정한 부분은 간접적으로 공인종교의 범주를 확대하는 효과까지 불러일으킨다.

의례준칙의 방향과 확대 정책을 허례허식의 폐지 차원에서만 이해하는 것은 단순한 접근이다. 이와 관련해, 의례준칙이 의례 간소화에 맞지 않는다거나 당시의 혼례나 장례 등이 '농촌진흥운동의 활성화'에 장애가 된다는 인식도 보인다.[309] 특히 1937년 1월에 의례준칙을 강제로 장려·확대하고 지도자부터 솔선 시범을 보이면 허례가 폐지되어 농가 경제가 되살아난다는 주장처럼,[310] 의례준칙은 농촌진흥운동과 연결해 설명될 수도 있다. 게다가 중일전쟁 이후 조선총독부는 '생활개선과 민풍작흥(民風作興)'의 맥락에서 의례준칙의 철저한 준수를 지속적으로 홍보하고 강조한다.[311] 이러한 점들을 고려하면 의례준칙의 시행과 확대는 허례허식 폐지 담론 차원만이 아니라 농촌진흥운동 차원의 경제 문제, 중일전쟁 이후의 '총후보국(銃後報國)'을 위한 교화 차원의 문제 등과 연결될 수 있다.[312]

---

309 「中樞院 會議 諮問事項, 十八, 九日 招集」, 『동아일보』, 1933.7.16, 1면.
310 「儀禮準則을 普遍化 强制的으로 勸奬, 虛禮 廢止로 農家經濟도 更生」, 『매일신보』, 1937.1.7, 8면.
311 朝鮮總督府學務局, 『朝鮮社會敎化要覽』, 朝鮮總督府學務局社會敎育課, 1937, pp.36-37, pp.147-148; 「各道 學務課長及 視學官 會議에서 大野 政務總監 訓示」, 『동아일보』, 1937.11.25, 3면. 신문 기사를 보면, 중일전쟁 직후에 정무총감이 '생활개선과 민풍작흥(民風作興)'에 관해 언급한 부분이 '의례준칙의 철저, 시간 존중, 근검 절약, 소비 절약 등'임을 알 수 있다.
312 「銃後報國 行事」, 『동아일보』, 1938.10.6, 3면(1938년 10월 부천군 오정면에서 동면사무소에 총후보국 또는 총후국민의 총동원 정신 차원에서 결정한 생업보국, 저축보국에 관한 내용).

4. 종교 법규의 적용과 인식

일본정부는 1868년 메이지유신 이후 근대 법규를 통해 종교 문제를
처리하기 시작한다. 그에 비해 약 30년이라는 시간 차이가 있지만, 조선
정부는 1894년 갑오개혁 시기부터 시작해, 대한제국 시기까지 근대 법
규를 제정·시행한다. 법규 측면에서 보면, 조선이 일본에 비해 상대적으
로 종교 문제를 중시하지 않은 것으로 보이지만, 관련 내용이 전혀 없는
것은 아니다.

근대 법규와 관련해, 한국법의 근대화 과정은 1905년 4월에 5편 17장
680조의 국한문 혼용체로 구성한 〈형법〉(법률 제2호, 일명 〈형법대전〉)을
통해 볼 수 있다. 〈형법〉은 '백성들의 범죄가 더 많아지고 유사(有司)의
의혹도 차츰 깊어지는' 상황을 고려해 '백성들은 두려운 것을 알게 될
것이고 유사(有司)는 준봉(遵奉)하기 쉬울 것'이라는 효과를 기대하며 '선
왕(先王)들이 제정한 법을 근본으로 삼아 외국의 규례를 참작'해 만든 법
규이다. 그 적용 범위는 '일반 인민 범죄자'이다(제1조). 그리고 형(刑)을
주형(主刑)과 부가형(附加刑)으로 구분한 후 주형에 사형·유형(流刑)·역형
(役刑)·금옥형(禁獄刑)·태형(笞刑), 부가형에 면관 면역(免冠 免役)과 몰입(沒
入)을 포함시키고 있다(제92조~제189조).[313]

---

313 『고종실록』 45권(42년 4.29, 양력 1번째 기사, 1905). 편·장은 제1편 법례 제1장 용법범
위(用法範圍, 제1~8절), 제2편 죄례 제1장 범죄분석(犯罪分析, 제1~9절), 제3편 형례
제1장 형벌통칙(刑罰通則, 제1~19절), 제4편 율례 상 제1장 반란소간율(反亂所干律,
제1~5절), 제2장 직권소간율(職權所干律, 제1~7절), 제3장 단옥급소송소간율(斷獄及
訴訟所干律, 제1~18절), 제4장 사위소간율(詐僞所干律, 제1~12절), 제5장 신명소간
율(神明所干律, 제1~2절), 제6장 기훼소간율(棄毁所干律, 제1~3절), 제7장 역금소간
율(闌禁所干律, 제1~3절), 제8장 상장급분묘소간율(喪葬及墳墓所干律, 제1~4절), 제
5편 율례 하, 제9장 살상소간율(殺傷所干律, 제1~21절), 제10장 간음소간율(姦淫所干

이 〈형법〉은 1901년 5월 법부대신 유기환(兪箕煥)의 명령을 받아 형법 교정관(刑法校正官)들이 기초한 것으로, 근대법의 편찬형식을 취하고 있다. 즉 종래에 육조(六曹: 吏·戶·禮·兵·刑·工) 관부(官府)의 소관사항을 기준으로 하던 육분주의(六分主義) 법전편찬형식을 탈피해, 단일법전 안에 범죄의 성립 및 형식의 종류에 관한 총칙 규정을 두고, 그에 기초해 각 범죄에 대한 형벌규정을 전개하는 편찬형식을 취하고 있다.[314]

한국법의 근대화 과정에서 주목할 부분은 종교 관련 내용이다. 특히 〈형법〉에는 종교 관련 내용이 적지 않다. 예를 들어, 제4장 사위소간율(詐僞所干律) 제12절 사술율(邪術律)에는 참위(讖緯, 미래 예언)나 요서(妖書)를 만들고 전파하는 행위(제404조), 사신(邪神)을 가강(假降)하거나 서부주수(書符呪水)해 인심을 현혹하거나 재물을 편취(騙取)하는 행위(제405조), 도상(圖像)을 은장(隱藏)해 향을 태우는 행위(제406조), 사술로 사람의 화복(禍福)이나 국가의 화복을 망언(妄言)하는 행위(제407조) 등이 포함된다. 제5장 신명소간율(神明所干律) 제1절 사설신사율(私設神祠律)에는 "挾雜ᄒᆞᆫ 計로 先賢을 尊慕ᄒᆞᆫ다 稱ᄒᆞ고 祠院을 私設ᄒᆞ야 財를 取ᄒᆞᄂᆞᆫ 者ᄂᆞᆫ 笞八十이며 寺刹이나 一應 淫祠를 私刱ᄒᆞᆫ 者ᄂᆞᆫ 懲役三年에 處ᄒᆞᆷ이라(제408조)"는, 제2절 설독신명율(褻瀆神明律)에는 "私家에서 設壇祭天ᄒᆞ야 褻瀆神明ᄒᆞᄂᆞᆫ 者ᄂᆞᆫ 笞八十에 處ᄒᆞᆷ이라(제410조)"는, 그리고 "寺院神廟에 香을 燒ᄒᆞ고 福을 禳ᄒᆞᄂᆞᆫ 者ᄂᆞᆫ 笞一百에 處ᄒᆞᆷ이라(제411조)"는 조문이 있다.[315]

律, 제1~5절), 제11장 혼인급입사소간율(婚姻及立嗣所干律, 제1~3절), 제12장 적도소간율(賊盜所干律, 제1~13절), 제13장 재산소간율(財産所干律, 제1~10절), 제14장 잡범률(雜犯律, 제1~10절), 부칙(附則)으로 구성되어 있다.

314 〈형법대전〉은 1906년 2월에 제1차 개정, 1908년 7월에 제2차 개정이 이루어지고, 1910년에 〈형법〉으로 개명되어 『한국법전』에 삽입되다가 1912년에 〈조선형사령〉으로 대체된다. 「형법대전」의 적용 기간은 8년이지만, 한국법의 근대화 과정을 보여준다는 의의를 가지고 있다(『한국민족문화대백과』, 형법대전 항목).

실제로 〈형법〉이 종교 영역에 적용된 사례로 2가지를 들 수 있다. 하나는, 1910년 11월, 이회광이 대한제국정부에 제출했던 '원종 종무원(寺務上 명칭) 또는 각황사(포교상 명칭)' 설립 신고서에 대해 내무부장관이 돌려주라고 결정하면서 〈형법〉 제408조에 근거해 '각황사는 공인(公認) 사찰이 아니므로 사호(寺號)를 공칭(公稱)하는 것이 온당하지 않다'고 밝힌 사례이다. 다른 하나는, 강제병합 이후인 1911년 5월부터 7월 사이에 〈형법〉 제408조에 근거해 한용운이 설립하던 임제종 종무원을 포함해 강원도 김화군 내 장수암(莊壽庵)과 대구 내 아미산 보현사의 설립을 막은 사례이다. 장수암에는 철수 명령을 내리고, 아미산 보현사에는 성질상 사원과 다르다는 이유로 철수가 아니라 보현사 표찰 철거 명령을 내린다.[316] 이 사례들은 조선총독부가 유관 법규의 제정·시행 이전에 대한제국의 〈형법〉을 활용했다는 점을 보여준다.

그렇지만 조선총독부는 1912년 3월에 종래의 〈형법대전〉 등을 폐지하고 〈조선형사령〉을 제정하는 등[317] 종래 법규를 새로운 법규로 대체하거나 새로운 법규를 제정하는 방식으로 근대 법규를 조선에 확산시킨다. 당시 조선총독부가 제정·시행한 근대 법규는 일본의 법규와 연관되는데, 종교에 대한 부분도 마찬가지 상황이다. 이는 조선총독부가 제정·시행한 종교 관련 법규가 '일본정부의 종교 처리 경험을 조선에 들여오

---

315 〈형법〉(법률 제2호, 광무 9년 4.29, 관보 광무 9년 5월 29일), 송병기 외 3인 편저, 『한말 근대법령자료집』IV, 대한민국국회도서관, 1971, 130-231쪽). 〈형법대전〉은 도량의 기본을 척(尺)으로, 형(衡)의 기본을 양(兩)으로 정한 〈도량형법〉(법률 제1호, 1905년 3월 21일)에 이어 법률 제2호로 공포된 법규이며, '어압 어새(御押 御璽)'와 함께 의정부 참정대신 민영환(閔泳煥)과 법부대신 이지용(李址鎔)의 서명이 있다.
316 박광수·이부용·장혜진·최세경·편용우, 앞의 책, 2018, 185-190쪽.
317 〈朝鮮刑事令〉(제령 제11호, 시행 1912.4.1, 明治 45.3.18), 『조선총독부관보』 제465호, 1912.3.18.

는 과정'이었다는 점, 동시에 일제강점기의 종교 관련 법규가 통감부나 조선총독부의 자의적 창작물이 아니라 일본의 종교 처리 경험과 연관된 결과물이라는 점을 시사한다.

특히 일제강점기의 종교 관련 법규에서는 최소한 2가지를 확인할 수 있다. 하나는 차별적인 종교 처리 방식의 이식(移植)과 변용이다. 여기서 이식은 일본정부의 종교 처리 경험이 조선 사회에 적용되었다는 것을, 변용은 일본의 종교 처리 방식이 조선의 상황에 다르게 적용되었다는 것을 말한다. 이 과정에서 우리가 사용하는 종교 범주가 법적 토대 위에서 고착되었다는 점을 확인할 수 있다. 다른 하나는 통치 방식의 전환이다. 통치방식의 전환은 무단통치가 1919년 3·1운동을 계기로 문화통치 방식으로 바뀐 것을 말하는데, 종교 관련 법규의 변화를 통해 이 지점을 확인할 수 있다. 통치방식은 바뀌었지만, 문화통치의 지향점은 '조선의 일본화, 황국신민화'로 귀결된다.

1) 종교 처리 방식의 이식과 변용

일본이 통감부 설치 이후부터 조선에서 제정·시행한 종교 관련 법규는 크게 3가지이다. 첫 번째는 일본에서 조선으로 유입된 신도·불교·기독교, 즉 일본 종교에 관한 법규이다. 1906년 11월의 〈종교 선포에 관한 규칙〉(통감부령 제45호), 1915년 8월의 〈신사·사원규칙〉(부령 제82호), 1936년 8월의 〈신사규칙〉(부령 제76호)과 〈사원규칙〉(부령 제80호) 등이 그에 해당한다.

두 번째는 조선의 불교·기독교에 관한 법규이다. 1911년 6월의 〈사찰령〉(제령 제7호), 1915년 8월의 〈포교규칙〉(부령 제83호)이 그에 해당한다.

이 외에 1915년 3월의 〈사립학교규칙〉 개정(부령 제24호)이나 동년 7월의 〈축제일 당일 사립종교학교 거식 예배에 관한 건(祝祭日當日私立宗教學教舉式禮拜二關スル件)〉(관통첩 제209호), 1912년 3월의 〈법인 설립과 감독에 관한 규정(法人ノ設立及監督二關スル規程)〉(부령 제71호) 등도 기독교나 불교에 영향을 미쳤다는 점에서 이 범주에 포함될 수 있다.

세 번째는 조선의 유교에 관한 법규이다. 1911년 6월의 〈경학원규정〉(부령 제73호)과 동년 10월의 〈문묘직원(直員)에 관한 건〉(부령 제127호), 1920년 6월의 〈향교재산관리규칙〉(부령 제91호), 1923년 4월의 〈지방문묘직원(職員)에 관한 건〉(부령 제68호), 1930년 2월의 〈명륜학원규정〉(부령 제13호), 1939년 2월의 〈명륜전문학원규정〉(부령 제13호), 1912년 6월의 〈묘지 화장장 매장과 화장 취체규칙〉(부령 제123호), 1934년 11월의 〈의례준칙 제정에 관한 건〉(관통첩 제39호) 등이 그에 해당한다. 이 외에 1908년 7월의 〈향사이정(享祀釐正)에 관한 건〉(칙령 제50호)과 동년 10월의 〈성균관관제 개정 건〉(칙령 제76호)과 동년 11월의 〈성균관학칙〉(학부대신 인가), 1909년 2월의 〈여제단 성황당 등 제사를 폐지하고 사직단제사는 구집행에 의하는 건(厲祭壇城隍堂等祭祀ヲ廢シ社稷壇祭祀ハ依舊執行セシムル件)〉(內部 訓令 地電發 64호), 1910년 4월의 〈향교재산관리규정〉(학부령 제2호) 등도 직간접적으로 유교와 연관된 법규이다.

그에 비해 조선의 신종교와 무속만을 대상으로 제정된 종교 법규는 보이지 않는다. 신종교나 무속에 대해서는 범죄나 치안 유지 등과 관련된 일반 법규가 적용된다. 1906년 4월의 〈보안규칙〉(통감부령 제10호), 1908년 10월의 〈경찰범처벌령〉(통감부령 제44호), 1909년 10월의 〈한국에 있어서의 범죄즉결령(犯罪卽決令)〉(칙령 제240호), 1910년 8월의 〈정치에 관한 옥외 대중집회(多衆集會)를 금(禁)하는 건〉(통감부 경무총감부령 제3호)과

동년 12월의 〈범죄즉결례〉(제령 제10호), 1912년 3월의 〈조선태형령〉(제령 제13호)과 〈경찰범처벌규칙〉(부령 제40호), 1919년 4월의 〈정치에 관한 범죄처벌 건(政治二關スル犯罪處罰ノ件)〉(제령 제7호), 1923년 9월의 〈치안유지를 위한 벌칙에 관한 건(治安維持ノ爲二する罰則二關スル件)〉(칙령 제403호), 1925년 4월의 〈치안유지법〉(법률 제46호), 1941년 3월의 〈치안유지법〉 개정(법률 제54호), 1941년 2월의 〈조선사상범 예방 구금령〉(제령 제8호) 등에 그에 해당한다. 그 외에 전시 법령인 1938년 3월의 〈국가총동원법〉,[318] 1941년 3월의 〈국방보안법〉[319] 등도 사상 취체라는 면에서 신종교나 무속과 연관된 법규라고 할 수 있다.

이처럼 종교 관련 법규들을 분류하면 두 개 지점을 확인할 수 있다. 하나는 통감부와 조선총독부가 여러 종교에 대해 차별적으로 인식해 처리했다는 점이다. 이런 차별적 인식과 처리는 교파신도·불교·기독교만을 공인종교로 인식해 관련 법규를 공포했다는 점에서, 신종교를 종교가 아닌 것으로 보고 일반 법규를 적용해 처리했다는 점에서, 그리고 유교를 종교가 아닌 사회교화 단체로 인식했다는 점에서 확인할 수 있다. 종교에 대한 이런 차별적 인식과 처리 방식은 결과적으로 조선 사회에서 '종교와 종교가 아닌 것의 구분법'을 유통시키게 된다. 이러한 종교 범주와 종교 구분법, 그리고 종교에 대한 차별적 인식과 처리 방식은 해방 이후에도 잔존물이 되어 이어진다.

다른 하나는 종교 범주와 종교 구분법, 그리고 종교에 대한 차별적 인식과 처리 방식이 일본의 종교 처리 방식을 이식(移植)하고 변용한 결

---

318 〈國家總動員法〉(昭和 13.3.31, 法律 제55호, 시행 昭和 13.5.5), 〈國家總動員法ヲ朝鮮, 臺灣及樺太二施行スルノ件〉(昭和 13.5.3, 勅令 제316호, 시행 昭和 13.5.5), 松島信藏 編, Op. cit., 1938, pp.51-66.

319 〈國防保安法〉(昭和 16.3.6, 法律 제49호), 『조선총독부관보』 제4278호, 1941.5.1.

과라는 점이다. 그렇다면 일본의 종교 처리 방식은 어떤 것이었을까? 메이지정부 수립 이후, 일본은 종교 문제를 중시해 종교 관련 법규들을 끊임없이 만들어낸다. 그 이유는 1899년 12월에 내각이 제국회의에 제출한 '종교법안'에 담긴 인식에서 찾아볼 수 있다. 당시 종교법안의 제출 이유로는 종교가 인심(人心)을 지배하고 국가의 질서 및 풍교(風敎)와 지대한 관계를 갖고 있다는 점, 그리고 현행 제도가 신도와 불교에 관해서만 규정되어 있는데 일반 종교에 대해 완전한 제도를 만들 필요가 있다는 점을 들고 있다.[320] 이 가운데 종교를 인심(人心)에 영향을 미치는 것으로 보는 태도는 이후에도 지속적으로 나타난다.[321]

일본이 만들어낸 종교 관련 법규의 공통 지향점은 무엇이었을까? 바로 '제재'와 '체제 순응'의 유도이다. 이 가운데 제재 부분은 메이지정부가 1889년의 헌법 공포 이전에 제정한 〈형법〉에서 확인할 수 있다. 당시 〈형법〉에는 종교 자유에 대한 방해 행위를 종교에 관한 죄로 규정하고 있다. 여기서 종교에 관한 죄는 예배소에 대한 불경죄와 설교·예배 방해죄(제263-265조)에 해당하는 '종교 멸시[蔑如] 죄'와 '송장[死屍] 훼기(毁棄) 및 무덤[墳墓] 발굴 죄'를 말한다.[322]

일본의 종교 관련 법규의 지향점이 '제재와 체제 순응'이었다는 점은 구로즈미쿄(黑住敎, くろずみきょう)가 1910년에 발간한 자료에서 확인할 수 있다. 이 자료에는 종교 법령으로 〈헌법〉 제28조, 〈민법〉 제1편 제2장 제1절 법인, 〈종교 선포 또는 의례집행을 목적으로 하는 법인 설립 규

320 渡辺兵吉 編, Op. cit., 1900, pp.19-20('宗敎法案理由書').
321 吳文聰, 『統計講話』, 大分縣: 大分縣知事官房, 1904, p.63.
322 江木衷, 『刑法(本邦)』(各論 ノ部), 東京: 東京法學校, 1888, pp.190-194(宗敎ニ關スル罪); 江木衷, 『日本刑法』(各論之部), 菊池武夫 編輯, 東京: 東京法學校, 1893, pp.242-246(第七章 宗敎ニ關スル罪).

정〉,〈형법〉제2편 제13장 비밀 침해죄(秘密ヲ侵ス罪)와 제2편 제24장 예배소(礼拜所)와 분묘(墳墓)에 관한 죄,〈민사소송법〉제298조,〈형사소송법〉제125조,〈치안경찰법〉제5조와 제22조,〈경찰범처벌령〉제2조 등이 실려 있다.[323] 이는 당시 일본 종교가 종교 관련 법규에 민감하게 반응했다는 것을 시사한다.

종교에 대한 제재와 체제 순응의 논리는 1933년 자료에서 확인할 수 있다. 그에 따르면,〈형법〉에 규정된 예배소와 분묘에 관한 죄(제188조, 제191조)는 '신교(信敎)의 자유'를 확보하고 신교에 관한 선량한 풍속(善良の風俗)을 유지하기 위해 종교 건조물과 형상 등 신앙 대상물에 대한 불경 행위를 취체해야 한다는 인식을 전제한다. 그리고 이런 인식에는〈제국헌법〉제28조에 있는 신교의 자유, 즉 양심의 자유에 입각한 종교의 자유가 아니라 '안녕질서를 방해하지 않고 신민된 의무에 위배되지 않는 한'이라는 조건이 붙은 '제한된 신교의 자유'가 전제되어 있다.[324]

특히 일본의 종교 관련 법규에서 주목할 부분은 여러 법규를 관통하는 종교 관련 인식이다. 일본은 메이지유신 이후 '종교와 종교가 아닌 것'을 구분한다. 그리고 '종교', 즉 공인종교 범주에는 교파신도·불교·기독교만 포함시킨다.[325] 그에 비해 국가신도나 유교나 신종교, 샤머니즘

---

323 黑住敎本廳 編, *Op. cit.*, 1910. 그 외에도〈梓巫, 市子, 憑祈禱, 狐下ケ禁止ノ件〉,〈禁厭祈禱ヲ以テ医藥ヲ妨クル者取締ノ件〉,〈敎會所說敎所ニ於テ葬儀ヲ執行シ衆庶ヲ參拜セシムル得ザル件〉,〈敎會所說敎所ニ於テ葬儀ヲ執行スルヲ得ル件〉,〈墓地及埋葬取締規則〉등의 취체 법규가 거론된다. 종교교육과 관련해서는〈宗敎學校ノ設立申請書敎規宗制ニ關スル件〉,〈一般ノ敎育ヲ宗敎以外ニ特立セシムル件〉이 거론된다. 한편, 이 자료를 펴낸 黑住敎(くろずみきょう)는 에도시대 말기의 黑住宗忠가 만든 종교로, 신도 교파로 분류된다.
324 塩野季彦, *Op. cit.*, 1933, p.133.
325 宗敎法規硏究會 編纂, 『現行宗敎法規類纂』, 神戶市: 宗敎法規硏究會, 1932, pp.142-149. 이 자료에 따르면, 1932년 당시, 일본정부가 공인한 신도 각 교파(敎派神道)는 천리교를 포함해 약 21개, 불교 각 교파는 천태종, 眞言律宗, 율종, 진언종, 임제종, 조동종, 黃檗

[무속]에 대해서는 종교가 아닌 것으로 간주한다. 그리고 이런 인식을 토대로 종교 공인 정책을 전개한다. 이러한 정책은 국가가 종교에 대한 차별적 인식을 확산시키고, 그 인식의 산물이 다시 종교 관련 법규로 제정되어 정책으로 이어지는 순환 구조에 놓이게 된다.

구체적으로, 메이지정부는 국가신도화 정책에 실패하자 여러 법규를 통해 교파신도·불교·기독교를 종교 범주에 포함시키고 각 단체에 운영권을 넘긴다. 그리고 교파신도와 달리, 국가신도를 '황실제사'로 규정해 종교가 아닌 것으로 분류하고, '신사는 종교가 아니라는 명분'을 내세워 종교인에게 신사참배를 강요한다. 유교에 대해서는 국가신도의 경우처럼, 종교가 아닌 것으로 분류한다. 그 이유는 일본에서 유교 교세가 크지 않았다는 점도 있지만, 유교를 '인심(人心)의 교화' 수단, 즉 '도덕'으로 여겼다는 점에서도 찾을 수 있다. 그에 비해 신종교는 종교가 아닌 것뿐만 아니라 인심을 해치는 것으로 인식되어 끊임없이 제재 대상이 된다.

그렇지만 메이지정부가 '종교와 종교가 아닌 것'의 구분을 전제한 종교 정책을 시행했다고 해서, 메이지정부의 종교정책을 공인종교 정책만으로 설명하는 것은 단편적이다. 이와 관련해, 1900년 자료에는 메이지정부 당시의 각국의 종교 정책을 정교 합일제와 분리제로, 다시 정교 합일제를 국교(國敎)주의와 구국(救國)주의, 정교 분리제를 방임(放任)주의와 공인(公認)주의로 구분한 뒤에 일본이 신도와 불교에 대해 공인주의[護敎主義], 기타 종교에 대해 방임주의[自由主義]를 취하고 있다는 설명이 보인다. 여기서 공인주의는 종교단체를 '국가의 인가'를 받은 '공적 사설

宗, 정토종, 진종(一向宗), 일련종(법화종), 時宗, 融通念佛宗, 법상종, 화엄종 등 약 14개 교파, 그리고 구교와 신교를 함께 지칭하는 기독교 각 교파는 구교 2개 교파[天主公敎會, 日本ハリスと正敎會]와 일본기독교회, 일본조합기독교회, 일본성공회 등 신교 18개 교파이다.

단체(公の社團)'로 본다는 것, 방임주의는 종교단체를 사설단체로 보고 사교클럽이나 영리단체처럼 법률에 위배되지 않는 한 그 조직, 자체 법규, 수입 등을 유지할 자유를 인정하는 것을 말한다.[326]

위의 자료는 메이지정부가 종교에 대해 공인정책과 방임정책을 모두 사용했다는 주장이다. 다만, 메이지정부의 공인주의에는 '국가 목적에 대한 협조', 방임주의에는 '공공질서의 준수'가 전제되어 있다. 이는 공인된 종교의 경우에 국가의 인가를 받아 그 지위와 특권을 유지하므로 국가의 목적에 협조해야 하고, 사설단체의 경우에 사회의 안녕질서를 파괴하지 않는 범위 내에서 방임된다는 논리이다. 그리고 일본이 신종교를 '종교가 아닌 것'으로 분류해 종교 범주에서 제외했다는 점을 고려한다면, 여기서 방임주의는 종교로 분류된 교파신도와 불교가 아니라 주로 기독교가 대상이었다고 볼 수 있다.

물론, 메이지정부 이후 일본의 종교 정책을 공인주의와 방임주의의 병행 정책만으로 규정하는 것도 다소 단편적이다. 비록 메이지정부가 국가 신도화 정책에 실패했다고 하지만, 국가 신도화 경향이 해방 전까지 지속되었기 때문이다. 따라서 이러한 국가 신도화 경향까지 고려한

---

326 內山正如·瑜伽理円, 『世界宗教一斑』, 東京: 博文館, 1900, pp.197-298. 이 자료에 따르면, 정교합일제 가운데 국교주의는 하나의 종교가 국가에 예속되는 경우, 구국주의(또는 종교정치주의)는 교회가 국가를 흡수해 정치가 종교에 복속하는 경우를 말한다. 그에 비해 방임주의와 공인주의는 '정교분리'를 모태로 하지만, 방임주의(또는 자유주의)는 종교를 하나의 사사(私事)로 간주해 종교단체를 사설단체의 일종으로 사교클럽이나 영리단체와 동일하게 취급해서 〈형법〉과 기타 공공질서에 관한 법률에 위배되지 않는 한 조직, 자체 법규, 수입 등을 유지할 자유를 인정하는 경우를 말한다(미국의 경우). 공인주의(또는 護敎주의)는 정교분리를 유지하되 종교를 '공적 사설단체(公の 社團)'로 보고 '국가의 인가'를 통해 특별한 지위를 부여해 일정 범위까지 그 재산 능력과 제도 실행상 특별한 보호를 하고(護敎主義), 공인된 종교도 국가가 장려하고 경영하는 목적과 동일한 목적을 유지하는 경우를 말한다. 다만, 방임주의는 종교를 도외시하고, 공인주의는 종교를 중요시한다는 차이가 있다고 한다(같은 책, pp.199-221).

다면, 메이지정부 이후 일본의 종교 정책에는 공인주의, 방임주의, 사실상의 국교주의까지 혼합되어 있었다고 평가할 수 있다.

이러한 일본의 차별적인 종교 정책은 통감부와 조선총독부의 여러 법규를 통해 조선 사회에 이식되고 변용된다. 통감부 이후 조선총독부가 제정·시행한 종교 법규를 보면, 교파신도·불교·기독교만을 공인종교로 만든다. 그리고 1917년 3월 〈신사(神祠)에 관한 건〉(부령 제21호)처럼, 신사신도를 보급시키면서, 신사가 종교가 아니라는 이유로 종교인에게도 끊임없이 신사참배를 강요한다. 유교에 대해서는 종교가 아니라 사회교화 기관으로 간주한다. 다만, 유교의 경우에는 일본과 조선의 상황이 다르므로, 즉 조선에는 성균관뿐 아니라 각지에 향교가 있었기 때문에 여러 법규를 만든다. 그렇지만 신종교나 무속은 종교가 아닌 것으로 여겨 일반 법규로 제재하는 '비(非)방임주의적 입장'을 취한다.

특히 유교의 경우, 일본은 이미 강제합병 이전에 양반과 유생의 지역별 호수 자료를 토대로 활용 의도를 보인 바 있다. 1910년 5월 10일에 조선인의 직업별 호수를 조사한 자료에 따르면, 당시 전체 양반과 유생의 호수는 각각 54,217호와 19,075호이다. 양반 호수가 많은 지역은 충남과 경북, 유생 호수가 많은 지역은 경북과 전남이다. 조선총독부는 이 자료에 근거해 지방에 따라 양반 호수에 차이가 있지만 아직까지 양반의 수가 많기 때문에 인지(人智)의 계발과 독서 수양을 위해 유생의 감화교도(敎導)를 수단으로 활용할 필요가 있다고 판단한다.[327]

---

327 朝鮮總督府 編, 『朝鮮の犯罪と環境』(朝鮮總督府 調査資料 第23輯), 朝鮮總督府 總督官房 總務課, 1935, pp.84-91. 서(序, 1928년 3월 작성)에 따르면, 이 자료는 집무 참고를 위한 촉탁 善生永助의 편찬물로, 전국의 44개 사원(祠院: 서원과 사당)의 명칭과 소재지가 실려 있다. 한편, 양반 호수가 많은 지역은 충남(22,481), 경북(13,130), 충북(5,829), 전북(2,113) 등의 순이며, 평북(358)과 평남(177)이 가장 적다. 유생 호수가 많

또한 신종교나 무속 인식에는 종교가 아닌 것으로 제거 대상으로 보는 일본정부의 인식이 반영되어 있다. 이러한 인식의 반영은 조선의 〈순사임용규칙〉, 〈경찰범처벌령〉, 〈범죄즉결례〉 등이 일본의 〈순사채용규칙〉, 〈경찰범처벌령〉, 〈위경죄즉결례(違警罪卽決例)〉, 〈구류 또는 과료 형에 해당하는 범죄즉결례〉 등을 모법으로 삼는 점에서 확인할 수 있다.[328] 물론 일본이 1900년의 〈치안경찰법〉에서 정치 집회를 포함한 대중 집회를 인정하고 신고제를 도입했다는 점을 고려한다면,[329] 조선에서 그 제재 정도는 더 강했다고 할 수 있다.

통감부와 조선총독부가 만들어낸 종교 관련 법규는, 사례에 따라 혼재되지만, 종교별로 다른 지향점을 보여준다. 우선, 공인된 일본의 종교와 조선의 종교 관련 법규는 '통제' 성격이 강한 편이다. 그에 비해 유교에 관한 법규는 '활용(수단)'의 성격이 강한 편이다. 그렇지만 신종교나 무속에 대해서는 '제거'의 성격이 강하다. 이러한 정책적 차이에는 공인 종교를 통제, 유교를 활용, 신종교나 무속을 제거 대상으로 보는 일본의

은 지역은 경북(3,560), 전남(3,458), 충남(1,862), 전북(1,752) 등의 순이다. 이 자료에서 양반은 문무(文武)의 대관(大官) 또는 학덕이 높은 학자를 배출한 가문(家柄)의 일족으로 명문(名門) 및 신분이 높은 관리가 될 자격과 특권을 가진 존재이다. 유생은 양반 다음으로 사회적 지위가 높은 존재로 '유교 신자로서 경세제민을 담당하는 자'이며, 향교나 성균관에 입학해서 공맹의 학을 받들면 유생이 되었던 과거와 달리, 대부분 '양반이나 유생의 자손'이다. 유림은 유생 단체를 말한다(같은 책, pp.85-86).

328 宮川寬, Op. cit., 1938. 이 자료를 보면 〈朝鮮總督府 巡査任用規則〉(pp.44-46)은 〈巡査採用規則〉(pp.35-40), 〈朝鮮總督府 警察犯處罰令〉(pp.341-347)은 〈警察犯處罰令〉(pp.332-337), 〈朝鮮總督府 犯罪卽決例〉(pp.347-350)는 〈違警罪卽決例〉(pp.338-341)에 근거를 두고 있다. 또한 〈朝鮮總督府 犯罪卽決例〉는 〈拘留又ハ科料ノ刑二該ル可キ犯罪卽決例〉(明治 29.10, 법령 제7호)와 내용이 유사하다는 점에서 그 근거로 추정할 수 있다(田山宗堯 編, 『憲兵要規』, 未詳, 1898, pp.[附]105-107). 『헌병요규』 출간연도는 범례에서 "本書ハ明治三十一年八月三十一日現行ノ法規"에 근거해 1898년으로 추정한다.

329 〈治安警察法〉(明治 33.3, 법률 제36호), 阪井勳, 『高等警察法提要』, 東京: 有斐閣, 1908, pp.413-420.

인식이 전제되어 있다. 이러한 여러 상황을 볼 때, 일제강점기의 종교 정책은 공인주의와 방임주의, 사실상의 국교주의, 그리고 '제거주의(除去 主義)' 정책으로 구분될 수 있고, 이러한 정책 속에서 종교 범주가 법적 토대 위에서 고착되었다고 할 수 있다.

2) 통치 방식의 전환

(1) 무단정치에서 문화정치로 전환

일본은 러일전쟁(1904-1905) 동안 대한제국에 '충고(忠告)'와 '고문(顧問)' 정치, 1906년 2월의 통감부 설치 이후 '보호(保護)'와 '지휘' 정치를 시도한 다. 구체적으로, '충고' 정치는 러일전쟁의 선전 포고 직후에 체결한 1904년 2월의 〈한일의정서〉에서 대한제국이 시정 개선에 관한 일본정 부의 충고를 받아야 한다(제1조)는 내용에 근거한다. 대한제국에 거부권 이 없었으므로 충고는 사실상 '명령'이다. 다음으로, '고문' 정치는 동년 8월의 〈제1차 한일협약〉에 근거한다.

다음으로, '보호' 정치는 1905년 5월 러시아 발틱함대의 격파로 전쟁 에서 승리해 동년 9월의 〈포츠머드조약〉 체결을 거쳐 11월에 체결한 〈제2차 한일협약(을사보호조약)〉에 근거한다. 그리고 '지휘' 정치는 대한 제국이 1907년 5월의 헤이그 세계평화회의에 밀사를 보낸 사건을 구실 로 고종황제를 강제로 양위시키고 체결한 동년 7월의 〈정미7조약〉에 근거한다. 이 조약에 시정개선에 관해 통감의 '지휘'를 받는다는 내용이 있기 때문이다.[330] 이 지휘 정치는 통감이 임명한 대한제국 각부 차관이

---

330 이달순, 「(제3장)일본의 한국통치(1910-1919) — 독립외교자료의 진실성 해부」, 『한국

실권을 장악하는 방식으로 이루어지는 '차관정치'의 다른 표현이다.

1910년 8월의 강제합병 이후에는 '헌병' 정치 또는 '무단(武斷)' 정치가 시도된다. 이 통치 방식은 1909년 6월 제2대 통감 曾禰荒助(소네 아라스케) 의 부임에 이어, 약 1년 뒤인 1910년 5월에 육군대장 출신의 寺內正毅(데 라우치 마사다케)가 제3대 통감으로 부임했다가 초대 총독이 되었을 때 시행한 헌병경찰제도의 연속선에 있다. 이 제도는 1910년 9월의 칙령 제343호에 근거한 것으로, 헌병이 치안유지 경찰과 군사 경찰 업무를 담당한다는 것이 핵심 내용이다.[331]

주목할 부분은 대부분의 종교 법규가 寺內正毅 총독(1910.10-1916.10)과 長谷川好道(하세가와 요시미치) 총독(1916.10-1919.8)의 무단정치 시기, 즉 강 제합병 이후부터 1920년 이전 사이에 제정·시행되었다는 점이다.[332] 이 는 종교 법규들이 대체로 강압적 내용으로 구성되었음을 시사한다. 주 요 사례로는 1912년 6월의 〈묘지·화장장·매장·화장 취체규칙〉(부령 제 123호)을 들 수 있다. 이 법규에 담긴 공동묘지제에 대해 일본에서도 조

정치외교사논총』10-1, 1994, 109-114쪽. 1904년 2월의 한일의정서 제1조에는 일본정부 의 충고에 대해 미룰 수 없는 유보(留保)조항이 없었고, 당시 일본군이 경성을 장악하 고 있었으므로 충고를 거부할 실제의 힘도 없어, 충고는 국제법상 사실상의 명령에 해당한다고 한다(같은 글, 109-110쪽). 이 자료에는 일본이 대한제국에 대해 '통치(統 治)'라는 용어를 사용해 '충고-고문-보호-지휘-합병의 통치'를 했다고 서술되어 있지 만, 이 글에서는 시기상 형식상이라도 국권이 유지된 상태임을 고려해 '통치'를 '정치' 라는 용어로 대체한다.

331 〈朝鮮駐箚憲兵條例〉(勅令 제343호, 明治 43.9.10, 明治 40년 칙령 제323호 폐지), 『조선 총독부관보』제17호, 1910.9.16. 이 조례에 따르면, 조선주차헌병은 치안유지에 관한 경찰과 군사경찰을 담당하고(제1조), 육군대신겸 조선총독과 해군대신의 지휘를 받는 다(제2조). 그리고 경성에 헌병대사령부를 두고 각 헌병대 관구(管區)에 본부와 분대 (分隊)를 나누어 헌병대를 배치한다(제7조). 한편, 헌병사령관은 경무총감, 헌병대장 은 지방 각 도의 경무부장의 역할을 수행하게 된다.

332 데라우치 마사다케(寺內正毅)는 총독을 사임한 1916년 10월부터 1918년 9월까지 총리 대신(제18대 수상)으로 재임하였으므로 조선의 정책에 영향을 행사했다고 할 수 있다.

선인의 인정풍속(人情風俗)을 무시한 사례라고 지적했다는 것은[333] 그만큼 조선인에게 강압적이었음을 시사한다.

그렇지만 종교 관련 법규들은 1920년대, 즉 유일하게 해군대장 출신인 齋藤實(사이토 마코토) 총독(1919.8-1927.12) 시기에 '다소' 완화되는 방향으로 개정된다. 이 시기의 종교 관련 법규의 변화를 보여주는 주요 사례는 다음과 같다. 우선, 1920년 4월의 개정 〈포교규칙〉에서는 비록 '안녕질서를 문란하게 할 우려가 있을 때 종교시설의 사용 정지와 금지 권한'이 총독에게 새로 부여되지만, 종교 선포 종사자의 신고사항이 축소되고, 종교 시설 설립의 허가제가 신고제로 바뀌고, 포교담임자의 허가제가 신고제로 바뀌고, 벌금형이 축소된다.

다른 사례로, 1920년 3월의 개정 〈사립학교규칙〉에서는 '다른 교과과정을 부가할 수 없다'는 내용을 삭제해 종교계 사립학교의 종교교육을 다소 묵인한다. 종교단체의 법인 설립도 1920년대부터 허가하기 시작한다. 1920년 6월에는 〈향규재산관리규칙〉을 제정해 향교재산 처분에 대한 기존 허가제를 인가제로 바꾸고, 유림의 요청을 수용해 향교재산 수입을 '공립 또는 지정학교 경비'로 지출하지 않고 문묘비와 교화비로 지출하게 한다. 1922년 1월에는 〈경학원규정〉을 개정해 강사에게 수당을 지급하게 한다.

그렇지만 여러 변화 속에서도 조선총독부의 통제 정책 기조는 유지된다. 이와 관련해, 1925년 4월에 일본에서 제정되어 동년 5월부터 조선과 대만과 사할린에 적용·시행된 〈치안유지법〉은, 비록 齋藤實 총독 시기인 1919년에 헌병경찰제가 폐지되고 보통경찰제가 시행되지만,[334] 1920

333 靑柳南冥, 『朝鮮獨立騷擾史論』, 朝鮮研究會, 1921(3版), p.156(第十一篇 文化政治論).
334 「總督官邸 警衛, 警察官으로 代用」, 『매일신보』, 1919.11.16, 2면;「朝鮮憲兵條例廢止

년대 이후에도 통제 정책 기조가 지속되었다는 점을 보여주고 있다.

그렇다면 1920년대 종교 관련 법규들의 '다소' 완화된 개정이 시사하는 바는 무엇일까? 바로 통치 방식의 변화이다. 종래의 무단통치가 문화통치로 전환된 계기는 1919년 3·1운동이다. 1919년 3·1운동 발생 직후부터 일본에서는 정치가나 학자나 문필가(操觚者)들이 조선 통치 방식에 관해 논의를 시작한다. 핵심은 3·1운동 발생 원인이 무력이나 억압 중심의 통치인 '무단정치의 죄'에 있으므로 寺內正毅 총독이 책임져야 한다는 내용, 그리고 앞으로 일본인과 조선인의 차별대우를 폐지하고, 언론의 자유를 존중하고, 민본주의(民本主義)의 요소를 가미하고, 조선의 민도(民度)와 풍속(風俗)과 습관을 참작해서 점진적으로 관련 법규를 개정해 문화정치를 해야 한다는 내용이다. 다만, 이러한 논의에서도 '조선의 치안 유지'는 문화통치를 위한 선결 문제로 인식된다.[335] 그리고 이런 인식은 1920년대 이후의 통제 정책 기조로 이어진다.

물론 일본에서 '문화정치' 개념이 전적으로 1919년 3·1운동 때문에 생긴 것은 아니다. 1919년 3·1운동 이전부터 이미 일본에는 '문화정치론'이 유포된다. 예를 들어, 1917년 자료를 보면, 일본에서는 당시 제1차 세계대전에 대해 권력과 이익에 기초하지만 동시에 '신앙의 전쟁'이고 '주의(主義)의 전쟁', 즉 문화의 전쟁(文化の戰ひ)으로 인식하는데,[336] 이러한 인식은 국민의 '사상 통일'이 중요하다는 판단으로 이어진다. 이러한 일본 내 흐름을 고려한다면, 1919년 3·1운동 이후 조선에서 전개된 문화정치

와 憲兵」, 『매일신보』, 1919.11.17, 2면. 한편, 헌병경찰제 폐지는 일본 내에서 일부 군부의 공격을 받기도 한다(「復活한다는 憲兵警察」, 『동아일보』, 1920.9.15, 3면).

335 靑柳南冥, Op. cit., 1921, pp.150-161(第十一篇 文化政治論).
336 ルウドルフ・キエルレン 著, 秦豊吉 譯, 『歐洲戰爭と民族主義』, 東京: 富山房, 1917, pp.266-279(第六 憲法政治文化政治上の問題).

는 조선인을 위한 새로운 정치라기보다 '전쟁 준비를 위해 사상 통일의
차원에서 시도된 정치 방식'이었다고 볼 수도 있다.

한편, 일본의 문화통치가 내세운 최종 지향점은 '내선의 융화(內鮮の融
和)'[337]이다. 이는 사상의 통제와 함께 '융화' 사상이 보급된다는 점을 시
사한다. 이 부분은 신사의 보급 정책과 함께 이루어진 조선신궁의 건립
에서 확인할 수 있다. 이와 관련해, 조선총독부는 1914년에 '관폐대사
조선신사'의 건립 계획을 세웠다가 예산 확보에 실패하지만, 건립 계획
을 계속 추진해 1919년 7월에 일본 내각의 허가를 받는다.[338] 이후 1920
년 5월에는 지진제(地鎭祭)와 함께 공사를 시작하고, 공사완료 시점인
1925년 7월에는 조선신사를 조선신궁으로 개칭해,[339] 동년 10월에 3종신
기(三種神器) 가운데 어령대(御靈代)와 보검(寶劍)을 가져와 안치하는, 즉 신
사 준공 후 최초의 제사인 진좌제(鎭座祭)를 진행한다.[340]

---

337 池田龍藏, 『朝鮮經濟管見』, 大阪: 大阪巖松堂, 1925, pp.25-26.
338 〈朝鮮神社〉(內閣 告示 제12호, 大正 8.7.18), 『조선총독부관보』 제2085호, 1919.7.23.
　　내각 고시에 따르면, 조선신사의 제신은 천조대신(天照大神)과 明治천황(明治天皇)이
　　며, 창립 장소는 '경기도 경성부 남산'이고, 사격(社格)은 관폐대사(官弊大社)이다. 당
　　시 내각총리대신은 原敬(はらたかし, 1856-1921, 내각: 1918.9-1921.11)이다.
339 〈朝鮮神社ヲ朝鮮神宮ト改稱仰出〉(內閣 告示 제6호, 大正 14.6.27), 『조선총독부관보』
　　제3862호, 1925.7.1. 당시 내각총리대신은 加藤高明(かとう たかあき, 1860-1926, 내각:
　　1924.6-1926.1)으로, 大正 데모크라시의 요망을 수용해 1925년 3월에 〈보통선거법〉을,
　　동시에 그에 반대한 추밀원(樞密院)의 영향으로 〈치안유지법〉을 성립시킨 인물이다.
340 「朝鮮神社 建立, 豫定地는 南山公園」, 『매일신보』, 1915.2.5, 2면; 「朝鮮神社 新造營
　　計劃」, 『매일신보』, 1916.4.7, 2면; 「朝鮮神社 祭神, 天照皇大神, 明治天皇 奉祀」, 『매일
　　신보』, 1919.5.12, 2면; 「官弊大社 朝鮮神社, 天照大神, 明治天皇을 奉祀」, 『매일신보』,
　　1919.7.20, 2면; 「朝鮮神社 造營, 경비는 오십만원 이상이오, 락성은 딕경 십년에야
　　된다」, 『매일신보』, 1919.7.11, 3면; 「十萬坪의 朝鮮神社, 비용은 건물만으로 오십만원,
　　딕경 십일년에는 쥰공될 소망」, 『매일신보』, 1919.7.22, 3면; 「朝鮮神社 起工?, 오는
　　십월 중순경에 긔공허」, 『매일신보』, 1919.9.19, 3면; 「朝鮮神社의 地鎭祭, 二十七日
　　擧行」, 『매일신보』, 1920.5.18, 2면; 「朝鮮神社의 地鎭祭, 작 이십칠일 오전 구시에」,
　　『매일신보』, 1920.5.28, 3면; 「朝鮮神社 設計, 工費 五十萬圓」, 『매일신보』, 1920.5.28,
　　2면; 「嚴重한 警戒裡에 일본에서 신궁 어령대 안착」, 『동아일보』, 1925.10.15, 2면. 지

(2) 문화정치: 내선융화와 황국신민화 정책

제3대 齋藤實(사이토 마코토) 총독이 문화정치를 내세워 설정한 종교 정책의 기조는 대체로 1931년 9월의 만주사변 직전까지 지속된다. 실제로 1927년 4월부터 제4대 宇垣一成(우가키 가즈시게) 총독(1927.4-10)이 약 6개월을, 그리고 동년 12월부터 제5대 山梨半造(야마나시 한죠) 총독(1927.12-1929.8)이 약 1년 10개월을 재직하지만 이 시기에 특별히 제정되거나 개정되어 사회 이슈가 된 종교 관련 법규는 보이지 않는다.[341] 그리고 1929년 8월부터 만주사변 발발 직전까지 다시 齋藤實이 제6대 총독(1929.8-1931.6)이 되어 약 1년 10개월을 재직하게 된다.

그렇지만 齋藤實에 이어, 다시 宇垣一成이 만주사변 발발 직전인 1931년 6월부터 제7대 총독(1931.6-1936.8)으로 부임해 약 2년 2개월을 재직하고, 1937년 7월의 중일전쟁 직후부터 南次郎(미나미 지로)이 제8대 총독(1936.8-1942.5)으로 약 6년을 재직하면서 종교 법규에 다소 변화가 생긴다. 그리고 이 변화는 小磯國昭(고이소 구니아키)가 제9대 총독(1942.5-1944.7)으로 약 2년, 阿部信行(아베 노부유키)가 제10대 총독(1944.7-1945.9)으로 약 1년을 재직하는 동안 이어진다. 당시 종교 법규의 기조가 이어진 이유 가운데 하나는 만주사변 발발 시기부터 해방 이전까지 육군 출신들이

진제(地鎭祭, じちんさい)는 토목(土木)이나 건축 공사(工事)에 앞서, 터를 닦기 전에 그 건물의 안전을 위해 지신(地神)에게 미리 '알리는' 고사(告祀)이다. 한편, 대만에도 관폐대사(臺灣神社)와 관폐중사(臺南神社)가 있었지만, 조선신궁에서 '어령대 어경(御鏡)'은 천조대신, '어령대 어검(御劍)'은 明治천황을 상징한다(福井万次郎, 『官幣大社參詣記』, 東京: 綾樂居, 1926, p.213).

341 다만, 山梨半造 총독 시기에 '주지의 사찰재산 활용권 제한'을 담은 1929년 6월 10일자 〈사찰령〉 개정(제령 제9호)은 예외로 보인다. 다만, 이러한 제한 조치도 불교계 일부의 요청이었다는 점을 상기할 필요가 있다.

연이어 총독을 맡았다는 데에서 찾을 수 있다.

1931년 6월 이후 총독들의 정책적 지향점은 '내선융화'로 표현되는 조선인의 일본인화, 그리고 '황국신민화'라고 할 수 있다.[342] 조선인의 일본인화가 宇垣一成 총독 시기부터 지속되었다면, '황국신민화'는 南次郎 총독 시기 이후에 강조된다. 물론 이러한 지향점에는 1931년 9월의 만주사변, 1937년 7월의 중일전쟁, 제2차 세계대전 등으로 이어지는 전시 상황이 전제되어 있다.

여러 총독들의 정책적 지향점은 종교과 관련해, '조선 종교의 일본화'라는 모양을 띤다. 구체적으로, 1930년대 이후의 총독들은 신사참배를 통한 사상 통일을 강조한다. 예를 들어, 南次郎 총독은 1936년 8월에 〈신사·사원규칙〉(부령 제81호)을 폐지하고 〈신사규칙〉과 〈사원규칙〉을 제정해 신사와 사원을 별도로 관리한다. 그리고 소규모 신사(神祠)들이 어느 정도 보급된 상황을 토대로 〈신사에 관한 건〉을 개정(부령 제70호)해 〈신사규칙〉 대상인 신사(神社)처럼 엄격한 관리를 시작한다. 또한 1939년 4월에는 〈신사에 관한 건〉을 다시 개정(부령 제57호)해 재산 처분권을 도지사에게 부여하는 등 관리 강도를 높인다.

불교와 기독교에 대해서는 중일전쟁을 전후한 시점부터 국민정신총동원운동에 대한 참여를 유도한다. 이 가운데 불교에 대해서는 〈사찰령〉을 통한 사찰 재산의 통제 기조를 유지하고, 이를 기반으로 중일전쟁을 전후한 시기부터 심전개발운동에 대한 적극적 협력을 유도한다.[343] 기독교에 대해서는 1930년대 중반의 신사참배 거부 움직임 등을 보다

---

342 박균섭, 「조선총독 宇垣一成의 조선관과 교육정책에 관한 고찰」, 『일본학보』 46, 한국일본학회, 2001, 357-372쪽 참조.
343 조성운, 「『佛敎時報』를 통해 본 心田開發運動」, 『한국민족운동사연구』 67, 2011, 109-166쪽 참조.

엄격히 취체하기 위해 1938년 5월경에 〈포교규칙〉의 개정을 추진한 바 있다. 다만, 당시 〈포교규칙〉의 개정은 1939년에 통과된 〈종교단체법〉과 연계해야 한다는 이유로 보류된다.

유교에 대해서는 국민정신총동원운동에 대한 참여를 유도한다. 게다가 南次郎 총독은 1939년 2월에 〈명륜전문학원규정〉(부령 제13호)을 공포해, '황국정신에 기초하여 유학을 연찬(研鑽)해서 국민도덕의 본의를 천명하여 충량한 황국신민을 양성'하는 데에 유교를 활용한다는 방침을 세운다. 그리고 1942년 3월 17일에는 '전문학교' 설립을 인가해 명륜전문학원을 '명륜전문학교'로 전환시킨다. 이 조치들은 유교 관련 법규들이 점차 '황국신민화'를 지향하는 방향으로 개정되었음을 보여준다.

다른 종교에 비해, 신종교에 대해서는 특히 1937년 이후에 심해져 단체 자체를 해산시키는 등 통제 기조를 강화한다. 이러한 통제 기조는 일본에서 '불온유사종교'나 '불령분자(不逞分子)'의 범주를 적용해 신종교에 통제를 가하던 정책의 연장선에 있기도 하다.[344] 이러한 신종교 통제는 1940년대에도 지속된다. 이와 관련해, 南次郎 총독은 1941년 2월에 〈조선사상범예방구금령〉(제령 제8호)을 공포하고, 동년 3월에 〈치안유지법〉(법률 제54호)을 전면 개정해 치안유지 위반 범위를 확대하고 처벌 수위를 강화한다. 이러한 법규들은 단순한 치안 유지 차원이 아니라 치안 유지를 명분으로 '조선인의 이상적 일본인화', '충량한 일본신민 만들기' 등을 위한 법적 장치로 기능하게 된다.

---

[344] 「部下를 督勵하야 査察을 嚴重히 하라, 鹽野 法相의 訓示 要旨」, 『동아일보』, 1939.5.3, 1면. 이 기사에 따르면, 1939년 5월의 지방장관회의에서 염야(鹽野) 법상(法相: 법무부 장관)은 '전시 상태에서 불온유사종교의 발호(跋扈) 염려가 있으므로 한층 주의하여 검찰 관리를 독려해 사찰을 엄중히 하고, '불령분자(不逞分子)'가 생기지 않도록 하라고 지시한다.

Ⅲ

종교 정책과
변화

1905년 11월과 1910년 8월에 각각 설치된 통감부와 조선총독부는 여러 종교 관련 법규들을 제정·공포한다. 그렇지만 종교 정책과 관련해 주목할 부분은 메이지정부가 일본 사회의 종교 상황을 처리하기 위해 이미 통감부 설치 이전에 여러 법규를 제정·공포하고 종무행정 조직을 갖춘 경험을 가졌다는 점이다. 이는 통감부와 조선총독부의 종교 법규와 정책에 일본이 겪은 종교 처리 경험의 반영 가능성을 시사한다. 또한 조선총독부의 존속 시기를 고려하면, 조선총독부가 메이지정부뿐 아니라 다이쇼(大正, 1912-1926)정부, 쇼와(昭和, 1926-1989)정부의 일부 종교 처리 경험까지 조선에 적용했을 가능성도 있다. 이러한 관점을 수용한다면 통감부·조선총독부의 종교 정책은 일본정부의 종교 처리 경험과 밀접하게 연결되어 있다.

이 부분에서는 여러 종교 법규에 근거한 통감부·조선총독부의 종교 정책과 그 흐름을 검토하되, 일본정부와 통감부·조선총독부의 연계성을 고려해 먼저 일본정부의 종교 정책 담당 조직을 살펴본다. 이어, 통감부·조선총독부의 종교 정책 담당 조직과 역할, '공인종교' 정책, '유사종교' 정책, 그리고 유교 정책의 흐름을 검토하면서 토대로 종교 정책의 흐름과 인식을 살펴보고자 한다.

1. 종교 정책 담당 조직과 역할

1) 일본의 종교 정책 담당 조직과 역할

메이지정부가 1869년(명치 2)에 2관 6성제(2官6省制)[1]를 시행한 후, 종무

행정은 1870년부터 민부성, 1871년부터 대장성과 신기성을 거쳐, 1872
년부터 교부성이 맡는다.[2] 그러다가 1877년 1월에 교부성이 폐지되면서
이미 1873년에 사회 안녕과 보호를 위해 신설된 내무성으로 이관된다.[3]
내무성은 내무경(內務卿)을 중심으로 권업료(勸業寮)·경보료(警保寮)·호적
료·역체료(驛遞寮)·토목료·지리료·도서료로 구성된,[4] 즉 종무행정과 무
관했던 조직이다.

1877년(명치 10) 1월부터 내무성은 신사와 불교 관련 사무를 위해 사사

---

1   2관 6성제는 종래 율령제에 기초한 2관 8성제의 변형으로, 태정관(太政官)과 신기관
    (神祇官)을 두고, 태정관 아래 각 성(省)을 두는 제도이다. 이는 메이지정부의 1885년
    내각 제도 발족으로 이어진다. 한편, 율령제에서 율과 영은 각각 형벌과 행정 관련
    법규이다. 율(律)은 죄를 정하는 형벌법, 영(令)은 행정규정이고, 이것을 직접 또는
    칙서로 변경시켜 중요 사항을 모은 것이 격(格), 율·영에 관한 시행사항의 세목이 식
    (式)이다. 즉, 율과 영은 기본법, 격과 식은 추가·개정법 및 시행세칙에 해당한다. 그리
    고 격은 주로 금위(禁違)나 정사(正邪)를 가리는 교정법(矯正法)으로 칙서·금령(禁令)
    을 말한다. 율령제는 율령격식을 각각 단독 법전 조규(法典條規)로 본다는 특징이 있
    다(『한국민족문화대백과』, 율령제 항목).
2   鈴木庫之助 編輯, 『宗教法令拔萃』, 名古屋: 愛知縣神道一致會, 1936, pp.1-3. 종교사무
    연혁은 1870년(명치 3.7) 민부성 사사괘(社寺掛)에서 시작된다. 사사괘는 동년 윤10월
    에 사원료(寺院寮)로 바뀐다. 1871년에는 민부성을 폐지하고 대장성에 사사과(社寺課)
    를 설치한다. 1872년에는 대장성 사사과를 폐지하고 교부성을 설치한다. 1877년에는
    교부성을 폐지하고 내무성에 사사국(社寺局)을 설치하고, 1899년에는 내무성에 사사
    국을 폐지하고 신사국과 종교국을 설치한다. 1913년(대정 2.4)에는 내무성 종교국을
    폐지하고 문부성에 종교국을 둔다(같은 책, p.1). 다만, 이 자료에서 신사국과 종교국
    설치 시점은 1900년으로 수정되어야 한다.
3   內閣法制局, 『法規提要』(明治 20年編 下卷), 東京: 法制局, 1903, pp.106-110. 내무성은
    1873년(명치 6) 11월 제375호 포고로 설치된다. 1874년 1월 제1호 포고로 내무성에
    勸業, 警保, 호적, 驛遞, 토목, 지리의 6개 료(寮)와 측량사(測量司)를 두고, 동시에 교부
    성의 음악가무(音樂歌舞)의 사무 등을 가져온다.
4   物集高材 編, 『官職一覽』 上, 東京: 東京書林, 1875(明 8.11), pp.13-24. 경보료는 행정경
    보(行政警保) 사무를 맡는다(같은 책, p.18). 1877년 자료를 보면, 경시국장은 내무경
    명령으로 행정경찰과 감옥 시설 사무를 관장하되, 국사경찰(國事警察)에 대해서는 내
    무경 경유 없이 태정관 지령을 받는다(警視局 編, 『警事行政要錄. 第1編』, 東京: 內務省
    警視局, 1879, pp.14-2(〈警視官職制〉(警視局 第11號, 明治 10.1.27) 제1조, 제5조).

국(社寺局)을 신설한다.[5] 당시 사사국은 2과(課: 神社·寺院)로 구성되었는데, 사사국을 설치했다는 것은 일본정부가 신도만이 아니라 불교를 국가 행정의 대상으로 삼기 시작했다는 의미이다. 그 외에 내무성 호적료에서도 신사, 사찰, 승려, 신관 등의 수를 파악하는 등[6] 종무행정의 일부를 담당한다.

주목할 부분은 내무성의 사사국 설치 후, 일본의 종무행정이 중앙의 내무성, 지방의 부현청(府縣廳), 중앙과 지방의 경찰 조직 등 3자 구도로 이루어졌다는 점이다.[7] 다만, 1878년(명치 11) 자료를 보면, 내무성의 사사국은 신도와 불교 관련 업무만 취급하고 다른 종교에 관한 업무를 취급하지 않는다.[8]

구체적으로, 우선, 내무성 사사국에서는, 신사와 불교 관련 법규를 묶은 자료도 발간하지만,[9] 기본적으로 신도와 불교 관련 행정을 구별한다.

---

5   荒木良仙, 『仏教制度之硏究』, 東京: 仏教制度之硏究發行所, 1921(大正 10), p.121; 西村隼太郎 編, 『官員錄. 明治 10年4月』, 東京: 西村組出版局, 1877, p.24.

6   小川陽治郎 編, 『官省分畫官民必携』, 東京: 竹原鼎, 1879(明 12.2), pp.11-12.

7   內務省警視局, 『警視類聚規則』, 東京: 警視局, 1879(明 12.2), pp.1-10. 〈警視局職制章程〉(達 제11호, 명치 10.1.27)에 따르면 경시국장(大警視)은 내무경의 명령을 받아 전국 행정경찰과 감옥 시설에 관한 사무를 관장한다(제1조). 한편, 警視廳, 『警視廳 權限類抄』, 東京: 警視廳, 1893, pp.1-2; 內閣法制局, Op. cit., 1903, pp.439-455에 따르면, 일본의 근대경찰 행정은 1874년(명치 7) 1월에 설치되어 동년 2월에 내무성에 소속된 동경경시청에서 시작된다. 그렇지만 3년 만인 1877년(명치 10) 1월에 동경경시청을 폐지하고, 내무성에 경시관(警視官)을 두고 경보국(警保局)을 설치했다가 4년 후인 1881년(명치 14) 1월에 다시 경시청을 부활시켜 패전 직후까지 유지시킨다. 동경경시청의 수장은 경시장(警視長), 경시청의 수장은 경시총감(警視總監)이다.

8   內務省, 『內務卿年報』(第3回 附錄4冊 略之), 東京: 內務省, 1878, pp.28-30.

9   「內務省沿革槪略」, 『官報』 第1192号, 1887.6.21. 내무성 사사국에서는 '內務省社寺局, 『社寺法規』 第2編, 東京: 內務省社寺局, 1885(明 18.11)' 등의 자료를 발간한다. 한편, "細川廣世 編, 『(重訂)日本帝國形勢總覽』, 東京: 細川廣世, 1886(明 19.3), pp.201-228"에 따르면, 1886년 당시 종묘는 현재 미에(三重)현 이세(伊勢)시에 있던 황대신궁(내궁)과 풍수대신궁(외궁)이며, 신사 수는 약 282,623사(社: 국폐사 이상 134社, 부현사 이하 189,739社, 境內 無格社 92,750社), 국폐사 이상의 신관은 823명, 부현사 이하의 신관은

이런 상황은 1885년(명치 18) 12월에 율령제하에서 사법·행정·입법을 관장하던 태정관(太政官, だいじょうかん) 제도를 폐지하면서 내각총리대신과 성(省) 체제인 내각제를 창설한 직후에도 마찬가지이다. 1886년(명치 19) 자료를 보면, 내무성은 사사국(社寺局)에 2과(課: 神社·寺院)를 두어 신사와 교파신도, 그리고 사원과 불교 종파에 관한 사무를 구별한다.[10] 그 외에 내무성 경보국(警保局)에 속한 경무과·보안과에서 종무행정의 일부를 맡는다. 그리고 1878년(명치 11)에는 신궁(神宮) 업무를 위해 내무성 산하에 '조신궁사청(造神宮使廳)'이 설치되기도 한다.[11]

13,939명, 교도직은 14,668명이다. 그에 비해 사원 수는 약 473,003사(寺: 천태 1,820개, 律 9,100, 法宗 5,320, 禪 10,007, 정토 142,000, 遊行 60,076, 大念佛 1,510, 일련 83,020, 서본원사 45,018, 동본원사 80,102, 高田派 7,520, 佛光寺派 8,520)로, 신사 수보다 월등히 많다.

10 警視廳, 『警視提要』(明治 22年), 東京: 警視廳, 1889(明治 22.9.28), pp.18-50. 이 자료의 〈各省官制〉(勅令, 明治 19.2.26) 제1조·제2조·제25조, 〈內閣組織〉(명치 18.12, 제69호 達), 〈內務省官制〉 제28조에 따르면, 1886년(명치 19)의 정부 조직은 내각총리대신과 9개 성(외무·내무·대장·육군·해군·사법·문부·농상무·체신)이며, 내무성은 내무대신관방과 8국(局: 총무·縣治·警保·토목·위생·지리·社寺·회계) 체제이다. 한편, 〈內務省官制〉(明治 19.2, 勅令 第2號 節錄), 法制局, 『法規提要』下卷(明治 20年4月編輯), 東京: 內閣法制局, 1903, pp.9-10, pp.92-101(제2조, 8조, 28-30조)에 따르면, 내무대신은 지방행정·경찰·감옥·토목·위생·지리·사사(社寺)·출판·판권·호적·진휼(賑恤)·구제 관련 사무를 관리하고 중앙위생회, 경시총감, 지방관을 감독한다(제1조). 신사과 사무는 '①神宮과 官國幣社, ②神社社格과 明細帳, ③宮社와 招魂社의 경비·營繕, ④古社 보존과 신사 재산, ⑤神道 各派의 敎規 등에 관한 사항', 사원과의 사무는 '①寺院 明細帳, ②古寺 보존과 사원 재산, ③佛道 各宗의 宗制 등에 관한 사항'이다(〈內務省官制〉 제29조, 제30조).

11 內閣法制局, Op. cit., 1903, pp.106-120, pp.128-130. 〈內務省官制〉(勅令 第2號, 明治 19.2)에 따르면, 내무성은 7개 국(局: 縣治·警保·토목·위생·지리·社寺·회계)으로 구성되는데(제8조), 종무행정은 경보국과 사사국에서 이루어진다. 경보국은 경무과·보안과·감옥과로 구성되는데, 경무과에서는 행정경찰에 관한 사항, 보안과에서는 신문잡지 등과 함께 풍속과 정치에 관한 결사집회에 관한 사항을 맡는다(제13-제15조). 사사국은 신사과(神社課)와 사원과(寺院課)로 구성되는데, 신사과에서는 ①신궁과 관국폐사, ②신사사격과 명세장, ③관사(官社)와 초혼사의 경비·영선(營繕), ④고사(古社) 보존과 신사 재산, ⑤神道各派의 敎規 등에 관한 사항, 사원과에서는 ①사원 명세장, ②고사(古寺) 보존과 사원 재산, ③佛道各宗의 宗制 등에 관한 사항을 맡는다(제18-제20조).

다음으로, 경찰 조직은 내무성이 사사국을 설치한 1877년 이전에 이미 사사 행정을 맡은 바 있다. 예를 들어, 1875년(명치 8)의 경시청 업무는 '순시, 문서, 이력, 규율, 안녕, 용도(用度)'의 6가지, 동경부(東京府) 업무는 사사(社寺)를 포함한 15가지이다.[12] 1877년(명치 10) 10월 경시국(警視局)에서는 교도직(敎導職)의 기양의례[祈禳儀] 금지 조치를 취하기도 한다.[13] 그후, 1881년(명치 14)에는 경시청(警視廳)의 제1국(局)이 종무행정을 담당하고,[14] 동경부청(東京府廳)이 서무과에 사사괘(社寺掛)를 둔다.[15] 1886년(명치 19)에는 경시청 제1국에 '교회·강사(講社)·설교·예배, 제전(祭典)·장의(葬儀)·풍속, 묘지·화장장' 등에 관한 업무가 배치되어 주로 행정경찰이 종무행정을 맡는다.[16]

---

12 井上道甫 編, 『東京一覽』上, 東京: 須原屋茂兵衛, 1875, p.1.

13 靑木浩藏 編, 『訓解官令類聚』沿革附 第1號, 東京: 右文社, 1878, p.11.

14 警視廳, 『警吏須知』, 東京: 警視廳, 1882(明 15.11), pp.5-8. 경시청은 1881년에 4국(내국·회계국·제1국·제2국), 순사본부, 3서(경찰서·소방본서·감옥서)로 구성되고, 종무행정은 제1국에서 담당한다. 〈警視廳處務規程〉(第65號達, 明治 15.6)에 따르면 제1국(局) 제1과(課) 사무는 '영업·시장·도량형·神佛祭典·遊觀場·국사에 관한 결사집회'이다.

15 佐藤穎吉 編, 『東京獨案內: 図入』, 未詳, 1881(明 14.3), pp.1-2. 당시 동경부청은 9과(課: 서무·외무·권업·조세·학무·公債·회계·토목·위생)를 두었는데, 사사괘는 서무과의 5괘(掛: 호적·사사·직원·기록·受付) 가운데 하나이다. 그에 비해 본청인 경시청분과취급사무를 보면, 사사(社寺)라는 표현이 보이지 않지만, 아미타(阿弥陀), 지장(地藏), 부(府) 이하 신사(神社)와 불각(仏閣)에 관한 조사 내용이 담겨 있다. 당시 경시청은 내국(內局)·제1국·제2국으로 구성되었는데, 내국의 경우, 국사(國事)는 제1과, 정사(政事)에 관한 결사·집회·신문·잡지·도서·광고·연극은 제2과, 외국인·번역·총기 등은 제3과(자료에 제4과로 표기) 담당이다.

16 〈警視廳官制〉(勅令 第42号, 明治 19.5.4), 『官報』第850号, 1886.5.5. 내각총리대신(伊藤博文)과 내무대신(山縣有朋)이 공포한 관제에 따르면, 경시청은 경찰관과 직원(경시총감·경시부총감·제1등-제5등警視·屬·警部·警部補), 경무관(警察醫長·경찰부의장·警察醫), 소방관(消防司令長·소방사령부장·소방사령·소방사령보), 감옥관과 직원(典獄·부전옥·서기·간수장·간수부장)으로 구성된(제1조-제3조), 그리고 5국(局: 서기국·제1국·제2국·제3국·회계국)과 3서(署: 警察本署·소방본서·감옥본서)와 1부(部: 醫務部)를 둔 조직이다(제33조). 경찰의 종류는 행정·사법·고등경찰이며, 종무행정은 행정경찰 관련 사무를 분장한 제1국 담당이다. 제1국은 5과(課: 제1-제5)를 두어 교회, 설교, 예배,

다음으로, 지방의 경우, 1886년(명치 19) 〈지방관관제〉를 보면, 부현청
(府縣廳) 업무에 종무행정이 명시되지 않는다. 그렇지만 지방 행정 근거인
〈지방관관제〉가 내각총리대신과 내무대신 명의로 공포되었다는 점을
고려하면 지방에서도 종무행정이 있었다고 볼 수 있다. 지방의 경찰 조직
도 경시청의 경우처럼 고등경찰·행정경찰·사법경찰 체제였고, 각 부현(府
縣)에 경찰본서를 두고, 부현 내 각 군구(郡區)에 경찰서 1개소와 경찰분서
를 배치해 교회, 강사, 설교, 예배, 묘지와 화장 등에 관한 사무를 배정했기
때문에 경시청과 동일한 종무행정을 담당했다고 유추할 수 있다.[17]

그 후, 일본의 종무행정을 보면, 1890년(명치 23) 6월에 내무성이 9국
(局: 총무·縣治·警保·토목·위생·지리·社寺·도서·회계) 체제로 개편하고 각 국
(局)에 있던 과(課)를 없애면서 사사국도 2과(課: 신사·사원)의 업무를 단일
화한다.[18] 당시 관제 개정은 사사국에 신도와 불교 관련 부서의 사무을
합쳤을 뿐 아니라 '기타 종교(其他 宗敎)' 관련 사무를 추가했다는 특징을
보인다. 이는 일본정부(내무성)가 1890년부터 국가 행정에서 '신도와 불

장의(葬儀), 기타 풍속, 묘지와 화장 등에 관한 사항을 담당한다 사법경찰은 제2국에
속해 범죄인이나 실종자 등에 관한 사무를, 고등경찰은 제3국에 속해 '정치에 관한
결사·집회, 신문·잡지·도서와 기타 출판에 관한 사무를 담당한다(제41-제43조).
17 〈地方官官制〉(勅令 第54號, 明治 19.7.12), 警視廳, 『警視提要』(明治 19年), 東京: 警視
廳, 1889, pp.37-50; 內閣法制局, Op. cit., 1903, pp.469-487. 〈地方官官制〉(勅令 第54号,
明治 19.7)에 따르면, 부현(府縣)의 지사(知事)는 내무대신의 지휘감독을 받는다(제1-
제2조). 부현청(府縣廳)의 부서의 제1부와 제2부에는 종무행정이 명시되어 있지 않다.
다만, 제1부에 '⑥他部ノ主掌ニ屬セサル事項'이 있어 제1부에서 종무행정을 담당했
을 가능성이 있다(제24조). 이는 〈稟請ヲ要セル處分ノ後報告スヘキ條件〉(內務省令 第1
号, 明治 19.3)에 사사(社寺) 관련 내용이 있다는 점에서 확인할 수 있다.
18 內務省地理局, 『地理局例規』, 東京: 內務省地理局, 1891(明 24.4), pp.1-4. 이 자료의
〈內務省官制〉(勅令 第108号, 明治 23.6.26) 제13조에 따르면, 사사국 사무는 '①神宮,
官國幣社, 招魂社·神社社格, 古社寺 보존에 관한 사항, ②神佛各派의 교규·종제, 신직·
승려·敎師의 신분, 社寺와 其他 宗敎에 사용되는 堂宇의 존폐, 기타 모든 종교에 관한
사항'이다.

교 이외의 다른 종교'에도 주목했다는 점을 의미한다. 지방의 부현에는 내무부를 두어 '사사'에 관한 사무를 맡게 한다.[19] 1886년(명치 19) 〈지방관관제〉에 종무행정 관련 업무가 명시되지 않았던 것과는 차이를 보이는 부분이다.

1890년(명치 23) 11월에 〈대일본제국헌법〉이 시행된 후,[20] 1891년(명치 24) 7월에 내무성 관제가 6국(局: 縣治·警保·토목·위생·社寺·서무)으로 축소되지만, 사사국의 종교 업무는 변동 없이 유지된다.[21] 1893년(명치 26) 〈지방관관제〉에서도 각 부현의 내무부에 '사사와 종교'에 관한 사항이 함께 배정된다.[22] 경찰 조직의 경우, 1893년(명치 26) 〈경시청관제〉에 종무행정이 명시되지 않지만,[23] 실제로 경시청은 '강사(講社)·교회(教會)·탁발(托鉢)·모집금(募集金)·부주(符呪)'에 관한 사무를 담당한다.[24]

---

19 〈地方官官制〉(勅令 第225号, 明治 23.10.10) 제23조, 天野久之丞 編, 『文武官民必携』 大阪: 赤川孫兵衛, 1891(明 24.11), pp.48-58. 당시 부현은 지사관방과 내무부, 경찰부, 직세서(直税署), 간세서(間税署), 감옥서(監獄署)로 구성된다(제20-제21조). 종무행정은 내무부의 4과(課: 제1-제4) 가운데 제3과에 배정된다. 제3과에는 "學務·위생·兵事·社寺及 戶籍에 관한 사항"이 배정된다(제23조). 부칙에 따르면, 이 관제는 1891년(명치 24.8.16)부터 시행된다.

20 〈大日本帝國憲法〉(시행 1890.11.29, 공포 1889.2.11).

21 〈內務省官制〉(勅令 第88号, 明治 24.7.24), 『官報』 号外, 1891.7.27. 사사국의 사무는 '①神宮, 官國幣社, 招魂社·神社社格, 古社寺 보존에 관한 사항, ②神佛各派의 교규·종제, 신직·승려·教師의 신분, 社寺及宗教에 사용되는 堂宇의 존폐, 기타 모든 종교에 관한 사항' 두 가지이다(제10조). 다른 국(局)처럼 사사국에는 별도의 과(課)가 없다. 이 법규의 시행일은 명치 24년 8월 16일이다(부칙).

22 〈地方官官制改正〉(勅令 第162号, 明治 26.10) 제16-제17조, 『會計法規』 上, 仙台: 宮城縣內務部, 1904(明 37.6), pp.433-440. 각 부현은 내무부와 경찰부로, 내무부는 5과(課: 제1-제5)로 구성된다. 종무행정은 내무부 제1과에 배정된다. 경찰부에서는 고등경찰·행정경찰과 위생 사무를 담당한다(제16-제17조).

23 警視廳, 『警察法令類纂』 上, 東京: 警視廳, 1900(明 33.8), pp.63-69. 〈警視廳官制〉(勅令 第159號, 明治 26.10) 제14조, 제16-제21조에 따르면, 당시 경시청은 총감관방과 4부(部: 제1-제4)와 소방서로 구성된다. 총감관방은 3과(課: 제1-제3)를 두어 고등경찰과 외국인과 타과(他課) 및 각 부서(部署)의 주무(主務)에 속하지 않는 사항 등을 관장한다(제14조).

그렇지만 1900년(명치 33) 4월, 내무성은 사사국을 없애고, 신사국(神社局)과 종교국(宗敎局)을 설치한다. 신사국에는 신궁·신사·신관·신직에 관한 사무만을 두고, 종교국에는 교파신도와 불교와 기타 종교에 관한 사무를 배정한다. 종래 내무성 산하 기구인 '조신궁사청(造神宮使廳)'의 조신궁부사(造神宮副使)는 신사국장이 맡게 된다.[25] 1900년을 전후한 내무성의 종교 업무와 담당 조직을 대조해보면 다음과 같다.[26]

〈표 1〉 1900년 전후의 종교 업무와 담당 조직의 변화

〈내무성관제〉(1886): 1903년 자료	〈내무성관제〉(1909): 1910년 자료
신사과: ①신관(神官)과 관국폐사, ②신사 사격과 명세장(明細帳), ③관사(官社)와 초혼사의 경비 영선(營繕) 등, ④고사(古社) 보존과 신사 재산, ⑤신도 각파의 교규(敎規) 등에 관한 사항(제29조)	신사국(神社局): ①신궁(神宮)·관국폐사·부현향촌사(府縣總村社)·초혼사(招魂社)·기타 모든 신사에 관한 사항, ②신관(神官)과 신직(神職)에 관한 사항(제4조 2, 33년 칙령 163호)

24 警視廳第二部,『警察要務目錄』(明治 27年), 東京: 警視廳, 1895(明治 28.2), pp. 34-38.
25 〈造神宮使廳官制改正〉(勅令 第164호, 明治 33.4.26),『官報』第5043호, 1900.4.27. 〈조신궁사청〉 관제를 개정해 제5조 중 '사사국장(社寺局長)'을 '신사국장(神社局長)'으로 고친다. "〈造神宮使廳官制〉(勅令 第68호, 明治 20.12.25),『官報』第1350호, 1887.12.27"에 따르면, 조신궁사청은 新宮 造營과 神寶 裝束 調進의 일을 주관하기 위해(제1조) 1887년 12월에 만들어져 내무대신의 관리에 속한 기관이다. 주요 직원은 조신궁사(造神宮使, 勅任), 조신궁부사(造神宮副使, 奏任), 조신궁주사(造神宮主事), 조신궁속(造神宮屬)이며(제2조), 조신궁사는 신궁제주(神宮祭酒)가 맡고(제3조), 조신궁부사는 내무성 사사국장이 맡는다(제5조).
26 〈內務省官制中改正〉(勅令 第163호, 明治 33.4.26),『官報』第5043호, 1900.4.27. 한편, 〈內務省官制〉(明治 31.10.22, 勅令 第259號, 改正 33년 칙령 163, 166, 191호, 35년 칙령 62호, 36년 칙령 25, 211호, 38년 칙령 87호, 39년 칙령 69호, 40년 칙령 166호, 42년 칙령 124호), 內閣大臣官房文書課,『法規類抄』上券(明治43年刊), 東京: 內閣大臣官房文書課, 1910, pp. 133-136에 따르면, 내무대신은 신사(神社), 지방행정, 의원선거, 경찰, 토목, 위생, 지리, 종교(宗敎), 출판, 저작권, 진휼과 구제에 관한 사무를 관리하고, 대만 총독, 화태청(樺太廳) 장관, 경시총감, 북해도청 장관과 부현(府縣) 지사를 감독한다(제1조 33년 칙령 163호, 166호, 40년 칙령 166호). 내무성에는 '신사국(神社局), 지방국, 경보국(警保局), 토목국, 위생국, 종교국(宗敎局)' 등 6개 국을 설치한다(제3조, 33년 칙령 163호, 166호).

사원과: ①사원 명세장, ②고사(古寺) 보존과 사원 재산, ③불도(佛道) 각 종의 종제(宗制) 등에 관한 사항(제30조)	종교국(宗敎局): ①신불(神佛)각파·사원·종교용 당우(堂宇)·기타 모든 종교에 관한 사항, ②승려와 교사(敎師)에 관한 사항(제9조, 同上)

1900년(명치 33)의 관제 개정은 1877년(명치 10) 당시 사사국에 있던 신사과와 사원과를 각각 더 큰 단위의 국(局)으로 확대한 조치이다. 이 관제 개정의 특징은 종래에 비해 [국가]신도를 교파신도와 구별해 종교 범주에서 제외시켰다는 점, 즉 [국가]신도를 '신사'로 분류하고, 교파신도·불교·그리스도교 등을 '종교'로 분류했다는 점에 있다.

한편, 경시청의 경우는, 1899(명치 32)년부터 제1부(部) 제1과(課)의 풍속주임(風俗主任)에게 종교 관련 업무를 배정하면서, 풍속주임의 8가지 사무에 '종교와 풍속 취체(宗敎及風俗 取締)에 관한 일'을 포함시킨다.[27] 여기서 취체(取締, とりしまり)는 규칙·법령·명령 등을 지키도록 '단속(團束)'하는 행위를 말한다.

이러한 3자 구도, 즉 중앙의 내무성, 지방의 부현청, 중앙과 지방에 걸친 경찰 조직의 3자 구도로 종교 정책과 행정을 진행하던 상황, 그리고 [국가]신도를 종교 범주에서 제외해 별도로 관리하던 일본의 상황은 1910년대 초반에도 지속된다. 이 부분은 통감부나 조선총독부의 종교 정책에 반영되었을 가능성이 있어 주목할 부분이다.

이와 관련해, 1905년(명치 38)의 경우, 중앙의 내무성은 신사국과 종교국 체제를 통해 국가신도와 종무행정을 구별하고, 지방의 각 부현청 제2부(部)에 '사사와 종교에 관한 사항'을 배정한다.[28] 그리고 1910년(명치 43)

---

27 警視廳, 『警察法令類纂』上, 東京: 警視廳, 1900(明 33.8), pp.70-76. 〈警視廳處務規程〉(訓令甲 第101號, 明治 32.12)에 따르면, 1889년 당시 경시청은 총감관방, 4부(部: 제1-제4), 소방서로 구성된다(제1조). 4부와 소방서에는 각각 2과(課)씩 설치하고(제6조), 각 과 아래에 계(係)를 둔다. 각 부서의 사무 분장은 제10조에 명시되어 있다.

의 경우, 내무성은 종교국의 제1과와 제2과를 통해 [국가]신도를 제외한 종무행정을,[29] 경시청(警視廳)은 1900년에 공포된 〈행정집행법〉·〈치안경찰법〉·〈음식물·기타 취체에 관한 법률〉를 토대로 경찰 조직에 종무행정을 부여한다.[30] 그리고 부현청에서는 내무부가 종무행정을 담당한다.[31]

다이쇼정부(1912-1926)는 출범 다음 해인 1913년(대정 2) 6월에 정부 조직을 바꾸는데, 이 때 내무성에 있던 종교국을 문부성으로 옮긴다. 신사국은 1940년에 신기원(神祇院)으로 바뀌기 전까지 종래처럼 내무성에 잔류한다. 종교국이 이관되면서 문부성은, 1869년의 2관 6성제 시행 이래 주로 학교와 교육 행정을 담당한 기관이었지만,[32] 종무행정까지 맡게

28 〈地方官官制改正〉(勅令 第140号, 明治 38.4.18) 제16조, 『官報』 第6537号, 1905.4.19.
각 부현에는 4부(部: 제1-제4)가 있었는데, 제2부에는 '교육·학예, 학사(學事) 시찰, 명승·유적, 민적(民籍)'과 함께 '사사와 종교'에 관한 사항을 배정한다.

29 杉山要人 編, 『現行宗教法令拔萃』, 靜岡縣: 陰陽道修明館, 1910(明 43.7), pp.5-39. 〈내무성분과규정〉에 따르면, 종교국 제1과는 '①교파·종파·교회·승려·교사·기타에 관한 사항', 제2과는 '①사원·불당, ②고사와 여러 보물(古寺及什寶物) 보존에 관한 사항'을 담당한다(같은 책, pp.5-6).

30 米田富次郎, 『警察三大法令正解』, 東京: 明倫館, 1900(明治 33.11), pp.1-79. 〈行政執行法〉(法律 第34号, 明治 33.6) 및 〈行政執行法施行令〉(勅令 第253号, 明治 33.6), 〈治安警察法〉(法律 第36号, 明治 33.3.9), 〈飲食物其ノ他ノ取締ニ關スル法律〉(法律 第15号, 明治 33.2) 및 〈飲食物其ノ他ノ物品取締ニ關スル法律施行ノ件〉(內務省令 第10号, 明治 33.3)은 1900년 당시 '경찰 3대 법령'이다. 한편, "〈治安警察法〉(法律 第36号, 明治 33.3.9), 『官報』 第5004号, 1900.3.10"에 따르면, '신관·신직·승려와 기타 諸宗教師'는 '政事上의 結社'에 가입할 수 없다(제5조).

31 內務省總務局, 『法規類抄』(明治 43年刊 上), 東京: 內務省總務局, 1910, pp.186-193. 부현(府縣)에는 지사관방(知事官房)과 부(部: 내무), 내무부에서는 '議員 선거, 부현행정과 郡市町村과 기타 공공단체의 행정 감독, 진휼·구제, 토목, 회계, 교육, 사사와 종교, 農工商森林水産, 兵事에 관한 사항'과 '다른 부서의 주관에 속하지 않는 사항'의 사무를 담당한다. 경찰부에서는 '경찰, 위생에 관한 사항'의 사무를 담당한다(제16조). 이 관제가 공포되면서 종래의 칙령 제243호(명치 33)는 폐지된다(부칙).

32 松山伝五郎 編, 『教育法令』, 東京: 教育報知社, 1886, pp.1-4. 〈文部省官制〉(勅令 第2号, 明治 19.2.27)에 따르면, 문부대신은 교육과 학문에 관한 사무를 관리한다(제1조). 조직은 문부대신관방(제2조), 문부총무국(제3조), 그리고 학무국·편집국·회계국(제6조)으로 구성된다(같은 책, pp.1-4). 〈文部省官制中改正〉(勅令 第50号, 明治 20.10.4), 『官報』

된다. 당시 문부성은 종교국에 2과(課: 제1·제2)를 두어 다음과 같은 업무를 배정한다.[33]

<표 2> 다이쇼 정부의 종교국(宗敎局) 업무(1913.6.13)

분과	담당 업무
제1과	①교파, 종파, 교회, 승려, 교사(敎師), 기타 종교에 관한 사항, ②타과(他課)에 속하지 않은 사무
제2과	①사원, 불당(佛堂)에 관한 사항, ②고신도(古神社) 보존에 관한 사항

이로써, 1913년(대정 2) 6월의 관제 개정 이후 중앙에서는 내무성 신사국이 국가신도, 문부성 종교국이 교파신도와 불교와 그 외 종교에 관한 행정을 담당하는 구조가 만들어진다. 그에 비해 지방에서는 각 부현청의 내무부(內務部)가 변동 없이 '사사와 종교에 관한 사항'을 맡는다.[34] 다

第1282号, 1887.10.5(제6조 문부성에 전문학무국·보통학무국·편집국·회계국 설치); <文部省官制中改正>(勅令 第106号, 明治 33.3.30), 『官報』 第5021号, 1900.3.31(제4조 전문학무국·보통학무국 다음에 '실업학무국'을 추가해 2국을 3국으로 개정); <文部省官制中改正>(勅令 第208号, 明治 33.5.19), 『官報』 号外, 1900.5.19(제2조 '대신관방'을 '총무국'으로 개정); <文部省官制中改正>(勅令 第227号, 明治 36.12.4), 『官報』 第6129号, 1903.12.5(제2조 '총무국'을 '대신관방'으로 개정); <文部省官制中改正>(勅令 第144号, 明治 44.5.9), 『官報』 第8362号, 1911.5.10(전문학무국·보통학무국·실업학무국 다음에 '도서국' 추가). 다만, 1891년 <文部省分課規定>(명치 24.7.24)에 따르면, 문부성에는 전문학무국과 보통학무국 외에 비서관이 주관하는 7과(課: 회계·문서·도서·교원검정·교원은급·보고·기록)를 두고, 비서관의 업무에 '축일(祝日)과 제일(祭日) 등의 의식에 관한 일'을 포함시키고 있어(제1조), 종교와 무관하다고만 볼 수 없다(廣島縣內務部 第三課員 編纂, 『敎育法規全書』, 廣島縣: 松村書房, 1892, pp.3-9).

33 <文部省官制>(1898.10.22, 칙령 제279호), <文部省分課規程>(1913.6.1 개정, 문부성훈령), 文部省宗敎局 編, 『宗敎要覽』, 東京: 文部省宗敎局, 1916, pp.1-2. "<文部省官制中改正>(勅令 第173号, 大正 2.6.13), 『官報』 号戶, 1913.6.13"에 따르면, 문부대신은 교육, 학예, 종교에 관한 사무를 관리하기 위해(제1조) 문부성에 3국(局: 전문학무·보통학무·종교)을 두고(제4조), 종교국에 '신불각파(神佛各派), 사원(寺院), 종교용 당우(堂宇), 기타 종교, ②고신도 보존(古社寺 保存), ③승려(僧侶)·교사(敎師)에 관한 사항'의 사무를 배정한다(제6조의 2).

만, 지방의 경우, 1926년(대정 15) 6월부터 각 부현 조직을 지사관방과 3부(部: 내무·학무·경찰)로 재구성하면서 종무행정은 내무부가 아니라 학무부(學務部)에서 맡게 된다.[35] 경찰 조직의 경우에는 1913년(대정 2) 〈경시청관제〉에 종무행정이 명시되지 않지만,[36] 종교 관련 법규 또는 일반 법규에 따라 취체를 했다고 유추할 수 있다.[37]

결과적으로, 1913년(대정 2)부터 종무행정은 중앙의 내무성 신사국과 문부성 종교국, 지방 부현청의 내무부, 경찰 조직이라는 4자 구도로 이루어진다. 이 종무행정의 4자 구도는 1920년대까지 지속된다. 1919년(대정 8)에는 문부성이 '실업학무국'을 신설해 관제를 3국에서 4국으로 확장하고,[38] 쇼와정부(1926-1988) 시기인 1929년(소화 4)에는 문부성이 '사회교

---

34 田淵麻藏, 『宗教法規槪要』, 奈良縣: 道友社編輯部, 1923, pp.5-7; 荒木良仙, *Op. cit.,* 1921, pp.205-207(〈지방관관제〉 제14조 7호).

35 〈地方官官制改正〉(勅令 第147号, 大正 15.6.3), 제12-제16조, 『官報』第4133号, 1926.6.4; 〈북해도청 관제〉(1926.6.4, 칙령 제146호) 제12조 2항, 〈지방관 관제〉(1926.6.4, 칙령 제147호) 제15조 1항, 文部省宗教局 編纂, 『宗教關係法規集』, 內閣印刷局, 1942, pp.3-4. 〈地方官官制改正〉(勅令 第147号, 大正 15.6.3)에 따르면, 학무부의 사무는 '①교육·학예, ②社寺及宗敎, ③병사, ④사회사업, ⑤사적·명승·천연기념물에 관한 사항'이다(제15조).

36 〈警視廳官制改正〉(大正 2.6.13), 『官報』号外, 1913.6.13. 경시청은 내무대신의 지휘를 받는 경무총감을 중심으로 총무관방과 4부(部: 경무·보안·위생·소방)로 구성되며(제1-제3조), 총무관방은 ①관리의 진퇴·신분, ②문서의 왕복·기록·편찬, ③관인·청인의 관수(管守), ④각부 소성안(所成案)의 심사·제규(制規), ⑤고등경찰, ⑥회계, ⑦타(他) 주관에 속하지 않는 사항(제11조), 경무부는 ①경무, ②형사(刑事)에 관한 사항, 보안부는 ①건축경찰·풍속경찰·위험물취체 등, ②영업경찰·교통경찰 등에 관한 사항, 위생부는 ①위생경찰과 위생에 관한 사항, 소방부는 ①수화(水火)소방에 관한 사항을 맡는다(제12조).

37 1914년 당시 종교법은 '下間空敎, 『宗敎法大意』, 法藏館, 1914, pp.21-22' 참조. 이에 따르면 종교단체는 '①敎派·宗派, ②敎會·寺, ③앞의 두 경우에 속하거나 속하지 않는 단체' 세 가지로 구분된다. 종교상 목적(교의 선포나 의식 집행)을 가진 神道 또는 神佛道 외의 교회소 또는 佛道寺院을 가진 종교단체를 敎會 또는 寺라고, 교규 또는 종제에 따른 교회 또는 寺 및 소속단체를 포괄한 종교단체를 '교파 또는 종파'라고 한다. 포괄적 종교단체를 宗門, 종문의 統轄者를 管長이라고 한다. 이러한 종교단체는 法人이 될 수 있다.

육국'을 신설해 관제를 5국에서 6국으로 확장하지만,[39] 종교국 사무는 1913년 당시와 동일하다. 내무성의 경우에는, 1924년(대정 13) 12월 자료를 보면, 신사국의 총무과와 고증과(考證課)에서 신사행정을 담당한다.[40] 1930년(소화 5)의 경찰법규에 〈국보보존법〉(법률 제17호, 소화 4.3) 등 사사(社寺) 관련 법규들이 있는 것을 보면,[41] 당시 경찰 조직도 종무행정을 담당했다고 할 수 있다.

1931년(소화 6)에는 문부성이 대신관방과 6국(局: 전문학무·보통학무·실업학무·사회교육·도서·종교) 체제를 갖추면서 종교국에 '①신불각파·사원·종교용 당우와 기타 종교, ②국보(國寶) 보존, ③승려와 교사, ④사적(史蹟)·명승·천연기념물 보존에 관한 사항'이 배정된다.[42] 1932년(소화 7)에 문부

---

38 〈文部省官制中改正〉(勅令 第146号, 大正 8.4.23), 『官報』第2015号, 1919.4.24. 문부성에 실업학무국을 신설해서 관제를 3국에서 4국으로 바꾸고(제4조), 종교국 사무에 관한 부분을 제6조의 2에서 제6조의 3으로 고친다. 종교국 사무는 1913년 당시와 동일하다.

39 〈文部省官制中改正〉(勅令 第217号, 昭和 4.6.29), 『官報』第750号, 1929.7.1. '사회교육국'에는 '청소년단체, 청년훈련소, 실업보습학교, 도서관, 박물관과 기타 관람시설, 성인교육, 사회교화단체, 도서의 인정과 추천, 기타 사회교육에 관한 사항' 등 9가지 사무를 배정된다(제6조의 3).

40 內務省 編, 『內務省處務要覽』, 東京: 內務省, 1924, pp.1-3. 이 자료에 담긴 〈內務省分課規程〉(內務省發書 제35호, 大正 13.12.20)에 따르면, 신사국의 총무과는 '①신궁과 관국폐사 이하 신사, ②신궁과 관국폐사 이하 신사의 직원, ③官修墳墓에 관한 사항', 고증과는 '①신사의 祭神·사격·社號·由緖 등의 조사고증에 관한 사항'을 담당한다.

41 帝國警務學會 編, 『最新警察法規全書』, 東京: 敎文社, 1930, pp.85-93. 이 자료에는 〈神佛祭禮開扉ノ節奇怪ノ打扮等ヲ爲スヲ禁ス〉(교부성달 제26호, 명치 6.7), 〈諸神社祭禮神輿渡御ノ取締方ヲ注意セシム〉(敎部省達 제29호, 명치 6.9), 〈神輿渡御ノ節帶刀差許ノ件〉(敎部省達書甲 제5호, 명치 9.7), 〈僧侶托鉢禁止ノ儀廢止〉(내무성 포달갑 제8호, 명치 14.8), 〈僧侶托鉢差許ニヨリ不都合ノ所業アルモノ處分方〉(내무성달을 제38호, 명치 14.8), 〈敎院·敎會所·說敎所 등에서 葬祭執行과 평소 대중(衆庶)의 참배를 불허〉(내무성달을 제48호, 명치 14.10), 〈寺院과 佛堂에서 참배료·관람료(縱覽料)와 기부금 모집에 관한 건〉(내무성령 제6호, 명치 31.7), 〈神佛ノ參拜其ノ他ノ代理周旋行爲取締ノ件〉(내무성령 제22호, 명치 38.12), 〈관국폐사 이하 신사의 제신·신사명·사격·명세장·경내·창립·이전·폐합·참배·기부금·神札 등에 관한 건〉(내무성령 제6호, 대정 2.4), 〈관국폐사 이하 신사 神職奉務 규칙〉(내무성령 제9호, 대정 2.4) 등이 실려 있다.

성이 학생부(學生部)를 신설하는 등 변화를 주지만,[43] 종교국 사무는 1931
년의 경우와 동일하다. 1932년(소화 7) 중앙(문부성)과 지방의 종무행정
조직을 보면 다음과 같다.[44]

<표 3> 종교와 행정관청(문부성)의 관계도

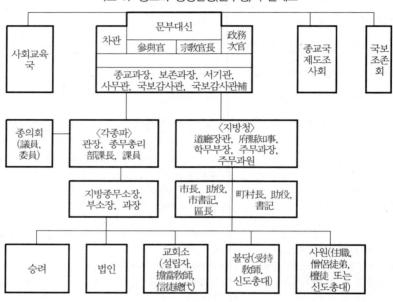

1934년(소화 9)에는 문부성이 사상국(思想局)을 설치해 관제를 7국으로

---

42 大日本法令普及會 編, 『國民法規』(憲法·官制關係法), 東京: 大日本法令普及會, 1931,
    pp.131-135. 〈文部省官制〉(明治 31.10.22, 勅令 第279號 / 昭和 5.6, 勅令 第121號) 제1
    조-제4조, 제6조의 5.

43 〈文部省官制中改正〉(勅令 第232号, 昭和 7.8.22), 『官報』 第1695号, 1932.8.23, 제6조의
    6. 학생부(學生部)에 배정된 사무는 '학생생도의 사상 조사와 지도, 국민정신문화연구
    소에 관한 사항'이다.

44 宗敎法規硏究會 編纂, 『現行宗敎法規類纂』, 神戸市: 宗敎法規硏究會, 1932, p.136(宗敎
    卜行政官廳卜ノ關係略表).

확장하지만, 종교국 사무에는 변화가 없다.[45] 1936년(소화 11) 종교법령 자료를 보면, 종무행정은 중앙의 문부성, 지방의 학무부(學務部), 그리고 중앙과 지방에 걸친 경시청을 중심으로 이루어진다. 중앙에는 문부성 종교국에 2과(課: 종교·보존)를 두고, 종교과에 '①교파·종파·교회·승려· 교사·기타 종교, ②사원·불당. ③법인에 관한 사항', 보존과에 '①국보 보존, ②사적·명승·천연기념물 보존, ③중요미술품 보존, ④타과(他課) 에 속하지 않은 사항'의 사무를 배정한다. 그리고 지방의 부현청에는 학 무부를 두어 '②사사와 종교에 관한 사항'의 사무를 배정한다.[46]

1940년(소화 15) 3월에는 문부성에 종교관(宗敎官) 전임 3인[奏任]을 두 고, 상관의 명령을 받아 종교의 교의(敎義)·의식(儀式) 등 조사연구와 종 교 단체의 지도에 종사하게 한다.[47] 그리고 동년 4월에는 문부성 종교국 의 종교과(宗敎課) 업무를 '①종교단체와 종교결사, ②교사·승려·포교자, ③기타종교, ④법인에 관한 사항'으로 조정한다.[48] 그에 비해 보존과에

---

45 〈文部省官制中改正〉(勅令 第147号, 昭和 9.5.31), 『官報』 第2223号, 1934.6.1. 사상국(思 想局)을 설치해서 관제를 6국에서 7국으로 바꾸고(제4조), 사상국에 '학교와 사회교육단 체의 사상 지도·감독·조사, 기타 사상 지도와 조사, 국민정신문화연구소에 관한 사항'의 사무를 배정한다(제6조의 4). 〈文部省官制中改正〉(勅令 第346号, 昭和 12.7.20), 『官報』 第3164号, 1937.7.21. 제4조에 따르면, 문부성은 1937년(소화 12)에 사상국을 없애 관제를 7국에서 6국으로 축소한다.
46 鈴木庫之助 編輯, Op. cit., 1936, pp.1-3. 관련 법규는 〈문부성관제〉, 〈문부성분과규 정〉, 〈지방관관제〉이다. 이 자료에 따르면, 문부성은 7국(局: 전문학무·보통학무·실업 학무·사회교육·사상·도서·종교) 가운데 종교국에 '①신불각파·사원·종교용 당우·기 타 종교, ②국보 보존, ③승려와 교사, ④史蹟·名勝·천연기념물 보존에 관한 사항'의 사무를 배정한다(제6조의 5).
47 〈文部省官制中改正〉(勅令 第119号, 昭和 15.3.29), 『官報』 第3968号, 1940.3.30(제10조 의 4). 시행은 1940년(소화 15) 4월 1일자로 한다(부칙). 한편, "〈文部省官制中改正〉(勅 令 第19号, 昭和 16.1.7), 『官報』 第4199号, 1941.1.8"에 따르면, 문부성은 1941년(소화 16) 1월에 체육국을 두어 관제를 6국에서 7국으로 확대하지만(제4조), 종교국의 사무 는 변동이 없다.
48 〈文部省分課規程中改正〉, 『官報』 第3972号, 1940.4.5(제7조 2항).

는 ①국보 보존, ②사적·명승·천연기념물 보존, ③중요 미술품 보존, ④신무천황(神武天皇) 성적조사(聖蹟調査), ⑤국사관(國史館) 조영(造營), ⑥타과(他課)에 속하지 않은 사무를 배치한다.[49] 지방의 경우, 1940년 6월에도 1926년 〈지방관관제〉에 근거해 학무부에서 '사사와 종교' 관련 사항을 담당한다.[50]

한편, 내무성의 경우는 1940년(소화 15) 11월에 내무대신의 관리를 받는 신기원(神祇院)을 신설하면서,[51] 내무대신 업무에서 '신사'를 삭제하고 신사국을 없애 5국을 4국으로 축소한다.[52] 당시 신설한 신기원의 업무에는 종래 신사국이 담당하던 신사행정이 이관되고, '경신사상의 보급'이 추가된다. 신기원이 내무대신의 관리를 받았다는 점을 고려하면, 이 조치는 내무성이 신사행정을 강화한 것이라고 볼 수 있다.

1942년(소화 17) 11월, 문부성은 대신관방과 8국(局: 총무·전문교육·국민교육·敎學·과학·체육·도서·敎化) 체제로 바꾸면서 종래 종교국을 없애고, 종

49　文部省宗教局 編纂, *Op. cit.,* 1942, pp.1-3.

50　兵庫縣 編, 『兵庫縣廳要錄』昭和 15年8月, 兵庫縣, 1940, pp.55-62. 〈地方官官制〉(칙령 제147호, 대정 15.6.4) 제15조(학무부 사무).

51　〈神祇院官制〉(勅令 第736号, 昭和 15.11.8), 『官報』第4154号, 1940.11.9. 〈神祇院官制〉 제1조에 따르면 신기원은 내무대신의 관리에 속해 ①신궁, ②관국폐사 이하 신사, ③신궁과 신직, ④敬神思想의 보급에 관한 사항을 담당한다. 〈神祇院分課規程〉(內務省 訓 第809호, 昭和 15.11.9)에 따르면, 신기원은 총재관방과 2국(局: 총무·교무)을 두어 신사행정을 담당한다(內務省大臣官房文書課, 『內務省處務要覽』, 東京: 內務省, 1943, pp.14-16).

52　〈內務省官制中改正〉(勅令 第737号, 昭和 15.11.8), 『官報』第4154号, 1940.11.9. 종래의 관제, 즉 〈內務省官制中改正〉(勅令 第259号, 明治 31.10.22)에 따르면, 내부대신이 관리할 사무에는 '신사(神社)'가 포함되어 있고(제1조), 5국에 '신사국'이 포함되어 있다(제4조). 그리고 신사국의 사무는 '①神宮과 관국폐사 이하 신사, ②신관과 신직에 관한 사항'이고(제4조의 2), 신사국에는 참여(參與) 7인 이내의 인원을 두어 신사국의 국무(局務)에 참여하도록, 그리고 신사국 참여는 내무대신의 주청으로 관계 각 청(廳)의 칙임관과 학식·경험자 가운데 내각(內閣)에서 임명하도록 되어 있다(제9조의 2).

무행정을 교화국(敎化局)에 배치한다. 그리고 종교관 전임 2인[主任], 그리고 종교관보(宗敎官補) 전임 2인[判任]을 두고, 상관의 명령을 받아 종교의 교의·의식 등 조사연구와 종교 단체의 지도를 담당하게 한다.[53] 구체적으로는 교화국의 3과(課: 총무·종교·문화시설) 가운데 종교과(宗敎課)에서 종무행정을 담당하게 된다.[54]

1943년(소화 18) 11월, 문부성은 도서국과 교화국을 없애 6국으로 축소하고 교화국이 담당하던 종무행정을 교학국(敎學局)으로 옮긴다.[55] 구체

---

53 〈行政簡素化實施ノ爲ニスル文部省官制改正〉(勅令 第748号, 昭和 17.11.1), 『官報』 号外, 1942.11.1(제1-제3조). 교학국에 배정된 사무는 '①국체 본의(本義)에 터한 교학의 쇄신진흥, ②국민정신문화연구소와 국민연성소, ③교육회와 기타 교육연구단체에 관한 사항'이다(제7조). 교화국에서는 '①종교단체·종교결사와 기타종교, ②예술의 장려와 조사와 제국예술원과 미술연구소, ③국보와 중요미술품 등과 사적 명승 천연기념물의 보존, ④도서관과 박물관(동경과학박물관 제외)과 기타 관람시설, ⑤사회교육상 유익한 도서의 인정과 추천, ⑥영화·연극과 기타 국민오락에 관한 사회교육상 필요한 지도·감독과 조성, ⑦성인교육과 기타 사회교육에 관한 사항'(제11조)의 사무를 배정한다. 종교관과 종교관보에 대해서는 제25-제26조 참조.

54 〈文部省分課規程改正〉(昭和 17.11.2), 『官報』 第4744号, 1942.11.2(제9조). 교화국 총무과는 ①교화국 소관 종합사무, ②국민교화에 관한 기획과 지도, ③예술의 장료와 조사, ④제국예술원과 미술연구소, ⑤국보와 중요 미술품 등의 보존, ⑥사적·명승·천연기념물 보존, ⑦가정교육·근로자교육·同和교육·기타 국민교화, ⑧교화단체, ⑨國史館 造營, ⑩법인, ⑪他課에 속하지 않은 사무, 종교과는 ①종교단체와 종교결사, ②교사·승려·포교자, ③종교제도와 종교문화의 조사연구, ④교화활동의 진흥, ⑤종교와 관련된 단체, ⑥기타 종교에 관한 것, 문화시설과는 ①도서관과 독서지도, ②도서의 조사·인정·추천, ③박물관·기타 관람시설, ④영화교육, ⑤영화의 개선지도, ⑥음악·연극·演藝 등 국민오락, ⑦문화단체에 관한 것을 담당한다.

55 〈行政機構整備實施ノ爲ニスル文部省官制中改正〉(勅令 第812号, 昭和 18.11.1), 『官報』 号外, 1943.11.1. 도서국과 교화국을 없애 8국을 6국으로 축소하고(제3조), 교학국에 '①국체 본의(本義)에 터한 교학의 쇄신진흥과 국민정신문화연구소와 국민연성소, ②국어 조사, ③종교단체·종교결사와 기타종교, ④예술의 장려·조사와 제국예술원과 미술연구소, ⑤국보와 중요미술품 등과 사적 명승 천연기념물의 보존, ⑥도서관과 박물관(과학박물관 제외)과 각종 관람시설, ⑦사회교육상 유익한 도서의 인정과 추천, ⑧영화·연극과 기타 국민오락에 관한 사회교육상 필요한 지도·감독과 조성, ⑨성인교육과 기타 사회교육에 관한 사항'의 사무를 배정이다(제7조). 이 가운데 ①번은 교화국 업무를 가져온 것이다.

적으로 종무행정을 교학국의 5과(課: 교학·사상·국어·종교·문화) 가운데 종교과(宗敎課)에 배정하고, 종래에 비해 '종교 관련 법인'에 관한 업무를 추가한다.[56] 한편, 내무성에서는 관리국(管理局)의 민정과(民政課)가 '사사·교육·종교에 관한 사항'을 담당한다.[57] 일본 종무행정기관과 담당 종교 업무의 변천 과정을 정리하면 다음과 같다.[58]

〈표 4〉 일본 종무행정기관과 담당 종교 업무의 변천 과정

행정기관	종교단체		神社	교파신도	불교	그리스도교	그외교단	〈비고〉
3職7科 (명치 1.1)	神祇事務科	明治 1.1-1.2	○					-科는 자료에 따라 課 표기 -三職 總裁, 議定·參与

---

56 〈文部省分課規程改正〉(昭和 18.11.4), 『官報』 第5044号, 1943.11.4(제5조). 교학국에서 교학과는 교학국 소관 종합 사무와 학문 및 교육, 사상과는 사상의 동향 파악이나 조사, 국어과는 국어의 조사와 도서 등을 담당한다. 그에 비해 종교과는 ①종교단체와 종교결사, ②교사·승려·포교자, ③종교제도와 종교문화의 조사연구, ④교화활동의 진흥, ⑤종교와 관련된 단체, ⑥종교 관련 법인, ⑦기타 종교에 관한 것, 문화과는 ①예술의 장료와 조사, ②제국예술원과 미술연구소, ③국보와 중요 미술품 등의 보존, ④사적·명승·천연기념물 보존, ⑤도서관과 독서지도, ⑥도서의 조사·인정·추천, ⑦박물관·기타 관람시설, ⑧영화교육, ⑨영화의 개선지도, ⑩악·연극·演藝 등 국민오락, ⑪문화단체에 관한 것등 11가지를 담당한다.

57 井島政五郎, 『戰時行政法令集』, 岐阜縣: 德行館, 1943(昭和 18), pp.170-171. 〈內務省分課規程〉(昭和 17.11.1)에 따르면, 민정과 업무는 ①社寺·교육·종교, ②사회·勞務, ③경찰·위생, ④兵事·防空, ⑤法務에 관한 사항이다. 〈內務省分課規程〉(昭和 18.4.1)에 따르면, 1943년의 내무성 관리국 민정과 업무는 1942년과 동일하다(內務省大臣官房文書課, Op. cit., 1943, pp.1-11). 이후, 문부성의 종무행정은 1946년(소화 21) 문부대신관방 종교과(昭和 21.3-27.8), 1952년(소화 27) 문부성 調査局 종교과(소화 27.8-41.4), 1966년(소화 41) 문부성 文化局 종교과(소화 41.5-43.6)를 거쳐 1968년 문화청(文化廳) 문화부(文化部) 종교과(소화 43.6.15-現在)로 이어진다(文化廳, http://www.bunka.go.jp/bunkacho/soshiki/).

58 梅田義彦, 『日本宗敎法制史, 第4卷 近代篇』, 東京: 東宣出版, 1971, pp.21-22; 內閣法制局, Op. cit., 1903, pp.1-491. 『日本宗敎法制史』 가운데 내무성 사사국이 그리스도교나 그 외 교단에 관한 사무의 공식 처리 시점을 1891년 8월로 수정하였다.

3職8局 (명치 1.2)		神祇事 務局	同 1.2-1.윤4	○				※7관: 의정·행정·신기·회계·군무·외국·형법 -명치 2.4 教導局 설치 -명치 2.7 宣教使 설치하고 教導局 폐지 -명치 2.9 신기관에 諸陵寮 설치 -명치 2.10 宣教使을 신기관 소속으로 함
3職7官 (명치 1.윤4)		神祇官	同 1.윤4-4.8	○				
2官6省 (명치 2.7) ※2官: 神祇·太政官	民部省	社寺掛	同 3.7-3.윤10	○	○	○		※2官6省: 神祇·太政官/民部·大藏·兵部·刑部·宮內·外務省 -명치 2.8 민부·대장성 합병 후 명치 3.7 다시 분리 -명치 3.11 舍人·雅樂局 설치 -명치 4.7 민부성 폐지
		寺院寮	同 3.윤10-4.7		○	○		
3院 (명치 4.7)	大藏省	戸籍寮 社寺課	同 4.7-5.3	○	○	○		※3院: 正·左·右院 -명치 4.7 3局(式部·舍人·雅樂局) 폐지 및 式部寮 설치 -명치 4.8 신기관을 神祇省으로 고침 -명치 5.3 신기
	神祇省		同 4.8-5.3	○				

									성 폐지 및 敎部省 설치
	敎部省		同 5.3-10.1	○	○	○		○	-명치 10.1 교부성 폐지 후 사무는 내무성 이관 -祭祀祀典은 式部寮로 이관(명치 5.3)
내각 조직 (태정대신·좌우대신·참의·各省卿 직제 폐지, 명치 18.12)	內務省	社寺局(신사과·사원과)	同 10.1-24.7	○	○	○			-명치 6.11 내무성 설치 -1885.12.22 內閣制
		社寺局	同 24.7-33.4	○	○	○	○	○	-명치 22.2 〈헌법〉 제정 (1889.2.11)
		神社局	同 33.4(1900)-昭和 15.11(1940)	○					※명치 38 통감부 설치
		宗敎局	同 33.4(1900)-大正 2.6(1913)		○	○	○	○	※명치 43 조선총독부 설치
	文部省	종교국	大正 2.6-昭和 17.11(1942)		○	○	○	○	
	내무성	神祇院	昭和 15.11-21.2	○					※소화 20 패전
	문부성	敎化局宗敎課	同 17.11-18.11		○	○	○	○	
		敎學局종교과	同 18.11-20.10		○	○	○	○	※소화 20 패전
		社會敎育局종교과	同 20.10-21.3		○	○	○	○	
	文部大臣 官房	종교과	同 21.3-27.8	○	○	○	○	○	
	문부성	調査局종교과	同 27.8-41.4	○	○	○	○	○	
		文化局종교과	同 41.5-43.6	○	○	○	○	○	
	文化廳	文化部종교과	同 43.6.15-現在	○	○	○	○	○	

이러한 일본의 종무행정 조직과 변화에서 확인할 수 있는 점은 대략 6가지이다. 첫 번째는 메이지정부가 고대의 신사 신앙을 토대로 국가신도를 창출하려는 정책을 폈다는 점이다. 두 번째는 1877년(명치 10)부터 내무성, 부현청, 경찰 조직의 3자 구도로 종무행정을 진행하다가, 1913년(대정 2) 6월부터 내무성 신사국, 문부성 종교국, 부현청의 내무부, 경찰 조직의 4자 구도로 종무행정을 진행했다는 점이다. 세 번째는 1877년(명치 10)부터 종무행정에 불교 행정을 포함시키되 과(課)를 분리시켜 신사행정과 구별하다가 1900년(명치 33)부터 양자를 서로 다른 국(局)이 담당하도록 구별했다는 점이다. 네 번째는 1890년(명치 23) 6월부터 내무성이 사사국의 2과(課: 신사·사원) 업무를 단일화해 신도와 불교 외에 '기타 종교(其他 宗教)'를 종무행정에 포함시키기 시작했다는 점이다. 다섯 번째는 1926년(대정 15) 6월부터 부현청의 종무행정을 내무부가 아닌 학무부에서 진행했다는 점이다. 여섯 번째는 1940년(소화 15)부터 내무성 산하에 신기원을 신설해 내무성의 신사국 업무를 이관시켜 신사행정을 강화하되, 내무성 관리국에 민정과를 두어 사사와 종교에 관한 행정을 병행하게 했다는 점이다.

이상의 내용을 보면, 메이지정부가 초기부터 '국가신도'의 창출을 지향한 것은 불교, 그리스도교, 신종교 등을 '통제 대상'으로 삼았다는 점을 시사한다. 그리고 그 과정에서 서양 국가들의 영향력과 다른 종교의 반발을 경험하면서 '종교와 종교 아닌 것'이라는 범주를 만든 것은 국가가 특정 단체들의 종교 여부를 결정하는 정책을 시행하겠다는 의도를 시사한다. 이 정책에 따르면, 교파신도와 불교는 종교 범주에 포함된다. 그리스도교의 경우는 점차 종교 범주에 포함되지만 신도와 불교 다음의 '기타 종교'로 분류·취급되기도 한다. 신종교는 '종교 아닌 것'으로 간주된다. 다만, 신도는 메이지정부가 사사국을 설치한 1877년부터 종교 범주(교파신도·불교·기독교)가 아닌 '제사' 범주에 배치되고 '신도비종교론'을 채택되면서[59] 종교 범주와 다른 범주로 존재하게 된다.

이러한 여러 시사점을 관통하는 부분은 '종교에 대한 국가 권력의 제도적 조장(助長)'이다. 이 부분은 통감부나 조선총독부의 종교 정책과 종무행정에서도 그대로 확인할 수 있다. 그 이유는 통감부와 조선총독부의 종무행정에 일본 내무성의 종교 처리 경험이 반영되어 있기 때문이다.

2) 통감부, 이사청, 경찰 조직과 종교 업무

① 일본 공사와 대한제국의 외교·재정권

1876년(명치 9) 2월에 〈조일수호조규(朝日修好條規, 강화도조약)〉를 체결하고 약 4년 10개월이 지난 1880년 12월 말, 일본은 조선에 공사관을 설치한다.[60] 개항장에는 영사관을 설치한다. 1883년과 1886년 자료에 따

---

59 메이지정부는 불교의 영향 하에 있던 신도를 독립시켜 국가의 구심점을 삼고자 전국 신사를 관사(官社)와 제사(諸社)로 나누어 피라밋형의 체계화를 추진하고 국민교화정책을 펼치지만(1872년 4월 교부성의 '삼조의 교헌' 발표 등), 신도계의 기반 결여, 불교계의 반발과 이탈, '신교의 자유'를 표방한 지식인의 반론, 가톨릭이나 기독교의 선교활동을 인정한 구미 국가들과의 조약 이행 등으로 난관에 부딪힌다. 이 난관을 타파하기 위해 정부는 1887년 1월에 제사와 종교를 분리하고 국가신도로 신사신도를 육성하는 방침을 결정한다. 특히 관사(官社)에 제사 집행의 기능만 부여하고, 교화와 장례제의를 중시하는 교파신도를 국가 관할에서 독립시킨다. 그리고 1900년 4월 내무성에 신설된 신사국은 신사의 격위(格位)를 정비해 1902년 2월 〈관국폐사직제〉를 공포하고, 부현 이하 민사(民社) 격위의 신사도 정비해 일정촌(一町村)마다 일사(一社)를 육성하도록 하고, 1905년 4월에 부현 이하의 신사에 〈神饌幣帛料 供進에 관한 칙령〉을 공포하고, 1906년부터 전국적으로 신사 정리에 착수해 1911년에 일단락을 짓는다(이희복, 「日本 神道의 이해」, 『일본사상』 2, 한국일본사상사학회, 2000, 84-85쪽).

60 조선 시대에는 3포(부산 동래의 부산포, 진해 웅천의 내이포 또는 제포, 울산의 염포)가 개방되어 왜관(倭館)이 설치되고, 대마도 번주의 주재원이 상주해 외교 기관 역할을 한다(『한국민족문화대백과』, 왜관 항목). 메이지정부는 1872년 8월경 왜관 명칭을 '대일본국 공관(公館)'으로 바꾼다. 이어, 1876년 2월 〈조일수호조규〉 체결 이후, '조계조

르면 그 위치는 각각 경성과 부산·인천·원산진(元山津),[61] 1894년 자료에 따르면 영사관 소재지가 경성·부산·원산·인천이다.[62] 이후, 1896년(명치 29) 4월 〈이민보호법〉[63]과 〈청국과 조선국 재류 제국신민 취체법〉[64]을 공포하고, 1897년 10월에 목포·진남포, 1900년 4월에 마산 등 개항장의 외국인 거류지 중심으로 영사관을 설치한다. 1900년 12월까지, 분관을 제외하면, 대한제국에 설치된 일본영사관은 7개가 된다.[65]

약(租界條約)'들이 체결되어 외국인의 통상 거주와 치외법권이 보장된 조계지가 설치되고 조약 체결국들이 공사관을 개설한다. 일본과도 1877년 1월 〈부산항 거류지 차입약서(借入約書)〉, 1879년 8월 〈원산진 개항 예약〉, 1883년 9월 〈인천항 거류지 차입약서〉 등을 체결한다(井倉和欽 編, 『日淸韓要事便覽』, 東京: 群玉閣, 1894, pp.81-83).

61 細川廣世 編, 『日本帝國形勢總覽』, 東京: 細川廣世, 1883, pp.191-193; 細川廣世 編, 『(重訂)日本帝國形勢總覽』, 東京: 細川廣世, 1886(明 19.3), pp.360-361.

62 井倉和欽 編, Op. cit., 1894, pp.86-87.

63 〈移民保護法〉(法律 第70号, 明治 29.4.7), 『官報』 第3829号, 1896.4.8. 이에 따르면, 노동을 목적으로 외국에 가는 일본인은 행정청 허가를 받되 2인 이상 보증인을 두어야 한다(제1-제3조). 그리고 이민 모집자, 즉 이민취급인도 행정청 허가를 받아야 하고(제7조), 행정청에 보증금을 내야 한다(제16조). 시행일은 명치 29년 6월 1일이다(부칙 제31조).

64 〈淸國及朝鮮國在留帝國臣民取締法〉(法律 第80号, 明治 29.4.11), 『官報』 第3833号, 1896.4.13. 이에 따르면, 청국과 조선국 주재 영사는 해당 지방의 안녕을 방해해거나 풍속을 괴란(壞亂)하는 일본인에게 1년 이상 3년 이하의 재류를 금지한다(제1조). 재류금지 명령을 받은 자가 불복할 경우에는 명령을 받은 지 3일 이내에 영사를 통해 외무대신 또는 주차(駐箚) 일본공사에 취소 신청을 할 수 있다(제3조). 퇴거 기한 또는 유예 기한에 퇴거하지 않은 자와 금지 기한을 어긴 자는 11일 이상 1개월 이하의 금고(禁錮)에 처하고, 2원(圓) 이상 100원 이하의 벌금을 부가한다.

65 〈在韓國木浦帝國領事館開廳〉(外務省 告示 第12号, 明治 30.10.29), 『官報』 第4300号, 1897.10.29; 〈在韓國鎭南浦帝國領事館開廳〉(外務省 告示 第13号, 明治 30.11.5), 『官報』 第4305号, 1897.11.5; 〈在韓國釜山帝國領事館馬山浦分館開廳〉(外務省 告示 第6号, 明治 32.5.24), 『官報』 第4766号, 1899.5.24; 〈在韓國木浦帝國領事館群山分館開廳〉(外務省 告示 第7号, 明治 32.5.31), 『官報』 第4772号, 1899.5.31; 〈在韓國元山帝國領事館城津分館開廳〉(外務省 告示 第10号, 明治 32.8.2), 『官報』 第4826号, 1899.8.2; 〈在韓國釜山帝國領事館馬山分館廢止更二馬山帝國領事館設置開廳〉(外務省 告示 第12号, 明治 33.4.12), 『官報』 第5030号, 1900.4.12; 〈在外帝國領事館管轄區域〉(外務省令 第5号, 明治 33.12.27), 『官報』 第5248号, 1900.12.27, p.473. 일본의 목포영사관은 1897년 10월 26일, 진남포영사관은 동년 10월 30일, 부산영사관의 마산포 분관은 1899년 5월 23일,

일본 공사들[66]은 두 과정을 거쳐 대한제국(1897.10-1910.8)의 외교권과 재정권을 확보하기 시작한다. 첫 번째는 조약 체결이다. 핵심 조약은 러일전쟁(1904.2-1905.9) 기간에 체결된 〈한일의정서〉(1904.2, 6개조)와 〈제1차한일협약〉(1904.8, 3개조), 러일전쟁 직후 체결된 〈제2차한일협약〉(1905.11, 5개조)이다. 3가지 조약에 서명한 인물은 1899년 6월에 공사로 부임한 林權助(하야시 곤스케, 1860-1939)[67]이다. 이 가운데 1904년 2월의 〈한일의정서〉에는 내정 간섭과 제3국 침입이나 내란에 개입하는 근거 등, 동년 8월의 〈제1차 한일협약〉에는 재정과 외교 부분에 일본이 추천한 '고문'을 둔다는 내용이 담긴다. 1905년 11월의 〈제2차 한일협약〉에는 외교권의 장악뿐 아니라 통감부와 이사청 설치 근거가 담긴다.[68]

목포영사관의 군산 분관은 동년 5월 26일, 원산영사관의 성진 분관은 동년 7월 24일에 개청된다. 그리고 1900년 4월 11일에는 부산영사관의 마산분관을 폐지하고 마산영사관을 개청한다.

66 한철호, 「개화기(1880-1906) 역대 주한 일본공사의 경력과 한국 인식」, 『한국사상사학』 25, 2005, 271-314쪽. 1880년부터 1906년까지 13명의 주한공사는 ①花房 義質(하나부사 요시모토, 1842-1917), ②竹添進一郎(다케조에 신이치로, 1842-1917), ③近藤 眞鋤(곤도 마스키, 1840-1892), ④河北 俊弼(가와키타 도시스케, 1844-1891), ⑤梶山 鼎介(가지야마 데이스케, 1848-1933), ⑥大石 正己(오오이시 마사미, 1855-1935), ⑦大鳥 圭介(오오도리 게이스케, 1832-1911), ⑧井上 馨(이노우에 가오루, 1836-1915), ⑨三浦 梧樓(미우라 고로, 1846-1926), ⑩小村壽太郎(고무라 주타로, 1855-1911), ⑪原 敬(하라 타카시, 1856-1921), ⑫加藤 增雄(가토 마스오, 1853-1922), ⑬林 權助(하야시 곤스케, 1861-1939)이다.

67 林權助는 1887년에 도쿄 제국대학 법과를 졸업한 후 인천주재 부영사, 1890년 영사, 본부 통상국장을 거쳐, 1899년 공사로 부임해 7년간 재직한 인물이다. 을사조약 이후, 일본에서 1906년 남작이 되고, 이어 주이(駐伊)·주중(駐中)·주영(駐英)대사를 거쳐 1934년 추밀원 고문을 지낸다.

68 〈日韓議定書〉(調印 명치 37.2.23, 광무 8.2.23), 〈日韓協約〉(調印 명치 37.8.22, 광무 8.8.22), 〈日韓協約〉(명치 38.11.17, 광무 9.11.17), 統監府總務部 總務部 內事課 編, 『韓國事情要覽』, 京城: 日韓圖書印刷會社, 1906.7, pp.1-4. ①러일전쟁 직후에 일본이 군대를 경성으로 둔 상황에서 체결된 〈한일의정서〉에는 특명전권공사 林權助와 외부대신 임시서리(臨時署理) 육군참장(陸軍參將) 이지용(李址鎔) 직인이 있다. 대한제국은 시정 개선에 관해 일본 충고를 받고(제1조), 일본은 대한제국 황실을 안전·강녕(康寧)하게 하고(제2조), 대한제국의 독립과 영토 보전을 보증하고(제3조), 황실 안녕과 영토

두 번째 과정은 대한제국의 해외 공관 폐쇄와 외교관의 소환 작업이다. 1904년 8월의 〈제1차 한일협정〉 직후, 주한일본공사는 외무성에 재외 한국공관 폐쇄와 외교관 소환을 건의하고, 1905년 2월에 고종에게 대한제국의 외국 파견 사신을 송환하게 하는 등 공관 폐쇄 작업을 진행한다.[69]

이후, 일본정부는 1905년 11월 〈제2차 한일협정〉 제3조[70]에 의거, 〈통감부와 이사청 설치 건〉[71]을 공포한다. 그리고 동년 12월에 林權助(하야시

보전에 위험이 있을 경우 전략상(軍略上) 필요 지점을 사용하고(제4조), 양국 승인 없이 협정 취지에 위반될 협약을 제3국과 정립(訂立)할 수 없고(제5조), 협약 관련 미비 조문(細條)을 일본제국 대표자와 대한제국 외부대신이 임기(臨機) 협정할 것(제6조)이 주요 내용이다. ②러일전쟁에 유리해진 상황에서 체결된 〈한일협정(제1차 한일협약)〉에는 특명전권공사 林權助와 외부대신 서리 윤치호(尹致昊) 직인이 있다. 주요 내용은 일본정부가 추천한 일본인 1명과 외국인 1명을 각각 재정 고문(顧問)과 외교 고문으로 두고 재정과 외교에 대해 그 의견을 따를 것(제1조, 제2조), 조약 체결과 기타 중요한 외교 안건(외국인에 대한 특권 讓與나 계약 등)에 대해 미리 일본정부와 상의할 것(제3조)이다. ③1905년 9월의 〈포츠머스조약(Treaty of Portsmouth)〉으로 러일전쟁이 종결된 상황에서 동년 11월에 경성에 도착한 伊藤博文(이토 히로부미)의 지휘하에 체결된 〈한일협정〉(제2차 한일협약 또는 을사5조약)에는 '특명전권공사' 林權助와 '외부대신' 박제순(朴齊純)의 직인이 있다.

69 홍인근, 「일본의 대한제국외교공관 폐쇄」, 『국제고려학회 서울지회 논문집』 9, 국제고려학회 서울지회, 2007, 236-237쪽.

70 〈日韓協約〉(명치 38.11.17, 광무 9.11.17), 統監府總務部 總務部 內事課 編, Op. cit., 1906, pp.1-4. "제3조, 일본국정부는 그 대표자 1명을 한국 황제폐하의 궐하에 통감(統監, レジデント, resident)으로 두고, 통감은 오로지 외교에 관한 사항을 관리하기 위하여 경성에 주재하고 친히 한국 황제폐하를 내알(內謁)할 권리를 가진다. 일본국정부는 한국의 각 개항장과 기타 일본국정부가 필요하다고 인정하는 지역에 이사관(理事官, レジデント)을 둘 권리를 갖는다. 이사관은 통감의 지휘 하에 종래 재(在)한국일본영사에게 속한 일체의 직권을 집행하고 아울러 본 협약의 조관(條款)을 완전히 실행하는 데 필요한 일체의 사무를 장리(掌理)해야 한다".

71 〈韓國ニ統監府及理事廳ヲ置クノ件〉(勅令 第240号, 明治 38.11.22), 『官報』 号外, 1905.11.23; 〈統監府及 理事廳을 設置하는 件〉(칙령 제240호, 명치 38.11.22), 『통감부법령자료집』 上, 1972, 1쪽. 이 칙령은 내각총리대신 겸 외무대신 桂太郎(가츠라 타로우) 명의로 공포된다. 이 칙령에 따르면, 통감부를 경성, 이사청을 경성·인천·부산·원산·진남포·목포·마산, 기타 수요지(須要地)에 설치하되, 당분간 통감부 직무는 종래의 '제국공

곤스케) 공사가 의정부 내각회의에 참석해 외부(外部) 폐지와 재외공관 폐쇄를 결정하게 한다. 이어 일본은 주재국(駐在國)정부에 재외한국공사 관 폐쇄를 통보하고 대한제국정부도 동년 12월에 외부대신 이완용 명의 로 독일·프랑스·미국·청국·일본의 주재한국공사에게 공사관 폐쇄를 명 령한다.[72] 이로 인해 1905년 11월부터 1906년 3월까지 대한제국에 있던 청국·영국·미국·독일·프랑스·이탈리아 공관들이 철수해 영사관으로 대 체된다.[73] 이로써 대한제국은 국제적·외교적으로 고립 상태에 놓이게 된다.

② 통감부와 이사청, 그리고 경찰 조직(경무부)

1905년 12월의 〈통감부와 이사청 관제〉에 따르면, 통감부에 통감[親任], 총무장관[勅任], 농상공무총장·경무총장[칙임/奏任], 비서관·서기관·통역 관[주임], 기사, 속(屬)·경부(警部)·기수(技手)·통역생[判任] 등, 이사청에 이 사관·부이사관[주임], 속·경부·통역생[판임], 경시(警視) 등을 둔다. 그리고 경부(警部) 지휘 감독을 받는 순사(巡査, 판임 대우)를 통감부와 이사청에 둔다.[74] 이사청 직원은 이사관과 부이사관 30인, 경시(警視) 5인, 속·경부

사관', 이사청 직무는 종래의 '제국영사관'에서 집행한다.

72 홍인근, 앞의 글, 2007, 238-241쪽.

73 박경룡, 「統監府의 조직과 역할 고찰」, 『아시아문화』 18, 한림대학교 아시아문화연구 소, 2002, 82쪽.

74 〈統監府及理事廳官制〉(勅令 第267号, 明治 38.12.20), 『官報』 第6744号, 1905.12.21; 〈理事廳職員定員令〉(勅令 第269號, 明治 38.12.20), 『통감부법령자료집』上, 1972, 6-7 쪽. 〈統監府及理事廳官制〉는 33개조이며, 내각총리대신 겸 외무대신 桂太郎(가츠라 타로우)과 육군대신 寺內正毅(데라우치 마사다케) 명의로 공포된다. 그에 따르면, 통 감은 한국에서 일본정부를 대표하고, 외국영사관과 외국인에 관한 사무를 통할(統轄) 하고, 한국의 시정사무로서 외국인 관련 사무를 감독하고, 한국에 있는 일본관헌과 공서(公署)의 정무를 감독하고 종래 일본관헌에 속한 일체의 감독사무를 시행한다(제 3조). 한편, 〈統監府及理事廳高等官官等令〉(勅令 第271號, 明治 38.12.20), 같은 책, 7-8

(警部)·통역생 90인이다.[75]

1905년 12월의 통감부 설치 이후, 종래 외교를 담당하던 대한제국의 외부(外部)는 1906년 1월에 폐지되어 의정부 외사국(外事局)으로 축소되고, 일본공사관 업무가 통감부로 이관된다.[76] 그리고 1906년 2월 1일자로 통감부와 이사청이 업무를 개시하고,[77] 한국주차군사령관 長谷川好道(하세가와 요시미치)가 약 1개월 동안 통감 대리를 맡다가, 동년 3월에 伊藤博文(이토 히로부미) 통감이 부임한다.[78] 이와 관련된 통감부령은『한성순보』를 통해 공포된다.[79]

통감부와 이사청이 업무를 개시한 1906년 2월 이후 상황을 보면, 통감은 대한제국의 외교와 기타 사무를 담당하고, 이를 위해 '경무총장–경시(警視, 奏任 2인)–경부(警部)–순사(巡査)' 체제를 갖춘 경찰 조직, 그리고

쪽에 따르면, 통감부와 이사청의 조직 위계는 친임인 통감을 제외하면, 고등관(高等官) 체제이다. 총무장관은 1~2등급, 농상공무총장과 경무총장은 2~3등급, 경시(警視)는 통감부의 비서관·서기관과 마찬가지로 3~7등급, 이사청의 이사관은 3~5등급이다. 이사청의 부이사관은 5~7등급, 이사청의 경시(警視)는 5~8등급의 고등관이다〈統監府及理事廳職員給與令〉제1조).

75 〈理事廳職員定員令〉(勅令 第269号, 明治 38.12.20);〈統監府及理事廳職員給與令〉(勅令 第273号, 明治 38.12.20),『官報』号外, 1905.12.21.

76 홍인근, 앞의 글, 2007, 248쪽.

77 〈統監府及理事廳事務開始〉(統監府告示 第2号, 명치 39.1.31),『官報』第6778号, 1906.2.6, p.228.

78 『고종실록』48권(44년 5.5, 양력 1번째 기사, 1907). 고종은 총무장관 鶴原定吉(스루하라 사다키치), 농상공무총장 木內重四郎(기우치 주시로우), 경무총장 岡喜七郎(오카요시 시치로) 등에게 훈장을 하사한다.

79 〈統監府令公文式〉(統監府 府令 第4号, 明治 39.1.19),『官報』第6783号, 1906.2.12(제2조);〈統監府令公文式中改正〉(統監府 府令 第31号, 明治 39.8.30),『官報』第6960号, 1906.9.8;〈統監府令公文式中改正〉(統監府 府令 第51号, 명치 43.8.29),『官報』第8163号, 1910.9.5. 1906년 8월 말에는『한성일보』가『경성일보』로 바뀐다. 1910년 8월에는『統監府公報』가『조선총독부관보』로 바뀐다. "〈統監府公報發行〉(統監府 告示 第28号, 明治 42.3.30),『官報』第6960号, 1909.4.6"에 따르면, 통감부는 1909년 4월경부터 경성일보사에서 매주 토요일에『통감부공보』를 발행해 1부당 4전(錢)에 구독하도록 한다.

육해군 무관(少將 또는 佐官) 각 1명을 지휘한다.[80] 또한 한국주차군사령관에게 병력 사용을 명령할 권한을 갖고,[81] 군사경찰 외에 행정경찰·사법경찰을 맡은 한국 주차(駐箚) 헌병을 지휘한다.[82] 통감부와 이사청에는 순사(巡査) 약 500인을 배치한다.[83]

지방의 이사관도 헌병경찰 조직을 사용할 수 있는 경찰권을 갖는다.[84] 이사청의 이사관은 한국인 이외의 외국인 관련 사무에 대해 통감의 명령을 받아 한국지방관헌을 지휘감독하고, 한국의 지방시정 관련 의견을 내고 그 사무 집행을 감시한다.[85] 그리고 이사청 지청(支廳)을 설치해 부이

---

80 〈統監府陸海軍武官官制〉(勅令 第15号, 明治 39.2.2),『官報』第6776号, 1906.2.3. 육해군 무관의 인사는 육군대신 또는 해군대신의 관할에 속한다(제3조).

81 〈韓國駐箚軍司令部條例〉(勅令 第205号, 明治 39.7.31),『官報』第6927号, 1906.8.1(육군대신 사내정의 명의). 한국주차군사령부는 '막료(幕僚)에 해당하는 군참모부와 군부관부(軍副官部), 그리고 軍法官部, 軍經理部, 軍醫部, 軍獸醫部'로 구성된다(제5조). 한국주차군사령관(육군 대장 또는 중장)은 천황에 직예(直隷)하여 한국 주차 육군의 부대를 통할하면서 한국을 방위(防衛)한다(제1조). 그리고 '한국의 안녕질서를 유지[保持]하기 위하여' 통감의 명령이 있을 때 병력을 사용할 수 있고, 긴급할 경우에는 먼저 처치한 후에 통감에게 보고할 수 있다(제3조).

82 〈韓國ニ駐箚スル憲兵ノ行政警察及司法警察ニ關スル件〉(勅令 第18号, 明治 39.2.8),『官報』第6781号, 1906.2.9. "〈憲兵條例中改正〉(勅令 第278号, 明治 39.10.29),『官報』第7002号, 1906.10.30"에 따르면, 일본에서도 헌병이 군사경찰, 행정경찰, 사법경찰의 역할을 동시에 맡되, 군사경찰 관련은 육군대신과 해군대신, 행정경찰 관련은 내무대신, 사법경찰 관련은 사법대신의 지휘를 받는다. 그리고 한국에서 군사경찰에 관계된 것은 한국주차군사령관, 행정경찰과 사법경찰에 관계된 것은 통감의 지휘를 받는다(제1조). 대만은 제13헌병대 관구(管區), 한국은 제14헌병대 관구, 남만주는 제15헌병대 관구에 속한다. 1913년 자료를 보면, 일본은 군사경찰에게 보통행정경찰과 사법경찰의 직권을 부여한다 (田崎治久 編,『日本之憲兵』, 東京: 軍事警察雜誌社, 1913, pp.10-13).

83 〈統監府及理事廳巡査定員〉(統監府 府令 第9号, 明治 39.4.16),『官報』第6842号, 1906.4.24.

84 山崎丹照,『外地統治機構の研究』, 東京: 高山書院, 1943, pp.130-131.

85 〈韓國地方施政ニ關スル理事官ノ執務規程〉(統監府 府令 第48号, 明治 39.11.18),『官報』第7024号, 1906.11.27. "〈韓國地方施政ニ關スル理事官ノ執務規程廢止〉(統監府 府令 第46号, 明治 40.12.26),『官報』第7354号, 1908.1.4"에 따르면, 이 부령은 1907년 12월 26일자로 폐지된다.

사관 또는 경시 1인과 판임 이하 약간 명을 두고, 통감의 명령을 받아
'한국지방 시정 개선에 관한 사무'를 맡는다.[86] 이사청 지청의 부이사관은
담당 구역의 행정사무, 구재판소(區裁判所)에 속한 소송사건의 재판, 증명
등록과 등기와 기타 비소송사건의 취급, 한국인 이외의 외국인 관련 사무
를 보는 한국지방관헌의 지휘감독, 지방관헌에 대한 한국 지방시정 관련
의견 진술 및 사무 집행의 감시 등을 담당한다.[87] 이사관은 보통경찰
관련 내용을 4가지 종류(日報·月報·半年報·年報)로 보고하고, 긴급 시에 경
찰서장이나 경찰분서장이 직접 경무총장에게 보고하는 등의 형태로[88]
통감부와 연락망을 갖춘다.

③ 통감부와 이사청의 종무행정

통감부 조직 형태를 보면, 1906년 7월에는 3부(部: 總務·農商工務·警務)
16과, 그리고 이사청을 포함한 5개 관서를 갖춘다. 이를 도표화하면 아
래와 같다.[89]

---

86 〈理事廳支廳分掌規程〉(統監府 府令 第37号, 明治 39.9.26), 『官報』第6980号, 1906.10.3.
    (제1조-제3조). "〈理事廳支廳分掌規程, 同執務規程, 同名稱位置及區域廢止〉(統監府 府
    令 第45号, 明治 40.12.10), 『官報』第7341号, 1907.12.16"에 따르면, 이 부령은 1907년
    12월 30일부터 폐지된다.
87 〈理事廳支廳職務規程〉(統監府 府令 第46号, 明治 39.11.18), 『통감부법령자료집』上,
    1972, 237-238쪽.
88 〈普通警察報告例〉(統監府 訓令 第7号, 明治 39.4.27), 『官報』第6854号, 1906.5.8(제2조,
    제3조). 일보(日報)에는 신문·잡지의 발행과 폐간 등 9가지, 월보에는 신문지·잡지 발
    매반포수 등 9가지, 반년보에는 '일본인의 호수·인구·남녀 직업과 부현별(府縣別), 거
    류지 및 잡거지(雜居地)와 그 부근의 한국인민의 호수·인구·직업별, 한국인민으로서
    일본어나 타국어(他國語)를 해(解)하는 자의 수' 등 14가지, 그리고 연보에는 '한국인민
    의 호수·인구·남녀별, 외국인민의 호수와 인구'를 포함해 27가지 사항이 포함된다(제6
    조). 이 훈령은 1910년 6월에 개정되어 보고의 종류가 '일보·월보·반년보'의 3가지 종
    류로 바뀌고 내용이 간소화되는데, 특별히 '종교'와 관련해 명시된 보고 사항은 없다
    (〈普通警察報告例〉(統監府 訓令 第8号, 明治 43.6.18), 『官報』第8102号, 1910.6.25).

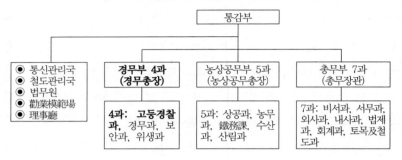

〈표 5〉 통감부 조직(1906.7 〈統監府及所屬官署及分課表〉)

1906년 7월 당시, 〈통감부와 소속관서와 분과표〉에는 별도의 종무행정 조직이 없다. 따라서 부서 업무에 종무행정이 명시되지 않는다. 당시 통감부에 종무행정이 보이지 않는 이유로는 당시까지 재한 일본인의 종교 활동에 관한 법규가 없었다는 점을 지적할 수 있다.

1907년 3월, 일본정부는 통감부에 외교 사무를 관장하는 외무총장(外務總長)을 신설하고, 이사청의 경찰관에게 감옥 사무를 맡기고, 통감이 요청할 경우 이사청에 간수(看守)를 두게 한다.[90] 동년 4월에는 〈통감부사무분장규정〉을 개정해 4부(部: 총무·외무·농상공무·경무) 14과(課) 체제를 갖추는데, 여기서 '종교'라는 표현이 처음 보인다. 당시 종교 업무를 담당한 부서는 '총무부 지방과(地方課)'이다. 그에 비해, 경무부 보안과에는 '고등·행정·사법경찰과 재판·감옥에 관한 사항'만 배정되고, 종교 업무는 보이지 않는다.[91] 1907년 4월 이후의 통감부 조직도는 다음과 같다.[92]

---

89   統監府 總務部 內事課 編, 『韓國事情要覽』, 京城: 日韓圖書印刷會社, 1906.7, p.16(統監府及所屬官署及分課表). 경성, 인천, 마산, 목포, 군산, 진남포, 평양, 부산, 대구, 원산, 성진에 소재한 이사청에는 경찰서(파출서와 주재소 포함)가 배치된다(같은 책, pp.14-15).

90   〈統監府及理事廳官制中改正〉(勅令 第15号, 明治 40.3.5), 『官報』 第7102号, 1907.3.6.

91   〈統監府事務分掌規程〉(統監府訓令 第10号, 명치 40.4.27), 『官報』 第7153号, 1907.5.7.

〈표 6〉 통감부 조직(1907.7 〈統監府及所屬官署分課表〉)

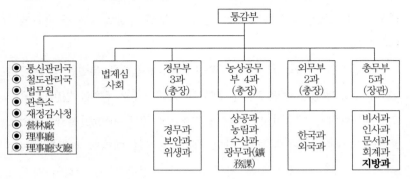

1907년 당시 이사청은 계(係) 조직을 둔다. 〈부산이사청 처무규정〉 사례를 보면 서무계·문서계·회계계·지방계·외국인계 등에서부터 경찰계까지 모두 16개의 계가 있다(제1조). 이 가운데 종교에 관한 사무는 거류민단과 일본인회의 행정, 교통, 교육, 병사(兵事)에 관한 사무와 함께 지방계(地方係)에 배치된다(제5조). 그리고 이사청에서는 '종교감화사항(宗敎感化事項) 관계서류'를 갖추어둔다.[93] 그런데 1907년 4월, 통감부 총무부 지방과에 종교 업무가 명시된 배경은 무엇일까? 그 배경으로는 〈종교

이 규정(총21개조)에 따르면, 지방과는 ①지방행정, ②교육과 종교, ③병사(兵事)와 호적, ④은행과 금융, ⑤토목에 관한 사항을 맡는다(제7조). 경무과의 경무과는 ①경찰 배치, ②임용·교습·상벌·기율(紀律), ③경리에 관한 사항(제17조), 보안과는 ①고등경찰, ②행정경찰, ③사법경찰, ④재판·감옥에 관한 사항(제18조), 위생과는 ①전염병예방 검역, ②보건위생, ③의무(醫務)에 관한 사항을 맡는다(제19조). 외무부의 한국과는 ①韓國政府와의 交涉, ②外國人, ③謁見 及 敍勳에 관한 사항(제9조), 외국과는 ①各國 領事官과의 交涉, ②外國人, ③條約 及 取極書에 관한 사항을 맡는다(제10조).

92 統監府 總務部 編, 『韓國事情要覽』 第2輯, 京城: 京城日報社, 1907.7, pp.16-18〈統監府及所屬官署分課表〉).

93 〈釜山理事廳 處務規程〉(훈령 제2호, 1907.6.12), 『釜山理事廳 法規類集』, 釜山理事廳, 1909.9.10, pp.1-3, p.14(한국사데이터베이스, http://db.history.go.kr/item/imageViewer.do?levelId=smlb_036); 한지헌, 「이사청 직제와 운영」, 『역사학연구』 58, 호남사학회, 2015, 168쪽.

선포에 관한 규칙〉의 시행을 들 수 있다. 이 규칙이 1906년 11월에 공포되고 동년 12월부터 시행되면서[94] 관련 업무를 담당할 부서가 필요했기 때문이다.

1907년 9월과 10월에는 통감부와 이사청의 관제를 개정한다. 1907년 9월의 개정 배경은 동년 7월의 헤이그(Hague) 특사사건[95]을 빌미로 고종의 강제 퇴위가 이루어지고 체결된 7개조의 〈[제3차]한일협약〉(정미7조약)[96]이고, 개정 내용은 통감 사고 시 그 직무를 대리할 부통감(副統監, 친임)의 신설,[97] 그리고 종래 외무·농상공무·경무의 3총장제의 폐지이다. 1907년 10월의 개정은 통감관방과 3부(部: 외무·감사·지방) 3과(課)로 개편한다는 내용이다. 종래와 비교해보면, '총독관방'을 신설하고, 총무부 지방과를 지방부로 확대해 경무부가 맡던 업무를 배정했다는 특징이 있다. 그에 따라 종교 업무는 '지방부'에서 담당하게 된다. 1907년 10월의 통감부 조직과 업무를 정리하면 다음과 같다.[98]

---

94 〈宗敎ノ宣布ニ關スル規則〉(統監府 府令 第45号, 명치 39.11.17), 『官報』第7024号, 1906年11月27日, p.575.
95 이 사건은 '헤이그특사사건'(『한국민족문화대백과』) 또는 '헤이그평화회의 밀사사건(海牙平和會議密使事件)'으로 불린다(池田常太郎, 『日韓合邦小史』, 東京: 讀賣新聞社, 1910, pp.66-68).
96 〈日韓協約〉(調印 명치 40.7.24, 광무 11.7.24) 統監府d, 『最近韓國事情要覽』, 東京: 川流堂, 1909.5, pp.5-6.
97 〈統監府及理事廳官制中改正〉(勅令 第295号, 明治 40.9.19), 『官報』第7270号, 1907.9.20. 그 외에 제23조 제1항 중 '경부'를, 그리고 제34조 중 '이사청의 경찰관'을 '看守長'으로 개정한다.
98 〈統監府事務分掌規程〉(統監府訓令 第21号, 明治 40.10.9), 『官報』第7290号, 1907.10.15. 〈統監府訓令 第10号〉의 개정이다. 지방부는 ①지방행정, ②식산(殖産)과 금융, ③종교와 교육, ④사법(司法)과 경찰에 관한 사항을 맡는다(제8조).

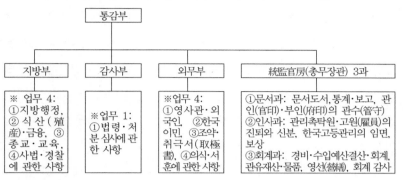

구체적으로, 1907년 10월의 관제 개정 배경은 헤이그 특사사건을 빌미로 고종의 강제 퇴위가 이루어진 직후 체결된 〈제3차한일협약〉 이행이다. 이 과정을 보면, 1907년 6월, 고종은 네덜란드 수도 헤이그에서 개최되는 제2회 만국평화회의에 이상설(李相卨)·이준(李儁)·이위종(李瑋鍾)을 특사로 파견한다. 이들이 당시 회의에 참석할 수 없었지만, 伊藤博文 통감은 동년 7월에 헤이그 특사 파견을 협약 위반으로 간주하고, 일본정부는 고종의 퇴위를 결정한다.[99] 이어, 고종의 명에 따라 순종이 7월 18일자로 대리청정을 시작하면서, 다음 날에 헤이그 특사의 처결을 명한다.[100] 고종이 1907년 7월 21일에 퇴위한다.

99   한성민, 「제2회 헤이그 만국평화회의 特使에 대한 일본의 대응」, 『한일관계사연구』 51, 한일관계사학회, 2015.8, 386-388쪽.
100   『고종실록』48권(44년 7.18, 양력 1번째 기사, 1907); 『고종실록』48권(44년 7.19, 양력 1번째 기사, 1907); 『순종실록』1권(즉위년 7.19, 양력 1번째 기사, 1907); 『순종실록』 1권(즉위년 7.20, 同 21일, 1907). 고종은 7월 19일에 황태자 순종의 '대리청정 진하(陳賀)'를 권정례(權停例)로 할 것을 명한다. 진하(陳賀/進賀)는 나라의 경사 시 관리들이 조정에서 축하를 올리는 것, 권정(權停)은 임금이나 세자 참석 없이 권도(權道)는 형편에 따라 절차·의식을 조정해 처리하는 것이다. 이 시점은 1907년 7월 11일에 최제우와 최시형의 죄명을 취소해달라는 내각총리대신 이완용과 법부대신 조중응의 상소를 윤허

고종의 퇴위 직후인 1907년 7월 24일에 통감과 내각총리대신[이완용]은 〈[제3차]한일협약〉을 체결한다. 그에 따라 한국정부는 통감 지도를 받아 시정개선을 하고(제1조), 사전에 통감 승인을 거쳐 법령 제정과 중요한 행정 처분을 하고(제2조), 한국의 사법사무를 보통행정사무와 구별하고(제3조), 통감 동의를 얻어 한국 고등관리를 임면하고(제4조), 통감이 추천한 일본인을 한국 관리로 임명하고(제5조), 통감 동의를 받아야 외국인을 용빙(傭聘)할 수 있게 된다(제6조).[101]

〈[제3차]한일협약〉으로 통감의 권한이 비대해지면서 대한제국은 사실상 식민지 상태가 된다. 실제로 언론과 결사의 자유를 막기 위해 이완용 내각이 〈[제3차]한일협약〉 체결일에 공포한 〈신문지법〉(법률 제1호), 7월 27일에 공포한 〈보안법〉(법률 제2호), 7월 31일에 내린 '군대 해산 조서' 등도 사실상 통감의 조치라고 할 수 있다.[102] 또한 1908년 10월 3일자

한 직후이다[『고종실록』 48권(44년, 7.11)]. 순종은 '몰래 해외에서 거짓으로 밀사(密使)를 칭해 나라의 외교를 망쳤다'는 이유로 이상설·이위종·이준 등을 법률로 엄히 처결하라고, 21일에 '시국의 형세를 오해하지 말고, 모두 문명한 경지(文明之域)에 올라 태평시대의 행복(昇平之福)을 누리게 하라'는 조령(詔令)을 내린다. 순종은 법부대신 조중응이 이상설에게 사신(使臣) 명령을 받은 관리라고 사칭한 자를 다스리는 법조문(『형법대전』 제352조)을 적용해 교형(絞刑)에, 이위종과 이준에게 한 등급을 낮춘 조문을 적용해 종신징역에 처한다는 상소를 윤허한다[『순종실록』 1권(즉위년 8.8, 1907)].

101 統監府d, Op. cit., 1909, pp.5-6; 統監府, 『韓國條約類纂』, 統監府, 1908, p.25. 〈日韓協約〉(調印 명치 40.7.24)은 양국 정부가 '한국의 부강을 도모하고 한국민의 행복을 증진'이라는 목적 또는 명분을 앞세운 것으로, 통감 이등박문과 내각총리대신 이완용 직인이 있다. 이 조약에 따라 기존의 〈한일협약〉(광무 8.8.22, 명치 37.8.22) 제1항, 즉 '한국정부는 일본정부가 추천한 일본인 1명을 재정 고문(顧問)으로 두어 재무에 관한 사항을 그 의견을 따라 시행해야 한다(제1조)'는 내용은 폐지된다(제7조).

102 『순종실록』 1권(즉위년 7월 24일; 同 7월 27일; 同 7월 31일, 1907). '조서'의 핵심은 '쓸데없는 비용(冗費)을 절약해 이용후생에 응용하는 것이 급선무이고, 용병(傭兵) 체제의 군사 제도를 쇄신하여 사관(士官) 양성에 전력하고 뒷날에 징병법을 발포해 공고한 병력을 구비할 것', '군대 해산 시에 인심의 동요가 없도록 예방하고 혹시 칙령을 어겨 폭동을 일으킨 자는 진압할 것을 통감에게 의뢰하라'는 내용이다. 한편, 同 9월 3일자로 〈총포 및 화약류 단속법(銃砲及火藥類團束法)〉(법률 제5호)을 재가해 반포한

로 '사람을 혹(惑)하게 하는 기도·부주(符呪) 금지' 등을 담은 〈경찰범처벌령〉(통감부령 제44호)을 공포한 것도 마찬가지 경우이다.

순종의 대리청정 기간인 1907년 8월부터는 융희(隆熙) 연호 사용(8.2.0)과 건원절(乾元節/탄신일, 음 2.8) 지정(8.7)을 거쳐 황제 즉위식이 거행(8.27)되지만,[103] 〈제3차한일협약〉 제5조에 따라 일본인이 대한제국의 요직에 임명된다. 구체적으로, 동년 8월에 鶴原定吉(쯔루하라 사다키치), 木內重四郎(기노우치 주시로), 俵孫一(다와라 마고이치)이 각각 궁내부·내부·학부 차관, 松井茂(마쓰이 시게루)가 내부 경무국장(內部 警務局長)이 된다. 9월에는 荒井賢太郎(아라이 겐타로), 小宮三保松(고미야 미호마쓰)이 각각 탁지부·궁내부 차관, 10월에는 법부 차관 倉富勇三郎(구라토미 유자부로우)이 법부 법률 기초위원장(法部 法律起草委員長)을 겸하고 법관 전고 위원장(法官銓考委員長)에 임명된다.[104]

그렇지만 1907년 7월 고종의 강제 퇴위 후, 해산된 군대와 의병의 합류로 각지에서 저항이 높아진다. 이에 일본은 경찰관과 헌병을 증가하고 군대를 증파해 진압을 시도한다.[105] 1907년 10월 초에는 일본정부가 한국 주차 헌병의 주요 임무를 치안유지로 설정하고, 군사경찰 외에 헌병 관련 제반

것도 군대해산의 여파를 차단하기 위한 것으로 보인다.

103 『순종실록』 1권(즉위년 8.2; 同 8.7; 同 8.27, 1907).

104 『순종실록』 1권(즉위년 8.9; 8.13; 9.7; 9.23; 10.4; 10.9; 10.21; 11.18, 1907). 예를 들어, 倉富勇三郎(구라토미 유자부로우)는 당시 동경 공소원(控訴院) 검사장을 맡던 법학박사로, 〈제3차 한일협약〉 제3조에 의거, 한국 사법제도의 개선을 명분으로 법부 차관 겸 통감부 참여관에 기용된 후, 1907년 12월에 일본의 재판소구성법을 반영해 〈재판소구성법〉(법률 제8호)과 〈재판소구성법시행법〉(법률 제9호)과 〈재판소설치법〉(법률 제10호) 등을 공포한다(朝鮮總督府法務局法務課, 『朝鮮の司法制度: 昭和十年朝鮮總督府施政二十五年記念』, 京城: 朝鮮總督府法務局法務課, 1936, pp.7-10). '공소'는 '항소'의 옛 표현이다.

105 統監官房, 『韓國施政年報』, 東京: 高島活版所, 1908(명치 41.12), pp.128-148. 이 자료에 따르면, 일본은 당시의 의병 항쟁에 대해 '지방의 민요(地方ノ民擾), 폭동(暴動)' 등으로 표현한다.

사항을 통감이 결정하게 한다.[106] 통감은 '치안유지'를 위해 경찰 외에도 한국주차군사령부[107]와 한국주차헌병대사령부[108]를 활용하게 된다.

1907년 10월의 관제 개정 직후, 즉 10월 29일에는 〈제3차한일협약〉 제5조에 의거, 한국 경찰관으로 임명된 일본인이 일본 관헌의 지휘 감독을 받아 재한 일본인에 대한 경찰 사무를 집행해야 한다는 내용의 〈한일 협정서〉가 체결된다.[109] 이는 대한제국의 내부(內部)에 소속된 일본인 경

---

106 〈憲兵條例中改正〉(勅令 第322号, 明治 40.10.7); 〈韓國ニ駐箚スル憲兵ニ關スル件〉(勅令 第323号, 明治 40.10.7), 『官報』 第7284号, 1907.10.8. 후자(칙령 제323호)에 따르면, 한국 주차 헌병은 주로 치안유지에 관한 경찰을 맡되 그 직무 집행은 통감에 예속되고, 동시에 한국주차군사령관 지휘를 받아 군사경찰을 맡는다(제1조). 통감은 헌병대본부 위치와 헌병대 분대 배치와 관구를 정한다(제2조). 헌병 복무 규정은 통감이 정하되, 군사경찰에 관련된 것은 한국주차군사령관이 정한다(제4조).

107 ＜韓國駐箚軍司令部條例＞(勅令 第205号, 明治 39.7.31), 『官報』 第6927号, 1906.8.1, p.7. 한국주차군사령관은 육군대장 또는 육군중장으로 하고, 천황에 직예(直隷)하고, 한국주차육군 제부대를 통솔하고, 한국의 방위를 맡는다(제1조). 군사령관은 군정(軍政)과 인사(人事)에 관해서 육군대신, 작전과 동원계획에 관해서 참모총장, 교육에 관해서 교육총감의 구처(區處)를 받는다(제2조). 군사령관은 한국의 안녕질서를 유지[保持]하기 위해 통감의 명령이 있을 때에 병력을 사용할 수 있으나 사급(事急)한 경우에는 처치(處置) 후에 통감에게 보고하며, 직접 육군대신과 참모총장에게 보고한다(제3조). 주차(駐箚)는 본래 공무를 띠고 외국에 머물러 있는 것을 말하며, 주차군은 외국에 주둔한 자국의 군대를 말한다.

108 〈韓國憲兵ニ關スル件〉(勅令 第323号, 明治 40.10.8), 田崎治久 編, Op. cit., 1913, pp.570-571. 이 칙령에 따르면, 한국 주차 헌병은 주로 '치안유지'에 관한 경찰을 맡고, 그 직무의 집행에 대해서는 통감에 예속되고, 또한 한국주차군사령관의 지휘를 받아 '군사경찰을 맡는다(제1조). 헌병대본부의 위치와 분대의 배치와 그 관구(管區)는 통감이 정한다(제2조). 통감은 필요 시에 일시적으로 병대(兵隊)의 일부를 그 관구 외에 파견할 수 있다(제3조). 헌병의 복무에 관한 규정은 통감이 정하며, 군사경찰에 대해서는 한국주차 군사령관이 정한다(제4조). 앞의 규정 외에 한국 주차 헌병에 대해서는 헌병조례를 따른다(제5조). 다만, 〈朝鮮駐箚憲兵條例〉는 1910년 9월 10일자 칙령 제343호로 공포된다.

109 『순종실록』 1권(즉위년 10.29, 1907). 내각 총리대신 이완용(李完用)과 통감 伊藤博文이 서명한다. 그 후, "〈在韓國外國人民ニ對スル警察事務協定〉(統監府 告示 第30号, 明治 42.4.10), 『官報』 第7746号, 1909.4.24"에 따르면, 1909년 3월 15일에 한국정부와 통감부는 재한국 외국인민에 대한 경찰 사무에 관해 협정을 맺는다(內閣 고시 제12호). 재한 외국인에 대한 경찰 사무에 관해 한국 경찰관이 일본국 관헌의 지휘감독을 받아야 한다는 내용이며, 부통감(曾禰荒助, 소네 아라스케) 명의로 고시된다.

무국장이 '통감의 지휘를 받아' 재한 일본인 관련 경찰 사무를 본다는 의미이다. 결과적으로, 1907년 7월의 《제3차한일협약》 직후 진행된 '차관 정치', 즉 일본인이 궁내부·내부·학부·탁지부의 차관, 내부 경무국장 등에 임명된 것은 통감부가 대한제국의 주요 업무를 장악했음을 시사한다. 이러한 주요 업무 범위에는 대한제국의 종무행정도 포함되며, 통감이 치안유지를 명분으로 헌병을 경찰 업무에 활용한 것은 헌병의 종무행정 개입을 시사한다.

1908년에도 통감부 조직은 종래처럼 운영된다.[110] 1909년 11월에도 〈통감부사무분장규정〉이 일부 바뀌지만,[111] 통감관방과 3부 체제는 그대로 유지된다. 그에 따라 종교 업무 담당 부서에도 별다른 변화가 보이지 않는다.

〈표 8〉 이사청이 포함된 통감부 조직도(1908.1 〈통감부와 소속관서 분과표〉)

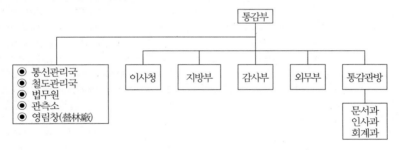

---

110 統監府 編, 『韓國最近事情一覽』, 東京: 民友社, 1908.1, pp.18-19(統監府及所屬官署分課表); 〈統監府及理事廳官制〉(명치 38.12, 칙령 제267호, 개정 명치 40년 칙령 15호, 65호, 295호), 統監府d, *Op. cit.*, 1909, pp.18-24. 통감부 관료의 역할은 〈통감부와 이사청 관제〉를 통해 확인할 수 있다.

111 〈統監府事務分掌規程〉(統監府訓令 第23号, 명치 42.10.21), 『官報』 第7910号, 1909.11.4. 종래의 〈統監府訓令 第21号〉 제8조 제4호, 즉 '四 司法及警察ニ關スル事項'이 '四 行政警察ニ關スル事項'으로 개정된다.

한편, 한국의 근대 경찰 조직이 종무행정을 담당한 것은 갑오개혁
(1894.7-1896.2)의 초기부터이다. 구체적으로, 1894년 7월부터 내무아문 소
속 경무청(警務廳)의 경무국(警務局), 1895년 5월부터 경무청 총무국에서
종무행정을 맡는다.[112] 게다가 경무청은 대한제국(1897.10-1910.8) 시기인
1900년 6월에 내무아문에서 독립해 경부대신(警部大臣)이 관할하는 경부
(警部: 경무국·서무국) 소속이었다가, 1901년 2월에 다시 내무아문 소속이
되고, 1907년 7월에 경시청(警視廳)으로 개칭되는데,[113] 1907년 7월의
《(제3차)한일협약》 직후부터 차관뿐 아니라 내부 경무국장에도 일본인
이 임명되었기 때문에 통감부가 종무행정에 관여했다고 볼 수 있다. 그

112 〈警務廳官制職掌〉(議案, 開國 503.7.14); 〈行政警察章程〉(議案, 開國 503.7.14), 『한말
근대법령자료집』 Ⅰ, 1970, 38-47쪽. 〈경무청관제직장〉에 따르면, 1894년 7월에 종래
의 좌우포청(左右捕廳)을 합쳐 경무청(警務廳)을 설립하고 내무아문에 예속시켜 한성
부 5부(部)의 경찰과 감옥 사무를 관장하게 한다. 경시청에는 경무사(警務使)과 부관
(副官) 각 1인, 그리고 경무관(警務官), 서기관, 총순(總巡), 순검(巡檢)을 두고, 부관이
경무국(警務局)을 맡는다. 경무국 사무에는 교당(敎堂)·강당·도량(道場)과 묘지·위생
등을 포함한 사무가 부여된다. 〈행정경찰장정〉에 따르면, 지방에서는 각 지방장관이
경무관·총순·순검에게 '행정경찰'의 업무를 부여하고, 즉결 처분권을 준다(違警罪卽決
章程 포함). 한편, "〈警務廳官制〉(勅令 第.85號, 開國 504.5.1), 『한말근대법령자료집』
Ⅰ, 1970, 364-367쪽"에 따르면, 경무청은 경무사관방과 제1·2과, 총무국, 감옥서(監獄
署)로 구성되고, 총무국에서 ①행정경찰, ②사법경찰, ③정사(政事)·풍속 관련 출판물
과 집회·결사, ④외국인,···, ⑧영업과 풍속경찰,···, ⑪도로경찰, ⑫위생경찰에 관한
사항을 담당한다(제12조).
113 〈警部를 設置하는 件〉(詔勅, 光武 4.6.12); 〈警部官制〉(勅令 第20號, 光武 4.6.12/號外
6.16), 송병기 외 3인 편저, 『한말근대법령자료집』 Ⅲ, 대한민국국회도서관, 1971,
92-98쪽; 〈警務廳官制 改正〉(勅令 第1號, 光武 11.7.27), 『한말근대법령자료집』 Ⅴ,
1971, 592쪽. 〈경부관제〉에 따르면, 경부는 경무대신 관방(비서과, 제14조-제15조), 경
무국·서무국(제16조), 감옥서(제24조)로 구성된다. 이 가운데 경무국은 경무과와 심
문과로 구성되고, 경무과에서는 ①국내 경찰, ②정사·풍속에 관한 출판과 집회결사,
③외국인, ④영업·풍속 경찰에 관한 사항 등 모두 15가지 업무를 맡는다(제18조-제19
조). 그리고 황실 보호를 위해 궁내경찰서(제26조), 한성부 관내에 5경무서(警務동·
서·남·북·中署)를 설치한다(제27조-제28조). 〈경무청관제 개정〉에 따르면, 1906년 2월
의 〈경무청관제 개정〉(칙령 제8호, 광무 10.2.12) 중 경무청을 경시청(警視廳), 경무사
를 경시총감(警視總監), 경무관을 경시(警視)로 개칭한다(제1조).

러다가 1910년 6월, 3대 통감 寺內正毅(데라우치 마사타케)와 내각총리대신 임시서리 내부대신 박제순 사이에 각서가 교환되면서 한국의 경찰사무가 일본정부로 넘어간다.[114]

일본정부는 1910년 6월 말에 '통감부 경찰관서'로 경성에 경무총감부, 각도에 경무부와 경찰서를 둔다. 경무총감은 한국주차헌병의 장(長)인 육군장관, 경무부장은 각도 헌병의 장인 헌병좌관(憲兵佐官), 경찰서장은 경시나 경부가 맡는다.[115] 1910년 7월에는 내부대신·경시총감, 관찰사, 경찰서장·경찰분서장의 권한에 속한 사항을 각각 통감부의 경무총장, 경무부장, 경찰서장에게 넘기고,[116] 경찰 관련 규정 중 이사관 소속 직무를 통감부 경무부장(경성: 경무총장),[117] 이사청 경찰사무를 경무총감부 또는 각 도의 경무부에 인계한다.[118]

---

114 "〈韓國警察事務委託ニ關スル覺書〉(隆熙 4.6.24/明治 43.6.24), 『官報』第8106号, 1910.6.30"에 따르면, 한국의 경찰제도가 완비될 때까지 이를 일본정부에 위탁하고(제1조), 황궁 경찰사무에 대해 궁내부대신이 해당 주무관과 임시로 협의해 처리한다(제2조). 이 내용은 "〈韓國警察事務委託ニ關スル覺書〉(統監府 告示 第139号, 明治 43.6.25), 『官報』第8109号, 1910.7.4"에 고시된다. 한편, 한국사법과 감옥사무의 위탁은 1909년 7월, 2대 통감 曾彌荒助(소네 아라스케)와 내각총리대신 이완용 사이에 각서가 체결되면서 이루어진다. "〈韓國司法及警察事務委託ニ關スル覺書〉(隆熙 3.7.12/明治 42.7.12), 『官報』号外, 1909.7.24"에 따르면, 한국의 사법과 감옥사무가 완비될 때까지 이를 일본정부에 위탁하고(제1조), 일본정부는 일본인과 한국인을 재판 일본재판소와 감옥의 관리에 임용한다(제2조).

115 〈統監府警察官署官制〉(勅令 第296號, 明治 43.6.29), 『통감부법령자료집』下, 1972, 607-609쪽. 이 칙령이 시행되어 〈統監府司法警察官官制〉(勅令 第244号, 明治 42.10.16)는 폐지된다. "〈警務總監部令及警務部令公文式〉(統監府 府令 第36号, 明治 43.7.9), 『官報』第8121号, 1910.7.18"에 따르면, 경무총감부령의 포고는 『통감부공보』로, 경무부령 포고는 경무부장이 정한다(제2조).

116 〈韓國政府委託ノ警察事務ハ特別規定アルモノハ外韓國從來ノ規定ニ依ル〉(統監府 府令 第31号, 明治 43.7.1), 『官報』第8112号, 1910.7.7.

117 〈警察ニ關スル規程中理事官ニ屬シタル職務〉(統監府令 第38号, 明治 43.7.13), 『官報』第8122号, 1910.7.19.

118 〈理事廳ニ於ケル警察事務〉(統監府 訓令 第13号, 明治 43.7.13), 『官報』第8122号, 1910.7.19.

'총장관방과 3과(課: 기밀·경무·보안)'로 구성된 경무총감부 내에서 종무행정과 연관된 부서는 기밀과 소속 고등경찰계와 보안과(保安課) 소속 행정경찰계이다. 이 가운데 '종교와 풍속 취체' 업무는 행정경찰계에 배정된다.[119] 이처럼 경찰 조직은, 여러 번 바뀌지만, 집회·결사나 풍속에 관한 사항을 통해 종무행정을 지속적으로 담당하게 된다. 이상의 내용을 토대로 통감부 종무행정 기구의 변화를 정리하면 다음과 같다.

〈표 9〉 통감부 종무행정 기구의 변화

연도	부서	사무	비고
1907.4	총무부 地方課	종교와 교육에 관한 사항 ※ 이사청 地方係: 종교에 관한 사항 ※ 경무부 보안과: 고	- 1906.7: 3부(部 총무·농상공무·경무) 체제 ※ 1906.11 〈종교 선포에 관한 규칙〉(통감부령 제45호) - 1907.4: 4부(部 총무·외무·농상공무·

이 훈령에 따르면, 부산·마산 이사청은 경남 경무부, 군산은 전북 경무부, 목포는 전남 경무부, 경성은 경무총감부, 인천은 경기도 경무부, 평양은 평남 경무부, 진남포는 황해도 경무부, 원산은 함남 경무부, 대구는 경북 경무부, 신의주는 평북 경무부, 성진과 청진은 함북 경무부로 인계된다(제1조 및 별표).

119 〈統監府警務總監部分課規程〉(統監府 訓令 第14号, 明治 43.7.9), 『官報』 第8122号, 1910.7.19(제1조, 제8조); 〈統監府警務總監部分課規程〉(統監府 訓令 第14号, 明治 43.7.13), 『官報』 第8122号, 1910.7.19. 통감대리인 부통감 山縣伊三郎 명의로 공포된 이 훈령에 따르면, 경무총감부는 총장관방과 3과(課: 기밀·경무·보안)로 구성된다(제1조). 경무관(警務官)은 총장이 특별히 지정한 기무(機務)에 참여(參畵)해서 중요한 일한(日韓) 문서와 사건의 심의(審議)에 참여한다(제2조). 총장관방은 3계(係: 직원·문서·회계), 기밀과는 2계(係: 고등경찰·첩보), 경무과는 3계(係: 경무·위생·민적)와 경관연습소, 보안과는 3계(係: 행정경찰·사법경찰·소방)로 구성된다(제3조). 이 가운데 기밀과의 고등경찰계에서는 ①집회·결사·신문지·잡지·출판물·저작물의 취체, ②고등경찰상(高等警察上) 사찰(査察), ③외국인의 보호에 관한 사항, 첩보계에서는 ①고등경찰에 속한 여러 첩보의 취집(聚集)·보고·통보(通報)에 관한 사항을 맡는다(제6조). 보안과의 행정경찰계에서는 ①제(諸) 영업 취체, ②교통 취체, ③시장, ④어장(漁場) 취체, ⑤운동회와 기타 집단의 취체, ⑥종교와 풍속의 취체, ⑦(생략), ⑧기부금품의 모집, ⑨(생략), ⑩(생략), ⑪(생략), ⑫묘지 취체, ⑬(생략), ⑭(생략), ⑮(생략), ⑯(생략), ⑰폭도, ⑱일한인(日韓人) 외국여권 하부(下付)에 관한 사항을 맡는다(제8조).

		등·행정·사법경찰과 재판·감옥에 관한 사항	경무) 체제 ※ 1907년 8월 이후 차관정치 진행
1907.10	地方部	종교와 교육에 관한 사항	- 통감관방과 3부(部: 외무·감사·지방) 체제 ※ 1908.10: 〈경찰범처벌령〉(통감부령 제44호)
1910.7	地方部	上同	※기밀과 고등경찰계: 집회·결사·신문지·잡지·출판물·저작물 취체, 고등경찰상(高等警察上) 사찰(査察) 등
	경무총감부 보안과 行政警察係	종교와 풍속 취체에 관한 사항	

3) 조선총독부, 지방, 경찰 조직과 종교 업무

일본정부는 1910년 8월 29일 하루만에 '양국의 행복 증진과 동양 평화의 영구적 보존'이라는 명분을 담은 〈한일병합조약〉의 체결과 함께 여러 관련 선언과 조서(詔書), 황실령, 칙령을 발표한다. 그에 따라 대한제국의 국호가 조선으로 바뀌고, 조선총독부가 설치되고, 조선에서 시행할 법령을 총독의 명령[制令]으로 규정할 수 있게 한다. 또한 광범위한 특별 사면(赦免) 등 여러 유인책을 만든다.[120] 그리고 〈한일병합조약〉 체

---

120 〈韓國併合二關スル條約〉(隆熙 4.8.22/明治 43.8.22, 내각총리대신 이완용, 통감 寺內正毅); 〈韓國併合二關スル宣言〉; 〈韓國ヲ帝國二併合ノ件〉; 〈前韓國皇帝ヲ冊シテ王ト爲ス件〉(詔書); 〈李[堈]及李[熹]ヲ公ト爲ス件〉(詔書); 〈朝鮮貴族令〉(皇室令 第14号, 明治 43.8.29); 〈朝鮮二在住スル貴族二關スル件〉(皇室令 第15号); 〈朝鮮貴族ノ敍位二關スル件〉(皇室令 第16号); 〈宮內省官制中改正〉(皇室令 第18号); 〈前韓國宮內府職員二關スル件〉(皇室令 第20号); 〈韓國ノ國號ヲ改メ朝鮮ト稱スル件〉(勅令 第318号); 〈朝鮮總督府設置二關スル件〉(勅令 第319号); 〈朝鮮二施行スヘキ法令二關スル件〉(勅令 第324号); 〈朝鮮二於ケル舊刑所犯ノ罪囚中特二大赦ヲ行フ件〉(勅令 第325号), 『官報』 号外, 1910.8.29. 〈朝鮮總督府設置二關スル件〉에서는 조선총독을 두어 위임 범위 내에서 육해군을 통솔하고 일체 정무를 통할함, 당분간 통감부와 그 소속관서를 존치시키고, 통감이 총독 직무를 행함, 종래 한국정부에 속한 관청은 내각과 표훈원(表勳院)을 제외하고 조선총독부 소속관서로 간주해 당분간 존치시킴, 이 관서 관리는 구한국정부에 근무하던 것과

결 1달 뒤인 1910년 9월 29일 이후 조선총독부, 지방, 경찰 조직의 관제 정비를 시작한다.

① 조선총독부와 종무행정

일본정부는 1910년 9월 29일에 종래 〈조선총독부 설치 건〉(칙령 제319호)을 폐지하고 '총독, 정무총감, 관방과 5부(部: 총무·내무·탁지·농상공·사법)'로 구성된 〈조선총독부관제〉를 공포한다.[121] 이어, 寺內正毅(데라우치 마사다케) 총독(1910.10-1916)이 1910년 10월 1일자로 조선총독부와 도(道)사무, 경무총감부의 사무분장규정을 공포한다. 그에 따르면, 조선총독부 조직은 총독관방과 5부(部), 그리고 여러 국(局)·과(課) 체제로 구성된다.

조선총독부 조직에서 종교와 향사(享祀)에 관한 사항은 내무부 지방국 지방과에서 담당한다. 이는 향사가 전(殿)과 능(陵), 사우(祠宇)와 서원(書院) 등의 제사(祭祀)이므로[122] 유교도 종무행정의 대상이 된다는 것을 의

동일하게 취급함 등의 내용이 담겨 있다.

121 〈朝鮮總督府官制〉(勅令 第354号, 明治 43.9.29), 『官報』号外, 1910.9.30. 〈朝鮮總督府官制〉에 따르면, 총독은 친임으로 육군군대장이 맡고(제2조), 천황에게 직예(直隸)해 위임 범위 내에서 육해군을 통솔해 조선방비 사무를 맡고, 제반 정무를 통할해 내각총리대신 경유로 재가를 받고(제3조), 조선총독부령을 공포할 수 있다(제4조). 총독부에 친임으로 '정무총감'을 두며, 정무총감은 총독을 보좌하고 서무를 통리(統理)하고 각 부국(部局) 사무를 감독한다(제8조). 총독부에 관방과 5부(部: 총무·내무·탁지·농공상·사법)를 둔다(제9조). 육해군 소장이나 좌관(佐官)으로 총독부무관 2인을 두어 참모로 하고, 육해군 좌위관(佐尉官)으로 전속 부관(副官) 1인을 둔다. 총독부무관과 부관은 총독을 명을 받아 사무에 복종한다(제21조). 부칙에 따르면, 이 칙령은 명치 43년 10월 1일부터 시행되고, 〈朝鮮總督府設置ニ關スル件〉(勅令 第319号, 명치 43.8.29)은 폐지된다.

122 1940년 12월 조선총독부 자료를 보면, 향사의 범주에는 전(殿), 능(陵), 사우와 서원이 포함된다. 당시 전(殿)의 수는 숭렬전(崇烈殿: 백제 시조 온조왕)과 숭의전(崇義殿: 고려 태조·현종·문종·원종) 등 8개, 능(陵)의 수는 여현릉(麗顯陵: 고려 태조)과 박혁거세 왕릉 등 98개, 사우와 서원의 수는 44개이다(朝鮮總督府學務局社會教育課, 『朝鮮に於ける宗教及享祀要覽－昭和十四年十二月末調』, 朝鮮總督府, 1940, pp.103-107).

미한다. 당시 조선총독부의 각 부서별 관장 업무는 다음과 같다.[123]

〈표 10〉 1910년 10월 조선총독부 조직과 업무

1관방 5부		관장 업무 (◎는 하위 부서)
관 방	비서과	①기밀문서와 電信, ②총독의 특명에 의한 기밀사무(제3조)
	武官室	①군사, ②군사첩보, ③전령(傳令)·警護(제3조)
총 무 부	外事局	①조약·협정, ②영사관·외국인, ③해외이민·재외조선인, ④露淸국경(제5조)
	인사국	①관리촉탁원·雇員의 진퇴신분, ②李王職직원의 진퇴신분, ③조선귀족, ④褒賞, ⑤敍位·敍勳, ⑥服制(제6조)
	회계국	◎경리과: ①출납·用度, ②회계감사, ③관유재산, ④府中취체 ◎營繕課: ①영선에 관한 사무(제7조)
	문서과	①문서의 접수·발송·편찬·보존, ②총독·정무총감 관인·府印의 管守, ③官報 ④통계·보고, ⑤他部課에 속하지 않은 사항(제8조)
내 무 부	서무과	①문서의 접수·발송, ②통계·보고재료 蒐集, ④部內他課에 속하지 않는 사항(제10조)
	지방국	◎지방과: ①지방행정·경제, ②兵事, ③구휼·자선사업, ④지리·地籍·토지가옥증명, ⑤公共組合, **⑥종교·享祀** ◎토목과: ①도로·하천·항만·砂防·水利, ②水面埋築·사용, ③直轄토목공사·지방토목공사의 감독, ④上水·下水 ◎위생과: ①공중위생, ②의사·약제사·産婆·看護婦의 업무, ③병원·衛生會, ④痘苗, ⑤病源檢索·분석검사·기타 위생시험(제11조)
	학무국	◎학무과: ①학교·유치원·도서관·기타 學制, ②敎員 ◎편집과: ①교과용도서의 편집·반포·검정·인가, ②民曆(제12조)
탁 지 부	서무과	①문서의 접수·발송, ②통계·보고재료수집, ③部內他課의 주관에 속하지 않는 사항(제14조)
	세관공업과	①세관부속공사, ②세관이 설치된 항만의 築造(제14조)
	司稅局	◎세무과: ①국세·기타 세무, ②재원조사, ③稅外諸收入, ④세법위반자 처분, ⑤印紙類의 賣下交付金·誤納金의 下渡 ◎관세과: ①관세·移出入稅·톤세(噸稅)·船稅·稅關諸收入, ②관세경찰·범칙자 처분, ③上屋倉庫, ④港務·海港檢疫, ⑤船舶航路海員·기타 海事(제15조)
	司計局	◎예산결산과: ①회계법규, ②예산결산, ③예비금 지출과 예산 流用, ④科目설치, ⑤主計簿登記, ⑥세입세출의 보고 ◎재무과: ①國債·借入金, ②자금운용, ③貨幣·兌換券, ④은행·기타 금융기관, ⑤보관물과 供託物, ⑥지방재무감독(제16조) ※태환권: 正貨[金貨·金地金]와 태환이 보증된 은행권 및 지폐

123 〈朝鮮總督府事務分掌規程〉(鮮總督府 訓令 第2号, 明治 43.10.1), 『官報』 第8192号, 1910.10.10(제11조).

농상공부	서무과	①문서의 접수·발송, ②통계·보고재료 수집, ③部內他課의 주관에 속하지 않는 사항(제18조)
	殖産局	◎농무과: ①농업·蠶業, ②축산·狩獵, ③國有未墾地, ④灌漑, ⑤勸業模範場·農林學校 ◎산림과: ①森林山野, ②營林廠 ◎수산과: ①水産, ②수산조합(제19조) ※영림창: 특정 지역의 森林에 관한 일을 보던 부서
	상공국	◎鑛務課: ①광업, ②평양광업소 ◎商工課: ①상공업, ②度量衡, ③공업전습소(제20조)
사법부	서무과	①문서의 접수·발송·淨書, ②통계·보고재료 수집, ③변호사, ④감옥의 설치와 폐지, ⑤재판소의 설치폐지·관할구역, ⑥部內他課의 주관에 속하지 않는 사항(제21조)
	민사과	①민사·非訟事件에 관한 사무(제21조)
	형사과	①刑事·검찰·감옥·恩赦·출옥인 보호에 관한 사무(제21조) ※恩赦: 경사 때 죄가 가벼운 죄수의 석방

1912년 3월에는 조선총독부 조직이 '관방과 4부(部: 내무·탁지·농상공·사법)'로 바뀐다. 관방에는 3국(局: 총무·외사·토목), 내무부에는 2국(局: 지방·학무)과 [기상관측소와 부속 측후소(測候所, 기상대), 탁지부에는 2국(局: 사세·사계), 농상공부에는 2국(局: 농림·식산)이 설치된다. 그 외에 참사관을 두어 조선의 제도와 구관(舊慣)을 조사하게 한다.[124] 이 가운데 종무행정은 내무부의 지방국과 학무국에서 담당한다. 내무부 지방국의 2과(課: 제1·제2)에서 제1과가 '신사와 사원에 관한 사항'과 '종교와 향사(享祀)에 관한 사항'을, 내무부 학무국의 2과(課: 학무·편집)에서 학무과가 '경학원에 관한 사항'을 담당한다.[125]

---

124 〈朝鮮總督府官制中改正〉(勅令 第22号, 明治 45.3.27), 『官報』 第8629号, 1912.3.28(제9조, 제10조, 제11조, 제14조, 제20조의 2-제20조의 4). 구관조사 부분은 "최석영, 「일제의 구관(舊慣)조사와 식민정책」, 『비교민속학』 14, 1997, 337-376쪽; 허영란, 「식민지 구관조사의 목적과 실태」, 『사학연구』 86, 2007, 211-246쪽" 참조.

125 〈朝鮮總督府事務分掌規程中改正〉(훈령 第27号, 明治 45.3.30), 『官報』 第8645号, 1912.4.17. 관방에는 비서과·武官室·參事官室(제1조), 관방총무국에는 3과(課: 총무·인사·회계)와 인쇄소(제3조), 관방토목국에는 3과(課: 調理·공업·영선)가 설치되고(제5조), 관방외사국에는 하위 부서가 없다(제4조). 그리고 내무부 지방국의 2과(課: 제1·

1915년 5월에는 종래 '관방'을 '총독관방'으로 바꾸고, 총독관방에 2국 (局: 총무·토목), 내무부에 학무국을 둔다.[126] 종무행정은 계속 내무부가 맡는다. 다만, 내무부에 '지방국'이 없어지고 지방국에 속한 제1·제2과가 독립했는데, 제1과가 '신사와 사원에 관한 사항'과 '종교와 향사(享祀)에 관한 사항'을, 내무부 학무국의 학무과가 '경학원에 관한 사항'을 담당한 다.[127]

1919년 8월, 제3대 齊藤實(사이토 마코토, 1919.8-1927) 총독이 제2대 長谷川好道(하세가와 요시미치) 총독(1916.10-1919) 후임이 되어 조선총독부 조직

제2) 가운데 제1과가 ①道府郡面 행정, ②지방비, ③府郡임시 恩賜金, ④신사와 사원, ⑤종교와 享祀, ⑥兵事, ⑦地理地籍에 관한 사항을, 제2과가 ①지방단체와 공공조합, ②부동산 증명, ③恤救와 慈善, ④조선총독부 의원과 道자혜의원, ⑤濟生院에 관한 사항을 맡는다(제6조). 내무부 학무국의 2과(課: 학무·편집) 가운데 학무과가 ①교육·학예, ②교원, ③학교·유치원·도서관, ④조선총독부 관측소, ⑤經學院에 관한 사항을, 편집과가 ①교과용도서, ②民曆의 출판과 반포에 관한 사항을 맡는다(제7조). 그 외에 탁지부 사세국에 3과(課: 세무·관세·專賣)를(제8조), 탁지부 사계국에 2과(課: 司計·理財)를(제9조), 농상공부 농림국에 2과(課: 농무·산림)를(제10조), 농상공부 식산국에 3과(課: 수산·상공·광무)를(제11조), 사법부에 3과(課: 민사·형사·監理)를 설치한다(제 12조). 부칙에 따르면, 본령은 명치 45년 4월 1일자로 시행된다.

126 〈朝鮮總督府官制中改正〉(勅令 第60号, 대정 4.4.30), 『官報』 第822号, 1915.5.1, 제9조, 제10조. 부칙에 따르면 공포일이 시행일이다.

127 〈朝鮮總督府事務分掌規程改正〉(훈령 第26号, 大正 4.5.1), 『官報』 第828号, 1915.5.8. 총독관방에는 비서과·무관실·참사관실·外事課를(제1조), 총독관방 총무국에는 5과 (課: 총무·인사·회계과와 인쇄소를(제3조), 총독관방 토목국에는 2과(課: 토목·영선) 를(제4조), 총독관방 철도국에는 2과(課: 감리·공무)를 둔다(제4조). 내무부에서는 2과 (課: 제1·제2) 가운데 제1과가 ①(생략), ②(생략), ③(생략), ④신사와 사원, ⑤종교와 享祀, ⑥兵事, ⑦部內 他局課의 주관에 속하지 않는 사항, 제2과가 ①(생략), ②(생략), ③(생략), ④조선총독부 의원과 道자혜의원과 濟生院에 관한 사항(제5조)을 맡는다. 그리고 내무부 학무국의 2과(課: 학무·편집) 가운데 학무과가 ①교육·학예, ②교원, ③학교·유치원·도서관, ④조선총독부 관측소, ⑤經學院에 관한 사항, 편집과가 ①교 과용도서, ②民曆의 출판과 반포에 관한 사항을 맡는다(제6조). 그 외에 탁지부에 5과 (課: 세무·관세·사계·理財·전매)를(제7조), 농상공부에 5과(課: 농무·산림·수산·상 공·광무)를(제8조), 사법부에 2과(課: 법무·감옥)를 둔다(제9조). 부칙에 따르면 이 훈 령은 발포일부터 시행된다.

을 '총독관방과 6국(局: 내무·재무·식산·법무·학무·경무)' 체제로 바꾸고, 총
독관방에 3부(部: 서무·토목·철도)를 둔다. 당시 천황 조서에 따르면, 조선
총독부 관제 개정의 배경은 '일시동인(一視同仁)' 차원에서 조선인과 일본
인의 차이를 없애는 데에 있다.[128] 이 관제 개정의 주요 특징은 종래 부
제(部制)가 국제(局制)로 바뀌었다는 점, 종래 '학무'가 '내무'에서 독립해
학무국으로 승격되어 그 안에 '종교과(宗敎課)'가 설치되었다는 점, 경무
국이 신설되었다는 점 등이다.

　1919년 8월 이후에는 종무행정에 변화가 생긴다. 종래 내무부 1과가
맡던 '신사와 사원에 관한 사항'과 '종교와 향사(享祀)에 관한 사항'을 학
무국 종교과, '경학원에 관한 사항'을 학무국의 학무과, 그리고 '묘지·매
화장(埋火葬)에 관한 사항'을 경무국 위생과가 맡는다.[129] 이어, 1919년 12

---

128 〈朝鮮總督府官制改革二關スル件〉(詔書, 大正 8.8.19); 〈朝鮮總督府官制中改正〉(勅令
　　第386号, 大正 8.8.19), 『官報』 第2113号, 1919.8.20. 이 칙령에 따르면, 총독은 친임이고
　　(제2조), 제반 정무를 통리하고 내각총리대신을 경유해서 상주하고 재가를 받는다(제3
　　조). 그리고 안녕질서의 유지[保持]를 위해 필요할 때에는 조선의 육해군 사령관에게
　　병력 사용을 청구(請求)할 수 있다(제3조의 2). 총독부에는 총독관방과 6국(局)을 두고
　　(제9조), 종래의 장관을 '국장', 국장을 '부장'으로 바꾼다(제12조, 제13조). 그리고 종래
　　의 내무부를 내무국(제20조의 2), 농상공부를 식산국(제20조의 5)로 바꾼다.
129 〈朝鮮總督府事務分掌規程中改正〉(훈령 第30号, 大正 8.8.20), 『官報』 第2123号,
　　1919.9.1. 총독관방에서 무관실이 없어지고(제1조), 비서과 사무를 종래의 2개에서 8개
　　로 늘린다(제2조). 총독관방 총무국은 서무부, 그 안의 총무과는 문서과로 고치고, 종
　　래의 인사과가 없어지고(제3조) 그 사무는 비서과로 이관된다. 총독관방토목국은 토
　　목부, 총독관방철도국은 철도부로 바꾼다(제4조). 내무부를 내무국(內務局)으로 고치
　　고(제5조), 내무부 학무국을 없앤다(제6조). 그리고 탁지부를 재무국(제7조), 농상공부
　　를 식산국(제8조), 사법부를 법무국으로 바꾼다(제9조). 신설된 학무국은 3과(課: 학
　　무·편집·종교)로 구성되고, 학무과가 ①교육·학계, ②교원, ③학교·유치원·도서관,
　　④조선총독부 관측소, ⑤경학원에 관한 사항, 편집과가 ①교과용도서, ②민력의 출판
　　과 반포에 관한 사항, 종교과가 ①신사와 사원, ②종교와 향사에 관한 사항을 맡는다
　　(제10조). 역시 신설된 경무국은 4과(課: 경무·고등경찰·보안·위생)로 구성되는데, 경
　　무과가 ①경찰구획과 배치, ②경찰피복과 부속품, ③경찰복무와 紀律, ④局內他課주
　　관에 속하지 않은 사항, 고등경찰과가 ①고등경찰, ②신문잡지·출판물·저작물에 관한

월에 내무국 제1과의 사무에 '향교재산관리에 관한 사항'이 추가된다.[130]

1921년 7월에는 내무국이 2과(課: 지방·사회) 체제로 개편되면서 '향교 재산관리에 관한 사항'이 사회과(社會課)에 배정된다.[131] 1921년 10월에는 학무국 3과(課: 학무·편집·종교)가 4과(課: 학무·편집·종교·고적조사)로 확대되 면서 신설된 고적조사과(古蹟調査課)가 '고사사(古社寺) 등의 조사·보존에 관한 사항'을 맡는다.[132] 그렇지만 1924년 12월에 다시 학무국에서 고적 보존과를 없애면서 고사사 관련 사무가 종교과로 이관된다. '향교재산관 리에 관한 사항'은 여전히 내무국 사회과에서 맡는다.[133]

1925년 1월에는 학무국 종교과가 담당하던 '신사와 사원에 관한 사항'

사항, 보안과가 ①행정경찰, ②消防, ③사법경찰, ④범죄즉결사무, ⑤민사쟁송조정사 무, ⑥執達吏 사무에 관한 사항, 위생과가 ①공중위생, ②의사·醫生·약제사·산파·간 호부·種痘認許員, ③병원, ④약품영업·入齒·이발·按摩·針灸術 영업, ⑤묘지·埋火葬 에 관한 사항을 맡는다(제11조).

130 〈朝鮮總督府事務分掌規程中改正〉(朝鮮總督府 訓令 第54号, 大正 8.12.29), 『官報』第 2230号, 1920.1.13. 제5조 제2항 제3호 다음에 '④공립보통학교비용령에 관한 사항, ⑤향 교재산관리에 관한 사항'을 추가하고, 제3항 2호를 삭제한다. 1915년의 훈령 제26호(대정 4.5.1)에 따르면, 삭제된 제5조 제3항(제2과) 제2호는 '부동산증명에 관한 사항'이다.

131 〈朝鮮總督府事務分掌規程中改正〉(훈령 第45号, 大正 10.7.27), 『조선총독부관보』제 2689호, 1921.7.27(제5조 내무국 지방과·사회과 부분).

132 〈朝鮮總督府事務分掌規程中改正〉(훈령 第53号, 大正 10.10.1), 『官報』第2764号, 1921.10.18. 이 훈령에 따르면, 제10조 제1항 중 '及宗敎課'를, '宗敎課及 古蹟調査課'로 고치고 "고적조 사과: ① 고적·古社寺·名勝과 天然記念物 등의 조사와 보존, ②박물관에 관한 사항"의 내용을 추가한다.

133 〈朝鮮總督府事務分掌規定中改正〉(朝鮮總督府 訓令 第34号, 大正 13.12.25), 『官報』第 3729号, 1925.1.29. 총독관방에 비서과·審議室·외사과·문서과·회계과를 두고(제1조), 심의실은 ①법령 심의입안, ②법령 해석적용, ②특명에 따른 조사에 관한 사항을 맡는다 (제2조). 내무국은 4과(課: 지방·사회·토목·건축)로 구성되는데, 이 가운데 지방과는 ①道府郡島面의 행정, ②道지방비·학교조합·학교비, ③임시은사금, ④병사, ⑤조선총 독부 행정강습소, ⑥局內 他課의 주관에 속하지 않은 사항, 사회과는 ①賑恤과 자선, ②사회사업, ③지방개량, ④향교재산관리, ⑤수리조합, ⑥재생원과 感化院, ⑦내외사정 의 紹介에 관한 사항을 맡는다(제5조). 그리고 제10조 제1항 중 '宗敎課及古蹟調査課'를 '及宗敎課'로 고치고, '①(생략), ②(생략), ③고적·古社寺·名勝·천연기념물 등의 조사와 보존, ④박물관에 관한 사항'을 추가한다(『관보』에 있는 名稱은 名勝의 오탈자임).

가운데 '신사' 부분을 내무국 사회과 사무로 이관시킨다.[134] 그에 따라 내무국 사회과에 배정된 종교 사무는 '향교재산관리'와 '신사에 관한 사항' 두 가지가 된다. 이 때문에 종무행정 부서는 학무국의 학무과·종교과와 내무국의 사회과가 된다. 묘지와 매화장에 관한 사항은 경무국 위생과가 계속 맡는다.[135]

제4대 山梨半造(야마나시 한조) 총독(1927.12-1929) 시기에는 종무행정에 별다른 변화가 보이지 않는다. 제5대 齊藤實(사이토 마코토) 총독(1929.8-1936) 시기도 마찬가지이다. 1925년부터 약 10년 동안 종무행정에 별다른 변화가 없었던 셈이다.

다만, 1931년 9월의 만주사변[9·18사변][136] 이후부터 다소 변화가 생긴

---

134 〈朝鮮總督府事務分掌規程中改正〉(훈령 第1号, 大正 14.1.10), 『官報』 第3740号, 1925.2.12. 이 훈령에 따르면, 제5조(내무국) 제2항(사회과) 제5호 다음에 1호, 즉 "⑤의 2. 神社에 관한 사항"를 추가한다. 그리고 제10조(학무국) 제4항(종교과) 제1호 중 '神社及'을 삭제한다.

135 〈朝鮮總督府事務分掌規程中改正〉(훈령 第13号, 大正 15.4.24), 『官報』 第4129号, 1926.5.31. 1926년 4월에는 '고등경찰과'를 없애고 사무를 보안과로 이관한다. 당시 경무국은 4과(課: 경무·보안·도서·위생)로 구성되는데, 경무과가 ①행정경찰, ②경찰구획과 경찰직원의 배치와 복무, ③警衛와 경비, ④경찰 피복과 총기탄약과 부속품, ⑤경찰관리와 소방관리의 功勞記章, ⑥국경경비경찰직원과 귀족 일시금, ⑦局內他課주관에 속하지 않은 사항, 보안과가 ①고등경찰, ②노동자 모집 취체, ③外事경찰에 관한 사항, 도서과가 ①신문지·잡지·출판물, ②저작권, ③검열의 신문지·잡지·출판물 보존, ④활동사진 필름의 검열에 관한 사항, 그리고 위생과가 ①공중위생, ②의사·치과의사·약제사·醫生·산파·간호부·種痘認許員, ③약품·賣藥, ④阿片專賣, ⑤병원, ⑥입치·이발·안마와 침구술 영업, ⑦묘지·埋火葬, ⑧獸疫예방, ⑨移出牛 檢疫에 관한 사항을 맡는다(제11조).

136 만주사변은 1931년 9월의 류조호사건(柳條湖事件)을 빌미로 시작된다. 류조호사건은 1931년 9월 봉천(현재 심양) 근교에서 관동군이 철로를 폭파한 후 중국을 공격하면서 만주사변의 시작을 알린 철도 폭파 사건이다. 만주사변 이후 전시상황은 '여자정신대'(女子挺身隊, 정신은 앞장서 나아감) 또는 '여자공출'(女子供出) 등으로도 알려진 '일본군위안부' 문제와 연결된다(『軍國勤勞一色へ女子挺身隊强化』, 『부산일보』, 1944.3.29, 4면, 한국사데이터베이스). 일본에서 '여자정신대'는 전시 상황에서 여성 노동력을 공장 등에 사용하기 위한 조직이라는 맥락에서도 사용된다.

다. 1932년 2월에는 제6대 宇垣一成(우가키 가즈시게) 총독(1931.6-1936)이 학무국 소속 종교과(宗敎課)를 없애고, 내무국 소속 사회과(社會課)를 학무국으로 옮겨 '경학원·명륜학원, 향교재산 관리, 종교·향사, 사원에 관한 사항'을 배정한다. 그리고 종래 내무국 사회과의 신사(神社) 관련 사무를 내무국 지방과로 옮기고, 향교재산 관리 사무만 학무국 사회과로 이관시킨다.[137] 동년 7월에는 농림국을 신설해 종래 6국(局)을 7국 체제로 바꾸는데,[138] 종무행정 부서에는 별다른 변화가 보이지 않는다.

1932년 12월에는 '총독관방과 6국(局: 내무·재무·식산·법무·학무·경무)과 2부(部: 산림·토지개량)' 체제로 재조직된다. 이 가운데 종무행정에 대해서

---

137 〈朝鮮總督府事務分掌規程中改正〉(훈령 第13号, 昭和 7.2.13),『官報』第1574号, 1932.4.1; 朝鮮總督府 編,『朝鮮法令輯覽』(上), 東京: 帝國地方行政學會, 1932, pp.3-4. 이 훈령에 따르면, 조선총독부는 총독관방에 1실(室: 審議) 5과(課: 비서·외사·문서·회계·임시국세조사)를(제1조), 내무국에 2과(課: 지방·토목)를(제5조), 재무국에 3과(課: 稅務·司計·理財)를(제7조), 식산국에 4과(課: 농무·수산·상공·鑛務)와 燃料選鑛연구소와 商工獎勵館을(제8조), 법무국에 2과(課: 법무·行刑)를(제9조), 학무국에 3과(課: 학무·사회·편집)을(제10조), 경무국에 4과(課: 경무·보안·도서·위생)를(제11조), 산림부는 3과(課: 林務·林産·造林)를(제12조), 토지개량부에 3과(課: 토지개량·水利·開墾)를 둔다(제13조). 이 가운데 내무국 지방과 사무는 ①道府郡島面 행정, ②도지방비·학교조합·학교비, ③임시은사금, ④神社, ⑤국내 타과 주관에 속하지 않는 사항이다(제5조). 학무국 사회과 사무는 ①사회사업, ②제생원·감화원, ③사회교육, ④청소년단·청년훈련소, ⑤도서관·박물관, ⑥經學院·明倫學院, ⑦鄕校財産 管理, ⑧宗敎·享祀, ⑨寺院, ⑩보물·고적·명승·천연기념물 등의 조사·보존에 관한 사항이다(제10조). 경무국 경무과 사무는 '행정경찰' 등 8가지 사항과 국내 타과 주관에 속하지 않는 사항, 보안과 사무는 '고등경찰, 노동자모집취체, 외사경찰에 관한 사항, 도서과 사무는 '신문지·잡지·출판물' 등 4가지 사항, 그리고 위생과 사무는 ①공중위생, ②(생략), ③약품·賣藥, ④병원, ⑤(생략), ⑥墓地及埋火葬, ⑦獸疫 예방, ⑧移出牛 檢疫에 관한 사항이다(제11조). 즉, 내무국에서 '사회과'가 없어지고(제5조), 학무국의 '편집과及종교과'를 '사회과及편집과'로 바꾼 것이다(제10조).

138 〈朝鮮總督府官制中改正〉(勅令 第182号, 昭和 7.7.26),『官報』第1672号, 1932.7.27. 농림국 신설과 함께 종래의 '산림부(山林部)'는 삭제된다(제9조). 종래의 〈조선총독부관제〉에서 제9조는 총독부에 총독관방과 6국과 1부를 둔다는, 제13조는 '산림부장은 총독과 정무총감의 명을 받아 部務를 장리(掌理)하고 부하 관리를 지휘감독한다'는 내용이다.

는 내무국 지방과가 '신사', 학무국 사회과가 '경학원·명륜학원, 향교재산 관리, 종교·향사, 사원', 경무국 위생과가 '묘지와 매화장(埋火葬)'에 관한 사항을 맡는다.[139]

1936년 10월, 제7대 南次郎(미나미 지로) 총독(1936.8-1941)은 학무국 소속 사회과를 내무국으로 다시 옮기고, 학무국에 사회교육과를 신설한다. 그리고 종래 사회과가 맡던 '경학원·명륜학원, 향교재산 관리, 종교·향사, 사원에 관한 사항'을 사회교육과에 배정한다.[140]

1940년 12월, 즉 중일전쟁(1937.7-1945.8) 이후 일본정부는 제무관(祭務官)과 제무관보(祭務官補)를 조선총독부에 신설해 '신사의 제사에 관한 일'을 배정한다.[141] 이어, 1941년 11월에 조선총독부를 '총독관방과 8국(법무·사

139 朝鮮總督府內務局地方課 編,『朝鮮地方行政例規』, 京城: 帝國地方行政學會朝鮮本部, 1932, pp.1209-1220. 〈조선총독부사무분장규정〉(第13號, 昭和 7.12)에 따르면, 총독관방에 5과(課: 비서·외사·문서·회계·임시국세조사)를(제1조), 내무국에 2과(課: 지방·토목)를(제5조), 재무국에 3과(課: 稅務·司計·理財)를(제7조), 식산국에 4과(課: 농무·수산·상공·鑛務)와 燃料選鑛연구소와 商工獎勵館을(제8조), 법무국에 2과(課: 법무·行刑)를(제9조), 학무국에 3과(課: 학무·사회·편집)를(제10조), 경무국에 4과(課: 경무·보안·도서·위생)를(제11조), 산림부는 3과(課: 林務·林産·造林)를(제12조), 토지개량부에 3과(課: 토지개량·水利·開墾)를 둔다(제13조). 내무국 지방과 사무는 ①道府郡島面 행정, ②도지방비·학교조합·학교비, ③임시은사금, ④神社, ⑤국내 타과 주관에 속하지 않는 사항이다(제5조). 학무국 사회과 사무는 ①사회사업, ②제생원·감화원, ③사회교육, ④청소년단·청년훈련소, ⑤도서관·박물관, ⑥經學院·明倫學院, ⑦鄕校財産 管理, ⑧宗敎·享祀, ⑨寺院, ⑩보물·고적·명승·천연기념물 등의 조사·보존에 관한 사항이다(제10조). 경무국 위생과 사무는 ①공중위생, ②(생략), ③약품·賣藥, ④병원, ⑤(생략), ⑥墓地及埋火葬, ⑦獸疫 예방, ⑧移出牛 檢疫에 관한 사항이다(제11조).
140 〈朝鮮總督府事務分掌規程中改正〉(훈령 第45号, 昭和 11.10.16),『조선총독부관보』호외, 1936.10.16. 내무국은 지방과·사회과로(제5조), 학무국은 3과(課: 학무·사회교육·편집)로 개편된다(제10조). 사회교육과의 사무는 ①사회교육·사회교화, ②청소년단·청년훈련소, ③도서관·박물관, ④經學院·明倫學院, ⑤향교재산 관리, ⑥종교·향사, ⑦寺院, ⑧보물·古蹟·명승·천연기념물 등의 조사·보존에 관한 사항이다.
141 〈朝鮮總督府官制中改正〉(勅令 第928号, 昭和 15.12.27),『官報』第4194号, 1940.12.28. 제20조 중 '屬' 다음에 '祭務官補'를, '서무' 다음에 '神社의 제사에 관한 일'을 추가한다. 종래 〈조선총독부관제〉에 따르면, 제20조는 "屬·統計官補·編修書記·技手 또는 통역

정·재무·식산·학무·경무·농림·후생)과 1부(部: 기획부)' 체제로 조직한다.[142] 이어, 1942년 11월, '행정 간소화'와 '내외지(內外地) 행정 일원화 실시'를 목표로 조선총독부를 조직하고,[143] 동시에 〈조선총독과 대만총독의 감독 등에 관한 건〉(칙령 제729호)을 공포해 내무대신이 조선총독부 사무를 통리(統理)하기 위해 필요한 지시를 할 수 있도록, 그리고 지정된 사무에 대해 조선총독이 내각총리대신과 각 성 대신의 감독을 받게 한다.[144]

일본정부의 입장에 따라 제8대 小磯國昭(고이소 구니아키) 총독(1942.5-1944)은 종래 '총독관방과 8국(局) 체제'를 유지하되, 총독관방에 비서관실과 2과(課), 총무국에 기획실과 5과(課), 사정국(司政局)에 5과(課)와 지방관리양성소, 식산국에 8과(課) 등을 둔다. 그리고 학무국의 사회교육과·편집과를 각각 연성과(鍊成課)와 편수과(編修課)로 바꾸고, 경무국에 위생과를 신설한다. 종무행정의 경우, '신사에 관한 사항'은 사정국 지방과, '경학(經學)과 종교에 관한 사항'은 학무국 연성과, '묘지·화장장·매장·화장에 관한 사항'

생은 상관 지휘를 받아 서무·통계·교과용도서의 편수와 검정에 관한 사무, 기술 또는 통역에 종사한다"는 내용이다.

142 〈朝鮮總督府官制中改正〉(勅令 第980号, 昭和 16.11.18), 『官報』 第4460号, 1941.11.19, 제9조 중 '7국'은 '8국', '내무국'은 '사정국(司政局)', '외사부(外事部)'는 '후생국(厚生局) 기획부(企劃部)'가 된다. 기획부장은 총독과 정무총감의 명을 받아 부무(部務)를 장리(掌理)한다(제13조).

143 〈行政簡素化及內外地行政一元化ノ實施ノ爲ニスル朝鮮總督府官制中改正〉(勅令 第727号, 昭和 17.11.1), 『官報』 号外, 1942.11.1. 이 칙령에 따르면, 종래의 '8국과 1부 체제'는 '8국'으로 바뀌고, 사정국(司政局) 앞에 '총무국'이 추가되고, 후생국 기획부가 삭제된다. 그리고 제3조에 총독은 내각총리대신과 각 성대신(省大臣) 감독을 받는다는 내용이 추가된다.

144 〈朝鮮總督及臺灣總督ノ監督等ニ關スル件〉(勅令 第729号, 昭和 17.11.1), 『官報』 号外, 1942.11.1. 이 칙령에 따르면, ①통계 사무는 내각총리대신, ②화폐·은행·관세 사무는 대장대신, ③대학부터 각종학교까지의 교육과 기상(氣象) 사무는 문부대신, ④(생략), ⑤(생략), ⑥(생략), ⑦(생략), ⑧外國爲替管理 사무는 대장대신과 상공대신의 감독을 받는다. 그리고 이 사무에 대해 내각총리대신과 각 성 대신은 감독상 필요한 지시를 조선총독과 대만총독에게 할 수 있다(제2조).

은 경무국 위생과에 배정한다.[145]

1943년 12월에는 조선총독부를 '총독관방과 6국(局: 재무·광공·농상·법무·학무·경무)' 체제로 재조직한다. 당시에도 총독부 직원에 제무관(祭務官)과 제무관보(祭務官補) 각 1인씩 포함되는데, 제무관은 상관의 명을 받아 '신사의 제사에 관한 일'을 맡는다.[146]

1945년 4월, 제9대 阿部信行(아베 노부유키) 총독(1944.7-1945.8)은 조직을 정비해, 총독관방에 비서관실과 6과(課)와 지방관리양성소, 재무국에 5과(課)와 사세관리양성소 등, 광공국(鑛工局)에 5과(課) 등, 광공국 근로부에 2과(課), 농상국에 5과(課) 등, 법무국에 3과(課), 학무국에 4과(課)와 중견청년수련소, 경무국에 6과(課)를 둔다. 이 가운데 '신사에 관한 사항'은 총독관방 지방과, '경학원·유림, 종교, 향사에 관한 사항'은 학무국 교무과, '매장·화장에 관한 사항'은 경무국 위생과에 배정된다.[147]

이상의 내용을 통해 조선총독부 조직이 여러 차례 재편되었다는 점, 그리고 그에 맞추어 종무행정 부서도 여러 차례의 변화를 겪었다는 점

---

145 〈朝鮮總督府事務分掌規程中改正〉(훈령 第45号, 昭和 17.11.1), 『조선총독부관보』 호외, 1942.11.1. 학무국 연성과는 ①청소년 훈련, ②육군병지원자 훈련, ③청년 특별 연성, ④체위(體位) 향상, ⑤사회교육·사회교화, ⑥經學, ⑦宗敎에 관한 사항을 맡는다(제10조 제3항). 편수과는 교과용도서 편집·발행 등 7가지 사항을 맡는다(제10조 제4항). 경무국 위생과는 '묘지·화장장·매장·화장에 관한 사항' 등 10가지 사항을 맡는다(제11조 제7항).

146 朝鮮總督府法務局, 『朝鮮司法一覽』 昭和 18年版, 京城: 朝鮮總督府法務局, 1943, p.2 이하. 총독부에 정무총감을 두어 총독을 보좌하고 부무(府務)를 통리하고, 각 부국(部局) 사무를 감독한다(제8조). 총독부에는 총독관방과 6국(局)을 둔다(제9조). 제무관과 제무관보에 대해서는 제11조와 제16조의 2와 제20조에 명시된다.

147 〈朝鮮總督府事務分掌規程中改正〉(훈령 第18号, 昭和 20.4.17), 『조선총독부관보』 호외, 1945.4.17. 학무국의 교무과(敎務課)는 ①사회교화·사회교육, ②經學院·儒林, ③종교, ④향사, ⑤보물·고적·명승·천연기념물등의 조사·보존에 관한 사항을 맡는다(제7조 제3항). 그 외 총독관방 지방과 사무는 제1조 제6항, 경무국 위생과 사무는 제8조 제6항 참조.

을 확인할 수 있다. 조선총독부 조직과 종무행정 부서의 변화를 정리하면 다음과 같다.

〈표 11〉 조선총독부 조직과 종무행정 부서의 변화

1910.10	관방	총무부	**내무부** (지방국 지방과, 학무국 학무과→ 1912.4: 지방국 제1과, 학무국 학무과 → 1915.5: 제1과, 학무국 학무과)	탁지부	농상공부	사법부				
1919.9	관방		내무국 ※1919.12 제2과→ 1921.7: 社會課	財務局	殖産局	法務局	學務局 (학무과, 종교과) ※古蹟調査課(1921.10-24.12)	警務局 (위생과)		
1932.2	관방		내무국 ※1932.12: 지방과 ※1940.12: 祭務官, 祭務官補 각 1인	재무국	식산국	법무국	학무국 (사회과→ 1936.10: 社會敎育課)	경무국 (위생과)	山林部 ※7월: 農林局	
1941.11	관방		司政局 (地方課)	재무국	식산국	법무국	학무국 (1942.11: 鍊成課)	경무국 (위생과)	농림국	厚生局
1943.12	관방 祭務官, 祭務官補 각 1인 ※1945.4: 지방과			재무국	農商局	법무국	학무국 ※1945.4: 敎務課	경무국 (위생과)		鑛工局

② 지방(地方)과 종무행정

일본정부는 1910년 9월 29일, 〈조선총독부관제〉에 이어 〈조선총독부
지방관관제〉(칙령 제357호)를 공포한다. 그에 따라, 조선에는 13개 도(道)
와 소속 부군(府郡)이 설치되고, 각 도에 '장관관방(長官官房)과 2부(部: 내
무·재무)' 체제가 조직된다. 도장관에게는 관내 경찰관을 사용할 권한과
도경무부장에게 필요한 명령을 내리거나 해당 지방 주재 군대 사령관에
게 출병을 요구할 권한을 부여한다.[148]

1910년 10월, 제1대 寺內正毅(데라우치 마사다케) 총독은 〈조선총독부지
방관관제〉에 따라 각 도에 장관관방과 2부(部: 내무·재무)를 두고, 장관관
방에 2계(係: 서무·회계), 내무부에 3계(係: 지방·권업·학무), 재무계에 2계(係:
세무·이재)를 둔다. 그리고 내무부 학무계(學務係)에서 '종교와 향사에 관
한 사항'을 맡는다.[149] 1912년 3월에는 종래 도장관이 도경무부장에게

---

148 〈朝鮮總督府地方官官制〉(勅令 第357号, 明治 43.9.29), 『官報』 号外, 1910.9.30. 이 칙령
   에 따르면, 조선에 13개 도(道)를 설치하고(제1조), 각 도에 장관·참여관·사무관 등을
   둔다(제2조). 도장관은 조선총독에 예속되고, 법령을 집행하고, 관내 행정사무를 관리
   하고, 소속관리를 지휘하고, 도행정 집행에 관해 관내 경찰관을 사용할 수 있고, 지방
   경찰사무에 관해 도경무부장으로 해서 필요한 명령을 내리거나 그에 대해 필요한 처
   분을 명령할 수 있다(제5조). 또한 도령(道令)을 공포할 수 있고(제6조), 안녕질서를
   위해 병력이 필요한 경우 조선총독에게 보고하되 비상 시에 해당 지방 주재 군대 사령
   관에게 출병을 요구할 수 있다(제8조). 도장관 사고 시에는 내무부장(사무관)이 직무를
   대리한다(제9조). 각도에 장관관방과 2부(部: 내무·재무)를 두되, 총독이 관방과 각부
   사무분장을 정한다(제12조). 각 부군(府郡)에 부윤(府尹)과 군수(郡守) 등을 둔다(제18
   조). 각 도와 부군에 해당 지역 거주자로 학식·명망이 있는 자를 명예직 '참사(參事)'로
   두어 자문에 응하게 할 수 있다(제23조-제24조). 각 부윤에 면(面)을 두고(제25조), 각
   도에 자혜의원을 부치(附置)한다(제26조). 이 칙령은 명치 43년 10월 1일자로 시행된다
   (부칙).
149 〈道事務分掌規程〉(朝鮮總督府 訓令 第3号, 明治 43.10.1), 『官報』 第8192号, 1910.10.10,
   〈조선총독부 지방관관제〉 제12조 제2항(勅令 第357號, 明治 43.9.30, 『조선총독부관보』
   제28호, 1910.9.30)의 '관방과 각부(各部) 사무분장은 총독이 정한다'는 규정에 따르면,
   각도에 장관관방과 2부(部: 내무·재무)를 두고(제1조), 장관관방에 2계(係: 서무·회계)를

지방경찰사무를 지시할 수 있게 한 규정을 '지방의 경찰과 위생 사무'로 바꿔 도장관의 경찰권 범위를 확대하는데,[150] 당시 종무행정에는 변화가 보이지 않다.

1915년 5월, 〈조선총독부지방관관제〉의 개정에 따라[151] 종래 장관관방과 2부(部: 내무·재무) 체제가 장관관방과 2부(部: 제1·제2) 체제로 바뀐다. 제1부는 7계(係: 서무·지방·학무·권업·토목·회계·심사), 제2부는 2계(係: 세무·理財)로 구성된다. '종교와 향사에 관한 사항'은 제1부의 학무계(學務係)가 맡는다.[152]

1919년 8월, 제3대 齋藤實(사이토 마코토) 총독은 〈조선총독부지방관관제〉의 개정에 따라[153] 종래 도장관을 지사(知事)로, 장관관방과 2부(部:

(제2조), 내무부에 3계(係: 지방·권업·학무)를 둔다(제4조). 지방계에는 ①지방경제와 府郡 이하의 행정, ②兵事, ③救恤과 慈善사업, ④지리·지적·토지가옥증명, ⑤공공단체와 공공조합, ⑥도로·하천·항만·砂防·水利, ⑦(생략) ⑧(생략), ⑨(생략), 권업계에는 ①농상공, ②살림·수산, ③광업에 관한 사항, 그리고 학무계: ①교육학예, ②종교와 향사에 관한 사항이 배정된다(제5조). 그 외에 재무계는 세무계·이재계(理財係)로 구성된다(제6조, 제7조). 장관관방과 각 部係에 主任을 두어 사무를 담당한다(제8조).

150 〈朝鮮總督府地方官官制中改正〉(勅令 第37号, 明治 45.3.27), 『조선총독부관보』 호외, 1912.3.28, 제5조 중 '지방경찰사무'를 '지방의 경찰과 위생 사무'로 개정한다. 이 칙령은 명치 45년 4월 1일자로 시행한다(부칙).

151 〈朝鮮總督府地方官官制中改正〉(勅令 第66号, 大正 4.4.30), 『조선총독부관보』 호외, 1915.5.1. 이 칙령에 따르면, 내무부와 재무부를 제1부와 제2부로 바꾸고(제12조), 각 도에 부(府: 府尹)·군(郡: 郡守)·도(島: 島司)를 두고(제17조), 필요한 경우 총독 인가를 받아 도지청(島支廳)을 둘 수 있다(제22조).

152 〈朝鮮總督府 道 事務分掌規程〉(훈령 第27号, 大正 4.5.1), 『官報』 第828号, 1915.5.8. 각도에 장관관방과 2부(部: 제1·제2)를 둔다(제1조). 장관관방은 ①기밀, ②인사, ③포상에 관한 사항을 맡는다(제2조). 제1부에는 7계(係: 서무·지방·학무·권업·토목·회계·심사)를 두는데(제3조), 이 가운데 지방계가 ①府郡島와 面의 행정, ②지방비와 부군임시은사금, ③민적, ④兵事, ⑤구휼과 자선사업, ⑥공공단체와 공공조합, ⑦병원에 관한 사항 ('⑦병원에 관한 사항' 종래에 비해 추가된 것임), 학무계가 ①교육학예, ②종교와 향사에 관한 사항, 그리고 심사계(審査係)가 ①道令·훈령과 기타 중요한 처분의 심의, ②법령의 해석 운용에 관한 사항을 맡는다(제4조). 제2부에는 2계(係: 세무·理財)를 둔다(제5조). 각 계에는 주임(主任)을 두어 사무를 담임한다(제6조).

제1·제2) 체제를 '지사관방(知事官房)과 3부(部: 제1·제2·제3) 체제'로 재편하고, 계(係)를 과(課) 체제로 바꾼다. 이 개정은 제3부를 신설해 경찰 행정을 도행정에 포함하고, 지사에게 경찰 조직을 직접 움직일 권한을 부여했다는 점이 특징이다. '종교와 향사에 관한 사항'은 제1부의 학무과(學務課)가 맡는다.[154]

1920년 1월에는 제1부 지방과 사무에 '향교재산관리에 관한 사항'이 추가된다.[155] 그 배경은 동년 6월에 공포된 〈향교재산관리규칙〉의 반영에서 찾을 수 있다.[156] 이로써 종무행정 부서는 제1부의 지방과와 학무

---

153 〈朝鮮總督府地方官官制中改正〉(勅令 第391号, 大正 8.8.19), 『조선총독부관보』 호외, 1919.8.20. 이 칙령에 따르면, 각 도에 '知事, 참여관, 사무관 52인(전임), 警視 48인(전임), 警部, 警部補' 등의 직원을 두되, 경부와 경부보 등의 수는 봉급예산정액 내에서 정한다(제2조, 제3조). 각 도에는 지사관방과 3부(部: 제1·제2·제3)를 둔다(제20조). 제3부장은 경찰과 위생사무 집행에 관해 지사의 명을 받아 부하인 경시·경부·경부보와 순사를 지휘감독한다(제13조). 경부와 경부보는 상관의 지휘를 받아 경찰과 위생사무에 종사하되 경부는 부하인 경부보, 경부보는 부하인 순사를 지휘감독한다(제16조). 각 부군에는 경찰서를 두되 총독이 경찰서의 위치와 관할구역을 정하고(제16조의 2), 경시 또는 경부가 경찰서장을 맡고(제16조의 3), 각 도에 순사를 배치해서 판임관으로 대우한다(제16조의 4).

154 〈朝鮮總督府 道事務分掌規程中改正〉(훈령 第31号, 大正 8.8.20), 『조선총독부관보』 호외, 1919.8.20. 각도에 知事官房과 3부(部: 제1·제2·제3)를 둔다(제1조). 제2조에서 '장관관방'을 '지사관방'으로 바꾸고(제2조), 제4조에서 '⑦병원에 관한 사항'을 삭제한다(제4조). 제3부에는 4과(課: 警務·高等警察·보안·위생)를 두는데, 경무과가 ①경찰문서의 접수기록편찬, ②도서의 보관, ③경찰직원의 진퇴·상벌·기타 신분, ④경찰직원의 복무와 기율, ⑤경찰구획과 배치, ⑥호구조사, ⑦警衛와 경비, ⑧피복과 부속품, ⑨部內他課의 주관에 속하지 않는 사항, 고등경찰과가 ①고등경찰, ②외국여권, ③신문·잡지·출판물·저작물에 관한 사항, 보안과가 ①행정경찰, ②소방, ③사법경찰, ④범죄즉결사무, ⑤민사쟁송조정사무, ⑥執達吏 사무에 관한 사항, 위생과가 ①공중위생, ②의사·의생·약제사·산파·간호부·종두인허원, ③병원, ④약품영업·入齒·이발·按摩·針灸術 영업, ⑤묘지·埋火葬에 관한 사항을 맡는다(제6조). 지사관방에 주사(主事)를 두고 각 과에는 과장(課長)을 둔다(제7조).

155 〈朝鮮總督府道事務分掌規程中改正〉(朝鮮總督府 訓令 第4号, 大正 9.1.24), 『官報』第2246号, 1920.1.31, 제4조 제2항(地方係ニ於テハ左ノ事務ヲ掌ル)에 '⑦공립보통학교비용령에 관한 사항, ⑧향교재산관리에 관한 사항'을 추가한다.

과가 된다.

1921년 6월에는 제1부·제2부·제3부를 각각 내무부·재무부·경찰부로 재편한다.[157] 도별로 지방행정기구에 다소 차이가 있지만, 종무행정은 주로 내무부와 경찰부가 맡는다. 예를 들어, 1922년 1월의 평안남도지사 훈령을 보면, '향교재산에 관한 사항'은 내무부 지방과(地方課), '사사(社寺)·종교·향사에 관한 사항'은 내무부 학무과(學務課), '묘지·매화장에 관한 사항'은 경찰부 위생과(衛生課)가 맡는다.[158] 함경남도에서도, 내무부 학무과의 종교 사무가 '사사·종교·향사·고적·명승 등에 관한 사항'으로 명시된 점이 다르지만, 종교 사무의 배정 상황은 유사하다.[159] 그리고 각 도에 속한 부(府)의 경우, 내무과(內務課)가 종무행정을 맡는다.[160]

---

156 〈鄕校財産管理規則〉(부령 第91號, 大正 9.6.29), 『조선총독부관보』 제2365호, 1920.6.29. 이 부령에 따르면, 향교재산의 관리 주체는 府尹, 郡守, 島司이고(제1조), 향교재산의 매각·양여·교환·담보는 총독 인가를 받아야 한다(제2조).

157 〈朝鮮總督府 道事務分掌規程中改正〉(훈령 第38号, 大正 10.6.20), 『조선총독부관보』 제2657호, 1921.6.20, 제1조, 제3조, 제5조, 제6조 참조.

158 〈平安南道事務分掌規程〉(平安南道 訓令 第49号, 大正 10.12.27), 『조선총독부관보』 제2820호, 1922.1.10. 이 훈령에 따르면, 평안남도는 지사관방에 2과(課: 비서·문서)를(제1조), 내무부에 9과(課: 지방·사회·학무·농무·권업·토목·수도·회계·심사)를(제2조), 재무부에 2과(課: 세무·이재)를(제3조), 경찰부에 4과(課: 경무·고등경찰·보안·위생)를 둔다(제4조). 내무부의 지방과는 향교재산에 관한 사항을 포함해서 8가지, 학무과는 ①교육·학예, ②社寺·종교·享祀, ③고적·명승에 관한 사항을 맡는다(제2조). 경찰부의 고등경찰과는 ①고등경찰, ②외국여권, ③신문잡지·출판물·저작물에 관한 사항, 보안과는 ①행정경찰, ②소방, ③사법경찰, ④범죄즉결 사무, ⑤민사쟁송 조정 사무, ⑥執達吏 사무에 관한 사항, 위생과는 ①공중위생, ②의사·醫生·약제사·산파·간호부·種痘認許員, ③병원, ④위생 관련 영업 취체, ⑤묘지·埋火葬에 관한 사항을 맡는다(제4조).

159 〈咸鏡南道道事務分掌規程〉(咸鏡南道 訓令 第39号, 大正 10.12.24), 『조선총독부관보』 제2821호, 1922.1.11.

160 〈府郡事務分掌規程〉(咸鏡南道 訓令 第38号, 大正 10.12.24), 『조선총독부관보』 제2821호, 1922.1.11. 이 훈령에 따르면, 함경남도에 속한 부(府)는 3과(課: 서무·권업·재무) 체제이고(제1조), 이 가운데 내무과는 '사사·종교·향사에 관한 사항'을 포함해서 18가지 사항과 타과의 주관에 속하지 않는 사항을 담당한다(제3조).

각 도에서 향교재산과 사사·종교·향사에 관한 사항을 각각 내무부의 지방과와 학무과에 배정하는 상황은 1924년 말까지 지속된다. 이는 1924년 12월에 함경남도와 함경북도의 〈도사무분장규정〉에서 확인할 수 있다.[161]

그렇지만 1925년 1월, 제3대 齋藤實(사이토 마코토) 총독이 '신사(神社)에 관한 사항'을 별도 업무로 분리하면서[162] 각 지방행정기구도 '신사에 관한 사항'을 별도 업무로 분리한다.[163] 강원도 사례를 보면, 내무부 지방과 (地方課) 사무에 '신사에 관한 사항'을 추가하고, 학무과(學務課)의 '사사(社 寺)·종교·향사에 관한 사항'에서 '사사'를 '사원(寺院)'으로 고친다.[164] 이로 써 내무부 지방과가 '향교재산'과 '신사'에 관한 사항을, 학무과가 '사원· 종교·향사'에 관한 사항을 맡게 된다.

다만, 부(府)에서는 내무과(內務課)가 향교재산과 사사·종교·향사에 관한 사항을 함께 맡는다. 이는 1933년 4월에 경상북도가 부(府)에 설치된 3과(課: 서무·내무·재무) 가운데 내무과에 '부(府)·향교재산'과 함께 '사사· 종교·향사에 관한 사항'을 배정한 사례에서 확인할 수 있다.[165]

---

161 〈咸鏡南道事務分掌規程中改正〉(咸鏡南道 訓令 第27号, 大正 13.12.27); 〈咸鏡北道事務分掌規程中改正〉(咸鏡北道 訓令 第37号, 大正 13.12.26), 『조선총독부관보』제3722호, 1925.1.14, 제2조(내무부) 참조.

162 〈朝鮮總督府道事務分掌規程中改正〉(朝鮮總督府 訓令 第1号, 大正 14.1.10), 『官報』第 374号, 1925.2.12. 이 자료에 따르면, 제5조 제2항 제5호 다음에 '5의 2 神社에 관한 사항'을 추가하고, 제10조 제4항 제1호 중 '神社及'을 삭제한다.

163 〈道事務分掌規程中改正〉(咸鏡北道 訓令 第3号, 大正 14.1.28), 『조선총독부관보』제 3739호, 1925.2.3, 제2조 제2항 제10호 다음에 '10의2 신사에 관한 사항'을 추가하고, 제3항 제2호 중 '社寺'를 '寺院'으로 고친다. 이 훈령은 발부일부터 시행된다(부칙).

164 〈道事務分掌規程中改正〉(江原道 訓令 第1号, 大正 14.2.3), 『조선총독부관보』제3743 호, 1925.2.7, 제6조 地方課에 '13 신사에 관한 사항'을 추가하고, 제6조 學務課의 사무 중 '社寺'를 '寺院'으로 고친다 이 훈령은 발부일부터 시행된다(부칙).

165 〈府郡島事務分掌規程中改正〉(慶尙北道 訓令 第5号, 昭和 8.4.1), 『조선총독부관보』제 1876호, 1933.4.13. 이 훈령에 따르면, 당시 경상북도에 속한 부(府)는 3과(課: 서무·내

1938년 6월, 제7대 南次郎(미나미 지로) 총독은 종래 사사(社寺)에서 신사와 사찰을 분리하고, 〈도사무분장규정〉을 개정해 '신사·신사(神祠)에 관한 사항'을 추가한다.[166] 그 배경으로는 1936년 8월에 종래 〈신사사원규칙〉이 〈신사규칙〉과 〈사원규칙〉으로 분리되면서 신사(神祠)를 포함한 신사(神社)와 사찰을 별도 관리해야 했기 때문이다.[167] 이로써 지사관방과 3부(部: 내무·산업·경찰) 체제 가운데 내무부가 '신사·신사(神祠), 사찰·종교·향사, 향교재산에 관한 사항'을 맡는다. 그리고 경찰부 사무에서 '묘지·매화장에 관한 사항'이 빠진다.[168] 이러한 지방 종무행정 구도는 1940년대까지 유지된다. 이상의 내용에 따라 지방의 종무행정 기구의 변화를 정리하면 다음과 같다.

무·재무) 체제이고(제1조), 이 가운데 내무과가 '부(府)·향교재산, 교육·학예, 구휼·자선, 사사·종교·향사에 관한 사항' 등 15가지 사항과 타과의 주관에 속하지 않은 사항을 담당한다(제3조).

166 〈朝鮮總督府 道事務分掌規程〉(훈령 第35号, 昭和 13.6.23), 『조선총독부관보』 제3429호, 1938.6.23, 제2조 제5호 중 '社寺'를 '寺刹'로 바꾸고, '①神社·神祠에 관한 사항, ②국가총동원에 관한 사항'을 추가한다.

167 〈神祠ニ關スル件〉(부령 第21號, 大正 6.3.22), 『조선총독부관보』 제1387호, 1917.3.22; 〈神祠ニ關スル件中改正〉(부령 第79號, 昭和 11.8.11), 『조선총독부관보』 제2874호, 1936.8.11; 〈神祠ニ關スル件中改正〉(부령 第57號, 昭和 14.4.14), 『조선총독부관보』 제3668호, 1939.4.14.

168 朝鮮總督府 編纂, 『朝鮮法令輯覽』(上), 朝鮮行政學會, 1940, p.19. 여기에 실린 〈朝鮮總督府 道事務分掌規程〉(朝鮮總督府 訓令 第35號, 昭和 13.6)에 따르면, 지사관방의 사무는 '어진영(御眞影) 봉호(奉護), 전례(前例)·의식 등 7가지(제1조)', 내무부 사무는 '①神社·神祠, ②국가총동원, ⑦사찰·종교·향사, ⑨보물·고적·명승·천연기념물, ⑩향교재산에 관한 사항 등 16가지와 타 주관에 속하지 않는 사항(제2조)', 산업부 사무는 '농상공·삼림·토지개량·수산·광산에 관한 사항' 등 6가지(제3조), 경찰부 사무는 '①경찰, ②위생, ③경찰문서의 왕복·기록·편찬·보관, ④경찰직원의 진퇴·상벌·기타 신분(단, 판임관 이하 제외), ⑤兵事, ⑥防空에 관한 사항'이다(제4조). 각 부에는 과(課)를 둘 수 있고(제5조), 도지사가 각 과의 사무분장을 정하고(제6조), 지사관방에 주사(主事), 각 과에 과장(課長)을 둔다(제7조).

〈표 12〉 지방 종무행정 기구의 변화

연도	부서		사무	비고
1910.10	내무부 學務系		종교·향사에 관한 사항	- 長官官房과 2부(部: 내무·재무) 체제
1915.5	제1부 學務系		종교·향사에 관한 사항	- 장관관방과 2부(部: 제1·제2) 체제
1919.8	제1부 學務課		종교·향사에 관한 사항	- 知事官房과 3부(部: 제1·제2·제3) 체제
	제3부 위생과		묘지·매화장에 관한 사항	
1920.1	제1부	地方係	향교재산관리에 관한 사항	
		學務課	종교·향사에 관한 사항	
	제3부 위생과		묘지·매화장에 관한 사항	
1921.6	내무부	地方課	향교재산에 관한 사항	- 지사관방과 3부(部: 내무·재무·경찰) 체제 ※ 〈평안남도도사무분장〉(훈령 제49호, 대정 10.12.27) ※ 함경남도의 경우, 내무부 學務課는 '사사·종교·향사·고적·명승 등에 관한 사항' 담당 ※ 府의 경우, 3과(課: 서무·내무·재무) 중 內務課가 종무행정 담당: 〈府郡事務分掌規程〉(咸鏡南道 訓令 第38号, 大正 10.12.24) ※ 지사관방과 4부(部: 내무·재무·경찰·산업) 체제: 〈강원도사무분장중개정〉(강원도 훈령 제29호, 대정 13.12.15)
		學務課	社寺·종교·향사에 관한 사항	
	경찰부 衛生課		묘지·매화장에 관한 사항	
1925.1	내무부	地方課	향교재산에 관한 사항 神社에 관한 사항	- 지사관방과 4부(部: 내무·재무·경찰·산업) 체제 ※ 社寺 사무를 神社와 寺院으로 분리 ※ 府에서는 內務課에서 향교재산과 社寺·종교·향사에 관한 사항을 함께 담당 - 총독이 필요 시 産業部 설치 가능: 〈지방관관제중개정〉(칙령 제75호, 소화 5.4.12) 제22조 제2항 - 面에서 邑面으로 개정: 〈지방관관제중개정〉(칙령 제234호, 소화 5.11.29) 제25조 - 京城府에 1과(서무) 3부(총무·재무·工營) 설치: 〈지방관관제중개정〉(칙령 제366호, 소화 11.9.25) 제21조의 2
		學務課	寺院·종교·향사에 관한 사항	
	경찰부 衛生課		묘지·매화장에 관한 사항	
1938.6	내무부		神社·神祠에 관한 사항 寺刹·종교·향사에 관한 사항 향교재산에 관한 사항	- 지사관방과 3부(部: 내무·산업·경찰) 체제
	경찰부		(위생에 관한 사항)	

③ 경찰 조직과 종무행정

통감부 시기부터 조선총독부 초기까지 일본정부는 특히 '치안 유지'를 중시한다. 실제로 통감부는 '치안 유지'를 가장 중시해 우선적으로 대한제국의 경찰권을 위임받고, 통감부 외국(外局) 기구로 통감부경찰관서[경찰총감부·경무부·경찰서]를 두고 경무총장과 경무부장에 각각 한국주차헌병의 장(長)인 육군장관과 각도 헌병의 장인 헌병좌관(憲兵佐官)을 임명한다. 경찰서장인 경시(警視)나 경부(警部)에도 헌병경찰 출신을 적극 활용한다. 그리고 이러한 헌병경찰 조직을 통해 대한제국의 합병 토대를 마련한다.[169]

구체적으로, 제3대 통감 寺內正毅(데라우치 마사다케)는 〈한일병합조약〉 체결 직전인 1910년 8월에 헌병대와 경무부·경찰서 조직을 정비해, 13개 도(道)에 각각 헌병대 본부와 분대(分隊), 경무부와 경찰서를 둔다. 13개 헌병대본부 소속 헌병분대 수는 총 77개이다. 13개 도경무부 소속 경찰서 수는, 한성부(漢城府)를 담당한 경성의 경무총감부 소속 8개 경찰서까지 합치면, 총 105개이다. 헌병대 수에 헌병분견소(憲兵分遣所)를 합치고, 경찰서 수에 순사파출소와 순사주재소를 합치면 그 수는 더 많아진다.[170] 당시 경찰 제도의 특징은 헌병과 경찰의 결합, 즉 헌병경찰제이

---

169 山崎丹照, *Op. cit.*, 1943, pp.95-96. 이 자료에는 '통감부 시기에 조선 경영의 밑바탕이 완전히 이루어졌다'는 판단이 있다(같은 책, p.96).

170 〈憲兵隊管區及配置表〉(統監府 府令 第43號, 明治 43.8.5); 〈警務部及警察署名稱, 位置 及管轄區域表〉(統監府 府令 第44號, 明治 43.8.5); 〈巡査派出所及巡査駐在所名稱位置〉(統監府 告示 第170号, 明治 43.8.5), 『官報』第8147号, 1910.8.17. 헌병대의 헌병분견소(憲兵分遣所) 이하의 배치와 관할구역은 '한국주차헌병대사령관'이 정한다. 13개 도별 경찰서 수는 경무총감부(경성) 8, 경성경무부(수원) 8, 충북경무부(청주) 6, 충남경무부(공주) 9, 전북경무부(전주) 7, 전남경무부(광주) 8, 경남경무부(진주) 10, 경북경무부(대구) 10, 강원도경무부(춘천) 7, 함남경무부(함흥) 6, 함북경무부(鏡城) 5, 평북경무부(의주) 8, 평남경무부(평양) 6, 황해도경무부(해주) 7이다. 그에 비해, 헌병분대 수는 경기도 수원헌병대본부 7(한성부는 경성제1·경성제2·용산헌병분대 담당), 충북 청주헌병대본부 4, 충남 공주헌병대본부 4, 전북 전주헌병대본부 4, 전남 광주헌병대

다. 1910년 9월 10일자 〈조선주차헌병조례〉(칙령 제343호)에 따르면, 본래 군사경찰인 헌병은 총독의 지휘감독을 받아 행정과 사법 부분에서 경찰 사무를 담당하게 된다.[171]

조선총독부 설치 초기에도 치안 문제를 중시해 통감부경찰관서를 조선총독부경찰관서로 개편하면서 '헌병·경찰의 통합제도'를 유지한다.[172] 당시 일본정부는 1910년 9월 29일자로 종래 〈통감부경찰관서관제〉를 〈조선총독부지방관관제〉에 맞춰 개정하고, 지방에 소재한 경무부장이 도장관의 명령에 따라야 한다는 내용을 추가한다.[173] 이러한 경찰 조직은 제3대 통감인 寺內正毅가 제1대 총독으로 부임해 1916년까지 재임하는 동안, 일부 개정되지만,[174] 거의 그대로 유지된다.

본부 5, 경남 진주헌병대본부 4개, 경북 대구헌병대본부 6, 강원도 춘천헌병대본부 10, 경남 함흥헌병대본부 8, 함북 의성헌병대본부 7, 평남 의주헌병대본부 7, 평남 평양 헌병대본부 5, 황해도 해주헌병대본부 6이다.
171 〈朝鮮駐箚憲兵條例〉(勅令 第343号, 明治 43.9.10), 『官報』第8169号, 1910.9.12. 조선주차헌병은 '치안유지에 관한 경찰과 군사경찰'을 담당하고(제1조), 육군대신의 관할에 속하지만 직무 집행에 대해서는 총독의 지휘감독을 받고, 군사경찰에 대해서는 육군대신과 해군대신의 지휘를 받는다(제2조). 헌병장교·준사관(準仕官)·하사·상등병은 총독이 정한 대로 재직해 감찰관 직무를 집행할 수 있고(제3조), 그 경찰직무에 관한 직권을 가진 상관(上長)의 명령에 복종해야 한다(제4조). 헌병은 폭행을 당하는 등의 경우가 아니면 병기를 사용할 수 없다(제6조). 헌병대사령부는 경성에 두고, 각 헌병대 관구에 1개 헌병대(本部와 分隊)를 배치하되(제7조), 총독이 헌병대의 관구·본부·분대의 배치를 정한다(제8조). 헌병대사령부와 헌병대에는 경리부, 위생부, 수의부(獸醫部) 등을 둔다(제9조). 이 칙령은 공포일부터 시행하며, 명치 40년 칙령 제323호를 폐지한다(부칙).
172 山崎丹照, Op. cit., 1943, p.99, p.102.
173 〈統監府警察官署官制中改正〉(勅令 第358号, 明治 43.9.29), 『官報』号外, 1910.9.30. 이 칙령에서는 제8조에 '경무부장은 도장관의 명에 따라 도행정 집행을 보조하거나 지방 경찰사무에 관해 도장관의 명을 받아 필요한 명령을 공포하거나 처분할 수 있다'는 내용이 추가된다. 그리고 경무총장과 경무부장은 각기 직권 또는 위임 범위 내에서 명령을 발할 수 있다(제9조). 부칙에 따르면, 이 칙령 시행 당시, 통감부 경무총장·경무관·경찰서장·경시·통역관·기사·경찰의(警察醫)·경부·속·기수(技手)·통역생은 별도 공식 발령(辭令)없이 조선총독부에서도 동일한 관등과 봉급에 임용된다.

1910년 10월, 제1대 총독 寺內正毅는 경무총감부(警務總監部) 조직을 5과(課: 서무·고등경찰·경무·보안·위생) 체제로 구성한다. 서무과에는 3계(係: 문서·인사·회계), 고등경찰과에는 2계(係: 기밀·도서), 경무과에는 3계(係: 경무·경비·민적)와 경관연습소, 보안과에는 3계(係: 행정경찰·사법경찰·소방), 위생과에는 2계(係: 보건·방역)를 둔다. '종교 취체에 관한 사항'은 고등경찰과 기밀계(機密係)가 맡는다. 다만, 보안과의 행정경찰계(行政警察係)가 폭도나 풍속 등의 취체, 위생과의 보건계(保健係)가 묘지·매화장(埋火葬)에 관한 사항을 맡았다는 점을 고려하면, 종무행정은 3개 부서에서 이루어졌다고 볼 수 있다.[175] 그 외, 치안유지 업무는 통감부 시기처럼 조선

---

174 〈憲兵隊管區及配置表中改正〉(부령 第28号, 明治 43.10.14); 〈警務部及警察署 ノ 名稱, 位置及管轄區域表中改正〉(부령 第29号, 明治 43.10.14), 『官』 第8203号, 1910.10.24.

175 〈朝鮮總督府警務總監部事務分掌規程〉(朝鮮總督府 訓令 第4号, 明治 43.10.1), 『官報』 第8192号, 1910.10.10, 제1조는 경무총감부의 5과(課), 제2조는 서무과의 3계(係), 제3조는 고등경찰과의 2계(係), 제4조는 경무과의 3계(係)와 경관연습소, 제5조는 보안과의 3계(係), 제6조는 위생과의 2계(係)에 관한 내용이다. 이 가운데 고등경찰과의 기밀계는 ①사찰(査察), ②집회·다중운동(多衆運動)·결사, ③외국인, ④암호, ⑤종교취체에 관한 사항, 도서계는 신문·잡지·출판물·저작물에 관한 사무를 맡는다(제3조). 경무과의 경무계는 ①경찰의 구획·배치, ②處務규정, ③경찰회의와 순열(巡閱)·순시(巡視), ④순사(巡査)·순사보(巡査補)의 進退·賞罰·기타 신분, ⑤순사·순사보의 복무와 규율, ⑥순사·순사보의 一時金, ⑦退隱料·扶助料·療治料·弔祭料, 警備電話, ⑧警備船에 관한 사항, 경비계는 ①警衛·경비·호위, ②병기탄약, ③廳中取締, ④宿直, ⑤給仕·小使·駅者·馬丁의 신분에 관한 사항, 민적계는 ①戶口·民籍, ②외국여권에 관한 사항, 경관연습소에는 경찰관의 교양에 관한 사무를 맡는다(제4조). 보안과의 행정경찰계는 ①재해와 그 구호, ②폭도, ③諸營業取締, ④교통취체, ⑤풍속취체, ⑥극장·관람장·유희장·諸興行취체, ⑦위험물취체, ⑧전기사업취체 등 16가지와 타과(他課)의 주관에 속하지 않는 행정경찰에 관한 사항, 사법경찰계는 ①犯署搜索과 檢擧, ②전과자·淫浪者, ③留置場, ④형사피고인과 囚人 호송, ⑤臟物, ⑥變死傷者, ⑦棄兒·迷兒·失踪者, ⑧執達吏 사무에 관한 사항, 소방계는 ①火水災와 消防·水防, ②消防員에 관한 사항을 맡는다(제5조). 위생과의 보건계는 ①상수·하수(下水)의 취체, ②음식물·음식기구·약품취체, ③오물 소제(掃除), ④묘지와 매화장(埋火葬), ⑤의사·약제사·산파·간호부의 사무 취체 등 12가지, 방역계는 ①전염병과 지방병(地方病), ②종두(種痘), ③수축(獸畜) 위생에 관한 사항을 맡는다(제6조).

주차헌병이 수행하게 한다.[176]

　1910년 10월, 경무총감부는 조직을 재편해, 종래 총장관방을 없애고, 고등경찰계를 고등경찰과로 승격시킨다. 그리고 종래와 달리, 종교 업무와 풍속 업무를 구별해, 보안과 행정경찰계가 맡던 종교 업무를 고등경찰과 기밀계에, 풍속 업무를 보안과 행정경찰계에, 보안과 행정경찰계가 맡던 묘지 업무를 위생과 보건계에 배정한다. 이러한 재편은, 1911년 8월 위생과에 업무가 추가되고,[177] 1915년 4월에 경무과의 경비계·민적계와 보안과의 소방계가 삭제되는 등 변화가 있었지만,[178] 1916년까지 지속된다.

　지방의 경우, 경무부장과 도장관은 별도의 독립 관청으로 존재한다. 이는 도장관이 도(道)경무부장의 의견을 거쳐야 경찰명령을 공포할 수 있었다는 부분에서 확인할 수 있다. 그 이유는 도(道)경무부장이 경찰명령의 발포권을 가진 주차헌병대장을 겸했기 때문이다. 조선에서 총독을 제외하면 경찰규칙을 발포하고 위반 시에 벌칙을 부과하는 위치는 경무총장과 경무부장에 한정되므로[179] 경찰 조직의 권한은 그만큼 컸다고

---

176 〈朝鮮駐箚憲兵條例〉(勅令 第343号, 明治 43.9.10), 田崎治久 編, *Op. cit.*, 1913, pp.571-572. 조선주차헌병은 치안유지에 관한 경찰과 군사경찰을 맡고(제1조), 육군대신의 관할에 속한 직무의 집행에 대해서는 총독의 지도감독을, 군사경찰에 대해서는 육군대신과 해군대신의 지휘를 받는다(제2조). 헌병대사령부는 경성에 두고 총독이 정한 각 관구에 본부와 분대로 구성된 헌병대를 둔다(제7조, 제8조).

177 〈朝鮮總督府警務總監部事務分掌規程中改正〉(훈령 第68号, 明治 44.8.5), 『官報』 第8443号, 1911.8.12, 제6조 제2항에 '조선총독부 醫科과 조선총독부 道 자혜의원 이외의 병원에 관한 사항' 추가.

178 〈朝鮮總督府警務總監部事務分掌規程中改正〉(훈령 第25号, 大正 4.4.19), 『官報』第815号, 1915.4.23, 제3조 제2항 제3호에 '외국여권에 관한 사항' 추가. 제4조 제1항 중 '경비계, 민적계'를 삭제하고 제2항에 다음에 '호구조사, 경위·경비·호위, 병기탄약에 관한 사항'을 추가하고, 제3항과 제4항 삭제. 제5조 제1항 중 '사법경찰계와 소방계'를 '及사법경찰계'로 고치고 제2항 제4호의 1 다음에 '건축취체에 관한 사항'을 추가(이하 생략).

179 田口春二郎, 『朝鮮警察犯要論』, 京城: 文星社, 1912, pp.17-18.

할 수 있다.

1917년 3월, 제2대 총독 長谷川好道(하세가와 요시미치)는 종래 서무과를 없애고 회계과를 신설해 경무총감부 조직을 5과(課: 경무·고등경찰·보안·위생·회계)와 경관연습소 체제로 바꾼다. 그리고 종래와 달리, 계(係)를 없애고 과(課) 체제로 조직한다. 그에 따라 종교취체, 풍속취체, 묘지·매화장에 관한 사항은 각각 고등경찰과, 보안과, 위생과에서 맡는다.[180]

그렇지만 1919년 3·1운동 이후, 일본에서는 '무단적(武斷的)·군벌적(軍閥的) 사상'이 통치를 잘못해 '소요(騷擾)'가 발생했고, 제1대 총독 寺內正毅(데라우치 마사다케)와 제2대 총독 長谷川好道(하세가와 요시미치)가 조선인의 '내심'에 있는 불평불만을 없애고 복리를 증진시켜 충심으로 황실의 덕택(德澤)에 열복(悅服)하도록 만드는 데에 실패했으며, 반드시 문관출신자가 필요하다는 주장이 제기된다. 原敬(하라 다카시) 내각(1918.9-1921.11)이 齋藤實(사이토 마코토) 총독을 임명하는 건도 문관이 아니라 해군대장 출신이라는 점에서 반대한다는 주장에 직면한다.[181]

게다가 일본 사회에서 조선병합의 본래 목적이 '일시동인(一視同仁)' 또는 '조선의 내지동양(內地同樣)'에 있다는 점과 문치주의(文治主義)에 입각

---

180 〈朝鮮總督府警務總監部事務分掌規程改正〉(훈령 第11号, 大正 6.3.23), 『官報』第1396号, 1917.3.30. 경무총감부에 5과(課: 경무·고등경찰·보안·위생·회계)와 경관연습소를 설치하고 각 課에 課長을 둔다(제1조). 경무과는 '호구조사'를 포함해 22가지 사항(제2조), 고등경찰과는 ①査察, ②集會·結社·多衆運動, ③외국여권, ④종교취체, ⑤신문·잡지·출판물과 저작물에 관한 사항(제3조), 보안과는 ①영업취체, ②교통취체, ③항만취체, ④건축취체, ⑤풍속취체, ⑥극장·관람장·유희장·諸흥행취체 등을 포함해서 29가지 사항(제4조), 위생과는 ①上水와 下水 취체, ②음식물·음식기구·약품·위생상 유해물품 취체, ③오물 掃除, ④墓地及 埋火葬에 관한 사항 등 20가지(제5조), 회계과는 ①예산과 결산, ②출납, ③用度, ④보관물, ⑤관유재산에 관한 사항(제6조), 경관연습소는 경찰관의 교양과 연습을 맡는다(제7조).
181 山崎丹照, Op. cit., 1943, pp.112-113. 『東京朝日新聞』社說(대정 8년 7월 12일과 8월 7일)의 내용이다.

한 문화정치의 필요성이 제기된다. 이러한 상황에서 일본정부는 1919년 8월에 조선총독부 기구를 개편하고 제도를 바꾼다. 핵심은 무관이 아닌 문관 출신자도 총독에 임명될 수 있다는 내용, 그리고 종래 외국(外局)에 해당한 조선총독부경찰관서 관제를 폐지하고 조선총독부 '내국(內局)'으로 경무국(警務局)을 설치한다는 내용이다.[182]

실제로 1919년 8월에 부임한 제3대 齋藤實 총독은 경찰 조직의 권한을 축소시킨다. 이와 관련해, 조선총독부 경무총장 명령으로 정하는 사항을 조선총독부령으로 정하도록 바꾸고, 〈위생규칙〉·〈묘지·화장장·매장·화장취체규칙〉 등에 명시된 '경무총장'을 '조선총독'으로 바꾼다.[183] 동시에 지방행정기구를 지사관방과 3부(部) 체제로 바꾸고, 제3부(이후 경찰부)에 경찰 조직을 두어 지사에게 경찰권을 부여한다.[184]

이로써 중앙에서는 종래 경무총감부 대신 조선총독부 경무국, 지방에서는 지방관(도지사)이 경찰권을 갖게 된다. 경찰제도도 종래 경무총감부 중심의 헌병경찰제에서 경무국 중심의 보통경찰제도로 바뀐다. 이에 대해 조선총독부는 사회 상태, 특히 제1차 세계대전(1914.7-1918.11) 이래 시세(時勢)가 급변해 지난 10년 동안 실시한 경찰·헌병 통합제도에 대한 폐지 논의가 생겼고, 그 과정에서 총독정치의 근본적 혁신과 함께 경찰

---

182 *Ibid.,* pp.105-112. 이 자료에서 1919년 3·1운동은 '獨立騷擾' 또는 '萬歲事件'으로 표기된다(같은 책, p.108). 당시 내각총리대신 原敬이 조선통치의 최종 목적이 조선을 일본과 같게 하는 데에 있고, 당시 조선에 문화정치를 도입하는 것이 무엇보다 중요하다는 관점을 가졌다고 한다(같은 책, p.108). 그리고 原敬은 이러한 관점을 齋藤實에게 설명했고, 헌병경찰을 폐지해야 한다는 관점을 가지고 있었다(같은 책, p.111).

183 〈醫生規則外十一件中警務總長ヲ朝鮮總督ニ改正〉(부령 第133號, 大正 8.8.20); 〈朝鮮總督府警務總長ノ命令ヲ以テ定メタル事項ハ朝鮮總督府令ヲ以テ定メタルモノトス〉(부령 第132號, 大正 8.8.20), 『官報』第2123号, 1919.9.1.

184 〈朝鮮總督府 道事務分掌規程中改正〉(훈령 第31号, 大正 8.8.20), 『조선총독부관보』호외, 1919.8.20.

집행기관을 헌병에서 전부 보통경찰로 바꿀 필요를 인지했다는 입장을 보인다.[185]

그렇지만 경무총감부 중심의 헌병경찰제 폐지가 경찰 조직의 축소를 의미한 것은 아니다. 오히려 일본정부는 1919년 8월부터 각 부군도(府郡島)마다 조선총독이 정한 위치에 경찰서를 두어 경시나 경부를 경찰서장에 임명하고, 각 도에 순사를 두게 한다.[186] 이러한 상황은 1940년대까지 지속된다.[187]

또한 헌병은, 1919년 9월 10일자로 〈조선주차헌병조례〉(칙령 제343호)가 폐지되지만, 여전히 경찰 사무를 수행한다. 이와 관련해, 경성에는 조선헌병대사령부, 조선군사령관이 정한 관구에는 헌병대가 배치된다. 그리고 조선군사령관이 관할하던 군사경찰과 국경 감시 부분을 제외하면, 행정경찰과 사법경찰에 관계된 것만 총독 지휘를 받게 된다. 헌병 복무규정도 군사경찰과 국경 감시에 관한 것은 조선군사령관, 행정경찰과 사법경찰에 관한 것은 총독이 정하게 한다.[188]

---

185 朝鮮總督府警務局, 『朝鮮警察の槪要』, 京城: 朝鮮總督府警務局, 1927, pp.4-5. 이 자료에 따르면, 조선총독부에서는 제도상 경찰과 헌병의 분리에 대해 '민중적 경찰제도'라고 표현한다.

186 〈地方官官制中改正〉(勅令 第392號, 大正 8.8.19), 『조선총독부관보』호외, 1919.8.20, 〈지방관관제〉제16조의 2, 제16조의 3, 제16조의 4.

187 朝鮮總督府 編纂, Op. cit., 1940, pp.17-19. 여기에 실린 〈朝鮮總督府 地方官官制〉(勅令 第256號, 昭和 15.4)에 따르면, 각 도에 지사관방과 2부(部: 내무·경찰)를 두고, 총독이 필요 시 도(道)를 지정해 산업부(産業部)를 둘 수 있다(제12조). 각 부군도(府郡島)에 경찰서, 경성부·부산부·평양부에 소방서를 두되, 총독이 지방의 필요에 응해서 별도 구역을 정해 경찰서를 둘 수 있다(제16조의 2). 경찰서장과 소방서장은 경시나 경부가 맡으며(제16조의 3), 각 도에 순사를 둔다(제16조의 4). 경성부에 1과(서무) 3부(총무·재무·工營)를 두되 사무분장은 지사(知事)가 정한다(제21조의 2).

188 〈憲兵條例中改正〉(勅令 第397号, 大正 8.8.19), 『조선총독부관보』호외, 1919.8.20; 〈憲兵條例中改正〉(勅令 第157号, 大正 14.2.26), 『조선총독부관보』제3762호, 1925.3.3, 〈勅令 第397号〉에 따르면, 일본의 경우, 헌병은 직무 집행 시 군사경찰에 관한 것은

결과적으로, 1919년 8월 이후 경찰 조직이 독자적으로 담당하던 종교 취체 사무가 조선총독부의 경무국과 지방행정기구의 경찰부로 이관되지만, 헌병과 경찰 조직은 종무행정에 계속 관여했다고 할 수 있다. 헌병이 '관내 치안 상황'을 조사하고, 경찰 관리와 연락해 직무를 집행하는 상황, 그리고 헌병대사령관과 총독, 헌병대장 또는 헌병분대장과 도지사의 협조 관계가 1920년대 이후에도 지속되었기 때문이다.[189] 따라서 중앙이든 지방이든 종무행정은, 비록 헌병 관련 법규에 '종교 취체'라는 직접적인 표현이 없었지만, 경찰과 헌병의 긴밀한 관계 속에서 진행되었다고 볼 수 있다. 이상의 내용을 토대로 경찰 조직의 종무행정 기구 변화를 정리하면 다음과 같다.

〈표 13〉 경찰 조직의 종무행정 기구 변화

연도	부서		사무	비고
1910.10	경무총 감부	고등경찰과 機密係	종교 취체에 관한 사항	- 5과(課: 서무·고등경찰·경무·보안·위생) 체제 ※ 조선총독부에서는 내무부, 지방에서는

육군대신·해군대신, 행정경찰에 관계된 것은 내무대신, 사법경찰에 관계된 것은 사법대신의 지휘를 받는다(제2조). 헌병대사령부 위치는 동경이고, 육군대신이 정한 헌병대관구에 1개 헌병대를 배치한다(제6조). 조선의 경우, 제6조, 제7조, 제18조, 제19조 참조. 이 칙령은 공포일부터 시행되며, 〈조선주차헌병조례〉는 폐지된다(부칙).

189 〈朝鮮ニ於ケル憲兵ノ行政警察及司法警察ニ關スル服務規程〉(朝鮮總督府 訓令 第2号, 大正 14.1.13), 『官報』 第3740号, 1925.2.12; 〈朝鮮ニ於ケル憲兵ノ行政警察及司法警察ニ關スル服務規程中改正〉(朝鮮總督府 訓令 第34号, 昭和 4.7.26), 『官報』 第806号, 1929.9.4. 이 훈령에 따르면, 헌병은 항상 관내의 치안 상황을 조사해야 한다(제2조). 그리고 경찰 관리와 밀접하게 연락해서 직무를 집행해야 하고, 특히 비도(匪徒)의 진정(鎭定)·탐색·체포와 군인(軍人)·군속(軍屬: 군무원) 관련 사법경찰에 대해 경찰 관리와 협조해야 한다(제3조). 또한 행정경찰 또는 사법경찰에 관해 도지사·경찰서장·기타 정당한 권한이 있는 자의 요구가 있을 때는 바로 응해 필요한 조치를 취해야 한다(제5조). 조선헌병대사령관, 헌병대장 또는 헌병분대장 보조헌병으로 행정경찰 또는 사법경찰에 관한 헌병의 직무를 보조하는 경우, 헌병대사령관은 조선총독에게, 헌병대장 또는 헌병분대장은 도지사에게 곧바로 통보해야 한다(제9조).

		보안과 行政警察係	폭도나 풍속 등 의 취체	1915년 5월을 기점으로 내무부 學務係에서
		위생과 保健係	묘지·埋火葬에 관한 사항	제1부 學務係에 종무행정 담당
1917.3	경무총 감부	고등경찰과	종교 취체에 관 한 사항	- 5과(課 경무·고등경찰·보안·위생·회계) 체제 ※ 계(係)을 없애고 과(課) 체제로만 조직
		보안과	폭도나 풍속 등 의 취체	※ 1919년 8월 이후, 종무행정은 조선총독부 의 내무국·학무국·경무국, 지방의 제1부(이
		위생과	묘지·埋火葬에 관한 사항	후 내무부)·제3부(이후 경찰부)로 분산

2. 공인종교 정책의 흐름

통감부 설치 이전까지 일본정부의 종교 정책을 보면, 주로 신도와 불
교의 분리·활용에 초점이 있다. 신도의 분리·활용은 1868년 이후 제정
일치 국가를 지향하면서 신사 담당 기관을 설치한 조치, 신사를 '개인과
가정의 사유(私有)가 아닌 국가의 종사(宗祀)'로 선언하면서 '관국폐사(官國
幣社)' 범주로 격(格)을 매겨 신사의 위계를 정리한 1871년 5월 이후 조치,
신사신도와 교파신도의 분리와 '제사와 종교의 분리'를 선언한 1882년
8월 조치,[190] 종래 신관 대신 신직을 설치한 1887년 3월 조치[191] 등에서

---

190 佐藤範雄先生興學基金, 『佐藤範雄先生金光敎々學講演』, 岡山縣: 佐藤範雄先生興學基
金, 1927, pp.45-46. 1875년(명치 8) 4월에 神佛合倂敎導를 분리해서 신도사무국을 만든
후, 1880년(명치 13)에 제신론(祭神論)이 일어난다. 그 과정에서 1876년(명치 9) 10월
23일자의 흑주교(黑住敎)와 수성파(修成派)를 시작으로 신도 12교파가 신사신도(神社
神道)와 별파로 독립한다. 그 후 신불 합동 설교의 폐지, 대교원의 폐지, 관국폐사
신관의 장의(葬儀) 금지 등의 조치가 취해진다. 여기서 관국폐사 신관의 장의 금지
조치는 '신(神)이 부정한 것을 혐오한다'는 이유 때문이고, '부정'하다는 장의는 불교가
맡게 한다(같은 책, pp.45-46).
191 1887년 3월에 일본정부(내각총리대신 伊藤博文)가 신관 폐지와 신직 설치의 각령을
발표한 후, 신사에는 신직이 배치된다. "〈官國幣社ノ神官ヲ廢シ神職ヲ置〉(閣令 第4号,
明治 20.3.17), 『官報』第1112号, 1887.3.18"에 따르면, 관국폐사의 신관(神官)은 폐지되

확인할 수 있다. 불교의 경우는 일본정부가 '신(神)이 부정한 것을 혐오한다'는 이유로 관국폐사 신관의 장의(葬儀) 기능을 금지시킨 후 점차 장의 부분을 전담하게 된다.[192] 이로써 불교는 결과적으로 신도와 함께 일본종교의 양대 축이 된다. 그와 관련해 1920년대 일본 가정을 보면, 신불예배(神佛禮拜)가 경신숭조(敬神崇祖) 사상의 함양 수단으로 활용되었다는 것을 확인할 수 있다.[193]

신도와 불교를 분리·활용하던 상황은 1890년의 〈대일본제국헌법〉(공포: 1889.2.11, 이하 제국헌법) 이후에도 이어진다. 구체적으로, 〈제국헌법〉 제28조에는 "安寧秩序를 妨害하지 않고, 臣民으로서의 義務에 違背되지 않는 限度 內에서"만 인정되는 '신교(信敎)의 자유'가 포함되어 '신민(臣民)의 권리 의무'가 된다.[194] 이 조항은, 신사신도와 달리, 불교·교파신

고 신직(神職: 宮司·禰宜·主典)이 설치된다. 신직 가운데 궁사는 내무성에서 임명해서 주임(奏任) 대우를 하고, 녜의(禰宜)·주전(主典)은 북해도청 부현(府縣)에서 임명하고 판임(判任)으로 대우한다. 그리고 정국신사(靖國神社)의 궁사 이하는 육군성과 해군성에서 임명한다.

192 佐藤範雄先生興學基金, *Op. cit.*, 1927, pp.45-46.

193 山崎力之介,『地方小學校経営細案及各科設備標準』, 東京: 第一出版協會, 1929, p.135. 매월 1일과 15일의 조례(朝禮) 때에 ①개식사[擧式の挨拶], ②기미가요[君が代(二唱)], ③궁성요배[宮城遙拜(職員·兒童共に宮城に向つて最敬禮)], ④황실과 국가에 관한 훈화[訓話(校長より皇室國家に關する事柄を話す)]에 따라 궁성요배식을 진행한다. 조례가 없을 때는 각 교실에서, 또 휴일에는 각자 가정에서 한다. 매일 등하교 때에는 봉안전(奉安殿)의 어영(御影)에 최경례(最敬禮)를 한다. 그리고 이러한 의례에서 '자세를 바로하고 사념망상(邪念妄想)을 버리고 마음을 바로해서 진심으로 공손하게 경례하는 일'이 중시되고, 마음 없는 형식적인 예, 즉 허례(虛禮)가 경계된다(같은 책, p.135). 가정에서는 매일 아침 神棚을 성심으로 받들고, 佛壇에 절하면서 조상의 후은(厚恩)에 감사하고, 매월 1일과 15일에 학교 근처 신사에 가서 참배 후 청소한다. 신불(神佛) 앞의 통과할 때는 요배 등 '경신숭조(敬神崇祖)' 사상을 함양하도록 노력한다(같은 책, pp.135-136).

194 〈대일본제국헌법〉(공포 明治 23.2.11, 시행 明治 23.11.29, 1890). "제2장 臣民의 權利義務 … 제28조 日本臣民은 安寧秩序를 妨害하지 않고, 臣民으로서의 義務에 違背되지 않는 限度 內에서 信敎의 自由를 가진다". 번역문은 "정긍식,『통감부법령 체계분석』,

도·기독교 등을 '종교'로 보고 안녕질서를 방해하지 않고 신민의 의무에 위배되지 않는 한도 내에서만 자유를 주겠다는 의미이다. 그렇지만 〈제국헌법〉에 명시된 '질서와 신민의 의무' 이면에 신사신도가 존재한다는 점을 고려하면, 결국 신사신도 문화에 반하지 않는 한에서 신교의 자유를 인정하겠다는 발상이기도 하다.

〈제국헌법〉 시행 이후 일본정부는 지속적으로 신도 중심의 정책을 펼친다. 관국폐사의 신직이 '국가의 종사(宗祀)'에 종사하며 국가의 예전(禮典)을 대표하는 직무를 수행한다고 규정한 1891년 8월 조치,[195] 1900년 교육칙어(敎育勅語)의 반포 조치 등이 이에 해당한다. 여기서 '국가의 종사'는 신사에서 행하는 신기(神祇; 天神地祇)에 대한 제사가 공공 의례[公共的 禮典]이며 국가의 예전(禮典)이므로 개인이 종교상의 신앙으로 자유롭게 선택할 수 있는 것이 아니라는 의미이다.[196] 신사신도는 헌법 상 '신교의 자유'와 무관하게 존재하는 영역인 셈이다.

특히, 일본정부는 1905년 러일전쟁 이후 대규모의 신사합사(神社合祀) 또는 신사통일정리정책, 1촌 1사주의를 추진한다. 그리고 이를 통해 신사신도에 대한 국가의 장악력을 높이면서 일본 국민에 대한 통제력을 강화한다.[197] 이러한 정책으로 일본에는 전국적으로 신사들이 이세신궁(伊勢神宮)을 정점으로 재배치되고, 사회적으로도 신사의 의례[神祇 祭祀]가 종교가 아니라 국가 제사이며 신사참배가 국민의 도덕 실천이라는 인식

한국법제연구원, 1995, 240쪽, 241쪽" 참조.

195 〈官國幣社神職奉務規則〉(內務省 訓令 第17号, 明治 24.8.14), 『官報』 第2438号, 1891.8.14, 제1조.

196 江見淸風, 『神社者國家之宗祀也』, 東京: 國晃館, 1915, pp.1-6. 신기(神祇) 제사는 '종교가 아닌 국가적 도덕'이라고 한다(같은 책, pp.203-213).

197 김철수, 「'조선신궁' 설립을 둘러싼 논쟁의 검토」, 『순천향 인문과학논총』 27, 순천향대학교, 2010, 159-162쪽.

이 형성된다. 이로써 신사는 국가 제사의 공간이자 국민이 신사참배를 통해 도덕을 실천하는 공간이 된다.

신사신도의 의례와 신사참배는 가정 단위의 신붕(神棚, 가미다나) 설치, 궁성요배(宮城遙拜)[198] 등과 결합해 신도의 세계관을 반복 생산하는 기제가 된다. 이러한 의례들은 신도의 지향점이 신기(神祇)에 대한 경신(敬神) 사상의 함양이고, 경신(敬神) 대상이 '천조대신(天照大神, 아마테라스 오미카미)으로부터 혈통이 영속되고[万世一系] 신성해서 침해할 수 없는 천황'[199]이었기 때문에 결과적으로 '애국(愛國)'으로 연결된다.

흥미로운 부분은 〈제국헌법〉에 근거해 '종교'로 분류된 불교·교파신도·기독교의 경우는 '안녕질서를 방해하지 않고, 신민의 의무에 위배되지 않는 한도 내에서"만 신교의 자유가 인정되므로 원칙적으로 신도 정책과 충돌할 수 없게 된다는 점이다. 그럼에도 불구하고, 기독교, 그리고 대본교(大本敎)·천리교(天理敎)·금광교(金光敎) 등의 교파신도[200]는 교육칙어를 받드는 것과 천황 사진을 예배하는 것에 저항한다. 이러한 저항에

---

198 궁성요배(일명 황성요배, 황거요배, 동방요배)는 일본과 식민지에서 천황 주거지인 皇居(고쿄) 방향으로 고개를 숙여 절을 하던 예법이다. 조선에서는 이 용어들이 1930년대부터 보이고, 중일전쟁 시기부터 실천이 강조된다. 「北支那 駐屯軍 交代 出發 日程」, 『동아일보』, 1933.9.15, 1면(궁성요배); 「總督府 年末 年始 儀事」, 『동아일보』, 1937.12.25, 1면(황거요배); 「各地 南京 陷落 祝賀」, 『동아일보』, 1937.12.14, 7면(황성요배); 「時局 懇談會, 唐津校 大講堂」, 『동아일보』, 1937.7.20, 4면(동방요배). 한편, 궁성요배가 아니라 신사에서 행해지는 요배식은 메이지정부 초기에도 행해진다. "太田稻主, 『大政敎農商工業起元報恩祝詞集: 大日本帝國』, 群馬縣: 成立舍支店, 1903, pp.1-10(皇城遙拜壽詞)"에 따르면, 아침에 일찍 일어나 손을 씻고 입을 헹구고 신체의복을 청결히 하고 용의(容儀)를 바르게 해서 동경으로 간다. 그리고 천황이 있는 곳[天皇大朝廷]을 향해 바로 서서 재배(再拜)하고, 해당 의식을 행한 후에 요배(遙拜)한다(같은 책, p.1).

199 〈大日本帝國憲法〉(明治 22.2.11) 제1조, 제3조.

200 河野省三, 『神道大綱』, 東京: 臼井書店, 1927, pp.50-128. 교파신도는 ①神道本局, ②大社敎, ③實行敎, ④扶桑敎, ⑤大成敎, ⑥御嶽敎, ⑦修成派, ⑧神習敎, ⑨神理敎, ⑩禊敎, ⑪黑住敎, ⑫金光敎, ⑬天理敎를 말한다.

대해 일본정부는 '미신' 또는 '사교'로 간주하거나, 경신사상에 반하는 불경죄(不敬罪)를 적용한다.[201] 주목할 부분은 이러한 일본의 상황이 통감부와 조선총독부의 종교 정책으로 이어진다는 점이다.

1) 조선 통치와 신도의 확산

① 통감부 정책과 신사 설립

통감부가 1906년 2월 1일자로 업무를 개시하지만, 종교 정책은 1906년 11월에 〈종교 선포에 관한 규칙〉[202] 공포로 시작된다. 이 법규의 목적이 '일본 종교의 한국 포교'를 '인가제'로 관리하는 데에 있었기 때문에 적용 대상은 대한제국으로 이입된 일본 종교이다. 원칙적으로는 신사신도를 제외한 일본 거류민의 종교이다.

〈종교 선포에 관한 규칙〉을 보면, 통감부의 일차적인 종교 정책은 대한제국에 유입된 일본 종교를 파악하고 관리하는 데에 있다. 이미 일본정부가 1905년 3월에 〈거류민단법〉을, 이어 통감부가 1906년 7월에 〈거류민단법시행세칙〉을 시행해[203] 일본 거류민단 현황을 파악하고 있

---

201 月輪望天, 石丸蜻民 編, 『仏敎最近之敵 ― 一名・天理敎之害毒』, 神戶: 日東館, 1895, pp.48-59(天理敎の不敬罪); 南波登發, 『天理敎會之害毒』, 陽濤館, 1896, pp.49-56(天理敎會の不敬罪); 小島德弥, 『明治大正政治と時代思想』, 東京: 敎文社, 1926, pp.299-316(基督敎徒の不敬事件); 司法省刑事局 編, 『不敬事件』(思想研究資料 第8輯), 東京: 司法省刑事局, 1928; 中村古峽, 『近代犯罪科學全集』 第4篇, 東京: 武俠社, 1930, pp.267-347(大本敎, 天理敎, 金光敎, 德光敎, 稻荷敎); 現代公論社, 『天理敎の秘密をアバク』, 大阪: 現代公論社, 1935.

202 〈宗敎ノ宣布ニ關スル規則〉(明治 39.11, 統令 第45號).

203 〈居留民團法〉(法律 第41号, 明治 38.3.7), 『官報』 第6503号, 1905.3.8; 〈居留民團法施行規則〉(統監府 府令 第21号, 明治 39.7.14), 『官報』 第6920号, 1906.7.24; 〈居留民團法施行規則實施心得〉(統監府 訓令 第15号, 明治 39.7.14), 『官報』 第6920号, 1906.7.24. 〈거류민단법〉에 따르면, 외무대신이 지구(地區)를 정하면 그 지구의 일본인이 거류민단

었기 때문에 일본 종교 현황을 파악하고 관리하는 업무는 어렵지 않았을 것으로 보인다.

그 외에 통감부는 단순 현황 관리를 넘어, 일본 종교가 '자선' 영역에서 활동하도록 유도하기도 한다. 예를 들어, 1908년 1월 자료를 보면, 당시 한국에 있던 9개 자선단체 가운데 6개가 일본 종교와 관련된 단체이다. 구체적으로 일본 종교가 한국인 대상으로 운영한 자선단체는 경성행로병자수용소(京城行路病者收容所), 경성부인회, 인천자선회, 목포종교교회, 부산자선(慈善)교회, 진남포부인자선회 등이다.[204]

통감부는 일본 종교와 신사 외에도 대한제국으로 유입된 외국 종교 현황을 파악하고 관리한다. 이와 관련해, 1909년 3월의 통감부 자료를

을 조직 후(제1조), 법인이 되어(제2조), 영사(領事)·공사(公使)와 외무대신의 감독을 받는다(제5조). 한편, 〈居留民團法施行規則〉에 따르면, 거류민단은 거류민회에서 선거하여 통감 인가를 받은 3년 임기 민장(民長) 1인(제5조), 보조와 회계 각 1인, 서기, 유급 리원(吏員)을 두고(제8조-제14조), 2년 임기 명예직으로 '거류민회 의원'을 둔다(제18조, 제19조). 거류민은 선거권과 피선거권이 있지만, '관리와 거류민단 리원, 신관·신직·승려·기타 제종교사(諸宗教師), 학교교원'은 여기에 해당하지 않는다(제17조).

204 統監官房文書課, 『第1次 統監府統計年報』, 東京: 高島活版所, 1908.1, pp.57-58(慈善団体). 이 자료에 따르면, 당시 9개 자선단체는 경성행로병자수용소, 경성부인회, 성 비타(セント. ビ-タ-) 고아원, 자혜원(慈惠院), 고아원, 인천자선회, 목포종교교회, 부산자선교회, 진남포부인자선회이다. '고아원'은 한국인 이우찬(李愚瑹)이 고아교육을 위해 경성에 설립한 단체이다. 일본 종교의 자선단체 가운데 '부산자선교회'는 1880년 12월에 부산 본원사 별원에서 빈자와 행로병자 등의 구휼을 위해 부산에 설립한, '인천자선회'는 인천거류민 유지가 빈자와 행로병자 등의 구휼을 위해 1886년에 인천에 설립해 회비와 기부금으로 운영한, '목포종교교회'는 1898년 1월에 고령(高嶺) 외 2명이 병자와 조난어부(遭難漁夫) 등을 위해 목포에 설립한, '경성부인회'는 삼포희대자(三浦喜代子)가 교육·위생 등을 위한 기부행위, 빈자의 구조, 불행자(不幸者)의 위문을 위해 1898년에 경성에 설립한 단체이다. 그리고 '진남포부인자선회'는 진남포 재류 일본부인단체가 빈자(貧者)·행로병자(行路病者) 등의 구휼을 목적으로 1901년 8월에 진남포에 설립한, '경성행로병자수용소'는 일본의 동본원사(東本願寺) 내 경성교사(京城教社)가 1906년 2월 경성에 설립한 단체이다.

보면, 일본인이 설립한 신사·사원·교무소·설교소, 일본인 포교사와 신도, 외국인 포교 현황이 있다. 이 자료에서, 신사 수는 16개로 부산이 가장 많고, 외국인 포교사 수는 103명(영국 9, 미국 43, 프랑스 22, 기타 외국 29), 43,333명(일인 60, 한인 43,270, 기타 외국인 3)이다.[205] 1903년 3월 자료와 그 수치는 다르지만, 1909년 5월의 '통감부 지방부' 자료를 보면, 일본 거류민단의 신사 설립 현황을 알 수 있다. 그 현황은 다음과 같다.[206]

〈표 14〉 일본 거류민단의 사사(社寺, 1909.5)

거류민단	社寺名	祭神 / 宗派	神官 / 僧侶 수	創祀 / 창립연대	비고
1 경성	京城神宮	天照皇太神 豊受大神	1	명치 21.11	※ 토요케 오오카미[豊受大神]는 농업의 신
	天滿宮	菅原道眞	1	同 35.2	※ 덴만구(天滿宮)의 스가와라 미치자네(菅原道眞)는 학문의 신으로 추앙받는 10세기경 학자
2 인천	大神宮社	天照皇太神	1	同 23	
3 부산	龍頭神社	金刀比羅大神 外 八柱	1	延寶 6.3	※ 고토히라 오오카미(金刀比羅大神)은 배의 안전을 관장하는 신 ※ 엔포(延寶, 1673-1680)
	龍尾神社	武內宿禰 外 數種	1	延寶 6.3	※ 다케우치노 스쿠네(武內宿禰)는 야마토(大和)정권의 공신 ※ 延寶 6년은 1678년
4 진남포	大神宮	天照皇太神	1	同 37.10	
	稻荷神社	稻荷		同 38.11	

---

205 統監官房文書課, 『第2次 統監府統計年報』, 東京: 高島活版所, 1909(明治 42.3.28), pp.123-127 (第五 社寺及敎會). 조사 시점은 1907년(명치 40년) 12월 말이고, 통감관방 문서과의 서문 작성 시점은 1908년 12월이다. 구체적으로, 지역별 신사 수는 부산 6, 군산 1, 경성 3, 인천 1, 진남포 2, 원산 3이다. 교파신도의 경우 교무소는 경성에 2개, 설교소는 부산에 2개, 경성에 1개, 인천에 1개가 있다.

206 統監府 地方部 編纂, 『居留民団事情要覽』, 京城: 大和商會, 1909.5, p.153(社寺). 이 자료에 따르면, 12개 일본 거류민단 가운데 6개 거류민단(경성·인천·부산·진남포·원산·대구)이 9개 사우(社宇)를 설립한다.

5 군산					
6 평양					
7 목포					
8 원산	居留地神 社	天照皇太神		同 15.5	
9 마산					
10 대구	大神宮遙 拜殿		1	同 39.11	
11 용산					
12 신의주					

이 자료를 보면, 〈종교 선포에 관한 규칙〉의 적용 범위는 대한제국의
종교가 아닌 재한 일본인의 종교에 국한되어 있다. 비록 1909년 『제2차
통감부 통계연보』에 외국인 포교사와 신도 수에 관한 내용이 있지만,
이것도 해당 종교에 일본인 신자가 포함되었기 때문에 조사된 것으로
보인다. 그리고 통감부 시기까지 신사 설립을 적극 유도한 법규나 정책
은 보이지 않는다.

② **조선총독부 정책과 신사의 설립**

조선총독부의 설치 이후에는 제3대 통감 寺內正毅(데라우치 마사다케)
가 초대 총독으로 약 6년을 재임하면서 종교 정책에 적지 않은 변화가
생긴다. 그 가운데 하나는 '종교의 자유' 부분이다. 이와 관련해, 寺內正
毅 통감 명의로 1910년 8월 29일에 '시정 강령'을 밝힌 유고(諭告)에 '신교
의 자유'에 대한 설명 부분이 있다. 핵심은 문명열국(文明列國)이 다 같이
신교의 자유를 인정하지만, 종파(宗派)끼리 분쟁하거나 정사(政事)를 논의
하는 등에 대해서는 양속(良俗, 좋은 풍속)과 안녕을 해치므로 법적으로
처리한다는, 그리고 유교불교·기독교(儒佛諸敎及基督敎)의 본래 뜻이 인심
세태(人心世態)를 개선하는 데에 있으므로 시정 목적과 배치되지 않으며,

이런 종교는 친소(親疎)를 떠나 포교·전도를 보호하고 편의를 봐주겠다는 내용이다.[207]

寺內正毅가 유고에 포함시킨 신교의 자유는 '일본 신민이 안녕 질서를 방해하지 않고 신민된 의무에 배치되지 않는 한 신교의 자유를 가진다'는 〈제국헌법〉 제28조에 근거한다. 그렇지만 '종파끼리 분쟁하거나 정사(政事)를 논의하는 등'이 양속과 안녕을 방해하지 않고도 가능할 수 있다는 측면과 종교의 '본래 뜻이 인심세태(人心世態)의 개선'에 있다고만 볼 수 없다는 측면을 고려하면 신교의 자유에 대한 寺內正毅의 해석은 자의적이다. 게다가 '포교·전도를 보호하고 편의를 봐주겠다'는 것은 국가의 종교 조장(助長) 행위에 해당할 수 있다.

이어, 조선총독부는 통감부 시기의 〈종교 선포에 관한 규칙〉(1906)과 〈보안법〉(1907) 등을 활용하면서도, 여러 종교 관련 법규를 제정·시행한다.[208] 주목할 부분은 이러한 법규 시행이 조선인을 일본인이 지향해야 할 황민(皇民)으로 만드는, 즉 '황민화'라는 최종 목적 안에서 이루어졌다는 점이다.[209] 이러한 목적은 일본 불교나 신도에서 강조했던 경신숭조(敬神崇祖)가 '일본의 이상 신앙(理想 信仰)'이라고 정의된다는 점에서,[210] 특

---

207 〈叡聖文武 / 施政綱領〉(諭告, 明治 43.8.29, 統監 子爵 寺內正毅), 『조선총독부관보』 제1호, 1910.8.29.
208 김승태, 「『조선총독부관보』의 종교·교육 관련 규정 색인」, 『한국기독교역사연구소소식』 49, 2001, 18-31쪽.
209 '일본인화'와 '황민화'를 구분하면서 "왜 단순한 '일본인화'가 아니라 '황민화'여야 했는가"에 대해 '황국신민이란 천황의 신민으로 전쟁에서 어떠한 사심도 없이 천황을 위해서 죽을 수 있는 인간'이라고 보는 시선도 있다(宮田節子, 이형랑 역, 『朝鮮民衆과 '皇民化' 정책』, 일조각, 1997, 97-98쪽).
210 朝鮮總督府學務局社會教育課, 『朝鮮社會敎化要覽』, 朝鮮總督府, 1937, p.29. 이 자료에 따르면, 경신숭조는 "我が國肇國の精神に基く我が國民の理想信仰", 즉 '일본 건국의 정신에 기초한 일본 국민의 이상신앙'이다.

히 조선인의 '교육은 교육 칙어의 취지[旨趣]에 기초해 충량한 국민을 육성하는 것이 본의(本義)'라고 명시한 1911년 8월의 제1차 〈조선교육령〉제2조를 통해 확인할 수 있다.[211] '교육 칙어에 기초한 충량한 국민'은 조선인을 '이상적 일본인'으로 만든다는 것을 의미한다.

이러한 '충량한 국민의 육성'이라는 목표는 1920년대 이후부터 내선융화(內鮮融和)로, 1937년 중일전쟁 이후부터 내선일체(內鮮一體)로 표현된다.[212] 이와 함께 15년 전쟁, 아시아태평양전쟁, 제1차 중일전쟁 등으로 알려진 만주사변(1931.9.18-)으로 조선이 전시상태로 변한 후, 제6대 총독 宇垣一成(우가키 가즈시게, 1931.6-)이 1935년부터 강조한 심전개발(心田開發)[213]도 조선인이 '민력(民力)의 충실과 민도의 향상'을 통해 '제국신민의 지위를 확보·향수(享受)'해 내선일체를 현현'해야 한다는 내용으로[214] 내

---

211 〈조선교육령〉은 크게 4차례 변화된다. 초대 총독 寺內正毅 시기인 1911년 8월의 제1차 〈조선교육령〉에서는 교육의 본의가 '교육칙어에 따라 충량한 국민을 육성'하는 것으로(제2조), '보통교육(보통학교-고등보통학교·관립고등보통학교-여자고등보통학교·관립여자고등고통학교)-실업교육(실업학교: 농업·상업·공업·간이실업학교로 구분)-전문교육(전문학교)' 체제이다. 제3대 총독 齋藤實 시기인 1922년 2월의 제2차 〈조선교육령〉에서는 일본어 상용자의 보통교육(소학교-중학교-고등여학교)와 일본어 비상용자[조선인]의 보통교육(보통학교-고등보통학교-여자고등보통학교) 체제가 달라지고, 사범교육이 추가된다(제13조-제23조). 이어, 제7대 총독 南次郎 시기인 1938년 3월에 제3차 〈조선교육령〉이 공포되고, 제8대 총독 小磯國昭 시기인 1943년 3월에 제4차 〈조선교육령〉이 공포된다. 〈朝鮮教育令〉(勅令 第229號, 明治 44.8.23, 施行 明治 44.11.1), 『조선총독부관보』 제304호, 1911.9.1; 〈朝鮮教育令中改正〉(勅令 第19號, 大正 11.2.4), 『조선총독부관보』 제2843호, 1922.2.6; 〈朝鮮教育令改正〉(勅令 第103號, 昭和 13.3.3), 『조선총독부관보』 제3337호, 1938.3.4; 〈朝鮮教育令中改正〉(勅令 第113號, 昭和 18.3.8), 『조선총독부관보』 제4836호, 1943.3.18.
212 중일전쟁 이전까지 자주 사용된 용어로는 내선협화(內鮮協和), 내선동화(內鮮同化), 내선동치(內鮮同治), 내선융치(內鮮融治) 등이 있다.
213 「中樞院會議」, 『동아일보』, 1935.4.27, 1면. 한편, 심전개발사업은 1910년대에 일본 시즈오카 현의 대일본보덕학우회(報德學友會)에서 실시한 바 있다(山田猪太郎, 『報德及結社の栞』, 靜岡縣: 大日本報德學友會, 1913, pp.164-172).
214 朝鮮總督府學務局社會教育課, Op. cit., 1937, pp.30-32.

선일체의 확산 조치에 해당한다. 여기에서 민도는 '사회적·경제적 발전 단계'뿐만 아니라 언어·풍속·습관 등 다른 차이까지 포함한[215] '이상적 일본인화'의 정도를 의미한다. 따라서 민도의 향상은 조선인을 '이상적 일본인'으로 만들겠다는 의도가 담긴 표현이다.

제7대 총독 南次郎(미나미 지로, 1936.8-)은 부임 약 1년 후에 발발한 중일전쟁(1937.7-, 제2차 중일전쟁) 이전까지 유통된 내선융화(內鮮融和)[216] 외에 내선일체(內鮮一體)라는 용어를 유통시킨다.[217] 내선일체는 중일전쟁 이후 조선 지배의 '최고 통치목표', 한국병합 이래 일본이 취한 조선 지배의 기본 방침인 동화정책의 극한화(極限化) 또는 그 본질의 집중적 체현이라는 평가를 받고 있다.[218] 좀 더 구체적으로, 내선일체는 "半島人으로 하여서 忠良한 皇國臣民이 되게 하는" 것, 즉 "天皇中心主義 下에 萬民 補益의 皇道를 盡力하는 忠良한 皇國臣民의 本質"을 구현하는 것을 목표로 삼는다. 이러한 내선일체는 '理想과 現實과를 混同하는 형식적 평등관'을 수립하는 것과 다르다. 따라서 南次郎이 역대 조선총독부가 '형식적 평등 실현'을 이상으로 지향했다고 주장한 바 있지만,[219] 내선일체는 결국 조선인이 이상 실현을 위해 정신적으로 더 수양하고 훈련해 '이상적

---

215 宮田節子, 앞의 책, 1997, 176쪽(각주 58번 참조).
216 중일전쟁 이전까지 내선융화 외에 내선동화(內鮮同化), 내선동조(內鮮同祖) 등의 용어도 사용된다(小笠原省三,『朝鮮神宮を拜して內鮮兩民族の將來に及ぶ』, 東京: 顯彰日本社, 1926, pp.15-19; 田中勳,『內鮮同化論』, 東京: 大杉印刷所, 1925).
217 京城日報社 編,『時局下の朝鮮』, 京城: 京城日報東京支社, 1938, pp.35-38.
218 宮田節子, 앞의 책, 1997, 160쪽.
219 「國體明徵 敎學振作 等 五大政綱 具體化, 地方長官會議 席上 南 總督의 訓示」,『동아일보』, 1939.4.19, 1면. 南次郎에 따르면 내선일체가 국가적·사회적 대우를 전면적으로 즉시 또는 급진적으로 평등화해야 한다는 일부 조선인의 견해나 일본인[先達者]이 우위를 상실해 유해무익한 자비(自卑)에 떨어지는 것이라는 일부 일본인의 견해와 다르다. 南次郎은 이러한 견해를 '소승적 견해'라고 표현하고 있다.

일본인'이 되어야 한다는 의도를 가진 개념이 된다.

이상의 내용을 보면, 조선총독부가 지향한 목표는 단적으로 '조선인의 이상적 일본인화'라고 정리할 수 있다. 마찬가지로 조선총독부의 종교 정책도 '조선인의 이상적 일본인화'라는 최종 목표를 지향한다. 다만, 조선 종교의 경우와 달리, 일본 종교에 대한 정책은 일본인이 주 대상이므로 '조선인의 이상적 일본인화'라는 목표가 그대로 적용되지 않는다. 오히려 조선인의 이상적 일본인화를 선도(先導)하거나 이 과정에 방해되지 않도록 만드는 것이 일본 종교에 대한 정책의 목표가 된다.

일본 종교에 대한 정책과 관련해, 조선총독부 시기에 시행된 일본 종교 관련 법규로는 1906년 11월 이후 1915년 10월까지 적용된 〈종교 선포에 관한 규칙〉, 제1대 총독 寺內正毅(데라우치 마사다케) 시기인 1915년 10월 〈포교규칙〉과 〈신사사원규칙〉, 제2대 총독(1916.10~) 長谷川好道(하세가와 요시미치) 시기인 1917년 3월 〈신사(神祠)에 관한 건〉, 제7대 총독(1936.8~) 南次郎(미나미 지로) 시기인 1936년 8월 〈신사규칙〉과 〈사원규칙〉 등이 있다. 그 외에 제2대 총독 山梨半造(야마나시 한조) 시기인 1919년 7월에 조선신사로 시작해, 제3대 총독 齋藤實(사이토 마코토, 1919.8~) 시기인 1925년 7월에 완성된 조선신궁, 제7대 총독 南次郎 시기인 1939년 6월 이후의 부여신궁 관련 규정이 있다. 이러한 법규를 보면, '교파신도·일본불교·일본기독교의 관리'와 함께 '신도의 확산'이라는 정책적 목표를 확인할 수 있다. 이 정책적 목표는 일본정부가, 비록 신도를 종교가 아닌 '국가 제사'라고 선언했을지라도, 지속적으로 추진했던 내용이기도 하다.

특히, '조선인의 이상적 일본인화'라는 목적을 달성하기 위해 조선총독부는 신도의 확산에 적극적인 모습을 보인다. 조선총독부가 추진한 '신도의 확산 정책'과 관련해 1919년 말의 조사 자료를 보면 조선·대만

(台湾)·관동주(關東州)·사할린(樺太) 가운데 신도 관련 시설이 가장 많이 설치된 식민지는 조선이다.[220] 조선에서 신도 정책은 신사(神社)나 신사 (神祠)를 설립하거나 참배하게 하는 방식, 가정에 신붕(神棚, 가미다나)을 설치하는 방식, 조선인의 야스쿠니신사(靖國神社) 합사(合祀) 추진과 그에 대해 적극적으로 홍보하는 방식 등을 통해 추진된다.[221]

이 가운데 신사(神社)를 설립하거나 참배하도록 하는 방식은 한일합병 이후 점점 확산된다. 이와 관련해, 신사가 조선에 최초로 건립된 해는 1678년(숙종 4)으로, 그 장소는 쓰시마번주가 금도비라(金刀比羅)신사를 세운 부산의 용두산으로 알려져 있다. 이 신사는 '일본 최초의 해외 신사' 또는 '해외신사의 효시'로 알려져 있기도 하다.[222] 그 후, 통감부 시기에 는 일본 거류민이 늘면서 신사 수도 늘게 된다. 통감부 시기의 신도 현황 변화를 정리하면 다음과 같다.[223]

---

220 內閣拓殖局, 『朝鮮台湾關東州及樺太一覽』, 東京: 內閣拓殖局, 1921.2, p.38. 이 자료의 '社寺·敎會·布敎所 또는 廟宇' 부분을 보면, 신도의 교세는 조선 84개, 대만(台湾) 47개, 관동주(關東州) 58개, 사할린(樺太, からふと) 19개이다. 신직(神職)의 수도 조선 131명, 대만 63명, 관동주 54명이다. 사할린의 경우에는 기록되어 있지 않다. 일본인과 '토착 인' 신도(信徒) 수는 각각 조선 41,765명과 5,953명, 대만 7,690명과 8,905명이다. 관동주 에는 일본인 신도 수가 기록되어 있지 않고 '토착인' 신도가 38,404명이다. 이 기록에 따르면, 대만의 신도(神道) 관련 시설이나 신직의 수가 조선보다 적지만, '토착인' 신도 수는 대만이 조선보다 더 많다.
221 「朝鮮人裵氏 靖國神社에 合祀, 배씨 일문의 큰 영예이라고」, 『매일신보』, 1926.5.13, 3면; 「殉職 朝鮮警官 九柱, 靖國神社에 合祀」, 『동아일보』, 1939.4.11, 2면; 「故 崔, 滿洲 國中尉, 靖國神社에 合祀」, 『동아일보』, 1939.12.6, 1면.
222 大陸神道聯盟 編, 『大陸神社大觀』, 京城: 大陸神道聯盟, 1941(昭和 16), pp.39-42. 延寶 6년(1668)에 건립된 부산의 금도비라신사는 대물주신(大物主神)을 진제(鎭祭)했는데, 이 신은 해로(海路)의 안전을 기원함과 함께, 일본 거류민의 수호신 역할을 했다고 한다. 그리고 明和 2년(1765)에 주길대신(住吉大神)을 합사하고, 그 후 많은 신들을 합사했다고 한다. 호칭은 '금도비라'신사였다가 명치 27년(1894)에 '거류지'신사, 명치 33년(1900)에 '용두산신사'로 개칭했다고 한다(같은 책, p.39).
223 朝鮮總督府(d), 『第1次 朝鮮總督府統計要覽』, 朝鮮總督府印刷局, 1911(명치 44.11.7), p.69; 統監府a, 『第2次 統監府統計年報』, 東京: 高島活版所, 1909(明治 42.3.28), p.124;

〈표 15〉 1907-1909년 신도(神道)의 현황과 변화

조사 시점	신사	설교소	교무소	포교소	信徒	비고
명치 40.12 (1907)	16					『第2次 統監府統計年報』, 1909
명치 41.12 (1908)	18	7	3	18	2,634	『第3次 統監府統計年報(明治 41年)』, 1910 『第1次 朝鮮總督府統計要覽』, 1911
명치 42.12 (1909)	27	9	13	34	4,999	『第4次 朝鮮總督府統計年報』, 1911 『第1次 朝鮮總督府統計要覽』, 1911

　　조선총독부의 신도 정책 속에서 신도의 교세는 통감부 시기에 비해 확장된다. 특히 1915년 초부터는 관폐대사(官幣大社)로 조선신사를 건립하려던 계획을 다시 추진하고,[224] 동년 8월에 〈신사사원규칙〉을 시행해 조선신직회(朝鮮神職會)를 설립한다.[225] 조선신직회의 조직 배경에는 이미 1914년에 포교소 58개, 포교자 93명, 신도(信徒) 25,361명 등으로[226] 확보된 신도의 교세가 있었다고 할 수 있다. 이어, 1916년 6월에는 대제

　　統監府c, 『第3次 統監府統計年報』(明治 41年), 東京: 東京製本合資會社, 1910(明治 43.3.12), p.168; 朝鮮總督府(h), 『第4次 朝鮮總督府統計年報』, 東京: 濱田活版所, 1911 (明治 44.3.25), pp.242-243. 신사 수는 자료에 따라 다르다. 예를 들어, "統監府 地方部 編纂, Op. cit., 1909, p.153(社寺)"에 따르면, 1909년 5월까지 조선에 건립된 신사 수는 약 9개이다.

224 관폐대사는 메이지유신 이후부터 제2차 세계대전 종전까지 국가에서 폐백을 올리는 신사 가운데 하나로 사격이 가장 높다. 조선총독부는 1914년도 예산계획에 2만원, 1915년도 예산에 3천원의 조선신사 조영비를 책정해 남선공원에 관폐대사 조선신사를 설립할 계획이었지만, 산본내각(山本內閣) 와해 등으로 예산이 소멸된 바 있다(「朝鮮神社 建立, 豫定地는 南山公園」, 『매일신보』, 1915.2.5, 2면). 산본내각은 해군대장인 山本權兵衛(やまもと ごんのひょうえ)를 중심으로 제1차(제16대 내각총리대신, 1913.2.20-1914.4.16, 대정 2-3년)와 제2차(제22대 내각총리대신, 1923.9.2-1924.1.7, 대정 12-13년)로 구분된다.

225 「朝鮮神職會 卄五周年式」, 『동아일보』, 1940.8.6, 2면. 당시 8월 16일에 개최될 조선신직회 25주년식은 10시부터 조선신궁대전에서 국운선양, 황군의 무운장구기원제를 시작으로 개최된다.

226 朝鮮總督府(b), 『大正 4年度 朝鮮總督府統計年報』, 朝鮮總督府官房 總務局印刷所, 1917, p.787.

(大祭)·중제(中祭)·소제(小祭) 등 신사의 의례와 신직(神職) 임용에 관한 법
규를 동시에 공포해 신도 제도를 정비한다.[227] 1910년부터 1915년까지
신도의 교세 현황을 정리해보면 다음과 같다.[228]

〈표 16〉 1910-1915년 신도(神道)의 현황과 변화

조사 시점	설교소	교무소	포교소	신도	비고
명치 43.12 (1910)	22	6	44	10,911	『第1次 朝鮮總督府統計要覽』, 1911, p.69.
명치 44.12 (1911)	40※	13	49	20,445	※『大正 元年 朝鮮總督府統計要覽』, 1912, p.357"에서 설교소는 40개로 기록되어 있음 『大正 2年 朝鮮總督府統計要覽』, 1914, p.331.
대정 1.12 (1912)	32	18	70	13,301	『大正 2年 朝鮮總督府統計要覽』, 1914, p.331.

227 〈神社ノ祭式恒例式及齊戒ニ關スル件〉(朝鮮總督府令 第49號, 大正 5.6.29), 『조선총독
부관보』 제1171호, 1916.6.29; 〈神職任用奉務及服裝規則〉(朝鮮總督府令 第50號, 大正
5.6.29), 『조선총독부관보』 제1171호, 1916.6.29, 〈신직 임용 봉무와 복장규칙〉에 따르
면, 사사(社司)·사장(社掌)에 보(補)할 수 있는 자격은 20세 이상의 남자로 사사사장(社
司社掌)시험이나 도부현(道府縣)의 사사사장시험이나 관국폐사 신직시험에 합격한
자 또는 관국폐사 신직인 자이다(제1조). 그리고 조선총독부에 '사사사장시험위원'을
두고 사사사장시험을 진행한다(제3조). 신사에 신직이 있는 경우에는 숭경자 총대(總
代)가 조선총독에게 추천한다(제10조). 신직은 '국가의 종사(宗祀)'에 따른 직사(職司,
직무)를 맡는다(제11조). 한편, 내무부장관이 각도 장관에게 보낸 〈神社ノ神職ニ關ス
ル件〉(官通諜 第120號, 大正 5.7.19), 『조선총독부관보』 제1188호, 1916.7.19'에 따르면,
〈신사사원규칙〉 제1조에 따라 신사 창립 허가를 얻은 때는 1894년(명치 27)의 〈府縣社
以下神職制〉(칙령 제22호) 제2조에 따라 숭경자 총대(總代)가 속히 사장원수(社掌員
數)의 인가, 1916년(대정 5)의 〈神職任用奉務及服裝規則〉(朝鮮總督府令 第50號) 제10
조에 따라 신직 보명(神職 補, 命)에 관한 수속을 해야 한다.
228 朝鮮總督府(d), Op. cit., 1911, p.69; 朝鮮總督府, 『大正 元年 朝鮮總督府統計要覽』, 朝
鮮總督府 官房總務局印刷所, 1912, p.357; 朝鮮總督府, 『大正 2年 朝鮮總督府統計要
覽』, 朝鮮總督府 官房總務局印刷所, 1914, p.331; 朝鮮總督府, 『大正 2年度 朝鮮總督府
統計年報』, 朝鮮總督官房 總務局印刷所, 1915, p.721; 朝鮮總督府, 『大正 3年度 朝鮮總
督府統計年報』, 朝鮮總督官房 總務局印刷所, 1916, p.730; 朝鮮總督府(b), Op. cit.,
1917, p.787. 다만, 1912년 자료에 설교소가 40개(p.357), 1916년 자료에 신도 會堂이
10개(p.730)이지만, 1917년 자료에는 '포교소'만 있고, 설교소·교무소 관련 내용이 없다
(p.787).

대정 2.12 (1913)	28	24	64	12,594	『大正 2年度 朝鮮總督府統計年報』, 1915, p.721.
대정 3.12 (1914)	26	30	1	13,454	『大正 3年度 朝鮮總督府統計年報』, 1916, p.730 (신도 會堂 10곳이 새롭게 포함)
대정 4.12 (1915)			58	35,945	『大正4年度 朝鮮總督府統計年報』, 1917, p.787 (설교소·교무소 관련 내용 없음)

제2대 총독 長谷川好道(하세가와 요시미치) 시기인 1917년 3월에는 〈신사(神祠)에 관한 건〉이 시행되어, 신사(神社)와 신사(神祠, しんし)가 행정상 별도 분류·관리되기 시작한다. 그리고 이 법규 시행으로 신사(神祠)의 설립이 수월해지면서 신사(神祠) 수는 점차 신사(神社) 수보다 많아진다.

1919년의 3·1운동 이후에도 [국가]신도 관련 포교소·강의소와 신도(信徒) 수는 계속 증가한다. 이와 관련해, 1922년부터 1932년까지 포교소·강의소 수, 그리고 신도 수를 정리해보면 다음과 같다.[229]

〈표 17〉 1922년-1932년 포교소·강의소와 신도 수의 변화(조사 시점은 매년 末)

시기	대정 11년~14년				소화 1년~7년						
	1922	1923	1924	1925	1926	1927	1928	1929	1930	1931	1932
포교소·강의소	102	108	115	153	153	178	168	174	193	202	218
신도	63,528	69,337	75,126	83,708	85,204	78,488	79,801	76,448	78,715	80,879	84,255

1920년대부터 1940년대까지 조선에서 신사(神社)·신사(神祠)의 수는, 일본정부도 신무천황(神武天皇)과 황조(皇祖)의 제사를 '경신숭조의 대어심(敬神崇祖の大御心)'[230]과 연결시켜 경신숭조를 강조한 바 있지만, 계속

---

229 朝鮮總督府(f), 『昭和 2年 朝鮮總督府統計要覽』, 京城: 大海堂, 1929(소화 4.1.20), p.199; 朝鮮總督府, 『昭和 7年 朝鮮總督府統計要覽』, 京城: 行政學會印刷所, 1934(소화 9.3.15), p.205.
230 高野弦月 編, 『全國神社祭神銘鑑: 敬神崇祖』, 大阪: 伊藤筆吉, 1919, pp.13-14. 일본에

증가 추세를 보인다. 이는 각 지방에서까지 신사(神社)와 신사(神祠)의 건립을 장려하고 그 의의를 보급하는 정책을 시행했기 때문이다.[231] 오히려, 중일전쟁 이후 일본정부가 시국(時局)을 고려해 신사(神社)·신사(神祠)의 창립 조영을 막는 방침을 세웠을 때도, 조선총독부 내무국장은 각 도지사에게 통첩을 보내 '정신생활의 중심을 확립해야할 급무가 있는 조선의 실정'을 명분으로 삼아 신사(神社)·신사(神祠)의 창립 조영을 막지 말라는 통첩을 보낸 바 있다.[232] 1916년부터 1942년까지 신사(神社)·신사(神祠) 수의 변화를 정리하면 다음과 같다.[233]

〈표 18〉 神社·神祠의 누적 현황(1916-1942년)

연도	神社	神祠	연도	神社	神祠
대정 5.12(1916)	17		소화 6.末(1931)	51	186
대정 6.12(1917)	31	11	소화 7.末(1932)	51	199
대정 7.12(1918)	34	32	소화 8.末(1933)	51	215
대정 8.12(1919)	36	41	소화 9.末(1934)	52	240
대정 9.12(1920)	36	46	소화 10.末(1935)	52	272
대정 10.12(1921)	37	54	소화 11.末(1936)	54	293
대정 11.末(1922)	38	59	소화 12.末(1937)	57	307

서는 『일본서기(日本書紀)』에 등장하는 신무(神武)천황의 즉위 해(B.C.E. 660년)를 황기(皇紀, 일본의 기원) 원년(元年)으로 삼는다. 예를 들어, 1940년(소화 15년)은 황기 2600년, 즉 신무천황의 즉위 해로부터 2600년이 된다.

231 「建議案 廿八件, 平北道會에 上程된 것」, 『동아일보』, 1936.3.12, 3면.
232 「神社神祠의 造營, 朝鮮에서는 無關」, 『동아일보』, 1938.11.12, 2면.
233 朝鮮總督府, 『大正 5年度 朝鮮總督府統計年報』, 朝鮮總督官房 總務局印刷所, 1918, p.849; 朝鮮總督府, 『大正 6年度 朝鮮總督府統計年報』, 朝鮮總督官房 總務局印刷所, 1919, p.922; 朝鮮總督府, 『大正 7年度 朝鮮總督府統計年報』, 朝鮮總督官房 庶務部印刷所, 1920, p.1012; 朝鮮總督府, 『大正 8年度 朝鮮總督府統計年報』, 京城: 高島印刷所, 1920, p.493; 朝鮮總督府, 『大正 9年度 朝鮮總督府統計年報 第7編』, 京城: 大和商會印刷所, 1922, p.57; 朝鮮總督府, 『大正 10年度 朝鮮總督府統計年報 第7編』, 京城: 朝鮮印刷株式會社, 1923, p.58; 朝鮮總督府(f), *Op. cit.,* 1929, p.198; 朝鮮總督府(c), 『昭和 9年 朝鮮總督府統計要覽』, 京城: 近澤商店印刷部, 1936, p.205; 朝鮮總督府(e), 『昭和 17年 朝鮮總督府統計年報』, 京城: 大海堂印刷株式會社, 1944, p.198.

대정 12.末(1923)	40	77	소화 13.末(1938)	58	325
대정 13.末(1924)	41	103	소화 14.末(1939)	61	497
대정 14.末(1925)	42	108	소화 15.末(1940)	61	641
소화 1.末(1926)	43	107	소화 16.末(1941)	62	776
소화 2.末(1927)	43	129	소화 17.末(1942)	63	828
소화 3.末(1928)	47	152			
소화 4.末(1929)	49	177			
소화 5.末(1930)	49	182			

1941년 자료를 보면, 조선에서 신사(神社)는 '관폐대사(官弊大社), 국폐
소사(國弊小社), 도공진사(道供進社), 부공진사(府供進社), 읍공진사(邑供進社)'
로 구분된다. 이 가운데 관폐대사는 조선신궁(朝鮮神宮, 경기)과 부여신궁
(扶餘神宮, 충남), 국폐소사는 경성신사(京城神社, 경기), 대구신사(大邱神社, 경
북), 용두산신사(龍頭山神社, 경남), 평양신사(平壤神社, 평남)이다. 그리고 신
사(神祠)는 모두 602개이고, 그 가운데 약 47개를 제외하면 모두 신명신
사(神明神祠)로 천조대신(天照大神)을 제신으로 삼는다. 명칭이 다른 47개
에는 지역 명칭이 앞에 붙거나, 팔번(八幡, はちまん)이나 금도비라(金刀比羅,
ことひら)가 신사 명칭으로 사용된다. 그렇지만 이 47개 신사(神祠)도 대체
로 천조대신을 제신으로 삼고 있다.[234]

---

234 大陸神道聯盟 編, Op. cit., 1941, pp.545-606. 이 자료에 실린 '조선신사일람(61社)'는
소화 16년 1월, 즉 1941년 자료이며, 신사(神社)는 61개, 신사(神祠)는 602개이다. 신사
(神祠)의 지역별 수는 경기 67, 충북 16, 충남 30, 전북 20, 전남 227, 경북 46, 경남
37, 황해 27, 평남 21, 평북 37, 강원 35, 함남 20, 함북 19이다. 명칭이 다른 경우는
경기도(4개)의 오산신사(烏山, 천조대신), 가등신사(加藤, 加藤淸正公), 한강신사(漢江,
천조대신 외 11), 애탕신사(愛宕, 火山靈神), 전북(3개)의 팔번신사(八幡, 譽田別命 외
2), 조덕신사(照德, 천조대신), 불이신사(不二, 천조대신 외 2), 전남(2개)의 금도비라신
사(金刀比羅, 大物主神·崇德天皇), 다하신사(多賀, 伊奘諾尊·伊奘冊尊), 경북(7개)의
수천신사(水天, 安德天皇), 조명신사(照明, 천조대신), 구미신사(龜尾, 천조대신), 칠곡
신사(漆谷, 천조대신), 선산신사(善山, 천조대신), 왜관신사(倭館, 천조대신), 영양신사
(英陽, 천조대신), 경남(11개)의 금도비라신사(金刀比羅, 大物主神·崇德天皇), 도하신
사(稻荷, 倉稻魂神 외 2), 울산신사(蔚山, 천조대신), 창원신사(昌原, 천조대신), 산청신

1944년 자료에서 지역별 신사(神社) 수를 보면, 신사는 모두 63개인데, 이 가운데 가장 많이 설립된 지역이 전라남도이다. 신사(神祠)도 모두 828개인데, 전라남도가 247개로 가장 많다.[235] 신사(神社)와 신사(神祠)의 지역적 분포와 그 수치를 보면, 그 만큼 신도의 영향력을 지방 곳곳에 미치게 하려고 했던 조선총독부의 의도를 확인할 수 있다.

특히 1919년 7월, 일본 내각총리대신 原敬은 천조대신과 명치천황을 제신(祭神)으로 하는 조선신사를 경기도 경성부 남산에 창립하고 사격을 관폐대사로 한다는 내각 고시를 발표한다.[236] 이어, 조선총독부는 조선신사 기공(起工)을 시작으로 건립을 본격화해, 1920년 5월 지진제(地鎭祭), 1924년 4월 상동제(上棟祭, じょうとうさい) 등을 거쳐 1925년에 조선신사를 건립한다.[237] 조선신사의 명칭은 1925년 6월에 '조선신궁'으로 바뀐다.[238]

사(山淸, 천조대신·명치천황), 거창신사(居昌, 천조대신), 고구신사(高邱, 천조대신·명치천황), 삼도신사(三島, 事代主大神 외 1), 금도비라신사(大物主命·譽田別命), 천만신사(天滿, 菅原道眞), 팔번신사(천조대신 외 3), 평북(9개)의 팔번신사(應仁天皇), 팔번신사(長足姬命), 금도비라신사(大物主命·崇德天皇), 산신사(山, 大國主命 외 2), 중지도신사(中之島, 應仁天皇·大物主命), 정주신사(定州, 천조대신), 학봉신사(鶴峰, 천조대신 외 1), 팔번신사(品陀別尊), 팔번신사(應仁天皇), 강원도(6개)의 2개의 금도비라신사(大物主命·崇德天皇), 3개의 금도비라신사(천조대신·명치천황), 1개의 금도비라신사(천조대신), 함남(3개)의 팔번신사(譽田別命), 남산팔번신사(男山八幡, 八幡神·琴平神), 북청신사(천조대신), 함북(2개)의 금도비라신사(大物主命), 산신사(山, 大山積神·金山彦命)이다.

235 朝鮮總督府(e), *Op. cit.*, 1944, p.198. 神社의 수는 전북 10, 전남 9, 충남 7, 경남 6, 경기도·경북·평북·함북 각각 5, 황해도 3, 충북·평남·강원도·함남 각각 2개이다. 관폐사 대사(大社)는 2개(경기도 1, 충남 1), 국폐사 소사(小社)는 6개(경기도 1, 전남 1, 경북 1, 경남 1, 평남 1, 강원도 1), 관폐사·국폐사를 제외한 기타 신사가 55개(전북 10, 전남 8, 충남 6, 경남·평북·함북 각 5, 경기도·황해도는 각각 3, 충북·함남 각각 2, 평남·강원도 각각 1 등)이다. 神祠의 수는 전남 247, 황해도 133, 경기도 119, 경북 60, 평북 44, 강원도 40, 경남 39, 충남 32, 평남·함북 각각 26, 함남 24, 전북 21, 충북 17개 순이다.

236 〈朝鮮神社ヲ創立シ官幣大社ニ列セラルヽ旨仰出〉(內閣 告示 第12号, 大正 8.7.18), 『官報』 第2086, 1919.7.18.

조선신궁은 사격(社格)이 황실 관련 신사인 관폐사(官幣社)[239]였기 때문에 조선에 있던 모든 신사의 정점이라는 의미를 갖는다. 조선총독부도 '전도(全道)의 총진수(總鎭守)될 조선신사'라고 선전한 바 있다.[240] 그리고 조선신궁은 천조대신(天祖大神)과 메이지천황을 제신으로 삼기 때문에 내선일체를 상징하는 중심 공간의 창출이라는 의미를 갖게 된다.[241]

한편, 제6대 총독 宇垣一成(우가키 가즈시게, 1931.6-)이 부임한지 3개월 만에 조선은 만주사변(1931.9.18-, 제1차 중일전쟁)으로 전시상태가 변한다. 이 상황에서 宇垣一成은 1935년부터 농산어촌(農山漁村) 진흥과 함께 심전개발(心田開發)과 민심선도(民心善導)를 강조한다.[242] 이어, '심전개발'과 관련해 '종교유사단체를 엄중 취체'하는 '종교 정화'를 진행한다.[243] 심전

---

237 「朝鮮神社 起工?, 오는 십월 즁슌경에 긔공히」, 『매일신보』, 1919.9.19, 3면; 「朝鮮神社의 地鎭祭, 二十七日 擧行」, 『매일신보』, 1920.5.18, 2면; 「彙報(朝鮮神社 上棟祭)」, 『朝鮮』 第109號, 1924.5.1. 지진제는 건축 공사의 시작을 알리는 기공식과 함께 땅의 신(地神)에게 공사의 안전과 건물이나 집의 번영을 기원하는, 상동제는 기둥을 세우고 보를 얹은 후 마룻대를 올리는 일종의 상량식에 해당하는 건축 의례이다.

238 〈朝鮮神社改稱〉(內閣告示 第6号, 大正 14.6.27), 『官報』 第3853号, 1925.6.27; 〈朝鮮神社ヲ朝鮮神宮ト改稱仰出〉, 『조선총독부관보』 제3862호, 1925.7.1. '조선신사'를 '조선신궁'으로 개칭할 당시 일본의 내각총리대신은 加藤高明(가토우 타카아키, 재임: 1924-26)이다.

239 井上順孝(이오우에 노부타카)에 따르면, 1871년 메이지정부는 태정관포고를 통해 시세신궁(伊勢神宮)을 제외한 전국의 신사에 격(格)을 부여한다. 격을 부여한 방식은 우선 신기관 관할 신사를 관사(官社), 지방관 관할 신사를 제사(諸社)로 구분한다. 두 번째로 관사를 황실 관련 신사[官幣社: 대·중·소]와 주로 토지 관련 신사[國幣社: 대·중·소], 그리고 두 경우에 속하지 않으며 국가를 위해 특별히 공헌한 인물을 제사하는 신사[別格官幣社]로, 제사(諸社)를 부현향촌(府縣鄕村)의 신사와 그 외에 해당하는 무격사(無格社)로 구분한다. 관사에 대해서는 궁내성(宮內省)에서, 무자격 신사를 제외한 제사(諸社)는 부현(府縣)에서 폐백료(幣帛料)를 공진(供進)한다. 이 사격은 전후 1946년에 폐지된다(井上順孝, 『神道』, 東京: ナツメ社, 2006, pp.34-35).

240 「全道의 總鎭守될 朝鮮神社의 神殿」, 『매일신보』, 1925.5.31, 1면.

241 조선신궁을 '내선융화'와 연결시킨 논의도 보인다(小笠原省三, 『朝鮮神宮を中心としたる內鮮融和の一考察』, 東京: 顯彰日本社, 1925.8, pp.1-22).

242 「[제16회]中樞院會議」, 『동아일보』, 1935.4.27, 1면.

개발은 총독 퇴임 전까지 계속 강조되는데,[244] 1936년 6월에 종래 사사 (社寺) 업무를 '신사와 사찰'로 분리하고 '신사·신사(神祠)에 관한 사항'을 추가[245]한 것도 신도 보급을 통해 심전개발을 강조하려는 의도였다고 할 수 있다.

제7대 총독 南次郎(미나미 지로, 1936.8-1942)은 1936년 8월에 종래 〈신사 사원규칙〉 대신에 〈신사규칙〉을 제정하고, 동시에 신사신사(神社神祠)를 '심전개발이라는 정신운동의 대상'으로 삼기 위해 경성신사(경성부)와 용 두산신사(부산군)의 사격을 국폐소사(國幣小社)로 열격(列格)할 것을 일본 정부에 신청하기도 한다.[246] 그리고 중일전쟁(1937.7-, 제2차 중일전쟁) 이후 국민정신총동원운동, 육군특별지원병 제도, 〈조선교육령〉 개정 등을 통 해 내선일체를 현실화하기 시작한다.

내선일체 정책을 좀 더 구체적으로 보면, 먼저, 조선총독부의 정무총감 이 일본정부 방침에 맞추어,[247] 1937년 12월에 각 부서와 각 소속관서장에

---

243 「宗敎類似團體를 嚴重 取締할 方針, 宗敎類似團體가 宗敎團體의 九割, 敎徒가 三十萬 人을 超過」, 『동아일보』, 1935.6.7, 2면.
244 「各 道知事會議, 二十三日부터 開催, 宇垣總督 訓示 要旨」, 『동아일보』, 1936.3.13, 4면. 이 기사에 따르면, 宇垣一成은 농산어촌 진흥운동과 심전개발에 대해 '조선의 갱생과 국력 강화를 초래하는 정도(政道)'로 본다.
245 〈朝鮮總督府 道事務分掌規程〉(훈령 第35号, 昭和 13.6.23), 『조선총독부관보』 제3429 호, 1938.6.23, 제2조 제5호 중 '社寺'를 '寺刹'로 바꾸고, '①神社·神祠에 관한 사항, ②국 가총동원에 관한 사항'을 추가한다.
246 「朝鮮 二神社의 國幣小社 列格, 一日 被仰出」, 『동아일보』, 1936.8.2, 1면. 경성부 왜성 대(京城府 倭城臺)의 경성신사에 진좌(鎭坐)된 제신은 천조대신(天照大臣)·국혼대신 (國魂大神)·대기귀명(大己貴命)·소언명명(小彦名命), 부산군 변천정(釜山郡 辨天町) 에 진좌된 제신은 천조대신(天照大臣)·국혼대신(國魂大神)·대물주명(大物主命)·표통 남명(表筒男命)·중통남명(中筒男命)·저통남명(底筒男命)이다.
247 일본정부는 중일전쟁 직후인 1937년 9월 각 관청에 〈국민정신총동원에 관한 내각총 리대신 훈령〉을 보낸다. "〈國民精神總動員二關スル內閣總理大臣訓令〉(內閣訓令 號 外, 昭和 12.9.9), 『조선총독부관보』 제3201호, 1937.9.14"에 따르면, 난국(難局)을 타 개하고 제국의 흥륭(興隆)을 도모하기 위한 방법으로 '국체에 기반한 진충보국(盡忠

게 통첩을 보내 국민정신총동원 신년을 봉축하라고 지시한다. 그에 따르면, 관공서에서는 어용시식(御用始式), 학교에서는 기관장이 신년식에서 국민정신총동원과 신년봉축 의의를 알리고 오전에 신년봉축 시간을 마련해 각 가정과 기타 장소에서 궁성요배(宮城遙拜)를 해야 한다.[248] 이어, 1939년 4월에는 조선총독부가 '국민정신총동원위원회(위원장: 정무총감)'를 설치해 국민정신총동원에 관한 중요 사항을 조사·심의하게 한다.[249]

다음으로, 1938년 2월에는 〈육군특별지원병령〉, 동년 3월에는 〈[제3차조선교육령〉을 공포한다. 〈육군특별지원병령〉의 핵심은 〈호적법〉상 17세 이상의 남자를 육군 병역 복무에 지원하게 하고 현역 또는 제1보충병역에 편입시킨다는 내용이다.[250] 〈[제3차조선교육령〉 핵심은 보통교육을 담당하던 '보통학교-고등보통학교-여자고등보통학교'를 각각 '소학교-중학교-고등여학교'로 바꾸어[251] 일본의 보통교육 체제와

報國)의 정신'을 일으켜 일상에서 구현해서 국민정신의 총동원을 실시해야 할 것을 지시한다.

248 〈國民精神總動員新年奉祝ニ關スル件〉(官通諜 第45號, 昭和 12.12.22), 『조선총독부관보』 제3282호, 1937.12.22.

249 〈國民精神總動員委員會規程〉(훈령 第21號, 昭和 14.4.17), 『조선총독부관보』 제3670호, 1939.4.17, 제1조, 제3조.

250 "〈陸軍特別志願兵令〉(勅令 第95號, 昭和 13.2.22), 『조선총독부관보』 제3332호, 1938.2.26"에 따르면, 호적법 적용을 받는 17세 이상의 제국신민 남자가 육군 병역에 복무하는 것을 지원하면 육군대신이 정한 바에 따라 전형해서 현역 또는 제1보충병역에 편입한다(제1조). 시행일은 소화 13년 4월 3일이다(부칙).

251 〈朝鮮教育令改正〉(勅令 第103號, 昭和 13.3.3), 『조선총독부관보』 제3337호, 1938.3.4. 이에 따르면 조선의 교육은 종래처럼 '보통교육(제2조)-실업교육(제3조)-전문교육(제4조)-사범교육(제5조-제15조)' 체제이다. 시행일은 소화 13년 4월 1일이다(부칙). 한편, '〈朝鮮教育令〉(勅令 第229號, 明治 44.8.23), 『조선총독부관보』 제304호, 1911.9.1; 〈朝鮮教育令中改正〉(勅令 第19號, 大正 11.2.4), 『조선총독부관보』 제2843호, 1922.2.6; 〈朝鮮教育令中改正〉(勅令 第113號, 昭和 18.3.8), 『조선총독부관보』 제4836호, 1943.3.18'에 따르면, 〈조선교육령〉은 크게 4차례 바뀐다. 초대 총독 寺內正毅 시기인 1911년 8월의 제1차 〈조선교육령〉에서는 교육의 본의가 '교육칙어에 따라 충량한 국민을 육성'하는 것으로(제2조), '보통교육(보통학교-고등보통학교·관립고등보통학교-여자고등보통

동일하게 만든다는 내용이다.

1938년 3월에는 〈조선교육령〉 개정과 〈육군특별지원병령〉의 정신을 바로 이해해 일본의 기대에 부응하라는 유고(諭告)를 발표한다. 그에 따르면, 조선통치의 목표가 '황국신민의 본질'을 철저히 해서 내선일체를 갖추게 하는 데에 있고, 역대 당국이 계승한 '일시동인의 성지(聖旨)'를 받들어 시정의 창달과 민복의 증진을 도모하고 교육칙어를 통해 '일본정신의 배양'에 노력하며, 일본의 책임이 3대 교육방침(국체명징·내선일체·인고단련)을 지켜 국민된 지조(志操)·신념을 연성(鍊成)하는 데에 있다고 밝힌다. 〈조선교육령〉 개정에 대해서도 보통교육에서 국어(國語-일본어) 상용자와 그렇지 않은 자의 구별을 철폐하고, 일본인과 조선인이 동일 법규 하에서 교육을 받게 했다고 설명한다.[252] 그와 함께 1938년 4월, 정무총감은 관통첩을 보내 '비상시에 재정경제에 대한 국민협력이 최대한 필요'하므로 모든 민간의 협력을 얻어 계발선전(啓發宣傳)을 철저히 하고, 그 실현 방법으로 '국민정신총동원 총후보국(銃後報國) 강조주간'을 지키도록 지시한다.[253]

학교·관립여자고등고통학교)–실업교육(실업학교: 농업·상업·공업·간이실업학교로 구분)–전문교육(전문학교)' 체제이다. 제3대 총독 齋藤實 시기인 1922년 2월의 제2차 〈조선교육령〉에서는 일본어 상용자의 보통교육(소학교–중학교–고등여학교)와 일본어 비상용자[조선인]의 보통교육(보통학교–고등보통학교–여자고등보통학교) 체제가 달라지고, 사범교육이 추가된다(제13조-제23조). 이어, 제7대 총독 南次郎 시기인 1938년 3월에 제3차 〈조선교육령〉이 공포되고, 제8대 총독 小磯國昭 시기인 1943년 3월에 제4차 <조선교육령>이 공포된다.

252 〈朝鮮教育令改正及陸軍特別志願兵令施行ニ關スル諭告〉(諭告, 昭和 13.3.4), 『조선총독부관보』 제3337호, 1938.3.4.

253 "〈國民精神總動員銃後報國强調週間實施ニ關スル件〉(官通諜 第11號, 昭和 13.4.9), 『조선총독부관보』 제3367호, 1938.4.9"에 따르면, 총후보국강조주간은 4월 26일부터 5월 2일까지 1주간이고, 내용은 지구전(持久戰)에 대비해서 중요 물자 절약과 저축, 민중 선전망의 확립, 연료 절약 등을 포함해서 관공서와 각종 단체와 기관에서 적절한 실행 요목을 정하는 것이고, '조선중앙정보위원회'와 각 도 정보위원회가 계획해서 관공서,

1939년 3월에는 조선총독부가 '조국(肇國) 2600년 기념사업'의 일환으로 부여신궁 건립 계획을 발표한다. 이 계획의 핵심은 부여신궁에 일본과 백제·신라·고려 사이에서 교류가 깊었다는 오진천황(應神天皇), 사이메이천황(齊明天皇), 텐지천황(天智天皇), 진구황후(神功皇后)의 사주(四柱)를 봉재해 내선일체를 강화시킬 전당으로 삼는다는 내용이다. 이 건립 계획은 '신도(神都)' 건설계획으로 확대되어, 종래 잊혀졌던 고도 부여가 내선일체의 역사적 기원을 증명하는 신도(神都)로 조명을 받게 만든다.[254]

부여신궁 건립 계획에 맞추어, 국민정신총동원조선연맹은 부여를 '내선일체의 영지(靈地)'로 규정한다.[255] 그리고 1939년 4월 18일 '조선지방장관회의(도지사회의)' 훈시(訓示)에서는 국민정신의 앙양(昂揚) 방법으로 ①부여에 관폐사 창립, ②호국신사 창립, ③정근(精勤)조선연맹의 강화, ④지원병의 증원, ⑤내선일체의 진의(眞意) 강화, ⑥황도정신의 선양이 제시된다.[256]

학교, 회사, 은행, 공장, 상점, 각종 사회교화단체, 각종 조합 등 각종 단체의 협력을 얻어 시행한다.

254 허병식, 「폐허의 고도와 창조된 신도(神都)」, 『한국문학연구』 36, 2009, 92-95쪽. 1915년 발족된 '부여고적보존회'가 1929년 재단법인으로 변경된 것을 계기로 1920년대까지 쇠망한 고대왕국이라는 백제와 부여의 이미지는 경주나 평양에 맞서는 유서깊은 고도로 조명을 받기 시작한다. 그리고 1939년 3월 총독부가 부여신궁 건립계획을 발표하면서 부여는 내선일체라는 당대의 국책에 부응하는 장소(神都)로 소환된다(같은 글, 79-80쪽, 86-92쪽).

255 國民精神總動員朝鮮聯盟 編, 『內鮮一体の靈地扶余 (調査資料 第1輯)』, 京城: 國民精神總動員朝鮮聯盟, 1939, p.1.

256 「國體明徵 敎學振作 等 五大政綱 具體化, 地方長官會議 席上 南 總督의 訓示」, 『동아일보』, 1939.4.19, 1면. 훈시의 주요 내용은 역사적으로 '동원적 심연(同源的 深緣)'을 천명할 수 있도록 応神·齊明·天智(덴지) 천황과 神功(진구) 황후의 4주(柱)를 모신 관폐사를 만들고, 호국 영령을 봉재할 호국신사를 만들고, 국민정신총동원조선연맹의 정신운동에 힘쓰고, 1938년 6월에 개시한 '지원병 예비훈련' 성적이 좋아 1939년부터 훈련소의 수용인원 수를 증가했다는 것이다. 그리고 조선(半島)의 선각자들이 조선인이 '황도신민의 실질'부터 갖추도록 계몽하고, 일본인이 선달자(先達者)의 긍지를 가지고

조선총독부는 1939년 6월에 부여신궁을 관폐대사로 한다는 승인을 받고,[257] 동년 8월에 〈부여신궁 조영사무 규정〉을 마련해, '부여신궁조영위원회(위원장: 정무총감)'와 '부여신궁조영사무국(국장: 내무국장)'을 설치한다.[258] 그리고 같은 시기에 부여신궁 불청식(祓淸式)을 진행해 부여면 부소산(扶蘇山)의 부여신궁 조성 사업을 '경신숭조의 강화, 내선일체의 발현' 등과 연결시키고,[259] 부여신궁 조영을 위한 근로를 '근로보국'이라고 선전한다. 그리고 1940년 7월에 부여신궁의 지진제를 진행한다.[260] 그렇지만 1941년 12월에 이른 바 태평양전쟁이 시작되어 부여신궁 조성 작업은 물자 결핍과 인력 부족으로 완성되지 못한다.[261] 이로써 내선일

　　언행을 삼가고 성심을 기울여 내선동포일체를 구현하는 것을 책무로 삼아야 하며, 황도정신을 일상생활에서 구현하도록 노력해야 한다는 내용이다. 한편, 국가총력의 발휘 방법으로, ①생산 증강, ②예산의 운용, ③경제국책에의 순응, ④방과(防課)의 철저, ⑤관공리도(官公吏道)의 작흥을 내세운다. 한편, '국민정신의 앙양(昂揚)'의 종착 지인 황도정신은 일본정신이나 국체(國體)정신으로도 표현되는 '황실중심주의', 즉 "天皇을 中心으로 한 一大家族的 構成에 依하야 完成한 全體性"을 갖추어 군민(君民)의 협력 관계가 자연히 구현되는 것으로, 구미의 사상이나 공산주의와 대립된다.

257 〈扶餘神宮社殿創立社格ヲ官幣大社ニ列セラルル旨仰出〉(拓務省 告示 第2号, 『官報』 第3732号, 1939.6.16. 이 고시에 따르면, 부여신궁의 제신은 '應神천황, 齊明천황, 天智천황, 神功皇后'이고, 소화 14년 6월 15일 조선 충남 부여군 부여면에 사전(社殿)을 창립해서 사격(社格)을 관폐대사로 하는 것이 승인된다.

258 〈扶餘神宮造營事務規程〉(朝鮮總督府 訓令 第50號, 昭和 14.8.18), 『조선총독부관보』 제3774호, 1939.8.18. 이 훈령에 따르면, 조선총독부에 '부여신궁조영위원회(위원장: 정무총감)'와 '부여신궁조영사무국(국장: 내무국장)'을 설치한다(제1조, 제4조, 제7조). 그리고 부여신궁조영사무국에는 3부(部: 총무·경리·工營)와 부여출장소를 설치한다(제10조). 총무부에서는 조영계획, 봉찬사업, 제전의식 등에 관한 사항을(제11조), 공영부(工營部)는 공사의 설계와 집행과 검사감독에 관한 사항을 담당한다(제13조).

259 「敬神崇祖는 立國要道, 扶餘神宮 御創立」, 『동아일보』, 1939.6.16, 1면; 「扶餘神宮 祓淸式」, 『동아일보』, 1939.7.19, 2면; 「扶餘神宮 御鎭座地 淸祓을 八月 一日에 執行」, 『동아일보』, 1939.7.29, 2면; 「扶餘神宮 造營委員會 設置」, 『동아일보』, 1939.8.18, 2면. 불청식(祓淸式)은 부정을 없애려는 목적의 의례이다.

260 「國民精神總動員 新年度 運動의 設計」, 『동아일보』, 1940.4.25, 2면; 「扶餘神宮 地鎭祭」, 『동아일보』, 1940.6.28, 2면; 「扶餘神宮 地鎭祭」, 『동아일보』, 1940.7.6, 2면.

261 손정목, 「日帝下 扶餘神宮 造營과 소위 扶餘神都建設」, 『한국학보』 13-4, 1987, 151쪽.

체 실현 차원에서 일본과 조선의 역사적 친밀성을 공간적으로 재현하려던 부여신궁 건립 시도는 미완성이 된다.

③ 조선총독부와 신붕(神棚)·신붕대마(神宮大麻)의 확산

두 번째, 가정에 신붕(神棚, かみだな)을 설치하는 방식은 가정에 신붕을 설치해 천조대신의 표상인 신궁대마(神宮大麻)[262]를 봉안한 후 조석으로 참배하게 만든다.[263] 일본에서는 1880년대에 신붕이나 조상의 영패(靈牌)를 안치한 불단(佛壇)의 방향을 길흉(吉凶)과 연결시키는 논의가 있을 정도로 확산되었지만,[264] 조선에서 신붕 설치는 1935년부터 본격화된다. 다만, 1929년 1월에 부산부의 일본인 저택의 화재 원인이 저택 2층 위에 둔 신붕에 켜둔 촛불이 금줄에 옮겨 붙었기 때문이라는 기사는[265] 1935년 이전까지 신붕을 봉사(奉祀)한 주체가 주로 일본인이었다는 점을 시

---

262 일본에서 신궁대마(神宮大麻)를 신궁(神宮, じんぐう)은 대개 황조·천황을 제신으로 둔 격이 높은 신사로 이세신궁을, 대마(大麻, たいま)는 [이세]신궁에서 주는 일종의 부적으로 주로 神棚(かみだな: 집안에 신을 모신 龕室)안에 둔다.

263 神棚(かみだな)는 신을 모시기 위해 별실(別室)의 남향이나 동향 높은 곳에 설치한 전각 형태의 신궁이자 선반이다. 가미다나의 중앙 전각에는 황조신 아마테라스를 모신 신체[신궁대마], 그리고 이것을 기준으로 우측 전각에 우지코신사(氏神神社), 좌측 전각에 개인이 숭경하는 신사의 신찰(神札, 부적)을 모신다. 또한 가미다나뿐 아니라 부처와 신도의 신(神)이 같다는 사상[神佛混淆思想, しんぶつこんこうしそう]에 영향을 받아 불상과 조상의 위패를 같이 둔 불단(佛壇, ぶつだん)을 두어 조석으로 부처와 함께 조상을 공양[先祖供養]한다. 신궁대마는 일본 황실의 우지가미(氏神)이자 국가의 종묘, 즉 천조대신(天照大神)을 모신 이세신궁(伊勢神宮)에서 매년 전국에 배포하는 신찰이다. 『고사기』에서 태양신 天照大神(아마테라스 오미카미)이 그 자손인 니니기(ににぎ)를 지상에 보낼 때 3종의 신기(神器), 즉 칼[天叢雲劍], 거울[八咫鏡], 곡옥[八尺瓊勾玉], 일종의 옥새을 주었고, 이것이 니니기 자손이라는 천황[덴노] 가문에게 계승된다고 하는데, 신궁대마는 야사카니 곡옥(御大璽)에 해당하는 신찰이다.

264 小池善次郎, 『方位家相早操図解』, 東京: 東陽堂, 1886, pp. 33-34; 川田孝吉 編, 『家相方位早わかり』, 東京: 吉澤富太郎, 1888, p. 41.

265 「新年劈頭＝釜山에 大火」, 『동아일보』, 1929.1.7, 2면.

사하고 있다.

이와 관련해, 1935년 7월, 강원도는 도내 각 학교와 훈련소까지 신붕을 설치해 '경신숭조의 신념'을 함양시킬 계획을 밝힌다. 그리고 조선총독부 내무부장이 각 중등학교장, 각 군수, 각 농사훈련소에 '경신숭조의 염(念)을 함양해 신앙적 관념을 계배(啓培)하는 것이 국민정신작흥 상 가장 긴요'하며, 신사 참배와 함께 도내(道內) 중등학교, 소학교, 보통학교, 간이학교, 각 훈련소에 일제히 신붕을 설치해 황대신궁대마(皇大神宮大麻)를 봉재(奉齋)하고 참배하라는 통첩을 보낸다.[266]

이어, 1935년 8월 초에는 조선총독부 경무국이 심전개발과 국체명징을 위해 조선 전체 경찰관 17,000명의 가정에 '먼저' 신붕을 설치해 경신의 염(念)'을 함양하도록 신붕 설치 희망자를 모집한다. 경무국이 주창한 경신운동(敬神運動)에 합류해 조선총독부 학무국도 조선 전체의 초·중등학교 직원 15,000명의 가정을 중심으로 신붕 설치 희망자를 모집한다.[267] 그리고 경무국이 각 가정의 신붕 설치를 주창하고,[268] 학무국이 이를 도입해 교직원으로 확대한 것을 계기로 신붕 설치는 확산된다. 1935년 10월에는 평안남도의 기독교계 창신학교가 강당에 신붕을 설치할 계획을 수립한 것에 대해 기독교계 학교에 경신사상이 스며들고 있다는 기사도 보인다.[269]

---

266 「(江原道) 神棚を設けて敬神觀念を涵養, 各學校長·郡守 等 その他へ 內務部長から通牒」, 『朝鮮新聞』, 1935.7.10.
267 「(心田開發に一石二鳥案) 警官, 敎師の家庭に先づ神棚を置く, 職業學校生徒に謹製さす, 全鮮から注文が殺到」, 『京城日報』, 1935.10.23. 이 자료에 따르면, 1935년 10월까지 경무국에 접수된 신청인은 10,200명, 학무국에 접수된 신청인은 약 7,000명이다. 그리고 경무국에 따르면, 신붕을 희망하지 않은 경찰관의 경우에는 이전부터 이미 가정에서 신붕을 제사하고 있는 경우가 대부분이다.
268 山田早苗, 「家庭に於ける神棚に就て」, 『警務彙報』 第353号, 警務總監部, 1935.9.1.
269 「基敎系學校で吹込む敬神思想, 彰新學校校長 姜泳幹氏 校內に神棚を設く」, 『平壤每日新

1937년 후반부터는, 비록 1911년 12월에 황대신궁대마(皇大神宮大麻) 보급 정책이 있었지만,[270] 신궁대마(神宮大麻) 보급이 적극 강조된다. 구체적으로, 1937년 11월에는 각도 학무과장과 도(道)시학관 회의에서 '사회교육과'의 지시·주의사항으로 '신궁대마의 봉재(奉齋)에 관한 건'이 제시된다.[271] 그리고 동년 11월 말에 정무총감은 조선 각지에 신궁대마의 봉재를 철저히 보급시키라는 통첩을 보낸다. 이 통첩에는 국민정신작흥과 경신사상 함양의 기초가 각 가정의 경신 실행에 있다는 인식이 담겨 있다.[272]

聞』, 1935.12.7. 이 자료는 '신사불참배문제'를 야기한 기독교계 학교에서 경신사상 보급에 노력한 초등학교, 즉 평안남도 강서군 증산면(江西郡 甑山面)의 창신학교의 사례를 소개하고 있다. 창신학교는 대한제국 시기에 설립된 후 1920년대 후반에 폐교 위기에 처했다가 당시 후원자들의 후원금, 선교회(宣敎會)의 보조금, 일반의 희사금을 모아 폐교 위기를 면한다(「彰新校 曙光, 理事會 經費 負擔」, 『동아일보』, 1929.3.24, 4면).

270 〈皇太神宮大麻竝曆頒布ニ關シ忠淸北道長官ヨリ問合〉(官通諜 第376號, 明治 44.12.13), 『조선총독부관보』 제389호, 1911.12.13. 이 통첩은 11월 28일의 〈大麻及曆ノ頒布ニ關スル件〉에 대해 내무부장관이 충청북도장관에게 회신한 것으로, 일본에서 대마(大麻)를 받거나 받지 않는 것은 '인민의 자유'라는 내용이 들어 있다. 한편, 일본에서는 1927년 7월에 신봉대마의 반포 관련 규정이 나온다. 神宮神部署 編, 『神宮大麻及曆頒布關係例規』, 宇治山田市: 神宮神部署, 1934(昭和 9.3.31), pp.1-2. 〈神宮大麻及曆頒布規程〉(司廳達 第7號, 昭和 2.7.2)에 따르면, 신궁신부(神宮神部) 부서장은 대마와 역의 반포를 도부현(道府縣) 신직단체에 위탁한다(제1조), 그리고 매년 10월 15일부터 12월 말까지 반포하고(제2조), 대마 1체(體)에 4전, 대대마(大大麻) 1체에 20전, 본력(本曆) 1부에 15전, 약본력(略本曆) 1부에 2전5리(厘)를 받는다(제7조).

271 「敎育制度 改革의 根本的 具體案 協議, 敎育法規 改正, 私立校 指導策, 今日 各道 學務課長會議 開催」, 『동아일보』, 1937.11.25, 2면. 당시 조선교육제도개혁 관련 회의에서 학무국은 '학교에서 시국인식과 총후적성(銃後赤誠)에 관한 건, 황국신민의 서사 보급 철저 등을 포함한 10건, 사회교육과는 신궁대마(神宮大麻)의 봉재(奉齋), 애국일(愛國日)의 보급 철저, 시국좌담회(時局座談會) 개최, 청년단의 지도, 생활개선, 청년훈련소 보급, 국어 보급 장려, 지방 각종단체에 대한 교화시설 조성보조금 교부 후의 지도, 시국에 대한 종교단체의 활동, 고적 애호(古蹟 愛護)에 관한 건 등 10건을 제시한다.

272 「神宮大麻를 奉齋, 敬神思想을 普及」, 『동아일보』, 1937.12.4, 2면. 이 자료에 따르면, "신궁대마는 국민의 총씨신(總氏神)이시라 숭봉하는 황대신궁(皇大神宮)을 봉배하야 대신의 어신덕을 앙봉하기 위하야 이세신궁(伊勢神宮)에서 전국에 분포한 바 대신의

당시 조선총독부는 국체명징과 경신사상을 위해 각 가정에 신궁대마를 봉재하는 일이 긴요하다고 인식한다. 그리고 이런 인식을 토대로 조선 전체의 각 가정에 신궁대마를 봉재하는 것을 목표로, 각 도에 통첩을 보내 12월 25일까지 수요를 총합해 각도 신직회가 신궁대마를 나누어주게 한다.[273] 그리고 조선총독부는 1937년 12월 24일에 주로 농민이 신청한 신궁대마 약 300체의 전달식을 진행한다.[274]

　신붕대마의 봉재는 학교에서도 강조된다. 이미 1937년 11월에 조선총독부가 각도 학무과장과 도(道)시학관 회의에서 '신붕대마의 봉재'를 지시한 바 있지만, 1938년 1월에도 경기도 내 공사립 초등학교장 300여 명이 조선신궁 참배 후 참석한 회의에서 '신궁대마의 봉재, 황국신민서사의 보급 철저, 학교에서 시국인식과 총후적성, 의례준칙의 보급·여행(勵行) 등 종교 관련 안건들이 제시된다.[275]

　1930년대 중반 이후 신붕의 설치와 신붕대마의 봉재는 계속 강조된

대어새(大御璽)이다. 이세신궁에 모신 천조대신(天照大神)은 황실의 어조선이신 동시에 국민의 대선조 총씨신이시다. 우리가 만세일게 천황을 뫼시옵고 행복된 국민으로써 안일한 생활을 영위하야감은 실로 이 대신의 홍대무변한 어신덕에 하사하심이다. 이세신궁에서는 매년 十월 一일 신전(神前)에서 대마급역(大麻及曆)을 전국에 분포한다는 것을 봉공하는데 금년부터는 조선에서도 조선신궁의 대전에 전조선 분포의 봉고제를 집행하야 十一월 초순부터 十二월까지에 분포하기도 되엿는데, 그 신립 기간은 十二월 十五일까지이다'.

273 「神宮의 大麻, 各 家庭에 奉齋」, 『동아일보』, 1937.11.25, 2면. 이 자료에 따르면, 당시 조선 내의 대마 봉재 수는 75,000체(體)이다. 조선총독부는 이 수치가 적다고 판단하고, 대마 봉재의 보급 철저를 기하는 인쇄물을 각 방면에 배부하고, 학생들을 통해 각 가정에 알리고, 전 조선 관공서 직원은 이에 솔선하여 대마봉재를 실행할 계획을 수립한다.

274 「大麻의 奉齋, 總督府서 傳達式」, 『동아일보』, 1937.12.25, 2면. 이 자료에 따르면, 봉재 신청자의 3분의 2가 '조선인 농가'이다. 그리고 신궁대마의 봉재(奉齋) 신청은 12월 23일까지이다.

275 「京畿道 初等學校長, 今日부터 三日間 會議」, 『동아일보』, 1938.1.17, 2면.

다. 1938년 6월, 진주군에서는 중일전쟁 이후 장기전을 대비한 총후임무의 철저한 인식을 위해 여러 지시사항 가운데 '신궁대마 보급 건'을 가장 중요하게 인식한다.[276] 그와 관련해 1938년 9월, '재단법인 광제회(廣濟會)'는 조선신궁 배전 앞에서 신붕반포봉고제(神棚頒布奉告祭)와 반포식을 거행한다.[277] 또한 1938년 11월에는 전라북도 신궁대마봉재회(神宮大麻奉齋會)가 전주(全州)신사에서 도청 외 각 관공서, 각 사회교화단체를 모아 봉재회장인 도지사 주도로 '황대신궁대마 반포시봉고제(皇大神宮大麻 頒布 始奉告制)'와 반포식을 거행한다.[278] 경기도에서도 동년 11월에 경성신사에서 각 부윤 군수가 참석한 가운데 신궁대마반포식(神宮大麻頒布式)을 진행한다.[279]

1939년 2월에는 총동원조선연맹에서 '일본정신 발양주간'을 설정해 신사(神社)·신사(神祠) 참배와 함께 각 가정에서 신붕 배례(拜禮)를 통해 '경신숭조 관념의 양성에 힘쓰기로 결의한다.[280] 1939년 11월에는 전라

---

276 「晋州 邑面長 會議」, 『동아일보』, 1938.6.20, 4면.
277 「神棚頒布祭 盛大하게 擧行」, 『동아일보』, 1938.9.5, 2면. 이 자료에 따르면, '재단법인 광제회(廣濟會)'는 神棚을 각 가정에 안치하게 하여 경신숭조(敬神崇祖)의 염(念)을 자양하던 단체이다.
278 「全北 神宮大麻奉齋會」, 『동아일보』, 1938.11.2, 2면. 자료에는 황대신궁이 '황태신궁'이라고 표기되어 있다. 황대신궁(こうたいじんぐう)은 미에현 이세시(三重縣 伊勢市)에 있는 이세신궁의 2개 정궁 중 하나이며, 일반적으로 내궁(内宮, ないくう)라고 한다.
279 「京畿道 管下 郡守協議會」, 『동아일보』, 1938.11.13, 2면.
280 「精神發揚週間 實施 協議會를 開催」, 『동아일보』, 1939.1.21, 2면. 1939년 1월, 총동원 조선연맹 역원회에서는 중일전쟁 발발 3년의 기원절(紀元節)을 맞아 '일본정신 발양주간(동년 2.8-2.14)'을 결정하고, 이 운동에 각도(各道) 연맹, 부군도읍면(府郡島邑面) 연맹, 정동리부락(町洞里部落) 연맹, 전 애국반이 참가한다. 그에 따르면, 1939년 기원절에 각 가정과 기타 장소에서는 '궁성요배'하고, 다시 '궁성요배, 황국신민서사 제창', '천황폐하만세 봉창' 등으로 구성된 기원절 봉축식을 거행하고, 팔굉일우(八紘一宇)의 정신 천명, 일본문화, 내선일체의 정신 발양, 동아질서의 건설 등에 관한 강연회, 좌담회 등을 개최한다.

남도가 국민정신작흥주간의 제1일차 활동에 '국체명징(國體明徵)'을 목표로 신사참배와 함께 '신붕의 청소 봉사(淸掃 奉仕)'를 포함시킨다.[281]

한편, 신붕 설치를 지원병 제도나 재일조선인의 상황과 연결시켜 미담이나 선전 대상으로 삼기도 한다. 예를 들어, 1939년 7월에는 강원도의 어느 여성이 장남의 제1회 지원병 지원 이후 자택에 신붕을 봉안해 날마다 청수를 떠놓고, 지원병에 합격해 1938년 12월에 입영하자 입영 당일부터 매일 밤 12시에 국기탑 밑에서 황군과 장남의 무운장구를 기원했는데 동네 사람이 모두 칭찬하고 있다는 기사가 보인다.[282] 또한 재일조선인이 협화회 중심으로 활동하면서 신사참배와 함께 각 가정의 '신붕 봉사(奉祀)' 등을 통해 '황국신민화'에 노력하고 있다는 기사도 보인다.[283]

이상의 내용을 보면, 조선총독부는 신도를 여러 방면으로 활용해 황민화 정책을 추진했다고 볼 수 있다. 신사(神社)·신사(神祠) 설립과 참배 및 신붕 설치는 '조선인의 이상적 일본인화'를 지역과 가정 단위까지 확산하려는 의도를 보여준다. 이러한 신도 정책의 흐름은 일본 제도의 이입(1906-15), 신사제도 침투의 도모(1916-18), 민심 안정을 위한 신사제도의 활용(1919-36), 신사제도의 총동원 장치화(1937-45)로 구분해,[284] 설명되기

---

281 「國民精神作興週間, 全南어도 各種 行事 盛大 實施, 七日부터서 一週間」, 『동아일보』, 1939.11.7, 3면. 당시 주간행사 가운데 국체명징을 위한 행사는 '신사참배, 신붕의 총소봉사, 국체명징에 관한 강화훈화(講話訓話)' 세 가지이다.

282 「深夜 國旗 밑에서 皇軍 武運 祈願, 志願兵母의 美談」, 『동아일보』, 1939.7.27, 2면.

283 江戶學人, 「百二十萬名의 在內地 朝鮮人의 戰時下 活躍」, 『삼천리』 제13-9호, 1941.9.1. 이 자료에 따르면, 조선인의 수는 약 2,400만명인데, 재일 조선인의 수는 5%에 해당하는 약 120만명이고, 모두 원칙적으로 협화회 회원으로 활동한다. 그리고 중일전쟁 이후 국방헌금과 비행기를 헌납하고, 신사참배와 함께 각 가정의 '신붕 봉사(神棚 奉祀)' 등을 통해 '황국신민화'에 노력하고, 창씨개명(創氏改名)의 비율이 높고, 3분 1 정도가 일본어를 일상 말로 한다. 취학 아동은 1939년 102,000명이다.

284 平山 洋(히라야마 요), 「朝鮮總督府の宗敎政策と國內法の關係」, 『第28回韓國日本近代學會 國際學術大會發表』, 2013.10.26. 이 연구에 따르면, 1919년 이후 일본과 동일한

도 한다.

그럼에도 불구하고, 조선인이 신도 문화를 어느 정도로 수용했는지를 정확히 파악하기는 어렵다. 실제로 조선의 기독교인에게 신붕 설치는 수용되기 어려운 측면이 있다. 또한 기독교 신자 이외의 조선인들도 제석신(안방)·성주신(대청)·조왕신(부엌)·대감신(마당), 수문신(대문) 등의 민간신앙을 실천하던 상황에서 신붕을 설치하지 않거나 형식적으로 설치한 경우가 적지 않았던 것으로 보인다.[285]

2) 일본 종교의 관리

통감부와 조선총독부 시기에 조선에 유입된 일본의 종교는 신도, 불교, 기독교이다. 이 가운데 교세가 가장 컸던 종교는 불교이다. 일본 불교는 1871년 부산에 본원사 별원을 설립한 진종대곡파(眞宗大谷派)를 시작으로 개항 이후 조선 포교를 활발히 진행했고, 이 과정에서 한국 포교가 일본에 대한 '애국'과 '동양평화' 차원에서 필요하다는 주장과 포교 방법까지 제시한 바 있다. 포교 방법의 내용은 '①학교를 세워 포교사를 양성할 것, ②한국에 약 30개의 교회 지부(教會支部)를 설치할 것, ③일본과 한국에 서로 유학생을 파견할 것, ④경성(京城) 안에 하나의 큰 회당(一大會堂)을 설치할 것, ⑤출판사업을 할 것, ⑥[한국에 불교가 쇠망한 상태이므로] 장제(葬祭)와 기도 등 의식(儀式)에 관한 규정을 만들 것' 등이다.[286]

신사행정이 가능해졌고, 조선인의 제사 참가가 거의 예외 없이 이루어지고, 1937년 이후 사실상 조선인 전원이 강제로 신사에 참가한다.

285 문혜진, 「1930~1945년 신궁대마(神宮大麻)의 배포와 가정제사」, 『한국문화인류학』 48-2, 2015, 260-265쪽.

286 加藤文敎, 『韓國開敎論』, 京都府: 福知山關活版所, 1900(明治 33.5.31), pp.29-34. 이 자

1906년 11월 〈종교 선포에 관한 규칙〉 시행 후, 1907년 7월까지 대한
제국에 유입된 일본 종교는 적지 않다. 당시까지 조선 포교 인가를 받은
일본 종교는 약 14개 단체로, 종교단체와 개인 자격으로 인가받은 경우
가 각각 12건과 5건이다. 인가 시점은, 1906년 12월에 인가 받은 선임제
종 묘심사파(禪臨濟宗 妙心寺派)를 제외하면, 모두 1907년 초반이다. 그리
고 재한 일본 종교포교자는 경성 이외 6개 이사청 관내에 40개 호수,
112명(남 77, 여 35), 부산·원산·성진 3개 이사청 관내에 3개 호수, 31명(남
31)을 합쳐 모두 43개 호수(戶數), 143명이다. 그리고 이 내용을 정리하면
다음과 같다.[287]

〈표 19〉 각 교종파 포교관리자(12명)와 단독 포교자(5명)

각 교종파 포교관리자			단독 포교자		
교종파 명칭	주거지	인가연월일	교종파 명칭	주거지	인가연월일
眞宗大谷派	경성	명치 40.2.9	禪臨濟宗妙心寺派	평남 평양	명치 39.12.
眞宗本願寺派	용산	명치 40.2.18	曹洞宗	경성	명치 40.1.8.
淨土宗	경성	명치 40.2.22	耶蘇敎	수원	명치 40.2.18.
眞宗高野派	경성	명치 40.5.23(改任)	日本組合基督敎	경성	명치 40.2.28.
메소데스트에비스코바루敎會	경성	명치 40.3.2	臨濟宗妙心寺派	평북 영변군	명치 40.5.1.
曹洞宗	부산	명치 40.3.5			
金光敎	인천	명치 40.3.5			
法相宗	경성	명치 40.3.12			
新義眞言宗智山派	부산	명치 40.3.12			
日蓮宗	경성	명치 40.3.12			

료는 재한포교를 기념하여 경성회당에서 1899년 7월에 집필된다. 불교의 쇠락과 함께
기독교가 침투해 교세를 넓혀가고 있는 상황을 우려하면서 '불교를 호지(護持)'해서
국가를 애호(愛護)'해야 한다는 주장(같은 책, pp.20-22), 일본 불교의 한국 개교가 한국
인을 '정신적으로 독립시켜 동양평화'에 기여한다는 주장을 담고 있다(같은 책, p.34).
287 統監府 總務部 編, Op. cit., 1907, pp.54-58(在韓日本人職業別一覽表, 明治 39年 6月末
現在), pp.59-60(各敎宗派布敎管理者表). 일본 종교 현황 자료는 '교종파 명칭, 포교자
직급과 이름, 포교자 거주지, 신고와 인가연월일' 형태로 정리되어 있다. 경성 외 6개
이사청은 인천, 군산, 목포, 마산, 평양, 진남포 이사청을 말한다.

神理敎	경성	명치 40.4.19			
法華宗	용산	명치 40.5.2			

이어, 1907년 12월 말 당시 상황을 보면, 일본인이 설립한 교무소(敎務所)와 설교소(說敎所) 수가 75개, 포교사 수가 79명이다. 그리고 일본 종교의 활동 중심지는 경성, 부산, 평양이고, 가장 적극적으로 포교 활동을 벌였던 종교는 불교이다. 이 내용을 정리하면 다음과 같다.[288]

<표 20> 일본인이 설립한 종교시설과 포교사(1907.12.末日)

지방		부산	마산	군산	목포	경성	인천	평양	진남포	원산	대구	신의주	총계
교무소	신도					2							2
	불교	1	3		1	9			3	4			21
	기독교												0
설교소	신도	2				1	1						4
	불교	5	3	4	1	13	5	5			3	3	42
	기독교	2				2		2					6
소계		10	6	4	2	27	6	7	3	4	3	3	75
포교사	신도	2				3	1						6
	불교	6	3	4	2	24	5	10	3	4	3	3	67
	기독교	2				2		2					6
소계		10	3	4	2	29	6	12	3	4	3	3	79

같은 시기인 1907년 12월 말에 조사된 다른 자료를 보면, 수치가 다소 다르다. 그에 따르면, 일본 종교(신도·불교·기독교) 가운데 불교 교세는 48개 사원(寺院)에 전체 포교사(79명)의 84%(67명), 전체 신자 수(38,548명)의 93%(35,968명)를 차지한다. 지역별로는 경성·평양·대구·신의주·마산 등에 퍼져 있지만, 특히 경성에 집중된다. 그리고 일본 기독교의 교세는

288 統監府d, Op. cit., 1909, p.125(本邦人設立敎務所說敎所及本邦人布敎師, 明治 40年 12月末日).

포교사 6명, 설교소 6개, 신자 264명 정도로 일본 불교에 비해 약한 편이다. 다만, 당시 일본 기독교를 제외한 기독교 교세는 경성을 제외해도, 포교사 103명(영국 9, 미국 43, 佛國 22, 기타 29), 신자 43,333명(일본 60, 한국 43,270, 기타 3)으로[289] 일본 불교 교세보다 높게 나타난다.

일본 종교 가운데 불교의 교세 확장 계기로는 무엇보다 통감부의 설치를 지적할 수 있다. 통감부가 일본 불교의 보호 역할을 했기 때문이다. 이는 1907년 12월 말의 48개 사원 가운데 18개가 통감부의 업무 개시 이후인 1906(명치 39)년 이후에 설립되었다는 데에서 유추할 수 있다. 그 외에 조선에 유입된 일본인의 호구(戶口) 증가도 일본 불교의 교세 확장 원인이 된다.[290]

일본 불교의 교세는 통감부의 비호(庇護) 속에서 계속 증가세를 보인다. 예를 들어, 1909년 3월 자료에 따르면, 신사 수가 16개인데 비해 사

---

289 統監府a, *Op. cit.*, 1909, pp.124-127. 이 자료의 조사 시점은 1907년(명치 40) 12월 말이고, '本邦人 設立 寺院' 표의 경우 진남포와 대구이사청에 명칭 조사가 빠져 있다. 불교 사원 전체(48개) 가운데 20개, 포교사 전체(67명) 가운데 24명, 불교 신자 전체(35,968명) 가운데 한국인 7,755명과 외국인 5명을 포함한 신자 25,592명을 확보한 지역이 경성이다. 일본 종교의 교무소 수는 23개(신도 2, 불교 21, 기독교 0), 설교소는 52개(신도 4, 불교 42, 기독교 6)이다(pp.125-126). 한편, 일본 기독교 외의 기독교 교세에서 '경성' 부분은 빠져 있다.

290 "朝鮮總督府(h), *Op. cit.*, 1911, p.53"에 따르면, 조선의 호구 변화 추세는 1906년 12월 말 2,765,878호(조선인 2,742,263호, 일본인 22,139호, 외국인 1,476호), 13,023,029명(조선인 12,934,282명, 일본인 83,315명, 외국인 5,433명), 1907년 12월 말에 2,772,503호(조선인 2,742,263호, 일본인 28,272호, 외국인 1,968호), 13,040,701명(조선인 12,934,282명, 일본인 98,001명, 외국인 10,727명), 1908년 12월 말에 2,781,696호(조선인 2,742,263호, 일본인 37,121호, 외국인 2,312호), 13,071,177명(조선인 12,934,282명, 일본인 126,168명, 외국인 10,427명), 그리고 1909년 12월 말에 2,787,891호(조선인 2,742,263호, 일본인 43,405호, 외국인 2,223호) 13,090,856명(조선인 12,934,282명, 일본인 146,147명, 외국인 10,427명)이다. 다만, 이 조사 자료에서 '조선인 호구가 동일한 이유는'는 1910년(명치 43) 5월 10일 당시 조사에 의한 것이기 때문이다. '일본인 호구'는 조선주차군대원을 포함한 것이다.

원 수는, 미조사 대상(진남포와 대구이사청 관내)을 제외하고도, 47개이다. 교무소 수도 신도가 2개인데 비해 불교가 21개이다. 설교소 수도 신도가 4개, 기독교가 6개라면, 불교가 42개이다. 일본인 포교사 수도 신도와 기독교가 각각 6명인데 비해 불교가 67명이고, 일본 종교의 신자 수도 신도가 2,316명(일인 1,876, 한인 440), 기독교가 264명(일인 214, 한인 50)인데 비해 불교가 35,968명(일인 27,955, 한인 8,008, 외국인 5)이다.[291] 게다가 1909년 12월 말까지 일본 불교의 사원 수는 72개로 늘어난다. 1909년 12월 말에 조사된 '일본인 설립 사원' 현황을 보면 다음과 같다.[292]

〈표 21〉 1909년 일본인(내지인) 설립 사원 (명치 42.12.末)

지역	명칭	소재지	창설	지역	명칭	소재지	창설
부산 6	智山派 高野山	大廳町	31.5	인천 5	일련종 妙覺寺	인천항 寺町 1정목	38
	眞宗本派 西本願寺	西町 4丁目	32.8		眞宗 동본원사 별원	上同	17
	眞宗大谷派 本願寺 別院	西町 1丁目	4.8		정토종 仁川寺	上同	31
	曹洞宗 總泉寺 別院	草場町 1政目	35.5		진종 서본원사 출장소	인천항 宮町 2정목	41.4
	淨土宗 知恩寺	土城町 2정목	30.9		진언종 遍照寺	인천항 宮町 3정목	33
	日蓮宗 妙覺寺	西町 2丁目	14.3	평양 5	정토종	隆興部 2里 ?洞	35.4

291 統監官房文書課, Op. cit., 1909, pp.123-127(第五 社寺及敎會). 지역별 신사 수는 부산 6, 군산 1, 경성 3, 인천 1, 진남포 2, 원산 3이고, 사원 수는 부산 5, 군산 4, 경성 20, 인천 4, 평양 5, 진남포 3, 원산 3, 대구 2, 신의주 1이다. 교무소 수는 23개(신도 2, 불교 21), 설교소 수는 52개(신도 4, 불교 42, 기독교 6)인데, 부산에 불교 1, 마산에 불교 3, 목포에 불교 1, 경성에 신도 2, 불교 9, 진남포에 불교 3, 원산에 불교 4이다. 그 외에 설교소의 수는 부산에 신도 2, 불교 5, 기독교 2, 마산에 불교 3, 군산에 불교 4, 목포에 불교 1, 경성에 신도 1, 불교 13, 기독교 2, 인천에 신도 1, 불교 5, 평양에 불교 5, 기독교 2, 대구에 불교 3, 신의주에 불교 3이다. 당시 외국인 포교사 수는 103명(영국 9, 미국 43, 프랑스 22, 기타 외국 29), 43,333명(일인 60, 한인 43,270, 기타 3)이다.
292 朝鮮總督府(h), Op. cit., 1911, pp.243-245.

지역	사찰	위치	연도	지역	사찰	위치	연도
마산 8	진종본파 본원사 馬山出장소	마산항	37.5		진종	隆興部 7里	40.2
	진종본파 본원사 統營出장소	통영	41.11		진언종	壽町	40.7
	진종본파 본원사 長承浦出장소	거제군 入佐村	42.2		禪宗臨濟派	牧丹臺	38.11
	진종대곡파 본원사 晋州포교소	진주	40.5		일련종	南門通	40.9
	정토종 馬山교회소	마산항	35.7	진남포 3	眞宗	진남포항	36.4
	新義派 眞言宗 弘法寺	마산항	41.4		정토종	上同	38.4
	日蓮宗 妙覺寺	마산항	42.3		일련종	上同	37.10
	조동종 馬山포교소	마산항	42.8	원산 6	高野山 大師교회 지부	원산항 新町 3정목	39.2
목포 2	진언종 大師堂	務安通 2정목	36.7		日蓮宗 立正山 頂明寺	원산 旭町 2정목	31.7
	大谷派 東本願寺 別院	무안통 4정목	30.10		본원사 별원	원산 西町 1정목	13.5
경성 21	대곡파 본원사 별원	남대문	20.10		정토종 교회소	원산 西町 2정목	40.9
	대곡파 본원사 포교소	개성 북부	35.2		본원사 分教所	함흥 東陽里	41.4
	대곡파 본원사 포교소	大田	40.5		일련종 포교소	함흥 東陽里	39.7
	대곡파 본원사 포교소	鳥致院	40.6	성진 1	대곡파본원사 포교소	성진항 各國 거류지	42.3
	本派 本願寺 韓國開教院	龍山 元町	39.2	대구 5	新義派 진언종	대구 元町 4정목	41.4
	서본원사	경성 長谷川町	40.9		본파본원사	대구 大和町 1정목	37.5
	진종대곡파 본원사	龍山 旭橋通	42.8		본파본원사	金泉 下町	40.1
	정토종 開教院	경성 明治町 1정목	41.11		眞西派 정토종	대구 御幸町	38.1
	정토종 포교소	개성 北部	36.3		일련종	대구 新町 1정목	42.10
	정토종 水原寺	수원 南部洞	38.12	신의주 1	선종 龍巖禪寺	龍巖浦	38.
	曹洞派 大田寺	대전 本町	39.3	청진 2	대곡파본원사 포교소	청진항	41.7
	정토종 大田교회소	대전 외 南面	39.10		羅南 정토종 교회소	羅南	41.9
	진언종 光雲寺	경성 西四軒町	39.5	군산 7	진종대곡파 본원사	군산 各國居留地	32.3
	진언종 鳳閣寺	경성 旭町	41.4		정토종 群山寺	군산 거류지외 開福洞	38.1
	진언종 龍山寺	용산 祝町	40.9		일련종 安國寺	入正山	38.5
	일련종 護國寺	경성 旭町	31.7		禪宗曹洞派 포교소	거류지	42.6
	일련종 經王寺	경성 新町	38.7				
	조동종 日韓禪寺	경성 花園町	39.12				

조동종 瑞龍寺	용산 祝町	41.9	淨土宗 鎭西派 江景寺	恩津郡 江景	38.11
法華宗 興國寺	용산 祝町	40.9	정토종 公州寺	公州邑內 上鳳村	41.11
본파본원사 포교소	양주군 神火面	...	진종대곡파 포교소	공주읍내 古上街	42.11

　일본 불교의 사원 설립 흐름을 보면, 1876년의 〈조일수호조약〉 이후 부산(1877), 원산(1880), 인천(1883) 등이 개항지가 되면서 1906년 1월까지 약 35개 사원이 생긴다. 그리고 통감부가 업무를 개시한 1906년 2월부터 1909년 말까지 약 36개 사원이 추가로 설립된다. 지역별로는 특히 경성에 집중된다. 경성에는 1887년 1월에 대곡파 본원사(大谷派 本願寺)가 별원, 1898년 7월에 일련종이 호국사(護國寺), 1903년 3월에 정토종이 포교소 등을 설립한 후, 1906년부터 조동종, 법화종, 진언종 등이 사원을 세우기 시작한다. 이는 통감부 설치가 일본 불교의 확산 계기였다는 점을 시사한다.

　또한 1906년 11월에 시행된 〈종교 선포에 관한 규칙〉은 통감부가 일본 종교의 조선 포교를 공식적으로 관리하기 시작했다는 것을 의미한다. 이후, 1907년 2월부터 5월 사이에 '진종대곡파, 진종본원사파, 정토종, 진언종 고야파(高野派), 메서디스트 성공회 교회(メソデスト エビスコバル 敎會, Methodist Episcopal Church), 조동종, 금광교, 법상종, 신의진언종 지산파(新義眞言宗 智山派), 일련종, 법화종'의 포교 관리자가 교·종파 차원에서 인가를 받는다. 그리고 단독포교자의 경우, 1906년 12월의 '선임제종 묘심사파(禪臨濟宗 妙心寺派)'를 시작으로, 1907년 1월부터 5월 사이에 '조동종, 기독교(耶蘇敎), 일본조합기독교, 임제종 묘심사파(妙心寺派)'에서 포교 인가를 받는다.[293]

　1907년과 1909년의 통감부 조사 결과를 비교해보면, 일본 종교의 교무소, 설교소, 포교사, 신도의 수는 증가 추세를 보인다. 일본 불교 신자로 분류된 조선인의 수도 2배를 넘는다. 1907년 12월 말부터 1909년 12월 말까지 조사된 '일본인 설립 교무소·설교소와 포교사·신도(信徒)'의 수치는 다음과 같다.[294]

〈표 22〉 1909년 일본인 설립 교무소·설교소와 포교사·信徒(명치 42.12.末)

			신도	불교	기독교	계	비고
1907		교무소	2	21	0	23	
		설교소	4	42	6	52	
		포교사	6	67	6	79	
	신도	일본인	1,876	27,955	214	30,045	
		조선인	**440**	**8,008**	**50**	**8,498**	
		외국인	0	5	0	5	
		계	2,316	35,968	264	38,548	
1908		교무소	7	37	2	46	
		설교소	3	46	12	61	
		포교사	18	102	12	132	
	신도	일본인	2,327	29,939	739	33,005	
		조선인	**306**	**13,208**	**0**	**13,514**	
		외국인	1	0	0	1	
		계	2,634	43,147	739	46,520	
1909		교무소	9	31	4	44	
		설교소	13	55	10	78	
		포교사	34	118	10	162	
	신도	일본인	3,825	34,365	496	38,686	
		조선인	**1,171**	**16,520**	**0**	**17,691**	
		외국인	3	0	0	3	
		계	4,999	50,885	496	56,380	

기독교의 경우, 조선 내 일본 기독교 교세가 감소 추세를 보이지만, 다른 국가에서 유입된 기독교 교세는 통감부 설치 이후 증가 추세를

293 統監府總務部 編, 『韓國事情要覽 第2輯』, 京城: 京城日報社印刷部, 1907(明治 40.7.15), pp.59-60.
294 朝鮮總督府(h), *Op. cit.,* 1911, pp.245-247. 이 표에서 일본 기독교 신자로 분류된 조선인 수가 1908년과 1909년에 없다는 점은 분명하지 않다.

보인다. 구체적으로, 포교사 수가 1907년(103명)보다 1909년(251명)에 2배 이상 늘고, 조선인 신자 수도 늘어 1909년 12월 말 기독교 조선인 신자 수(61,677명)가 당시 조선 전체 인구(12,934,282명)의 약 0.5%에 달한다. 당시 조사 자료에 부산이사청과 원산이사청의 경우가 제외되었다는 점을 고려하면 기독교 교세는 좀 더 컸다고 볼 수 있다. 1909년 12월 말 외국인이 설립한 교무소와 설교소, 그리고 외국인 포교사와 신자(信徒) 현황의 추이를 정리하면 다음과 같다.[295]

〈표 23〉 1909년 외국인 설립 교무소·설교소와 포교사·信徒(명치 42.12.末)

연도와 지역		교무소	설교소	기타교회소	포교사					신도(信徒)			
					영국	미국	佛國	기타	합계	일본인	조선인	기타외국인	계
1907.12.末					9	43	22	29	103	60	43,270	3	43,333
1908.12.末		35	171	29	23	104	28	18	173	39	58,265	452	58,756
1909	마산	0	2	0	4	0	1	0	5	0	3,190	0	3,190
	군산		59	7	0	15	6	0	21	0	11,340	14	11,354
	목포	5	26	0	0	11	2	1	14	0	3,371	0	3,371
	경성	23	26	28	2	20	7	0	29	0	3,716	8	3,724
	인천	3	59	0	1	6	4	101	112	0	8,609	22	8,631
	평양	18	16	0	0	26	2	13	41	0	10,772	38	10,810
	진남포	0	4	0	0	0	1	3	4	0	1,050	0	1,050
	성진	1	2	0	2	0	0	0	2	0	142	0	142
	대구	0	0	21	1	11	2	0	14	0	6,196	15	6,211
	신의주	3	25	0	0	6	0	3	9	0	13,291	0	13,291
	부산												
	원산												
	총계	53	219	56	10	95	25	121	251	0	61,677	97	61,774

---

295 朝鮮總督府(h), *Ibid.*, 1911, pp.247-248. 부산이사청과 원산이사청의 경우는 조사가 완료되지 않아 '외국인 설립 교무소·설교소와 포교사·信徒'에 포함되지 않음. 다만, 이 표에서는 설교소의 총계를 259개로 기록됐지만 실제로는 219개이다. 한편, 1907년 12월 말 자료는 '統監府a, *Op. cit.*, 1909, p.127'에 실린 내용이다.

일본 종교의 교세는 1910년 8월 한일병합 이후에 전반적으로 증가 추세를 보인다. 1911년 말의 종교 상황을 보면, 교세 규모는 불교, 신도, 기독교 순이다. 1911년 말에 조사된 일본 종교의 교세 포교 상황을 보면, 다음과 같다.[296]

〈표 24〉〈내지인 포교 일반〉(조사 시점: 매년 12월 말일)

	교무소			설교소			포교사			信徒(일-일본인, 조-조선인)					
	신도	불교	기독	신도	불교	기독	신도	불교	기독	神道		불교		기독교	
										日	朝	日	朝	日	朝
1907	2	21	-	4	42	6	6	67	6	1,876	440	27,955	8,008	214	50
1908	7	37	2	3	46	12	18	102	12	2,327	306	29,939	13,208	739	-
1909	9	31	4	13	55	10	34	118	10	3,825	1,171	34,365	16,520	496	-
1910	22	40	9	6	73	8	44	36	7	7,823	3,086	34,257	27,392	936	404
1911	**30**	**44**	**10**	**13**	**106**	**12**	**49**	**140**	**19**	**11,018**	**9,427**	**34,693**	**33,652**	**996**	**584**

일본 종교 교세가 증가하던 상황에서 제1대 총독 寺內正毅(데라우치 마사다케)는 1915년 5월부터 종래 종무행정 부서인 내무부 '지방국'을 없애고 지방국에 있던 제1과·제2과를 독립·확대해 제1과에 '신사·사원과 종교·향사' 업무를 함께 배정한다. 이어, 조선으로 이주하는 일본인 수가 증가하면서 신사와 사원이 늘고 있어 관리 규칙이 필요하고 일본과 동일한 제도를 마련해야 한다는 이유를 들어,[297] 동년 10월에 〈신사사원 규칙〉을 공포한다. 종래 '포교자·종교시설 인가제'를 '신사·사원의 설립·이전·폐지·합병에 대한 허가제'와 '주지 임명 신고제'로 전환한 것이

---

296 朝鮮總督府 編, 『朝鮮總督府統計要覽』, 朝鮮總督官房 總務局, 1912, p.357. 표에서 신도(信徒)에서 신도(神道) 신자로 분류된 외국인의 수는 명치 11년 1명, 명치 12년 3명, 명치 13년 2명으로 적고, 불교의 경우 명치 10년 5명만 기재되어 있다. 그 수가 적어 표에서는 생략한다.
297 「神社寺院規則, 制定혼 主旨와 今後의 社寺」, 『매일신보』, 1915.8.20.

핵심이다. 이 법규는 조선총독부가 1915년부터 일본 종교를 본격적으로 제도적 차원에서 관리했다는 것을 의미한다.

조선총독부는 제3대 총독 齋藤實(사이토 마코토)이 부임한 1919년 8월을 기점으로 종무행정을 '내무부'에서 '학무국'으로 넘긴다. 학무국에서 '신사·사원과 종교·향사' 업무를 함께 담당했기 때문에 일본 종교도 학무국의 관리를 받게 된다. 또한 일본정부의 경우와 달리,[298] 1925년 1월부터 '신사행정' 업무를 '내무국'으로 이관시켜 '신사행정과 종무행정의 분리'를 추진했지만,[299] 학무국의 일본 종교 관리는 1945년까지 계속 된다.

조선총독부는 1925년부터 신사행정과 종무행정의 분리를 추진했지만, 제7대 총독 南次郎(미나미 지로)의 부임 시점인 1936년 8월에는 아예 종래 〈신사사원규칙〉을 폐지하고 〈신사규칙〉과 〈사원규칙〉을 분리·공포한다. 〈사원규칙〉에서는 〈신사사원규칙〉에 있는 '사원의 설립·이전·폐지·합병에 대한 허가제'와 '주지 임명 신고제'를 유지하고, 사원 재산 처분에 대해 종래 '인가제'를 '허가제'로 전환해 일본 불교 사원에 대한 통제력을 강화한다.

1936년 8월의 〈사원규칙〉은 조선총독부가 일본 종교에 대해서도 신

---

298 일본은 1900년부터 내무성에 신사국과 종교국을 설치해, 내무성 내에서 신도행정과 종무행정을 구분하기 시작한다. 그리고 1913년(대정 2)부터는 신도행정과 종무행정을 구별해 각각 내무성과 문부성으로 분리시킨다. 이 가운데 신도 행정은 1940년에 신사국이 없어져 신기원으로 이관되지만 계속해서 내무성이 담당한다. 그에 비해 종무행정은 1913년(대정 2)부터 문부성에서 맡는다. 1942년에 종교국에서 교화국, 1943년에 교학국으로 종무행정이 이관되지만, 이 부서들이 문부성 내에 있었기 때문에 종무행정 담당은 문부성이 된다.

299 조선총독부는 1925년 1월부터 '신사행정'을 '내무국'으로 이관시켜 '신사행정과 종무행정의 분리'를 시작한다. 이러한 분리는 1941년 11월에 내무국이 '사정국'으로 바뀌고, 1945년 4월에 총독관방(지방과)에서 신사행정을 담당하는 등의 변화가 있지만, 학무국에서 '종무행정'을 담당했으므로 계속 이어진다.

사행정과 종무행정을 구분하기 시작했다는 것을 의미한다. 그 이유는 분명하지 않지만, 이 조치는 신사와 일본 불교 사원 수가 증가했기 때문에 가능했다고 볼 수 있다. 신사나 불교 사원 수가 적으면 관련 행정을 구분할 명분이 약하기 때문이다.

실제로 일본 불교의 교세는 조선총독부 시기 동안 꾸준히 증가 추세를 보인다. 1916년부터 1942년까지 조선에 설립한 일본 불교 사원을 종파별로 정리하면 다음과 같다.[300]

〈표 25〉 조선에 설립한 일본 불교 사원(1916-1942년)

연도	眞宗本願寺派	眞宗大谷派	眞宗佛光寺派	眞宗興正派	조동종	정토종	眞言宗高野派	眞言宗醍醐派	眞言宗醍醐派(修驗道)	古義진언종	新義진언종智山派	新義진언종豊山派	일련종	법화종	本門법화종	臨濟宗妙心寺派	黃檗宗	天台宗	계
16	13	2			12	11	3		0				5	1					47
17	14	2			16	13	3		1				5	1					55
18	14	2			18	13	5		1				6	1					60
19	14	2			18	13	5		1				6	1					60
20	14	2			18	13	7		1				6	1	1				63
21	15	2			18	13	7		1				7	1	1				65
22	18	2			18	14	8		1				7	1	1				70
23	18	4			19	13	5		1				8	1	1				70
24	19	3			20	14	8		2	8	3		9	1	1				88
25	20	4			20	14			2	9	3	1	11	1	2				87

300 朝鮮總督府(a), 『大正 13年度 朝鮮總督府統計年報 第7編』, 京城: 京城印刷所, 1926(대정 15.3.28), p.79; 朝鮮總督府(g), 『昭和 8年 朝鮮總督府統計年報』, 京城: 大海堂印刷株式會社, 1935(소화 10.3.25), p.540; 朝鮮總督府(e), *Op. cit.,* 1944, p.230. 조선총독부는 매년 통계연보를 작성할 때 1916년(대정 5)부터 일본 불교 사원을 종파별로 구분해 서술한다.

26	20	4			20	15	1	1	9	3	1	10	1	2				87
27	20	4			20	15	1	1	9	3	1	10	1	2				87
28	21	5			23	15	1		9	3	1	12	1	2				93
29	23	5	1		23	15	1		9	4	1	13	1	2	3			101
30	27	5	1		23	15	1		9	5	1	14	1	2	3			107
31	28	5	1		23	15	1		10	6	1	14	1	2	3			110
32	28	5	1		25	15	1		10	6	1	14	1	2	3			112
33	29	9	1		26	19	3		11	6	2	11	1	2	3			123
34	36	10	1		26	22	2	1	15	6	2	13	1	2	3			140
35	30	5	1		25	15	1		11	6	1	14	1	2	3			115
36	30	5	1		25	15	1		13	6	1	15	1	2	3	1		119
37	31	5	1	1	25	15	1		13	6	2	15	1	2	3	1		122
38	32	6	1		25	15	1		14	6	2	15	1	2	3	1		125
39	33	6	1		26	15	1		16	6	2	15	1	2	4	1	1	131
40	33	7	1	1	28	15	1		16	6	2	15	1	2	4	1	1	134
41	33	7	1	1	29	15	진언종 26					15	법화종 3	임제종 4		1	1	136
42	33	7	1	1	29	17	진언종 26					15	법화종 3	임제종 4		1	1	138

일본 불교뿐 아니라 교파신도의 교세도 증가 추세를 보인다. 1912년 부터 1942년까지 교파신도, 일본 불교, 그리고 일본 기독교를 포함한 기독교의 '교회당·포교소·강의소' 현황을 정리하면 다음과 같다.[301]

〈표 26〉 일본 종교와 기독교(일본 기독교 포함)의 교회당·포교소·강의소(1912-42년)

연도	일본 종교		기독교	비고	연도	일본 종교		기독교	비고
	교파신도	불교				교파신도	불교		
1912	50	187	2,269		1931	202	515	4,023	
1913	52	193	2,216		1932	218	554	4,026	

301 朝鮮總督府(a), *Op. cit.*, 1926, pp.80-85; 朝鮮總督府(g), *Op. cit.*, 1935, pp.540-542; 朝鮮總督府(e), *Op. cit.*, 1944, pp.230-232.

1914	66	178	3,338		1933	244	588	4,269	조선 불교 147개
1915	58	195	3,106		1934	275	614	4,409	
1916	65	209	3,214		1935	278	720	4,493	
1917	70	234	3,252		1936	291	791	4,752	
1918	68	258	3,253		1937	299	846	5,004	
1919	84	266	3,246		1938	301	924	5,185	
1920	87	281	3,279		1939	305	979	5,289	
1921	94	295	3,478		1940	315	1,038	5,522	
1922	102	319	3,555		1941	325	1,114	5,640	
1923	108	310	3,685		1942	327	1,128	5,497	조선 불교 409개
1924	115	374	3,814	조선사찰 71개					
1925	153	345	3,896						
1926	153	351	3,664						
1927	178	378	3,099						
1928	167	425	3,911						
1929	174	452	3,941						
1930	183	490	3,913						

구체적으로, 1924년 말 종교 선포자와 신자 수를 보면, 교파신도는 각각 375명과 75,126명, 불교는 각각 466명과 385,167명, 기독교는 각각 2,683명과 349,375명이다. 종교 선포자 수는 기독교가 많지만, 신자 수는 불교 인구가 많다. '교회당·포교소·강의소' 현황을 보면, 신도의 경우 (115개) 천리교(65), 금광교(32), 신리교(10), 대사교(大社敎, 5), 신습교(神習 敎, 3) 순이며, 천리교가 약 56.5%로 많다. 그에 비해 불교의 경우(374개) 진종 본원사파(54), 조동종(49), 진종 대곡파(48), 정토종(36), 진언종 고야 파(31), 일련종(27), 신의진언종 지산파(21), 진언종 제호파(醍醐派) 수험도 (12), 임제종 묘심사파(7), 신의진언종 풍산파(豊山派, 5), 본문법화종(4), 진 종 산원파(3), 진종 불광사파(3), 임제종 동복사파(1), 현본법화종(1), 황벽

종(1) 등의 순이며, 진종 본원사파가 14.4%를 차지한다.[302]

이어, 1933년 말 포교자와 신자 수를 보면, 교파신도가 각각 501명과 83,239명, 불교가 각각 745명과 369,856명, 기독교가 각각 2,647명과 422,580명으로, 기독교 인구가 불교 인구보다 많다. '교회당·포교소·강의소' 현황을 보면, 신도의 경우(244개) 천리교(134), 금광교(43), 신리교(30), 부상교(扶桑敎, 11), 대사교(大社敎, 8), 신도(神道, 5)와 어악교(御嶽敎, 5), 흑주교(黑住敎, 4), 실행교(, 實行敎3), 신습교(神習敎, 1) 순이며, 천리교가 약 62.7%로 많다. 그에 비해 불교의 경우(588개) 진종 본원사파(77), 조동종(61), 진종 대곡파(56), 고의진언종(45), 정토종(30), 고의진언종 지산파(29), 진언종 제호파(醍醐派) 수험도(27), 진언종 제호파(17), 신의진언종 풍산파(豊山派, 12) 등의 순이며, 진종 본원사파가 13.2%를 차지한다.[303]

이어, 1942년 말 포교자와 신자 수를 보면, 교파신도가 각각 694명과 91,872명, 불교가 각각 1,085명과 607,082명, 기독교가 각각 4,304명과 382,839명으로, 불교 인구가 가장 많다. 기독교 인구는 1933년 말에 비해 감소된다. '교회당·포교소·강의소' 현황을 보면, 신도의 경우(327개)는 천리교(193), 신리교(43), 금광교(39), 부상교(16), 대사교(大社敎, 11), 어악교(御嶽敎, 7), 흑주교(6), 실행교(6), 신도(神道, 4), 신습교(1), 신도수성파(神道修成派, 1) 순이며, 천리교가 약 59%로 역시 많다.[304] 그에 비해 불교의

---

302 朝鮮總督府(a), *Op. cit.*, 1926, pp.82-87.
303 朝鮮總督府(g), *Op. cit.*, 1935, pp.540-544.
304 朝鮮總督府 編, 『昭和 17年 朝鮮總督府統計年報』, 京城: 大海堂印刷株式會社, 1944(昭和 19.3.31), pp.230-234. 11개 교파신도의 시설 분포를 도별로 보면, 경기도와 경상남도가 각각 83개로 가장 많고, 그 다음에 경북 31개, 함남 23개, 전북 18개, 평남 18개, 함북 17개, 전남 16개, 황해도 12개, 평북 9개, 충남 8개, 충북 7개, 강원도 2개이다. 이 가운 천리교는 경기도(48)와 경상남도(38), 신리교는 경상남도(21)와 경기도(11), 금광교는 경상남도(8)와 경기도(6) 부상교는 경상남도(10)와 경기도(3)과 경상북도(20) 등 주로 경기도와 경남에 집중된다(같은 책, pp.230-231).

경우(1,128개) 진언종(181), 조동종(130), 진종 본원사파(121), 진종 대곡파(111), 일련종(60), 정토종(45), 임제종(24), 천태종(19), 진언 산원파(山元派, 10), 화엄종(6), 진언 불광사파(5), 진언 홍정파(興正派, 4) 등의 순이다. 1933년 말에 비해 진종본원사파가 아닌 진언종이 16%로 늘어난 이유는 일본에서 1940년 4월부터 〈종교단체법〉이 시행되어[305] 불교 종파들이 종제(宗制)를 개정해 합병하는 경우가 생겼기 때문이다.[306]

일본 종교 가운데 교파신도와 불교 교세가 지속적으로 증가한 데에 비해 기독교 교세가 증가하지 못한 데에는 여러 이유를 들 수 있다. 이와 관련해, 일본 내 기독교 교세가 교파신도나 불교보다 크지 않아, 점차 증가하던 일본인 이주자들이 대체로 이주 전에 기독교보다 교파신도나 불교에 익숙했다는 점, 교파신도나 불교가 기독교보다 조선 포교에 집중했다는 점 등을 들 수 있다. 또한 기독교보다 교파신도나 불교가 1906년 11월의 〈종교 선포에 관한 규칙〉, 1915년 10월의 〈신사사원규칙〉, 1936년 8월의 〈신사규칙〉과 〈사원규칙〉에서 확인할 수 있듯이 일본 종

---

305 〈宗敎團體法〉(法律 第77号, 昭和 14.4.7), 『官報』 第3675号, 1939.4.8; 〈宗敎團體法施行期日〉(勅令 第855号, 昭和 14.12.22), 〈宗敎團體法施行令〉(勅令 第856号, 昭和 14.12.22), 『官報』 第3891号, 1939.12.23; 〈宗敎團體法施行規則〉(文部省 省令 第1号, 昭和 15.1.10), 『官報』 第3900号, 1940.1.10. 〈종교단체법〉은 1940년 4월 1일자로 시행된다. 〈종교단체법〉에 따르면, '종교단체'란 '신도교파, 불교종파, 기독교와 기타 종교의 교단(이하 교파, 종파, 교단으로 칭함)'과 '사원과 교회'를 말하고(제1조), 교파·종파·교단과 교회는 법인으로 할 수 있으며, 사원은 법으로 해야 한다(제2조).

306 朝鮮總督府 編, Op. cit., 1944, p.231. 이 자료에 따르면, 일본에서 '종교단체법' 시행에 따라 종제(宗制)를 개정하거나 종문(宗門)의 개혁을 단행해서 '대동단결'을 하는 일이 많다. 1941년(소화 16) 4월 이후 본부 포교규칙의 정한 바에 따라 새로 이하를 통합허가나 명칭을 변경해서 종제(宗制)를 인가한다. 진언종(眞言宗 醍醐派, 同 修驗道, 古義眞言宗, 新義眞言宗 智山派, 同 豊山派, 善通寺派, 東寺派, 山階派 合倂), 임제종(묘심사파, 東福寺派 合倂), 천태종(천태종, 同 修驗道, 同 眞盛派 合倂), 법화종(法華宗, 本門法華宗 合倂), 일련종(元 顯本法華宗), 本化正宗(元 不受不施派)이 그에 해당한다(같은 책, p.230).

교에 대한 통감부와 조선총독부의 정책적 내용인 '관리와 활용', 그리고 '조선인의 이상적 일본인화'라는 황민화 정책에 친화력을 가졌다는 점도 중요한 이유 가운데 하나이다.

3) 조선 불교의 일본 불교화

조선총독부는 초기부터 조선 불교에 대한 정책을 마련한다. 불교 정책의 주요 법적 근거는 각각 1911년 6월과 7월에 제정해 9월부터 시행한 〈사찰령〉과 〈사찰령시행규칙〉이다.[307] 그리고 1915년 8월에 제정해 10월부터 시행한 〈포교규칙〉도 기독교뿐만 아니라 불교 정책의 법적 근거가 된다. 그 외에 통감부 시기인 1908년 8월의 〈사립학교령〉, 1911년 8월의 〈조선교육령〉과 동년 10월의 〈사립학교규칙〉, 1912년 3월의 〈조선민사령〉과 〈법인의 설립 및 감독에 관한 규정〉 등도 간접적으로 조선의 기독교뿐 아니라 불교에 대한 정책적 근거가 된다.

조선에 대한 일본의 정책적 상위 목표가 '조선인의 이상적 일본인화'였기 때문에 조선 불교에 대한 정책 방향도 이 범위에서 벗어나지 않는다. 구체적으로, 먼저 1876년 개항 이후부터 일본 불교와 조선 불교의 접촉이 시작된다. 이 과정에서 1877년 이후 진종대곡파 동본원사(眞宗大谷派 東本願寺)의 활동, 1881년 이후 일련종 승려 渡辺日運(와타나베 니치웅) 등의 활동, 1895년 일련종 승려 佐野前勵(사노 젠레이, 本佛寺 住職)의 활동과 '승려 도성출입금지'의 해금 조치 등의 현상이 보인다. 그리고 대한제

---

307 〈寺利令〉(제령 第7號, 明治 44.6.3), 『조선총독부관보』 제227호, 1911.6.3; 〈寺利令施行期日〉(朝鮮總督府令 第83號, 明治 44.7.8); 〈寺利令施行規則〉(朝鮮總督府令 第84號, 明治 44.7.8), 『조선총독부관보』 제257호, 1911.7.8.

국이 수립된 1897년 10월 이후에는 1899년(광무 3)의 원흥사 창건과 전국 사찰 통제 정책, 1902년 7월의 36개조 〈사찰령〉 공포, 1904년 1월의 관리서 폐지와 동년 2월 불교 관련 사무의 내부(內部) 지방국 이관 등 여러 현상이 보인다.[308]

통감부 설치 이후, 조선 불교에는 1906년 2월의 불교연구회 창설과 5월의 명진학교(明進學校) 설립, 1906년 11월의 〈종교 선포에 관한 규칙〉(통감부령 제45호), 1908년(융희 2) 3월의 원종종무원 설립 등의 현상이 보인다. 이어, 조선총독부 초기에는 1910년 10월 조동종 승려 武田範之(다케다 한시)의 의견을 토대로 원종과 조동종 사이에 '연합조약 7개조'가 체결되고, 그에 대한 반대 차원에서 1911년 1월에 임제종이 설립된다. 그렇지만 원종과 임제종은 1911년 6월에 〈사찰령〉이 공포되면서 해체된다.[309]

이러한 흐름을 보면, 1876년 개항 이후 일본 불교 종파의 활동, 조선 불교와 일본 불교의 접촉, 대한제국의 불교 정책 수립, 조선 불교 내부의 분열 움직임 등을 확인할 수 있다. 무엇보다 일본 불교의 일부 종파가 직접적으로 조선 불교에 대한 영향력 행사를 기획해 조선 불교의 독점을 지향했다는 점, 통감부가 일본 불교의 활동을 용인했다는 점 등도 확인할 수 있다.

그렇지만 조선총독부는 조선 불교에 대한 일본 불교 종파의 독점을 허용하지 않고, 조선 불교를 직접 관리·통제하는 정책을 취한다. 이로 인해 1910년 10월 전후에 발생한 원종과 일본 조동종 간의 연합 움직임, 1911년 1월경부터 한용운·박한영 등이 원종을 비판하고 그 대안으로

---

308 카미벳부 마사노부, 『近現代 韓日 宗教政策 比較研究 - 佛教教團의 變遷을 中心으로』, 지식과 교양, 2011, 140-155쪽.
309 카미벳부 마사노부, 위의 책, 155-163쪽.

설립한 임제종 운동, 일본 불교와 조선 불교 사찰 사이에 체결된 본말사 관계 등도 해체된다.[310]

　조선 불교에 대한 직접적인 관리·통제 정책의 시작은 1911년 〈사찰령〉과 〈사찰령시행규칙〉의 제정이다. 이와 관련해, 1911년 5월에 조선인이 경영하는 사원의 재산관리에 대해 부정행위로 매매·양도해도 조선총독부가 취체 근거가 없으므로 '사원재산관리규칙'을 통해 일본의 경우처럼 법인(法人)으로 재산을 관리할 것이라는 보도가 나온 바 있다.[311] 이러한 '사원재산관리규칙'은 동년 6월의 〈사찰령〉으로 표면화된다.

　〈사찰령〉의 핵심은 사찰의 병합·이전·폐지와 재산에 대한 '허가제', 주지 취직과 사법(寺法)에 대한 '인가제'이다. 즉 주지의 취직과 사법에 대해 '조건과 절차'만 갖추어 승인을 받게 하고, 그 외에 대해서는 '조건과 절차'를 갖추어도 조선총독부가 특정 목적이나 적법성 여부에 비추어 승인하지 않을 수 있게 한다. 이는 일본 불교에 대해 사원 주지[住職]의 임명·변동, 부동산·보물과 그 이동에 대한 '신고제'를 채택한 것보다 강력한 규제였다고 할 수 있다.[312]

　조선총독부는 〈사찰령시행규칙〉을 통해 30개소 본산(1924년 이후 31본산)을 정하고,[313] 조선 불교를 '조선불교선교양종(朝鮮佛教禪教兩宗)'이라는 이름으로 호명한다.[314] 그리고 〈사찰령〉 제3조를 근거로 30본산이 본말

310　카미벳부 마사노부, 위의 책, 162-163쪽.
311　「寺院財産管理規則」, 『매일신보』, 1911.5.25.
312　1915년 10월에 〈포교규칙〉과 동시에 시행된 〈신사사원규칙〉의 핵심은 신사와 사원의 설립·이전·폐지·합병에 대한 '허가제', 사원 주직(住職)의 임명·변동에 대한 '신고제', 부동산·보물과 그 이동에 대한 '신고제', 부동산·보물의 매각·양여·교환·저당이나 부채(負債)에 대한 '허가제'이다.
313　1924년에 구례 화엄사가 포함되면서 30본산은 31본산이 된다.
314　각 본산의 명칭 앞에는 다소 다르지만 '선교양종(朝鮮佛教)'과 관련된 표기가 붙어 있다. 『朝鮮諸寺本末寺法 제1권』(1912)에 따르면, 용주사에는 '조선불교 선교양종(禪教

사법(本末寺法)을 제정해 인가를 받게 하고, 1912년 7월 '해인사 본말사법'을 시작으로[315] 30본산의 본말사법을 인가하기 시작한다.

본말사법에서 주목할 부분은 법식(法式) 종류와 포교 목적이 '조선 불교의 일본화'라는 지향과 연결되어 있다는 점이다. 예를 들어, 〈해인사 본말사법〉을 보면, 법식(法式)이 항례식(恒例式)과 임시식(臨時式)으로 구분되는데, 항례법식일 가운데 복을 기원하는 축리(祝釐)법식일에는 사방배(四方拜, 1.1), 기원절(紀元節, 2.11), 천장절(天長節, 11.3), 신상제(新嘗祭,11.23), 그리고 보은(報恩)법식일에는 원시제(元始祭, 1.3), 효명천황제(孝明天皇祭, 1.30), 춘계황령제(春季皇靈祭, 춘분일), 신무천황제(神武天皇祭, 4.3), 추계황령제(秋季皇靈祭, 추분일), 신상제(神嘗祭, 10.13)가 포함된다(제41조). 게다가 포교 목적을 "宗旨를 擧揚ㅎ야 衆生을 善導ㅎ야 四恩에 報홀 信念을 修養훔"으로 정하고(제69조), 이 목적을 달성하기 위해 "天皇陛下 聖壽萬歲의 尊牌를 本尊 前에 奉安ㅎ야 每日 祝讚을 勤히 훔"을 내세운다(제70조).[316]

다른 본산의 본말사법에도 〈해인사 본말사법〉이 거의 그대로 적용된

兩宗) 본산', 마곡사에는 '호서(湖西) 선교양종 제1대본산', 전등사에는 '심도명승(沁都名勝) 제1 선원(禪苑) 대본산', 봉은사에는 '선종 갑찰(甲刹) 대본산', 같은 책 제2권에 따르면, 보석사에는 '선교양종 대본산', 송광사에는 '조계 승찰(僧刹) 대본산', 제3권에 따르면, 해인사와 기림사(祇林寺), 고운사, 동화사에는 '선교양종 대본산', 통도사에는 '불찰(佛刹) 대본산', 범어사에는 '선찰(禪刹) 대본산'이라는 표시가 붙어 있다.

315 〈寺法認可〉(인가 7.2), 『조선총독부관보』 제556호, 1912.7.4.

316 「海印寺本末寺法」, 『조선불교월보』 제7호, 조선불교월보사, 1912.8, 38-48쪽. 사법(寺法)은 〈사찰령〉 제3조에 근거한다. '해인사 본발사법'에 따르면, 항례 법식 조일(朝日) 가운데 보본(報本)법식일에는 열반(佛涅槃會. 음 2.15), 탄생(佛誕日會, 음 4.8), 성도(佛成道會, 음 12.8), 존조(尊祖)법식일에 개산조기(開山祖忌, 음 3.19/음 9.9), 달마대사기(達磨大師忌, 음 10.15), 태고조사기(太古祖師忌, 음 12.24), 역대조사(歷代祖師忌, 춘분일/추분일), 사법사기(嗣法師忌, 음 12.24), 안거(安居)법식일에 결제회식(結制會式, 여름 4.15/겨울 10.15), 해제회식(解制會式, 여름 7.14/겨울 1.14)이 포함된다. 축리(祝釐)는 복이나 소원을 기원하는 것으로, 사찰 안을 천천히 돌면서 향로에 향을 피워 정성을 드리며 복을 비는 행위를 행향축리(行香祝釐)라고 한다.

다. 예를 들어, 1912년 9월 2일에 인가된 〈용주사 본말사법〉과 〈전등사 본말사법〉, 동년 10월 15일에 인가된 〈마곡사 본말사법〉, 동년 10월 15일에 인가된 〈봉은사 본말사법〉 등에 규정된 항례법식일 가운데 존조(尊祖)법식일을 제외하면 법식일은 〈해인사 본말사법〉의 경우와 동일하다. 또한 각 본산의 포교 목적과 천황의 성수만세를 기리는 패를 본존 앞에 봉안한다는 내용까지 동일하다.[317]

흥미로운 부분은 이러한 본말사법 내용이 오히려 당시 일본 불교 종파에 적용된 법규에 없었다는 점이다. 예를 들어, 1910년 대곡파(본원사)의 '종제사법(宗制寺法)'에서 법요식(法要式)을 보면, 8종류의 연중정회일(年中定會日) 가운데 '구산천황어기일(龜山天皇御忌日, 가메야마천황)'이 있을 뿐이다(제30조). 또한 '국가 이익'이나 '국가 안전'이나 '제신제불(諸神諸佛)'이라는 표현이 있지만 천황의 성수만세를 기리는 패를 본존 앞에 봉안한다는 내용은 없다. 포교 목적도 '불교의 진리를 천양(闡揚)'하는 것에 국한되어 있다.[318] 1912년의 일련종 '사법(寺法)'이나, 1914년의 신의진언종 풍산파(新義眞言宗 豊山派) '종헌'에도 신도(神道)나 천황 관련 표현이 보이지 않는다.[319]

---

317 『朝鮮諸寺本末寺法 제1권』, 1912, 14-19쪽(〈용주사본말사법〉 제42조, 제68-69조; 〈전등사본말사법〉 제42조, 제68-69조; 〈마곡사본말사법〉 제45조, 제72-73조; 〈봉은사본말사법〉 제41조, 제67-68조).

318 大谷派本願寺文書科, 『大谷派達令類纂』, 京都市: 本願寺(大谷派), 1910, pp.1-45, p.300. 대곡파의 본존은 아미타여래이다. 대곡파의 경우, 본말사 제도에서 말사는 '①별원(別院)-②별격(別格)별원-③별원/별격별원 지원(支院)-④일반말사(一般末寺)-⑤부속사(附屬寺)-⑥말사 지방(支坊)'의 6종류로 구분되며(제39조), 이 가운데 별원과 별격별원은 '본산별원(本山別院)'으로, 지원은 '어떤 별원지원(何別院支院)'이라고 한다(제40조).

319 伊豆宥法 編, 日宗新報社, 『日蓮宗法規提要』, 東京: 日宗新報社, 1912, pp.3-5; 伊豆宥法, 『豊山派宗憲宗規』, 東京: 加持世界社, 1914, pp.1-7. 일련종은 법화경에 근거한, 신의진언종 풍산파는 대일여래를 본존으로 하는 불교 종파이다.

그렇다면 조선총독부가 일본 불교에도 없던 4가지 축리(祝釐)법식일과 6가지 보은(報恩)법식일을 30본산 본말사법에 포함시키고, 본존 앞에 천황의 성수만세를 기르는 패(牌)를 봉안하도록 한 것은 '조선 불교의 일본 불교화'를 넘어선 조치였다고 할 수 있다. 비록 이 조치에 대해 후대의 비판도 보이지만,[320] 이러한 조치는 조선총독부가 〈사찰령〉을 근거로 조선 불교의 관리 시스템을 구축해 조선 불교의 '재산 통제'에 그치지 않고 '황민화' 차원에서 '조선 불교인의 이상적 일본인화'를 추진했다는 것을 시사한다.

1927년 후반에는 〈사찰령〉 개정 논의가 공식화된다. 개정 필요성으로는 1911년의 〈사찰령〉이 당시 상황에 부적합하다는 점, 재산 처분과 기타에 관한 취체가 매우 엄격해 주지의 자유재량 여지가 협소하다는 점 등이 지적된다. 이에 대해 학무국 종교과(宗教課)는 〈사찰령〉 개정을 위한 조사와 동시에 〈신사사원규칙〉과 〈포교규칙〉의 개정 필요성도 조사한다.[321] 이어, 1929년 6월에 〈사찰령〉을 개정한다. 그렇지만 종래 '허가제' 부분을 유지하면서 오히려 사찰 재산뿐 아니라 '양도·담보·부채(負債)'에 대해서도 '허가제'로 규정해 총독 허가의 범위를 확대한다.

이러한 1929년 6월 〈개정 사찰령〉에 대해 조선총독부는 종래에 각 사찰 예산이 명확하지 못하고 주지의 자의적인 경비 지출로 채무가 생겨나 심한 경우에 사찰이 폐지되는 일도 있었지만, 〈개정 사찰령〉 이후 학무과에서 예산안을 조정하므로 주지 개인으로 인한 사찰 존폐 문제가 일어나지 않을 것으로 전망한다.[322] 그렇지만 사찰 재정 문제는 계속된

---

320 鎌田茂雄(기마타 시게오), 신현숙 역, 『한국불교사』, 민족사, 1994, 223-224쪽. '한국불교가 허용할 수 없는 폭력'이며 '한국불교에 대한 모욕과 멸시가 매우 심했던 정책이라는 비판도 보인다.
321 「寺刹令 改正?」, 『동아일보』, 1927.10.14, 1면.

다. 이와 관련해, 1934년 3월에 조선총독부는 조선 불교가 부채가 많아 몇몇 사찰이 재정적 파멸에 직면하고, 그 영향으로 불교 사업단체인 '재단법인 교무원'도 재정적 불안을 느껴 사업에 지장이 있을 정도로 경제적으로 일대 위기라고 진단한다. 그리고 사찰 재정 문제를 해소한다는 명분으로 학무국 사회과(社會課)에서 정리방침을 마련해 각 사찰의 직접 감독자인 도지사에게 통첩할 준비를 한다.[323]

한편, 1930년대가 되면 조선총독부는 불교계가 교육사업이나 사회사업에 참여하도록 유도한다. 그와 관련해, 경기도는 조선 불교가 다른 종교단체에 비해 재단의 재산이 풍부하지만 '전통적 수구사상에 파묻혀 참말로 해탈치 못한 까닭'에 사회사업을 하지 않는다고 보고, 감독관청인 경기도 학무과에서 관내 각 사찰 내부를 정리해 사회적 방면으로 진출시킬 계획을 밝히기도 한다.[324]

이상의 내용을 보면, 조선총독부는 〈사찰령〉에 근거해 조선 불교에 대한 일본 불교 종파의 개입을 차단하고,[325] 본말사 시스템을 통해 조선

---

322 「寺刹內部를 整理, 社會事業 獎勵, 경긔 관내 각 사찰에 대하여, 京畿道 學務課 計劃」, 『동아일보』, 1931.1.25, 2면.
323 「財政難中의 各寺刹, 負債가 百萬餘圓, 敎佛鮮朝한 面直에 機危, 總督府에서 整理方針을 草案中, 不日 各 道知事에게 通牒」, 『동아일보』, 1934.3.6, 2면. 당시 조선총독부는 전조선 각 사찰의 부채를 100만원으로 파악한다. 부채의 내용은 1) 1929년의 〈개정 사찰령〉 이전에 진 빚으로 당국의 승인을 받은 채무 7만원, 2) 현재 중앙 조직인 '재단법인 교무원'에 출자 미불(出資 未拂)한 채무 20만원, 3) 각 사찰이 조선총독부의 승인 없이 비밀리에 고리(高利)로 쓰고 있는 은채(隱債) 10만원 등이다.
324 「寺刹內部를 整理, 社會事業 獎勵, 경긔 관내 각 사찰에 대하여, 京畿道 學務課 計劃」, 『동아일보』, 1931.1.25, 2면. 이 기사에 따르면, 경기도 관내의 사찰 수가 181개, 승려 수가 1,210명, 1년 예산이 151,366원(1930)인데, 경성에 사무소를 둔 '조선불교교무원'에서 경영하는 '불교전문학교'와 '보성고등보통학교'와 '대자(大慈)유치원', '문화학원(文化學院)' 등 몇 개 기관이 있을 뿐이고, 일반사회를 위해 교육사업이나 자선사업을 경영하는 곳은 경기도 내에 한 곳도 없다.
325 선행연구에 따르면, 〈사찰령〉에는 일본의 불교 종파가 조선 불교 교단에 간섭하는

불교를 직접 관리·통제했다고 할 수 있다. 이러한 관리·통제 범위는 사찰 재산에 국한되지 않는다. 특히 조선의 불교 의례에 신도(神道) 관련 의례를 추가했다는 점을 고려하면, 조선총독부의 궁극적인 정책적 목표는 조선 불교를 통해 '조선 불교인의 이상적인 일본인화'를 추진하는 데에 있었다고 볼 수 있다.

4) 조선의 기독교 관리와 합병

기독교의 경우, 1880년대 중반부터 1905년 12월의 통감부 설치 이전까지 약 25년 동안 천주교와 개신교의 여러 교파가 의료·자선·교육·전도 활동 등에 매진하면서 교세 증가 추세를 보인다. 임진왜란 이후 조선에 전래된 천주교의 경우에는 신유박해(1801)로부터 약 30년 후에 정식 교구는 아니더라도 조선대목구(1831)[326]가 설정된 바 있다. 이어, 기해(1839)·병오(1846)·병인박해(1866)를 거치지만, 이 박해는 그만큼 천주교의 교세나 영향력 증가 현상을 시사한다.

개신교의 경우에는 통감부 설치 이전까지 4개 장로회(미국 남·북 장로회, 캐나다장로회, 오스트레일리아장로회)와 미국 남·북 감리회, 영국 성공회, 미국 안식교(1904, 제칠일안식일예수재림교회), 미국 침례교회, 영국 플리머드형제단(Plymouth Brethren) 등이 활동한다. 그 외에 러시아정교회가 1904년 러일전쟁 이전까지 약 5년 정도 활동한 바 있다.[327]

것을 실질적으로 불가능하게 만든, 동시에 조선총독부가 조선 불교를 일원적으로 관리하는 정책의 근거였다는 의미가 있다(카미벳부 마사노부, 앞의 책, 2011, 165쪽).
326 대목구 또는 교황대리감목구(敎皇代理監牧區)는 가톨릭의 정식 교구가 아닌 포교지에서 교황대리 교구장인 대목(代牧)이 관할하는 일종의 임시교구이며, 정식 교구는 1962년 3월 교계제도가 설정된 이후에 적용된다.

1909년 자료를 보면, '북미장로교회, 남미장로교회, 이태리장로교회, 캐나다청년기독교회, 감리교종파(メソヂスト宗派), 영국협회, 정교' 등이 대한제국에서 활동한다.[328] 통감부는 1907년부터 차관 정치를 통해 대한제

---

327 한국기독교역사연구소, 『한국 기독교의 역사』 I, 기독교문사, 1997(a), 185-192쪽. 미국 북장로회에서는 알렌(H. N. Allen, 의료선교)와 언더우드(H. G. Underwood, 교육선교) 등, 미감리회(혹은 북감리회)에서는 스크랜턴(W. B. Scranton, 의료선교 / M. F. Scranton, 교육선교) 부부와 아펜젤러(H. G. Appenzeller, 교육선교) 등, 영국 성공회 선교회(Church Missionary Society)에서는 코르프(C. J. Corfe, 高요한) 등, 오스트레일리아 장로교회(The Presbyterian Church in Australia)에서는 데이비스(J. H. Davies)와 동생 메리 데이비스(Mary Davies) 등, 미국 남장로회에서는 테이트(L. B. Tate), 존슨(C. Johnson), 레이놀즈(W. D. Reynolds, 李訥瑞) 등, 미국 남감리회(The Methodist Episcopal Church, South)에서는 리드(C. F. Reid, 李德) 등, 캐나다장로회(The Presbyterian Church in Canada)에서는 게일(J. S. Gale), 펜윅(M. C. Fenwick), 하디(R. A. Hardie), 에비슨(O. R. Avison, 魚丕信), 맥켄지(W. J. Mckenzie), 그리어슨(R. Grierson, 구례손), 맥레(D. M. McRae, 마구례), 푸트(W. R. Foote, 부두일) 등, 안식교에서는 구니야(國谷喜之介), 손흥조, 스미드(W. S. Smith) 등 이 초창기 인물이다. 안식교(1904)의 현재 명칭은 '제칠일 안식일예수재림교회'이다. 한편, 폴링(E. C. Pauling), 가들라인(A. Gadeline) 등이 속한 미국 침례교회(1895)의 한국 선교 사업은 재정난으로 1900년에 중단되어, 1889년부터 개인적으로 활약하던 캐나다인 펜윅에게 이양된다. 펜윅은 1906년에 '대한기독교회'가 조직했는데, 이 단체가 '동아기독교'를 거쳐, 해방 이후 침례교회의 모체가 된다(같은 책, 191-192쪽). 러시아정교회는 1898년에 암브로시우스 구드코(Ambrosius Gudko, 대신부), 니콜라이 알렉세예프(Nicolai Alexeyef, 보제) 등이 한국으로 떠나지만 당시 한·러 관계의 악화로 니콜리이만 입국에 성공하고, 이후 선교단이 1900년 1월 초 다시 한국에 도착하지만, 1904년 러일전쟁으로 일본이 러시아인을 축출하면서 한국 선교를 활발하게 전개할 수 없는 상황이 된다(같은 책, 191쪽).

328 小松悅次, 『新撰韓國事情－附 韓國紳士錄』, 東京: 東亞研究會, 1909.6, pp.460-464. 이 자료에 따르면, 북미장로교회는 1884년에 조직해서 경성, 부산, 원산, 평양에 설교소를 세웠다가 1898년에 원산설교소를 캐나다장로교회로 넘겼고, 학교와 병원을 가지고 있고, 선교사는 비교적 부유하다. 남미장로교회는 1892년에 한국에 설치되어 경성, 전주, 군산, 목포 등에 설교소를 세웠고, 신도 수는 10인이다. 이태리장로교회는 1891년에 한국 전도를 시작했고, 부산에서 2년간 한국인의 신용을 얻은 후에 부인선교에 초점을 맞춘다. 선교 사업은 매일 설교를 하고, 한인에게 의약을 주고, 부인을 위해 야학교를 열고, 일요학교를 여는데, 일요학교 생도는 80인이다. 캐나다(加奈太)청년기독교회는 1889년 한국에 설치되었지만 그 사업 규모가 작아 1인의 선교사가 있다가, 1898년 북미협회 원산 교구를 넘겨받고 그 결과로 5인의 선교사를 증원한다. メソヂスト宗派는 북미 メソヂスト교회와 남미 メソヂスト교회로 나누어져 있고, 경성에서 남자와 여자 학교를 가지고 있고, 신도 수가 많고, 그 세력이 왕성하다. 영국협회는 1887년

국 행정 전반에 관여하지만, 이 단체들을 직접 통제하는 모습을 보이지 않는다. 그 배경으로는 대한제국의 외교 문제에 일차 관심을 두던 통감부에게 기독교 문제는 곧 외교 문제로 비화(飛火)될 수 있는 부분이었다는 점을 들 수 있다.

기독교의 활동을 구체적으로 보면, 의료 사업의 경우, 북장로회 소속 알렌이 광혜원(廣惠院, 1885, 이후 濟衆院)을, 미감리회 소속 스크랜튼이 시병원(施病院, 1886)을, 하워드(M. Howard)가 보구여관(保救女官, 1888) 등을 설립하고 여러 진료소를 운영한다.[329] 자선 사업은 자혜원(1888)과 성 비타(セント ビ-タ-) 고아원(1895) 등을 통해 진행한다.[330]

교육 사업의 경우, 1905년까지 외국인 설립 학교가 약 60개에 달한다.[331] 구체적으로, 미국 북장로회가 평양에 숭실학교(1897)·숭의여학교(1903), 대구에 신명여학교(1903), 재령에 명신학교(1898), 미국 남장로회가 전주에 신흥학교(1900)·기전여학교(1902), 군산에 영명학교(1902)·멜볼딘여학교(1901), 목표에 영흥학교(1903)·정명여학교(1902), 캐나다 장로회가 함흥에 영생여학교(1903), 호주 장로회가 부산에 일신여학교(1892), 미국 남감리회가 평양에 광성학교(1894)·정의여학교(1899), 인천(제물포)에 영

에 한국 전도를 시작했고, 경성과 인천에 회당을 가지고 있고 설립한 병원을 운영한다. 정교 즉 희랍교는 1890년경에 한국 포교를 시작했고, 1897년 7월에 경성에 정교교회를 설립했고, 당시 세례를 받은 신도 수가 150인이다.

329 한국기독교역사연구소, Op. cit., 1997(a), 194-196쪽.

330 統監官房文書課, Op. cit., 1908, pp.57-58(慈善団体). '자혜원(慈惠院)'은 프랑스의 샬트르회(サンボ-ル. ト. シヤトル會)의 부인선교사 등이 고아교육을 목적으로 1888년에 경성에 설립하여 자체 비용으로 유지하던 단체, '성 비타(セント. ビ-タ-) 고아원'은 성 비타(セント. ビ-タ-) 영미부인선교사 자매(シスク-)가 고아교육을 목적으로 1895년에 경성에 설립해 영국의 보조금과 기부금으로 유지하던 단체이다. 샬트르회는 '샬트르 성바오로 수녀회'를 의미한다.

331 統監府c, Op. cit., 1910, pp.161-166. 〈외국인 설립 학교(한국인 교육) 교원, 생도, 경비(명치 41, 1908)〉 참조.

화여학교(1892), 공주에 영명여학교(1905), 이천에 양정여학교(1904), 수원에 삼일학교(1903), 원산에 루씨여학교(1903, 樓氏, Lucy Cuninggim), 개성에 호수돈여학교(1904) 등을 설립한다.[332] 천주교는 인천에 박문학교(1901)를 설립한다.[333]

통감부 설치 이후, 동양선교회, 구세군, 일본조합교회 등이 한국 선교를 시작하는 등 개신교의 교파 수가 더 늘어난다.[334] 특히 남감리회 의료선교사 하디(R. A. Hardie)가 1903년 원산에서 시작한 부흥운동이 장·감 선교사 협의체인 '재한 개신교 복음주의 연합공의회'[335]의 확대 결정을 거쳐, '1907년 대부흥운동'(1910년 이후 백만인 구령운동)으로 이어지면서,[336] 교세도 증가 추세를 보인다. 이와 함께 천주교와 개신교 학교 수가 점차

332 이만열, 『한국기독교문화운동사』, 대한기독교출판사, 1989, 184-198쪽.
333 統監府c, Op. cit., 1910, p.163.
334 동양선교회의 한국 포교는 일본에 있던 한국인 김상준·정빈이 귀국해서 1907년에 '동양선교회 복음전도관'을 시작하면서 시작된다. 1921년부터는 '복음전도관' 대신에 '성결교회'라는 명칭을 사용한다. 구세군의 한국 선교는 1908년 호가드(R. Hoggard) 등으로부터 시작된다. 한편, 일본조합교회의 한국 선교는 1909년부터 '극우파'인 에비나(海老名彈正), 와다세(渡瀬常吉) 등이 통감부의 지원을 받으면서 시작된다. 1919년 이후에 '회중교회'로 개명한다(한국기독교역사연구소, Op. cit., 1997(a), 185-192쪽).
335 한국기독교역사연구소, 『한국 기독교의 역사』 II, 기독교문사, 1997(b), 67쪽. '재한(조선)복음주의 연합공의회(Federal Council of Protestant Evangelical Missions in Korea)'는 통감부 설치 직전인 1905년에 장·감 6개 선교부 대표로 창설된 순수 선교사 중심의 협의체로 한국 최초 기독교 연합기관(1905.9)으로 알려져 있다. 조선인이 포함된 협의체는 이 연합공의회에서 1916년에 '한국인 교회가 참여하는 새로운 협의체'의 신설을 제안한 이후, 1918년 3월에 '조선예수교장로회, 조선미감리회, 남감리회'의 3개 교단 대표만 참여한 '조선예수교 장감연합협의회'가 최초이다.
336 1907년 대부흥운동은 1907년 1월 평양 장대현교회 '연합사경회'에서 길선주(1869-35)를 포함한 조선인 신자가 대거 참회한 사건이다. 길선주는 29세(1897)에 세례를 받고, 평양신학교 제1회 졸업생(1903-1907)으로 평양노회에서 안수를 받고 장대현교회 목사가 된, 1907년 대부흥운동 이후 전국 순회 부흥사로 활동한 인물이다. 1910년 제4회 노회에서 '1백만 구령운동'을 제창한 바 있다. 이후, 1912년 '105인 사건'에 연루되기도 하고, 3·1운동 때 독립선언서에 서명한 33인의 한 사람이 된다(『한국민족문화대백과』, 길선주 항목).

늘어, 1908년까지 98개교에 이른다. 당시 98개교의 교원은 315명, 학생은 5,388명이다. 지역별로는 부산 3개, 군산(공주 포함) 2개, 목표 1개, 경성(개성 포함) 5개, 인천 7개, 평양 48개, 진남포 8개, 원산 9개, 성진 3개, 대구 3개, 신의주(선천 포함) 9개로, 평양, 원산, 신의주, 진남포, 원산, 인천 순이며, 특히 평양에 집중된다.[337]

조선총독부는 기독교에 대해, 불교의 경우와 달리, 대체로 순응을 유도하다가 점차 일본 기독교와 통합을 유도하는 방향을 취한다. 이러한 방향을 설정한 데에는 개신교가 조선인에게 미치는 사회적 영향력에 대한 고려뿐만 아니라 정치적 고려도 있다. 당시 일본이 서구 제국과 '적절한 정치적 관계'를 수립해야 하는 상황에서 기독교 선교사들과 마찰을 빚는 일은 곧 서구 제국들과 마찰을 빚는 일로 연결될 수 있었기 때문이다.[338] 이와 관련해, 제1대 총독 寺內正毅(데라우치 마사다케)는 1910년 가을에 교회 지도자 19명을 일본으로 초청해 지원을 약속한다. 당시 다수 선교사들은 일본의 한반도 지배를 환영하면서 조선 기독교인에게 일본에 저항하는 정치적 사건과 연루되지 말 것을 권고하는 입장을 취한다. 미국 장로교 해외선교부 총무 아더 브라운(Rev. Arthur J. Brown)의 경우는 일본에 대해 '충성심'을 강조하기도 한다.[339]

337 統監府c, *Op. cit.*, 1910, pp.161-166.
338 한국기독교역사연구소, 앞의 책, 1997(b), 281-282쪽. 한편, 당시 국제적 역학 변화와 관련해서 본다면, 일본은 이미 러일전쟁(1904.2-1905.9) 당시 영국·미국의 지원과 러시아 동맹국인 프랑스의 중립 선언을 경험한 바 있다. 그리고 제1차 세계대전(1914.6-1918.11) 당시의 독일·오스트리아 '동맹'과 프랑스·영국·러시아 '연합'의 대립 구도 및 미국의 연합국 참전 결정, 만주사변(1931.9-, 제1차 중일전쟁) 직후인 1932년 3월의 만주국 건국과 독일·이탈리아·스페인·헝가리·폴란드 승인을 경험한다. 이어, 1937년 7월의 중일전쟁 이후에는 제2차 세계대전(1939.9-1945.8) 당시의 '주축국'(독일·이탈리아·일본)과 연합국(영국·프랑스·미국·소련·중국 등)의 대립 구도에 뛰어들게 된다.
339 Wi Jo Kang, 서정민 역, 『한국 기독교사와 정치』, 한국기독교역사연구소, 2005, 75-77쪽.

조선총독부는 〈보안법〉이나 〈신문지법〉 등으로 기독교를 통제하는 정책도 병행한다. 예를 들어, 1910년에 〈보안법〉 위반으로 개신교 전도사를 체포되거나, '치안 방해'를 이유로 〈신문지법〉(1907) 제34조에 의거해 '야소교회보'(제1권 40호)의 발매 반포를 금지하고 압수한다.[340] 게다가 1911년 9월을 전후해 '105인 사건'[341]을 만들어 기독교를 집중 통제한다. 이 사건은 기소자 123명 가운데 기독교인이 약 94명(개신교 2, 천주교 2)으로 전체의 76%를 차지할 정도여서 '한국교회사의 최대 박해사건'으로 불리기도 한다.[342] 이 사건은 기독교와 조선총독부의 관계가 멀어지는 계기가 되기도 한다.[343]

1911년 9월의 '105인 사건' 이후에도 조선총독부는 기독교에 제도적인 통제를 계속한다. 예를 들어, 교회 재산에 대해, 1912년 6월에 정무총감

---

340 〈耶蘇教會報發賣頒布禁止及押收〉(1910.11.29, 조선총독부 경무총감부 고시 제78호), 『조선총독부관보』 제79호, 1910.12.2.

341 이 사건은 '조선음모사건', 선천음모사건, 신민회사건, The Korean Conspiracy Case, 寺內總督謀殺未遂 등으로 불리는데(윤경로, 「한국 기독교의 수난과 105인사건 — 일제 식민지 초기(1910년대)를 중심으로」, 『한성사학』 15, 2002, 42쪽), '1910년 12월의 총독 寺內正毅 암살 기도 혐의'를 적용해 1911년 9월에 600여 명을 검거하고 그 가운데 105인이 유죄판결을 받은 사건이다. '105인 사건'은 1910년 12월에 안중근(安重根)의 사촌 동생인 안명근 등을 군자금 모금 혐의로 체포한 압송한 '안명근 사건', 그리고 이를 빌미로 삼아 안악군을 중심으로 신민회(조직: 1907) 황해도지회와 유력가들뿐 아니라 신민회의 중앙간부와 지방회원을 대거 구속해 1911년 7월에 형을 선고한 '안악 사건'의 후속타이다. 105인 중 99명은 1913년 7월 대구복심법원에서 무죄 판결을 받고 석방되고, 윤치호·양기탁·안태국·이승훈·임치정(林蚩正)·옥관빈(玉觀彬) 등 6명은 징역 5~6년형을 받는다(『한국민족문화대백과』, 105인사건 항목). 한편, '105인 사건'이라는 표현은 조선총독부 시기에도 사용된 바 있다(「西鮮과 南鮮의 思想上 分野, 政治運動에 압장 서고 社會運動에 뒤떠러진 西鮮」, 『개벽』 제51호, 1924.9, 112쪽).

342 한국기독교역사연구소, 앞의 책, 1997(a), 308-323쪽. '백만인 구령운동'은 '100만군의 십자가군병'으로 인식한다(같은 책, 318쪽).

343 선행연구에 따르면, 기독교에 대한 조선총독부의 경계는 1910년 겨울과 1911년에 이루어진 '백만인 구령운동'과 관련해 수많은 부흥회 모임들을 종교 활동이 아닌 '정치적 성격'을 가진 모임으로 보면서 증폭된다고 한다(Wi Jo Kang, 앞의 책, 2005, 77-84쪽).

이 도장관·부윤·군수·고등법원장·패심(覇審)법원장·지방법원장·지방 법원지청 상석판사(上席判事)에게 통첩을 보내, 기독교교회당 부지(敷地) 의 등기나 증명에 대해 〈조선등록세령〉 제7조 제3호를 근거로 등록세 부과를 지시한다.[344] 〈조선등록세령〉 제7조 제3호는 "사사(社寺)·당우(堂 宇)의 부지와 분묘지(墳墓地)에 관한 등기나 증명"에 등록세를 부과한다는 내용이다.[345]

　의료사업에 대해서는, 〈의사규칙〉을 근거로 통제한다. 〈의사규칙〉은 1910년 11월경 내무부 위생국에서 초안을 잡고,[346] 경무총감부로 이관된 후,[347] 1913년 11월에 공포된다. 이 법규 가운데 면허 조건에는 '조선총 독이 지정한 외국 국적을 가지고 그 나라에서 의사 면허를 얻은 자로서 의업을 하는 것이 적당하다고 인정된 자'(제1조 제5항)라는 표현이 있 다.[348] 그런데 의료진 수의 부족 상황에서도 조선총독부가 〈의사규칙〉 과 관련해 1914년 1월에 영국(大不列顛國, Great Britain) 1개국만을 지정한 탓에[349] 의사자격 취득 방법은 제약을 받는다. 게다가 '일본인 의사의

---

344 〈基督敎會堂ノ敷地ハ登錄稅令中社寺堂宇ノ敷地中ニ包含セラルルノ件〉(官通課 第213 號, 明治 45.6.15), 『조선총독부관보』 제540호, 1912.6.15.
345 〈朝鮮登錄稅令〉(제령 第16號, 明治 45.3.22), 『조선총독부관보』 제468호, 1912.3.22.
346 「醫師規則의 內容」, 『매일신보』, 1910.11.23, 2면. 이 자료에 따르면, 〈의사규칙〉 초안 에는 의사 자격을 내무대신 면허장 또는 의술 개업 인가증을 가진 자와 총독 면허증을 가진 자에 한하되, 제국대학 의과졸업생이나 외국에서 의사 인가를 얻은 자, 조선총독 부 의원 부속 의학교 졸업생, 자혜의원 의과 졸업생에 한해 면허 인가를 준다. 그리고 다년간 의업에 종사해 그 학식과 경험이 개업의 자격에 적합하다고 인정하는 자에게 는 특히 이것을 허가한다. 그 규칙은 1911년 4월 1일부터 시행 예정이다.
347 「朝鮮醫師規則」, 『매일신보』, 1911.9.22, 2면. 이 자료에 따르면, 〈의사규칙〉은 내무부 위생과에서 입안 중이었지만, 전일(前日)에 경무총감부로 위생사무가 통일된 이후, 총감부에서 심사하는 중이다.
348 〈醫師規則〉(부령 제100호, 大正 2.11.15), 『매일신보』, 1913.12.26, 9면. 제1조 제5호의 단서 조항은 '내무대신이 준 의사면허증 또는 의술개업면허장을 가진 자는 본령에 의해 면허를 받은 자로 간주함'이다. 이 규칙은 1914년 1월부터 시행된다(부칙).

의료 활동을 허가한 나라'에 국한해 영국의 의사면허만 인정한 정책은 기독교 선교사들의 의료 활동을 제한하게 된다.[350]

교육사업에 대해서는 〈사립학교규칙〉을 근거로 통제한다. 〈사립학교 규칙〉은 '조선인을 교육하는 사립학교'를 대상으로 〈제1차 조선교육령〉 시기인 1911년 10월에 공포되는데, 조선총독부가 1915년 3월에 법규를 개정해 '사립학교의 교육과정에 보통·고등보통·여자고등보통·실업·전 문학교규칙에 규정된 이외의 교과과정을 추가할 수 없다'는 조항을 신설 한다.[351] 이는 이른 바 '사립학교의 관·공립보통학교화' 정책의 시작이 다.[352] 이로써 기독교계 사립학교에서는 교육과정에 '성경' 과목을 포함 할 수 없게 된다.[353]

또한 조선총독부는 법인제도를 통해 사립학교를 관리하기 시작한다. 법인 허가의 근거는 일본정부가 1896년에 개정한 〈민법〉 제34조, 즉 주 무관청이 '비영리 목적의 제사, 종교, 자선, 학술, 기예(技藝), 기타 공익에 관한 사단 또는 재단'의 법인을 허가할 수 있다는 내용이다.[354] 그에 따

---

349 〈醫師規則第1條第1項第5號ニ依ル外國ヲ指定ス〉(告示 第1號, 大正 3.1.4),『조선총독부 관보』제427호, 1914.1.4.
350 Wi Jo Kang, 앞의 책, 2005, 84-85쪽.
351 〈私立學校規則〉(朝鮮總督府令 第1144號, 明治 44.10.20),『조선총독부관보』제789호, 1911.10.20, 제6조(학칙의 내용); 〈私立學校規則中改正〉(朝鮮總督府令 第24號, 大正 4.3.24),『조선총독부관보』제789호, 1915.3.24. 1915년 3월에 추가된 조항은 '제6조의 2'이며, '보통·고등보통·여자고등보통·실업·전문학교가 아니면서 보통·실업·전문교 육이 목적인 사립학교의 교육과정은 각각 보통·고등보통·여자고등보통·실업·전문학 교규칙에 준해 정해야 하고, 이 규칙들에 규정된 이외의 교과과정을 추가할 수 없다 (加フルコトヲ得ス)'는 내용이다.
352 고병철,『한국 중등학교의 종교교과교육론』, 박문사, 2012, 112쪽.
353 Wi Jo Kang, 앞의 책, 2005, 85쪽.
354 〈民法〉(法律 第89號, 明治 29.4.23), 辻本末吉,『改正日本民法－附·民法施行法』, 東京: 修學堂, 1910(明治 43.6), pp.8-9, pp.16-17. 〈민법〉제34조에 따르면 "제사, 종교, 자선, 학술, 기예(技藝), 기타 공익에 관한 사단 또는 재단으로 영리를 목적으로 하지

라, 1912년 1월에 '사립숙명여자고등보통학교'를 '재단법인 사립숙명여
자고등보통학교'로 변경하는 건을 허가한 바 있는데,[355] 1912년 4월부터
는 〈법인 설립 및 감독에 관한 규정〉을 시행해[356] 법인 설립의 근거를
마련한다. 다만, 재한 일본인 학교조합에 대해서는 1913년 10월 〈학교조
합령〉을 적용해[357] 차이를 둔다. 그렇지만 법인 설립 근거가 마련된 후
에는 1917년 4월의 '사립연희전문학교 기독교연합재단법인' 설립 허가
처럼,[358] 법인 허가를 받는 경우가 늘어난다.

않는 것은 주무관청 허가를 받아 그것을 법인으로 할 수 있다". 만약 영리가 목적인
사단이라면 '상업회사 설립 조건'에 따라 법인으로 할 수 있고, 이러한 사단법인은 모
두 '상업회사에 관한 규정'을 준용하게 된다(제35조). 그리고 제71조에 따르면, "법인이
그 목적 이외의 사업을 하거나 설립 허가 조건을 위반해 기타 공익을 해치는 행위를
할 때 주무관청은 그 허가를 취소할 수 있다".

355 〈私立淑明女子高等普通學校ノ組織ヲ變更シ財團法人私立淑明女子高等普通學校ト爲
ス／件〉(고시 제5호, 명치 45.1.16), 『조선총독부관보』 제413호, 1912.1.16.

356 〈法人ノ設立及監督ニ關スル規程〉(朝鮮總督府令 第71號, 明治 45.3.30), 『조선총독부관
보』 제475호, 1912.3.30. 〈民法〉 제34조에 의거해 총독 '허가'를 받아 사단 또는 재단을
법인으로 할 때 사단 설립자는 '정관, 자산 총액, 사원 수'를, 재단 설립자는 '기부행위,
자산 총액'을 갖춰 총독에게 신청해야 한다(제1조). 법인 설립 허가를 받았을 때는
사무소 소재지의 도장관에게 '정관 또는 기부 행위, 이사와 감사 이름과 주소, 재산목록
(사단법인은 회원 수)'을 보고해야 하고(제2조), 매년 3월말 조사해 4월 중 재산목록을
첨부하여 총독에게 '법인 목적 사업 상황, 전년의 처무 요목, 전년의 경비·수입지출금액
과 그 비목'을 보고해야 한다(제3조). 도장관은 법인 업무를 감독해 총독에게 보고해야
하고(제4·제5조), 〈民法〉 제71조에 해당하는 행위가 있을 때 조선총독에게 보고해야
한다(제6조).

357 통감부는 1909년에 재한 일본인이 조합규칙을 만들어 통감의 인가를 받아 학교조합을
설치하도록 하는 〈학교조합령〉을 제정한 바 있다. 조선총독부는 이를 계승해, 1913년
10월에 〈학교조합령〉을 만들어 학교조합의 법인 허가를 가능하게 한다. "〈學校組合令
改正ノ件〉(제령 제8호, 대정 2.10.30), 『조선총독부관보』 호외, 1913.10.30"에 따르면,
'학교조합은 법인으로 관의 감독을 받아 법령의 범위 내에서 내지인의 교육에 관한
사무를 처리한다'(제1조). 〈학교조합령〉 시행일은 1914년 4월 1일이다. 그리고 〈학교
조합령〉은 조선총독에게 '명령'으로 조선의 법률을 규정할 수 있다는 '제령(制令)' 권을
준다는 1911년 3월의 〈朝鮮ニ施行スヘキ法令ニ關スル件〉(法律 第30號, 明治 44.3.24)
제1조와 제2조에 의해 칙령을 얻어 공포한 제령이다.

358 〈私立延禧專門學校基督教聯合財團法人設立許可〉(告示 第79號, 大正 6.4.10), 『조선총

종교단체에 대해서는 1915년 8월 〈포교규칙〉에 근거해 관리·통제를 시도한다. 〈포교규칙〉은 1915년 8월에 제정되어 동년 10월부터 시행된다. 그렇지만 1911년 1월에 '기독교(耶蘇敎)와 불교 외 조선 재래의 각종 종교'에 대한 취체(取締, とりしまり, 단속) 규칙이 발포된다는 기사를 보면,[359] 〈포교규칙〉은 〈사찰령〉을 준비하던 1911년경부터 기획된 것으로 보인다.

당시 〈포교규칙〉에서는 종교를 '[교파]신도·불교(佛道)·기독교'로 국한하고 필요한 경우 '종교유사단체'에 이 법규를 준용하도록 한다. 핵심은 3개의 종교 선포 종사자에 대한 '신고제(届出制)', 포교 방법·포교자 권한·포교자 감독 방법·포교관리자에 대한 '변경 명령권', 교파신도나 일본 불교 종파의 조선 포교에 대한 '인가제', 종교 시설(교회당·설교소·강의소) 설립·변경에 대한 '허가제', 종교 시설 폐지에 대한 '신고제'라는 내용이다. 종래 일본 종교(신도·불교·기타 종교의 교종파)를 대상으로 '인가제'만을 채택한 〈종교 선포에 관한 규칙〉에 비해 다소 복잡해졌다고 볼 수 있다.

〈포교규칙〉이 종교 시설(교회당·설교소·강의소) 설립·변경에 대한 '허가제'를 제외하면 신고제를 채택해 느슨한 통제 법규처럼 보이기도 한다. 실제로 〈포교규칙〉 시행 직후에 기독교 교세가 위축된 것은 아니다. 기독교는 여전히 각지의 교회 건립, 일반 학교와 실업학교의 건립, 제중원(濟衆院) 등 병원의 활용, 경성수녀회의 여자고아원과 개신교계 '맹인학교[시각장애인학교]' 등의 자선사업 전개, 교서(敎書) 발간 등 다양한 경로로

독부관보』 제1402호, 1917.4.10. 이 고시는 1917년 4월 7일, 경기도 경성부 사립 연희전문학교 기독교연합재단법인의 설립을 허가한다는 내용이다.
359 「宗敎宣布規則」, 『매일신보』, 1911.1.7, 2면. "조선에 있는 종교 가운데 종교라는 이름 [名色]으로 인심을 어지럽히거나 불법으로 금전을 탐하는 자가 있어 당국에서 종교를 선포하는 자에게는 기독교(耶蘇敎)와 불교 외 조선 재래의 각종 종교를 불문하고 정리 취체에 관한 규칙을 발포할 터이라더라".

교세를 유지해간다. 그리고 이러한 모습은, 불교계가 기독교의 여러 전도 방법을 참조해 1916년 1월에 재미(齋米) 제도를 시행할 정도로,[360] 다른 종교에도 영향을 미친다.

〈포교규칙〉 시행에서 간과할 수 없는 부분은 조선총독부가 이 법규를 근거로 조선의 종교 상황을 파악할 수 있게 되었다는 점이다. 이와 관련해, 기독교는 '포교계, 이력서, 포교원, 포교자 명부, 포교관리자 설치계, 포교소 설치원, 신도수계' 등 종교단체 현황을 해당 '지방청'을 거쳐 조선총독부에 상세히 보고하게 된다.[361] 물론 조선 불교도 유사한 상황에 놓이게 된다.[362] 〈포교규칙〉이 종교 관리를 위한 기반 자료의 확보 장치가 된 셈이다.

〈포교규칙〉 시행 이후, 일본 기독교의 포교소와 신자 수는 '일본기독

---

360 이능화(尙玄居士), 앞의 글, 1916, 5-11쪽. 이 자료에 따르면, 조선 불교는 선교양종30본사와 천여 말사가 있지만 그 사재(寺財)가 봉불(奉佛), 향화(香火), 양승반수(養僧飯水)의 유지도 어려운 상황에서 포교경비까지 있어 부담스러운 상황이다. 이런 상황에서 1916년 1월 각황사연합사무소에서 개최된 선교양종 30본산 주지 정기총회에서 불교진흥회 회원이 제출한 '재미(齋米) 일체 시행건'을 채용하고, 30본산 연합교당인 각황사에서 실행해보니 효과가 좋다고 한다.

361 〈布教規則二依ル布教届, 布教願, 布教者名簿, 布教管理者設置届同, 布教所設置願, 信徒數届ノ樣式〉(告示 第253號, 大正 4.10.1), 『조선총독부관보』 호외, 1915.10.1. 1915년 10월의 〈포교규칙에 따른 신고 양식〉을 보면, 양식은 '포교계'(제1호 양식 1), '이력서' (제1호 양식 2), '포교원'(제2호 양식, 근거: 제3조), '포교자 명부'(제3호 양식), '포교관리자 설치계'(제4호 양식), '포교소 설치원'(제5호 양식), '신도수계'(제6호 양식)이다. 이 가운데 포교계'(제1호 양식 1)에는 포교소의 포교, 순회(巡回) 포교, 가정 전도, 통신(通信) 포교 등 포교방법을 상세히 기록하게 되어 있다.

362 〈布教規則二依ル信徒數届出方二關スル件〉(官通諜 第14號, 大正 5.1.26), 『조선총독부관보』 제1041호, 1916.1.26. 1916년 1월, 내무부장관이 각 도장관에게 보낸 통첩을 보면, 〈포교규칙〉 제12조 제1항("①포교관리자와 조선사찰 본사 주지는 각각 그 소속 사원, 교회당, 설교소, 강의소별로 매년 12월 31일 현재 신도수와 그 해 신도 증감수를 익년 1월 31일까지 총독에게 신고")에 따라 각 교종파 포교관리자와 조선사찰 본사주지는 조선총독부에 제출할 신도수계(信徒數届)를 포교관리사무소 또는 본사 소재지를 관할하는 '지방청'을 경유해서 보고[進達]하게 된다.

교회와 일본조합조회' 중심으로 1914년 12월 말에 비해 증가해,[363] 교파신도나 일본 불교보다 교세가 커진다.[364] 그에 비해 조선 기독교 교세는 1918년 12월 말까지 유지 수준이다. 다만, 1918년 12월 말, 일본 기독교를 포함한 기독교 교세(포교소 3,174개, 신자 270,582명)는 일본 불교를 포함한 불교 교세(포교소 259개, 신자 213,966명)보다 압도적으로 큰 것으로 나타난다. 조선 불교 인구(89,508명)도 조선 기독교 인구(253,144명)의 35% 정도에 그치고 있다. 1915년부터 1918년 12월 말까지 기독교 포교소와 신자[신도] 수는 다음과 같다.[365]

〈표 27〉 기독교 포교소와 신도수 조사(大正 4~7)

(종교 포교소/신도)	1915		1916		1917		1918				
	포교소	신도	포교소	신도	포교소	신도	포교소	신도			
								일본	조선	외국	계
日本メソヂ	10	622	11	709	11	804	11	827	1	2	830

363 日本基督敎會同盟 編, 『敎會便覽』, 東京: 日本基督敎會同盟, 1914, pp. 147-150. 이 자료에 따르면, 1914년 12월 말까지 조선 내 일본 기독교 시설은 일본기독교회 10개, 일본조합교회 2개, 일본감리교회 9개, 성공회 5개 등 모두 26개이다. 1914년 12월 말까지 일본 기독교에는 日本基督敎會, 日本組合敎會, 日本メソヂスト敎會, 日本浸禮敎會, 基督敎會, 福音敎會, 日本美普敎會, 基督同胞敎會, クリスチヤン敎會, 基督友會, 日本聖公會, 福音路帖敎會, 自由メソヂスト敎會, 獨立敎會, 東洋宣敎會, 救世軍, 同盟基督協會 등 17개 교파가 있었는데, 신자[회원] 수는 일본기독교회(23,942명), 일본조합교회(18,808), 일본성공회(15,604), 일본감리교회(11,295), 일본침례교회(5,324) 등의 순이다(같은 책, pp. 249-250). 해외 선교 상황을 보면, 대만에는 일본기독교회 7개, 일본조합교회 3개이다(같은 책, pp. 146-147), 만주에는 일본기독교회 5개, 성공회 1개(대련), 구세군 1개(대련), 중국의 경우에는 일본기독교회 1개(천진), 일본인기독교회 1개이다(같은 책, pp. 150-151).

364 〈神佛道布敎所信徒數調〉(大正 7.12. 末), 『조선총독부관보』 제2117호, 1919.8.30. 1918년 12월 말에 교파신도(천리교·신리교·금광교·대사교)가 78개 포교소를 가지고 47,207명의 신자(조선인 8,482명)를, 조선 불교를 제외한 일본 불교 종파(15개)가 124,458명의 신자(조선인 7,790명)를 확보했다는 점을 고려하면 일본 기독교의 교세는 교파신도나 일본 불교 종파보다 강한 편이다.

365 〈基督敎布敎所信徒數調〉(大正 7.12. 末), 『조선총독부관보』 제2117호, 1919.8.30.

スト敎會											
日本基督敎會	8	745	9	422	10	595	10	511	144		655
日本組合基督敎會	24	5,678	38	11,761	48	11,770	58	587	13,541		14,128
계	42	7,045	58	12,892	69	13,169	79	1,925	13,686	2	15,613
조선야소교장로회	1,883	119,607	1,885	124,348	1,908	114,239	1,896	11	111,296	138	111,445
성공회	67	5,724	70	5,943	72	5,086	72	416	4622	31	5,069
구세군	80	3,326	81	3,979	84	4,038	103	184	4176	24	4,384
露國정교회	6	526	6	553	6	553	6		549	4	553
천주공교	199	81,878	206	84,584	215	81,259	222	780	82483	121	83,384
천주공교朝鮮루르道會	1		1	300	1	330	1		360		360
남감리교회	262	8,737	258	8,632	259	16,106	252		7507	18	7,525
미감리교회	520	39,268	553	40,432	578	37,677	565	2	40722	72	40,796
제7일안식일야소재림교	32	941	36	850	49	892	44	2	859	22	883
동양선교회	9	432	10	509	11	1,184	13		570		570
계	3,092	260,439	3,106	270,130	3,183	261,364	3,174	1,395	253,144	430	254,969
총계	3,134	267,484	3,164	283,022	3,252	274,533	3,253	3,320	266,830	432	270,582

한편, 제1차 세계대전(1914.6-1918.11) 막바지인 1918년 1월에 전쟁 종결을 위해 민족자결주의를 포함한 '윌슨(Woodrow Wilson) 14개조 평화 원칙'이 발표되고, 1919년 1월부터 1920년까지 파리평화회의가 진행될 때 조선에서는 독립을 위해 종교인 중심의 3·1운동이 전개된다. 그렇지만 일본은 동년 4월 수원제암리참변(水原堤岩里慘變)[366]에서 볼 수 있듯이 무차별적 진압을 시도하고, 3·1운동 주동자들에게 '내란죄'를 적용한다.

일본의 무차별적 진압에도 불구하고, 3·1운동은 일본에게 조선 지배 방식에 대한 변화 계기를 제공한다. 특히 일본은 3·1운동의 원인으로 종교 문제에 주목하게 된다. 3·1운동을 주도한 인물들이 대체로 종교인,

---

366 1919년 3.1운동에 대한 일제의 보복행위로 일본군경이 1919년 4월 15일에 수원군(지금의 경기도 화성군) 향남면 제암리에 있는 기독교신자와 천도교신자의 마을에서 민간인 20여명을 학살하고 민가 30여 호를 불태운 참변이다(『한국민족문화대백과』, 수원제암리참변 항목).

특히 천도교인과 기독교인이었기 때문이다. 이와 관련해, 미국선교사에 대해서는 '종교가의 사명'을 망각하고 정치적으로 3·1운동을 선동(煽動)했다는 비난하기도 한다.[367]

일본은 3·1운동 이후 '조선인의 이상적 일본인화'를 위해 정신적·문화적 측면이 중요하다고 인식하고, 종래 무단정치가 아닌 '문화정치'를 표방하게 된다. 이와 관련해, 1919년 8월에 제3대 총독으로 부임한 齋藤實(사이토 마코토)은 훈시에서 한일병합의 근본 취지가 '일시동인', '일본인과 동일한 취급', '일심동체' 등에 있다는 점을 강조하고, 질서와 공안(公安: 공공의 안녕) 유지를 방해하지 않는 한 언론·집회·출판 등을 허가해 민의(民意)를 창달(暢達)할 계획이라는 등을 주요 내용으로 삼는 '문화정치'를 강조한다.[368] 동시에 1919년 8월에는 '행정단계의 간소화'를 골자로 조선총독부 관제를 바꾸어 '학무국'을 신설하고, 종래 내무부의 '학무'와 '종교' 행정을 학무국으로 이관한다. 이후 학무국은 학무과·편집과·종교과(宗敎課)를 두고 학교교육과 종교 두 방면의 황민화를 맡게 된다.[369]

조선총독부는 종교, 특히 기독교를 회유하기 위해 몇 가지 조치를 취한다. 먼저, 1920년 3월에 〈사립학교규칙〉을 개정해 종래 '사립학교의 교육과정에 보통·고등보통·여자고등보통·실업·전문학교규칙에 규정된 이외의 교과과정을 추가할 수 없다'는 조항(제6조의 2)을 삭제한다.[370]

---

367 靑柳南冥, 『朝鮮獨立騷擾史論』, 朝鮮硏究會, 1921, pp.124-132. 이 자료에 따르면, 1919년 3·1운동의 직접적인 원인은 '천도교의 교리 문제, 점진적인 무단정치의 과실, 은사금과 작위 수여의 편당(偏黨), 이주식민(移住殖民)의 오해, 민족자결주의의 오해' 등이다(같은 책, pp.24-108).

368 山崎丹照, Op. cit., 1943, pp.115-117.

369 선행연구에 따르면, 종교과의 신설은 3·1운동의 주도세력이 종교교단 또는 종교인이라는 사실에서 총독정치에 반대하는 종교들을 무마하는 한편 식민통치에 적극 이용하려는 측면에서 비롯된다(한동민, 『사찰령』 체제하 본산제도 연구』, 중앙대학교 박사논문, 2006, 176-177쪽).

이는 기독교학교에서 '성경'을 교과목으로 삼는 것과 한국어 사용을 허락해 줄 것 등 1919년 9월 '재한복음주의 선교공의회'가 조선총독부에 건의한 내용이다.[371] 이로써 1920년 3월부터 기독교계 사립학교에서 종교 과목의 수업이 가능해진다. 그럼에도 불구하고, 1922년부터 1932년까지 기독교계 사립학교 수는 점차 감소 추세를 보인다.[372]

〈표 28〉 각종학교: 사립(종교)

연도	학교	학급	교원	생도
대정 11.末(1922)	276	1,082	1,100	32,934
대정 12.末(1923)	270	1,188	1,188	28,306
대정 13.末(1924)	264	1,119	1,238	30,405
대정 14.末(1925)	245	913	842	24,846
소화 1.末(1926)	231	788	955	22,172
소화 2.末(1927)	223	786	1,031	19,973
소화 3.末(1928)	216	747	899	19,592
소화 4.末(1929)	214	739	964	21,512
소화 5.末(1930)	211	714	925	22,027
소화 6.末(1931)	200	726	858	22,839
소화 7.末(1932)	194	690	903	23,421

다음으로, 조선총독부는 1920년 4월에 〈포교규칙〉을 개정한다. 〈포교규칙〉 개정 명분은 신고 사항의 최소화와 벌금형 삭제 등 '수속의 간편화'이다. 동시에 종교 시설에 대해 '안녕질서를 문란하게 할 우려'가 있을 때 그 사용을 금지한다는 내용이다.[373] 실제로 1920년 4월의 〈개정 포교규칙〉에서는 종교 선포 종사자에 대한 신고 사항이 축소되고, 종교

---

370 〈私立學校規則改正〉(부령 제21호, 大正 9.3.1), 『조선총독부관보』 제2263호, 1920.3.1.
371 한국기독교역사연구소, 앞의 책, 1997(b), 83쪽.
372 朝鮮總督府(f), Op. cit., 1929, p.198; 朝鮮總督府(c), Op. cit., 1936, p.205.
373 「布敎規則 改正」, 『동아일보』, 1920.4.7, 2면.

시설에 대한 '허가제'가 '신고제'로 바뀐다. 그렇지만 '신고제' 채택이 종래의 종교 통제를 완화했다고 보기는 어렵다. '안녕질서의 문란'을 명분으로 '종교 시설에 대한 사용 정지·금지권'을 신설했다는 점(제12조)을 고려하면, 오히려 규제 강도가 더 높아졌다고 볼 수 있기 때문이다.

다음으로, 조선총독부는 선교사들이 수년 동안 희망하던 종교단체의 법인화를 추진한다. 종교단체의 법인화와 관련해, 조선총독부는 1920년 5월 8일 '경성구천주교회유지재단(京城區 天主敎維持財團)'을 '교회법인'으로 최초 허가한 후에 다른 교파나 교회의 신청이 들어와도 허가할 방침이라고 밝힌다.[374] 종교단체 가운데 천주교가 가장 먼저 선택된 배경에 대해서는 천주교회의 지속적인 재단법인 요구와 기독교 회유의 필요성, 천주교회가 총독정치에 크게 방해되지 않는다는 믿음, 다른 종교단체들에게 종교자산을 보호받으려면 조선총독부와 타협해야 한다는 선전 효과 등이 지적되고 있다.[375]

이러한 제도적 변화에도 불구하고, 조선총독부가 치안 유지를 명분으로 〈보안법〉이나 〈치안유지법〉을 종교 영역에 적용하는 정책은 지속된다. 예를 들어, 1920년 7월에 '순전한 문화운동' 차원에서 동아일보가 동경 유학생을 후원해 조선 각처에서 순회강연회를 시작하자 상급관청의 명령을 받은 종로경찰서장이 〈보안법〉 제2조에 의거, 치안 방해 혐의를 적용해 집회 해산을 명한다.[376] 또한 1926년 6·10만세 사건에 연루된

---

374 「敎會法人으로 京城區天主敎維持財團許可」, 『동아일보』, 1920.5.9, 2면; 「宗敎宣布와 法人許可, 朝鮮人의 各敎에는 無關」, 『매일신보』, 1920.5.9, 2면. 이 자료에 따르면, 기독교의 교파 혹은 교회에 관한 재산을 기본으로 해서 교파 혹은 교회를 법인으로 하고자 함은 외인 선교사 등이 수년 동안 희망하던 바이고, '경성구천주교회유지재단(京城區 天主敎維持財團)'의 설립 허가 신청자는 선교사 '지-유-렬'이다.

375 윤선자, 『일제의 종교정책과 천주교회』, 경인문화사, 2001, 219-221쪽; 한동민, 앞의 글, 2006, 177쪽.

인물들(개신교인)을 〈치안유지법〉 위반으로 구속 기소한다.[377]

1931년 9월의 만주사변으로 조선이 전시상태가 된 후, 종교 정책에는 다소 변화가 생긴다. 이후 전시상태가 1932년 3월에 만주국 건국, 1937년 7월에 중일전쟁 발발, 1939년 9월에 독일의 폴란드 침공으로 인한 제2차 세계대전 발발, 1941년 12월에 일본의 미국 진주만 공습으로 인한 태평양전쟁 발발 등으로 확대되면서 조선총독부가 종교 정책을 전시용으로 활용했기 때문이다.

이와 관련해, 조선총독부는 1931년 8월에 〈조선부동산등기령 시행규칙〉을 개정해 1930년 10월 '〈조선부동산등기령〉 제2조의 4[378]에 명시된 '기타 법인이 아닌 사단 또는 재단' 범위를 '종교단체 또는 〈포교규칙〉 제10조 제1항에 의거한 종교유사단체'로 규정한다.[379] 이로써 '종중(宗中)과 문중(門中), 종교단체와 〈포교규칙〉을 준용하는 종교유사단체'의 부동산을 통제 대상으로 삼는다. 이어, 1933년 12월에 〈포교규칙〉을 개정해, 종래 종교 시설의 설립자가 변경되면 종교 시설을 폐지하고 신고 후 종교 시설을 다시 신설하게 했던 부분을 '변경 신고제'로 바꾸면서도,

---

376 「巡廻講演團 永永 解散」, 『동아일보』, 1920. 7. 19, 3면.

377 한국기독교역사연구소, 앞의 책, 1997(b), 209-210쪽.

378 〈朝鮮不動産登記令中改正〉(제령 第10號, 昭和 5. 10. 23), 『조선총독부관보』 제1142호, 1930. 10. 23. 제2조의 4는 '종중, 문중, 기타 법인이 아닌 사단 또는 재단에 총독이 정한 것에 속한 부동산의 등기에 대해 그 사단 또는 재단을 등기권리자 또는 등기의무자로 간주하며, 등기는 그 사단 또는 재단 이름으로 그 대표자 또는 관리인이 신청한다'는 내용이다.

379 〈朝鮮不動産登記令施行規則中改正〉(부령 第106號, 昭和 6. 8. 29), 『조선총독부관보』 제1396호, 1931. 8. 29. 이 개정 규칙은 1931년(소화 6) 10월부터 시행된다(부칙). 참고로 이 법규들은 1912년 3월에 공포된다. 〈朝鮮不動産登記令〉(제령 第9號, 明治 45. 3. 18), 『조선총독부관보』 제465호, 1912. 3. 18; 〈朝鮮不動産登記令施行規則〉(부령 第36號, 明治 45. 3. 22), 『조선총독부관보』 제468호, 1912. 3. 22; 「不動産登記令 施行規則 改正」, 『동아일보』, 1931. 9. 1, 8면.

종교 시설에 대한 '사용 정지·금지권'을 유지시킨다. 1938년 중반 이후 기독교의 엄격한 취체를 위해 종교 시설의 '신고제'를 '허가제'로 바꾸려는 움직임도 있었지만, 조선총독부는 일본 내 〈종교단체법〉 제정 움직임과 법규의 연계성을 고려해[380] 〈포교규칙〉을 유지시키다가, 1940년 11월 이후 선교사들을 철수시키면서 개정 없이 그대로 존속시킨다.

조선총독부는 전시 상황이 계속되자 기독교에 신사참배를 강요하기 시작한다. 이미 1925년경 충남 강경보통학교 학생들의 신사참배 거부 사건[381]이나 조선신궁의 참배 문제처럼 1920년대에 학교에서 강제로 진행된 사례도 있었지만, 1930년대부터는 신사참배를 정책적으로 강제한다. 기독교는 신사참배에 반대 입장을 보인다. 그렇지만 1936년 5월에 천주교, 동년 6월에 감리교, 1938년 9월에 장로교가 신사참배 정책을 수용하게 된다.[382]

1937년 중일전쟁으로 전시 상황이 심각해지자 '조선인의 이상적 일본 인화'를 위한 조선총독부의 정책은 더 강력해진다.[383] 우선, 1937년 10월

---

380 「朝鮮에는 特殊宗敎法, 現在 布敎規則에 宗敎團體法 綜合해서 새 法令을 立案」, 『동아일보』, 1939.4.11, 2면. 이 자료에 따르면, 종교단체법이 양원(貴·衆)을 통과한 후 조선 총독부는 종교단체법의 조선 적용 여부를 결정하지 못한다. 조선총독부는 종래처럼 이 법령의 불통과를 전망하면서도 그 여하에 따른 대책 수립을 위해 〈포교규칙〉 개정 작업을 잠시 멈추지만 법규가 통과되어 방책을 강구해야 할 상황에 직면한다. 경무당 국은 종교단체법이 중립적으로 제정된 이상 조선의 특수사정을 고집할 필요가 없다는 견해지만, 학무당국은 조선이 이미 오랫동안 종무행정을 실시해 그 행정이나 법령에 서 일본에 비해 우위를 가지고 있어 종교단체법을 실시할 필요가 없다는 견해이다. 그러나 여러 가지를 종합해 〈포교규칙〉과 〈종교단체법〉을 종합한 새로운 특수 법령을 입안해 조선에 실시할 것이라는 의견이 유력해진다.
381 「强制 參拜問題 (上), 逆理에 徹底한 敎育當局者」, 『동아일보』, 1925.3.18, 1면; 「江景普校生徒 神社參拜를 拒絶, 예수 믿는다고 신사참배 거절, 절대로 참배는 안한다고 휴도」, 『동아일보』, 1925.5.29, 6면.
382 한국기독교역사연구소, 앞의 책, 1997(b), 289-301쪽.
383 朝鮮總督府情報課 編, 『前進する朝鮮』, 京城: 朝鮮總督府情報課, 1942, pp.35-39. 조선

에 '황국신민의 조성'이라는 교육 방침을 실현하기 위해 '황국신민'임을 맹세하는 「황국신민서사(皇國臣民ノ誓詞)」를 만들어 배포하고, 학교나 각종 단체의 집회에서 '황국신민체조'와 병행해 읽게 한다.[384]

이어, 1938년 2월에 〈육군특별지원병령〉(시행 1938.4.3)을 제정하고, 동년 3월에 〈조선교육령〉을 개정해 〈[제3차조선교육령〉을 발표한다. 그리고 1938년 7월에 중일전쟁 1주년을 기념해 정무총감과 학무국장을 중심으로 하는 '국민정신총동원 조선연맹'을 결성하고[385] 기독교에 '황거요배(皇居遙拜), 신사참배, 황국신민서사 낭송, 일장기의 게양' 등을 강제하기 시작한다.[386] 이와 함께, 1938년부터는, 비록 1937년에 '포교보국(布敎報國)'[387]이라는 표현도 있었지만, 총후보국(銃後報國)과 함께 '종교보국(宗敎報國)'을 강조한다.[388]

이어, 1939년 11월에 〈조선민사령〉(제령 19호)을 개정하고 〈조선인의 씨명(氏名)에 관한 건〉(제령 20호)을 공포한다.[389] 이는 창씨개명(創氏改名)을

총독부 정보과(情報課)에 따르면, '황국신민화의 완성'에 해당하는 주요 정책이 조선교육의 지표 설정, 의무교육, 일본어 보급, 황국신민의 서사, 일본인과 조선인의 통혼(通婚) 등이다.

384 「誓詞를 作成 配布, 各學校, 各團體에서 隨時 朗唱, 今 四日부터 一齊 施行」, 「臣民의 信念 高調, 鹽原 學務局長 談」, 『동아일보』, 1937.10.5, 2면. 이 자료에 따르면, 당시 '총독 교육체제의 근본사상은 황국신민의 조성(造成)'이다. 이것은 '황국 신민으로서의 신념, 내선일체와 동포 단결, 근로 단련, 국가로서의 세계에 대한 적극적인 고조(高調)'를 의미한다.

385 「今日 國民精神總動員 朝鮮聯盟 創立 盛大」, 『동아일보』, 1938.7.2, 2면. 명예총재는 大野綠一郞(오노 로쿠이치로), 이사장은 鹽原時三郞(시오바라 도키사부로우)이다.

386 한국기독교역사연구소, 앞의 책, 1997(b), 275-276쪽.

387 「義城 時局 宗敎講演會」, 『동아일보』, 1937.9.17, 4면. 대구 선림사(禪林寺)의 석정(石井) 선정사(禪定師)가 의성경찰서에서 사용한 표현이다.

388 「銃後報國의 强調」, 『동아일보』, 1938.4.26, 1면; 「宗敎報國의 道에 邁進하기를 期하라」, 『동아일보』, 1938.10.8, 1면.

389 〈朝鮮民事令中改正〉(제령 第19号, 昭和 14.11.10), 『官報』第3866号, 1939.11.24; 〈朝鮮人ノ氏名ニ關スル件〉(제령 第20号, 昭和 14.11.10), 『官報』第3866号, 1939.11.24. 〈조선

통해 조선인을 일본인으로 호명하려는 시도이다. 이 제도는 준비 기간을 거쳐 '일본 기원(紀元) 2600년'이라는 1940년 2월 11일부터 시행된다.[390] 시행 직후인 1940년 3월에 총독 南次郎(미나미 지로)은 창씨개명이 강제가 아니라 '내선일체의 구현을 위한 인정(仁政)'이라고 발표하지만,[391] 조선총 독부 관리부터 시작해[392] 일반인으로 창씨개명을 확대한다.[393]

조선총독부는 여러 '황민화' 정책의 실현 과정에서 걸림돌이 되는 선 교사들을 철수시키거나 종교 행사를 통제하는 정책을 시행한다. 선교사 철수 조치의 주요 배경으로는 당시 미·일관계의 악화를 들 수 있다. 일 본이 미국에 전의(戰意)를 표명하자, 미국 국무성은 1940년 10월에 미국 총영사를 통해 선교사들에게 철수 명령을 통보한 후, 동년 11월 인천항 에서 해군함정 마리포사(Mariposa)호를 이용해 미국인 219명을 철수시킨 다. 그리고 캐나다장로회, 호주장로회 등 외국 선교사들도 1941년 3월 말까지 철수하게 되고, 남은 선교사들은 태평양전쟁이 발발하면서 '포

인의 씨명(氏名)에 관한 건)에 따르면, 歷代의 어휘(御諱)나 어명(御名)을 씨(氏)나 명 (名)으로 사용할 수 없다. 그리고 자기 성(姓) 이외의 성을 씨(氏)로 사용할 수 없지만, 일가(一家) 창립의 경우에는 이 제한을 받지 않는다(제1조). 씨명(氏名)을 변경할 수 없지만, 정당한 사유가 있을 때 총독이 정한 바에 따라 허가를 받을 때는 이 제한을 받지 않는다(제2조). 시행일은 총독이 정한다(부칙).

390 「紀元 2600年 紀念郵便印」, 『동아일보』, 1940.1.25, 2면; 「陸軍 記念 行事에도 2600年 奉祝色, '軍民一體'를 强化」, 『동아일보』, 1940.2.14, 2면. "〈朝鮮民事令中改正ノ件等施 行期日〉(朝鮮總督府令 第219号, 昭和 14.12.26), 『官報』 第3919号, 1940.2.1"에 따르면, 〈개정 조선민사령〉과 〈조선인 씨명에 관한 건〉은 1940년 2월 11일부터 시행된다.

391 「創氏改名의 機會 줄 뿐 强制 實施하지 말라, 一般의 誤解를 一掃하고 趣旨에 徹底토록 南總督, 定例局長會議에서 强調」, 『동아일보』, 1940.3.6, 2면. 이 자료에 따르면, 1940 년 3월에 총독 南次郎이 '씨제도'의 창설, 즉 창씨개명이 강제적이 아니라 "내선일체의 구현화(具現化)를 위한 어인정(御仁政)의 그러케 하심으로 조선사람에도 씨를 창설할 수 잇는 길을 열어 준 것이지 강제로 하라는 것은 아니라"고 하여 일반의 오해를 일소 하고 원래의 취지를 철저히 하도록 천명하였다고 한다.

392 〈官吏創氏〉, 〈官吏創氏竝改名〉, 『조선총독부관보』 제3952호, 1940.3.26.

393 「創氏 百五十餘 萬 戶, 全朝鮮 戶數의 三割 七分强」, 『동아일보』, 1940.8.4, 2면.

로' 취급을 받아 일본인 포로와 교환 대상이 된다.[394]

동시에 조선총독부는 선교사에 대한 통제를 강화한다. 1941년 7월에는 〈외국인 관계 취인취체규칙〉을 만들어 총독이 외국을 지정하면 그 지정국의 외국인과 법인이 부동산을 포함한 재산 취득·처분과 채무 거래 등에 '총독 허가'를 받게 한다. 이와 관련해, 당시 총독이 지정한 외국은 미국과 캐나다 등 5개 국가이다.[395]

종교 행사 통제의 경우, 대표적인 사례가 '1941년 3월의 만국부인기도회 사건'이다. 이 기도회는 세계 여러 나라의 기독교 여성 신자가 세계 평화와 복음화를 기도하는 연례행사였지만, 조선총독부는 반전(反戰) 모임이라는 이유로 기도회에 연루된 선교사와 조선인 신자들을 검거한다. 그리고 이들 가운데 일부 선교사와 조선인 신자들을 〈육군형법〉 제99조, 〈해군형법〉 제100조, 〈조선불온문서임시취체령〉 제2조의 위반 혐의로 기소한다.[396]

게다가 조선총독부는 조선 기독교를 일본 기독교에 예속시키는 정책을 시행한다. 창씨개명이 조선인의 일본인화 정책이라면, 이 정책은 조선 종교의 일본 종교화 정책에 해당한다. 이와 관련해, 이미 조선 기독교도 1939년 9월 '국민정신총동원 조선예수교장로회 연맹'을 결성하는 등

---

394 한국기독교역사연구소, 앞의 책, 1997(b), 282-283쪽; Wi Jo Kang, 앞의 책, 2005, 113쪽; 조선혜, 「1941년 '만국부인기도회사건' 연구」, 『한국기독교와 역사』 5, 1996, 141-142쪽, 145-148쪽. 조선혜는 미일관계의 악화에 따른 미국의 훈령으로 1940년 11월 16일 마리포사호가 219명의 미국인을 태우고 갔을 때 선교사들이 개인적 차원에서 철수 여부를 선택했지만, '1941년 3월의 만국부인기도회 사건' 이후 선교자들은 강압적으로 한국으로 떠날 수밖에 없었다는 점을 지적하고 있다(같은 글, 148쪽).

395 〈外國人關係取引取締規則〉(부령 第218號, 昭和 16.7.28), 〈外國人關係取引取締規則第一條第一項ノ規定二依ル外國ヲ指定ス〉(告示 第1133號, 昭和 16.7.28), 『조선총독부관보』 제4353호, 1941.7.28.

396 조선혜, 앞의 글, 1996, 126-128쪽.

협조 태도를 보였지만, 1942년 5월에 부임한 총독 小磯國昭(고이소 구니아키)는 신붕(神棚)을 교회에 봉안하게 한다. 이어, 장로교가 '일본 기독교 조선장로교단'(1943.5), 감리교가 '일본 기독교 조선 감리교단'(1943.8)으로 개칭되고, 안식교(해산 1943.12.28)와 성결교(해산 1943.12.29) 등이 강제 해산을 당한다. 이어, 1944년 7월 육군대장 阿部信行(아베 노부유키)의 총독 부임 1년 후인 1945년 7월에는 조선의 모든 교파가 '일본 기독교 조선교단'으로 통합된다.[397]

3. 신종교 정책의 흐름

1) 신종교와 '유사종교' 개념

신종교(新宗敎)라는 용어는 '옛 종교의 개혁'이라는 맥락에서 사용된 바 있지만,[398] 일제강점기에 주로 '새로 등장한, 기괴한 종교'라는 의미로 사용된다. 일본의 大本敎(오모토교)에 대한 1920년 기사나 중국 호남성의 남궁교에 대한 1921년 기사 등이 이 사례에 해당한다.[399] 맥락에 따라

---

397 한국기독교역사연구소, 앞의 책, 1997(b), 302-309쪽; Wi Jo Kang, 앞의 책, 2005, 114-115쪽.

398 김문연, 「掃雪種春」, 『기호흥학회월보』 제2호, 1908, 11쪽("故로 路得이 改革舊宗敎而 新宗敎 乃興ᄒ고").

399 「奇怪한 新宗敎, 큰 재변을 예언」, 『동아일보』, 1920.4.12, 3면; 「湖南에 奇怪한 新宗敎」, 『동아일보』, 1921.3.11, 3면. 1920년 기사에 따르면, 일본 神戶[고베]에 소위 大本敎 (오모토교)라는 '긔이한 새 종교'가 생겨 미구에 일본에 큰 재앙이 온다는 예언을 하며 강연과 서적으로 인민에게 경고를 한다. 벌써 京都, 大阪, 神戶 등지에 수천의 교도가 있어 날마다 연극장과 공회당에서 강연회를 하며 큰 길을 돌아다니면서 서적을 분배한다. 1921년 기사에는 "조선에도 근래에 무수한 종교가 만히 생겨 그 중에는 별々

'구교(舊敎)'와 대비해 개신교를 '신종교'로 표현한 사례,[400] 동양종교와 서양종교를 대비해 '신시대의 신종교'라는 의미로 사용된 사례도 있지만,[401] 신종교가 '조선인만의 종교'를 가리킬 때에는 '새로 등장한 기괴한 종교'라는 의미가 강한 편이다. 신종교 개념에 대해서는 여러 논의 지점이 있지만,[402] 이 글에서 신종교라는 용어는 가치중립적 차원에서 '개항 전후부터 일제강점기 사이에 나름대로 새로운 대안을 제시한 종교'를 의미한다.

통감부 시기에 신종교 단체는 많지 않은 편이다. 1910년 6월 한국주차 헌병대사령부 자료에는 천도교, 시천교, 경천교(敬天敎), 단군교(檀君敎), 태극교(大極敎), 공자교(孔子敎) 등 6개가 등장한다. 이 가운데 당시 천도교는 1897년 12월경부터 손병희(1861-1922)가 제3세 교주 역할을 맡은, 시천교는 1906년 11월부터 이용구(1868-1912) 등이 설립한 종교이다.[403] 경천교는 천도교에서 분리되어 충청도에 있던, 단군교는 1909년 1월 경성에서 나인영 등이 단군교로 창립해 1910년 8월에 교명을 대종교(大倧敎)로

이상한 종교가 업지 아니한 대"라는 표현이 있다.

400 「米國人의 寄附金, 학교와 병원의 확대, 泰和女子館의 신설」, 『동아일보』, 1921.3.26, 1면.

401 「佛敎靑年에게 바라노라 (二), 在米州 朴魯英(寄), 東洋宗敎와 西洋宗敎(續)」, 『동아일보』, 1921.6.3, 1면.

402 신종교 개념 문제에 관해서는 '이경원, 「한국 신종교의 시대적 전개와 사상적 특질」, 『한국사상사학』 24, 2005, 427-467쪽' 참조.

403 시천교는 일진회의 이용구가 1906년 9월에 천도교에서 출교를 당한 후, 출교자들 중심으로 교우동지구락부(交友同志俱樂部)를 조직했다가 일본 조동종 승려로 합방 활동에 관여한 武田範之(다케다 한시)와 교류하면서 1907년 4월에 개교식을 거행한 종교이다(조규태, 「일제의 한국강점과 東學系列의 변화」, 『한국사연구』 114, 2001, 200-202쪽). 최시형 수제자로 삼암(三菴: 金演局·孫秉熙·孫天民)의 하나인 김연국 등도 1907년 12월경에 합류해 시천교는 교주 이용구, 대예사(大禮師) 김연국 중심의 조직이 된다(같은 글, 204-206쪽). 김연국은 이용구 사후 시천교와 결별해 시천교총부를 조직했다가, 1925년 계룡산 신도안에 상제교를 세운다.

바꾼 종교이다. 태극교는 1908년 유생 여영조(呂永祚) 등이 유교의 부식
(扶植)을 위해 설립한, 공자교는 1907년에 신기선(申箕善, 1851-1909)과 남정
철(南廷哲, 1840-1916) 등이 '다른 국가의 종교 유포'를 우려해 유교의 부식
과 전국의 안녕을 위해 만들어 伊藤博文(이토 히로부미)에게 보조금을 받
았던 종교이다.[404]

그 외에, 1910년 6월 한국주차헌병대사령부 자료에 빠져 있지만, 1910
년 당시에는 증산교(甑山教)와 대종교(大宗教)도 창립된 상태이다. 증산교
는 1901년부터 9년 동안 모악산 등지에서 포교한 강일순(1871-1909) 중심
의,[405] 대종교는 김일부(金一夫) 사후에 하상역(河相易)이 1909년에 창립한
종교이다.[406]

---

404 韓國駐箚憲兵隊司令部, 『韓國社會略說』, 韓國駐箚憲兵隊司令部, 1910(明治 43.6),
pp.26-34. 이 자료에 따르면, 조선의 신교(信教) 부분에는 6개의 신종교 외에 '유교,
불교, 선교(仙教), 개신교(耶蘇教), 천주교', 그리고 각종 미신(迷信)에 관해 서술되어
있다. 한편, "村山智順, 『朝鮮の類似宗教』(調査資料 第42輯), 朝鮮總督府, 1935(昭和
10.9), pp.463-464"에 따르면, 태극교는 1907년경 송병화(宋炳華)가 경성에 본부를 두고
창시한 '유교계 유사종교단체'이며, 경성의 본부가 소멸된 후 함경북도 일부 지역의
지부를 통해 교세를 이어간 것으로 서술되어 있다.
405 이돈화(猪嶽), 「暗影 中에 무쳐 잇는 普天教의 眞相」, 『개벽』 제38호, 1923.8, 29-36쪽.
이 자료에는 강일순에 대해, 금산사(金山寺)에서 "光武 辛丑(1901)으로부터 己酉(1909)
에 至하기까지 9年間의 時間을 自稱 所謂 天地公事를 任行한다 하고 … 多數의 徒弟를
得하엿다 하니라. 己酉 正月(1909년 1월)에 이르러 姜은 天地公事를 終結하엿다 自謂하
고 教統을 高弟 車京石에게 傳한 後 同年 6月에 病死하니 時年이 아즉 29歲의 靑年이엇더
라 姜의 沒後- 教徒가 稱하야 甑山大師 又는 大法天師라 尊稱하며 此에 附屬하야 奇怪虛
誕語不成說의 神話的 傳說이 만히 流行하나…"로 소개되어 있다(같은 글, 30-31쪽).
406 "村山智順, Op. cit., 1935, pp.468-469"에 따르면, 대종교(大宗教)는 1879년(명치 12)경
김재일(金在一)이 역학 중심의 종지를 주창하다가 정부로부터 사교(邪教)로 지목되어
투옥된 바 있는데, 1907년경 김재일의 문인으로 경무관 출신의 하상익(河相益)이 충남
연산에 본부를 두고 포교하다가 경성으로 옮겼지만, 1916년 하상익의 사망 이후 교세
가 쇠퇴하기 시작한 종교이다. 여기서 김재일은 김항(金恒, 1826-98, 자: 道心, 호: 一夫)
을, 하상익은 하상역(河相易)으로 보인다(이돈화(夜雷), 「人乃天의 研究」, 『개벽』 제2
호, 1920.7, 71쪽).

신종교 단체 수는 조선총독부 이후부터 조금씩 늘다가,[407] 1919년 3·1 운동 이후, 즉 1920년대부터 급속히 늘어,[408] 1930년대 중반까지 증가한다. 실제로 1928년경 자료에는 '신앙단체'로 표현된 신종교로 천도교, 시천교, 보천교, 청림교, 태극교, 인도교, 태을교, 대종교(大倧敎), 대종교(大宗敎), 단군교, 공자교, 기자교(箕子敎), 대화교(大華敎), 제우교, 구세교, 흠치교(吽哆敎), 각세교, 용화교, 선도교, 백백교, 인천교, 숭신인조합(崇神人組合), 숭신교회 등 23개가 등장한다.[409] 그 외에 대세교(大世敎)라는 단체도 보인다.[410]

그리고 조선총독부의 조사자료 시리즈 가운데 하나로, 종교유사단체를 계통별로 분류한 1935년 자료를 보면, 여섯 계통별로 약 65개 단체 명칭이 보인다. 이 자료에 따르면, 동학계(東學系)는 천도교(4파) 등 17개, 흠치계(吽哆系)는 보천교 등 11개, 불교계는 불법연구회 등 10개, 숭신계

---

407 윤상훈, 『宗敎寶鑑』, 京城: 崔基龍方, 1915, 83-354쪽. 이 자료에는 불교, 야소교, 귀신교(鬼神敎, 민간신앙-필자주), 회회교(回回敎), 바라문교(婆羅門敎) 외에 태극교, 천도교, 시천교, 대종교(大倧敎), 대종교(大宗敎) 등에 관한 내용이 실려 있다(『한국민족문화대백과』, 종교보감 항목).

408 최병헌, 『萬宗一欒』, 京城: 朝鮮耶蘇敎書會, 1922(大正 11). 이 자료에는 유교, 불교, 선교(仙敎), 회교(回敎; 回回敎), 파교(婆敎), 기독교 등에 관한 내용과 함께 태극교, 대종교(大倧敎), 천도교, 대종교(大宗敎), 태을교(太乙敎), 경천교(敬天敎), 청림교(靑林敎), 제우교(濟愚敎) 등에 관한 내용이 실려 있다. 『만종일련』과 『종교변론』(朴承明, 京城: 朝鮮耶蘇敎書會, 1926)에 대해서는 '이진구, 「한국 근대 개신교에 나타난 자타인식의 구조-『만종일련』과 『종교변론』을 중심으로」, 『종교문화비평』 11, 2007, 138-269쪽' 참조.

409 朝鮮總督府 編, 『朝鮮の犯罪と環境』(朝鮮總督府 調査資料 第23輯), 朝鮮總督府 總督官房 總務課, 1935, pp.98-103. 朝鮮總督府 總督官房 總務課가 1928년 3월에 작성한 서(序)에 따르면, 이 조사 자료는 집무 참고를 목적으로 촉탁인 善生永助가 편찬한 것이다. 서문 작성 일자를 보면, 발행일과 약 7년 차이를 보인다.

410 「特殊事項 決議, 高敞社會團」, 『동아일보』, 1928.1.12, 4면. 이 자료에 따르면, 고창사회단체협의회는 8일에 의장과 서기 선거를 마치고 9일에 성송면(星松面)에 근거를 둔 대세교본부(大世敎本部)를 시찰한다. 대세교의 내막(內幕) 진상을 조사하기 위한 목적이다.

(崇神系)는 관성교 등 16개, 유교계는 태극교 등 7개, 그리고 계통불명(系統不明)은 제화교 등 5개이다.[411] 특히 이 자료는 계통별 연구 등을 포함해 해방 이후까지 신종교 연구 경향에 영향을 미치고 있다는 측면에서[412] 극복 대상으로 주목을 받고 있다.

신종교에 대한 통감부와 조선총독부의 정책을 관통하는 부분은 '신종교의 사이비화 정책'이다. 이 정책의 법적 근거는 간접적으로 1906년 〈종교 선포에 관한 규칙〉이고, 직접적으로 1915년 〈포교규칙〉이다. 이 규칙들의 공유 지점은 '[교파]신도·불교·기독교'만을 '종교'로 인정하고, 그 외의 단체를 '종교가 아닌 종교유사단체'로 구분하는 분류법이다. 그리고 이 법규들을 토대로 신종교는 '종교유사단체'로서 '무언가 유사하지만 결과적으로 종교가 아닌 존재'로 취급된다.

〈포교규칙〉 공포 당시, 신종교의 정치적 활용 가치도 높이 평가되지 못한다. 그와 관련해, 천도교, 태극교, 단군교(檀君敎, 이후 大倧敎), 대종교(大宗敎), 경천교, 시천교 등을 정치적으로 이용하려고 했지만, 종교상의 가치가 없다고 판단했다는 사례도 보인다.[413] 즉 일제강점기에 신종교는 법적으로도, 정치적으로도 소외된 존재였다고 할 수 있다.

주목할 부분은 조선총독부가 유통시킨 '유사종교' 개념이 일본에 없던, 즉 조선총독부의 창작물에 가깝다는 점이다. 메이지정부 시기, 특히

---

411 村山智順, Op. cit., 1935, pp.18-478. 한편, "「全朝鮮에 散在한 團體 總計 六千三百九十, 思想團體는 逐年 減少, 宗敎類似團體만 激增 傾向」, 『동아일보』, 1934.11.20, 2면"에 따르면, 1934년 11월 당시, 조선총독부가 조사한 각종 단체 6,396개 가운데 종교단체가 712개, 종교유사단체가 1,216개이다. 그리고 정치, 민족, 사회, 무정부, 노동, 농민, 소년, 여성, 형평[사], 종교 등의 단체는 해마다 감소하고, 청년, 학생, 종교유사단체 등은 해마다 증가한다. 이 중에 세상 사람의 이목을 끄는 것은 각종 사상단체 등의 감소와 정반대로 '혹세무민'을 하는 '종교유사단체' 등이 장족적으로 늘어가고 있다.
412 강돈구, 『종교이론과 한국종교』, 박문사, 2011, 534-582쪽.
413 永野清·田口春二郎, 『朝鮮行政法要論』, 京城: 巖松堂京城店, 1915, p.243.

〈대일본제국헌법〉 전후 시기부터 일본이 제도적·사회적 차원에서 사용한 용어는 공인(公認)과 대립되는 '비공인(非公認)', 공인교(公認教)에 대립되는 '비인교(非認教)'이다.[414] 예를 들어, 1899년 자료에는 정교 관계의 혼란을 초래한다는 이유로 '야소교의 공인(耶蘇敎の公認)'이 필요 없다는 기독교 비공인론(非公認論)을 보여준다.[415] 1909년에 신사와 관련해 〈비공인신사(非公認神社)를 공인신사(公認神社)에 합병하는 건〉이라는 법규가 제정되기도 한다.[416]

　메이지정부 이후 일본의 공인교 개념은 주로, 일반 정치·사회집회의 경우와 달리, 국가가 '법률상 종교'로 인정한 종교의 의례와 집회를 세밀하게 제한하거나 엄중하게 취체하지 말아야 한다는 의미를 담고 있다.[417] '공인교(公認教)와 비공인교(非公認教)'라는 용어는 1921년 자료에 좀 더 구체적으로 설명되어 있다. 그에 따르면, '법률상 공인교'는 문부성 종교국(宗敎局)의 감독을 받으며 칙임(勅任) 대우를 받는 관장(管長)이 있는 경우를 말한다. 그에 비해 '비공인교'는 문부성 종교국의 인가와 감독을 받지 않고 '법률상의 관장'도 없으며 어떤 간섭도 없이 '절대 독립'해

414　井上毅,『日本政教論』, 東京: 哲學書院, 1889, pp. 20-29; 藤原林元,『各國公認教要略』, 東京: 秀英舍, 1898, pp. 1-47; 藤鄕了澄 述,『巢鴨監獄敎誨問題 演說要領, 附: 各國公認敎一斑』, 北村淨照, 1899, pp. 1-20; 人見一太郎,『歐洲見聞錄』, 東京: 民友社, 1901, pp. 151-160. 1889년 자료에는 공인교 제도를 설치할 필요성과 관련 규칙, 공인교의 명칭과 대우 방법 등, 1898년 자료에는 영국, 프랑스, 미국 등의 공인교에 대한 내용이 담겨 있다. 1901년 자료에는 '공인교와 비인교(公認教と非認教)'라는 표현이 들어 있고, 1906년 자료에는 〈헌법〉상 '신교의 자유'와 공인교의 연관성을 서술하고 있다.
415　葦名慶一郎 編纂,『耶蘇敎非公認論』, 東京: 仏敎國民同盟會出版部, 1899, pp. 124-131. 이 자료 서문은 '종교의 공인(宗敎の公認)'이라는 표현으로 시작된다.
416　日吉紋次郎 編,『現行府縣社以下神社法規』, 宮崎縣: 宮崎縣神職會, 1915, p. 74. 이 자료에 있는 〈非公認神社ヲ公認神社ニ合併ノ件〉(兵 第766號 通牒, 明治 42.12.7)은 비공인 신사의 공인 신사에 합사(合祀)하려고 출원(出願)할 경우, 그 비공인 신사에 대한 종래의 사실을 알 수 있는 증빙자료를 첨부해야 한다는 내용이다.
417　田中次郎,『日本帝國憲法論』(帝國百科全書 第33編), 東京: 秀英舍, 1906, pp. 147-155.

있는 경우를 말한다.[418]

조선총독부가 일본에 없던 '유사종교' 개념을 〈포교규칙〉에 넣으면서 조선 사회에는 제도적 차원에서 '종교와 유사종교'의 대립 구도가 만들어진다. 그리고 신종교를 '유사종교' 범주에서 '참된 종교'와 질적으로 다른 존재로 인식하는 경향이 나타난다. 문제는 '유사종교'와 '비공인 종교'가 갖는 파급력이 다르다는 데에 있다. '비공인'은 국가를 행위 주체로 만들지만, '유사'는 국가가 아니라 해당 종교를 행위 주체로 만들기 때문이다. 즉 '비공인'은 무언가 부족해 국가가 종교로 공인하지 않는다는, '유사'는 종교가 아닌 존재가 종교 행세를 한다는 인식을 만들어낸다.

2) 기독교계 신종교와 다른 신종교의 차별화

1919년 3·1운동 이후, 조선총독부가 정치 형태를 이른 바 '무단정치'에서 '문화정치'로 전환하지만, 신종교에 대해서는 여전히 '종교'로 인정하지 않는다. 그리고 신종교 관련 업무를 학무국이 아니라 경무국을 포함한 경찰 조직에서 맡게 한다. 다만, 지방에서 종교 자료를 집계할 때 천도교와 시천교를 '종교유사단체'에 포함한 경우가 보이지만,[419] '종교 공인'과는 거리가 멀다.

신종교 정책에서 주목할 부분은 조선총독부가 기독교계 신종교와 다른 신종교를 동일하게 인식하지 않았다는 점이다. 이와 관련해, 조선총

---

418 出口王仁三郎 編, 『八面鋒』, 京都: 皇道大本 大日本修齋會, 1921, pp.1-2.
419 "平安南道, 『平安南道の教育と宗教』, 平安南道, 1930, pp.92-95"에 따르면, 평안남도의 1929년(소화 4) 12월 집계 자료에 따르면, 종교유사단체는 천도교와 시천교가 있다. 천도교의 교세는 집회소 158개, 포교자 255명, 교도 수 14,086명, 신교도(信敎徒) 2,362명, 탈퇴 1,199명이다. 시천교의 교세는 집회소 8개, 포교자 6명, 교도 수 430명, 신교도(信敎徒) 20명, 탈퇴 81명이다.

독부는 조선의 신종교를 종교로 인정하지 않으면서 기독교계 신종교를 기독교계 '종교'로 공인하는 모습을 보인다. 이는 조선총독부가 '조선인의 종교'만을 제재 대상이라고 인식했다는 것을 시사한다.[420] 여기서 '조선인의 종교'는 외국인이 관여하지 않은 '조선인만의 종교'를 의미한다. 즉 조선총독부는 외국인이 관여한 기독교계 신종교와 그렇지 않은 '조선인만의 종교'를 구분해 각각 '종교'와 '사이비종교'의 범주를 적용한 셈이다.

1930년대와 1940년대에도 조선총독부의 종교 분류법이 지속되면서 신종교는 경찰 조직에게 해산이나 중지 등을 당하는 제재 대상이 된다. 이와 관련해, 조선총독부는 1932년 2월부터 종교단체에 관한 사항을 학무국 사회과, '종교유사단체'에 관한 사항을 경무국 보안과에 배정하는데, 학무국 사회과는 1935년 6월에 '심전개발'과 '종교 정화'를 위해 종교취체에 관한 회의를 개최해 '종교 정화운동'을 통한 사찰의 정화, '종교유사단체'와 '무당배(巫黨輩)'에 대한 경무국의 철저한 취체 등의 방침을 확정한다. 이러한 '종교유사단체의 적극적 탄압과 취체' 방침은 신종교가 정치·사상운동으로 변하기 쉽다는 인식 때문이다.[421]

조선인만의 신종교는 '종교'로 인정을 받지 못할 뿐 아니라 '사상 범죄'

---

420 「宗教宣布와 法人許可, 朝鮮人의 各敎에는 無關」, 『매일신보』, 1920.5.9, 2면. 이 자료에 따르면, 조선총독부는 그 동안 '조선인의 각교(各敎)'에 대해 종교단체로 인정하지 않아 직접 감독하지 않고 경찰 당국에서 취체해서 해산과 중지 등을 진행하게 했고, 따라서 〈포교규칙〉의 제반 규정을 적용하지 않는다. 그리고 금회 포교에 관한 취급 규정이 개정되어 법인신청을 허가한다 할지라도 '조선인 각교'에는 적용치 않을 방침이다.

421 「宗教類似團體를 嚴重 取締할 方針」, 『동아일보』, 1935.6.7, 2면. 이 기사에 따르면, '종교유사단체'는 60여 단체 30만 명로, 종교단체의 90%이다. 1935년 6월 회의 참석자는 조선총독부 학무국 사회과 관계직원, 경무국의 보안과장과 경무과장, 관계 각 사무관, 계원, 그리고 경기도의 보안과장, 고등과장, 학무과장 등이다.

대상이 된다. 이와 관련해, 1934년 '사상범죄' 관련 자료에는 동학 계통으로 천도교·시천교·수운교, '흠치교(吽哆敎) 또는 태을교(太乙敎)' 계통으로 보천교·무극대도교(전북 태인군)·증산교(전북 전주군)·동화교(東華敎, 전북 김제군)·증산대도교(전북 김제군)·미륵교(전북 김제군)·대세교(大世敎, 전북 고창군)·용화교(龍華敎, 경남 함양군) 등을 '조선의 종교유사단체'로 명시한다.[422]

결과적으로 보면, 교파신도·불교·기독교와 달리, 통감부와 조선총독부가 조선인만의 신종교를 종교로 인정하지 않았기 때문에 조선의 신종교는 신고나 허가의 법적 의무를 갖지 않는다. 다만, 조선총독부가 천도교의 종교 인정 여부를 고민한 흔적과 함께,[423] 신종교가 〈포교규칙〉의 적용을 받으려고 한 흔적은 보인다. 이와 관련해, 1922년 12월에 이선평은 각세도(覺世道)를 '종교'로 공인받기 위해 "소관 서대문 경찰서 당의 손을 것치어 당서를 조선 총독에게 뎨출"한 사례가 보인다.[424] 그렇지만 조선총독부가 조선의 신종교에 〈포교규칙〉를 적용한 사례는 찾기 어렵다.

---

[422] 中川矩方, 『內地·鮮·台·滿洲國思想犯罪搜査提要』, 東京: 新光閣, 1934, pp.412-438.
[423] 「簇生하는 宗敎에 對하야」, 『동아일보』, 1920.7.22, 3면. 이 자료에 따르면, 총독부에서 종교로 인정하면 포교규칙에 의지해 종교를 선포하게 하지만, 그렇지 않은 것은 종무 행정에 표면으로 종교라 인정하지 않으므로 포교규칙의 적용도 받지 않고, 보통의 집회결사나 마찬가지로 보아 경찰 편에 맡겨 버리고 종교과에서는 직접적으로 상관하지 않는다. 다만, 1919년 3·1운동에 천도교인들이 독립운동의 주당이었기 때문에 천도교가 종교단체로 정치운동을 한 것은 아니지만 총독부와 일본인들은 천도교의 처치 문제가 된다. 그리고 천도교는 조선에서 역사가 오래되고 신자도 많기 때문에 총독부에서 종교로 인정할 것인지에 대해 고민한다. 그렇지만 아직 구체적으로 그 방침을 강구하지 못한 상태이고 총독부의 종교 방침은 변동이 없을 듯 하다.
[424] 「簇生하는 所謂宗敎 ─ 이번에는 또 '각세교'가 생기어」, 『동아일보』, 1922.12.11, 4면. 이 기사는 '각세교(覺世敎─각세도)'의 이선평에 대해 "대개 근일 종교의 일홈을 비러 협잡하는 자가 아니면 일종의 정신병자"라고 비판한다. 기사 제목의 족생(簇生)은 '뭉쳐나기'라는 의미이다.

조선의 신종교에 어떤 신고나 허가의 법적 의무가 없었다는 것은 달리 말하면 경찰 조직이 언제든지 신종교의 의례나 행사를 '일반 집회' 차원에서 제재할 수 있다는 의미이다. 실제로 통감부는 주로 1906년 4월 〈보안규칙〉(통감부령 제10호), 1907년 7월 〈보안법〉(법률 제2호), 1908년 10월 〈경찰범처벌령〉(통감부령 제44호), 1909년 10월 〈한국에 있어서의 범죄 즉결령〉(칙령 제240호), 1910년 8월 〈정치에 관한 옥외다중집회를 금하는 건〉(통감부 경무총감부령 제3호) 등을 적용해 신종교를 통제한다.

　이어, 조선총독부 시기에는 1910년 12월 〈범죄즉결례〉(제령 제10호), 1912년 3월 〈경찰범처벌규칙〉(부령 제40호) 등으로 신종교를 통제한다. 그리고 1919년 3·1운동 이후, 신종교는 1919년 4월 〈정치에 관한 범죄처벌 건〉(제령 제7호),[425] 1923년 9월 〈치안유지를 위한 벌칙에 관한 건〉(칙령 제403호), 1925년 4월 〈치안유지법〉(법률 제46호)의 적용을 받는다. 또한 1931년 9월의 만주사변 이후 1937년 7월의 중일전쟁으로 전시 상태가 심해지면서 1941년 2월에 공포된 〈조선사상범예방구금령〉(제령 제8호)의 적용을 받는다.

　이러한 법규들은 끊임없이 '미신적 행위'로 인식한 무속과 점복의 경우에도 적용된다. 무속과 점복은 특히 1908년 10월 〈경찰범처벌령〉(통감부령 제44호)과 1912년 3월 〈경찰범처벌규칙〉(부령 제40호) 등 경찰범 처벌

---

425 "〈政治二關スル犯罪處罰 ノ件〉(제령 第7号, 大正 8.4.15), 『官報』第2012号. 1919.4.21"에 따르면, 정치 변혁을 목적으로 다수가 함께 안녕질서를 방해하거나 방해하려고 하는 자는 10년 이하의 징역 또는 금고에 처하되, 〈형법〉제2편 제2장 규정에 해당할 때는 〈형법〉을 적용하고, 정치 변혁을 목적으로 선동하는 자의 벌도 마찬가지이다(제1조). 제1조의 죄를 범하는 자가 발각 전에 자수할 때는 그 형을 감경하거나 면제한다(제2조). 이 령(令)은 제국일본 외에 제1조의 죄를 범하는 제국신민에게도 적용한다(제3조). 이 법규는 1911년(명치 44) 〈朝鮮二施行スヘキ法令二關スル件〉(법률 제30호)에 따른 3개조의 법규이다.

관련 법규의 적용을 받는다.[426] 그 배경으로는 일반인에게 길흉화복이나 부적 등을 주는 행위, 병자를 대상으로 한 기도나 부적 등을 주는 행위에 대한 처벌 조항이 경찰범 처벌 관련 법규에 포함되어 있었다는 점을 들 수 있다. 그 외에 1914년 10월에 조선총독부 경무총장 명의로 공포·시행한 〈안마, 침, 뜸 영업 취체규칙〉도 무속과 간접적으로 관련된 법규이다.[427] 그 외에 경무국 보안과(保安課)에서는 무속인들의 집회 금지를 통해 무속을 제재하는 모습을 보인다.[428]

3) 신종교·무속의 단속

구체적으로, 신종교에 대한 통제 사례들을 보면, 1921년 3월과 4월에 곡천(谷川) 원산 경찰서가 '수상한' 조선인이 선도교(仙道敎)를 선전해 인민을 유혹하고 금전을 편취한다는 이유로 관련자 8명을 체포하고 '배일 음모 사건'으로 확대해 다시 관련자 100여 명을 체포한다.[429] '제령 위반'

---

426 「巫卜 嚴重 取締」, 『동아일보』, 1932.10.27, 4면; 「開城 一帶 盛行하는 巫堂 판수를 嚴禁」, 『동아일보』, 1932.12.21, 5면; 「巫黨에 鐵槌」, 『동아일보』, 1933.8.5, 3면; 「무당 판수를 徹底히 取締」, 『동아일보』, 1934.1.28, 3면; 「欺人 騙物을 專業하는 무당徒輩를 膺懲」, 『동아일보』, 1939.3.1, 2면.

427 〈按摩術, 鍼術, 灸術營業取締規則〉(警務總監部令 第10號, 大正 3.10.29), 『조선총독부 관보』 제673호, 1914.10.29. 이 규칙에 따르면 '안마, 침, 뜸' 영업을 하려면 제반 서류를 경무부장(경성은 경무총장)에게 제출해서 면허(免許)를 받아야 한다(제1조). 이 규칙 시행 전에 허가를 받았거나 신고(届出)해 영업하고 있는 자는 시행일로부터 60일 내 제1조에 따라 면허를 출원(出願: 제출)해야 한다(부칙).

428 「慰靈, 招魂과 弊害없는 祈禱」, 『동아일보』, 1935.3.14, 2면; 「迷信과 巫黨의 巢窟, '靈光園' 撤去 要望」, 『동아일보』, 1935.7.13, 2면.

429 「仙道를 標榜하는 秘密團體 大檢擧, 선도교도 빅여 명 원산서에 검거되야 방금 취됴하는 듕」, 『동아일보』, 1921.4.26, 3면. 이에 따르면, 선도교는 4년 전 '제주도 의병사건' 수령인 전북 정읍면의 차경석을 교주로 삼아 국권 회복을 도모하면서, 교도가 55,000여 명이 되면 독립운동을 일으키려던 배일음모단체이다. 원산경찰서에서 100여 명을

으로 태을교 신자가 체포되고,[430] 집회 해산 과정에서 태을교 신자가 '치안위반과 집무 방해'로 총을 맞아 즉사하기도 한다.[431] 1923년에는 보천교도 신찬우(申贊雨)가 김좌진의 부하가 되어 군자금을 모집했다는 이유로 검거되어 취조를 받는다.[432]

1927년에는 김중건(金中健) 등 원종교(元宗敎) 관계자들이 〈치안유지법〉 위반 혐의로 검거된다. 그렇지만 재판 과정에서 원종교의 무국주의(無國主義)가 무정부주의가 아니라 종교적 주장이고, 실제로 농촌운동을 실천해왔으므로 무국주의가 〈치안유지법〉 위반 조문에 적용될 범죄가 아니라는 판결이 나와, 검사가 공소를 취하하면서 마무리된다.[433]

체포했지만 실제 수는 수만 명이고, 교도는 독립적립금으로 많은 돈을 낸다. 신도는 '믿으면 병에 걸리지 아니하고 죽은 선조(先祖)의 혼령을 볼 수 있으며 차경석은 신선의 술법에 능통해 천지의 일을 뜻대로 할 수 있고 항상 구름을 타고 다니는데 전남 지리산에서 360명 제자를 양성하는 중이며, 금년 음력 7월경에 조선 전국에서 독립운동을 일으켜 지금부터 3년 후 3월 15일에 조선의 임금이 되며 그 때 신도는 고관대작이 되어 행복한 생활을 할 수 있다'는 신조를 믿는다. 차경석의 가족은 제주도에서 상당한 생활을 하는데 제주도 폭동사건 후에 종적을 알 수 없다. 교주는 신선이 되어 어디 갔다가 선도교 기도일에 집에 돌아오지만 사람 눈에 보이지 않는다.

430 「太乙敎人의 獨立運動, 징역 이년 불복, 박희빅은 공소」, 『동아일보』, 1921.8.6, 3면. 이 자료에 따르면, 강원도 강릉군 신리면의 박희백은 1919년 음력 6월경에 태을교에 가입해 조선의 독립과 임금 등극설을 퍼트리고 교인을 모으고 담뱃대에 태극과 칠성(七星)을 새겨 '한국'을 기념하고 제단을 모아 칠성에게 조선 독립을 기도하고, 1920년 음력 3월 경에 신자에게 다수의 금액을 거둔다.

431 「太乙敎徒 銃殺은 치안위반과 집무방해로 부득이한 일이라는 당국, 調査員 出發」, 『동아일보』, 1922.8.22, 3면. 이 자료에 따르면, 1923년 8월 당시, 전남 고흥(高興)경찰서 소속 순사부장과 7명의 순사가 태을교 행사장에 가서 해산을 명령하지만 교도들이 물리적으로 저항하자 권총을 발사해 1명을 즉사하게 하고 해산시킨다. 총독부 경무국은 이들이 치안위반과 집무방해죄에 상당한다고 발표하고, 경성의 보천교본부에서는 현상을 조사하기 위해 이종익(李鍾翊)을 조사원으로 보낸다.

432 「兪政根 外 五人은 畢竟 檢事局에, 김좌진의 청구로 군자금을 모집코자 준비한 사실 발각」, 『동아일보』, 1923.8.2, 3면.

433 「無政府와는 判異, 현제도 밋헤 잇는 종교의 주의, 無罪言渡한 裁判長 解釋」, 『동아일보』, 1927.6.15, 2면; 「檢事가 控訴取下 六名 全部 白放, 공판 중에 검사가 돌연 공소취하 전부 여섯 명이 무죄로 백방되여, 無國主義者 公判 續行 中」, 『동아일보』, 1927.10.9,

1929년 7월에는, 이미 1919년 3·1운동을 주도한 손병희 등에 '내란죄'를 적용한 바 있지만,[434] 보천교 교주 차경석과 간부들이 '내란죄'로 취조를 당하고, 행사에 대해서는 집회 금지 처분을 당한다.[435] 동시에 전주지방법원 정읍지청 검사국에서 보천교의 이전 간부였던 채규일(蔡奎一)에 관한 15,000원 고소사건을 확대해 보천교 방주(方主) 김홍규(金洪奎)와 김기용(金基鏞) 등 50여 명을 '내란죄'로 취조한다.[436]

이러한 조치들의 이면에는 '조선인이 인지(人智)가 아직 미개해 미신의 힘이 매우 강하고, 이른 바 음사사종(陰祀邪宗)을 신앙하는 자가 적지 않고, 우민(愚民)을 미혹시키는 무녀, 기타 각종 가지기도(加持祈禱)도 성행하고 있다'는 조선총독부의 인식이 존재한다. 그리고 이에 대해 조선총독부는 교육을 보급해 종교(교파신도·불교·기독교)의 감화로 조선인을 정신적으로 선도해야 한다는 입장을 취한다.[437]

1931년 9월의 만주사변이 1932년 3월의 만주국 건국으로 이어지는 상황에서 조선총독부는 신종교 통제를 강화한다. 그 결과, 신종교 교세는 감소 추세를 보인다. 예를 들어, 경기도는 1932년 12월 말에 '종교유사단체' 현황을 집계하면서, 1919년 3·1운동 이후 '무수한 종교적 단체가 출현'했지만, 점차 교세가 부진한 상황이라고 판단한 바 있다. 1932년 12월에 집계된 경기도의 '종교유사단체' 현황은 다음과 같다.[438]

2면.

434 「孫秉熙 等 四十七名 豫審終決, 內亂罪로 決定」, 『매일신보』, 1919.8.3, 3면.
435 「內亂罪로 取調에 着手, 魔術劇의 終幕도 不遠, 斷末魔의 普天敎主 次京石」, 『동아일보』, 1929.7.15, 2면.
436 「內亂罪로 普天敎徒取調, 오십여 명을 구인하고, 井邑法院支廳에서」, 『중외일보』, 1929.7.3, 2면.
437 朝鮮總督府 編, Op. cit., 1935, pp.98-103.
438 朝鮮總督府, 『京畿道ノ敎育ト宗敎』(昭和八年), 京城: 朝鮮總督府, 1933, pp.125-128.

<표 29> 경기도의 '종교유사단체' 현황(27개) / 1932년(소화 7) 12월 말

	天道教	侍天教	大華教	正道教	關聖教	人天教	檀君教	甘露法會	青林教	神理宗教	大宗教	白白教	佛教極樂會	大道教
포교소	35	2	1	1	3	1	1	1	1	1	1	1	1	1
포교자	47	11	2	-	2	1	-	1	-	1	-	-	-	3
신도	2,082	295	200	1,350	2,170	7,900	60	157	63	1	30	54	4	3

	大覺教	普天教	大正龍華教	聖化教	靈神教	水雲教	天人道	文化研究會	大成教	代天教	大世教	東天教	圓融道	합계
포교소	1	1	1	1	1	1	1	1	1	1	1	1	2	65
포교자	2	1	1	1	1	-	1	1	-	-	-	-	-	76
신도	48	36	154	32	50	100	582	50	-	-	-	3	-	15,424

　　조선총독부는 1930년대 중반부터 무속과 신종교에 대한 통제 수위를 높인다. 무속의 경우에는 사회적으로도 '미신'으로 인식해 계속 비판과 단속 대상이 된다. 비록 1920년에 일본인이 무당을 모아 '숭신인조합'을 만들어 조선총독부의 묵인(黙認)을 받기도 하지만,[439] 당시 『동아일보』 기자는 "아직까지도 警察犯處罰令에 싯퍼러케 잇지만" '미신도 정도만 넘지 않으면 관계가 없다'는 당국자의 말을 "黑도 白이라고 解釋만 하면 되는 것 갓다"고 비난한다.[440] 이는 무속에 <경찰범처벌령>을 적극 적용

---

439 「崇神人組合이란 何, 텬도교와 조선민족의 사상을 어지럽게 하랴는 백주의 요마=소봉원작」, 『동아일보』, 1920.6.3, 3면. 이 가사에 따르면 '무녀조합'은 1919년 3월에 천도교도가 독립운동에 참가한 후 일본인 小峯源作이 천도교도의 독립운동에 대항해서 조선과 일본 민족의 동화를 철저히 실현하겠다는 주의로, 천도교의 취지를 따라 제세교(濟世敎)를 만들어 천도교인의 입교를 권한다. 그렇지만 응하는 사람이 없자, 제세교를 한화석(韓華錫)에게 맡기고, 다시 태을교를 이용해서 제화교(濟化敎)를 설립해서 서대문정 2정목에 사무소를 두고 교인을 모집한다. 그렇지만 응하는 사람이 없자 일본 이름 탓이라고 생각해 이름을 김재현(金在賢)으로 고쳤지만 효험이 없다. 이에 일본인은 미신으로 조선인의 마음을 끌어 민심의 안정을 도모하겠다는 취지로 무당을 모아 '숭신인조합'을 만들고 경기도 제3부에 청원했는데, 제3부에서는 허가 여부를 말하지 않고 관망한다. 그리고 일전에 제3부에 근무하는 경부 윤병희가 와서 간판을 달라고 한 후 '청진동 삼화여관'에 '숭신인조합사무소'라는 간판을 붙인다.

440 「歲月맛난 巫女와 卜術」, 『동아일보』, 1921.9.5, 4면.

해야 한다는 주장이다. 1922년 10월에는 숭신인조합 폐해에 대한 진정서가 접수되자, 평남경찰부 보안과가 강력 단속 방침을 세우기도 한다.[441] 그럼에도 불구하고 1920년대에 경성부·개성부 중심으로 9개 신도계 숭신단체와 관성교·숭신인조합·기자교 등 11개 숭신단체가 만들어지고, 이 단체들이 1930년대까지 존립하게 된다.[442]

1930년대에는, 비록 심전개발 정책 차원에서 '민중의 고유사상이라는 귀신신앙'을 적당히 지도해야 한다는 제안도 있었지만,[443] 1933년 11월경에 총독 宇垣一成(우가키 가즈시게)가 '무녀취체법(巫女取締法) 제정'의 가부를 중추원에 자문하기도 한다. 중추원시정연구회는 '무녀가 미신의 소산'이므로' 법규로 엄중 취체하는 것이 적절하지만, 일시에 금지하면 무녀 13,000명이 생활을 못해 사회문제가 된다고 지적한다. 그리고 급격한 탄압보다 신규 개업 불허, 기도료 한도 책정, 의료행위 엄금, 풍속 문제 예방 차원에서 기도 시 암실(暗室) 사용 금지 등으로 종래 취체법(取締法)을 개정하고, 동시에 조합을 조직하게 해서 지도하고, 민중의 지적 향상을 도모해 미신의 발생 여지를 없애는 '점감주의'를 채택해야 한다고 답변한 바 있다.[444]

---

441 「崇神人을 嚴重 團束」, 『동아일보』, 1922.10.9, 3면.
442 문혜진, 「일제식민지기 숭신단체의 양상과 변화－경성·경기 지역 숭신단체를 중심으로」, 『민속학연구』 34, 2014, 87-109쪽(특히 95쪽, 102-103쪽). 이 자료에 따르면, 신도계 숭신단체는 황조신 아마테라스를 조선의 무격들에게 섬기게 하여 신도를 중심으로 조선의 무격들을 동화시키려는 성격을 보인다(같은 글, 105쪽).
443 최석영, 「일제하 일본인에 의한 무속조사의 계보」, 『일본학연보』 8, 1998, 117-118쪽.
444 「巫女取締는 漸減, 驛名(朝鮮文) 廢止 反對, 三항목과 기타 중요 문제 답신, 中樞院施政研究會에서」, 『동아일보』, 1933.11.24, 2면. 이에 따르면, '무녀취체법 제정' 가부에 대해서는 '미신의 소산인 무녀의 해독이 크므로 법규로 엄중히 취체하는 것은 시의에 적절하다. 그러나 일시에 금지하면 13,000명 무녀들이 생활을 잃어 사회문제를 야기할 수 있다. 그러므로 급격한 탄압주의가 아니라 신규개업 불허, 미신에 끌려 법외 금품을 빼앗기지 않도록 祈禱料의 최고한도 지정, 의료행위 엄금, 풍속상 문제를 일으키기

다만, 선행연구의 지적[445]과 달리, 조선총독부가 별도로 '무녀취체규칙' 또는 '무당취체규칙'이라는 법규를 공포·시행한 것은 아니다. 오히려 울산숭신인조합이 중일전쟁의 상황에서 국방헌금을 헌납해 존재감을 알리기도 한다.[446] 그렇지만 무속인은 일반 법규를 통해 계속해서 단속 대상이 된다.[447]

신종교의 경우, 1934년 경무국은 당시 '종교유사단체들'이 "시국을 이용하여 별별 유언비어를 유포하며 민심을 분요케 하는 일이 경향 간에 속출"한다는 이유로 '종교유사단체'를 조사하겠다는 통첩을 각 도에 보내고, 보안과에 '종교유사단체'뿐 아니라 각종 종교단체의 활동이 활발하던 평안남도의 종교단체 현황을 시찰하게 한다. 그리고 이 조사 자료를 토대로 '종교유사단체'와 기타 종교단체에 대해 취체 방침을 확립할

않도록 기도할 때 暗室 사용 금지 등으로 取締法을 개정해 해독을 적게 하고, 조합을 조직하게 해 적당하게 지도하는 한편, 민중의 지적 향상을 도모해 미신 발생 여지가 없도록 점감주의를 채택해야 한다고 한다.

445 문혜진, 앞의 글, 2014, 100쪽; 이방현, 「식민지 조선에서의 정신병자에 대한 근대적 접근」, 『의사학』 22-2(통권 제44호), 2013, 535쪽. 다만, 선행연구에서 "이방원, 「일제하 미신에 대한 통제와 일상생활의 변화」, 『일제시기 근대적 일상과 식민지 문화』, 이화여대출판부, 2008』를 근거로 "1933년 10월에는 경무국에서 「무녀취체법규」를 제정하기로 결정하였고, 1934년 4월부터 시행함"(문혜진, 같은 글, 100쪽), "총독부 경무국은 드디어 무당의 활동을 통제하기 위하여 '무녀취체법규'를 제정하기로 결정하고(1933년 10월), 1934년 4월부터 시행하기에 이른다"(이방현, 같은 글, 535쪽) 등으로 서술한 부분은 확인이 필요하다. 〈무녀취체법규〉는 공식 제정되지 않았던 것으로 보인다. 선행연구 근거인 "이방원, 「일제하 미신에 대한 통제와 일상생활의 변화」, 『동양고전연구』 24, 2006, 296-297쪽"에도 '경무국의 立田 경무과장이 '무당 취체'를 위해 법령을 연구 중이고 중추원 회의를 거쳐 1934년 4월경에 시행될 것(「明年 四月頃 取締令 實施」, 『동아일보』, 1933.10.27, 2면)'이라는 기사가 있을 뿐이다.
446 「國防獻金·慰問金」, 『동아일보』, 1938.1.12, 7면. 이 자료에 따르면, 울산숭신조합(蔚山崇神組合)에서 김조합장 외 조합원이 모두 모여 국방헌금을 모집해서 120여 원을 울산서와 울산군에 준다.
447 「'咸北崇神組合' 組織하고 惑世誣民輩 橫行, 벌써 組合員 一名은 拘留中, 淸津警察 嚴重 團束」, 『동아일보』, 1935.7.24, 5면; 「巫女 等 團束」, 『동아일보』, 1939.9.1, 7면.

계획을 세운다.[448]

1934년 8월에는 조선총독부가 〈치안유지법〉의 1935년 개정안을 앞두고 700여 명의 고등전임 경관을 증원하고, "종래 거의 손을 대지 아니하엿든 불량종교단체의 취체"를 위해 고등과장회의 고등사무강습회를 개최한다. 그리고 조선 고등경찰의 사상 사건에 관한 수사비화(搜查秘話)를 모집해 책으로 만들어 각도 고등관계의 경찰관 교양에 제공할 계획을 수립한다.[449]

1935년 1월에는 경무국이 1934년에 각도 '종교유사단체'와 교도 수효를 단체 127개, 교도 20만 명으로 집계한 내용을 공개하고, '흠치'나 『정감록』 등을 이용해 유언비어를 퍼뜨리거나 재물을 편취하거나 정신을 혼돈스럽게 만드는 무리를 엄중 취체하고, 무당과 판수 등으로 이루어진 '숭신인조합' 등 부녀자 재물을 편취하거나 기도와 굿 등으로 시간을 끌어 인명을 빼앗는 무리를 취체·처리한다는 방침을 밝힌다.[450] 동년 6월에는 '종교유사단체'와 '무당배'의 '철저한 소탕 방침'을 밝힌다.[451] 또한 일본에서 대본교와 천리교 불경 사건을 통제하던 동년 12월에는 경무국이 전북 경찰부를 지휘해 보천교의 철저한 소탕 방침을 논의한다.[452]

---

448 「宗教類似團體를 今後嚴重取締方針, 各道에 通牒코 嚴重警戒」, 『동아일보』, 1934.7.27, 4면.
449 「極右行動 敢行하는 不良宗教團 團束, 명년부터 단속을 실행코저 高等專任 警官 配置」, 『동아일보』, 1934.8.20, 2면.
450 「民衆을 愚弄하는 宗教類似團體, 全朝鮮에 百卅七教 教徒가 二十萬名, 迷信을 鼓吹하여 財物을 騙取, 取締, 處分이 注目處」, 『동아일보』, 1935.1.17, 2면.
451 「宗教類似團體를 嚴重取締할 方針, 類似團體가 宗教團體의 九割, 教徒가 卅萬人을 超過」, 『동아일보』, 1935.6.7, 2면.
452 「宗教類似團體에 鐵椎, 筆頭는 普天教 掃蕩, 警務當局에서 全北警察部 指揮, 全朝鮮的으로 旋風 捲起」, 『동아일보』, 1935.12.19, 2면. 이 자료에 따르면, 당시 일본에서는 내무성

1936년 이후에도 보천교 등의 신종교에 대한 경무국 통제는 계속 진행된다.[453] 특히 백백교(白白敎) 사건을 명분으로, 경무국 차원의 신종교 통제는 강화된다. 백백교 사건을 계기로 경기도 경찰부가 관내 "사교(邪敎) 박멸에 착수"해 평강(平康)에서 선도교(仙道敎) 사건, 수원에서 인도교(人道敎)를 적발하는 식이다.[454] 무속인의 경우에도 '미신업자'로 인식해 '사기취재(詐欺取財)로 인한 취체 대상'으로 삼는다.[455] 『동아일보』 기사를 토대로 1930년 이후 신종교 통제에 대한 몇몇 사례를 정리해보면 다음과 같다.

에서 경도 경찰부를 지휘해 '불경 사건'을 명분으로 대본교도(大本敎徒)를 대검거해 철저하게 소통하는 중이고, 천리교(天理敎)에 대해서도 동일한 점이 있어 검거한다.

453 「沒落의 普天敎, 陳情도 虛事」, 『동아일보』, 1936.7.5, 2면; 「普天敎 最後 悲鳴, 二百五十 幹部」, 『동아일보』, 1936.6.28, 2면.

454 「人道敎 中心·怪秘社 全貌, 共産主義의 秘社 摘發, 幹部 三十三명 不日 送局, 所謂 新國家 建設을 標榜코 愚昧한 儒林層 網羅」, 『동아일보』, 1937.9.5, 2면; 「邪敎 取締의 強化, 指導와 彈壓의 倂行 期待」, 『동아일보』, 1938.1.15, 3면. 1937년 자료에 따르면, 1937년 3월부터 7개월 만에 80여 명을 검거하고, 채경대(蔡慶大, 48), 김행식(金珩式, 五一) 등 33명에 〈치안유지법〉 위반을 적용한다. 사건 내용은 '인도교라는 종교유사단체'를 표방하면서 이면으로 공산주의를 선전해 소위 '신국가 건설'을 음모한 것이며, 유불선 3교의 내용으로 우매한 유림층에 삼투(滲透)한 점이 "종전에 볼 수 없었던 기괴한 비밀결사"라는 것이다. 그리고 이들이 조선에서 목적 수행이 불리하다고 판단해 1936년 중에 무대를 만주국 봉천(奉天)으로 옮겨 준공산제도의 신농사(神農社)를 창립하고, 자금은 매인 당 150원씩 180만원을 거출해 대농장을 경영하고 사유재산을 부정해 공동생활을 표방했다고 한다.

455 新安州 一記者, 「迷信業者들에게 見欺되지 마자」, 『동아일보』, 1936.8.13, 5면. 이 기사에서 미신업자는 '자기의 이익을 얻기 위해 미신을 일반사회에 선전하는 전문업자'이다. 기자는 이들을 귀신을 배경으로 부녀자들의 심술(心術)을 고혹(蠱惑)하게 하는 무복자(巫卜者: 무당과 점술가), 화복(禍福)을 조건으로 총중고골(塚中枯骨)을 조장모천(朝葬暮遷)하는 풍수배(風水輩), 기타 민중을 암흑계로 끌어들이려는 사교(邪敎)로 구분하고 이들이 서출망량(書出魍魎)의 격(格)으로 발호(跋扈)하고 있다고 본다. 그리고 사회에 폐해가 제일 많은 것이 무복자와 풍수배이며, 이들이 발호해 치부(致富)한 원인을 '일반사회에 과학이 보급되지 못한 소이'이며, 그 외에 '미신료(迷信料)가 헐(歇)한 것, 미신업자가 안맹인(眼盲人)이 아니면 여자이기 때문에 내정(內廷) 출입이 용이한 까닭'이라고 본다.

<표 30> 1930년 이후 신종교 통제 사례

대상 종교	법규 적용	관련 기사
청림교	〈보안법〉 위반	「白日下 暴露된 靑林敎 正體」, 『동아일보』, 1930.12.27, 7면
백백교	살인죄	「白白敎事件, 覆審에서 七年」, 『동아일보』, 1931.3.10, 2면
무극대도교	상해죄	「無極敎主 '趙天子' 傷害罪로 鐵窓行」, 『동아일보』, 1936.1.11, 2면
증산교	〈치안유지법〉, 유언비어 유포, 〈보안법〉 위반, 사기횡령	「井邑 甑山敎 敎主도 治安妨害로 被檢」, 『동아일보』, 1936.1.30, 7면: 채경대 「邪敎 甑山敎 求刑, 被告 四名에 體刑」, 『동아일보』, 1940.2.14, 2면: 채경대 외 3명 (김중용, 이조승, 김정목)
미륵불교	사기미수, 〈보안법〉 위반	「巨金을 詐取코저 '彌勒佛敎' 創設」, 『동아일보』, 1937.10.6, 7면: 전영택(全榮澤, 영광군 대마면)
천지신명교	사기, 횡령, 〈위생취체규정〉 위반(분묘 발굴), 〈보안법〉 위반 등	「天尊神明敎의 全貌, 神道力 갖엇다 憑藉코」, 『동아일보』, 1937.11.21, 2면 「駭怪한 天尊神明敎 幹部級 六名 送局, 五個 罪名으로 咸興法院」, 『동아일보』, 1937.12.6, 2면
천존교	사기	「酒也색林의 邪敎, 天尊敎 豫審 廻付, 十四日 咸興檢事局에서」, 『동아일보』, 1937.12.17, 2면
청림미륵교 (미륵도)	사기, 공갈죄, 강간, 〈보안법〉 위반 등	「第二 白白敎, 慶北 靑林彌勒道의 罪狀, 八公山에 淫殿짓고 愚昧 八百 農民을 弄絡, 敎主와 幹部 等 卅餘名 檢擧」, 『동아일보』, 1938.1.14, 1면: 교주 손해주(孫海珠) 외 간부 신도 약 20명 「邪敎 彌勒道團 事件, 慶北 警察部長 談」, 『동아일보』, 1938.1.14, 2면 「邪敎 彌勒道 幹部 三名 起訴 豫審에 廻付」, 『동아일보』, 1938.1.23, 2면
인도교	〈보안법〉 사기죄	「水原 人道敎 事件, 幹部 七名 豫審 廻付」, 『동아일보』, 1938.2.27, 2면
천도교	〈치안유지법〉과 大正八年 制令 第七號 違反	「轉向 聲明, 警務局長 談」, 『동아일보』, 1938.5.1, 2면 ※ 大正八年 制令 第七號는 〈政治二關スル犯罪處罰ノ件〉 (제령 第7号, 大正 8.4.15)
무극대도교	불경죄, 〈보안법〉 위반	「被檢者 二千三百名, 無極大道敎 送局」, 『동아일보』, 1938.8.12, 2면
주신교	금품편취	「木浦 中心코 惑世誣民한 邪敎 主神敎에 鐵槌」, 『동아일보』, 1938.7.9, 3면
무극정도교	금전편취, 부녀농락, 〈보안법〉 위반과 사기횡령죄	「京畿, 全北 等 四道에서 邪敎 無極正道敎 綻露」, 『동아일보』, 1939.3.26, 2면 「無極正道敎主 等에 懲役 二年半 求刑」, 『동아일보』, 1939.10.27, 2면
보천교	〈치안유지법〉 위반	「不老長生의 仙道敎 敎主 等 十名에 體刑, 最高 五年부터 最低 二年 求刑, 今日 法廷에 傍聽 滿員」, 『동아일보』, 1939.8.2, 2면

증산교	〈보안법〉 위반	「邪敎 甑山敎徒, 不日內로 十餘名 送局」, 『동아일보』, 1939.3.7, 2면: 허욱(許煜)외 10명
정도교	〈보안법〉 위반, 〈육군형법〉 위반, 횡령죄	「正道敎 再建 事件, 首魁 三名을 今日 送局」, 『동아일보』, 1939.6.15, 2면
인천교	〈보안법〉 위반, 〈육군형법〉 위반, 사기죄	「人天敎主 等 六名 送局, 後天世界說로 膏血 搾取 萬餘圓, 宗敎의 淨化가 時急」, 『동아일보』, 1938.12.7, 2면: 교주 한병수(韓丙秀)외 6명 「染血된 人天敎의 罪狀, 全龍珠에 死刑의 斷罪」, 『동아일보』, 1939.8.9, 2면
도리원교	〈보안법〉 위반	「惑世誣民의 邪敎徒 敎主 等 十一名 起訴, 桃李園敎의 罪狀 暴露」, 『동아일보』, 1939.12.20, 3면
인천교	〈보안법〉 위반, 사기죄	「邪敎, 人天敎徒」, 『동아일보』, 1940.4.18, 2면
백백교	〈보안법〉 위반과 사기	「白白敎事件 論告 要旨 (七)」, 『동아일보』, 1940.3.24, 2면

위의 사례들은 조선총독부가 조선의 신종교에 〈포교규칙〉 등의 종교
법규가 아니라 일반 법규를 적용했다는 점을 보여준다. 특히 〈보안법〉,
〈경찰범처벌령〉, 〈치안유지법〉 등이 적용된 것을 보면, 신종교 단체들
은 주로 '사상과 풍속 통제' 측면에서 단속 대상이었다고 할 수 있다.

조선총독부가 1930년대 중반 전후부터 신종교 통제를 강화하면서 신
종교 교세는 급격한 감소 추세를 보인다. 예를 들어, 경기도의 '종교유사
단체'와 신자 수는 1932년 27개 15,424명에서 1933년 31개(포교소 64)
13,055명, 1934년 24개(포교소 67) 9,976명, 1935년 19개(포교소 71) 10,167
명, 1936년 5개(포교소 42) 4,196명으로 감소한다. 이 가운데 1936년 12월
말 수치는 조선총독부에 따르면 '최근 사교(邪敎)의 철저적 취체'에 따른
감소 결과이다. 1936년 12월 말 자료에서 5개 단체는 천도교(포교소 31,
포교자 48, 신도 2,122), 시천교(포교소 8, 포교자 17, 신도 749), 정도교(포교소
1, 포교자 1, 신도 ?명), 인천교(포교소 1, 포교자 4, 신도 1,186), 성천교(聖天敎,
포교소 1, 일본인 포교자 1, 신도 150)를 말한다.[456]

---

456 朝鮮總督府, 『京畿道の敎育と宗敎』(昭和 12년), 京城: 朝鮮總督府, 1937, pp.124-126.

4) 신종교·무속의 해산

게다가 조선총독부는 1930년대부터 신종교의 해산을 적극 추진한다. 신종교 해산 사례는 1920년대에도 보인다. 예를 들어, 1920년대에는 주문으로 치병(治病)하고 우매한 백성을 꼬여 금전을 편취한다는 명분으로 서대문 경찰서에서 삼리교(三理教)에 해산을 명령한다.[457] 그렇지만 신종교 해산 정책은 南次郎(미나미 지로)의 총독 부임 시기인 1936년 8월 전후부터 강화된다.

1930년대 중반, 신종교 해산 정책의 대표적인 사례가 보천교의 해산이다. 당시 경찰 조직은 1936년 7월경을 전후해 각 지역의 보천교단체에 해산 명령을 내린다. 예를 들어, 1936년 7월에 경북군위경찰서가 보천교 간부들을 소환해 탈교(脫教)와 해산을 종용하고, 사리원(沙里院)경찰서 고등계가 보천교 황해도 정리소(正理所)의 집회 금지를 명령한 데에 이어 완전 해산을 명령한다. 동년 8월, 덕천경찰서 고등계가 보천교 단부를 불러 교약서(教約書)를 몰수하고 해산을 명령한다.[458]

그 외에 1936년 6월경에는 동대문서 고등계가 영각교(靈覺教)를 해산시킨 바 있다.[459] 그리고 1937년에 무극정도교(無極正道教)가 해산 명령을

---

457 「西門署 活動, 幽靈 宗教 解散, 삼리교 간부들은 석방코, 畢竟 命令을 할 듯해」, 『동아일보』, 1929.10.28, 2면. 이 자료에 따르면, 서대문서에서 일찍부터 삼리교의 해산을 명령했지만, 이번에는 직접 해산 명령을 할 모양이다.

458 「軍威郡下 普天教徒 二百餘名 全部 脫教, 幹部 等 十名은 削髮하고 悔悟, 不遠 絶影될 靑衣 大冠」, 『동아일보』, 1936.7.5, 4면;「沙里院 普天教도 警察이 解散 命令」, 『동아일보』, 1936.7.8, 2면;「西山落日의 '普天教', 全教徒에 解散을 嚴命, 削髮과 正業就業을 强要, 德川署의 斷乎한 處置」, 『동아일보』, 1936.8.21, 5면. 8월 자료에 따르면, 덕천경찰서 고등계는 해산을 엄명하고 정업(正業, 정당한 직업·생업—필자주)에 종사하도록 설유하고, 2-3일 내로 200명의 교도를 전부 호출해서 '보기 실흔 비시대적 상투를 전부 깍아줄 예정'이라고 한다.

받는다.[460] 또한 1937년에는 1924년 말에 횡령죄로 집행유예를 받고,[461] 1931년에 살인죄로 비난을 받은 후에도[462] 활동하던 백백교의 간부들을 집중 검거한다.[463] 1930년대 말에도 경찰 조직은 숭신인조합을 포함해 여러 '종교유사단체'의 해산을 추진한다.[464] 이처럼 1930년대 중반 이후

459 「靈覺敎 解散, 東署에서出動 勸誘」, 『동아일보』, 1936.6.26, 2면. 이 자료에 따르면, 동대문서의 청야(淸野) 고등계 주임과 형사 2명이 부내 동숭정(東崇町) 5번지의 영각교(靈覺敎) 사무소까지 출장하여 해산을 권유해 결국 '완전 해산'을 보게 된다. 영각교는 7년 전 창립된 것으로 불교 계통이며, 보천교의 대대적 탄압이 시작된 즈음이라 그 해산도 주목을 끈다.

460 「京畿, 全北 等 四道에서 邪敎 無極正道敎 綻露, 幹部 十七名 檢擧, 金錢 騙取코 婦女 弄絡」, 『동아일보』, 1939.3.26, 2면. 이 자료에 따르면, 무극정도교는 해산명령을 받고도 다시 정읍에 본적을 둔 안중산(安重山, 45) 중심으로 1938년 4월부터 재건한다. 그 과정에서 금전의 편취와 부녀의 농락 등이 경찰에게 탐지되어, 경기도 경찰부 고등과에서 안중산 등 약 17명을 검거하고, 일당의 소재지를 파악한 후, 전북 정읍과 충남 모처에서 수사의 그물을 편다. 무극정도교는 금전과 권력을 결탁시켜 불로장생과 권력을 누릴 수 있다는 것을 주문(呪文) 등으로 가르쳤다고 한다.

461 「백백교 교주 2년 집행유예, 경성지방법원에서 언도」, 『시대일보』, 1924.12.12, 1면. 이 자료에 따르면, 1918년(대정 7)경에 교회 토지대금 횡령죄로 검거된 백백교 교주 우광현(禹光鉉)은 1924년 12월에 2년의 집행유예 언도를 받는다. 그 후 재정이 궁핍해 인천교(人天敎)와 합병을 시도한다(「怪敎 合葬운동, 人天敎와 백백교, 합동운동에 분주해」, 『시대일보』, 1925.7.11, 2면).

462 「白白敎 公判 지방법원서」, 『동아일보』, 1931.2.3, 2면; 「白白下 暴露된 罪狀, 戰慄할 被告 供述」, 『동아일보』, 1931.2.4, 2면; 「白白敎事件, 十五年 懲役, 最下로 五年 懲役 判決」, 『동아일보』, 1931.2.11, 2면; 「白白敎事件, 覆審에서 七年」, 『동아일보』, 1931.3.10, 2면. 2월 4일자 자료에 따르면, 이 사건의 주요 내용은 농촌 처녀 10여 명에 대한 살해이다.

463 「白白敎事件 論告 要旨(一)」, 『동아일보』, 1940.3.20, 2면. 이 자료에 따르면, 유인호의 장남인 유곤룡(柳崑龍)이 음주 석상에서 백백교에 대한 불만을 태도로 표시한 후 전용해(全龍海)와 싸움 끝에 동대문경찰서 하왕십리 주재소에 백백교의 내막을 신고한 것을 계기로 백백교가 1937년(소화 12) 2월 17일부터 수사 대상이 된다. 경찰은 백백교가 "일즉이 世間을 驚愕시킨 바 所謂 金貨事件에 依하여 完全이 解散된 것"이 아니라 교주 김두선(金斗善 또는 金永善)이 대원임(大元任)으로 잠칭해 다수 간부와 함께 경성 내 각 소에서 살고 있다는 것을 알게 되어, 대대적으로 검거를 시작한다. 그 과정에서 교주 김두선의 본명이 전용해(全龍海)임을 알게 된다. 경찰은 추적 과정에서 동년 8월에 '자살한 전용해로 인정되는 사체(死體)를 발견'하고, 소지품과 복장 등을 통해 전용해라고 확정한다.

464 「縮刷 北部版」, 『동아일보』, 1939.9.2, 3면. 이 자료에 따르면, 평남에는 종교유사단체

조선총독부가 신종교 해산 정책을 강화하면서 여러 단체들이 해산된다.

　다만, 신종교 해산 정책과 관련해 주의할 부분은, 여러 선행연구들과 달리, 조선총독부가 신종교를 해산시키기 위해 〈종교 해산령〉이라는 별도 법규를 제정·시행했다거나 모든 신종교단체에 일괄적으로 해산령을 선포했다는 주장의 근거가 명확하지 않다는 점이다. 조선총독부 시기에 조선의 신종교가 〈포교규칙〉을 적용받거나, 신종교에만 적용되던 별도 법규가 제정된 것이 아니었다는 점을 고려하면, 신종교에 대한 일괄 해산령은 불가능하다. 이러한 맥락에서 볼 때, 신종교의 해산 정책은 경찰 조직의 '개별적 해산 명령'이라는 방식으로 수행되었다고 할 수 있다.

　이상의 내용을 보면, 조선총독부는 조선의 신종교와 무속을 단속과 제거 대상으로 삼고, 경우에 따라 교화 대상으로 삼았다고 할 수 있다. 이러한 단속과 제거, 교화를 담당한 주체는 경찰 조직이다. 이러한 정책적 접근은 1919년 3·1운동 이후의 '문화정치'에서도 유지된다. 특히 만주사변 이후, 1936년에 南次郎(미나미 지로)이 총독으로 부임한 이후 신종교단체와 무속단체는 경찰 조직의 개별 명령 방식으로 해산을 당하게 된다.

로서 평양의 숭신인조합, 숭인회(崇人會) 평남지부, 강서(江西)의 평화교(平化敎), 안주(安州)의 상제교(上帝敎) 안주지부, 상제교 대종법원(上帝敎 大宗法院) 안주지부, 성천(成川)의 인천교실(人天敎室) 등 6개 단체가 남아 있어, 동 경찰서에서 '자발적 해산을 적극적으로 종용'한 바 있어, 성천의 인천교실은 이미 해산되고, 숭신인조합도 지난 24일에 해산하고, 남은 단체도 계속 해산할 것으로 보인다. 당국은 이것을 제1차로, 장차 제2차, 제3차의 '사교(邪敎) 철퇴 공작을 강화'하리라고 한다.

4. 유교 정책의 흐름

1) 조선 유교의 비종교화

메이지유신 이후, 일본에서는 국가신도를 제사 대상으로, 교파신도·불교·기독교 등을 종교로, 그에 비해 교세가 약했던 유교를 경우에 따라 종교 또는 윤리나 철학의 범주에서 이해하는 현상이 나타난다.[465] 유교 인식의 경우는 불교가 맥락에 따라 한편으로 '종교'로, 다른 한편으로 '윤리나 철학'으로 분류되는 것과 마찬가지이다. 일본이 식민지에 따라 종교 범위를 다르게 설정했다는 점을 고려하면, 유교를 종교로 보느냐 아니냐의 인식은 자의적이었다는 점을 시사한다.

일본은 1895년에 식민지화한 대만에서 종교 범위에 이슬람교·정교회·유대교 등을 포함시키지만,[466] 조선의 경우에 1906년의 〈종교 선포에 관한 규칙〉을 공포해 종교를 '[교파신도·불교·기독교'로 한정한다. 그리고 이러한 종교 범위는, 비록 1911년 6월 〈경학원규정〉(부령 제73호)

---

465 몇몇 사례를 보면, 能勢榮, 『德育鎭定論』, 東京: 興文社, 1890, pp.73-84.에서는 유교를 '덕육'과 연관시키면서도 '神儒仏三敎'라는 표현을 쓰고 있어 종교로 본다. 戶川殘花, 『世界三大宗敎』, 東京: 博文館, 1895, pp.199-236에서는 유교를 불교와 기독교와 함께 세계의 3대 종교로 본다. "菊池謙讓, 『朝鮮王國』, 東京: 民友社, 1896, pp.250-266'에서는 '巫女及淫祠敎'와 仏敎에 이어 유교를 서술하여, 종교로 본다. 湯本武比古, 石川岩吉 共編, 『日本倫理史稿』, 東京: 開發社, 1901, pp.128-135.에서는 '神儒仏三敎'라는 표현을 사용해서 3개의 종교를 '윤리'의 측면에서 서술한다.

466 台湾總督府民政部, 『ボスニイン・ヘイツィゴヴィナ國拓殖視察復命書』, 台北: 台湾總督 府民政部, 1907, pp.52-61. 이 자료에 따르면, 1878년 오흉황제(墺匈皇帝: 오스트리아 황제/원문 '墺匃')의 조직과 1879년 오융과 土耳其(Turkey—필자주)의 조약에 따라 '신앙 의 자유'가 인정된다. 이 자료에는 1879년, 1885년, 1895년, 현재(現在, 1907—필자주)의 '종교' 통계 부분에 '회교(回敎: 이슬람교), 희랍교(希臘敎: 정교회), 가특교(加特敎: 가 톨릭), 유태교(猶太敎: 유대교), 기타(其他)'라는 표현이 있다.

에서 '경학의 강구(講究-연구)'와 함께 '매년 춘추의 문묘 제사'를 허가한 바 있지만, 1915년의 〈포교규칙〉를 통해 확정한다.

다만, 유교를 '종교'로 인식한 사례가 전혀 없었던 것은 아니다. 예를 들어, 한국주차헌병대사령부는 1910년 자료에서 한국의 '신교(信敎)' 범위에 유교를 포함한다.[467] '대일본문명협회'도 1910년 자료에서 '한국의 종교'를 '유교, 불교, 외교(外敎)'로 분류한다.[468] 靑柳南冥(아오야기 난메이)도 1911년에 『조선종교사』에서 조선의 종교를 '불교, 유교, 기독교'로 서술한 바 있다.[469]

유교가 '종교'라는 인식은 1915년 〈포교규칙〉 이후에도 여러 자료에서 볼 수 있다. 예를 들어, 남만주철도주식회사는 1922년에 유교를 도교와 함께 만주의 '종교'로 서술한다.[470] 일본 내의 1925년 '종교' 관련 자료에도 유교가 포함된 바 있다.[471] 村山智順(무라야마 지준)이 1935년 『조선의 유사종교』에서 태극교(太極敎), 대성원(大聖院), 모성원(慕聖院), 공자교(孔子敎), 대성교회(大成敎會), 대종교(大宗敎), 성도교(性道敎) 등을 묶어 '유교계 유사종교단체'라고 서술한 것도[472] 유교가 종교라는 인식을 전제한 것이었다고 볼 수 있다.

일본이 조선에서 유교를 '종교'로 인정하지 않은 공식 근거는 '종교'를 '신도·불교·기독교'로 한정한 1906년의 〈종교 선포에 관한 규칙〉과 1915

467 韓國駐箚憲兵隊司令部, *Op. cit.*, 1910, pp.26-34.
468 大日本文明協會 編, 『世界の宗敎』, 東京: 大日本文明協會, 1910, pp.492-502.
469 靑柳南冥, 『朝鮮宗敎史』, 京城: 朝鮮硏究會, 1911, pp.66-103.
470 南滿洲鐵道株式會社 社長室 調査課, 八木奘三郎 編, 『滿蒙歷史地理硏究』, 大連市: 滿蒙文化協會, 1922, pp.814-819. 다만, 재만조선인의 종교에서 유교가 빠져 있다(같은 책, pp.1002-1005).
471 比屋根安定, 『日本宗敎史』, 東京: 三共出版社, 1925, pp.111-192('儒敎傳來時代와 佛敎傳來時代' 부분).
472 村山智順, *Op. cit.*, 1935, pp.463-471.

년의 〈포교규칙〉이다. 유교가 '종교'라는 인식 자체가 〈포교규칙〉 이후에 없어진 것은 아니지만, 사할린(樺太)에서도 1920년 12월의 〈포교규칙〉에 근거해 유교를 '종교'로 공인하지 않는다.[473] 또한 만주국에서도, 종교범위를 규정한 법규는 없지만, 대체로 유교와 종교를 별개 영역으로 구분한다.[474]

조선총독부가 유교를 '종교'로 공식 분류하지 않았지만, 유교를 대하는 입장은 독특한 편이다. 예를 들어, 총독 寺內正毅는 1910년 11월에 전국의 양반 일가와 유생을 대상으로 60세 이상의 기로(耆老)에게 상치은전(尙齒恩典)[475] 명분으로 돈을 주고, 이들을 서민의 사표(師表)로 삼으

---

473 〈布教規則〉(樺太廳 廳令 第50号, 大正 9.12.30), 『官報』 第2620号, 1921.4.28. 사할린청의 공포한 〈포교규칙〉에 따르면, 종교는 '신도, 불교, 기독교'이고(제1조), 포교소는 '사원'을 제외한 종교의 선포를 위해 종교상 의례를 집행하는 곳를 말한다(제2조). 이 〈포교규칙〉은 1921년(대정 10) 1월 1일자로 시행된다(부칙). 한편, 사할린은 일본이 1854년에 미국과 화친조약(和親條約)을 맺은 후, 다시 1855년에 러시아와 화친조약(시모다조약)을 맺으면서 러시아와 일본의 공동 관리 구역이 된다. 이후, 1875년에 국경의 변경·확정을 위해 러시아와 상트페테르부르크 조약을 맺고, 사할린 섬 전체를 러시아령으로 인정한다. 그렇지만 1905년 러일전쟁 이후 일본은 사할린 섬의 남부를 할양받게 된다.
474 만주국의 주요 종교 법규로 중일전쟁 이후 1938년 9월에 공포·시행된 〈暫行寺廟及布教者取締規則〉(民生府令 第93號, 康德5.9.24)이 있다. 이 규칙에 따르면, '사묘'는 사묘, 교회, 포교소 등 종교의 교의를 선포하거나 의식을 집행하는 '시설'을, '포교자'는 住持, 僧侶, 道士, 牧師, 敎師 等 종교의 선포나 의식 집행에 종사하는 사람을 말한다(제1조). 이 규칙은 공포일부터 시행된다(滿洲國 國務院 法制處 編, 『滿洲國法令輯覽』 第2卷, 新京: 滿洲行政學會, 1943, pp.1-10). 그 외에 〈關於禁止喇嘛干政之件(喇嘛ノ政治干涉禁止ニ關スル件)〉(興安總署 訓令 第192號, 大同元年.12.24) 등이 있다(같은 책, pp.1-3). 한편, "國務院 總務廳 統計處 編纂, 『滿洲帝國年報』(康德 3年版 第2次), 新京: 滿洲統計協會, 1936, pp.1409-1417, pp.1419-1420"에 따르면, 만주국은 왕도낙토와 대동주의를 내세우며 '공자묘'를 중시하면서, 종교를 '불교, 도교, 회교, 라마교, 천주교, 기독교, 기타 잡교'로 구분한다. 기타 잡교에는 '살만교(薩滿敎), 재리교(在理敎), 재가리(在家理), 유태교(猶太敎), 도원(道院)과 홍만자회(紅卍字會), 시천교, 천도교' 등이 있다. 다만, 관동주 종교조사표의 경우, 종교 종별(種別)에 '신사, 신도'와 함께 유교가 포함된다(같은 책, pp.1417-1420).
475 상치는 나이 많은 사람 또는 노인(老人)을 존경한다는, 은전은 나라에서 내리는 혜택

려고 한다. 당시 경기도만 해도 당시 60세 이상의 양반 약 652명, 60세 이상의 유생 약 497명이 상치은전의 대상자였을 정도로 그 수는 적지 않다.[476]

유교 관련 법규가 있는 것도 독특하다. 이와 관련해, 통감부 시기에는 1908년 7월의 〈향사이정에 관한 건〉(칙령 제50호), 1910년 4월의 〈향교재산관리규정〉(학부령 제2호) 등이 있다. 조선총독부 시기에는 1911년 6월의 〈경학원규정〉(부령 제73호), 동년 10월의 〈문묘직원에 관한 건〉(부령 제127호), 1920년 6월의 〈향교재산관리규칙〉(부령 제91호), 1920년 9월 이후의 〈장의에 관한 규정〉, 1923년 4월의 〈지방문묘직원에 관한 건〉(부령 제68호), 1930년 2월의 〈명륜학원규정〉(부령 제13호), 1939년 2월의 〈명륜전문학원규정〉(부령 제13호) 등이 있다. 그 외에 1912년 6월의 〈묘지·화장장·매장·화장 취체규칙〉(부령 제123호), 그리고 비록 법규는 아니지만 1934년 2월의 '의례준칙'도 조선총독부의 유교 정책과 연결되어 있다.

2) 향교 재산과 인력 관리

여러 법규들을 종합적으로 보면, 조선총독부는 유교 시설의 재산과 인적 관리, 유림 단체 지원, 그리고 교화 주체 만들기에 관심을 보인다. 유교의 재산을 통제·활용하면서 유교 인력을 포섭하고 유림 단체를 활용하는 정책은 궁극적으로 '조선인의 이상적 일본인화'라는 목표를 지향한다. 이에 대해 좀 더 구체적으로 살펴보면 다음과 같다.

(惠澤)이나 대우(待遇)를 말한다.
476 〈班族儒生尙齒恩典〉(明治 43.11.3), 『조선총독부관보』 제54호(호외), 1910.11.3. 이 자료에 따르면, 1910년 8월 29일 유고(諭告)에 기초해서 반족유생(班族儒生)에게 상치의 은전을 준다. 명단은 휘보(彙報)의 관청사항(官廳事項)의 포상(褒賞)에 실려 있다.

우선, 유교 시설의 재산 관리 정책은 '향교 재산의 관리'를 의미하는
것으로, 1910년 4월의 〈향교재산관리규정〉(학부령 제2호)과 1920년 6월의
〈향교재산관리규칙〉(부령 제91호)에 근거한다. 이 가운데 1910년 4월의
〈향교재산관리규정〉에 따르면, 향교 재산 관리자는 '부윤이나 군수' 또
는 부윤이나 군수가 관찰사의 허가를 받아 임명한 특정 관리인이 된다.
그리고 향교 재산 처분은 부윤이나 군수가 관찰사를 통해 '학무대신의
지휘'를 받아야 하고, 향교 수입은 '향교나 문묘의 수리비나 향사비(享祀
費)'를 제외하면 '학교 경비'에 투입된다. 여기서 학교는 '공립보통학교'와
그 부속 '간이실업학교'를 의미한다. 1911년 11월부터는 향교 수입 일부
가 공립보통학교 경비에 들어가기 시작한다.[477]

그에 비해 1920년 6월부터는 '부윤, 군수, 도사(島司)'가 향교재산 관리
자가 되고, 그 처분에 대해 '총독 인가제'를 채택한다. 종래에 비해 가장
큰 차이는 향교 수입을 '학교 경비'보다 '문묘와 교화 비용'에 사용한다는
데에 있다. 이러한 변화는, 그 배경으로 1919년 3·1운동 이후 종교에
대한 조선총독부의 유화책이 지적되고 있지만,[478] 무엇보다 향교 재산을
'학교 경비'가 아니라 유림의 참여를 유인해 '교화'에 활용하겠다는 의도
를 시사한다.

---

477 〈公立普通學校費用令〉(제령 第12號, 명치 44.10.28), 『조선총독부관보』 호외, 1911.10.28.
  이 제령에 따르면, 공립보통학교의 설립 유지에 관한 비용은 임시은사금 이자, 향교재산
  수입, 기본재산 수입, 수업료, 기부금, 국고보조금, 지방비 보조금으로 지불한다(제2조).
  공립고등학교에 간이실업학교를 부설할 수 있다(제5조). 이 제령은 1911년 11월 1일부터
  시행한다(부칙).

478 1919년 3.1운동 이후 1920년 5월부터 '경성구천주교회유지재단'을 시작으로 종교단체
  의 법인화를 승인하는 등 조선총독부가 회유 정책을 펴는 가운데 유교 측에서 향교
  재산을 향교에 되돌려 유교 진흥에 기여할 수 있게 해달라고 요구하자 조선총독부가
  1920년 6월의 〈향교재산관리규칙〉으로 화답했다는 설명이다(윤선자, 앞의 책, 2001,
  219-221쪽; 한동민, 앞의 논문, 2006, 177쪽).

실제로 1919년과 1920년의 '향교재산 세입세출 예산표'를 보면 이 의
도는 현실로 나타난다. 1919년에는 향교재산 수입 대부분이 학교경비
(66%)와 재산관리비(20%)와 수리비(7%) 등에 들어가고 향사비(1%)에 거의
들어가지 않는다. 그에 비해, 1920년에는 향교재산 수입에서 학교경비
로 들어가는 예산이 없고 보통학교 기부금(3%)만 있다. 그리고 재산관리
비(20%) 비중은 동일하지만, 향사비(9%)와 수리비(11%) 비중이 높아지고,
교화사업비(4%)가 신설된다. 이와 관련된 구체적인 내용은 다음과 같
다.[479]

〈표 31〉 1919년과 1920년의 향교재산 세입세출예산 비교

	세입	세출										
		학교경비	향사비	수리비	雜給잡비	재산관리비	교화사업비	보통학교기부금	적립금	기금편입금	기타	예비비
1919	266,122	**177,402**	4,552	18,989	11,154	36,104	-	-	-	-	12,551	5,190
1920	319,916	-	30,010	35,791	32,214	64,358	**13,864**	11,204	10,592	12,691	1,694	10,7398

다음으로, 유교 관련 시설의 인적 관리 정책은 '향교재산 운영에 관한
참여 인력' 문제를 의미하는 것으로, 1911년 10월의 〈문묘직원에 관한
건〉(부령 제127호), 1920년 9월 이후의 〈장의에 관한 규정〉, 1923년 4월의
〈지방문묘직원에 관한 건〉(부령 제68호)에 근거한다. 그에 따라 1911년
10월에는 부군(府郡)의 문묘 관리자로 직원(直員) 1명을 명예직으로 둔다.
직원 인사권은 부윤이나 군수가 직원의 진퇴를 신청하면 도장관이 결정

---

479 〈大正九年度鄕校財産歲入歲出豫算表〉,『조선총독부관보』 제2554호, 1921. 2. 18. 다만,
1920년 자료에서 교화사업비는 충청남도(404), 경상북도(12,770), 평안북도(690)의 향
교재산에서만 투입한 것으로, 다른 지역의 향교재산은 1920년에 교화사업비에 투입되
지 않는다.

하는 시스템이었으므로 도장관이 갖는다. 1920년 9월부터는 강원도와 충청남도 등을 시작으로 지방 문묘에 여러 명의 장의(掌議)를 둔다. 이 장의 제도로 인해 향교 재산의 운영에 참여하는 인력이 확대된다. 각 문묘의 규모나 중요성 등에 따라 문묘별 장의의 수가 지역별로 다르지만, 장의는 2~3년 임기의 명예직으로, 해당 문묘 관련 유림들의 선거를 통해 군수가 추천하고 도지사가 임명하는 형태로 운영된다.[480] 1923년 4월에는 지방 문묘 가운데 경기도 개성군 송도면 소재 문묘에만 직원 1인 외에 명예직 사성(司成) 1인을 더 둔다. 직원 인사권자가 '도지사'라면 사성 인사권자는 총독이다. 사성은, 장의 선출처럼, 군수 주재 하에 지역 유림들이 투표하는 방식으로 선출된다.[481]

조선총독부가 문묘에 직원만 두다가 1920년 9월부터 장의제도를 시행한 것은 향교 재산 운영뿐만 아니라 유교 정책에 유림의 참여 범위를 확대했다는 것을 의미한다. 문묘 직원은 명예직이었지만 제관(祭官)을 차출하고[482] 향교 재산 운영에 관여할 수 있었으므로 지역 향교에서 주요 위치를 차지하는데, 장의도 지역 유림 대표자로서 향교 재산 처분을 결의하는 역할을 맡았기 때문에[483] 마찬가지의 위치를 차지한다.

---

480 〈掌議ニ關スル規程〉(江原道令 第16號, 大正 9.9.14), 『조선총독부관보』 제2433호, 1920.9.18.
481 「開城郡守 山內君에게」, 『동아일보』, 1924.9.22, 3면. 이 자료에 따르면, 개성군수는 1924년 9월 22일에 지역 유림의 대표인 '문묘장의원(文廟掌議員)' 등을 소집해서 문묘 사성의 후임을 투표 선거했지만, 투표에서 다점자(多點者)에게 불만이 있어 차점자에게 양여하라고 강권하고, 전례(前例)에 위반하여 다점자를 도청에 보고하지 않는다. 이에 대해 군수가 '유림의 여론을 무시'하는 것이라는 비판과 함께 차점자도 '腐敗한 宗門의 遺棄物인 司成에 官慾이 爆發'한 것이라는 비판이 제기된다.
482 「鄕校 任員 問題로 襄陽 儒林 陳情, 군수의 간섭을 아니 바드려고」, 『동아일보』, 1927.8.31, 4면. 이 자료에 따르면, 새로 부임한 군수가 문묘 직원의 제관 차출에 반대하고, 장의 선거를 모호하게 처리해 강원도 양양군 유림 일동이 조선총독부에 진정서 또는 탄원서를 제출한다.
483 「掌議制度로 財産을 處分」, 『동아일보』, 1938.8.23, 2면. 이 자료에 따르면, 1919년 이

실제로 유림은 문묘의 직원이나 장의 선거와 관련해 해당 지역 군수와 마찰을 일으킬 정도로 적극 참여하는 모습을 보인다.[484] 유림이 1920년 6월의 〈향교재산관리규칙〉을 조선총독부의 '향교재산 환부(鄕校財産還付)' 조치로 인식한 것도 유림이 장의 선거를 중시한 배경이다. 장의가 되면 향교 재산 운영에 그 만큼 관여할 수 있었기 때문이다. 특히 전라남도 남원군 등 남쪽 지방의 유림계는, 비록 장의제도가 당시 사회에 부적합한 사회 활동이라는 비판도 있었지만,[485] 아래의 인용문처럼, 장의운동(掌議運動)에 적극 참여하는 모습을 보인다.

"丙. 宗敎. 南鮮에 아즉도 革新의 風이 少한 바는 種種의 原因이 多할지나 然이나 其中에 가장 至大關係가 有하다 할 것은 宗敎上敎化라 할 것이엇다. … 昨年 − 總督府로부터 鄕校財産還付에 대하야 十三府의 유생은 空前의 활기를 가지고 잇는 모양이다. 特히 남방의 유생은 起死回生이 된 모양이다. 余가 先般南鮮에 往하엿슬 時는 正히 유생계의 掌議運動이 성황이엇다. 余가 歷路에 天安을 過하다가 군수의 談을 暫聞한즉 該郡의 유생 등은 掌議운동에 급급함이 자못 昔日求仕의 時와 恰似

───────────────

래 '민간의 여론을 참작'하여 장의제도(掌議制度)를 창설해 재산처분의 결의기관으로 만든다.

484 「開城 直員 選擧」, 『동아일보』, 1924.2.14, 3면; 「定州 掌議 選擧」, 『동아일보』, 1924.3.7, 3면; 「文廟 直員 選擧로 固城 儒林間 軋轢」, 『동아일보』, 1929.9.1, 4면. 1927년 9월 기사는 경남 고성군 문묘 직원이 개인 사정으로 사직한 후 보선 문제로 유림 간에 '맹렬한 운동'이 있어났다는 내용이다.

485 CM生, 「最近의 우리 社會의 現像에 感하야」, 『개벽』 제9호, 1921.3, 90쪽. 〈현 사회에 부적합한 사업 활동〉 무슨 사업을 勿論하고 그 시대와 그 사회에 필요하고 적합한 사업을 하시라 합니다. 南鮮 지방, 某府, 某郡에서는 近日에 업던 鄕校 掌議, 齋長의 任命이 나날이 증가 하는 모양 이니 시대가 復古 된다더니 참말 옛날이 다시 오는 듯 합니다. 이것이 불필요 타는 것도 아니고, 舊制度를 全廢하라는 것도 아니지마는 掌議 齋長이 잇고 업는 것은 오늘날 조선 사회에는 別重要한 관계가 안될 줄로 생각합니다".

하다하며 南原郡에서는 작년 만세 騷擾에 인하야 受役한 儒生이 掌議運
動에 승리키 위하야 受役 중에 斷하엿던 髮을 다시 養하는 중이라 하며
모군에 至하야 余가 鄕校를 방문한 즉, 直員 이하 重要 儒林이 단합하야
牛를 殺하고 酒를 飮하며서 天日復見의 쾌활로써 掌議物議를 성대히 하
는 실황도 본 일이 잇섯다. 여하튼지 南鮮의 종교는 유교가 아즉도 北厓
陰雪과 가튼 因襲的 勢力을 가지고 잇는 모양이다. 北鮮은 此에 반하야
天道, 耶穌 양교의 세력이 유교의 幾십배 이상의 根據를 가지고 잇나니
…".[486]

3) 유림 단체의 지원

다음으로, 유림 단체의 지원 정책이다. 이 정책은 친일 유림 단체를
지원하거나 친일 유림을 관료로 임명하는 방식 등으로 추진된다. 물론
유림에게 작위를 주어 포섭하는 방식도 여기에 포함될 수 있다. 예를
들어, 조선총독부는 1910년 10월에 〈조선귀족령〉[487]에 의거해 76명을
뽑아 이재완(李載完)·박영효(朴泳孝) 등 6명에게 후작, 이지용(李址鎔)·이완
용(李完用) 등 3명에게 백작, 이완용(李完鎔)·박제순(朴齊純)·조중응(趙重應)
이용직(李容稙)·이하영(李夏榮)·송병준(宋秉畯)·윤덕영(尹德榮) 등 22명에게
자작, 윤용구(尹用求)·박제빈(朴齊斌)·유길준(兪吉濬)·김기진(金嘉鎭) 등 45

---

[486] 이돈화(滄海居士), 「槿花三千里를 踏破하고서, 南北鮮의 現在文化程度를 比較함」, 『개
벽』 제7호, 1921.1, 65-66쪽. 창해거사는 '이돈화(李敦化, 1884-1950)'의 필명[筆名: 亘菴,
夜雷, 白頭山人, 猪巖 등]이다.

[487] 〈朝鮮貴族令(皇室令 第14號, 明治 43.8.29)〉, 『조선총독부관보』 제1호(호외), 1910.8.29.
이 황실령에 따르면, 작(爵)을 주거나 계승한 자는 '조선귀족'이 되고, 그 부인도 '조선
귀족의 족칭(族稱)' 누린다(제1조). 작(爵)은 '이왕(李王)의 현재 혈족(血族)으로 황족의
예우를 받는 자와 문지(門地: 문벌) 또는 공로가 있는 조선인'에게 주며(제2조), '공후백
자남(公侯伯子南)의 5등'으로 한다(제3조).

명에게 남작 작위를 주어 '조선귀족'으로 만든다.[488] 조선귀족에 유림이 포함된 것은 유림을 교화 정책의 주체로 만들려고 했다는 점을 시사한다.[489]

친일 유림 단체를 지원하거나 친일 유림을 관료로 임명하는 방식 등은 통감부 시기, 특히 1907년 〈한일신협약〉(정미 7조약)으로 차관정치가 시작된 시기부터 조선총독부 시기까지 계속된다.[490] 친일 유림 단체의 출발점은 1907년 3월에 창립해 일본 황태자의 기사금(寄賜金)과 伊藤博文의 기부금을 받은 대동학회(大同學會)인데,[491] 조선총독부는 대동학회의 부회장 홍승목, 총무 서상훈, 지방총무 조중응, 평의원장 민병석 등여러 유림을 관료로 임명해 활용한다.

---

488 〈授爵, 敍任及辭令〉(명치 43.10.7), 『조선총독부관보』 제38호, 1910.10.12.

489 당시, 남작은 합방에 공이 있는 인물도 있었지만 명망 있는 양반을 끌어들이기 위해 본인 의사와 관계없이 수여한 경우가 있었다고 한다(박균섭, 「친일유림의 수사학 -유교적 가르침의 실종」, 『퇴계학과 유교문화』 57, 경북대학교 퇴계연구소, 2015, 49-50쪽).

490 선행연구에 따르면, 친일유림의 활동은 3기로 구분된다. 제1기는 1097의 한일신협약을 토대로 차관정치와 기유각서(己酉覺書-사법권의 위임 각서) 등을 통해 '한일병합'을 시도하고 지지 세력을 확보하는 과정에서 대동학회와 공자교가 조직되어 활동한 시기, 제2기는 3·1운동 이후 조직된 大東斯文會, 儒道振興會, 儒道闡明會 등이 식민 지배를 합리화하거나 內鮮同祖論 등을 강조한 시기, 제3기는 1939년에 조직된 朝鮮儒道聯合會가 '유교가 황도'라는 황도유교(皇道儒敎)를 통해 '대동아전쟁'의 합리화한 시기이다(유준기, 「1910년대 전후 일제의 유림 친일화정책과 유림계의 대응」, 『한국사연구』 114, 2001, 24쪽).

491 대동학회의 설립 과정을 보면, 1907년(광무 11) 2월에 발기인 申箕善, 閔丙奭, 李容稙, 洪承穆, 朴齊斌, 李應翼, 徐相勛, 洪祐晳, 趙重應 등이 사립 광성실업학교에 모여 신기선을 임시회장으로 추천하고, 조중응, 趙秉健, 서상훈, 尹德榮 등이 기초위원이 되어 규정을 만들기 시작한다. 동년 3월 3일에 임시총회를 열고, 취지서와 규칙을 통과시키고 임원(회장: 신기선, 부회장: 홍승목, 총무: 서상훈, 지방총무: 조중응, 서기: 李大榮·李昌雨, 위원: 鄭泳朝, 평의원장: 민병석, 평의원: 李重夏 등 31명)을 추선(推選)한다. 이후, 동년 10월 일본 황태자의 기사금(寄賜金) 1,000환(圜), 12월 伊藤博文의 기부금 10,000환 및 대한제국 황제의 하사금(下賜金) 10,000환과 황태자의 하사금 2,000환 등을 받는다(「本會記事」, 『대동학회월보』 제1호, 1908.2, 59-63쪽).

대동학회는 사회적 비난 등 여러 이유로 이미지 쇄신을 위해 1909년 10월에 발기인 23명을 구성해 명칭을 공자교회(孔子敎會, 회장: 李容稙)로 바꾸고 조직을 재구성한다.[492] 다만, 1909년 6월과 7월의 공자교회 기사를 보면,[493] 공자교회 설립 움직임은 1909년 10월 이전부터 있었다고 볼 수 있다. 비록 공자교회에 대해 '유교ᄒᆞᄂᆞᆫ 무리의 면목을 ᄭᅮ며가지고 유교를 멸망코져 ᄒᆞᄂᆞᆫ 대동학회'가 이름만 바꿔 한국 사회를 '친일 무리[부일당]'로 바꾸려고 한다는 비판도 있었지만,[494] 공자교회는 지회 설립 등을 통해 교세 확장 활동을 지속한다.[495]

1919년 3·1운동의 여파로 齋藤實(사이토 마코토)이 총독으로 부임 직후에는 대동사문회(大東斯文會)가 조직된다. 대동사문회는 1919년 12월 5일

492 呂圭亨 編, 『孔子敎會之旣往及將來』, 1912, 85-90쪽. 공자교회 발기인은 이용직(李容稙), 여규형(呂圭亨), 김학진(金鶴鎭), 홍호석(洪祜晳), 홍승목(洪承穆), 이순하(李舜夏), 민병한(閔丙漢), 김유제(金有濟), 박제빈(朴齊斌), 정진홍(鄭鎭弘), 정만조(鄭萬朝), 윤덕영(尹悳榮), 이인직(李人稙), 이응종(李膺鍾), 정병조(鄭丙朝), 박제연(朴齊璉), 박정동(朴晶東) 등 23명이다. 10월 10일에는 이들을 포함한 68명이 교회 성립을 선언하고, 회장(이용직)과 간부(박제무, 이인직, 이응종 등)를 선출하고 "본회는 공자교회라 入名ᄒᆞᄂᆞᆫ 事, 본회는… 儒敎를 振興ᄒᆞ고 人道를 彰明ᄒᆞᆷ으로 目的ᄒᆞᄂᆞᆫ 事" 등 9가지를 정한다. 당시 공자교회 임원은 '敎會長, 敎會副長, 摠務, 幹務, 事務員과 書記, 掌議員, 佈敎員, 贊〇員과 顧問'이고(같은 책, 89-90쪽), 여규형은 공자교회 편집부장이다(같은 책, 3-5쪽).
493 「孔子敎會」, 『대한매일신보』, 1909.6.22, 2면; 「공자교회」, 『신한민보』, 1909.7.21, 3면. 1909년 7월 기사는 "전사승, 리범규 등 졔씨가 공자교를 진흥ᄒᆞ기위ᄒᆞ야 교회를 셜시ᄒᆞᄂᆞᆫ대 그 종지ᄂᆞᆫ 격물터디의 요지를 강연ᄒᆞ야 국민의 디식을 게발코쳐홈인데 황족 졔씨가 열심 찬셩ᄒᆞᆫ다더라"는 내용이다.
494 「독각이 학회의 이름 변개」, 『신한민보』, 1909.11.10, 3면. 이 자료에서는 대동학회가 이름을 '공자교회'로 바꾼 이유에 대해 "젼국이 지목ᄒᆞ며 미워홈을 면ᄒᆞ기 위ᄒᆞ야 일홈을 곳쳐 가지고 공교의 종지를 ᄯᅡ라 긔션ᄒᆞ 사람들이 되랴홈이 이니요 오즉 이등박문과 밋 기타 일본 사람의 찬양홈을 밧아 공지훈 소위 한국 샹등 샤회를 부일당 ᄆᆞᆫ들냐ᄂᆞᆫ 일인의 의를 셩취케ᄒᆞ랴홈이라. 이 일에 되ᄒᆞ야 그 듕응견과 ᄀᆞ치 동분셔듀ᄒᆞ며 셔울 남북촌에 안갈 곳 업시 싸다니는 쟈ᄂᆞᆫ 됴즁응이란 쟈더라"라고 보도한다.
495 「彙報」, 『대한흥학보』 제9호, 1910.1, 51-52쪽. "昨年에 渡日훈 大韓新聞 社長 李人稙氏ᄂᆞᆫ 孔子敎를 留學生界에 廣布홀 計로 此 地에 支會事務所를 設置ᄒᆞᆫ다더라".

(음 11.23)에 발기인 홍긍변(洪肯變), 정만조(鄭萬朝), 심종순(沈鍾舜), 이순하(李舜夏), 최영년(崔永年), 어윤적(魚允迪), 송지헌(宋之憲), 현채(玄采) 등 24명이 종로 태화관에서 '유도의 존중과 이륜의 부식' 등을 명분으로 발기회를 갖고, 〈대동사문회 회칙〉을 통과시킨다.[496] 발기인 가운데 정만조(鄭萬朝)나 현채(玄采) 등은 대동학회나 공자교회 발기인 또는 임원과 겹치는 인물이다. 이들은 발기문을 각 지방 유림에게 배포하고, 이사 30명을 선출해 1920년 1월에 발회식(發會式)을 진행한다. 발회식은 이사 정만조의 인사말[式辭], 학무국장의 축사, 대한자강회의 고문을 역임한 통신사 사장 大垣丈夫(오가키 다케오)의 축사, 이사 어윤적의 답사 등으로 진행된다.[497]

대동사문회는 전국적 조직을 갖춘 단체로 출발한다. 그와 관련해, 중앙에 상무이사 8명을 두어 각 부서 주임(主任)을 맡기고, 각 지방의 군(郡)마다 최소 1명 이상의 유림을 전사(典事)로 둔다. 그리고 상무이사들은 1920년 2월 13일에 교궁(校宮: 향교의 문묘와 재궁) 전토(田土)의 환부(還付)와 관련해 '향교재산 전부를 각 해당 향교에 환부하되 그 방법을 대동사문회에 위임'해달라고 조선총독부에 청원한다.[498] 비록 이 청원이 받아들

---

496 「會中記事」, 『대동사문회보』 창간호, 大東斯文會, 1920, 59-61쪽. 대동사문회가 내건 방향은 '尊重道德 扶植彝倫 事, … 各地方有嘉言美範之人則隨錄廣布以爲獎勵 事' 등 6가지이다. 〈대동사문회 회칙〉에 따르면 '儒道의 講明'이 목적이며(제2조), 부서로는 경학(經學)을 다루는 경의부(經義部), 정술(政術)을 연구하는 치사부(治事部), 탁생(卓行)을 숭포(崇褒)하기 위한 경현부(景賢部), 도서를 모집하기 위한 도서부(圖書部), 서적을 편간(編刊)하기 위한 편찬부(編纂部), 회무(會務)를 변리(辨理)하기 위한 서무부(庶務部)의 6개로 구성된다(제5조-제11조). 사무를 관리하기 위해 理事 30명과 전사(典事)·고문·서기 약간 명을 두고, 이사(임기 2년)에게 회무를 의결할 수 있는 권한을, 전사(임기 1년)에게 지방 회무를 담임하는 권한을 부여한다(제12조-제13조, 제15조). 이사는 총회에서 선거, 전사는 이사회에서 선거한다(제14조)(같은 책, 61-66쪽).
497 「大東斯文會 會則」, 『대동사문회보』 창간호, 大東斯文會, 1920, 65-73쪽; 「大東斯文會 發起文」, 『매일신보』, 1920.1.13, 1면; 「大東斯文會 發會式, 이십오일 오후 네시에 명월관 지뎜에서 거힝, 회원 너빈 무려 이빅여명」, 『매일신보』, 1920.1.27, 3면.
498 「會中記事」, 『대동사문회보』 창간호, 大東斯文會, 1920, 74-88쪽.

여지지 않았지만,[499] 조선총독부는 대동사문회 계열의 유림을 중추원 등에 관료로 임명한다.[500] 그리고 1927년 8월에 대동사문회를 재단법인으로 승인해 사회교화 사업을 주안으로 삼게 한다.[501]

그 외에도 조선총독부가 지원한 유림 단체는 다양하다. 예를 들어, 유도진흥회(儒道振興會) 경우에는 '유도'를 밝힌다는 명분으로 1920년 1월에 결성되어, 『유도』의 간행과 지부 확장 등을 통해[502] 1940년대까지 활동한다. 이와 관련해, 1939년경에는 경상북도에서 유도진흥회를 각 군에 설치하게 한다.[503] 또한 1921년 강원도 유도천명회(江原道 儒道闡明會),[504] 1922년 전라남도 유도창명회(儒道彰明會) 등 지역 중심의 유림단체들도 도지사 지원을 받아 조직된다.[505]

---

499 「鄕校財産 還附說은 虛報」, 『동아일보』, 1920.4.11, 2면.
500 유준기, 앞의 글, 2001, 75쪽.
501 「大東斯文會 財團法人 許可, 구유계 후신」, 『매일신보』, 1927.8.7, 2면. 이 자료에 따르면 대동사문회는 남인(南人) 석유(碩儒) 이한주(李漢主)·곽종석의 학술을 받아 전조선 유림들을 전부 망라해 조직된 단체이다.
502 「儒道振興會 趣旨書」, 『매일신보』, 1920.1.29, 1면; 「創刊文」, 『儒道』 제1호, 儒道振興會, 1921.2, 1-2쪽; 「儒道會支部 設立」, 『동아일보』, 1920.5.6, 4면. 이 자료에 따르면, 1920년 4월 4일 안변군(安邊郡)에서 유도진흥회 발기인총회를 개최한 바 회원 최문홍(崔文弘) 외 132명이 출석해 향교 내에 유도진흥회지부를 설립하기로 결의하고, 군수와 경찰관리 입회하에 각 회원 투표로 임원을 선정하고, 4월 25일에 학교 내에서 창립예식을 한다. 한편, "「儒道振興會 第二回 總會 開催」, 『동아일보』, 1921.4.27, 2면"에 따르면, 1921년 4월 25일 경성제1고등보통학교에서 제2회 정기총회를 개최하고 회장 박제순을 비롯해서 임원을 개편한다.
503 「榮州 儒道振興會 結成」, 『동아일보』, 1939.12.27, 7면. 이 기사에 따르면, 경북도에서는 각 군에 유도진흥회를 설치하게 하는데, 영주군에서도 이에 순응해 지난 22일에 결성식을 거행한다.
504 「江原道 儒道闡明會 趣旨」, 『매일신보』, 1921.9.16, 4면; 「(本會記事)儒道闡明會 設立 趣旨書」, 『會報』 창간호, 江原道儒道闡明會, 1922.9, 66쪽.
505 「儒道彰明 總會 延期」, 『동아일보』, 1921.9.17, 4면; 「湖南儒道彰明會觀」, 『매일신보』, 1922.4.11, 4면. 1921년 9월 자료에 따르면, 중추원 참의(參議) 박봉주(朴奉柱)와 전(前) 광주청년회 회장 최종섭(崔鍾涉) 등이 발기한 儒道彰明會는 지난 11일 참여관과 광주 군수를 내빈으로 광주 명륜당에서 창립총회를 개최하였으나 취지 설명 후 한 유생이

경우에 따라, 유림 단체에 대한 비판도 제기된다. 예를 들어, 김윤식(金允植, 1835-1922)은 유림계가 유도진흥회(儒道振興會), 대동사문회(大東斯文會), 태극교(太極敎) 등을 만든다고 유도(儒道)가 진흥되는 것이 아니라 "오로지 이륜(彝倫)에 거(據)하며 그 가법(家法)을 선수(善守)하야 기신(其身) 각자가 먼저 유도의 참 정신에 살도록 할 것"이 "유도를 참으로 진흥케 하는 것이며 또 유림계(儒林界)로서 가취(可取)할 태도"라고 지적한 바 있다.[506]

그렇지만 만주사변 이후에도 유교단체의 창립은 지속된다. 대표적인 사례는 1932년 9월에 안교환(安敎煥)이 거재(巨財)를 제공해 전국 규모로 창립한 조선유교회(朝鮮儒敎會)이다.[507] 설립 당시, 조선유교회 조직은 종도원(宗道院)과 명리원(明理院)을 중심으로 찬의부(贊議部), 종리사(宗理司), 명교부(明敎部), 선교부(宣敎部), 전교부(典敎部), 경리부(經理部), 감리부(監理部), 원직(原職)으로 구성되는데 그 조직 규모는 명리원만 해도 책임자격인 명리정(明理正) 1인과 이정(理正) 1인 외에 193명이 배치될 정도로 큰

___

신청년과 '계급 부동(不同)의 구인물(舊人物)'을 동렬(同列)한 것에 대해 강경한 반대가 있어 연기된다. 全羅南道彰明會 「全羅南道彰明會 – 雜報」, 『會報』, 江原道儒道闡明會, 1922.9에 따르면, 유도의 진흥을 위해 전라남도 도지사 元應常가 주도해 조만간 유도창명회(儒道彰明會)를 조직할 계획이다. 「橫說竪說」, 『동아일보』, 1922.10.26, 2면에 따르면, 전남의 유도창명회(儒道彰明會)를 조직한 것은 '도당국(道當局)의 알선하(斡旋下)' 이루어진다.

506 김윤식, 「儒林界를 爲하야」, 『개벽』 제7호, 1921.1, 16쪽.

507 "「朝鮮儒敎會 創立」, 『동아일보』, 1932.9.26, 2면"에 따르면, 조선유교회 창립식은 1932년 9월 25일 경성부 내 삼각정 61번지의 조선유교회 총부에서 180여 명이 참석해 진행된다. 한편, "「朝鮮儒敎會 財團法人認可 申請(永登浦)」, 『동아일보』, 1939.10.29, 7면"에 따르면, 경부선 시흥역 역전의 녹봉서원(鹿洞書院) 내에 있던 조선유교회는 1932년 8월 경성 안교환(安敎煥)의 거재 제공으로 수백명이 발기해 수천명의 회원을 둔 조선 유일의 유림 종가이다. 안교환은 사재 전부를 제공해 다른 10여 명과 함께 시가 52,645원 50전의 부동산을 재단법인으로 신청중이다. "「明敎學院 卒業式」, 『동아일보』, 1935.10.1, 2면"에 따르면, 1935년 10월 시흥군 녹동서원의 조선유교회 명교학원에서 제3회 졸업식이 진행된다.

편이다. 그 외에 간도 지역을 포함해 지방별로 전교사(傳敎師, 총 96명)를 두고, 일월시보사(사장: 안교환)를 설립해 『일월시보』를 기관지로 발간한다. 그리고 1933년 10월의 강원도 춘천 지교부(支敎部)를 시작으로 각 지역에 지교부를 설립한다.[508]

이외에도 여러 친일 유림 단체가 설립되지만,[509] 중일전쟁 이후 전시체제에서 조선총독부가 지향한 것은 '사회교화운동의 제1선을 담당'하기 위해 전조선적으로 연결된 유림 기구, 각 지방의 향교를 '중심세포'로 삼아 모든 향교 재산을 통합·관리할 수 있는 재단법인이다.[510] 이로 인해 1939년 10월에 전국 규모의 유림 단체로 조선유도연합회(朝鮮儒道聯合會)가 설립된다. 조선유도연합회 설립에는 宇垣一成(우가키 가즈시게) 총독의 심전개발 운동에 호응해 경학원(經學院)을 정점에 두고 전국적 유림

---

508 조선유교회, 『日月時報』 創刊號, 朝鮮儒教會總部, 1933, 70-83쪽. 종도원에 종도정(宗道正): 尹用求)·도정(道正: 金東鎭)·교정(敎正: 安敎煥)·위정(衛正: 閔健植), 명리원에 명리정(明理正: 李忠鎬)·이정(理正: 權益相)·법정(法正: 徐相勖 등 35명)·학정(學正: 鄭丙朝 등 36명)·의정(議正: 金炳穆 등 23명)·찬정(贊正: 沈相熹 등 27명)·학사(學士: 趙綺夏 등 72명) 등의 교직(敎職)을 둔다(같은 책, 70-72쪽).

509 선행연구에는 대동유림회, 대성학회, 명륜회, 모성회, 유림단, 태극교회, 황도회 등이 친일 유림 단체로 지적된다(박균섭, 앞의 글, 2015, 43쪽).

510 「儒林의 機構를 革新, 社會敎化運動의 第一線에」; 「鄕校를 中心細胞로 財團法人을 組織, 從來의 弊害도 一掃」; 「文廟는 三百廿七個所, 死藏의 千萬圓 巨財, 年五十萬圓 財産을 善用하여 要望되는 社會事業」, 『동아일보』, 1938.8.23, 2면. 이 자료에 따르면, "문묘 327개소가 있어 … 이 재산은 각 군수 의관리로 향교 장의(掌議)의 평의를 거쳐 처분되는데 그 용도의 현재 상황은 문묘 제향비, 재산관리비, 향교수리비, 직원 수당에 전 수입의 약 3·4할이 들고, 명륜학원에 20,500원을 부담하고, 나머지는 '사회교화비' 명목으로 강연비나 책 등 일정한 지목없이 지출된다. 재단법인을 조직해서 관리하면 목적 이외의 지출이 정지될 수 있고, 보조금이나 유지자들의 기부금도 얻어 그 사업 자체의 영구적 기초를 확립할 수 있다. … 조선총독부 사회교육과 당국자는 유림의 기구 조직과 그들의 교화문제가 오랜 숙제였고, … 통일된 기구를 만들어 그들의 각성을 촉진시키는 동시에 사회교화의 본연적 역할을 담당하게 하는 것이 목적이다. 현재의 사장된 재산을 적극 수집해 견고한 재단을 만들고 잘 이끌면 '비상시국에 처하여서의 필요 사업은 물론 동양문화의 천명에 큰 의의'가 있을 것이다".

조직을 갖추려는 의도가 담겨 있다.[511]

이 의도와 관련해, 南次郞(미나미 지로) 총독은 자작(子爵) 윤덕영(尹德榮)의 개회사로 시작된 1939년 10월 전조선유림대회에서 '황국신민인 자각을 심후(深厚)'하게 해 '진충보국(盡忠報國)의 적성(赤誠: 참된 정성)을 효(效)하는 것이 유도의 본의를 현양하고 대회의 목적에 적합'하다고 강조한다.[512] 이어, 본회의 직전에 "경학원을 중심으로 전조선 유림의 연락·통일 잇는 단체를 조직해 황도정신에 기한 유도의 진흥을 도[뫼]함" 등의 3가지 조목과 함께 조선유도연합회 설립을 결의한다. 그에 따르면, 조직은 중앙에 조선유도연합회, 각도에 도연합회, 부군도(府郡島)에 각 지부를 두는 방식으로 하고, 경비는 향교재산과 기부금과 기타로 하고, 회원은 '유림'을 조건으로 하지 않고 "성년 이상의 제국신문으로서 본회의 취지에 찬동하는 자"로 한다.[513] 동년 11월에는 大野綠一郞(오노 로쿠이치로) 정무총감을 총재로 추대한다.[514]

4) 사회 교화의 주체화와 의례준칙

다음으로, 유림을 '사회 교화'의 주체로 만드는 정책이다. 이는 조선총

---

[511] 「全朝鮮儒林大會 三百 儒林 代表 參集, 經學院 主催로 十六日에 開催」, 『동아일보』, 1939.9.29, 2면. 예정 일정은 10월 15일이 경학원 추계 석전제 참렬, 경학원 명륜당 강연 청취, 대제학 초대, 조선신궁 황군무운장구 기원, 용산육군병원 위문, 16일이 유림대회, 학무국장 초대, 창덕궁 비원 배관(拜觀), 총독부 청사 견학이다. 한편, 『한국민족문화대백과』, 조선유도연합회 항목에 따르면, 조선유교회는 1936년부터 유명무실해진다.

[512] 「儒道의 本義 顯揚, 儒林大會와 南總督 告辭」, 『동아일보』, 1939.10.17, 1면.

[513] 「朝鮮 儒道의 總本營, 各道 代表者 三百名 集合으로 儒道聯合會를 組織」, 『동아일보』, 1939.10.17, 2면.

[514] 「儒道聯合會의 總裁 推戴式」, 『동아일보』, 1939.11.17, 2면.

독부가 경학원·명륜학원·향교 등을 통해 유교의 역량을 '사회 교화'에 집중시키려던 정책을 말한다. 특히 1932년부터 조선총독부는 경학원, 명륜학원, 향교를 주요한 '사회교육교화의 시설'로 보고 적극 활용하려는 모습을 보인다. 구체적으로, 조선총독부는 1911년 6월에 종래 성균관을 폐지하고 한일병합 당시에 일본 천황의 은사금(恩賜金) 25만원을 토대로 '경학원'을 설치한다.[515]

1911년의 경학원 설치는 '사회 교화'를 위한 조선총독부의 양반·유림 집단의 회유책에 해당한다.[516] 경학원이 조선의 유생을 선용(善用)해 일본의 교육칙어처럼 인의충효(仁義忠孝)를 강조하기 위해 설립되었기 때문이다.[517] 이러한 의도는 다음의 인용문에서 확인할 수 있다.

"今回에 恩賜金으로 基本을 삼고 經學院을 設立ᄒ얏ᄂ듸 … 儒生을 如何히 處置ᄒᆯ가ᄒᄂ듸ᄂ 實로 困難흔 問題로다. 然이나 現今 朝鮮에셔 多少의 學問도 有ᄒ고 智識도 有ᄒ니 假令 口頭뿐이라도 孔孟의 道ᄅᆯ 知ᄒᄂ 者ᄂ 儒生인듸 此ᄅᆯ 啓發ᄒ고 善用ᄒ면 相當흔 人物이 되야 可用ᄒᆯ 處가 有ᄒᆯ줄로 思ᄒ노라 … 元來 日本의 敎育에ᄂ 一定不動흔 方針이 有ᄒ니 卽 敎育勅語가 一般敎育의 基本이어니와 朝鮮에ᄂ 此가 無ᄒ고 … 朝鮮人의 倫理道德의 基礎ᄅᆯ 삼은 者ᄂ 詔勅도 無ᄒ고 宗敎

---

515 朝鮮總督府學務局社會敎育課, Op. cit., 1937, pp.112-118.
516 류미나, 「식민지기 조선의 명륜학원－조선총독부의 유교지식인 정책과 조선인의 대응」, 『교육사학연구』 17-1, 2007, 53-55쪽.
517 1890년 10월의 '교육에 관한 칙어'는 일본이 고대부터 천황이 다스린 나라이고, 천황이 국가의 기반임을 명시한 것으로, 유교 덕문 중 '충효'를 특화해서 국민이 지녀야 할 자세, 즉 '국민도덕'으로서 효행부터 올바른 용기와 나라를 위한 진심에 이르기까지 12가지 덕목을 명기한 것이다(류미나, 「일본의 '조선 신민화' 정책과 유림 동원의 실태」, 『일본학』 31, 2010, 10쪽). 한편, 조선은 일본의 유교 활용에 영향을 받아 '교육칙어' 반포 이후 5년 만에 고종이 '교육입국조서'를 반포해서 '충효'를 강조한 왕실의 안전과 국가의 부강을 내세운다(같은 글, 12쪽).

도 안이오 全히 孔孟의 道인되 孔孟의 道는 仁義忠孝를 爲主흔 點이 日
本의 敎育勅語와 其 軌가 同ᄒ니 卽 經學院을 設立홈이 是로 由홈이라.
… 余는 極端의 國粹論者가 안이나 然이나 日本 固有의 善良흔 制度 風
習은 期於히 保存코져 ᄒ는 思想이로라 朝鮮에 對ᄒ야도 亦同ᄒ
니…"[518]

실제로 경학원은 춘추의 문묘 제사와 경학(經學) 공부 기능을 두어 풍교
덕화(風敎德化), 즉 풍속과 덕행의 교화를 시도하거나 유생의 협조를 이끌
어낸다. 다만, 경학원에는 성균관과 달리,[519] 관료 후보를 양성하기 위한
교육 기능이 보이지 않는데, 이러한 관료 후보 양성 기능은 동년 10월경
부터 〈조선교육령〉에 근거한 '근대식' 학교교육으로 넘어간다.[520] 조선총
독부가 경학원에 기대한 부분은 유림 양성이 아니라 '교화' 목적의 경학
강연(講筵), 지방 순회강연, 기관지인 『경학원잡지』(1913.12-1944.4, 통권 48
호) 발간 등이다. 이것은 1913년 3월에 총독 寺內正毅(데라우치 마사다케)가
훈령을 통해 경학원에 강조한 내용이기도 하다.[521]

---

518 「寺內總督의 談片」, 『매일신보』, 1911.8.6, 2면.
519 조선의 성균관은 소과(小科)인 제1·2차(初試·覆試) 생원·진사시의 합격자를 중심으로
   입학·교육시켜 성현의 제사뿐 아니라 대과(大科)인 문과의 정기시[式年試]와 비정기시
   [增廣試·別試·謁聖試 등]의 응시 자격을 주던 일종의 고위 관리 후보 양성 교육 기관
   (책임: 정3품직 大司成)이다.
520 〈朝鮮敎育令〉(勅令 第229號, 明治 44.8.23), 『조선총독부관보』 제304호, 1911.9.1. 〈조
   선교육령〉은 '조선인의 교육'을 위해 제정된 것으로(제1조), 1911년 10월 1일자로 시행
   된다.
521 〈經學院ノ事業二關スル件〉(훈령 第13號, 大正 2.3.17), 『조선총독부관보』 호외, 1913.3.17.
   이 훈령에 따르면, 경학원의 활동은 "매달 반드시 경전을 講究하고, 春秋의 釋奠을
   기하여 講筵을 열고, 講士를 지방으로 파송하여 순회강연을 하고, 院誌를 발간하여
   더욱 敎化裨補의 실적을 올리는 일이다. 유림의 要는 經學을 講明하여 人倫을 正케
   함에 있다. 그 本을 망각하고 末에 나아가 朋黨比周하여 人人이 不相怪함이 얻지 儒學의
   本旨겠는가. 그러나 今日도 오히려 昔日의 餘弊를 밧고 箇箇分立ᄒ야 稱曰 會라 稱曰
   敎라ᄒ고 隱然히 對峙ᄒ는 者 不少ᄒ되 畢竟은 孔孟을 宗으로 삼고 僅히 其末이 다름이

조선총독부는 1919년 3·1운동 이후, 1920년부터 향교에 장의제도를 신설해 유림의 참여 범위를 넓힌 바 있다. 이러한 상황에서 조선총독부는 1921년 7월에 내무국에 사회과, 이어 각 도의 내무부에 사회과를 신설해 사회교화 기구를 갖추고, 사회사업과 사회교화라는 두 가지 사무를 본격적으로 시작한다.[522]

게다가 1920년대에 유림의 참여가 활발해지자 양반·유림집단의 후진 양성 욕구를 충족시키기 위해 1930년 2월 '유학에 관한 교수와 인격의 도야'를 목적으로 하는 60명 정원의 명륜학원을 경학원 내에 설립한다. 이 명륜학원은 '경제혼란과 항일운동 등의 사회 불안을 억제하기 위한 지배 정책의 일환으로, 1920년대 증가한 지방의 양반·유림 집단의 조직 활동을 의식해 설치된 기관'이라는 평가를 받고 있다.[523]

1930년 1월에 총독 관방이 〈사찰령〉 개정과 함께 유도(儒道) 장려 시설에 관한 건 등 총독 지시 사항 15건을 도지사에게 전한 바 있지만,[524] 만주사변 이후 '사회 교화'의 강도가 높아진다. 이와 관련해, 조선총독부는 1932년에 사회과를 학무국으로 옮기고 종교과를 폐지한다. 그리고 전시 상태가 심해지면서 사회 교화를 강조하기 위해 1936년에 사회과를 내무국으로 옮기고, 학무국에 사회교육과를 신설해 '사회교육교화 사무'를 맡게 한다. 그리고 각 도에 있던 사회과를 내무부 지방과에 귀속시킨

아니라. 經學院은 特히 文廟의 享祀를 掌ᄒ고 儒學의 中軸으로 敎化의 機關이라. 今日以降으로 小會分立ᄒ야 經營ᄒᄂᆫ 者ᄂᆫ 擧皆此를 院務로 옴기로써 一般士林으로ᄒ야금 適從ᄒᄂᆫ 바를 맡게 ᄒ며 和衷贊助(속마음으로 찬조)의 美를 濟게 홀지니 經學院에 在職ᄒᄂᆫ 이ᄂᆫ 모로미 責務의 重大홈을 自覺ᄒ야 潛心(마음에 두어 깊이 생각)으로 ○倫을 序ᄒ고 儒流를 淸케ᄒ야 人心을 啓發ᄒ야써 國家에 貢獻ᄒᄂᆫ 바를 期홀지라".

522 朝鮮總督府學務局社會敎育課, Op. cit., 1937, p.19.
523 류미나, 앞의 글, 『교육사학연구』 17-1, 2007, 57-60쪽.
524 「道知事에 對한 總督 指示, 官房 主管」, 『동아일보』, 1930.1.15, 1면.

다. 사회교육과에서는 '국민정신의 작흥, 사상 선도, 계몽 교화, 경학원·명륜학원, 생활 개선' 등 사회교화 관련 업무를 맡는다.[525]

중일전쟁 이후에는 1938년에 제3차 〈조선교육령〉을 공포한 바 있지만, 1939년 2월에 종래의 명륜학원을 '황국신민의 양성'을 목적으로 하는 110명 정원의 명륜전문학원,[526] 1942년 3월에 150명 정원의 재단법인 명륜전문학교로 인가한다.[527] 그리고 제4차 〈조선교육령〉(1943.4) 이후인 1944년 10월에 재단법인 명륜전문학교를 "皇道儒學을 講究해서 國民道德의 本義를 闡明함과 동시에 사회의 指導者에게 필요한 교육을 실시"할 목적의 재단법인 조선명륜연성소(朝鮮明倫鍊成所)로 바꾼다.[528]

---

525 朝鮮總督府學務局社會敎育課, *Op. cit.*, 1937, pp.19-20. 사회교육과에서는 사회교화, 지방 개량, 사회체육, 향교와 향교재산, 종교와 전릉향사(殿陵享祀), 보물·고적·명승·천연기념물의 조사와 보존, 교화단체에 관한 사항을 담당한다(같은 책, p.20).

526 〈明倫專門學院規程〉(부령 第13號, 昭和 14.2.18), 『조선총독부관보』 제3623호, 1939.2.18. 이 부령에 따르면, 명륜전문학원은 경학원에 부치(附置)하고, '황국정신에 기초해 유학을 연찬(硏鑽: 깊이 연구함)하고 국민도덕의 본의를 천명해 충량한 황국신민을 양성하는 것을 목적으로 한다(제1조). 생도 수의 정원은 본과(本科, 3개년) 90명, 연구과(硏究科, 2개년) 20명이며, 수업료를 징수하지 않는다(제2조-제6조). 이 부령은 1939년(소화 14) 4월 1일자로 시행하고, 종래의 〈명륜학원규정〉은 폐지한다(부칙). 한편, 「明倫學院 昇格, 專門學院으로 改稱, 卒業資格, 科目 等 刷新」, 『동아일보』, 1939.2.18, 2면'에 따르면, 명륜학원은 유학 진흥 등을 목적으로 1930년에 창설되어 근 10년 간 130여 명의 인재를 양성했는데, '동양정세의 변화와 동양도덕과 유학의 진흥운동에 발맞추어' 명륜전문학원으로 승격시켜 4월 1일부터 시행한다. 종래의 과목(경학, 유학사, 지나철학, 국어, 국사학, 교육학, 公民科, 체조, 한문학 등)도 公民科와 한문학을 폐지하고 국민도덕, 지나문학, 사회교육, 교련, 支那語를 신설한다. 입학자격도 종래 중등 정도의 학교 졸업생에서 '전문학교 본과 입학 자격'으로 고치고, 졸업생을 '사회교화주사(社會敎化主事)'로 내보낸다는 계획이다. 현재까지 경비는 향교 재산에서 충당되고 있고, 현재 90명의 재학생이 있으며, 금년도에 30명을 모집할 계획이다.

527 〈明倫專門學校 設立〉(告示 第397號, 昭和 17.3.25), 『조선총독부관보』 제4545호, 1942.3.25. 이 자료에 따르면, 1942년(소화 17) 3월 17일부로 '명륜전문학교'의 설립을 인가한다. 설립자는 '재단법인 명륜전문학교', 졸업연한은 3개년, 생도정원은 150명(1학년 50명)이다.

528 〈[法人組合登記] 財團法人 明倫專門學校 變更〉, 『조선총독부관보』 제5349호, 1944.12.2.

한편, 사회 교화 정책과 관련해 경학원·명륜학원 외에 유교와 밀접히 연관된 것은 〈의례준칙〉이다. 조선총독부는 1934년 11월 10일 '국민정신작흥에 관한 조서(詔書)환발(渙發, 널리 선포) 기념일'에 〈의례준칙〉을 공포하는데, 그 제정 배경으로 관혼상제에서 '엄숙한 집행이 가장 중요'하지만 형식에 구속되어 그 정신을 잃어버리고 번잡해져 과도한 비용이 소모되고 있다고 설명한다. 총독은 유고를 통해 각도 당국이 〈의례준칙〉의 취지를 홍보하게 하고, 경학원에 의례부(儀禮部)를 설치해 희망자에게 결혼에 관한 모범적 의례를 보이도록 한다.[529] 이는 〈의례준칙〉이 국민정신의 작흥, 계몽 교화, 생활 개선 등과 연결되어 사회 교화 차원에서 제정·시행된 것임을 시사한다.

〈의례준칙〉은 1930년대 중반에 계속 강조된다. 1934년 12월의 도참여관(道參與官) 회의에서는 〈의례준칙〉 제정에 관한 반향(反響), 여행(勵行, 힘써 행함) 장려 방책, 장래 조치[施設] 사항, 금일까지의 실적 등에 대해 자문을 받기도 한다.[530] 1935년 1월의 '임시 도참여관 회의'에서는 〈의례준칙〉의 철저한 보급이 강조되고, 총독 宇垣一成(우가키 가즈시게)도 농산어촌 진흥을 위한 협력과 함께 〈의례준칙〉의 실현에 관해 훈시를 하달한다.[531]

---

529 朝鮮總督府學務局社會敎育課, Op. cit., 1937, pp.36-37.

530 「臨時 利得稅 法案, 大綱을 決定」, 『동아일보』, 1934.12.19, 1면. 당시의 자문 사항은 의례준칙 시행, 농산어촌(農山漁村)의 진흥, 도민(道民)의 신앙에 관한 세 건이다. 이 가운데 농산어촌 진흥 건의 내용은 진흥운동 실시의 상황과 그 성적이다. 도민의 신앙 건의 내용은 도민의 신앙상황, 신앙을 기조(基調)로 한 사상 선도(善導), 미신타파에 관해 조치[施設]한 사항과 장래의 대책이다.

531 「參與官 會議」, 『동아일보』, 1935.1.17, 1면; 「總督 訓示 要旨」, 『동아일보』, 1935.1.17, 1면. 당시의 '임시 도참여관 회의'에서 논의된 사항은 의례준칙의 철저한 보급, 도지사 회의에서 논의된 '농가갱생 10개년 계획(農家更生十個年計劃)', 우원 총독이 주도하는 심전개발(心田開發, 소위 종교부흥운동) 등이다.

조선총독부의 움직임에 맞춰 지방에서도 〈의례준칙〉의 실천을 중시한다. 이와 관련해, 1935년 2월의 전북 군수·서장회의에서는 농촌진흥운동 차원에서 혼례·장례의 '악습' 타파를 위해 의례준칙에 힘쓸 것을 결정한다. 주요 내용은 자산에 따른 혼례비 제한, 장의행렬의 상여군 제한(5인 이내)과 곡비(哭婢) 폐지, 장의 조문자의 제한, 상기(喪期)의 단축, 상복의 제한 등이다. 그리고 이를 관리·통제할 지도원을 두고 면소재지 중심으로 각 부락에 실행위원을 두기로 한다.[532]

중일전쟁 이후에는 전시체제하에서 국책 순응과 절약을 위해 〈의례준칙〉에 따른 의례 간소화가 강조된다.[533] 학교에서도 〈의례준칙〉의 보급·여행(勵行)을 중시한다.[534] 총후보국 차원에서도 미신 타파 등과 함께 〈의례준칙〉 실행을 '생업보국'의 하나로 만든다.[535] 당대 지식인이 종래 혼례·상례가 경제적·시간적으로 번잡해 개량해야 한다는 인식을 보이기도 한다.[536] 국민정신총동원조선연맹도 '생활개선' 차원에서 〈의례준

---

532 「萬石 以上의 資産家도 婚費는 五百圓 程度, 弔問客과 喪舉軍도 制限, 全北의 婚葬費 輕減方針」, 『동아일보』, 1935.2.15, 2면. 1만석 이상의 자산가에게도 혼례비를 500원 이하로 제한한다.

533 「消費節約을 通告, 群山府의 決議事項」, 『동아일보』, 1938.8.5, 3면.

534 「京畿道 初等學校長, 今日부터 三日間 會議」, 『동아일보』, 1938.1.17, 2면에 따르면, 1938년 1월에 경기도 내의 공사립 초등학교장 300여 명이 조선신궁을 참배한 후 개최한 회의 안건에 '의례준칙의 보급·여행(勵行)에 관한 건'을 포함시킨다.

535 「銃後報國 行事」, 『동아일보』, 1938.10.6, 3면(1938년 10월 부천군 오정면에서 동면사무소에 총후보국 또는 총후국민의 총동원 정신 차원에서 결정한 생업보국, 저축보국에 관한 내용).

536 「舊慣 陋習 打破」, 『동아일보』, 1938.1.1, 25면에 따르면, 1938년 1월에 동아일보사가 개최한 좌담회(참석자: 박승빈, 서광설, 이극로, 송석하, 윤일선, 김선, 박은혜, 손정규, 김용무, 이만규)에서는 '생활의 문화화, 과학화, 경제화가 완전히 되는 날 우리의 생활이 완전히 개선된 것이고, 이를 위해 구관 누습(舊慣 陋習)을 타파해야 한다'. 구관 누습의 대상은 '백의(白衣) 폐지와 색복(色服) 착용, 축발(蓄髮) 금지와 단발(斷髮) 단행, 양력 시행과 이중과세 폐기, 조혼(早婚) 금지와 적령혼(適齡婚) 장려, 관혼상제 제의(諸儀)의 개선' 등 다섯 가지이다.

칙〉 실천을 강조한다.[537]

이상의 내용을 보면, 〈의례준칙〉 제정·시행은 조선총독부가 기획한 '사회 교화 정책'의 일환이라고 할 수 있다. 이는 〈의례준칙〉 업무를 학무국 사회과 교화계가 관장했다는 점에서 확인할 수 있다.[538] 1936년 이후 설치된 학무국 사회교육과가 '사회교육교화' 안에 '국민정신의 작흥, 공민(公民)적 교양, 생활개선, 체육운동의 향상'을 포함하고, 다시 생활개선 안에 '허례 폐지' 등과 함께 〈의례준칙〉을 포함시켰다는 점에서도 확인할 수 있다.[539]

사회 교화 정책과 관련해 묘지 문제도 볼 필요가 있다. 묘지 문제는 경찰 조직이 맡았지만 특히 유림에게 중요한 문제였기 때문이다. 이와 관련해, 조선총독부는 1912년 6월에 〈묘지·화장장·매장·화장 취체규칙〉(이하, 묘지규칙)을 제정하고 1913년 9월 경기도 경성부에서부터 시행한다.[540] 그 시작은 경성 용산의 국유림을 불하(拂下)해 설치한 공동묘지

---

537 「生活 改善 積極化! 權威 網羅, 委員會 設置, 官民 各界 九十委員中 婦人도 十五名, 社會風潮의 改善策도 討議」, 『동아일보』, 1938.10.21, 2면. 이 자료에 따르면, 1938년 10월의 '국민정신총동원조선연맹'에서 일반 민중의 생활개선을 위해 관민 각계의 권위자 90여 명으로 생활개선위원회를 조직하고, 이를 3개의 부회(部會)로 나눈 후, 제2부회에서 '의례준칙·사회풍조의 개선에 관한 사항'을 다루게 한다.

538 「社會事業 槪觀, 渡邊 學務局長 談」, 『동아일보』, 1935.10.4, 4면. 이 자료에 따르면, 학무국 사회과 교화계(敎化係)에서 관장한 업무는 국기 게양의 장려, 민심작흥일의 설정, 1933년 이후 농산어촌의 진흥 도모, 순회강연과 신앙심의 계배(啓培), 의례의 개선, 향약의 장려를 통한 민풍(民風)의 개선, 효자·절부(節婦)·독행자(篤行者)의 표창, 모범부락의 표창, 체육경기의 장려, 청년훈련소의 보급, 팸플릿의 인쇄 배포, 청년단체의 지도 통제, 중견청년의 양성 등이다.

539 朝鮮總督府學務局社會敎育課, Op. cit., 1937, pp.2-3, pp.36-37. 한편, 「慶北 各郡 鄕校財産 民衆敎化에 使用」, 『동아일보』, 1939.2.23, 7면에 따르면, 경상북도의 경우, 향교재산 수입은 춘추의 석전뿐 아니라 〈의례준칙〉과 생활 개선 등에도 사용된다. 그리고 1939년 2월에는 지방 민중의 교화사업과 총후보국 시설 등에 사용할 것이 결정된다.

540 〈墓地, 火葬場, 埋葬及火葬取締規則施行〉(부령 第85號, 大正 2,8,30), 『조선총독부관보』 제326호, 1913.8.30. 총독 寺內正毅로 공포된 이 부령에 따르면, 경기도 경성부는

이다.[541] 이 규칙의 제정 의의와 관련해, 조선총독부는 공동묘지가 음료를 구할 지반(地盤)을 상실하고, 타인의 토지에 매장하는 범죄를 생기게 하고, 전염병으로 위생을 해치는 등의 문제들을 해소하는 방법이고, 인민의 희망을 수용해 국유임야를 무상으로 교부하는 것이라고 홍보한다.[542]

이 〈묘지규칙〉은 조선인 대부분이 매장(埋葬)을 허가받은 후에 공동묘지라는 별도 매장 공간만 이용해야 한다는 것을 의미한다. 그렇지만 유교적인 조상 관념과 풍수 관념이 강했던 당시 조선 사회에서 공동묘지 매장은 익숙한 문화가 아니다. 실제로 조선인이 공동묘지 매장을 거부한 현상도 보인다.[543] 또한 공동묘지가 지질학상으로 시체 매장에 적당하지 않은 불모(不毛)의 황지(荒地)이고, 인공 시설도 없고, 매장 면적을 극단으로 제한하면서도, 조선인의 공분(公憤)을 사는 귀족배(貴族輩)에게만 예외의 은전(恩典)을 주어 광활한 지면을 허용하고, 공동묘지 관념이 약한 민중의 불평을 억누른 채 양해 없이 급하게 〈묘지규칙〉 제도를 시행한 것이 '조상(祖先)의 분묘를 존숭하는 조선인의 도덕적 관념'을 존중하기 위한 것이 아니라는 비판도 제기된다.[544]

1913년 9월 1일자로 〈묘지·화장장·매장·화장 취체규칙〉을 시행한다.
541 「墓地規則 實施」, 『경남일보』, 1912.8.9, 2면.
542 「墓地規則에 對한 誤解」, 『매일신보』, 1914.6.9, 2면.
543 「墓地規則 違反」, 『매일신보』, 1915.2.28, 3면. 이 자료에 따르면, 경성부 봉래정 3丁目 67번지 잡화상 임공서(林公瑞, 67세)는 자신의 처가 죽자 경찰서에 신고하고 공동묘지에 매장하는 것이 싫어 아무도 모르게 삼태동(三台洞) 산에 몰래 매장하다가 발각되어 서대문 경찰분서에서 취조를 받고 벌금 15월에 처해진다. 「墓地規則을 違反, 관청허가도 업시 미장」, 『매일신보』, 1915.4.25, 3면에 따르면, 후작(侯爵) 이해승(李海昇)이 소유한 산에 몰래 매장한 일이 발각되어 경성지방법원에서 취조를 받는다. 「墓地規則 違反, 공동묘디에 안뭇고」, 『매일신보』, 1916.2.18, 3면에 따르면 남원군에서는 공동묘지에 매장하겠다고 신청해서 남원헌병분대의 인가를 받고도 다른 산에 매장했다가 발각된다.
544 「墓地規則 改正과 當局의 矛盾」, 『동아일보』, 1920.9.6, 1면.

〈묘지규칙〉은 1919년 9월에 개정되는데,[545] 그 핵심은 사설묘지(가족묘)의 인정과 신고제, 그 외 묘지의 신설과 허가제이다. 즉 가족당 1개소에 제한되지만 '소유지 내의 묘지를 설치'해 신고하도록, 그리고 공동묘지 이외의 묘지 신설에 대해 허가를 받게 한다. 이 개정의 배경에는 '유림의 환심 사기'라는 측면이 있다.[546] 이와 관련해, 다음의 인용문은 1919년 3·1운동 이후 총독정치에 대한 중년과 노년의 현실적 불평을 완화하기 위해 사설묘지 인정이 제일 먼저 필요하다는 당시 인식을 보여준다.

今에 當局者가 昨秋 墓地規則을 急劇히 改正하야 墓地規則 設定 當初의 意義를 根本으로부터 打破함과 無異한 變革을 行 한 經路를 直觀하건대 作春 獨立運動의 爆發 後 總督府의 官吏는 中年 以上 老年 階級이 總督政治에 對한 現實的 不平을 緩和함에는 私設墓地의 寬大한 認定이 第一이라 覺知한 바 … 新總督 赴任 初에 第一着의 德政으로 私設墓地를 殆히 無制限으로 認하는 墓地規則을 行한 것이 分明한 事實이어늘 …[547]

〈묘지규칙〉의 개정은 유림뿐 아니라 천주교와 개신교에도 영향을 미쳐, 공동묘지 조성 계기를 만든다. 예를 들어, 1922년 1월에는 파리외방전교회 소속 신부로 대구에서 약 30년 동안 활동한 로베르(Achille Paul Robert, 김보록)가 '남산 천주교당 구내 천주공교회 공동묘지'에 묻힌다.[548]

---

545 〈墓地, 火葬場, 埋葬及火葬取締規則中改正〉(부령 제152호, 大正 8.9.30. 시행 大正 8.10.15), 『조선총독부관보』 제2142호, 1919.9.30.

546 「鄕校財産 處理 問題, 敎育擴充에 充當하라」, 『동아일보』, 1928.10.5, 1면. 향교재산이 지방의 보통학교 경비를 보충하는 데에 주로 사용되다가, 1919년 이후로 유림의 환심을 사기 위해 묘지규칙과 같이 개정해서 향사와 유림간의 '교화사업' 등에 사용하게 되었지만, 교육의 확충을 위해 사용해야 한다는 내용이다.

547 「墓地規則 改正과 當局의 矛盾」, 『동아일보』, 1920.9.6, 1면.

동년 8월에는 평양고아원 창립자인 김병선(金炳善)이 평양장로교회의 공동묘지인 서장대(西章臺)에 묻힌다.[549]

1930년대에는, 타인 무덤에 자식을 암매장한 사례도 있었지만,[550] 묘지 제한 조치가 약해진다. 이와 관련해, 경성부는 '다년 부민이 요망하는 가족묘'를 수용하고 1933년에 묘지 평수의 초과분에 대한 할증 요금을 철회한다.[551] 천주교에서는 교회묘지 시설이 없는 지방에 '세속 공동묘지'가 아닌 '교회묘지'를 설립해야 한다는 주장이 제기된다.[552] 부(府) 차원에서 공동묘지에 '가족묘'를 부설하기도 한다. 예를 들어, 1934년에 대구부는 신년도 예산에 화장장뿐 아니라 공동묘지 확장과 '부설 가족묘'를 포함한다.[553] 다만, 이 가족묘는 이용자 수가 줄어 1939년의 사용료 수입이 1938년에 비해 감소한다.[554] 인천부도 1939년에 추가경정 예산에

---

548 「四十五年間을 奮鬪한 天主敎의 功勞者, 신부 '아칠레 로벨'씨의 서거, 사일 대구대성당에서 장식 거행」, 『동아일보』, 1922.1.8, 3면.

549 「故 金炳善君의 院葬」, 『동아일보』, 1922.8.28, 4면. 「最後까지 兩兒 안고 燒死한 孕婦」, 『동아일보』, 1930.12.19, 2면에 따르면, 임산부를 서장대 교회공동묘지에 매장한다.

550 「他人墓 發掘, 己子를 暗葬, 송부호의 미신」, 『동아일보』, 1932.5.15, 4면.

551 「共同墓地를 大擴張, 家族墓地 設置 決定」, 『동아일보』, 1933.6.6, 2면에 따르면, 1933년 경성부가 〈묘지 齋場 사용조례〉를 개정하여 묘지 평수의 초과분에 대한 할증 요금의 철회한다.

552 「(사설) 각 지방에 교회묘지를 설시하라」, 『京鄕雜誌』 통권 786호, 京鄕雜誌社, 1934.7.31, 382-383쪽. '살엇슬 쌔 다갓치 천주의 자녀가 되어 갓치 성사를 밧고 한 성당에 모혀한 집안갓치 지내온 교우들은 죽은 후에도 거룩한 교회묘지 안에 함께 모혀 육신부활을 기다림'이 합당하고, 가족묘지를 설시할 능력이 없는 사람에게도 교회묘지가 필요하고, 모든 교우가 단체로 망자를 방문하거나 함께 '련도'를 하거나 '련미사'를 드리면서 무덤을 축성하면 망자를 동정하는 사람도 열심히 하게 되고 외교인에게도 좋은 표양이 될 것'이라는 주장이다.

553 「大邱 新年度 豫算, 府會 열고 議審 中」, 『동아일보』, 1934.3.23, 5면.

554 「墓地觀念이 稀薄, 大邱府 豫算에 削減」, 『동아일보』, 1939.4.1, 3면(원자료의 '十四年度 예산'은 소화 14년이므로 1939년임). 대구부가 조성한 가족묘의 사용료 수입의 감소 현상에 대해 대구부에서는 '묘지에 대한 조선인의 관념이 바뀐 것'에 원인이 있다고 인식한다.

가족묘를 설치하고 그 이익금을 조성하기 위해 예산을 배정한다.[555] 다만, 1940년에는 '임야자원 개발과 사회범죄[묘지범죄] 방지'라는 명분을 내세워 공동묘지에 식수(植樹)를 장려하고 신고묘지를 '허가제묘지'로 바꿔 면적을 제한하기도 한다.[556]

5. 종교 정책의 흐름과 인식

1) 통감부·조선총독부의 종교 정책과 흐름

대한제국과 일본정부는 1905년 11월 17일 〈제2차 한일협정〉을 체결하는데, 그 핵심은 일본정부가 외무성을 거쳐 대한제국의 대외 관계와 사무를 감리 지휘하고, 일본의 '외교대표자와 영사'가 외국으로부터 한국인과 그 이익을 보호하고, 이를 위해 일본정부 대표자인 통감이 경성에 주재해 외교에 관한 사항을 관리한다는 내용이다. 이와 관련해, 동년 11월 22일부로 대한제국 경성에 통감부, 경성·인천·부산·원산·진남포·

---

555 「第二部 敎育費 基本財産 造成 遂實現, 仁川府會 原案 全部 審議 可決」, 『동아일보』, 1939.12.24, 7면.

556 「[사설] 墓地規則 改正에 對하여」, 『동아일보』, 1940.2.17, 1면. 이 자료에 따르면, 묘지규칙은 공동묘지주의가 근간이며, 공동묘지와 신고届出묘지, 허가묘지의 3종류로 구성된다. 이 가운데 신고묘지가 총묘지면적의 68%, 공동묘지와 허가묘지가 조선 전면적의 0.3%(약1,550만평)이다. 일본에서는 인구 1인당 묘지면적이 1평, 조선은 1인당 9평이다. 비생산적 묘지면적의 매년 택증(澤增)으로 인해 '林野 개발에 일대 장애'가 됨은 물론이고, 풍치상(風致上) 방치할 수 없다는 사실과, '풍수'설적 미신론에 지배되어 구현되는 묘지범죄의 격증에 대한 2대 사실로 볼 때 모름지기 猛省해야 한다. 금번 개정 실시될 묘지규칙의 내용은 첫째, 공동묘지를 適地適選하여 植樹를 장려함, 둘째 조선 묘지면적의 압도적 부분을 차지하는 신고[계출]묘지를 폐지하여 '허가제묘지'로 하되 그 면적을 적극적으로 통일·제한함이다.

목포·마산과 기타 수요지(須要地)에 이사청을 두되, 당분간 종래 제국공사관과 제국영사관이 각각 통감부와 이사청 직무를 맡게 한다. 그 후 1906년 2월부터 통감부와 이사청이 본격적으로 업무를 개시한다.

통감부는 1906년 11월에 공포한 〈종교 선포에 관한 규칙〉에 근거해 1907년 4월부터 종무행정 부서를 설치한다. 종무행정 담당 부서는 1907년 4월에 통감부 총무부에 설치된 '지방과'와 동년 10월에 설치된 '지방부', 그리고 이사청의 '지방계'이다. 한편, 경찰 조직은 1910년 7월까지 종교 통제 전담 부서를 두지 않으면서도 종교 통제를 계속 맡는다.

통감부 시기의 종교 정책에서 주목할 부분은 통감이 조선 종교에 대한 공식적인 정책 입안자 위치가 아니었기 때문에 통감부, 이사청, 경찰 조직의 종무행정이 주로 '재한 일본 종교'에 한정되었다는 점이다. 이는 통감부 시기의 종무행정 근거인 〈종교 선포에 관한 규칙〉이 조선 종교가 아니라 재한 일본 종교를 대상으로 삼은 법규라는 점에서 일면 당연한 측면이 있다.

통감부의 종무행정 대상인 재한 일본 종교는 일본정부가 공인한 3종류, 즉 신도·불교·기독교에 한정된다. 여기서 신도는 1882년 '신관의 교도직 금지 조치' 이후 신도(神道)에서 독립해 별도 단체들을 설립한 교파 신도를 말한다.[557] 당시 재한 일본 종교의 대부분은 불교 종파이다. 다

---

[557] 1882년(명치 15) 1월 정부가 내무성의 신궁 교도직 겸무를 금지하고 신관이 장례식에 관여하지 못하게 하자, 신도 내 각 파가 독립한다. 동년 5월부터 신궁대궁사 田中賴庸(다나카)이 신관을 사임하고 조직한 神宮敎(진구교), 이즈모타이샤 궁사인 千家尊福(센게 다카토미)이 조직한 大社敎(타이샤교), 扶桑敎(후소교), 實行敎(짓코교), 大成敎(타이세이교), 神習敎(신슈교)가 독립하고, 이어 御嶽敎(미타케교)가 독립한다. 그리고 이 각 파에 속하지 않은 교도직들이 1884년 10월에 神道本局 일파를 조직하고, 이후 여기에 속한 교회 가운데 미소기교, 신리교, 콘코교, 텐리교 등이 독립한다. 이어, 교파 신도와 신사가 분리된다(村岡典嗣, 박규태 역, 『일본 신도사』, 예문서원, 1998, 301쪽). 다만, 신관의 교도직 겸직 폐지 조치는 지방의 경우에 다소 늦게 적용된다. 그와 관련

만, 그 종류와 수치는 자료에 따라 차이가 있다. 예를 들어, 통감부의 1907년 자료에는 교파신도 2개(金光敎·神理敎)와 기독교 교파 3개, 불교 종파 12개가 보이지만, 조선연구회 간사였던 靑柳南冥(아오야기 난메이)의 1911년『조선종교사』자료에는 7개의 일본 불교 종파만 있다.[558]

통감부가 조선의 종교 상황에 관심을 기울이지 않았던 것은 아니다. 선행연구에 따르면, 통감부(일본정부)는 천도교 등 조선의 신종교를 일반 사회단체로 보고〈보안법〉과〈집회취체에 관한 건〉을 적용한다.[559] 다만, 통감부가 조선 종교에 관심을 집중한 근거 자료를 찾기는 쉽지 않다. 이와 관련해, 1906년부터 대한제국정부가 시작해 1910년에 마무리된 '구관(舊慣)·제도(制度) 조사' 내용은 통감부가 조선의 종교 상황을 우선순위에 두지 않았다는 점을 시사한다.[560]

일본은 1907년 7월의 헤이그특사사건과 고종의 강제 퇴위 직후에 체결된〈제3차 한일협약〉(정미7조약)을 통해 통감부가 대한제국의 행정과

해, "〈神職卜敎導職兼補ノ件〉(府島縣 甲 第41號, 明治 15.2.23), 廣島縣神職管理所 編, 『現行神社法令』, 廣島縣: 廣島縣神職管理所, 1914, p.57"에 따르면, '지금으로부터 神官은 敎導職의 兼補를 폐지하고 葬儀에 관계하지 않는다. 다만, 府縣社 이하의 신관은 당분간 종전과 같이 한다'.

558 統監府 總務部 編, *Op. cit.*, 1907, pp.59-60(各敎宗派布敎管理者表); 靑柳南冥, *Op. cit.*, 1911, pp.121-149(大谷派本願寺, 本派本願寺, 淨土宗, 日蓮宗, 曹洞宗, 眞言宗, 臨濟宗).

559 강효숙, 「통감부 시기까지의 동학, 천도교를 중심으로」, 『한국종교』 38, 원광대학교 종교문제연구소, 2015, 84-85쪽.

560 朝鮮總督府中樞院 編, 『朝鮮舊慣制度調査事業槪要』, 朝鮮總督府中樞院, 1938, pp.4-20. 1906년(명치 39)부터 1910년의 병합 때까지 약 5개년 동안 지속된 '구관(舊慣)·제도(制度) 조사' 내용은 부동산법, 토지에 관한 권리, 법전(法典), 〈조선민사령〉, 〈조선형사령〉, 〈민사소송법안〉, 〈상법〉, 〈민적법(民籍法)〉 등이다. 물론 통감부의 관심 범위에 조선의 종교가 없었다고 보기는 어렵다. 구관·제도 조사의 내용이, 비록 종교와 직접 연관된 것이 아닐지라도, 대한제국의 사회·문화와 연관된 것이기 때문이다. 한편, 조선총독부 설치 이후, 구관조사는 취조국(取調局), 참사관실(參事官室)을 거쳐 중추원, 그리고 조선 사편찬회로 이어진다.

정책 수립에 관여할 근거를 마련한다. 구체적으로, 통감이 대한제국의 법령 제정과 행정 처분, 고등관리 임면, 그리고 외국인 용빙에 관여하고, 일본인을 대한제국 관리로 임명할 수 있게 된다. 실제로 일본정부와 통감부는 1907년 8월부터 차관을 포함한 주요 요직에 일본인을 임명해 대한제국정부 업무를 관할한다. 이는 통감부가 1907년 8월 이후부터 '차관정치'를 통해 직간접적으로 대한제국의 종교 상황을 파악하고 관리할 수 있었다는 점을 시사한다.

게다가 1910년 6월 말에 〈한국경찰사무위탁에 관한 각서〉가 체결되면서 통감부가 대한제국의 종교 상황에 개입될 소지는 더 커진다. 대한제국 시기까지 〈보안법〉이나 〈경찰범처벌령〉 등에 근거해 종교 통제를 담당하던 경찰 조직의 사무가 통감부로 넘어갔기 때문이다. 실제로 통감부는 당시 지방부의 종무행정뿐만 아니라 한일병합 준비 과정에서 1910년 7월부터 경무총감부 보안과(保安課)의 행정경찰계를 통해 종교·풍속을 단속한다. 당시 기밀과(機密課)의 고등경찰계도 집회와 출판물을 단속했기 때문에 직간접적으로 종교 통제에 관여했다고 볼 수 있다.

1910년 8월에 '한국 전부에 관한 일체 통치권을 완전 영구히 일본국 황제에게 양여(讓與)'한다는 내용의 〈한일합병조약〉이 체결되고 동년 10월부터 조선총독부가 업무를 개시하면서 상황은 통감부 시기와 달라진다. 통감부는 공식적으로 '대한제국의 외교'에 관여하기 위해 설치되었지만, 조선총독부는 '조선에 관한 통치권'을 행사하기 위해 설치된 조직이었기 때문이다.

조선총독부의 종교 정책은 일본의 조선 통치행위가 지향한 목적 안에서 이루어진다. 조선총독부는 설치 당시에 조선인이 "제국신민이 되어 천황의 인덕(仁德)으로 무육화(撫育化-어루만져 기름)를 받는 것"을 목표로 설정한다. 그리고 시정(施政)의 급무를 "새 영토의 질서를 유지하고, 부원(富源)을 개발하고, 신부(新府)의 인민을 부액(扶掖-도움)해 치평(治平)의 은택(恩澤)에 욕(浴)"하게 하는 데에 둔다.[561] 이러한 목표와 시정 방향은 조선총독부 정책이 일본인과 조선인의 차별을 전제로 수립될 것임을 시사한다. 이러한 차별은 1911년 8월 〈제1차 조선교육령〉의 목표가, 일본인의 교육과 달리, 조선인을 '일본에 충량한 국민'으로 만드는 데에 있었다는 점에서 확인할 수 있다.

1919년 3·1운동 이후에는 조선총독부 초기 목표에 다소 변화가 생긴다. 3·1운동 이후의 목표는 '일시동인(一視同仁), 내선융화(內鮮融和), 내선일체(內鮮一體), 황민화(皇民化)' 등으로 표현된다. 이 용어들을 관통하는 핵심은 조선인을 일본인도 도달하기 어려운 '이상적 일본인'으로 만드는 데에 있다. 이를 '조선인의 이상적 일본인화'라고 명명할 수 있다. 1919년 3·1운동 이후 조선총독부가 종교 영역에 대한 제도적 통제를 다소 완화하지만, '조선인의 이상적 일본인화'라는 목표는 변화 없이 그대로 적용된다.

조선총독부는 통감부와 달리 설립 초기부터 종교에 대해 공식적 정책입안자의 위치를 갖게 된다. 실제로 조선총독부는 '중앙(통감부)-지방(이사청)-경찰 조직'이라는 통감부 시기의 종무행정 구도를 계승한 면이 있지만, 통감부에 비해 종무행정에 적극적 관심을 보인다. 이와 관련해, 조선총독부 설립 초기인 1910년 10월부터 경무총감부는 통감부와 달리 보안과 행정경찰계가 아닌 고등경찰과 기밀계에 종교 취체 사무를 배정한다.[562] 조선의 종교 상황에 대해서는 통감부 시기처럼 구관조사(舊慣調

---

561 朝鮮總督府, 『朝鮮總督府施政年報』(明治 43年), 京城: 朝鮮總督府, 1912, pp.16-17, p.19.
562 〈朝鮮總督府 警務總監部 事務分掌 規程〉(1910.10.1, 훈령 제4호) 제4조, 제5조. 고등경

查)를 통해 파악한다. 구관조사 범위에 묘사(廟祠-사당)와 사찰·당우(堂宇), 종교(불교·유교), 미신, 무복(巫卜)과 술객(術客) 등이 포함된 점을 고려하면[563] 조선총독부는 조선의 종교 전반에 대한 정보를 파악하고 있었다고 볼 수 있다.

동시에 조선총독부는 여러 종교 법규를 시행하고, 이를 위해 종무행정 부서를 설치해 종교 정책을 추진한다. 이러한 종무행정은 중앙−지방−경찰 조직의 3자 구도로 이루어진다. 이는 통감부 시기의 종무행정 구도, 즉 1910년 7월 이후 중앙(통감부)과 지방(이사청), 그리고 중앙과 지방에 걸친 경찰 조직을 연계한 종무행정 구도를 계승한 것이라고 할 수 있다.

법규 차원에서는 일본의 교파신도·불교·기타 종교에 대해 1906년 11월 〈종교 선포에 관한 규칙〉을 적용하다가 1915년 10월에 〈포교규칙〉으로 대체한다. 그리고 일본의 신도(神道) 시설인 신사(神社)와 불교 시설인 사원을 관리하기 위해 1915년 8월에 〈신사사원규칙〉을 만들고, 신사보다 규모가 작은 신사(神祠)를 확대·관리하기 위해 1917년 3월에 〈신사(神祠)에 관한 건〉을 공포한다. 그렇다가 전시 상태에 놓인 1936년 8월에는 신도의 신사와 불교의 사원을 별도 관리하기 위해 〈신사규칙〉과 〈사원규칙〉을 분리해 공포한다.

찰과 기밀계는 사찰(査察), 집회·다중운동(多衆運動)·결사(結社)에 관한 업무를 통해서도 종교 취체가 가능하다. 그와 함께 고등경찰과 도서계(圖書係)는 신문, 잡지, 출판물, 저작물에 관한 업무를 통해 종교 관련 언론을 규제하고, 보안과 행정경찰계도 풍속취체 등을 통해 종교 문제에 관여할 수 있게 한다.

563 朝鮮總督府中樞院 編, Op. cit., 1938, pp.118-131. 1915년(대정 4) 중추원으로 구관조사(舊慣調査) 사무를 이관하고 1921년(대정 21)에 복장과 관혼상제뿐 아니라 '종교·미신'을 포함한 풍속조사를 진행해서 1925년(대정 14)까지에 자료의 모집과 정비를 마치고, 집필을 시작해 1937년(소화 12) 3월에 인쇄를 한다.

조선의 기독교와 불교에 대해서는 교파신도의 경우처럼 1915년 10월의 〈포교규칙〉을 적용한다. 다만, 불교에 대해서는 1911년 6월에 〈사찰령〉을 제정해 사찰을 관리·통제한다. 그 외에 〈조선교육령〉, 〈사립학교규칙〉, 그리고 1912년 3월의 〈법인 설립과 감독에 관한 규정〉과 동년 4월의 〈조선민사령〉과 〈조선형사령〉 등을 조선 종교에 적용한다.

신종교에 대해서는 별다른 법규를 만들지 않는다. 1915년 10월의 〈포교규칙〉 제15조에 '총독은 종교유사단체로 인정한 단체에 본령을 준용할 수 있고 이 경우에 고시해야 한다'는 내용을 두어 〈포교규칙〉의 적용 여지를 남기지만, 실제로 이를 고시한 경우는 보이지 않는다. 그리고 조선총독부는 신종교에 대해 일반 결사처럼 종래의 〈보안규칙〉(1906.4), 〈보안법〉(1907.7), 〈경찰범처벌령〉(1908.10), 〈정치에 관한 옥외다중집회를 금하는 건〉(1910.8)에 이어, 1912년 3월의 〈경찰범처벌규칙〉, 1919년 4월의 〈정치에 관한 범죄처벌 건〉, 1925년 4월의 〈치안유지법〉, 1941년 2월의 〈조선사상범예방구금령〉 등을 적용한다. 이러한 법규는 일반 법규이므로 다른 종교의 경우에도 그대로 적용된다.

유교에 대해서는 종교 범주에서 제외해 사회단체화하는 정책을 시행한다. 이와 관련해, 통감부 시기의 〈향사이정(享祀釐正)에 관한 건〉(1908.7), 〈서당 관리에 관한 건〉(1908.8), 〈향교재산관리규정〉(1910.4)에 이어, 1911년 1월에 〈사직단제(社稷壇祭) 폐지 건〉과 〈사직단제 폐지에 관한 건〉, 1911년 6월에 〈경학원규정〉, 1912년 11월에 〈묘지·화장장·매장급화장취체규칙〉을 제정한다. 그리고 1919년 3·1운동 이후에는 1920년 6월에 〈향교재산관리규칙〉, 1920년 9월 이후부터 지방별로 〈장의(掌議)에 관한 규정〉, 1930년 2월에 〈명륜학원규정〉, 1934년 11월에 〈의례준칙제정에 관한 건〉 등을 공포한다. 그리고 중일전쟁 이후인 1939년 2월에는 〈명륜전문학원규정〉을 제정한다.

　유교에 대한 여러 법규의 흐름을 보면, 1919년 3·1운동 이전과 이후, 그리고 1931년 만주사변 이후의 흐름이 다르다. 그 변화와 관련 사례들을 보면, 1912년 6월부터 〈묘지규칙〉에 근거해 사설 묘지를 인정하지 않다가 1919년 9월부터 규칙을 개정해 사설공동묘지제도를 인정하고,[564] 1920년 9월부터 향교에 여러 장의를 두어 유림의 참여를 유도한다. 그리고 경학원에는 교육 기능을 없앴다가 1930년부터는 명륜학원을 설치해 교육 기능의 일부를 인정한다. 만주사변 이후에는 1934년 11월에 의례준칙을 발표하고 전시 체제와 관련해 '생활 개선'과 '보국' 차원에서 의례준칙의 적용을 강조한다.

　법규에 근거한 조선총독부의 종무행정은 1919년 8월 이전까지 내무부에서 담당한다. 내무부 가운데 지방국 지방과(1910.10)가 종교·향사 업무를 맡다가, 1912년 3월부터 지방국 제1과가 신사·사원과 종교·향사 업무, 학무국 학무과가 경학원 업무를 맡는다. 당시 경무총감부에서는 고등경찰과 기밀계가 종교 단속 업무, 보안과 행정경찰계가 폭도나 풍속 단속 업무, 위생과 보건계가 묘지·매화장 업무를 맡는다.

　1919년 8월부터는 학무국을 내무국과 별도로 설치해 학무국 종교과에 신사·사원과 종교·향사 업무, 학무과에 경학원 업무를 배정하고, 경무총감부를 없애는 대신 경무국 위생과에 묘지·매화장 업무를 배정한다. 동년 12월부터는 내무국 제1과에 향교재산관리 업무가 추가된다. 특히 학무국에 종교과를 신설한 조치는 1910년대 중반까지도 일본 내에

---

564 〈墓地, 火葬場, 埋葬及火葬取締規則〉(부령 第123號, 明治 25.6.20), 『조선총독부관보』 제544호, 1912.6.20; 〈墓地, 火葬場, 埋葬及火葬取締規則中改正〉(부령 第152號, 大正 8.9.30, 시행 大正 8.10.15), 『조선총독부관보』 제2142호, 1919.9.30.

서 종무행정이 내무행정의 하위 범주에 포함된다는 점을 고려하면,[565] 작지 않은 변화이다.

만주사변 이후, 1932년 2월에는 학무국에 종교과를 없애는 대신 사회과를 두어 경학원·명륜학원, 향교재산관리, 종교·향사, 사원 업무를 맡게 하고, 내무국 지방과에 신사 업무를 배정한다. 이는 종무행정을 '사회교화'와 연결시킨 조치라고 할 수 있다. 이어, 1936년 10월에는 학무국에 사회교육과를 설치해 종래 사회과 담당 종교 업무를 이어받게 한다. 이는 종교를 '사회교화의 대상이자 기관'으로 인식했다는 것을 시사한다. 이러한 인식은 1941년 11월에 학무국 연성과(鍊成課)가 경학·종교 업무, 1945년 4월에 학무국 교무과(敎務課)가 경학원·유림과 종교·향사 업무를 담당했다는 것으로 이어진다.

1919년 8월 이후 종무행정 기관의 변천 과정을 보면, 담당 부서가 상황에 따라 학무과, 종교과, 고적조사과, 사회과, 사회교육과, 연성과, 교무과 등으로 바뀌지만 종무행정은 계속해서 학무국이 맡는다. 그에 비해 신사행정은 1925년 1월부터 내무국에서 맡는다. 이러한 조치는 1940년대까지도 이어진다. 다만, 1941년 11월부터 내무국을 대체해 설치된 사정국(司政局)이, 그리고 1943년 12월부터 사정국이 없어지면서 총독관방이 신사행정을 맡는다. 한편, 묘지·매화장 업무는 조선총독부 조직의 변화와 무관하게 1919년 8월 이후부터 경무국 위생과가 계속 맡는다.

지방의 경우에는 '내무부'에서 종무행정을 담당한다. 구체적으로 보

---

565 永野淸·田口春二郞, Op. cit., 1915, pp.241-248. 이 자료는 조선 행정을 크게 '재무행정, 사법행정, 군사행정, 내무행정, 대외적 행정'의 5개 영역으로 구분하고, 이 가운데 '종무행정'을 경찰행정·호구행정·위생행정·구휼행정·교육행정·경제행정·척식(拓殖)사업·토지 관련 행정·토목행정·체신(遞信)행정과 함께 11개 세부 영역의 내무행정에 포함시킨다.

면, 1910년 10월부터 내무부 학무계에서 종교·향사 업무를 맡는다. 다만, 1915년 5월부터 지방 조직이 제1·제2·제3부로 바뀌면서 1921년 6월까지 제1부에서 종무행정을 담당하는데, 제1부 가운데 종교·향사 업무는 1915년 5월부터 학무계, 1919년 8월부터 학무과가 맡는다. 그리고 1920년 1월부터는 제1부 학무계 업무와 별도로 지방계가 향교재산관리 업무를 맡는다.

지방의 종무행정은 내무부가 신사와 종교 업무를 함께 맡는다는 특징을 보인다. 예를 들어, 지방에서는 1920년 1월부터 지방과가 향교재산관리 업무, 학무과가 사사·종교·향사 업무를 맡지만, 지방과와 학무과 모두 내무부 관할이다. 묘지·매화장 업무는 경찰부 위생과에서 계속 담당한다. 그 이유로는 지방의 조직과 인력 규모가 조선총독부보다 작았다는 점을 들 수 있다. 1925년 1월부터 조선총독부 종무행정의 변화에 맞추어 신사행정이 학무과에서 지방과로 넘어가지만 이 변화도 내무부 안에서 이루어진다. 1938년 6월부터는 신사(神祠) 업무도 내무부가 맡는다. 한편, 1938년 6월부터는 경찰부 업무 범위에서 묘지·매화장 업무가 없어진다.

종교별로 보면, 조선총독부의 종교 정책은 조선에 유입된 일본 종교에 대한 정책, 그리고 조선의 불교와 기독교, 조선의 신종교와 무속, 조선의 유교에 대한 정책 등 네 가지 정도로 구분될 수 있다. 이 가운데 조선에 유입된 일본 종교에 대한 정책을 제외하면 다른 세 가지 정책은 중첩되는 측면이 있다. 그럼에도 불구하고, 정책의 중점을 고려하면 다소 구분이 가능하다.

첫째, 조선에 유입된 일본 종교에 대해서는 주로 '확산'과 '활용' 정책을 시행한다. 여기서 확산 대상은 교파신도가 아니라 신사(神社)·신사(神

祠) 중심의 국가신도이다. 국가신도를 확산시킨 주요 방식은 1925년 조선신궁과 1939년 부여신궁 설립 계획을 포함한 신사(神社)·신사(神祠)의 설치와 참배 문화의 확산이다. 그 외에 교육칙어, 황국신민서사, 동방요배, 궁성요배, 신궁대마(神宮大麻)를 포함한 신붕(神棚)의 확산 등도 주요 확산 방식이다. 이러한 정책의 지향점은, 부여 신궁의 건립 이유가 일본이 삼한(三韓)이나 백제 등과 '진정으로 골육(骨肉) 관계'였다는 점을 부각시켜 내선일체를 구현하는 데에 있었듯이,[566] '조선인의 이상적 일본인화'에 있다.

일본 불교와 기독교에 대해서는 국가신도의 확산을 보조하는 활용 정책을 추진한다. 일본 불교에 대해서는 1915년 〈신사·사원규칙〉에 근거해 신사와 사원을 함께 관리하다가 1936년에 〈사원규칙〉에 근거해 일본 불교를 별도로 관리한다. 이 조치에서는 전시 체제하에서 일본 불교를 조선 불교와 연계하려는 의도를 볼 수 있다. 실제로 1938년에 강원도 춘천에서 불교의 각 종파 승려가 내선일체와 총후보국(銃後報國)을 명분으로 진언종 별원인 봉선사(鳳禪寺)에 모여 춘천불교원회를 결성했듯이,[567] 일본 불교는 '조선 불교의 일본 불교화'를 유도하는 역할을 한다.

일본 기독교에 대해서는 여러 외교적 문제를 피하기 위해 활용 정책을 편다. 특히 중일전쟁 이후에는 일본 기독교에 조선의 기독교를 병합시키는 정책을 추진한다. 일본 기독교도, 1938년에 일본동맹 측이 조선여자기독청년연맹회와 병합을 주도하고,[568] 일본감리교회가 조선감리

---

566 「扶餘官幣社 御創立과 總督府 當局 談」, 『동아일보』, 1939.3.9, 1면.
567 「春川佛敎의 聯合會 結成」, 『동아일보』, 1938.5.14, 2면; 「佛敎報國의 旗幟下에 內鮮 各派 聯合會, 春川에서 結成式 擧行」, 『매일신보』, 1938.5.14, 2면.
568 「女子基靑 合作, 名稱은 日本同盟朝鮮聯合會로, 今朝, 雙方 幹部가 會見」, 『동아일보』, 1938.7.16, 2면. 당시 일본동맹측과 병합절차를 협의한 인물은 김활란(金活蘭), 유각경

교회와 통합을 시도했듯이,[569] 조선총독부의 정책에 호응하는 모습을 보인다. 이러한 현상을 '조선 기독교의 일본 기독교화'라고 표현할 수 있다.

둘째, 조선의 불교와 기독교에 대한 정책은 주로 '관리·통제와 일본화' 정책이다. 조선 기독교에 대해서는 여러 외교 관계를 고려해 관리·통제 정책을 펴다가, 중일전쟁 이후 해산을 종용하거나 일본 기독교와 결합시키는 정책을 추진한다. 그에 비해 조선 불교에 대해서는 본말사제도의 구축뿐만 아니라 사찰 재산에서부터 의례의 변용에 이르기까지 넓은 범위의 관리·통제를 가한다. 의례 변용 부분은 사법(寺法)에서 확인할 수 있다. 이러한 정책을 각각 '조선 기독교의 무력화와 일본 기독교화', '조선 불교의 이상적 일본 불교화'라고 표현할 수 있다. 다만, 정책의 세부 흐름에는 차이가 보인다. 조선 불교에 대해서는 초기부터 '조선 불교의 일본 불교화'를 시도했다면, 조선 기독교에 대해서는 '순응'의 범위를 벗어날 때 '통제'하는 방향을 취하다가 1940년 전후부터 '조선 기독교의 일본 기독교화'를 추진했기 때문이다.

셋째, 조선의 신종교와 무속에 대해서는 주로 '무력화' 정책을 시행한다. 비록 〈포교규칙〉에서 신종교를 '종교유사단체'로 인정할 가능성을 둔 것처럼 보이지만, 실제로는 신종교를 일반 단체에 비해 수준이 낮다고 인식하고 범죄 단체화하면서 해산을 종용한다. 무속의 경우에도 신종교의 경우와 유사한 정책을 적용한다. 그리고 이를 통해 신종교와 무속을 교화 대상으로 만들려고 시도한다. 이러한 정책을 '신종교와 무속의 무력화 및 교화' 정책이라고 표현할 수 있다.

(兪珏卿), 박마리아, 최보경(崔寶經) 등이며, 병합과 함께 명칭도 '기독교여자청년회 일본동맹 조선연합회'로 개명된다.
569 「메도디스트와 監理會 合同, 監理敎會 總會에서」, 『동아일보』, 1938. 10. 7, 2면.

넷째, 조선의 유교에 대해서는 비종교화하고 사회단체로 관리하고 지원하면서 '교화 주체'로 호명하려는 정책을 시행한다. 한일병합 직후에 적지 않은 유림이 조선총독부가 주는 작위(爵位)를 받았듯이, 유교는 다른 종교에 비해 일본에 협조적인 모습을 보인 바 있는데, 조선총독부는 중앙의 성균관과 지방 향교를 통해 제사 문화를 가진 유교를 일본의 신도와 유사한 조직으로 운영하려는 모습을 보인다. 구체적으로, 중앙의 경학원에 대제학·부제학·제주(祭酒)·사상·직원(直員)과 강사(講師)를, 각 향교의 문묘에 직원(直員)을 두고, 향교재산을 부윤·군수가 관리하게 하면서 향교재산 상의 수입을 공립보통학교 비용에 일정 부분 투입하게 한다.

그러다가 1919년 3·1운동 이후에는 사설묘지를 인정하거나, 향교재산 수입을 향교 시설이나 유림 활동에 투입하게 하거나, 장의(掌議)제도를 만들거나, 여러 유림 단체 지원 등을 통해 유림의 적극적 참여를 유도한다. 이 과정에는 향교가 '사회교화 시설'이라는 인식이 작용한다. 이어, 1930년에는 경학원에 명륜학원을 두어 사회교화를 위한 인력을 양성하고, 1934년에 〈의례준칙〉을 확산시키고, 1939년에 조선유도연합회를 만들어 유림을 교화에 적극 활용한다. 이러한 정책을 '유림의 사회교화 주체화' 정책이라고 표현할 수 있다.

전반적으로 일제강점기 종교 법규와 정책은 통감부 시기의 관망 수준에서 조선총독부 초기의 통제 지향, 1919년 3·1운동 이후 문화적 흡수 지향, 그리고 1937년 전후부터 사회교화의 도구화 지향이라는 흐름을 보인다. 그리고 이러한 종교 법규와 정책의 흐름은 궁극적으로 '조선인의 이상적 일본인화'라는 통치의 목표를 향하고 있었다고 평가할 수 있다.

2) 통감부·조선총독부의 종교 인식

여러 종교별 법규와 정책을 고려할 때, 통감부에 비해 조선총독부는
좀 더 강력한 차별 정책을 추진했다고 볼 수 있다. 공인종교, 신종교와
무속, 유교 등에 대해 차별적 종교 정책이 가능했던 이유는 정책 입안자
들에게 '종교'와 '종교 아닌 것', 또는 '참된 종교'와 '그렇지 않은 종교'를
구분하는 인식이 전제되어 있었기 때문이다.

조선총독부 정책 입안자들의 종교 인식은 일본에서 유통된 종교 인식
의 반영물이다. 구체적으로, 일본 사회에서는 1889년 〈제국헌법〉(시행
1890) 이전부터 '정교분리'나 '종교의 자유' 관념이 보인다. 그와 관련해,
1883년에 정교분리론이 담긴 번역서,[570] 1887년에 신앙의 자유와 함께
정교분리론을 다룬 책이 출간된 바 있다.[571] 그리고 1885년에 경시청이
번역·출간한 독일인 헤르만 뢰슬러(K. F. H. Roesler, 1834-1894)의 행정법
관련 책에도 사상의 자유에 기초한 종교의 자유가 명시되어 있다.[572] 여
기서 헤르만 뢰슬러는 독일인 법률 고문으로서 〈제국헌법〉의 초안 작성
에 영향을 미친 인물이기도 하다.

일본은, 〈제국헌법〉 제28조에 '안녕질서를 방해하거나 신민의 의무에
배치되지 않는 선에서 신교(信敎)의 자유를 가진다'는 내용이 있기도 하
지만, 〈제국헌법〉 시행 이후, 공식적으로는 정교분리를 지향한 것처럼

---

570 納㞢爾布礼(ネッケル・フレ一), 奧宮健之 譯, 『共和政体論』, 福田區: 政治書院, 1883,
　　pp.95-150.
571 中山整爾, 『日本宗敎維持確論』, 東京: 九春堂, 1887, pp.67-121.
572 ヘルマン・リョ一スレル 著, 江木衷 譯, 『社會行政法論』, 東京: 警視廳, 1885, pp.251-301.
　　이 책의 원 저자인 ヘルマン・モエスレル는 독일의 법학자겸 경제학자로 알려진 헤르만
　　뢰슬러(Karl Friedrich Hermann Roesler, 1834-1894)를 말한다.

보인다. 예를 들어, 1900년에 〈치안경찰법〉(명치 33.3.9, 법률 제36호)을 공포해 정사(政事)에 관한 결사·집회와 옥외(屋外)의 다중운동(多衆運動)을 통제한 조치도[573] 정교분리를 지향한 결과라고 이해할 수 있다.

그렇다고 당시 일본정부가 정교분리의 명확한 기준을 가졌던 것은 아니다. 예를 들어, 세계의 종교 정책을 '국교(國敎)·교국(敎國)·방임(放任)·공인(公認)주의'로 구분한 1900년 자료를 보면, 일본은 신도·불교에 정신적 공인주의(精神なき公認主義), 기타 종교에 방임주의를 채택한 국가로 간주된다.[574] 그에 비해 정치와 종교의 관계를 '국교주의, 공인주의, 각종(各宗)평등주의 또는 정교분리주의'로 구분한 1915년 자료를 보면, 일본은 정교분리주의를 채택해 각 종교를 동일하게 대우하고 종교단체

---

573 高松泰介 編, *Op. cit.*, 1902, pp. 296-302. 다만, 〈치안경찰법〉(명치 33.3.9, 법률 제36호) 제4조에 따르면, 일본에서는 옥외(屋外)의 다중운동(多衆運動)은 집회 개최 12시간 이전에 관할경찰서에 신고해야 하는데, 제사·장례(祭葬)는 제외된다. 〈치안경찰법〉은 그 내용상, 1878년에 태정대신 三條實美(산조 사네토미)가 내무성과 부현(府縣)에 근래 지방에서 국사정체(國事政體)를 논의하는 결사체나 연설이나 대중집회를 경계하라는 포고 명령, 내무경(內務卿) 伊藤博文이 정담강학(政談講學)에 관한 대중집회 연설이나 논의 장소에 경찰관을 투입해서 연설이나 논의의 요지가 불온할 때 저지하게 한 조치의 연장선이었다고 볼 수 있다(警視廳, 『警視廳 權限類抄』, 東京: 警視廳, 1893, pp. 58-61).

574 內山正如·瑜伽理円, 『世界宗敎一斑』, 東京: 博文館, 1900, pp. 197-229. 이 자료에 따르면, 국교주의와 교국주의는 중세에 존재했던 정교합일제, 방임주의와 공인주의는 정교분리제이다. 구체적으로, 국교주의는 국가와 유일한 교회가 결합하여 신앙을 강제하고 이교도를 학우(虐遇)하고 공격해서 신교(信敎)의 통일을 기획하는 입장이고, 교국주의는 중세의 '종교정치주의'로서 교회가 국가를 흡수하고 종교가 정치를 복속시키면서 양심의 자유, 종교상의 관용을 배척하는 입장이다. 그에 비해 방임주의는 종교개혁 이후에 생긴 것으로 교회를 단체와 동일하게 보고 국가의 지고권(至高權)에 복종하게 하되, 국가가 양심의 자유와 신교(信敎)상의 결사집회의 자유를 인허(認許)하고 종교상의 단체를 보통 사설단체의 일종으로 보는 입장이다. 그리고 공인주의는 국가가 교회결사 가운데 특정한 것을 공적 사단(公の社團)으로 간주해서 특별한 권리와 자주권을 허용하고, 국가의 사건과 교회의 사건을 구획해서 종교 세력이 정치의 영역(畛域)을 침범하지 않도록 하는 입장이다.

를 일반 사법인(私法人)으로 취급하는 국가로 간주된다. 그에 따르면, 조선에서도 일본이 정교분리주의를 실현하고 있어 종교가 다종다양할 수 있다고 한다.[575]

게다가 일본이 공식적으로 정교분리주의를 표방했다고 하더라도, 종교 정책이 정교분리주의 안에서만 추진된 것은 아니다. 오히려 일본의 정교관계는 공인·방임·국교주의의 혼합 형태였다고 볼 수 있다. 그 이유로는 최소한 1945년 이전까지 신도에 대해 제도적 또는 문화적으로 '국교화'를 추구했다는 점과 교파신도·불교·기독교에 대해 공인 또는 방임했다는 점을 들 수 있다.

특히 신종교에 대해서는, 일본 내에서 중일전쟁 이후 '사이비'나 '유사종교'라는 범주가 활용되었지만,[576] 방임주의를 넘어 해산 대상으로 삼는다. 식민지 경우에는 일본의 종교 상황과 달리 교파신도·불교·기독교 외에 여러 신종교가 있었음에도 불구하고, '종교유사' 또는 '유사종교' 등의 범주를 활용해 신종교단체에 해산을 종용하는 경향을 보인다.

일본이 신도를 국교화하고, 교파신도·불교·기독교를 공인 또는 방임하고, 신종교를 해산 대상으로 삼는 경향은 조선총독부의 종교 정책을

---

575 永野淸·田口春二郎, *Op. cit.*, 1915, pp.241-242. 이 자료에 따르면, 종교와 국가의 관계에는 '국교주의, 공인주의, 각종(各宗)평등주의 또는 정교분리주의' 세 가지가 있다. 여기서 국교주의는 1개 종교를 국교로 선택해서 그 사무를 국가 행정의 일부로 취급하는 경우, 공인주의는 2-3개의 종교를 공인해서 공인한 종교단체를 공법인(公法人)으로 해서 각종 특권을 부여하는 경우, 각종평등주의 또는 정교분리주의는 각 종교를 동일하게 대우하고 종교단체를 일반 私法人으로 취급하는 경우를 말한다. 일본은 각종평등주의를 채택하고 안녕질서를 방해하거나 신민의 의무에 배치되지 않는 한 신교의 자유를 인정해서 종파에 따라 법령상 차이를 두지 않는다. 그래서 조선에도 종교가 다종다양할 수 있게 된다.

576 일본 내에서도 '사이비종교'(上田庄三郎, 『新しき敎育への出發』, 東京: 啓文社, 1938, pp.49-64)나, '미신적인 유사종교'(石原純, 『科學的精神』, 名古屋: 敎育思潮硏究會, 1939, pp.86-88) 등의 개념이 사용된다.

통해 조선 사회에 유입된다. 그 과정에서 조선에서는 교파신도·불교·기독교를 종교로, 그 외 종교를 '종교유사단체'로, 유교를 종교 아닌 것으로 인식하고, 그 사이에 존재하는 차별을 당연하게 보는 경향이 고착되기 시작한다. 이러한 인식은 1939년 4월에 공포된 〈종교단체법〉[577]을 조선에 적용할 때 '조선 고유의 특수성을 반영하되, 유사종교에 대해 단호한 대책을 수립'해야 한다고 주장한 다음의 인용문에서 확인할 수 있다.

> 從來 當局의 宗敎統制를 回顧하여 보건대 '布敎規則'이 잇어 基督敎, 佛敎, 神道 等의 宗敎團體를 取締해 왓고 '寺院規則'과 '寺刹令'을 제정하여 사원 설립과 기타 사찰 일반에 대하여 취체를 해왓다. 그리고 그 외에 조선에 독특한 유사종교에 대하여서는 경찰취체로써 취체하여 왓엇다. … 從來의 宗敎統制形式을 보면 神道와 佛敎는 '許可制'엿고 基督敎는 '屆出制'가 되엇엇다. 그것이 今般의 宗敎團體法으로써 旣成 宗敎 全部에 對하여 '認可制'라는 均一的 統制를 하게 되엇다. … 이것은 今般 實施될 宗敎團體法이 旣成宗敎와 新興類似宗敎의 外形的 統制에만 끝치지 안코 그 宗敎의 敎理와 및 敎規에 對한 內容的 統制에까지 손을 대고 잇음을 말하는 것이다. … 今般의 宗敎統制法의 積極的 指標가 單

---

577 〈宗敎團體法〉(法律 第77号, 昭和 14.4.7), 『官報』第3675号, 1939.4.8; 〈宗敎團體法施行期日〉(勅令 第855号, 昭和 14.12.22), 〈宗敎團體法施行令〉(勅令 第856号, 昭和 14.12.22), 『官報』第3891号, 1939.12.23; 〈宗敎團體法施行規則〉(文部省 省令 第1号, 昭和 15.1.10), 『官報』第3900号, 1940.1.10. 모두 37개조로 구성된 〈宗敎團體法〉에 따르면, 종교단체는 '신도교파, 불교종파, 기독교 기타 종교의 교단(이하 교파, 종파, 교단으로 칭함), 사원과 교회'를 말한다(제1조). 교파, 종파, 교단과 교회는 법인이 될 수 있고, 사원은 법인으로 한다(제2조). 교파, 종파, 교단을 설립할 때는 설립자가 '명칭, 사무소 소재지, 교의(敎義)의 대강, 교의의 선포와 의식 집행에 관한 사항 … 공익사업에 관한 사항'이 기재된 교규, 종제 또는 교단규칙을 갖추고 법인이 되려면 그 취지를 밝혀 주무대신의 인가를 받아야 한다(제3조). 한편, 〈宗敎團體法施行期日〉에 따르면 〈종교단체법〉 시행 기일은 1940년(소화 15) 4월 1일자이다.

純히 宗敎의 內容과 그 敎規를 統制하는데 그치지 안코 宗敎活動의 時局的 統合에 注力하고 잇음이 事實이다.

宗敎 그 自體가 그本來的 性格으로 보아 唯我獨尊的 敎理에 支配되어 宗派的 對立性과 獨善的 宗制로 因하여 자칫하면 超國家的이며 反社會性的 行動을 하는 境遇가 만흔 만큼 戰時下 宗敎活動이 時局線上으로 誘導하여 宗團으로서의 時局的 任務를 完遂케 하자는데 宗敎團體法 發動의 有力한 契機가 潛在하여 잇다고 볼 수 잇다. 따라서 朝鮮에 잇어서도 旣成宗敎는 勿論이거니와 類似宗敎一般이 今般에 宗敎統制法 實施를 一契機로 해서 多面的 統制를 免치못하게 될 것이다. 그것이 前述한 바와 같은 宗敎活動의 時局的 統合이라는 要請에 歸一될 때에 一層 더 深刻한 바가 잇을 것이다. … 여기에 宗敎團體法 實施를 앞두고 當局이 考慮하지 안흐면 아니 될 몇가지 點이 있다. 첫째, 內地에서 實施하는 宗敎團體法을 公式的으로 朝鮮에 適用치 말고 어데까지든지 朝鮮 固有의 風俗, 習慣은 勿論 文化의 特殊性格을 土臺로 해서 宗敎統制를 해야 될 것이다. … 다음으로, 宗敎團體法 實施를 契機로 해서 朝鮮의 類似宗敎에 對하여서는 斷乎한 對策을 樹立하여야 할 것이다. 一部 類似宗敎의 內包하고 잇는 變態的 狂信性과 中世的 魔術性의 害毒은 이제 새삼스러이 再論할 必要도 없다. … 類似宗敎의 現代的 姿樣은 一種의 原始的 宗敎로의 逆行을 疑心케 하며 또는 變態的 性格이 濃厚한 만큼 如斯한 變態 狂信的 要素를 排除함이 宗敎統制의 急務라고 생각지 안흘 수 없다.[578]

이 인용문에 등장하는 〈종교단체법〉은 1938년 12월의 종교제도조사회 제2회 총회를 거쳐, 1939년 4월에 공포되고, 1940년 4월부터 일본에서만 시행되어[579] 조선에 적용되지 않는다. 이 인용문에는 조선총독부의

---

578 「宗敎團體法 實施를 앞두고」, 『동아일보』, 1940. 2. 10, 1면.
579 「宗敎團體法案 宗敎調査會서 可決」, 『동아일보』, 1938. 12. 12, 1면; 「來 議會 提出 重要

종교 정책에 대한 흐름이 보이는데, 조선의 신종교를 '변태적 광신과 중세적 마술의 해독'을 끼치는 존재, '원시적 종교로 역행'하는 존재로 인식하는 내용이 나타난다. 이러한 인식은 일본정부의 종교 인식과 유사하며, 나아가 일본정부의 종교 인식을 조선 사회에 확산시킨 주요 통로가 종교 법규와 정책이었다는 점을 시사하고 있다.

法案」, 『동아일보』, 1938.12.20, 1면; 〈宗敎團體法〉(법률 제77호, 공포·시행 소화 14.4.8), 〈宗敎團體法 施行令〉(칙령 제856호, 소화 14.12.23), 〈宗敎團體法 施行規則〉(문부성령 제1호, 공포·시행 소화 15.1.10), 小林唯乘, 『宗敎団体關係法令集』, 眞宗本願寺派本願寺, 1940, pp.1-80. 한편, "伊達光美, 『日本寺院法論』, 東京: 嚴松堂書店, 1930, pp.386-428('[其三]宗敎團體法案 反對 理由書'), pp.429-457('[其四] 宗敎團體法案 反對 理由書')"에 따르면, 〈종교단체법〉 법안에 대해서는 이미 1929년에 귀족원(貴族院)에서 낙제점을 주었듯이, 신교의 자유와 정교 분리에 배치되고, 종교 간섭을 기도한다는 이유로 반대하는 흐름이 있었다.

IV

종교별 주요
사건과 대응

통감부가 종교 공인 제도를 도입했다면 조선총독부는 그와 함께 '공인
종교-유사종교-비(非)종교'라는 구분법을 만들어 고착시킨다. 그에 따
라 종무행정 대상은 공인종교로서 종교 법규의 적용을 받는 종교단체들
로 국한된다. 그에 비해 신종교단체는 종교 법규가 아니라 일반 법규의
적용 대상이 되고, 유교는 '비(非)종교'로 취급되어 종교 법규의 적용 대상
이 되지 못한다. 신종교단체는 법적 용어인 '유사종교단체'로 취급될 여지
가 있었지만, 실제 유사종교단체로 인정된 사례는 보이지 않는다.

그렇다면 종교 관련 법규와 정책에 대해 조선 종교계는 어떤 반응을
보였을까? 조선총독부가 '공인종교-유사종교-비(非)종교'라는 구분법
을 활용했기 때문에 조선 종교계의 대응도 이 구분법을 전제로 구분될
수 있다. 이는 조선총독부가 공인종교 범주로 분류한 조선의 기독교와
불교, 유사종교 범주 가능성으로 분류한 신종교, '비종교'로 분류한 유교
에 다른 입장을 보여, 조선 종교계의 대응에도 차이를 있었을 것이라는
가정을 전제로 한다.

1. 공인종교 관련 사건과 대응

1) 불교 관련 주요 사건과 대응

(1) 대한제국 시기 불교 관리의 법제화와 원종 설립

통감부가 활동했던 대한제국(1897.10-1910.8) 시기에 불교의 법제화가
이루어진다. 불교의 법제화는 갑오개혁(1894.7-1896.2) 시기인 1894년 내

무아문 사사국(寺祠局) 설치, 1895년 승려 입성금지 해제 조치 등에 이어
진 1899년의 대법산-중법산 체제와 1902년 궁내부 관리서(1902.4-1904.1)
의 〈국내사찰세칙(國內寺刹現行細則)〉 공포를 말한다.[1] 이 사건들은 국가
의 불교 관리를 의미하며 숭유억불로 회자(膾炙)되는 조선 시대의 경우
와 차이를 보이는 지점이다.

우선, 1894년 6월 청일전쟁(1894.6-1895.4) 직후 조선정부가 추진한 갑
오개혁은 불교에 영향을 미친다. 구체적으로, 1894년 6월, 의정부 이하
각 아문(衙門)의 관제와 직무를 개정할 때 내무아문 사사국(寺祠局)에 '높
은 산과 큰 강[岳瀆], 사찰(寺刹), 신사(神祠)'에 관한 업무를 배정해[2] 사찰에
대한 제도적 관리를 시작한다. 1895년 3월에 재가·반포된 〈내부관제(內
部官制)〉(칙령 제53호)에도 내부대신과 대신관방 담당 사무에 '사당(祠堂)과
사찰'을 포함시킨다.[3]

1895년 3월에는 일련종 승려 좌야전려(佐野前勵)(사노 젠레이)[4]의 건백서를 받은

---

1   장서각(http://jsg.aks.ac.kr/, 검색: 국내사찰현행세칙, 접속: 2019.4.12). 표제는 『국내
    사찰세칙(國內寺刹細則)』(1902, 광무 6년 7월)이고, 내용에 『국내사찰세칙(國內寺刹現
    行細則)』으로 표기되어 있다. 이 세칙을 설명한 연의(演義)는 종2품 가선대부 관리서
    관리 육군참령(管理署 管理 陸軍參領) 권종석(權鐘奭)이 썼다. 이 시기 연표는 "대한
    불교조계종교육원 불학연구소, 『한국근현대 불교사 연표』, 대한불교조계종교육원,
    2000" 참조.
2   『고종실록』 31권(31년 6.28, 계유 4번째 기사); 〈各衙門官制〉(議案, 1894.6.28), 『한말근
    대법령자료집』 Ⅰ, 1970, 6-14쪽. 사사국에는 참의(參議)가 1명인데 위생국장이 겸임하
    고, 주사(主事)가 2명이다.
3   『고종실록』 33권(32년 3.26, 정유 1번째 기사).
4   佐野前勵(さの-ぜんれい, 1859-1912)는 1874년(명치 21) 일련종의 조직개혁을 제안하다가
    실패한 후, 1910년에 종무총감(宗務總監)이 되어, 조선포교 등에 매진하다가 54세에
    사망한 인물이다. 한국사데이터베이스(http://db.history.go.kr/id/mk_078_0010_0090, 접
    속: 2017.6.13, '各司謄錄')에 따르면, 사노 젠레이(佐野前勵)는 조선인의 일본 유학을
    주도한 인물로, 1895년에 조선에 왔는데 청일전쟁 승리 후 조선포교를 확대하려는
    일련종의 방침에 따라 '관장대리' 자격으로 일본공사관의 알선에 따라 직접 궁내부(宮內
    府)에 가서 『법화경』 등을 헌상하고, 궁내부대신(李載冕, 대원군 아들)과 면담하고 왕의

총리대신(김홍집)과 내무대신(박영효)이 〈승도입성구금(僧徒入城舊禁)의 해이(解弛)에 관한 건〉을 올려 고종의 윤허(允許)를 받는다.[5] 이 조치는 불교가 도성 안에서 종교활동의 자유를 누리게 되었다는 의미 또는 불교법회 등을 자유롭게 열 수 있게 되었다는 의미로 받아들여지고 있다.[6]

다만, 정부의 입성금지 해제 조치 요인에 대해서는 여러 가지를 지적할 수 있다. 입성금지 해제 직전까지도 조선정부가 총섭(摠攝) 제도를 통해 불교를 관리했다는 점,[7] 입성금지 해제 조치 시점이 1882년의 〈조미조약(朝美條約)〉(1882)과 척양비 제거 이래로 조선이 문호를 확대해 갑오개혁을 추진하던 과정이었다는 점, 경성 안에서 기독교가 이미 활동했다는 점 등을 고려하면, 조선정부가 종래의 승려 입성금지 조치를 지속시키기 어려웠을 것으로 보이기 때문이다.

답례품도 받는다. 그리고 일본공사관과 조선 고관들을 차례로 방문하고 대원군을 방문해서 '묵인'을 얻고, 총리대신 이하 각 대신을 차례로 방문해서 '건백서'를 제출한다. 당시 김홍집내각이 '친일파'였고, 내무대신(朴泳孝)는 개김옥균·김홍집 등과 친밀했던 '개화승' 이동인(李東仁, 미상-1881)의 영향을 받았고, 외무대신(金允植)도 유학자이면서 불교에 이해가 깊었던 인물이라고 한다(韓晳曦, 『日本の朝鮮支配と宗敎政策』, 東京: 未來社, 1988, pp.54-57(李東仁과 眞宗大谷派의 인연에 대해서는 같은 책, pp.26-27).

5 『고종실록』 33권(32년 3.29, 경자 2번째 기사); 〈僧徒入城舊禁의 解弛에 관한 件〉(奏本, 개국 504년 3.29, 1895), 『한말근대법령자료집』 I, 1970, 289쪽. 주본(奏本)의 내용은 "總理大臣·內務大臣은 奏 自今 僧徒의 入城ᄒᆞᄂᆞᆫ 舊禁을 弛호미 何如ᄒᆞ올지. 奉旨 依允"이다. 동학 기사는 『고종실록』 33권(32년 3월 29일 경자 5번째 기사) 참조. 한편, 1895년(고종 32) 3월 29일은 동학의 주요 인물인 전봉준(全琫準), 손화중(孫化中), 최경선(崔慶善), 성두한(成斗漢), 김덕명(金德明) 등 5명이 교형(絞刑: 교수형)에 처한 날이다.

6 카미벳부 마사노부, 『近現代 韓日 宗敎政策 比較硏究 – 佛敎敎團의 變遷을 中心으로』, 지식과 교양, 2011, 148쪽.

7 『고종실록』 1권(1년 9.25, 계해 3번째 기사, 1864). 광주유수(廣州留守) 김병기(金炳冀)가 장계(狀啓)를 올리자 고종은 '방어상 중요한 지점'임을 이유로 남한산성(南漢山城)의 총섭(摠攝) 자리를 10개 절의 승도(僧徒)에게 소속시키는 것을 영구히 정식(定式)으로 삼도록 명한다. '총섭'은 고려 말과 조선시대의 승직(僧職)으로, 1899년에 섭리(攝理)로, 1902년에 교정(敎正)으로, 1911년의 사찰령 발표 이후에 주지로 명칭이 바뀐다 (『한국민족문화대백과』, 총섭 항목).

승려 입성 금지 해제 조치에 대한 조선 승려들의 반응은 대체로 호의
적이다. 수원 용주사 승려(僧釋 尙順)는 동년 4월 29일에 佐野前勵에게 감
사의 글도 보낸다.[8] 1896년 7월에는 일본 승려들과 경성에서 수일 동안
무차법회(無遮法會)를 열기도 한다. 당시 무차법회에 참여한 이능화도 "나
역시 군중들 속에서 기쁨을 느꼈다"[9]고 회고한 바 있다. 그 외에 1902년
(광무 6) 1월 원흥사에서 경산(京山) 32개 사찰의 승려와 신도 800여 명이
설법·강선(講禪)으로 모였을 때 이현(泥峴, 진고개)에 거주하던 정토종 승
려 등이 참석해 불교의 진종(眞宗)에 대해 토론했듯이,[10] 일본 승려들과
함께 법회를 진행하기도 한다.

한편, 1895년 3월의 입성금지 해제 조치가 실질적으로 1902년 이후에
실현되었다는 견해도 있다.[11] 실제로 정부는 1898년(광무 2)에 다시 입성
금지령을 단행한 바 있다. 이 조치는 갑오개혁 후 창립된 독립협회
(1896.7-1898.12)의 만민공동회(1898.11-12) 등 개화운동이 활발하던 상황에
서 유명무실해진다.[12] 주목할 부분은 입성금지 해제 조치 후 조선 불교

8　高橋亨, 『李朝佛教』, 東京: 國書刊行會, 1929, pp.898-899. 다카하시 토루(高橋亨,
　　1878-1967)에 따르면, 사노 젠레이(佐野前勵)는 해금 이후에 여러 사찰에 가서 일련종
　　교의를 설파하는 등 궁극적으로 '조선 불교를 일련종으로 통일시키려는 계획'을 가졌
　　지만 이 계획은 일련종에서 비판을 받아 실패하게 된다(카미벳부 마사노부, 앞의 책,
　　2011, 149-152쪽).
9　이능화, 조선불교통사역주편찬위원회 역, 『역주 조선불교통사』6, 동국대학교출판부,
　　2010, 289-290쪽.
10　「이 날 下午 3時에 東門 外 元興寺(舊名은 詔興寺)에서」, 『황성신문』, 1902(光武6
　　年).1.6.
11　1898년 봄 환구단(圜丘壇)에 행차한 임금과 개운사(開雲寺) 승려의 눈이 마주친 일로
　　경무사(警務使)가 다시 입성금지 명령을 내리면서 입성금지 해제 조치가 철회된다(이
　　능화, 앞의 책, 2010, 289-290쪽). 1899년 경무사 박승조가 도성출입 금지 조치를 부활
　　시킨 후 실제 도성해금이 완전히 이루어진 것은 1902년 이후의 일이라고 한다(한동민,
　　「대한제국기 불교의 국가관리와 寺社管理署」, 『중앙사론』25, 2007, 37쪽).
12　韓晳曦, Op. cit., 1988, pp.57-59.

가 일본 불교계에 의존하는 모습을 보였다는 점이다. 1909년 5월 경성의 승려들이 원흥사에 모여 한국이 일본을 본받아 국가 종교를 불교로 통일하기 위해 정부에 포교 인가를 받기로 결정했다는 통감부 자료는[13] 조선 승려들이 입성 금지 해제 조치 이후 일본 불교를 모델로 삼았다는 것을 시사한다.

다음으로, 1899년에 정부는 동대문 밖에 소흥사(紹興寺, 1902년 元興寺)를 세워 대법산(大法山)으로 정하고 13도(道)에 각각 중법산(中法山)인 수사(首寺)를 두는 체제를 갖춘다.[14] 이어, 1902년 4월부터 사찰 관리 업무를 내무아문 사사국에서 궁내부 관리서(宮內府 管理署)로 이관한다. 관리서에서는 '산림(山林), 성보(城堡), 사찰에 관한 사무의 조사 관리' 업무를 맡는다.[15] 그리고 동년 7월에 36개조의 〈국내사찰세칙〉을 발포한다. 이 〈국내사찰세칙〉은 불교에 대한 최초의 근대적 법규라는 의미를 갖는다.

1902년 7월 〈국내사찰세칙〉의 특징은 두 가지이다. 하나는 국가가

---

13 〈京城地方 僧侶의 集會狀況 報告〉(憲機 第九二六號, 明治 四十二年 五月 三日), 『統監府文書』 10권(한국사데이터베이스, http://db.history.go.kr/).

14 카미벳부 마사노부, 앞의 책, 2011, 152-156쪽. 원흥사(元興寺) 설립연도에는 타카하시 토오루(高橋亨)의 1899년설, 이능화의 1902년설, 황현의 1906년설이 있는데, 김경집은 1899년 영미정에서 소흥사(紹興寺)로 창건되어 1902년에 원흥사로 개칭했다는 입장이다(김경집, 「近代 元興寺의 創建과 時代的 意義」, 『회당학보』 7, 2002, 98-101쪽). 한동민은 1899년 홍순정의 별서였던 도성 밖 동쪽 영미정에 소흥사가 건립되고 서쪽 명릉(明陵)의 원찰이었던 수국사(守國寺)가 1900년 고종황제와 대소신료의 시주로 중건되었으며, 원흥사는 1899년 소흥사가 1902년에 변화한 것으로 본다(한동민, 앞의 글, 2007, 37-38쪽, 43-44쪽). 다만, 당시 언론에서 '영미정(潁眉亭)'인지(『대한매일신보』, 1906.1.6, '潁眉亭'에 紹興寺를 창설하고 13도 사찰 통할), '연미정(燕尾亭)'인지(「元興寺廢止」, 『만세보』, 1906.8.2, 3면)가 분명하지 않다. 관련 기사로는 "「主持諸任」, 『황성신문』, 1901.12.30.2; 「創寺說法」, 『황성신문』, 1902.1.6, 4면; 「擬設寺院」, 『황성신문』, 1902.1.10, 4면; 「元興講禪」, 『황성신문』, 1902.2.15, 2면; 「千秋慶祝」, 『황성신문』, 1902.3.18, 2면; 「管署新官」, 『황성신문』, 1902.4.17, 2면; 「光武六年度의 萬國額瀾을 槪記ᄒ건되」, 『황성신문』, 1903.1.6, 2면" 등이 있다.

15 『고종실록』 42권(39년 4.11, 양력 1번째 기사).

불교의 방향뿐 아니라 승려·사찰 관계를 규정했다는 특징이다. 이와 관련해 제1조에는 "頓, 漸, 秘密, 不定, 藏, 通, 別, 圓 八敎의 隨機門을 宣揚하야 見性成佛의 眞理를 開示홀 事"라는 내용이 있다. 승려 법계와 복색[衣色]은 3등급으로 구분된다(제4조-제5조). 사찰 등급은 대법산(大法山, 國內首寺刹)과 중법산(中法山, 道內首寺刹)을 구분해 원흥사를 대법산, 봉은사·봉선사·용주사(경기도), 마곡사·대법주사(大法住寺, 충청도), 송광사·금산사(전라도), 해인사·동화사·통도사(경상도), 월정사·유점사(강원도), 석왕사·귀주사(함경도), 보현사(평안도), 신광사(황해도) 등 16개가 중법산으로 지정된다(제6조). 종래 총섭(總攝)·승통(僧統)·화상(和尙)·주지의 명칭은 개정되어 국내수사찰에 좌교정(左敎正)·우교정(右敎正)·대선의(大禪議)·상강의(上講義) 각 1인, 이무(理務) 5인, 도섭리(都攝理)·감원(監院) 각 1인, 서기 2인, 지빈(知賓) 1인을 둔다(제7조). 그리고 도내수사찰 임원(道敎正·副敎正·禪議·講義·攝理·監院·書記·知賓 각 1인)과 도내 각 사찰 임원(住職·監院·書記·知賓 각 1인)을 규정해 각각 대법산과 중법산 지휘를 받게 한다(제17조-제18조).[16] 이는 불교에 천태종 교판론인 팔교(八敎)[17]를 기반으로 국가가 정한

---

16 高橋亨, 『李朝佛敎』, 東京: 大葉久吉, 1929, pp.867-878(〈사찰령〉 전문). 〈사찰령〉 제1조에서는 천태종 교판에서 불법의 형식 분류인 화의사교(化儀四敎: 頓敎·漸敎·祕密敎·不定敎)와 내용 분류인 화법사교(化法四敎: 藏·通·別·園)를 합친 '팔교(八敎)'의 수기문(隨機門)을 선양(宣揚)하여 견성성불(見性成佛)의 진리를 개시함'이다. 高橋亨은 '사찰령'이 '1899년(광무 3) 사찰 통일의 취지를 관철시켜 완전히 국가가 관리하려는 의도'로 서술한다(같은 책, p.867). 이 법규는 〈사찰령〉 또는 〈국내사찰현행세칙〉 또는 〈사사관리세칙(寺社管理細則)〉이라고 혼용되고 있다. 한편, 「管理署」, 『황성신문』, 1902.4.14, 2면에 "東門外 元興寺에서 各道寺刹을 統轄ᄒ기 위ᄒ야 宮內府 … 에ᄂ 砲工局長 權鍾奭氏가 敍任되엇더라"는 내용이 있어, 원흥사가 각도 사찰을 통합한 것은 7월 이전임을 알 수 있다.

17 팔교(八敎)는 천태종 교판(敎判)의 하나로, 지의(智顗)가 분류한 오시팔교(五時八敎)를 말한다. 오시(五時)는 붓다의 가르침을 설한 순서로 화엄시(華嚴時, 화엄경), 녹원시(鹿苑時, 아함경), 방등시(方等時, 유마경·사익경·승만경 등 대승 경전), 반야시(般若時, 반야경), 법화열반시(法華涅槃時, 법화경, 열반경)를 말한다. 팔교(八敎)는 그 가

체계를 따르도록 강제했다는 것을 의미한다.

다른 하나는 불교의 정치 관여 금지와 불교 통제를 추구했다는 특징이다. 이와 관련해, 제3조에는 "每月 三齋日에 無遮法會를 開ᄒ고 四部衆을 聚集ᄒ야 至誠奉祝 後에 明敎上 眞理를 廣長演說ᄒ야 布敎 傳導의 宗旨를 擴張홀 事. 但 演說은 是佛經中 文字 則 演說 時에 宗敎의 法務事務만 演銓ᄒ고 政界得失은 切勿開口홀 事"라는 내용이 있다. 제19조에서는 좌교정(左敎正) 이하 각 사찰 임원의 임명장[牒紙]을 관리서에서 발급[成給]하도록, 제20조에서는 모든 임원의 임기[苽期]를 12개월로 정하고, 제21조에서는 좌우교정 이하 도교정에게 사찰[寺院]과 승려에 관한 범위 내 사무만 처리[綜揭]하게 하고 기타 행정 업무[事爲]에 대해 관리서 지휘감독을 받도록 하고, 제23조에서는 도첩(度牒)을 관리서가 발급하도록 한다. 특히 제25조에서는 "奸僧輩의 弄奸 偸賣 等 事를 防遏"한다는 명분으로 일반 사찰에 재산 관련 8가지 사항을 3권으로 묶어 각각 본사(本寺), 도수사(道首寺), 관리서로 보내게 한다. 제29조에서는 사찰이 '학교'를 설립할 수 있도록 하고, 제32조에서는 관리서 인가를 받아야 권선(勸善, 불사를 위해 보시를 요청)이 가능하게 한다. 이 조항들은 대한제국이 불교에 대해 일종의 '정교분리' 방향을 추구하면서도 사찰 재산과 승려 활동을 국가 통제 하에 두려고 했다는 것을 의미한다.

〈국내사찰세칙〉은 특히 제25조에 근거해 궁내부 관리서가 사찰 소속 산림·승려·재산을 조사하는 제도적 근거가 된다.[18] '대법산－중법산－도내 일반 사찰'이라는 연결 구도를 활용하면 가능한 일이다. 다만, 양란

르침을 교화 방법으로 구분한 화의사교(化儀四敎: 頓·漸·秘密·不定)와 교리 내용으로 구분한 화법사교(化法四敎, 藏·通·別·圓)를 말한다.

18 「派員査刹」, 『황성신문』, 1902.7.16, 2면.

이후 승군(僧軍)의 통솔 업무를 위해 총섭제도가 이미 정착된 탓인지[19] 〈국내사찰세칙〉 반포 이후에 총섭·승통 등의 용어가 사용된 사례도 있어, 이 법규가 빠르게 정착한 것으로 보이지는 않는다. 이와 관련해, 1906년 11월에 '궁내부에서 폐지한 원흥사 안에 설립한 명진학교 교장[홍월초]에게 13도 도총섭(都摠攝)을 차정(差定: 사무를 맡김)해 각 사찰 승려를 학교를 확장'하려 한다는 기사,[20] 1909년 9월 "各 該寺 總攝이 所管 寺內에 掌理홀 事件을 昭詳 注錄ᄒ야 本署로 直報하라"는 명령을 보면,[21] 총섭(總攝)이라는 용어가 한일병합 직전까지 사용되어, 〈국내사찰세칙〉의 효과가 크지 않았음을 유추할 수 있다.

게다가 러일전쟁(1904.2-1905.9) 발발 직전인 1904년 1월, 궁내부는 다른 관청에 비해 '한가한 관청'이라는 이유로 관리서를 폐지한다.[22] 그리

---

19 조선전기까지 도첩을 받은 승려는 공부(貢賦: 사찰에서 특산품을 생산·납부)를 제외한 조세나 요역(徭役: 조세 대체 노동) 의무가 없었고, 명종대에 선교 양종과 승과가 폐지되어 아예 국가제도에서 배제된다. 그러다가 임진왜란(1592-98)과 약 40년 후 발생한 병자호란(1636.12-37.1) 이후 의승군이 총섭제도로 재편되고 대동법이 정착된다. 그렇지만 총섭제도의 정착은 궁궐의 조영(造營), 산성의 축조·수비, 사고(史庫)의 수호, 국가적 토목공사에 승군을 동원하는 형태로, 대동법의 정착은 승려에게 조세 의무와 관청 공납(貢納)과 잡역(雜役) 부담으로 나타난다. 총섭제도는 승려가 수행자보다 군인이라는 인식을 고정화하고, 잡역 증가는 일반 백성에 비해 적었던 조세 부담을 강화시켜 승려의 사회적 권위를 하락시켜 승려 수를 감소시켜 폐사(廢寺) 증가로 이어진다(이종수, 「19세기 불교 外緣의 변화와 그 영향─국가 권력층을 중심으로」, 『동국사학』 61, 2016, 143-148쪽). 이종수는 1898년 2월 26일자 〈독립신문〉 내용(전국 僧數 6,435명: 男僧 5,021명, 女僧 1,414명) 등을 근거로 당시까지 종교 중에서 불교가 가장 큰 세력이었고 새 시대에 주체적으로 대응하기에 부족함이 없었지만, 불교계가 근대로의 전환이라는 시대적 흐름을 제대로 읽지 못해 20세기 지식인들에게 '전근대의 버려야 할 유산으로 인식되었던 것 같다'고 평가하고 있다(같은 글, 149-150쪽).
20 「洪氏都總攝」, 『만세보』, 1906.11.6, 2면.
21 「管署定規」, 『황성신문』, 1902.9.3, 2면. 『고종실록』 42권(39년 9.16, 양력 3번째 기사)에 따르면, 1902년 9월에 관리서 관리(管理)로 한성 판윤(漢城判尹) 권종석(權鍾奭)이 임명된다(칙임관 3등에 서임).
22 『고종실록』 44권(41년 1.11, 양력 3번째 기사). 고종은 궁내부대신 서리(署理) 성기운

고 의정부는 동년 2월에 종래 관리서 업무를 내부(內部)로 이관한다.[23] 1905년 2월 〈내부관제〉(칙령 제15호)에 따르면, 내부에 '사당, 사직(社稷), 사찰에 관한 사무'가 배정된다.[24] 그리고 러일전쟁 직후인 1905년 11월의 제2차 한일협약(乙巳條約) 체결로 통감부(1906.2-1910.8)가 설치된 후, 원흥사는 1906년 8월경 '불상 이전과 승려 축출'이라는 통보를 받고,[25] 일본 승려의 구입 대상으로 전락하게 된다.[26]

　　조선 불교계는 갑오개혁 시기의 제도적 사찰 관리, 승려 입성금지 해제 조치, 러일전쟁이 끝난 직후의 〈제2차 한일협약〉(을사조약) 체결 등이 이어지는 상황에서 대체로 일본 불교에 의탁하려는 움직임을 놓지 않는다. 이능화에 따르면, 당시 승려들은 어떤 종지를 따라야 하는지 갈피를

　　(成岐運)이 수륜원(水輪院)·평식원(平式院)·박문원(博文院)·관리서(管理署)가 '한가한 관청'이므로 없애버리되, 박문원은 예식원(禮式院)에 부속시켜 1개의 박문과(博文課)로 두며 그 나머지 관청의 이속(移屬)을 구처하는 방안은 의정부가 품처(稟處)해야 한다는 건의를 윤허한다.

23　『고종실록』 44권(41년 2.3, 양력 1번째 기사). 당시 의정부 의정(議政) 이근명(李根命)은 궁내부의 상주(上奏)를 윤허한 후에 해당 관사(官司)를 없앴지만 그곳에서 관할하던 사무를 처리하기 위해 전 수륜원(水輪院)과 전 평식원(平式院)을 농상공부(農商工部)에, 전 관리서를 내부(內部)에 이속시키고 그 용관(冗官)들을 감하(減下)하겠다고 건의하고 윤허를 받는다.

24　『고종실록』 45권(42년 2.26, 양력 8번째 기사).

25　「元興寺廢止」, 『만세보』, 1906.8.2, 3면. 이 기사에 따르면, 육군 참장(參將) 권중석(權重奭)은 '수년 전 관리서를 설치하고' 수십만원을 들여 동대문 밖 전(前) 연미정(燕尾亭) 기지에 원흥사를 창건하고 각 사찰 불상을 이봉(移奉)하며 각처 승도를 모아 염불과 위축(位祝)을 하면서 당시 관리사로 각도 사찰을 맡아 다스려 관리서 차○주사(借○主事)를 매일 3-40명씩 관보에 게재하는 고로 관리사 이하 이사까지 모두 졸부(猝富)가 된다. 그렇지만 지금에 自上으로 해당 사찰의 위축(位祝)이 허무한 줄로 통촉하고 처분하기를 원흥사 불상은 타사(他寺)로 이봉(移奉)하고 거주 승려들을 축출해 음력 6월 15일 내로 비우게 한다.

26　「法師請元興寺」, 『만세보』, 1906.10.14, 2면. 원흥사를 궁내부에서 소용(所用)으로 불상을 다른 곳으로 이송하고 승도를 다른 사찰로 逐送하더니, 근일 일본 승도 申法師가 入城해 불법을 다시 확장하기 위해 원흥사를 청구중이라는 내용이 있다.

잡지 못한다. 이와 관련해, 1904년 1월의 궁내부 관리서 폐지 후, 1906년에 봉원사 이보담(李寶潭)과 화엄사 홍월초(洪月初) 등이 일본 정토종의 영향을 받아 원흥사에서 정토(淨土)를 종지로 삼은 불교연구회(佛教研究會)를 설립한다. 이어, 1908년 3월에 원흥사에 '종경(宗鏡)'이나 『화엄경』 등의 근거 없이 단순히 '원융무애'의 뜻만 취한 원종(圓宗)을 설립한다. 같은 시기에 묘향산 보현사는 스스로를 일본 임제종 묘심사(妙心寺)에 부속시킨다. 이어, 1911년 홍월초와 김포응(金抱應) 등이 이끈 경산(京山) 승려 30여 명이 진종(眞宗)의 본파 본원사(本派 本願寺)에 귀의하고, 원종대표자 이회광(李晦光)이 일본 조동종과 맹약을 맺는다.[27] 이러한 여러 현상을 관통하는 부분은 '일본 세력에 대한 조선 불교계의 의존'이다.

구체적으로, 일본 정토종의 영향으로 1906년 초에 설립된 불교연구회는 내부(內部)에 명진학교 설립을 청원해 동년 2월에 허가를 받고, 4월에 각도 수사(首寺)에 통지문(通文)을 보내 학생 모집을 시작한다. 동년 6월에는 경무사 박승조(朴承祚)가 칙교(勅教)를 받아 종래 원흥사 승려를 해산시키고 그 재산을 명진학교에 위탁한다. 1907년 6월에는 각도 사찰 대표자 50여 명이 모여 불교연구회장 겸 명진학교장(이보담) 후임으로 해인사 이회광을 선출한다. 이어, 각도 사찰 대표자 52인은 1908년 3월 총회에서 원종(圓宗)을 창립해 대종정(大宗正)과 간부들을 뽑는다. 그 후 이회광은 '종무원 인가'를 추진하면서 〈한일병합조약〉 체결 직후인 1910년 10월에

---

27 이능화, 앞의 책, 2010, 309-312쪽. 이 현상에 대해 이능화는 "그러므로 정토종을 칭하고, 진종에 귀의하며, 원종을 설립하고, 조동종과 맹약을 체결하며, (일본) 임제종에 부속시키는 등의 일은 들리는 소리에 따라 부화뇌동하거나 손잡고 같은 일을 벌인 것이다. 요는 일본세력을 빌리고 힘을 믿었다고 하지 않을 수 없다"고 비판한다(같은 책, 312쪽). 종경(宗鏡)은 10세기 초부터 북송(北宋, 960-1127) 사이의 인물인 영명연수(永明延壽, 904-975)의 『종경록(宗鏡錄)』(100권)을 의미하는 것으로 보인다.

조동종 종무대표자 弘津說三(히로쓰 세쓰조)과 7개 사항의 연합 동맹을 체결하게 된다.[28]

러일전쟁 이후 일본 불교에 의존하려던 조선 불교계의 움직임은 대한 제국의 위상 추락과도 연관된다. 러일전쟁 발발 이후 1904년 8월에 〈제1 차 한일협약〉이 체결되면서, 대한제국에는 일본 추천 인사가 재정·외교 고문(顧問)을 맡는 고문정치가 시작된다. 게다가 러일전쟁 종결 직후인 1905년의 〈제2차 한일협약〉 체결로 통감부가 설치되면서 외교권이 일 본에게 넘어간다. 이어, 1907년 7월의 〈제3차 한일협약〉(한일신협약; 정미 칠조약) 체결로 군대 해산과 함께 통감이 내정에 대한 모든 권리를 갖는 다. 그리고 이러한 대한제국의 위상 추락 상황에서 조선 불교계는 일본 불교에 의존하려는 움직임을 보인다.

대한제국의 위상 추락 과정에서 1908년 3월에 창립된 원종은 '근대 시기 4대문 안에 설립된 최초 포교당'이라는 각황사를 건축하고 종무원 인가를 받는 일에 주된 관심을 보인다. 그 내용을 보면, 원종은 1909년 12월 한성부 내 종무원에 불교총합소(佛敎總合所, 이후 각황사)의 건축을 결 정하고, 1910년 초부터 각 사찰에서 경비를 모금한다. 그리고 이회광과 강대련[釋錦墰] 등이 동녕위궁(東寧尉宮)을 매입하고, 1910년 5월 한성부윤 (漢城府尹)에게 사무상(寺務上)으로 원종종무원, 포교상(布敎上)으로 각황사 (覺皇寺)로 하겠다는 인가를 신청한다. 그렇지만 대한제국의 사사과(社寺

---

28 위의 책, 309-312쪽. 내부 청원 내용은 '조선 승려들이 (일본) 정토종 모임에 참여한 지 이미 1년이 넘었으며 불교연구회를 창립하고 학교를 설립해 신학문의 교육을 하겠 으니 허가해 달라'는 것이다(같은 책, 310쪽). 당시 대종정은 이회광이고, 원종종무원 간부는 총무(金玄庵), 교무부장(陳震應), 학무부장(金寶輪, 金之淳), 서무부장(金石翁, 姜大蓮), 인사부장(李晦明, 金九河), 감사부장(朴普奉, 羅晴湖), 재무부장(徐鶴庵, 金龍 谷), 고등강사(朴漢永)이다(같은 책, 310-311쪽).

課)로부터 각하 처분을 받는다.[29] 그럼에도 불구하고, 〈한일병합조약〉 체결 직후인 1910년 10월에는 일본 조동종과 맹약을 맺고, 준공된 각황사에 원흥사의 금불(金佛)을 이안(移安)해 학무국장 출신인 윤치오(尹致昨, 1869-1950)와 10여 명의 본원사(本願寺) 승려와 함께 봉불식(奉佛式)을 진행한다.[30]

그런데 원종이 대한제국에 진출한 일본 불교 종파 가운데 교세가 컸던 진종 대곡파나 일련종이 아닌 조동종과 맹약을 체결한 이유는 무엇일까?[31] 일차적으로 원종의 고문이었던 조동종의 武田範之(다케다 한시)[32]

---

29 김광식, 「각황사의 설립과 운영 - 근대불교 최초의 포교당 연구」, 『대각사상』 6, 대각사상연구원, 2003, 12-15쪽; 〈申告書 却下 ノ件〉(1910.11.16, 내무부 지방국 지방과), 『사사종교』, 국가기록원 기록철, 관리번호 CJA0004741(문서번호 88-11). 이회광이 원종종무원장 겸 각황사주(覺皇寺主) 자격으로 1910년 5월 말에 구정부(舊政府) 사사과(社寺課)에 제출한 '원종종무원 설치 신고서'에 대해 당시 주무과는 각하(却下) 방안을 세워 품의하고 경기도장관과 내무부장관의 명의로 각하한다. 이 건에 대해 조선총독부 내무부도 각하 처리를 한다. 그리고 '사찰 또는 일체 음사(淫祠)를 허가 없이 설립[私設]하는 자에게는 징역 3년에 처한다'는 〈형법〉 제408호를 함께 제시한다. 당시 이회광이 제출한 〈신고서〉에 따르면, 13도 불사암 당사자들이 협의일치한 결과 경성 중부 수진방 박동(壽進坊 博洞) 12통(統) 2호(戸)에 사무협의소(寺務協議所) 겸 포교소를 충용(充用)하는 데 13도 불교 사암(寺庵)에 관한 제반 사무를 협정하고 또 교의를 강연연설하고, 사무상(寺務上) 원종종무원, 포교상 각황사라고 칭해 13도 불사암 대표자 이회광 이름으로 개무(開務)한다는 내용이다.

30 김광식, 위의 글, 2003, 10-18쪽. 그렇지만 조선총독부가 원종종무원을 인가하지 않고, 게다가 원종과 조동종의 맹약에 반대한 임제종운동의 여파로 각황사는 종무원이 아니라 포교당으로 출발한다. 그리고 〈사찰령〉 공포 이후 원종이 없어지고 30본산주지회의원이 등장한 1912년 6월에야 종무원의 기능을 수행하게 된다(같은 글, 17-18쪽).

31 일본 불교 종파 가운데 大谷派本願寺, 本派本願寺, 淨土宗, 日蓮宗, 曹洞宗, 眞言宗, 臨濟宗 등의 조선 포교 상황에 대해서는 아오야기 난메이(靑柳南冥)의 다음 책 참조. 靑柳南冥, 『朝鮮宗敎史』, 京城: 朝鮮硏究會, 1911, pp.121-149. 직지사·심원사·보현사·해인사·화계사·범어사·화엄사·쌍계사 등을 포함해 통감부 인가를 받은 19개 사찰도 1907년 한국 군대의 해산과 함께 각지에서 일어난 의병들이 사찰을 근거지로 삼아 사찰이 훼손되거나 전쟁터가 되는 경우가 늘어나는 상황에서 진종대곡파의 관리를 희망하고 있었다고 한다(카미벳부 마사노부, 앞의 책, 2011, 145-146쪽).

32 武田範之(다케다 한시)는 1889년(명치 22)부터 장기간에 걸쳐 조선 각지를 여행한 바

의 영향력 때문으로 보인다. 그렇지만 더 큰 이유로는 조동종이 조선총독부 관리나 이왕직가(李王職家)[33]와 연계되어 원종 인가에 도움을 줄 것이라는 인식을 들 수 있다. 조동종은 武田範之 등을 비롯한 여러 포교사를 보유하고, 포교기관인 대일본훈풍회(大日本薰風會) 경성지회의 많은 회원을 조선총독부 관리로 조직해 일요일 오전마다 집회를 열고(약 140명), 조선총독부 독서회 등에 강사를 보내고, 이왕직가의 주임(奏任)·판임(判任) 등 50명을 대상으로 수요일마다 집회를 여는 등 당시 일본인들과 밀접한 관계에 있었기 때문이다.[34]

(2) 1910년대 불교계와 <사찰령> 및 <조선 각본사 연합제규>

1910년대가 되면 조선총독부는 1911년 6월에 <사찰령>(제령 제7호), 7월에 <사찰령시행규칙>을 제정·공포해 9월부터 시행한다. 그리고 <사찰령>을 토대로 <한일병합조약> 직후에 발생한 원종과 임제종의 대립 상황을 봉합한다.[35] 1910년 11월에 내무부가 각황사는 공인(公認) 사찰이

있고, 1906년에 흑룡회주(黑龍會主, 田良平) 초청으로 경성에 와서 시천교 고문(顧問)과 13도 불사 총고문(十三道 佛寺 總顧問)을 맡고, 일진회의 빈사(賓師)로서 일진회가 한일병합을 제창하자 한국 황제와 관리들에게 올리는 상서(上書)를 작성한 인물이다. 1911년 6월에 동경에서 병사(病死)한다(久留米初等教員會, 『(鄉土資料)修身之部』, 久留米: 秋松活版所, 1935, pp. 48-49).

33 이왕직(李王職)은 국권 상실 직후인 1910년 12월 30일에 발표된 <황실령(皇室令)> 제34호로 공식 재가된 일본 궁내성(宮內省) 소속 기구이다. 1910년 망국과 함께 대한제국황실(大韓帝國皇室)이 이왕가로 격하되면서 기존의 황실업무를 담당한 궁내부(宮內府)를 대신한 기구이다. 이왕직에서 이(李)는 전주 이씨, 왕(王)은 일본의 작위명(爵位名), 직(職)은 업무를 담당하는 직관(職官)이란 의미이다(『한국민족문화대백과』, 이왕직 항목).

34 福崎毅一 編, 『京仁通覽』, 大阪: 三交堂印刷所, 1912, pp. 167-168.

35 <朝鮮寺利有財産管理ニ關スル件>(관통첩 제75호, 1915.3.9), 『조선총독부관보』 제777호, 1915.3.9. 내무부장관이 각도 장관에게 보낸 이 통첩에 따르면, <사찰령시행규칙>

아니라는 등의 이유로 원종의 인가 신청을 각하시켰기 때문이다.[36]

게다가 원종과 조동종의 맹약은 곧바로 박한영(朴漢永)·진진응(陳震應)·김종래(金鍾來) 등을 중심으로 한 반대 운동에 직면한다. 맹약 반대파는 1910년 음력 10월 광주 징심사(澄心寺, 현 證心寺)에서 시도한 회의 개최가 좌절된 후, 1911년 1월에 순천 송광사에서 총회를 열어 원종에 대립한 임제종 임시종무원을 설치한다.[37] 이 총회에서 선암사 김경운(金擎雲, 1852-1936)이 임제종 관장으로 선출되지만, 한용운(韓龍雲, 1879-1944)[38]이 관장 대리를 맡게 된다. 1911년 5월 경고기(警高機) 문건에 따르면, 한용운 중심의 임제종은 고등경찰의 조사 대상이 되지만,[39] 1912년 윤달 5월에

제7조에 따라 각 사찰에서 조선총독부에 사찰재산목록서를 보냈지만 정리하기가 불편하여 공통된 양식에 따라 사찰재산대장을 만들어 비치하고 그 증감을 기록하게 한다. 이로써 각 사찰은 '토지와 삼림 서류, 토지대장, 건물 서류, 불상과 기타 귀중품 서류, 귀중품대장'을 비치하여 조선총독부에 제출하게 된다.

36 〈申告書 却下 ノ件〉(1910.11.16, 내무부 지방국 지방과), 앞의 자료 참조.
37 한용운, 「나는 웨 僧이 되엇나?」, 『삼천리』 제6호, 1930, 45-46쪽. 1911년 3월 11일 경남과 전남의 여러 사찰에서 약 300명 승려가 순천 송광사에서 개최된 '조선임제종 종무원의 발기총회'에서 교무를 협의하고 발기총회 취지서를 각 사찰에 발송한다(「宗務院 發起會」, 『경남일보』, 1911.3.24, 2면). 각각 1월과 3월은 음력과 양력의 차이로 보인다.
38 흥미롭게도 한용운은 "佛敎文化뿐 아니라 새 時代氣運이 隆興한다 전하든 日本의 姿態를 보고" 싶어 일본에 가서 조동종 종무원을 찾아 히로쓰 세쓰조(弘津說三)의 도움으로 학비(學費) 없이 조동종대학에 입학해 일어와 불교를 배운 바 있다. 당시 한용운은 동경에서 유학생 최린(崔麟)·고원훈(高元勳)·채기두(蔡基斗) 등과 만난다. 그리고 귀국 후 동래 범어사에 있다가 지리산으로 가서 박한영(朴漢永)·김금파(金錦坡)과 결의를 했다고 한다. 그렇지만 합병 이후에 원종이 조동종과 계약을 맺어 "朝鮮의 寺刹 管理權과 布敎權과 財産權을 모다 讓渡"한 것에 놀라 이를 막기 위해 임제종(臨濟宗)을 창립해 반대운동을 일으키게 된다(한용운, 「나는 웨 僧이 되엇나?」, 『삼천리』 제6호, 1930.5.1, 44-46쪽).
39 〈朝鮮僧侶 寺院設立ニ關スル件〉(1911, 내무부 지방국 지방과), 『사사종교』, 국가기록원 기록철, 관리번호 CJA0004741(문서번호 88-11). 이 문건에 따르면, 조선 승려의 사찰 설립과 관련해 강원도장관 이규완(李圭完)은 1911년 6월 9일자로 내무부장관 宇佐美勝(うさみ かつお, 1869-1942)에게 강원도 김화군의 복주암(福柱菴)의 여승(尼僧) 정씨(鄭氏)가 사원을 짓고 있는 문제, 그리고 경상북도장관 이진호(李軫鎬)는 동년 7월 6일자로 내무부장관 宇佐美勝에게 경북 대구부의 동화사(桐華寺) 승려의 사원 설립에 대

하동 쌍계사에서 제2회 총회 개최 후에는 범어사까지 합류해 동래·초량·대구·경성에 임제종 포교당이 설치되는 등 반대운동이 확대된다.[40]

1910년대 〈사찰령〉에 대해 조선 불교계에는 부정적 기류와 순응적 기류가 모두 있다. 부정적 기류는 1911년 9월 정무총감이 각 도장관에게 보낸 '사찰령 시행 취지'에 관한 통첩에서 담겨 있다. 그에 따르면, 〈사찰령〉이 조선 사찰의 퇴폐(頹廢)를 막고 그 유지존속을 보호하기 위해 상당 취체를 하려는 취지로 제정·시행된 것인데, 사찰 권리를 뺏어 승려를 박멸한다거나, 조선 승려에게 두려운 생각을 일으켜 일본 사원과 본사·말사 관계를 맺게 한다거나, 가말장(加末狀)을 교부하거나 재산관리 위탁계약서를 강제 조인하게 한다는 등의 여러 무고한 말(誣說)이 지방에서 자주 유포된다. 정무총감은 조선 승려들이 이 무망(誣妄)한 말을 믿어 경솔히 행동하지 않도록 〈사찰령〉 취지를 충분히 설명하라고 각 도장관에게 지시한다.[41] 이 내용은, 비록 조직적 차원이 아니지만, 〈사찰령〉에

해 문의한다. 그에 대해 조선총독부에서는 '사내(寺內)에 종무소를 설치하는 건에 대해서는 그 가부(可否) 없이 가능하지만, 사원의 사설(私設)에 대해서는 〈형법〉 제408조 규정에 따라 남설(濫設)을 방지(防止)한다'는 내용의 문건을 경무총장과 내무부장관 명의로 강원도장관과 경상북도장관에게 회신한다. 특히, 〈朝鮮人 僧侶 宗務所 寺院 等 設立 ノ件〉(警高機發 제129호)에 따르면, '강원도 금강산 백담사 주승(住僧) 한용운이 각 도의 임제종 사원을 지배할 야심을 가지고 전라남도 승려들과 함께 지난 3월 이래 임제종종무원이라는 조직을 기획해 그 사무소를 전라남도 순천군 송광사에 두고, 목하 취지서와 규칙서 등을 작성 중'이라고 한다.

40 이능화, 조선불교통사역주편찬위원회 역, 『역주 조선불교통사』 6, 동국대학교출판부, 2010, 312-313쪽. 1924년 조동종 자료를 보면, 조동종의 사노 젠레이(佐野前勵)의 상서(上書)로 승려의 입성 금지가 해제된 후 1910년에 처음으로 입성포교(入城布教)를 할 수 있었고, 이 때 경성에 모인 승려들[圓宗]과 '연맹의 약속(聯盟の約)'을 체결하지만, 다른 승려들이 '합동'에 반대해 임제종이라는 반대파를 일으킨다. 그렇지만 현재 30본산 중에 그 3개 사찰을 제외하고 모두 선교2종(禪敎二敎)을 내세우고 있다(常盤大定, 『仏陀之聖訓』, 東京: 博文館, 1924, pp.758-759).

41 〈寺刹令施行 ノ旨趣 告諭方 ノ件〉(정무총감 官通諜 제270호, 명치 44.9.18), 『조선총독부 관보』 제318호, 1911.9.18; 이능화, 『朝鮮仏敎通史』(下編), 新文館, 1918, 1128-1132쪽.

대한 조선 불교계의 부정적 기류를 시사한다.

이에 비해, 당시 일본 불교계의 영향을 받던 승려나 주지들은 대체로 〈사찰령〉에 순응하는 모습을 보인다. 이 모습에 대해 〈사찰령〉에 근거한 엄격한 통제 조치가 있었고,[42] 이 조치를 피하기 위해 순응적이었다는 관점도 있다. 그렇지만 이러한 관점은 〈사찰령〉 이후의 조선 불교계 변화를 설명하는 데에 한계가 있다. 심지어, 임제종 관장 대리였던 한용운도 1912년 6월경까지 원종에 반대해 조선 사찰의 관리권·포교권·재산권을 지키려고 했지만, 그 논리는 〈사찰령〉 자체에 대한 비판보다 '종교(불교)의 자유'에 근거한 것으로 보이는 측면이 있다.[43]

실제로, 〈사찰령〉이 시행된 1911년 9월 1일 이후 조선 불교계에는 '조선총독부-30본산-말사'의 구도 속에서 주지의 취직·이동, 본말사법의 제정·변경, 사찰의 병합·폐지·개명·이전 등에 대해 총독 인가를 받는 문화가 생긴다.[44] 그리고 〈사찰령〉·〈사찰령시행규칙〉과 일치하지

---

42 「寺刹令과 嚴締」, 『매일신보』, 1913.5.28, 2면. 이 기사는 〈사찰령〉 제2조를 위반한, 즉 지방장관의 허가를 받지 않고 신탁(信託) 이외에 대중(衆시 집회를 하거나 임의로 집회하여 기락(妓樂)을 즐기는 행위를 엄중히 취체하라고 각 부군(府郡)에 통첩을 보냈다는 내용이다.

43 한용운 등의 임제종운동은 **정교분리가 아니라 '종교 자유'를 주장한 것으로 보인다.** 이는 임제종 관장 대리였던 한용운이 임제종 해체 이후인 1913년(35세) 5월 25일에 〈중추원 헌의서〉와 〈통감부 건백서〉 전문을 담아 『조선불교유신론』을 발행했다는 데에서 확인할 수 있다. 이 책은 〈사찰령〉으로 관권 주지의 임면, 사찰 재산의 관리 등 조선총독부가 불교에 개입하던 상황에서 다시 한 번 승려의 금혼 해제를 법령에 명시해야 한다고 조선총독부에 건의한 것이기 때문이다.

44 『조선총독부관보』를 보면, 1911년 11월부터 주지 취직 인가, 1912년 2월부터 주지 사망 후임 취직 인가와 〈주지 없는 사찰폐지 청원 방식(住持ナキ寺刹廢止出願方ノ件)〉, 1912년 6월부터 주지 사직 후임 취직 인가, 1912년 7월부터 사법 인가, 1913년 10월부터 사찰 병합 허가, 1913년 11월부터 사찰 폐지 허가, 1914년 7월부터 사찰 주지 이동, 1915년 1월부터 본사 주지 취직 인가, 1915년 8월부터 본말사법 변경, 1917년 6월부터 사찰 명칭 변경 인가, 1917년 7월부터 사찰 이전 허가 등에 관한 내용에 게재된다. 한편, 1914년 9월부터 조선인이 설립한 사찰·사원(祠院)·승려 수가 표로 제시된다(〈朝

않는 상황도 있었지만,[45] 조선불교계는 30본산으로 묶이고, 30본산은 〈사찰령〉 제3조에 의해 1912년 7월 2일부로 인가된 〈해인사 본말사법〉을 필두로 모두 '선교양종(禪敎兩宗)'이라는 단일 종지(宗旨)를 내세워 유사한 형태의 사법(寺法)을 인가받는다. 게다가 30본산에서는, 이회광이 각 말사 주지와 일반 승려(法侶)를 소집해 〈해인사 본말사법〉을 강연했듯이,[46] 본말사법을 알리면서 조선총독부 정책에 협조한다.

특히 〈사찰령〉 제3조에 의거해 각 본사가 제정하고 총독이 인가한 본말사법은 조선 불교가 '선교양종'의 종지를 내세웠을 뿐 아니라 〈사찰령〉 시행 초기부터 일본 불교 의례를 수용했다는 점을 보여준다. 모두 13장 100개 조항의 〈해인사 본말사법〉을 보면, 제100조("本 寺法은 朝鮮總督의 認可를 經홈이 아니면 變更을 不得홈")를 두어 함부로 바꿀 수 없도록 하고 있다. 그리고 제1장 총칙 제2조에 해인사를 '법찰본산(法刹本山)'으로, 제3조에 법맥(法脈)을 달마로부터 시작해 태고보우국사를 거치는 것으로, 제4조에 해인사를 '선교겸학(禪敎兼學) 본찰(本刹)'로, 제5조에 해인사 본말 사찰이 '선교겸학'을 추구해 소의경론(所依經論)을 제한하지 않는다

鮮人設立寺刹祠院及僧尼數表), 『조선총독부관보』 제642호, 1914.9.21; 〈朝鮮人設立寺刹祠院及僧尼數表), 『조선총독부관보』 제2108호, 1919.8.20). 일반적으로 사원(祠院)은 선조(先祖)·선현(先賢)의 신주(神主)·영정(影幀)을 모시고 제향(祭享)을 올리는 사우(祠宇), 그리고 강학과 선현 제향을 위한 서원(書院)을 함께 일컫던 말이다. 여기서는 밀양 표충사에 사명대사의 충훈을 기리기 위한 '표충사당'이 있듯이, 승려의 영정을 모신 곳을 의미한다.

45 〈寺刹令施行ニ關シ事務取扱方 ノ件〉(平南學修 第1511號, 明治 44.11.21), 『조선총독부관보』 제371호, 1911.11.21. 평안남도 장관이 내무부장관에게 평안남도 강동군(江東郡) 삼등면 소재 동림사와 가산사가 파손되어 재산도 없고 마음대로 오가는 걸미승(乞米僧) 1명만 있어 〈주지취직인가신청서 양식〉(告示 제277호, 1911.9.11)을 채울 수 없다고 질의한 내용이다. 이 자료에 따르면, 1911년 9월 8일에 사찰령 시행에 관한 사무취급 방법과 사찰의 주지 취직인가취급 방법에 관해 貴府 정무총감이 각각 관통첩 제259호와 관통첩 제260호를 보낸다.

46 「海印寺寺法 講演」, 『조선불교월보』 제8호, 조선불교월보사, 1912.9, 65쪽.

고 하여 선교양종을 내세우고 있다. 이와 함께 제7장 법식(法式) 제42조에서는 항례법식(恒例法式)의 범위에 사방배, 기원절, 천장절, 신상제(新嘗祭), 원시제, 효명천황제, 춘계황령제, 신무천황제, 추계황령제, 신상제(神嘗祭) 등을 포함시키고 있다.[47]

각 본사가 본말사법에서 '선교양종'을 내세운 것은 조선총독부가 종지를 다른 '종파' 불교를 인정하지 않았기 때문이다. 원종과 임제종의 강제해산도 〈사찰령〉 시행과 〈해인사 본말사법〉 인가 사이에 이루어진다. 또한 30본산에서 각 본사가 본말사법을 제정한 것은 불교계의 〈사찰령〉 수용을 의미한다. 1924년 11월 20일부로 〈사찰령시행규칙〉 제2조의 본산 범위에 '구례군 화엄사(華嚴寺)'를 포함해[48] 30본산이 31본산으로 바뀌는데, 이러한 본산의 승격도 화엄사 측의 〈사찰령〉 수용을 시사한다.

〈사찰령〉 이후, 조선 불교계는 30본산연합사무소를 설치하고, 매년 정기적으로 30본산 주지회의를 개최하고, 중앙학림(경성)과 지방학림(각 본사)을 설치하고, 포교사를 두는 등 여러 변화를 시도한다. 이 변화의 근거는 1915년 2월에 총독 인가를 받은 〈조선 각본사 연합제규〉(1915.2-1922.1)이다. 구체적으로, 각 본사는 연합해 강학·포교 사무의 처리에 필요한 제규(制規, 24개조)를 마련하고, 당시 '30본산 주지 총대(總代)'인 용주사 강대련(姜大蓮)이 연합제규 인가를 신청해 1915년 2월 25일에 총독 인가를 받는다. 당시 인가를 받은 〈조선 각본사 연합제규〉의 전문은 다음과 같다.[49]

---

47 〈寺法認可〉,『조선총독부관보』제556호, 1912.7.4;「海印寺本末寺法」,『조선불교월보』 제7호, 조선불교월보사, 1912.8, 38-61쪽.
48 〈寺刹令施行規則中改正〉(부령 第69号, 大正 13.11.20),『官報』第3695号, 1924.12.15. 부칙에 따르면, '본령은 발표일로부터 시행한다'.
49 「講學布敎聯合制規認可」(彙報 → 官廳事項 → 社寺, 宗敎),『조선총독부관보』제770호, 1915.3.1.

<표 1> 조선 각본사 연합제규

조	주요 내용	비고
1	조선 각본사는 연합해서 講學 布敎를 행한다.	
2	연합사무를 처리하기 위해 경성에 사무소를 둔다.	연합사무소 설치
3	연합사무소에 위원장 1명, 사무원 약간 명을 둔다.	
4	위원장은 본사 주지의 互選으로 결정하고, 그 임기는 1년으로 하고, 위원장은 연합사무를 담임한다.	
5	사무원은 위원장이 命免하고, 사무원은 위원장의 명령을 받아 사무를 처리한다.	
6	회계사무를 감사하기 위해 감사원 3명을 둔다. 감사원은 본사주지의 호선으로 정하고 그 임기는 1년으로 한다. 감사원은 매년도 회계 상황을 심사해서 주지회의에 보고해야 한다.	
7	연합사무를 결의하기 위해 주지회의를 설치한다. 주지회의는 각본사 주지로 조직해서 매년 1월 경성에서 개최한다. 위원장은 주지회의 개최 기일을 정해 미리 주지에게 통지해야 한다.	경성에 주지회의 (매년 1월) 설치
8	다음 4가지 사항은 주지회의의 의결을 거쳐야 한다. 단, 제2호와 제4호에 대해 임시로 급히 처리할 것은 이 제한을 받지 않는다 1. 본 제규를 변경하는 일 / 2. 연합사무에 속한 세입세출 예산을 정하는 일 / 3. 경비 징수 방법을 정하는 일 / 4. 기타 중요 사항	
9	주지회의의 의장은 위원장으로 돌려 그 결의는 출석주지의 과반수 동의에 의해 정한다.	
10	본사주지는 互選에 의해 常置員 7명을 정해야 한다. 상치원은 위원장의 자문에 응해 의견을 제출해야 한다. 상치원의 임기는 1년으로 한다.	
11	좌의 경우에 대해서는 상치원의 의견을 들어야 한다. 1.제8조 단서(但書) 조항에 따라(二依リ)전결처분(專決處分)을 할 때 2.中央學林의 직원을 任免할 때 前項의 경우에는 상치원의 과반수 동의를 얻지 않으면 집행할 수 없다.	
12	연합사찰과 함께 그 말사 승려에게 종교와 기타 필요한 학술을 가르치기 위해 경성에 중앙학림을 설치한다.	중앙학림 설치
13	각 본사와 함께 그 말사 승려에게 필요한 교육을 하기 위해 각 본사에 지방학림을 설치한다. 단, 사정에 따라 2개 사찰 이상 공동으로 하나의 학림을 설치할 수 있다.	각 본사에 지방 학림 설치
14	중앙학림과 함께 지방학림에 관한 學科程度와 기타 필요한 세칙은 별도로 정한다.	
15	연합사찰과 함께 그 말사의 포교구역은 별도로 정한 곳에 따른다.	포교구역 구획
16	포교는 각 사찰에서 임명한 포교사가 한다. 포교사는 중앙학림졸업 또는 이와 동등 이상의 학력을 가진 자로 해서 임명해야 한다.	포교사 자격: 중 앙학림졸업생
17	포교 방법은 주지회의에서 정한다.	
18	포교에 필요한 경비는 각 담임 사찰에서 부담한다.	
19	연합사업에 필요한 세입세출은 매년도 예산으로 정해야 한다.	
20	연합사업에 필요한 경비는 연합사찰에서 부담한다. 다만, 지방학림에 필요한 경비는 각 본사에서 부담한다. 전항의 경비는 각 본말사의 협의에 따라 말사에서 분담할 수 있다.	

21	회계연도는 매년 4월 1일부터 익년 3월 31일로 한다.	
22	금전 출납은 모두 자세히 장부에 기록해서 감사원이 요구하면 언제라도 제시해야 한다.	
23	위원장은 매년도 결산을 해서 주지회의에 보고해야 한다.	
24	본칙은 총독 인가를 받지 않고 변경할 수 없다.	

〈조선 각본사 연합제규〉에 근거해 조선 불교계는 1915년 3월에 30본산연합사무소를 구성해 강학·포교 사업을 추진한다.[50] 그런데 불교 종파의 연합 근거인 제규(制規)를 공인받는 문화가, 〈진언종 각종파 연합제규(眞言宗 各宗派 聯合制規)〉에서 볼 수 있듯이, 이미 일본에서 이루어진 조치였다는 점을 고려하면,[51] 본산제도를 포함해 〈조선 각본사 연합제규〉로 인한 변화는 조선총독부가 일본정부의 불교 정책을 조선에 거의 그

---

50 〈朝鮮寺刹三十本山聯合事務所職員〉, 『조선총독부관보』 제780호, 1915.3.12; 〈朝鮮寺刹三十本山聯合事務所職員異動〉, 『조선총독부관보』 제954호, 1915.10.18; 〈朝鮮寺刹三十本山聯合事務所職員異動〉, 『조선총독부관보』 제1047호, 1916.2.2; 〈朝鮮寺刹三十本山聯合事務所職員異動〉, 『조선총독부관보』 제1671호, 1918.3.5. 1915년 3월 12일 자료에서 '조선사찰 각본사 연합제규에 따라 각 본사 주지의 호선으로 정해진 위원장 이하 직원을 보면, 위원장은 강대련(용주사), 상치원(常置員, 7명)은 김환응(金幻應/백양사)·오성월(吳惺月/범어사)·김남파(金南坡/동화사)·이설월(李雪月/송광사)·김구하(金九河/통도사)·김윤하(金崙河/석왕사)·나청호(羅晴湖/봉은사), 감사원(監査員, 3명)은 박회응(朴晦應/은해사)·이회명(李晦明/영명사)·홍포룡(洪莆龍/월정사)이다. 1915년 10월 18일 자료에는 홍월초(洪月初/봉선사)가 상치원으로 선정된다. 그리고 1916년 2월 2일자 자료를 보면, 조선사찰30본산연합사무소 직원 임기 만료로 개선(改選) 결과, 위원장은 강대련(용주사), 상치원은 김환응(백양사)·이회광(李晦光/해인사)·서진하(법주사)·오성월(범어사)·김남파(동화사)·김구하(통도사)·나청호(봉은사), 감사원은 장기림(선암사)·이운파(건봉사)·박보봉(보현사)이 취임해 1월 24일부로 신고한다. 1915년 3월과 10월의 임원진과 비교해보면, 상치원에서 이설월(통도사), 김윤하(석왕사), 홍월초(봉선사)가 빠지고 이회광(해인사), 서진하(법주사)가 포함되며, 감사원에서 박회응(은해사), 이회명(영명사), 홍포룡(월정사)이 빠지고, 장기림(선암사), 이운파(건봉사), 박보봉(보현사)이 추가된다. 1918년 3월 4일 자료를 보면, 상치원 나청호(봉은사)가 동 사찰 주지 사직(辭職)으로 자연 퇴직하고 후임 주지 김상숙(金相淑)이 취임해 2월 23일자로 신고한다.

51 眞言宗各宗派聯合京都大學, 『冠註 文筆眼心抄』, 京都: 六大新報社印刷部, 1910; 〈眞言宗各宗派聯合長者並日蓮宗管長認可(文部省)〉, 『官報』 第327号, 1913.8.30, p.544; 〈眞言宗各宗派聯合制規等改定認可(文部省)〉, 『官報』 第807号, 1915.4.14, p.309.

대로 도입한 것이라고 할 수 있다. 결과적으로 조선 불교계가 내적 자발성이 아니라 조선총독부의 불교 정책에 협조하는 차원에서 연합제규를 마련한 것이라고 볼 수 있다.

(3) 1920년대 이후 불교 진흥책 추진

1920년대의 경우, 1919년 3·1운동을 경험한 조선총독부가 '문화정치'를 표방하면서 불교계에 변화가 생긴다. 이 변화는 불교에 대한 조선총독부의 의도 전환과 연결되어 있다. 조선총독부는 3·1운동 이후 승려들이 각성·협력을 통해 사회교화에 진출하도록 30본산을 하나로 묶고, 재단법인 조선불교중앙교무원을 설립해 승려 양성과 포교소 설치를 유도하려고 한다. 아울러 불교 내부(본말사 사이 또는 본산 사이)의 세력 다툼을 조율해 종교과의 지향대로 1922년 12월에 재단법인을 성립시킨다. 이와 함께 조선불교를 '시대 요구'에 맞춰 개선하기 위해 일본 불교의 힘을 빌릴 필요가 있다고 보고 水野(미즈노) 정무총감이 1922년 4월에 일본 불교의 각 종파 대표자들을 초빙해 조선불교의 지도와 적극적 포교를 요청하고, 각 종파 대표자들은 '조선전도회 계획에 대한 조선총독부 원조, 조선 30본산 승려교화기관 설립' 등을 요청한다.[52]

1920년대의 불교 변화를 구체적으로 보면, 1919년 10월에 柴田善三郎(시바타 젠자부로우) 학무국장이 30본산 주지를 조선호텔로 초대해 '현재 조선의 인심이 동요가 되고 불교가 진흥하지 못하니 어떤 방법이 있는가'라는 문제를 제기한다.[53] 이와 관련해, 30본산연합사무소 중심의 조

---

52 朝鮮行政 編輯總局 編, 『朝鮮統治祕話』, 東京: 帝國地方行政學會, 1937, pp.291-292.
53 「佛敎改宗問題 (二) 李晦光의 主張, 동경에 가서 운동을 한 후에 경도에 묘심사를 방문

선 불교계는 1920년 5월 전후 '신교육 확대, 활판소 설치, 기관보 간행, 청년회 조직, 종무국(宗務局) 설립, 불교연구회 조직' 등 불교 개혁 방안을 논의한다.[54]

조선총독부 의도대로 3·1운동 이후 불교계 단체들이 늘어난다. 구체적으로, 1919년 7월에는 '일본인과 조선인의 정신 융합'을 목표로 불교조선협회가 설립된다.[55] 1920년 2월에는, '일본인의 후견으로 몇몇 친일한인이 조직했다는 비판이 있었지만,[56] 『조선불교통사』(1918)를 발간한 이능화(李能和, 1869-1943)와 쌍계사의 기용선사(起龍禪師) 제자로 1914년에 일본 조동종대학(현 고마자와대학)에 유학한 정황진(鄭晄震, 1890-?), 그리고 박한영(朴漢永) 등 29명이 조선불교회(1920.2-1930.6)를 조직한다.[57] 1922년 7월에는 유점사 출신의 김청암(金靑庵, 개명: 金川靑庵) 등이 불교협성회(佛敎協成會)를 조직한다. 이 단체는 교무원 후원으로 조직해 조선총독부 양

한 일, 妙心寺와 連絡, 후등서암과 관계」, 『동아일보』, 1920.6.25, 3면.

54 「滅亡이냐 復活이냐 (二), 朝鮮佛敎徒에 對하야, 威音人」, 『동아일보』, 1920.5.10, 4면. 이 기사에 따르면, 조선불교 개혁 방안은 '遊衣食하는 승려가 없게 할 것, 생활 방식을 개조할 것, 舊制의 교육을 폐지하고 新法으로 대확장할 것, 특수적 銀行을 설립할 것, 대규모의 활판소를 설치할 것, 機關報를 간행할 것, 靑年會를 組織할 것, 宗務局을 設立할 것, 佛敎硏究會를 組織할 것' 등 9가지이다. 이 기사는 1920년 4월 30일에 위음인(威音人)이라는 인물이 투고한 것이다.

55 「佛敎朝鮮協會設立, ㄴ선인와 정신융합을 위ㅎ야 불교됴션협회가 셜립되엿다」, 『매일신보』, 1919.7.3, 3면.

56 「종교샹 일본의 간계」, 『신한민보』, 1920.5.7, 3면. 이 자료에 따르면 '조선유교회'도 몇몇 유림(려규형 등)을 이용해 일본인이 그 후견인 노릇을 한 것이라는 비판을 받는다.

57 佐藤厚, 「조선불교회의 역사와 성격」, 『불교학연구회 학술대회 논문집』 2016 춘계, 2016, 35-37쪽. 사토 아츠시(佐藤厚)에 따르면, 근대 시기의 조선불교회는 3개이며, 각각 1910년대 한용운 중심의 단체, 1920년대 이능화 중심의 단체, 1930년대 시이오 벤쿄(椎尾弁匡, 1876-1971) 중심의 단체이다(같은 글, 35-36쪽). 이 중 1920년대 조선불교회가 추진한 '조선불교총서' 사업과 『불일(佛日)』(1924.7-11) 간행은 일본 불교계가 1921년에 일본대장경 48권(1914-1921)을, 1922년에 대일본불교전서 151권(1912-1922)을 완간하는 등 불교 전적의 수집·편찬사업에서 거둔 성과의 영향을 받은 것으로 인식되고 있다(같은 글, 65-67쪽).

해를 얻은 것인데, 사실상 불교유신회와 대립하던 당시 주지회의 사업을 지원하기 위한 단체이다.[58]

그 외에 1920년 6월에 대구불교청년회(회장: 爽基氏),[59] 동년 7월·8월·9월에 각각 해동불교청년회와 안동불교청년회와 조선불교청년회 범어지회 등이 결성된다.[60] 1922년 4월경에는 불타(佛陀)의 정신으로 여성의 덕성을 함양시키는 지식계발을 목적으로 정한 조선불교여자청년회(朝鮮佛教女子青年會, 회장: 禹鳳雲)도 창립된다. 이 단체는 1931년 3월에 창립된 조선불교청년총동맹 산하의 불교청년여자동맹으로 바뀐다.[61]

---

58 「佛教協成會가 또 성격 대항로써」, 『매일신보』, 1922.6.1, 3면; 「佛教協成會 組織, 교무원 후원으로」, 『동아일보』, 1922.7.12, 3면. 1910년대에도 친일 성향의 불교진흥회(佛教振興會, 1914.12)나 불교옹호회(佛教擁護會, 1917.2) 등 불교단체가 없었던 것은 아니다. 불교협성회의 경우, 1922년 초부터 불교계의 신구 양파가 분쟁하다가 5월경 다소 타협이 되어 종래 사회사업을 계속하게 된 다수 본산이 모여 조직한 불교 교무원이 후원한 단체였으며, 그 취지는 당국 양해를 얻어 '현재 법규 아래에서' 격렬한 감정을 누르고 실제 사업 진행에 힘을 쓰려는 것이었다고 한다.

59 「朝鮮佛教青年會」, 『동아일보』, 1920.7.6, 4면; 「大邱佛教青年會」, 『동아일보』, 1920.7.14, 4면. 강사는 경북 제3부장 혹은 대구고등보통학교장 고교형(高橋亨)이다. 대구불교청년회는 상업강습소 야학부를 수창학교 또는 보통학교 내에 설립할 계획을 세우고 강연회도 개최한다.

60 「海東佛教青年會」, 『동아일보』, 1920.8.27, 4면; 「安東佛教青年會」, 『동아일보』, 1920.8.31, 4면; 「佛教青年 梵魚支會」, 『동아일보』, 1920.9.16, 4면. 1920년 8월 18일 함흥천도교구실에서 해동불교청년회 창립총회(임시회장: 李範大)가 개최된다. 1920년 8월 22일 안동군 유지 청년 제씨의 발기로 법룡사(法龍寺) 내에서 안동불교청년회(회장: 徐丙老) 창립총회가 개최된다. 1920년 9월 10일 경남 동래군 범어사에서는 조선불교청년회 범어지회(梵魚支會)의 창립총회 발회식이 개최된다.

61 김광식, 「조선불교여자청년회의 창립과 변천」, 『한국 근현대사 연구』 7, 1997, 99-129쪽. 이 자료에는 1921년 부인불교회, 1922년 동래불교여자청년회·전주불교부인회, 1929년 금화불교부인회까지 약 27개 불교여성 청년운동단체가 소개되고 있다(같은 글, 101쪽). 조선불교여자청년회는 여성운동의 구도에서 창립되어 1929년 이후 조선불교청년회와 연관을 맺고 불교청년운동이 조선불교청년총동맹으로 단일화된 1931년에 총동맹의 동맹 단체로 가입한다(같은 글, 100쪽). 1931년 10월~1932년 9월경에는 단체명이 경성여자동맹으로 변경되고, 1935년 이후 점차 침체된다. 경성여자동맹이라는 단체명이 1939년도에도 나타난다(같은 글, 129쪽).

1920년경에는 불교 개혁 또는 진흥을 명분으로 삼은 해인사 이회광 주도의 제2차 연합운동이 전개된다. 이 운동의 여파는 동아일보가 10회 차례 보도할 정도로 관심을 받는다. 핵심은 1919년 10월 이래, 이회광이 조선불교 개혁을 주장하며 일본 임제종 묘심사파 출장소 주임인 승려 後藤瑞岩(고토 즈이강)[62]과 결탁해 일본에서 여러 관료를 만났고, 일선융화를 도모하기 위해 조선 불교를 일본 묘심사 임제종에 부속시키려는 운동을 벌였고, 이에 대해 조선 불교계가 격렬하게 공격했다는 내용이다.[63]

당시 이회광은 1919년 10월에 학무국장과 30본사 주지가 모였을 때 불교가 다른 종교처럼 자선사업을 하고, 일본 포교 방법을 배워 포교 사업에 집중하는 방식의 불교 개혁을 제안한다. 그리고 임제종을 조선 불교 대표격으로 생각해 일본 임제종의 조선 묘심사 출장소 승려와 교류하다가 일본 포교 방법 시찰을 위해 경상도 사찰의 주지들과 1920년 5월에 동경에 가서 총리대신과 잠시 귀국한 총독 등에게 조선불교 진흥을 위해 '종명 변경, 사찰재산 정리, 종무원 설립'이 필요하다고 주장한 후, 교토(京都) 묘심사에서 後藤瑞岩을 만난다. 그 후 경상도 8본산 주지와 연합총회를 열고 종명 개칭, 종무원 설립, 고(古)사찰 재산 정리 등을 위해 30본산 연명을 받아 조선총독부에 제출할 계획을 세운다. 다만, 30본산연합사무소와 충돌하지 않으려고 경상도 8본산이 수창(首唱)하고 그 취지를 공문으로 30본산 각 사찰에 발송한다.[64]

---

62 後藤瑞岩(고토 즈이강)은 일본 임제종 승려로, 조선 묘심사파 포교 감독이었고, 귀국해 묘심사파 관장과 대덕사파(大德寺派) 관장을 맡다가 1965년 87세에 사망한 인물이다(美術人名辭典, http://www.weblio.jp/).

63 「看板은 朝鮮佛敎總本山, 主旨는 日鮮融和와 政敎一致, 소위 됴선불교를 개혁한다는 리회광 일파, 일선융화를 표방하고 일본 가서 암중비약」, 『동아일보』, 1926.5.12, 2면; 「佛敎改宗問題 (一), 리회광 일파는 조선의 불교를 전부 림졔종으로 곳치랴하고 륙천 명의 신도들은 크게 반대」, 『동아일보』, 1920.6.24, 3면.

그렇지만『중외일보』제6215호에 이회광이 일본 묘심사 임제종에 조선 불교를 부속시킨다는 기사가 실리면서 조선 승려의 반발이 이어진다. 30본산 연합위원장(강대련)은 종교과장 半井淸(나카라이 키요시)에게 문의 후, 이회광이 조선 불교계에 야심이 있어 벌인 일인데, 〈사찰령〉이 있어 일본 불교에 부속될 수 없고, 종명 개칭 신청서에 도장을 찍을 필요가 없으며, 後藤瑞岩도 이회광이 불교 개혁보다 조선 불교계의 권리를 통솔하려는 것 같다고 종교과장에게 말했다는 내용 등을 각 사찰에 통지한다. 이에 이회광은 後藤瑞岩과 종교과장이 그런 말을 한 적이 없다고 하면서 취소를 요구하지만, 강대련은 後藤瑞岩과 종교과장이 한 말을 다른 사람에게 들었다는 내용의 공문을 다시 각 사찰에 보낸다. 그리고 이회광의 수차례 공문 취소 요구를 거절한다.[65] 당시 강대련의 반대뿐만 아니라[66] 도진호(都鎭鎬)도 일본불교와 제휴·연합가 조선불교의 체

---

64 「佛敎改宗問題 (二) 李晦光의 主張, 동경에 가서 운동을 한 후에 경도에 묘심사를 방문한 일, 妙心寺와 連絡, 후등서암과 관계」,『동아일보』, 1920.6.25, 3면.

65 「佛敎改宗問題 (二) 李晦光의 主張, 동경에 가서 운동을 한 후에 경도에 묘심사를 방문한 일, 妙心寺와 連絡, 후등서암과 관계」,『동아일보』, 1920.6.25, 3면. 강대련이 종교과장에게 〈사찰령〉이 있는데도 이회광이 중앙정부와 교섭해 조선 사찰을 일본 임제종 묘심사에 부속시킨다고 해서 승려들이 동요하고 있다고 전하자, 종교과장은 조선 사찰에 〈사찰령〉이 적용되어, 아무리 일본 대신들에게 진정서를 제출해도 효과가 없으므로 동요할 것이 없다고 말했다고 한다. 한편, 이회광은 자신의 불교 개혁이 일본 임제종에 대한 부속이 아니라 조선의 '임제종 태고파(臨濟宗 太古派)'를 별도로 세우고 일본불교의 특장을 취해 포교 사업에 공헌할 계획이며, 교종신청서와 이유서에도 임제종 태고파로 고치겠다고 했다고 한다.

66 「佛敎改宗問題 (三), 改宗의 必要가 何在, 근본은 야심에서나온 것인가, 개종을 반대하는 편의 하는 말, 問題의 始初 리회광의 태도」,『동아일보』, 1920.6.26, 3면. 강대련에 따르면, 이 일은 1919년 겨울부터 시작되고, 1920년 봄『大阪朝日新聞』과『大阪每日新聞』에 '조선불교의 내홍(內訌)'이나 '일선불교제휴(日鮮佛敎提携)'라는 제목의 기사가 난다. 당시 강대련은 조선 불교를 일본 임제종에 병합하는 것이 아니라 새로 임제종으로 개칭하자는 이회광의 주장에 대해 '불교 진흥을 위해 일본인 승려와 결탁할 필요가 없으며 일본 대신의 힘을 빌리지 않아도 〈사찰령〉에 따라 행하면 된다는 점, 30본산이 있는데 경상도 8본산만으로 추진할 필요가 없었다는 점, 30본산 주지 중 유력한 사람

면을 손상시키는 것이고, 일본정부나 조선총독부가 시켜도 불교청년들이 강력히 반대할 것이라고 비판한다.[67]

이와 함께 1920년대에는 〈사찰령〉 폐지운동, 30본산 체제에 대립되는 불교계 통일기관 설립운동이 발생한다. 이와 관련해, 1920년 6월에 설립된 조선불교청년회는 전국 사찰에 지회를 두고 '정교분리'를 주창하면서 〈사찰령〉 폐지운동과 불교계 통일기관 설립운동을 벌인다. 특히 〈사찰령〉 폐지운동 등 불교 혁신을 추진하기 위해 1920년 12월 유신협의회를 거쳐 1921년 12월에 불교유신회(佛敎維新會, 1921.12-1924)를 창립한다.[68] 당시 불교유신회는 〈사찰령〉 철폐를 담은 건백서를 전체 회원이 연서해 조선총독부에 제출한다. 또한 30본산 분열을 막기 위한 불교계

이 일본 포교사(後藤瑞岩)와 결탁할 수 없다는 점' 등을 들어 반문한다. 또한 조선불교를 '임제종 태고파'로 하면 일본 임제종 13파의 하나인 태고파가 되므로 일본 임제종에 병합되는 것이며, 종명을 고치지 않고도 선교양종으로 포교·교육·자선사업 등을 자유롭게 할 수 있다고 주장하면서 승려 전체가 반대하고 청년 계급이 분개하는 이 일에 도장을 찍지 말라는 경고문을 각 사찰로 발송한다.

67 「佛敎改宗問題 (四) 孤立한 李晦光, 信賴한 八本山이 全數 反對, 불교청년회의 맹렬한 분투, 대구의 회의에 운명이 결명」, 『동아일보』, 1920.6.27, 3면.

68 「千餘의 佛敎靑年이 "유신회"를 조직코자 운동 중, 명춘 주지총회에 개혁안 예출」, 『동아일보』, 1921.12.15, 3면. 이 기사에 따르면, 1922년 1월에 경성에서 개최될 30본산 주지총회에 '혁신할 제목을 제출하기 위해' 김법광(金法光) 외 4인이 '불교유신회'를 발기하고 전국 사찰 승려에게 가입을 권유해 호응을 받는다. 취지는 조선 불교계의 중대한 일은 30본산 주지가 하지만 사업 범위가 큰 만큼 일반의 의사를 모아 좋은 방책을 마련하기 위해 유신회를 설립한 것이라고 한다. 아울러, 1921년 1월의 주지총회 때 청년들이 '유신회를 임시로 조직해 여러 가지 일을 건의'한 바 있지만, 임시조직이라 미흡하여 정식으로 조직한 후 계속 여러 가지 일을 하고자 회원을 모집하여 당시까지 1,000여 명의 가입자를 확보하고, 25일 내로 발기총회를 개최하여 대략적인 방침을 결정할 계획을 세운다. 이 시기에 보도된 방침은 "첫재 여러 가지 불교의 제도를 변경할 일, 둘재는 모든 재정을 통일할 일, 셋재는 여러 사찰의 소유재산을 정리할 일, 넷재는 학문을 일으키고 포교를 성실히 할 일 등 네 가지 강령"이다. 한편, 불교유신회의 발기총회는 1921년 12월 20일, 창립총회는 21일에 개최된다(「佛敎維新 創立, 작일 불교청년회에서」, 『동아일보』, 1921.12.22, 3면).

통일기관 설립을 촉구하는데, 이 통일기관은 1922년 1월에 총무원(總務院, 1922.1-1924.4) 설립으로 이어진다.[69]

1922년 당시 통일기관 설립 과정을 보면, 1922년 1월, 수송동(壽松洞) 30본산연합사무소에서 개최된 조선불교도총회(사회 박한영)는 〈조선 각 본사 연합제규〉 폐지 안건을 상정하고 통일기관으로 경성에 총무원을 두기로 한다. 그렇지만 '당국 허가를 얻기까지 30본산 제도를 유지해야 하므로 제도 개혁을 미루고 금년 사업을 논의하자'는 본산 주지 측과 '개혁안이 즉시 실현되지 못해도 제도 개혁의 대략 방침이라도 정하자'는 유신회 측이 충돌한다. 충돌이 계속되자 통도사 김구하가 유신회 측에 '뜻하는 바를 알지만 주위 사정상 급격한 개혁이 어려우므로 당국 양해를 얻어 서서히 도모하자'고 설명한 후 폐회한다.[70]

1922년 1월의 조선불교도총회에서 〈조선 각본사 연합제규〉 폐지를 결정한 이유는 연합제규에 근거한 몇몇 주지의 전제(專制)로 인해 사업이 잘 되지 않는다는 인식 때문이다.[71] 이 결정은 1922년 1월 이전부터 불교계가 30본산연합제도를 문제로 인식했다는 것을 의미한다. 〈삼십본산 연합제규〉 폐지는 곧 '삼십본산연합제' 폐지를 의미했기 때문이다.

---

69 김광식, 「조선불교 청년회의 사적고찰」, 『한국불교학』 19, 1994, 282-283쪽. 김광식에 따르면, 1911년에 임제종운동의 영향을 받아 불교의 보종(保宗)운동의 성격을 지닌 영호남 지방 중심의 조선불교청년회가 발족되지만, 이 단체는 곧 침체된다(같은 글, 229-231쪽, 282쪽).

70 「統一機關이 又 問題, 삼십본산련합계를 업시면 장래의 통일은 엇더케할가, 佛敎徒總會 第三日」, 『동아일보』, 1922.1.10, 3면.

71 「三十本山 聯合制를 폐지하자는 의견에 일치, 불교도총회 데이일 오후」, 『동아일보』, 1922.1.9, 3면. 다만, 삼십본산주지회의가 중간 투표 결과로 '불교 총회'로 변했지만 1월 11일 오후에는 불교도 총회에 반대한 주지와 찬동한 주지가 모여 주지끼리만 모이는 회의순서를 정하기도 한다(「反對派의 別會議, 개혁파와의 련합은 안할 듯한 일부 주지」, 『동아일보』, 1922.1.12., 3면).

1922년 2월에는 16본산 주지들이 영남 10본산 중심의 '조선불교 임시 총무원' 설립을 논의한다. 그 핵심 내용은 분열된 30본산을 연합하고, 중앙학림을 불교전문학교로 승격하되 30본산 연합으로 50만원의 재단 법인을 만들고, 동광고등보통학교를 당국 허가를 받아 협력 경영하되 허가가 나지 않아도 잡종학교로 경영하고, 동년 3월 15일에 각황사에서 30본산주지 총회를 개최하자는 내용이다.[72] 이어, 1922년 3월, 30본산 연합 임시총회를 개최해 경성에 기지를 매입해 고등보통학교를 설립할 것, 30본산이 총무원 원장에게 위임해 빚을 내어 총회 후 장소를 물색해 학교 건축을 시작하되 가을까지 준공할 것을 결정한다. 그리고 고등보 통학교 수준인 '중앙학림'을 유지해 중학교 과정의 불교를 교수하고 그 안에 포교사 양성소를 설치해 포교에 전력하기로 결정한다.[73] 이 결정 사항들은 불교 개혁이라는 맥락에 있다. 이와 관련해, 1922년 3월 불교 유신회원 150여 명이 불교개혁 건의안의 당국 제출에 동의한 후, 각황사 에서 불교도총회를 열어 '총무원의 기초를 공고히 하고, 교육과 포교에 힘쓸 것'을 결정하고 교헌(敎憲)을 통과시킨다.[74]

1922년 5월, 건봉사·통도사·보현사 주지가 불참한 가운데 각황사에 서 개최된 30본산주지회의(임시의장 이회광)는 〈조선 각본사 연합제규〉 폐지를 만장일치로 가결한다.[75] 또한 이 회의에 참석한 종교과장의 요청

---

72 「佛敎界의 合同氣運, 십륙본산주지가 다시 모혀 네 가지 조건을 협의했다고」, 『동아일 보』, 1922.3.3, 3면.
73 「布敎師 養成所 設立 決定, 동시에 십오만원으로 고등보통학교도 설치, 불교총회 후 문」, 『동아일보』, 1921.3.21, 3면.
74 「佛敎敎憲 通過, 불교유신회총회」, 『동아일보』, 1922.3.27, 3면.
75 「聯合制規는 廢止, 삼십본산주지회의의 첫날」, 『동아일보』, 1922.5.27, 3면; 「中央機關 은 敎務院, 진행중인 삼십본산 주지회의」, 『동아일보』, 1922.5.28, 3면. 당시 회의에 3개 본산(건봉사·통도사·보현사)이 불참한다.

대로 포교사업 확장과 교육사업을 벌일 것, 동년 4월에 10본산이 결성한 '조선불교총무원'을 폐지하지 않으면 당국에 의뢰해 단호히 대처하겠다는 내용 등이 결정된다. 다만, 총무원 폐지 문제는 강제보다 타협이 주지 위신에 좋다는 종교과 주임의 말대로 다시 논의해 이사와 감사를 위임하기로 한다.[76] 이에 대해 조선불교총무원 측은 총무원이 10본산만이 아니라 전조선 승려의 의사를 총합한 중앙기관이므로 계속 유지한다는 입장을 밝힌다.[77]

또한 1922년 5월의 30본산주지회의는 '불교총무원 폐지'라는 결정 외에, '조선불교중앙교무원 설립'이라는 결정을 내린다. 이와 관련해, 불교총무원 측은 회의 초반에 〈30본산 연합제규〉 폐지가 가결되었으므로 회의를 주지회의가 아니라 '불교총회'로 하자는 의견을 내지만 수용되지 않는다.[78] 그 후 교무원은 조선총독부 양해를 얻어 〈사찰령〉에 근거한 사업 추진을 위해 동년 7월 김청암(金青庵) 등이 조직한 불교협성회를 후원한다. 이 단체는 각황사에 사무소를 두고 각 지방에 선전대(宣傳隊)를 파견하는 등 교무원의 사업 지원 활동을 전개한다.[79]

---

76 「佛教總務院도 廢止. 주지회의는 원만히 맛첫다」, 『매일신보』, 1922.6.1, 3면. 당시 종교과 주임이 원만한 타협을 기회로 평화박람회단을 조직해 포교와 교육 시찰을 하자는 제안하자 이를 수용하기도 한다.

77 「總務院의 態度, 밉우 강경한 모양」, 『매일신보』, 1922.6.1, 3면.

78 「中央機關은 敎務院, 진행중인 삼십본산주지회의」, 『동아일보』, 1922.5.28, 3면.

79 「佛教協成會 組織, 교무원후원으로」, 『동아일보』, 1922.7.12, 3면; 「佛教協成會活動」, 『매일신보』, 1923.2.21, 3면. 김청암(金青庵)의 창씨명은 金川青庵(가네가와 세이안)이다. 1915년 유점사 감사를 거쳐, 1935년 유점사 감무(監務: 사무 총괄)로 재직하면서 새로 창립된 금강산불교회 고문에 추대된다. 1937년 총본산 건설을 위해 정읍의 십일전 해체 작업 감독(4월)에 이어 총본산 건설 공사 감독(5월)이 된다. 1939년 11월 유점사 제11대 주지 인가를 받고, 1940년 3월 중앙교무원 평의원회에서 신임 이사가 된다. 1941년 7월 강원도 고성군 서면의 경방단(警防團: 미국·영국 전투기 공격에 대비해 설치한 후 지역민에게 경비를 부담시킨 군사시설)에 1천 원 등을 쾌척하고, 1944년 7월 해군 전투기 대금을 총본산인 태고사에 납부한다(임혜봉, 『친일 승려 108인』, 청

총무원과 교무원의 대립 상황에서 조선총독부는 1922년 12월에 다수 본산으로 구성된 교무원의 재단법인 설립을 승인한다. 조선불교청년회와 10본산이 주도했던 총무원은 재단법인 교무원과 대립하다가 1924년 4월경에 교무원으로 통합된다.[80] 그에 따라 조선불교청년회도, 비록 1924년 1월에 종래 간사제를 총재제(總裁制)로 바꿔 민립대학(民立大學) 중앙부집행위원이던 한용운이 취임하지만,[81] 힘을 잃고, 〈사찰령〉 폐지운동을 벌였던 조선불교유신회[82]도 1924년경에 소멸된다. 그렇지만 조선불교청년회는 1928년 3월의 조선불교청년대회 개최 후, 불교계 통일운동을 목표로 1929년 1월의 조선불교선교양종 승려대회에 참여해 종헌제도와 종회 성립에 기여한다. 또한 1930년 7월에 범태평양 불교도 청년대회에 도진호(都鎭鎬)를 대표로 파견한 후 '분산적 불청회(佛靑會)에서 통일적 불청총동맹(佛靑總同盟)으로'라는 슬로건을 걸고 1931년 3월에 조선불교청년대회를 거쳐 '조선불교청년총동맹'의 창립 대회를 개최한다.[83]

1924년 4월경에 재단법인 교무원이 불교통일기관 또는 불교중앙기관이 되면서 〈사찰령〉 폐지 운동은 거의 보이지 않는다. 오히려 〈사찰령〉

년사, 2005, 260-262쪽).

80 김광식, 앞의 글, 1994, 282-283쪽.

81 「韓龍雲氏 出陣, 불교유신회 총재로」, 『동아일보』, 1924.1.8, 2면. 당시 총무는 이종천(李鍾天)이 맡는다. 이종천은 조선불교청년회 통도사지회에서 창간한 『조음(潮音)』(1920.12.15)의 편집 겸 발행인을 맡았던 인물이다(최덕교 편저, 『한국잡지백년1』, 현암사, 2004 참조).

82 「佛敎維新會의 寺刹令 廢止運動」, 『동아일보』, 1922.4.25, 1면(사설).

83 김광식, 앞의 글, 1994, 283-284쪽. 김광식은 '조선불교청년회가 1920년에 창립되어 1931년에 조선불교청년총동맹으로 전환될 때까지 한국 불교청년운동의 중심 역할을 했고, 일제의 사찰정책을 극복하고 불교 혁신을 위해 노력한 것의 의미가 한국 근대불교 운동에서 적지 않으며, 정교분리의 논리로 추진된 〈사찰령〉 철폐운동과 통일기관 설립운동이 당시 불교계 발전의 획을 긋는 일대사(一大事)였고, 그 운동의 정신이 조선불교선교양종 승려대회와 총본산 건설운동의 기반이 되었다'고 평가하고 있다(같은 글, 284쪽).

의 폐지보다 '개정'을 요구하게 된다. 당시 〈사찰령〉 개정 움직임은 1922년 5월에 30본산 주지들이 학무국에 요청하고 학무국이 호응하던 내용이다.[84] 이에 따라 사법(寺法) 개정과 함께 〈사찰령〉은 1920년대 중반의 준비를 거쳐 1929년에 개정된다.[85] 개정의 핵심은 제5조로 사찰 재산에 대한 주지 활용권을 제한한다는 내용이다. 이에 대해서는 사찰 재산의 '반 관유재산화(半 官有財産化)'라는 평가를 받고 있다.[86]

실제로 1929년 7월부터 개정 〈사찰령〉이 시행되어 각 사찰은 1930년대부터 예산안을 학무국에 제출해 조정을 받게 된다. 이로 인해 주지의 자의적 경비 지출이나 채무 발생이 어려워진다. 동시에 학무국은 불교계의 사회사업 장려 방침을 세운다.[87] 그리고 1929년 7월의 개정 〈사찰령〉 시행 이전에 조선총독부가 공인한 7만원뿐 아니라 교무원에 출자미불(出資未拂)하여 각 사찰 채무로 잡힌 20만원, 각 사찰이 총독 승인 없이 고리(高利)로 사용한 은채(隱債) 10만원 등 약 100만원의 채무를 정리할 방침을 마련하기도 한다.[88]

---

84 「寺刹令 改正의 內意, 작은 절을 폐하고 도회에 포교소 설치, 학무국에 주지가 모힌 내용」, 『동아일보』, 1922.5.26, 3면.
85 「寺刹令 改正運動」, 『매일신보』, 1926.4.6; 「寺法及寺刹令을 改正하야써 住持의 權限을 制限」, 『매일신보』, 1926.6.19; 「寺刹令 改正?」, 『동아일보』, 1927.10.14, 1면. 사법 개정의 경우, 1926년 5월 10일 학무국장이 각 도지사 앞으로 보낸 「各寺 本末寺法中 修正을 要하는 箇條의 修正標準을 示하는 件」을 통해 본말사법 중 戒律護持를 주안으로 정한 조항을 수정할 것을 지시한다.
86 김순석, 「朝鮮總督府의 〈寺刹令〉 공포와 30 본사 체제의 성립」, 『한국사상사학』 18, 2002, 505-506쪽.
87 「寺刹 內部를 整理, 社會事業 奬勵, 경기 관내 각 사찰에 대하여, 京畿道 學務課 計劃」, 『동아일보』, 1931.1.25, 2면. 이 기사에 따르면, 1년 경비 예산이 15만원 이상이지만, 불교계가 경영하는 곳은 조선불교교무원에서 경영하는 '불교전문학교, 보성고등보통학교, 대자(大慈)유치원, 문화학원(文化學院)' 정도이다.
88 「財政難 中의 各 寺刹, 負債가 百萬餘圓, 總督府에서 整理方針을 草案中, 不日 各 道知事에게 通牒」, 『동아일보』, 1934.3.6, 2면.

1930년대 중반 이후에는 불교계가 아닌 조선총독부가 〈사찰령〉 개정 움직임을 보인다. 개정 명분은 물욕 투쟁과 부정사건을 방지하기 위해 주지 권한을 축소하고 고물(古物)을 보존한다는 내용이다.[89] 그렇지만 실질적인 배경으로는 1935년 이래 일본 군부가 강조한 국체명징(國體明徵)을 들 수 있다. 이와 관련해, 1936년 8월에 부임한 南次郎(미나지 지로) 총독은 5대 강령[國體明徵, 鮮滿一如, 教學振作, 農工促進, 庶政刷新]을 내세운 바 있다. 그리고 1938년부터 5대 강령에서도 내선일체(內鮮一體)를 위해 국체명징을 강조하고, '①종교 영역에서 유사종교 취체와 불교·기독교·유교의 순전한 일본화를 위한 각종 취체와 보도책 강화, ②문화 영역에서 민족적 색채의 엄격한 탄압과 지도, ③인민전선(人民戰線) 계통 외의 기운이나 외국과 사상적 차원의 연락 혐의에 대한 단호한 처치와 지도'를 사상대책의 3가지 원칙으로 발표한다.[90]

④ 1920년대 이후의 재단법인화와 학교 교육

한편, 1920년대에는 불교계의 재단법인화가 시작되는데, 이는 일본 불교계에 비해 약 30년 정도 늦은 조치이다. 일본에서는 이미 1900년 8월에 〈종교 선포 또는 종교상 의식 집행을 목적으로 하는 법인의 설립 등에 관한 규정〉을 공포해 종교가 선포나 의식 집행을 목적으로 사단과 재단을 설립할 수 있는,[91] 즉 종교단체의 재단법인화가 시작된다. 이와

89　「物慾鬪爭 防止코저 寺利令 改正計劃, 社會課에서 立案 中」, 『조선중앙일보』, 1936.6.21, 2면; 「不正事件 頻發 朝鮮 寺利令 改正, 住持權限 縮小와 古物 保存 等, 學務局에서 立案中」, 『매일신보』, 1936.6.21, 1면; 「防貧事業 等 緊急한 社會 立法, 社會課서 各種 法案을 硏究하나 明年度에도 實現은 期待 難」, 『동아일보』, 1936.7.4, 2면.
90　「思想取締의 新方向」, 『동아일보』, 1938.6.17, 2면.
91　〈宗敎ノ宣布又ハ宗敎上ノ儀式執行ヲ目的トスル法人ノ設立等ニ關スル規程〉(內務省令 第39号, 明治 33.8.1), 『官報』第5124号, 1900.8.1.

관련해, 일본에서 1899년부터 1915년까지 불교계 법인 수는 기독교계 법인 수(48개)와 유사한 47개인데, 모두 재단법인이다. 다만, 기독교계 법인과 달리 1899년에 재단법인 진종숭덕교사(眞宗崇德敎社, 명치 32.6)를 시작으로 계속 재단법인이 설립되고 1915년 12월에 본파본원사함관별원유지회(本派本願寺函舘別院維持會)가 설립될 때까지 사단법인의 설립은 보이지 않는다.[92]

1920년대 조선 불교계의 법인 설립 과정을 보면, 1920년대 초반에 조선불교유신회가 〈사찰령〉 폐지운동을 벌이다가 1922년 1월에 10여 개 본사가 불교계 통일기관으로 '조선불교중앙총무원'(이하 총무원)을 설립한다. 그렇지만 동년 5월에 학무국 지원을 받은 주지들이 불교계 통일기관으로 '조선불교중앙교무원'(이하 교무원)을 설립한 후, 총무원 운영에 주도적이던 통도사·범어사·석왕사 외에, 27본산 주지가 교무원의 재단법인 설립을 신청해 12월에 인가를 받는다. 이어, 1924년 4월에는 조선총독부의 압력과 보성고등보통학교 운영난 등에 직면하던 총무원이 재단법인 교무원으로 통합된다.

불교계 입장에서 재단법인 설립은 불교 개혁·진흥에 필요한 사업 자금의 확보 수단이 되지만, 조선총독부 입장에서는 불교계 사업의 관리·규제 장치가 된다. 당시 불교계의 재단법인화에는 조선총독부 의도가 개입되어, 자발적으로 추진된 기독교계 재단법인화와 차이를 보인다는 평가를 받고 있다.[93] 그렇지만 불교계에서 재단법인화를 요청한 측면도 있다. 이와 관련해, 1921년 9월경 30본산연합사무소가 경영하던 중앙학림의 학생들은 불교전문학교 승격과 재단법인화를 담은 진정서를 30본

---

92 松岡良友 編, 『日本の宗敎及び其現勢』, 東京: 大鐙閣書店, 1917, pp.84-88.
93 한동민, 『'사찰령' 체제하 본산제도 연구』, 중앙대학교 박사논문, 2006, 177-178쪽.

산연합사무소에 제출한다. 당시 30본산연합사무소가 급히 실행할 수 없다는 입장을 취하자 동맹휴업을 하면서 1922년 1월 총회에서 논의한다는 회신을 받는다.[94] 이어, 1922년 1월 조선불교도총회(사회 박헌영)에서는 불교중앙기관으로 총무원을 두는 안, 조선 전체 900여 사찰 재산에서 3분의 1씩 사찰 유지와 해당 지방의 포교·교육사업과 경성의 불교사업'에 사용하는 안, 중앙학림을 50만원 기본금으로 재단법인 불교전문학교로 만들고 동광(東光)고등보통학교와 신명(新明)학교를 유지해 총무원 사업으로 하는 안 등을 가결한다.[95]

그렇지만 1922년 4월의 총무원 설립에 이어, 동년 5월에 교무원이 설립되어 이른 바 신구파 갈등이 이어진다. 게다가 교무원이 재단법인화를 추진하자 30본산 내 갈등이 발생한다. 통도사·범어사·송광사는 공론 무시를 이유로 재단법인 설립에 참여하지 않는다.[96] 금강산 유점사(楡岾

---

94 「中央學林의 昇格運動, 전문학교 명도로 승격하기를 요구, 일이년 학생의 진정」, 『동아일보』, 1921.9.29, 3면; 「中央學林 學生盟休, 일이년 학생이, 일일부터 휴학」, 『동아일보』, 1921.10.5, 3면; 「解決은 明年 一月, 중앙학림동맹휴학사건, 삼십본산편의 의사 강경, 昨日 學生에게 回答 內容」, 『동아일보』, 1921.10.30, 3면. 당시 교무부장 김일운(金一雲)은 중등교육기관인 동광고등보통학교의 인가가 나지 않고 있고, 조선 각 사찰의 재산으로도 동광고등보통학교와 불교전문학교 모두 할 수 없어 둘 중 하나를 희생할 수밖에 없는 상황인데, 중앙학림 학생들이 현상대로 그대로 지내가면 그 요구의 본의를 알므로 형편이 되는 대로 주선하겠지만, 모두 휴학한다면 불교전문학교를 죽일지라도 중등교육기관을 살리는 것이 사리에 당연하다는 입장을 내기도 한다.

95 「財政問題까지 解決, 각 사찰의 전 재산 삼분의 일을 총무원에 내이기로 만장일치, 佛敎徒總會 第四日」, 『동아일보』, 1922.1.11, 3면; 「佛敎界의 合同 氣運」, 『동아일보』, 1922.3.3, 3면; 「東光學校 許可」, 『동아일보』, 1922.8.8, 1면.

96 「通度寺가 又 脫退, 당국 간섭으로 조직된 교무원. 통도사는 재단법인 참가 거절」, 『동아일보』, 1922.12.25, 3면; 「總督府에 住持會議, 금 십팔일 개회, 당국 간섭에 대하야 일부의 불평이 만타」, 『동아일보』, 1923.1.18, 3면. 1922년 12월 25일자 기사에 따르면, 삼십본산이 금년 봄이래로 분규를 계속하자 조선총독부 학무국(學務局)의 '간섭을 얻어' 조선불교교무원이 생겼지만, 경남의 삼대 사찰인 해인사, 통도사, 범어사 등 여러 사찰이 불참한다. 통도사는 조선불교교무원에서 탈퇴한 후 1922년 12월 18일에 본말사 주지총회를 개최한다. 비록 그 회의에 경상남도 도청의 학무과장이 출석해

寺, 주지 金一雲) 승려들도 강원도청 학무과장, 고선군청 속(屬), 부근 주재
소 순사 등이 참석해 재단법인 참가 여부를 묻는 동년 12월 회의에서
재단법인화가 공론이 아닌 몇몇 주지의 의견이라는 명분으로 불참을
선언한다.[97] 그렇지만 통도사·석왕사·송광사·범어사를 제외한 26본산
이 재단법인 조직과 동광학교 유지 등에 동조하면서, 동년 12월에 '재단
법인 조선불교중앙교무원' 설립 허가가 이루어진다.[98]

교무원이 1922년 12월에 불교계 최초 재단법인으로 허가를 받은 과정
에 조선총독부 의도가 개입된 것은 분명해 보인다. 그렇지만 1921년 9월
경 중앙학림 학생의 '재단법인 불교전문학교 승격 요구'를 보면, 학교에
국한되지만, 그 이전부터 불교계에 재단법인화 요구가 있었다고 볼 수
있다. 재단법인 교무원은 다음 인용문처럼 '진용 신정(陣容 新整)'으로 표
현할 만큼 주목을 받는다.

〈陣容新整의 佛敎中央敎務院〉 승려가 머리 들고 京城 안에 드러 오
기 시작한 것이 도대체 몇 10년을 지내지 못하엿다. … 物換星移하며 승
려의 京城 출입이 자유롭게 됨을 따라, 隆熙 元年에 처음 東大門 밧게

　　교무원 재단법인에 가입하기를 권유했지만, 주지총회에 참석한 본말사 45명의 승려들
　　은 몇몇 승려의 야심으로 생긴 재단법인에 참가할 수 없다는 명분을 내세워 재단법인
　　부인을 결의한다. 한편, 마곡사도 동년 11월 본말사주지 임시총회에서 재단법인 설립
　　출자금을 논의한 바 있더(「麻谷寺 臨時總會」, 『동아일보』, 1922.12.5, 4면).
97　「佛敎敎務院 財團法人, 유덤사에서도 반대 의사를 결의」, 『동아일보』, 1922.12.28, 3면.
98　「曙光이 빗치는 東光校, 불교교무원 재단법인 인가, 동광학교는 고등보통으로」, 『동아
　　일보』, 1923.1.4, 3면;「佛敎敎務院 財團法人, 유덤사에서도 반대 의사를 질의」, 『동아
　　일보』, 1922.12.28, 3면;「總督府에 住持會議, 금십팔일 개회, 당국 간섭에 대하야 일부
　　의 불평이 만타」, 『동아일보』, 1923.1.18, 3면. 1월 18일자 기사에 따르면, 교무원의
　　재단법인 설립 허가일은 1922년(작년) 12월 28일이다. 조선총독부는 3개 본산(통도사·
　　범어사·송광사)이 가입하지 않자, 1923년 1월에 교무원이 아닌 학무국에서 30본산주
　　지회의를 개최한다. 이에 대해 일부 승려들은 조선총독부가 자신들의 자유의사를 무
　　시할 것이라는 염려로 참가 여부를 고민하기도 한다.

圓宗 宗務院을 두고 李晦光 씨가 중심이 되야 이럭저럭하다가 日韓合邦
의 翌年 辛亥 9월에 소위 寺刹令이란 것이 發布되며 그 翌年에 30本山
住持會議所를 設하고, 大正 4년에 30本 聯合事務所로 變名하야 姜大連
씨가 제1회 위원장이 되야 이럭저럭 내려오다가 상호간의 감정이 됴치
못하야 大正 11년에 總務院과 敎務院으로 분립되며, 總務院에 郭法鏡,
敎務院에 李晦光 등 兩便의 싸움이 해를 두고 끗을 못 막다가 今年 3월
에 비로소 해결되야, 兩院 합동으로 60만 원의 財團法人을 완성하야, 제
1着으로 普成高普를 경영하며 점차로 포교 기타의 사업에 착수하게 되
엿다. 현재의 理事는 郭法鏡, 羅晴湖, 金月齋, 金九河, 金一雲, 柳護菴,
吳梨山 7인이며, 曾前舊派의 중심세력으로 인정되던 李晦光, 姜大連 兩
氏는 그저 評議員으로 讓退하고 마럿다.

　이 밧게도 京城 佛敎의 기관으로 佛經出版을 目的하는 朴漢永 중심
의 朝鮮佛敎會가 잇고, 佛敎의 내용 혁신을 企圖하는 朝鮮佛敎靑年會
(總裁 韓龍雲, 總務 李鍾天)와 佛敎女子靑年(會長 禹鳳雲)가 잇고, 純然
히 禪旨의 傳布를 목적하는 禪學院(金南泉, 姜道峯 씨와 가튼 이는 其中
에도 有數한 사람이겟다)이 잇고, 日鮮人의 信仰上 융화를 목적하는 朝
鮮佛敎大會(總務 小林源六, 副會長 李元錫)와 李晦光 씨의 경영인 佛敎
布敎所(貞洞)가 잇다. 全 朝鮮을 통하야 30本山, 900여 末寺에 6천여 명
의 승려와 10만 가량인 信徒(물론 未詳)가 잇스며, 生活難 기타로 因한
승려의 還俗이 多하야, 승려의 數가 逐年 減少된다고 한다. 그리고 근래
의 佛敎에 잇서 禪學에 第一 치는 사람은 方寒岩 禪師이라고.[99]

　인용문은 그 동안 불교계가 1911년 〈사찰령〉에 근거한 1912년 30본
산 주지회의소와 1915년 30본산 연합사무소, 1922년 총무원·교무원 분

---

[99] 김기전, 「在京城 各敎會의 本部를 歷訪하고」, 『개벽』 제48호, 1924.6.1, 77-78쪽. 인용
문에서 "今年 3월에 … 兩院 합동으로 60만 원의 財團法人을 완성"했다는 표현은 오해
의 소지가 있다. 재단법인 설립 시점은 1922년 12월이다.

립과 재단법인 설립 및 보성고등보통학교 경영 등을 거쳐 1924년에 총무원이 교무원에 통합되는 상황을 보여주고 있다. 그리고 그 과정에서 불교 출판을 위한 조선불교회(박한영), 불교 혁신을 위한 조선불교청년회(한용운, 이종천)와 불교여자청년(우봉운), 선지(禪旨)의 전포를 위한 선학원, 일본인과 조선인의 신앙상 융화를 위한 조선불교대회(소림원륭, 이원석), 이회광의 불교포교소 등이 활동하고 있다는 점도 제시하고 있다.

무엇보다 불교계는 재단법인 교무원을 시작으로 1920년대 종교계 법인화 흐름에 동참한다. 『조선총독부시정연보』에 따르면, 1927년 종교계 재단법인(29개) 가운데 불교계가 2개이고, 1928년에도 마찬가지이다.[100] 이어, 1930년 종교계 재단법인(33개) 가운데 불교계는 3개이다.[101] 그 후 상황에 대해서는 1934년판 『조선총독부시정연보』부터 '제사와 종교' 부분에 종교 법인격이나 재단법인 관련 내용이 사라져 정확히 파악하기가 쉽지 않다.[102]

재단법인 교무원은 점차 교육사업[103]과 포교사업 확장에 관심을 쏟는다. 이와 관련해, 1927년에 교무원을 100만원대 재단으로 만들고 불교전문학교 승격과 함께 종래 설법포교를 선리포교(禪理布敎)로 전환한다는 계획을 세운다.[104] 이 계획은 1929년 3월 재단법인의 기본재산 증자 결의

---

100 朝鮮總督府 編(a), 『朝鮮總督府施政年報』(昭和 2年), 朝鮮總督府, 1929, p.196; 朝鮮總督府 編(b), 『朝鮮總督府施政年報』(昭和3年), 朝鮮總督府, 1930, p.196.

101 朝鮮總督府 編(c), 『朝鮮總督府施政年報 (昭和4年)』, 朝鮮總督府, 1931, p.202; 朝鮮總督府 編,(d) 『朝鮮總督府施政年報』(昭和5年), 朝鮮總督府, 1933, p.174.

102 朝鮮總督府 編(e), 『朝鮮總督府施政年報』(昭和6年度, 昭和7年), 朝鮮總督府, 1934, pp.173-179. 다만, 1838년 기사를 보면 '재단법인 경성불교자제원(京城佛敎慈濟院)'이라는 단체 명칭이 보이기도 한다(「御下賜金 傳達과 各 方面의 表彰, 紀元佳節을 期하야 下賜金 拜受 團體, 京畿道에 十團體」, 『동아일보』, 1938.2.12).

103 김성연, 「재단법인 朝鮮佛敎中央敎務院의 자산 운영과 한계」, 『불교학연구』 27, 2011, 8-41쪽.

로 이어진다. 그렇지만 조선총독부는 이 운동이 〈사찰령〉을 공문(空文)화할 것을 우려해 주요 인물을 체포·취조한다. 당시 총독 허가 없이 사찰 재산을 처분할 수 없다는 조문에 '차금(借金)도 총독 허가 없이 할 수 없다는 내용'을 추가한 〈사찰령〉 개정안이 마련된 상태였기 때문이다.[105]

한편, 1934년 12월에는 재단법인 교무원과 별도로 재단법인 조선불교중앙선리참구원(朝鮮佛教中央禪理參究院, 이하 선리참구원)이 설립된다. 이와 관련해, 선리참구원 상임이사 김적음(金寂音), 상담역 겸 사무장 김익곤(金翊坤), 이사 오성월(吳惺月)이 재단법인 완성에 대한 인사차 동아일보를 내방하기도 한다.[106]

선리참구원의 전신은 1921년 11월에 설립된 선학원(禪學院)이 1922년에 선방 수좌들의 선풍진작을 위해 결성된 선우공제회(禪友共濟會)이다. 선우공제회가 소속된 선학원의 설립은 1920년경에 수덕사 송만공, 사동 범어사포교당 김남천, 사간동 석왕사포교당 강도봉 등이 '〈사찰령〉과 관계없는, 조선 사람끼리만 운영을 하는 선방'을 만들자고 합의하면서 시작된다. 이어, 1921년 5월 석왕사포교당의 보살계 계단에서 송만공의 제안에 다른 승려와 신도들이 화답하면서 건립 자금을 모아, 동년 8월부터 11월 사이에 공사를 마치고 세금 관계상 범어사 명의를 차용한다.

---

104 「六十萬圓財團 外에 四十萬圓 增資, 백만원 재단을 조직할 작정으로 리사회에서 이런 의안을 제출해, 佛教教務院 評議 議案」, 「佛專 實現도 在次, 전문학교 실현도 이에 달려」, 「禪理로 布教, 포교제도도 개정할 터」, 『동아일보』, 1927.3.15, 5면.
105 『思想問題에 關한 調査書類 6』의 〈朝鮮佛教中央教務院 理事會 ノ件〉(京鍾警高秘 第3518號, 1929.3.25)(http://db.history.go.kr/id/had_139_2220); 「寺利令 新追加條로 事業上 影響 重大, 차금까지도 맘대로 못한다, 教務院 增資도 問題」, 『중외일보』, 1929.5.2, 2면.
106 「消息: 金寂音氏(朝鮮佛教中央禪理參究院 常任理事) 財團法人 完成 人事次 本社 來訪」, 『동아일보』, 1934.12.22, 1면; 「禪苑社(十月號)」, 『동아일보』, 1935.10.17, 3면(京城府 安國洞 朝鮮佛教中央禪理參究院에서 『선원사』 10월호를 발행했다는 내용).

이어, 1922년 3월 30일부터 3일 동안 송만공·오성월·백학명·김남천 등 수좌 35명이 선학원에 모여 선우공제회를 조직한다. 선학원에 본부를 둔 선우공제회는 전국 19개 선방을 지부로 두고, 회원 360여 명의 회비와 희사금으로 운영비를 충당한다. 그렇지만 재정적 어려움에 봉착해 1925년 5월에 선학원이 범어사 포교소로 바뀌고 선우공제회의 활동이 정지된다.[107]

그 후 1926년 중반 기사에 선학원이라는 명칭이 보인다. 1926년 6월, 수개월 전부터 동래 범어사가 경영한 '안국동 선학원'에서 유숙하다가 나오던 백담사 승려(韓某, 한용운)를 검거하고 그 방까지 엄밀히 수색했다는 내용이다.[108] 그 후 선학원은, 1926년 중반 이후 선학원 관련 기사가 거의 없어, 활동이 희미해진 것으로 보인다.

그러다가 1930년대에 김적음(金寂音) 등이 선학원을 재건한다. 1931년 1월 김적음이 선학원 건물을 인수한 후, 송만공·이탄옹·한용운·유엽·김남천·도진호·백용성 등이 일반 대중에게 참선·교학 등을 가르치고, 남녀선우회와 부인선우회를 조직하고, 기관지『선원(禪苑)』을 발간해 불교대중화에 주력한다. 동년 3월에는 선학원이 전선수좌대회(全鮮首座大會)를 개최한다. 이어, 1933년 3월의 전조선수좌대회에서 '선우공제회의 재단법인 선리참구원 전환'을 결정하고 기부를 받는다. 선우공제회의 재

---

107 김광식, 「선학원의 설립과 전개」, 『선문화연구』 1, 2006, 282-286쪽. 선우공제회 취지서에는 '진정한 발심납자(發心衲子)가 적고 선승(禪侶)을 등한시하는 상황'에서 '자립의 활로를 개척하고, 선계(禪界)를 발흥할 대도(大道)를 천명(闡明)하고, 중생을 고해(苦海)에서 구하겠다'는 등의 내용이 담긴다(같은 글, 285쪽).

108 「禪學院도 搜索, 안국동 禪學院을 에워싸고 방금 나가는 韓모를 검거해, 門前에서 韓某 檢擧」, 『동아일보』, 1926.6.9, 2면. 1926년 6월 10일 순종의 인산일을 기한 학생 중심의 60만세사건 관련 내용이다. 한용운은 3·1운동으로 옥고를 치르고 1921년 출감해 선학원에서 머문 바 있다.

단법인화에는 출연(出捐) 재산의 법적 보호를 받아 그 재산에서 비롯된 재원과 기타 사업으로 '수좌들이 안심하고 수행할 수 있는 기관[참선방]'을 만들겠다는 의도가 담겨 있다. 그리고 1934년 12월 5일부로 송만공(이사장, 수덕사), 방한암(부이사장, 상원사), 오성월·김남천·김적음(상무이사)로 구성된 재단법인 선리참구원이 설립된다.[109]

1934년 재정난 타개를 위해 재단법인화를 선택해[110] 선리참구원은 1935년 5월, 조선불교 수좌대회(의장 奇昔湖)를 개최해 '조선불교선종종무원 원규'를 비롯해 6종의 규약을 통과시킨 후 임원을 선출한다. 당시 임원은 종정 3인(신혜월·송만공·방한암), 원장 오성월, 부원장 벽석우, 이사 3인(김적음·정운택·이올연), 선의원(禪議員) 15인(기석호·하용택·황룡음 외 12인)이다.[111] 그리고 동년 5월 석가탄신일[釋尊降誕날, 음 4.8]에는 자동차 30여 대를 동원해 시내에 선전 '삐라' 5만 매를 뿌리고, 저녁에 송만공의 설법과 연사들의 선리 강연을 진행한다.[112]

그렇지만 선리참구원의 등장이 당시 불교정책에 대한 비협조를 의미하지는 않는다. 오히려 1930년대 중반 이후 불교계는 조선총독부에 협조하는 모습을 보인다. 불교계는 1936년 3월경 불교진흥책으로 통제기

109 김광식, 앞의 글, 2006, 277-278쪽, 287-290쪽;「日曜講話: 安國洞 禪學院」,『동아일보』, 1931.2.1, 7면;「日曜講話: 禪學院」,『동아일보』, 1931.5.31, 7면. 1931년 2월 기사는 오후 7시에 '禪에 對해서'(韓龍雲), '話頭에 對하야'(李炭翁), '哲學的 思考와 禪的思惟'(柳春燮)에 대한 강연이 있다는, 5월 기사는 '圓覺經講義'(金大隱)가 있다는 광고성 기사이다. 한편, 재단법인 전환은 일제가「포교규칙」을 1920년 4월에 기존의 허가주의에서 신고주의(届出主義)로 개정하고 그 후속조처로 종교단체 법인격을 공익법인으로 허가해 재산을 보호·유지할 수 있도록 하였기에 가능했다고 한다(김광식, 같은 글, 288-289쪽).
110 김순석,「중일전쟁 이후 선학원의 성격 변화」,『선문화연구』1, 2006, 336쪽. 선학원에서 원(院)은 사(寺)나 암(庵)과 달리〈사찰령〉의 통제를 벗어나기 위한 명칭이라고 한다(같은 글, 316쪽).
111 「佛敎首座大會」,『동아일보』, 1935.3.13, 2면.
112 「釋尊降誕날에 參禪理를 宣傳」,『동아일보』, 1935.5.10, 2면.

관 설치에 동조해, 1937년 2월 통제기관인 총본산 건설을 결의한다. 그리고 동년 3월 대웅전 건설을 위해 전라북도 정읍에 소재한 보천교 11전(殿) 건물을 1만 2천엔(円)에 받고, 1938년 10월에 봉불식(奉佛式)을 진행한다.[113] 이와 함께 1938년 4월의 '총후보국 강조주간'에는 교무원이 선리참구원을 시작으로 3회의 강연회, 국위선양과 무운장구를 위한 기원법요회(祈願法要會)를 개최한다.[114] 1941년에는 선학원이 창씨개명을 주선하고, 선학원 간부가 황군 위문을 하고, 각 선원이 모금한 황군 위문금을 전달하기도 한다.[115]

한편, 불교계는 1906년 11월 원흥사에 명진학교를 세운 바 있지만, 1910년대 중반부터 학교 교육에 관심을 갖고 경성부 숭일동(崇一洞)에 '사립불교중앙학림(私立佛教中央學林)'을 설립한다. 1915년 7월 자료에 따르면, 중앙학림은 일본 불교계를 본받아 흥학포교(興學布敎)의 목적을 이루기 위한 일종의 전문학교이다.[116]

불교계 교육의 상징이던 중앙학림은 1916년 3월 31일에 제1회 수업식을 진행한 후[117] 1922년 4월까지 이어진다. 그 과정에서 불교계가 학교

---

113 한국사데이터베이스(http://db.history.go.kr/, 〈附表－朝鮮佛教中央教務會〉, ≪治安情況(昭和 十三年 九月, 京畿道)≫, 1938.9)에 따르면, 조선불교중앙교무원의 취지 목적은 '조선불교의 원만한 발달을 기함, 소재지는 경성부 수송정 44번지, 설립 시기는 대정 12년(1923) 1월 19일, 소속 재산은 약 30만엔(円), 유지방법은 소속재산의 수익에 의존함, 역원(役員)은 이동석(李東碩), 김설암(金雪岩) 등 5명이다.

114 「報國講演, 佛教 教務院에서」, 『동아일보』, 1938.4.26, 2면. 제1회 연사는 권상로와 박성최, 제2회 연사는 김경주와 박윤진, 제3회 연사는 김태흡이다.

115 「전선 사암, 선원의 赤誠」, 『매일신보』, 1941.9.3.

116 이지광, 「中央學林 刱設에 對ᄒ야」, 『불교진흥회월보』 1-5, 불교진흥회, 1915.7, 19-21쪽. 당시 동경에 있던 이지광은 중앙학림의 설립과 관련해 "敎育布敎ᄂ 宗敎家之飮食"으로 중시한다.

117 「中央學林 修業式: 彙報」, 『불교진흥회월보』, 佛教振興會, 1916.4, 91쪽. 수업식(修業式)은 학교에서 일정한 수업 과정을 마치고 다음 과정으로 진급할 때에 하는 행사를 말한다.

교육에 대한 관심을 높여 1921년에 중앙학림의 전문학교 승격을 결정한
다. 그리고 교무원의 재단법인 인가 신청을 준비하면서 중앙학림의 승
격을 위해 1922년 4월부터 5년 동안 휴교한 후 전문학교로 다시 개교하
기로 한다.[118] 그 후, 중앙학림은 1928년 4월부터 불교전수학교(佛敎專修
學校)라는 명칭으로 혜화동(惠化洞)에서 개교한다.[119]

　　그리고 불교계는 1930년에 재단법인 증자를 토대로 불교전수학교에
문과 1개 과(科)를 증설해 '혜화(惠化)전문학교' 승격을 청원하기도 하지
만,[120] 동년 4월에 〈전문학교령〉에 의거해 수업연한 3년의 중앙불교전문
학교로 전환·개교한다.[121] 중앙불교전문학교는 연희전문학교처럼 1932
년 5월 31일부로 '고등학교 고등과 또는 대학 예과(豫科)와 동등 이상'으로
지정되고, 1933년 3월 이후의 본과졸업자부터 이 고시 내용을 적용받게
된다.[122] 이후 1940년 6월부터 중앙불교전문학교는 혜화전문학교(惠化專

118 「東光校에 新曙光, 십본산에서 삼십본산에 인계, 륙월일일부터 개학키로 결명, 中央學
　　林은 休校, 금년부터 오년간 승격 준비 관계로」, 『동아일보』, 1922.5.31, 3면.
119 「佛敎專修校 開學」, 『동아일보』, 1928.4.18, 2면.
120 「百萬圓의 財團으로 佛敎專修校 昇格」, 『동아일보』, 1930.2.8, 2면; 「佛敎專修의 擴張」,
　　『동아일보』, 1930.2.9, 1면. 2월 9일자 기사는 혜화전문학교로의 승격 청원이 머지않아
　　허가될 것이라고 전망한다.
121 〈中央佛敎專門學校設置認可〉(고시 제186호, 소화 4.4.11), 『조선총독부관보』 제979호,
　　1930.4.11. 조선총독 재등실(齋藤實)은 고시 186호서 〈전문학교령〉에 의해 전문학교를
　　설치하고 1930년(소화 5) 4월 25일부터 개교하도록 인가한다. 인가 내용은 '명칭: 중앙
　　불교전문학교, 위치: 경기도 경성부 숭일동 2번지, 설립자: 재단법인 조선불교중앙교
　　무원, 수업연한: 本科 3년, 特科 3년, 選科 3년'이다. 한편, 중앙불교전문학교는 본과(本
　　科)·특과(特科)·선과(選科)로, 학과목은 〈전문학교〉 학제를 따른다. 종래 학생들은 편
　　입시험을 보고, 신입생 약 50명은 입학시험을 통해 모집한다(「百萬圓 財團 完成, 佛敎
　　專門校 實現, ◇佛敎專修學校 昇格 改稱, 學生 五十名도 新募」, 『동아일보』, 1930.4.11,
　　2면).
122 〈中央佛敎專門學校同上〉(文部省 告示 제158호, 소화 7.5.31), 『조선총독부관보』 제
　　1628호, 1932.6.13. 1918년(대정 7) 문부성령 제3호 제2조에 의거하여 중앙불교전문학
　　교를 '고등학교고등과(高等科) 또는 대학 예과(豫科)와 동등 이상'으로 지정한다. 다만,
　　1933년(소화 8) 3월 이후의 본과졸업자에 한한다. 한편, "〈中央佛敎專門學校同上〉(文

門學校)로 전환된다. 그리고 불교과 외에 '흥아과(興亞科)'를 신설해 1940년 8월에 입학시험을 실시한다.[123] 이 과정을 보면, 불교계의 학교 교육 사업은 불교계가 재단법인화의 길을 걸으면서 어느 정도 가능해진 것으로 보인다.

2) 기독교 관련 주요 사건과 대응

(1) 1910년대 기독교와 학교 교육

개항 이후 조선의 기독교는 직접선교 외에도 의료·사회·교육사업 등을 통한 간접선교에 관심을 쏟는다. 통감부 설치 이후 간접선교는 특히 교육사업을 중심으로 나타난다. 조선총독부도 통감부 방침을 계승해 사회 안녕을 문란하게 하고 풍교(風敎, 풍속·교화)를 해치지 않는 한 포교의 자유를 인정했기 때문에 기독교의 선포 및 부속 사업이 눈에 띄게 발달해 교회당·사립학교·병원이 지방 각 처에 설치되었다고 본다. 그리고 교회당과 사립학교 수가 급격히 증가해 1911년에 〈사립학교규칙〉을 제정하고, 1915년에 포교에 관한 종래 규칙을 정리해 〈포교규칙〉을 제정하면서 〈사립학교규칙〉도 개정했다고 한다.[124]

部省 告示 제157호, 소화 7.5.31), 『조선총독부관보』 제1628호, 1932.6.13"에 따르면, 연희전문학교도 동일한 내용으로 지정된다. 다만, 1927년(소화 2) 3월 이후의 상과(商科) 분과졸업자와 1928년(소화 3) 3월 이후의 문과(文科) 분과졸업자에 한한다.

123 「中央佛專, 惠化로 認可」, 『동아일보』, 1940.6.12, 2면; 「惠專 興亞科 入試 期日을 變更」, 『동아일보』, 1940.7.9, 2면. 혜화전문학교는 해방 직후 〈대학령〉 실시 정책에 따라 동국대학(東國大學, 1946.6)으로 인가를 받는다(「惠化專門은 東國大學으로」, 『동아일보』, 1946.6.13, 2면).

124 朝鮮總督府(i), 『朝鮮の統治と基督教』, 朝鮮總督府, 1923(1921), p.7.

그렇지만 통감부 설치 이후 선교사들의 교육사업 허용 방침은 일본정부의 학교 교육 정책과 무관하지 않다. 이와 관련해, 일본 상황을 보면, 메이지정부는 〈제국헌법〉(1889.2)에 이어 1890년 10월에 〈교육에 관한 칙어〉를 반포해 천황제 국가를 지향하는데, 당시 선교사들은, 비록 1891년 1월의 '우치무라 간조(內村鑑三)의 불경사건'[125]이 있었지만, 에도(江戸) 시대 이래 지속된 '기리시단금제(切支丹禁制)'정책의 해제로 교회·학교·병원 등을 통한 합법적 선교활동에 돌입한다.[126] 다만, 1898년 제14회 제국의회에 종교 법인화가 담긴 〈종교법〉의 상정 사례는,[127] 메이지정부가 종교 통제 방안에 대해 고심했다는 점을 시사한다. 당시 이 법은 부결되지만, 기독교는 1899년 8월 〈사립학교령〉과 〈同 시행규칙〉, 문부성 훈령 제12호로 통제를 받게 된다.

구체적으로, 당시 일본 내 교육 법규들을 보면, 〈사립학교령〉의 경우, 지방장관에게 사립학교 감독권을 부여한다(제1조). 종래 사립학교는 시행일로부터 3개월 이내에 인가를 받아야 한다(제19조). 사립학교 설립에는 '인가제', 사립학교 폐지와 설립자 변경에는 '보고[開申]제'를 채택한다(제2조). 특히 문부성 훈령 제12호는 관·공립학교와 학과과정에 관한 법령을 적용받는 학교에서 '과정(課程) 외에라도 종교상의 교육을 하거나 종교상의 의식을 할 수 없다'고 명시해 사립학교에서 종교교육을 어렵게

---

125 당시 도쿄의 제일고등중학교 교원이었던 우치무라가 천황이 하사한 '교육칙어 봉독식'에서 칙어에 대해 최경례를 해야 할 때 잠시 망설였다는 이유로 불경한 사람으로 몰려 교직에서 쫓겨난 사건이다.

126 이진구, 「일제의 종교/교육 정책과 종교자유의 문제 — 기독교학교를 중심으로」, 『종교연구』 38, 2005, 209-210쪽.

127 野間淩空 編, 『第十四議會 宗敎法案之顚末』, 京都: 柘植庄三郎, 1900, pp.1-113. 이 자료에는 정부 원안, 참고안, 귀족원 수정본 의안이 담겨 있다. 정부안의 제1조는 종교 선포나 종교상 의식 집행을 목적으로 하는 사단 또는 재단은 본법에 의해서만 법인이 될 수 있다는 내용이다.

만든다.[128]

당시 일본 기독교인과 선교사들은 위원회를 구성해 문부성 훈령 제12호가 종교의 자유 원칙을 침해한다고 항의하지만 문부성은 교육과 종교의 분리라는 논리로 반박한다. 이에 기독교계 학교는 사쿠라이소학교(櫻井小學校)처럼 폐교계를 제출한 경우, 메이지학원(明治學院)·아오야마학원(靑山學院)·도시샤학원(同志社學院) 등처럼 징집 유예와 상급학교 진학 자격 등의 특권을 갖는 중학교 인가를 포기하고 특권 없는 보통학교를 유지한 경우, 성공회 계통의 릿교중학교(立敎中學校)처럼 중학교 위상을 유지하되 정규 과목이 아니라 방과 후 기숙사나 다른 장소를 빌려 과외로 종교교육을 한 경우 등 3가지 종류의 대응을 보인다. 그렇지만 훈령 공포 이후 선교회들이 기독교 교육을 하지 않는 학교에 자금 제공을 거부하자, 대부분 학교 위상을 낮춰 특권 없는 보통학교를 유지한 채 종교교육을 하는 두 번째 방식을 취한다. 이로 인해 학생 모집이 어려워지지만, 이 문제는 선교사들과 일본 기독교인들이 정부와 협상해, 중학교 형태가 아니어도 도시샤·메이지·아오야마학원 등처럼 징병령 특전과 상급학교 수험자격 등을 얻으면서 해소된다.[129]

일본의 상황에 비해 조선에서 사립학교는 1908년 〈사립학교령〉을 시작으로, 그리고 1911년 〈조선교육령〉과 종래 〈사립학교령〉을 대체한 〈사립학교규칙〉을 통해 법제화된다. 이 가운데 중심은 〈조선교육령〉이다. 이 법규의 적용 범위는 '조선에 있는 조선인의 교육'이고(제1조), 그 교육의 본의는 〈교육 칙어〉 취지에 기초한 충량한 국민의 육성이다(제2

---

128 〈私立學校令〉(明治 32.8.2, 勅令 第359号); 〈私立學校令施行規則〉(明治 32.8.3, 文部省令 第38号); 〈文部省 訓令 第十二號〉, 『官報』 第4827号, 1899.8.3. 〈사립학교령시행규칙〉에는 〈사립학교령〉 제2조에 의거, 사립학교 설립 인가를 받기 위한 내용이 담겨 있다(제1조).
129 이진구, 앞의 글, 2005, 210-213쪽.

조). 이를 위해 교육은 시세와 민도의 적합성을 고려해(제3조) 보통의 지식과 기능을 가르쳐 국민된 성격의 함양과 국어[日語—필자] 보급을 위한 보통교육, 농업·상업·공업 등에 관한 지식과 기능을 위한 실업교육, 고등의 학술과 기예를 위한 전문교육으로 구분되고(제3조-7조), 학교도 보통학교(고등·관립고등·여자고등보통학교 포함)와 실업학교(간이실업학교 포함)와 전문학교로 구분된다(제8조-제27조). 공립·사립학교의 설치·폐지는 '총독 인가제'이고(제28조), 교과목과 그 정도, 직원, 교과서, 수업료 관련 규정은 총독이 정한다(제29조).[130]

조선 내 사립학교 수는 한일병합 당시를 기준으로 보면 점차 감소추세를 보인다. 이와 관련해, 사립각종학교(私立各種學校) 수는 1911년 5월 말 1,915개교(일반 1,180개, 종교 735개)에서 동년 8월 말경 1,791개교(일반 1,094개, 종교 697개)로, 124개교(일반 86개, 종교 38개)가 감소된다.[131] 여기서 '각종학교'란 제도화된 정규학교 외 학교를 말하고, 설립주체에 따라 공·사립으로 나뉜다. 일본에서도 1876년 자료, 그리고 1879년 9월 〈교육령〉 제2조에 '기타 각종의 학교(其他各種の學校)'라는 표현에서 보인다. 일본 〈교육령〉에서 '각종의 학교'는 소학교, 중학교, 대학교, 사범학교, 전문학교와 다른 종류의 학교로 구분된다.[132]

---

130 〈朝鮮敎育令〉(明治 44.8.23, 勅令 第229号), 『官報』 第8453号, 1911.8.24.
131 〈私立各種學校調〉(본년 8월 말 조사), 『조선총독부관보』 제326호, 1911.9.27; 「各方面各機關, 京城統計」, 『별건곤』 제23호, 1929, 137쪽(한국사데이터베이스, http://db.history. go.kr/id/ma_015_0210_0480, 접속: 2019.5.2). 1929년 경성 지역의 사립각종학교 수는 모두 34개교(일반 24개, 종교 10개)이다.
132 文部省, 『學校通論, 明治七年四月』, 文部省, 1876(목차 참조); 〈敎育令〉(明治 12.9.29, 太政官 布告 第40號), 彈舜平 編纂, 『區畵改正 戶長必携 丙編』, 日新齋, 1979, p.164; 〈敎育令〉(明治 13.12, 太政官布告), 大森茂作 編, 『現行敎育事務要錄』, 東京: 高崎修助, 1881, p.1. 이 자료에 따르면, 1879년 9월의 〈교육령〉(태정관 포고 제40호)에 따르면, 전국의 교육사무를 문부경(文部卿)이 통섭(統攝)하므로 학교, 유치원, 서적관(書籍館)

구체적으로, 조선총독부는 1911년 〈사립학교규칙〉 공포 후, 시학관(視學官)과 시학을 설치해 지방을 순회하며 관립·공립·사립학교를 지도·감독하게 하고, 각도에 학무괘원(學務掛員)을 증원해 관내 시찰을 하면서 성적이 양호한 학교를 공립보통학교로 바꾸도록 유도한다. 그에 따라 사립학교 수가 감소하거나 교과과정을 공립학교에 준해 바꾸는 경향이 생기고, 일본인 교원의 채용 사례가 증가한다. 게다가 조선총독부는 실적을 높이기 위해 1915년 3월에 〈사립학교규칙〉을 개정해, 보통·실업·전문교육을 하는 사립학교가 해당 학교에 준한 교과과정을 갖추어 관공립 교육기관과 균등하게 '완전한 교육을 실시할 방침'을 강구하기도 한다.[133]

그렇지만 사립학교는 1915년 4월부터 시행된 개정 〈사립학교규칙〉으로 종교교육 문제에 직면하게 된다. 이 개정으로 인해 종교교육이 '교과과정에서 금지'되었기 때문이다. 이와 관련해, 제6조의 2 부분에는 '보통학교, 고등보통학교, 여자고등보통학교, 실업학교 또는 전문학교가 아니면서 보통교육, 실업교육 또는 전문교육을 하는 사립학교는 '보통학교규칙, 고등보통학교규칙, 여자고등보통학교규칙, 실업학교규칙 또는 전문학교규칙'에 준해 교과과정을 정해야 하고, 그 규칙에 규정된 이외의 교과과정을 덧붙일 수 없다'는 내용이 담겨 있다.[134]

또한 1915년 개정 〈사립학교규칙〉에서 초등의 보통교육을 하는 사립

등은 공립·사립 구별 없이 모두 문부경의 감독을 받아야 하며(제1조), 이 가운데 학교는 5개 종류(小學校·中學校·大學校·師範學校·專門學校)와 기타 각종의 학교(其他各種の學校)로 구분된다(제2조). 그리고 1880년 12월의 개정 〈교육령〉을 보면 제1조 내용은 동일하고, 제2조에서 학교는 8개 종류(小學校·中學校·大學校·師範學校·專門學校·農業學校·商業學校·職工學校)와 기타 각종의 학교로 구분된다.

133 朝鮮總督府 編, 『朝鮮敎育要覽』, 朝鮮總督府, 1919(1.30), pp.82-83.
134 〈私立學校規則中改正〉(대정 4.3.24, 부령 제24호, 시행 대정 4.4.1),『조선총독부관보』 제789호, 1915.3.24.

학교 교원 자격을 별도의 시험 합격자, 교원면허장 소지자, 총독이 지정한 학교 졸업자로 한정한 '제10조의 2' 부분도 문제가 된다.[135] 실제로이 조항에 따라 총독은 22개 종류의 학교를 지정·고시한다.[136] 그렇지만사립학교는 종래의 교원과 해당 조항의 적합성이나 신규 교원 채용 문제에 봉착하게 된다.

1915년의 개정 〈사립학교규칙〉에는 사립학교가 〈사립학교령〉(1907.8)이전부터 교육과 정치를 혼동해 불온(不穩)사상을 주입한다거나 '선교사가 관계한 종교학교'가 조선총독부 방침을 따르지 않고 불량도서를 사용한다거나 기부금을 강제로 징수한다는 등의 인식, 사립학교 교육을 관·공립 교육기관의 교육과 일치시켜야 한다는 인식이 전제되어 있다. 이미 조선총독부는 이러한 상황을 해소하기 위해 1911년 〈사립학교규칙〉공포 후 사립학교 감독을 강화하는 방향을 취한 바 있다.[137]

---

135 〈私立學校規則中改正〉(대정 4.3.24, 부령 제24호, 시행 대정 4.4.1), 『조선총독부관보』제789호, 1915.3.24. "보통교육, 실업교육 또는 전문교육을 하는 사립학교의 교원은국어에 통달하고 해당 학교 정도에 맞는 학력을 가진 자여야 한다. 단, 초등의 보통교육을하는 사립학교 교원은 별도로 정하는 시험에 합격한 자, 교원면허장을 가진 자, 조선총독이 지정하는 학교를 졸업한 자로 한정한다. 오로지 외국어, 조선어 및 한문 또는 특별한기술을 가르치는 자에 한해 전항의 규정을 적용하지 않는다(제10조의 2)".

136 〈私立學校規則ニ依ル指定學校〉(대정 4.3.24, 고시 제71호), 『조선총독부관보』 제789호, 1915.3.24. 〈사립학교규칙〉 제10조의 2에 근거해 총독이 지정한 학교는 "전문학교(〈전문학교령〉에 의한 것을 포함), 사범학교, 중학교, 고등여학교, 경성전수학교, 고등보통학교, 여자고등보통학교, 경성고등보통학교 부설 임시교원양성소, 수업연학 2년 이상의실업학교(〈실업학교령〉에 의한 것을 포함), 공업전습소 본과(本科), 의학강습소, 전문학교·중학교·고등여학교와 유사한 각종학교(各鐘學校), 원(元) 법학교, 원 성균관(단, 명치 44년 졸업자에게 한함), 원 관립한성사범학교, 원 관립한성고등학교, 원 관립평양고등학교, 원 관립한성고등여학교, 원 관립한성외국어학교 일어부(日語部) 본과, 원 관립한성일어학교, 원 관립평양일어학교, 원 관립인천일어학교"이다. 1920년 개정 〈사립학교규칙〉 당시에도 초등 보통교육을 하는 사립학교 교원 자격과 관련해 '지정학교'가 고시된다〈私立學校規則改正〉(대정 9.3.1, 부령 제21호), 『조선총독부관보』 제2263호, 1920.3.1; 〈私立學校規則ニ依ル指定〉(대정 9.3.8, 고시 제59호), 『조선총독부관보』 제2269호, 1920.3.8).

이와 관련해, 1910년대 학교 현황을 보면, 일시적 차이가 있지만,[138] 대체로 사립학교 수는 감소 추세를 보인다. 그 이유는 폐교의 경우를 제외하면 '공립보통학교로 변경'된 사례들이 때문이다. 그 이면에는 조선총독부가 추진한 '사립학교의 공립화' 정책이 있다. 아래의 표는 조선총독부가 제시한 1910년대 사립학교 수의 변화 상황이다.[139]

〈표 2〉 1910년대 사립학교 수의 변화(1912-1917)

種名		명치 45.1	대정 2.5	대정 3.5	대정 4.5	대정 5.5	대정 6.5	비고
	일반	817	796	769	704	624	518	
	종교	545	487	473	450	421	350	'▼':
			▼58	▼14	▼23	▼29	▼71	감소분

위의 자료에서는 세 가지 지점을 확인할 수 있다. 첫 번째는 1915년 이후, 즉 개정 〈사립학교규칙〉 이후 사립학교 수의 감소 간격이 커졌다는 점이다. 이는 1915년의 개정 〈사립학교규칙〉 이후 법적 차원에서 사

---

137 朝鮮總督府 編, *Op. cit.*, 1919, pp.81-82.
138 1917년과 1918년의 학교 현황(5월)을 하면, 보통학교 가운데 관립이 2개, 공립이 441개에서 462개로, 사립이 20개에서 26개로 증가한다. 고등보통학교는 8개에서 11개로 증가하는데 이 가운데 사립양정(養正)·배재(培材)·보성(普成)·휘문(徽文)·송도(松都)·동래(東萊)·광성(光成)고등보통학교 등 7개교가 사립이다. 여자고등보통학교는 4개에서 5개로 증가하는데 이 가운데 사립숙명(淑明)·진명(進明)·호수돈(好壽敦)여자고등보통학교 등 3개교가 사립이다. 실업학교는 모두 4개이고 이 가운데 사립선린(善隣)상업학교만 사립이다. 농업학교는 15개에서 17개로 증가하는데 모두 공립이다. 간이실업학교는 76개에서 68개로 감소하는데 이 가운데 농업학교·수산학교·상업학교가 공립이고 공업학교 9개 가운데 1개교가 사립이다. 전문학교는 1916년 5월에 3개, 1917년 5월에 5개, 1918년 5월에 6개로 증가하는데 이 가운데 사립연희전문학교와 사립세브란스연합의학전문학교 2개교가 사립이다(*Ibid.*, pp.44-48, pp.53-54, pp.59-60, pp.64-69, pp.79-80).
139 *Ibid.*, pp.87-88. 사립보통학교는 1911년(명치 44)경에 70여 개였지만 점차 공립보통학교로 변경되어 그 수가 감소한다. 그리고 여자교육이 점차 발흥해 관립과 사립 여자보통학교 7개교가 있고 남녀공학 하에 여자를 수용하고 있으며, 특히 여자학급을 설치한 경우가 175개(생도수 10,500여 명)이다(같은 책, p.44).

립학교를 정리하는 정책이 추진되었다는 것을 시사한다. 두 번째는 조선총독부가 사립학교 증감을 기록하면서 '일반과 종교'를 구분했다는 점이다. 사립학교를 일반과 종교로 구분한 것은 종립학교에 대한 조선총독부의 관심을 방증(傍證)한다. 세 번째는 1911년 〈조선교육령〉 실시 당시와 비교할 때 '교과과정에 종교를 부과하는 종교학교', 즉 종립학교 수가 감소 추세를 보였다는 점이다.

특히 세 번째와 관련해, 종립학교 수가 감소 추세를 보인 이유는 조선총독부가 개정 〈사립학교규칙〉 시행 이후 교과목 중에 '성경을 삭제'해 일반학교로 변경하고, 교원 시험제도를 실시하는 정책을 추진했기 때문이다.[140] 이와 관련해, 선교사연합공의회[한국복음주의선교회연합공의회]는 1915년 개정 〈사립학교규칙〉를 최소한 일본과 같은 수준으로 개정해 기독교교육을 허용하라는 결의문을 채택한 바 있다. 그렇지만 이에 대해 寺內正毅 총독은 신앙의 자유를 보장하지만 성서공부 금지가 국가적·교육적 조치의 하나일 뿐 기독교에 대한 차별대우가 아니라고 답변한다. 이 답변은 조선총독부가 '교육과 종교의 엄격한 분리가 불가능하고 종교가 교육적 역할을 할 수 있다'는 선교사들의 논리를 거부했다는 것을 의미한다.[141]

---

140 *Ibid.*, pp.84-86.
141 이진구, 앞의 글, 2005, 219-220쪽. 선교부 연합활동 역사는 1889년 미국 북장로회와 오스트레일리아 빅토리아 장로교회가 '연합선교공의회'를 결성한 것이 최초이다. 이 공의회는 1890년 데이비스의 별세로 사실상 해체되지만 미국 남장로회 선교사의 도착으로 1893년 1월에 재조직된다. 이후 캐나다장로회와 오스트레일리아장로회가 가입한다. 이 공의회는 선교 관련 협의체 성격이었다가 1901년부터 한국인의 공의회 참석과 함께 정치적 권한을 갖게 되어 1907년 독노회 설립까지 한국 장로교회를 치리하는 실질적 정치기구가 된다. 감리교의 경우에는 남북 감리회선교부 협의체가 없고, 1905년 9월 장로교 4개 선교부와 감리교 2개 선교부가 '한국복음주의선교회연합공의회'라는 협의체를 결성한다. 이 연합공의회는 결성 당시부터 단순한 선교사 협의기구가

다만, 1915년 〈사립학교규칙〉 개정에 대해 감리교와 장로교 선교부
는 다른 태도를 취한다. 감리교 선교부는 학교에서 성서교육과 예배의
식을 못해도 기독교인 교사들이 인격적으로 지도하면 기독교 정신을
학생에게 전달할 수 있다고 판단하지만, 마펫(S. A. Moffett, 숭실학교 교장)
등 장로교 선교부는 기독교 교육이라는 설립 목적을 상실하면 학교 존
립 의의가 없다는 입장을 고수한다. 이에 따라 감리교는 여러 학교를
점차 고등보통학교로 승격시키지만, 장로교는 폐교 가능성과 함께 조선
총독부와 협상해 일정 시설과 요건을 갖추고 고등보통학교와 거의 동등
한 자격의 '지정학교'를 추진해 종교교육의 자유를 확보한다.[142] 여기서
지정학교는 1905년의 〈재외지정학교에 관한 규정〉에 있는 '재외 일본인
을 위해 설치한 학교'[143]와 다른 존재이다.

<hr />

　　아니라 '하나된 개신교회'를 표방하고, 1906년 1월에 1차 실행위원회, 교리통합위원회
　　를 개최해 교리를 조화시키는 작업도 추진한다. 그렇지만 한국인 교인들이 요구한
　　'장·감이 연합해 하나의 교회를 세우는 안'이 채택되지 않고, 1910년에 '하나의 조직이
　　아니라 초교파적 협력관계에서 마찰을 줄이는 안'이 채택된다. 그리고 1905년부터 장
　　로교에서 내던 〈The Korea Field〉와 감리교에서 내던 〈The Korea Methodist〉를 통합해
　　동년 11월에 〈The Korea Mission Field〉를 창간하고, 장로교의 〈그리스도신문〉과 감리
　　교의 〈그리스도인회보〉를 통합해 1906년 7월에 〈그리스도신문〉을 발행하고, 장로교
　　의 『찬양가』와 감리교의 『찬미가』를 합쳐 1908년 합동 『찬송가』를 출판하는 등 연합
　　사업을 벌인다(한국기독교역사연구소, 『한국 기독교의 역사』 I, 기독교문사, 1997(a),
　　208-213쪽).
142　이진구, 위의 글, 2005, 222-224쪽. 다만, 캐나다장로회 소속 학교와 경신학교, 정주
　　오산학교는 조선총독부 시책을 따라 '고등보통학교' 등록을 한다(같은 글, 224쪽).
143　〈在外指定學校ニ關スル規程〉(發布·施行 明治 38.11.8, 文部省令 第20号), 『官報』 第
　　6709号, 1905.11.8. 재외국 일본인을 위해 설치한 학교로 〈在外指定學校職員退隱料及
　　遺族扶助料法〉 제1조에 관해 지정을 받았을 때는 학교 설립자 또는 그 대표자가 7가지
　　서류(학교 명칭, 학교 연혁, 학칙, 직원 이름과 이력서, 현재 생도 학년별·학급별 인원,
　　校地·校舍와 소속 舍 등의 평면도, 학교경비에 관한 수입·지출 예산)를 갖추어 외무
　　(外務)와 문부(文部) 양 대신에게 신청해야 한다(제1조). 지정학교의 종류로는 소학교
　　교과를 가르치는 학교(제5조), 중학교·고등여학교 교과를 가르치는 학교(제6조)가 있
　　고, 그 외에 거류민단이 설립해 〈거류민단법〉과 소관 영사관과 외무·문부 양 대신의

1915년 개정 〈사립학교규칙〉에 대해 감리교와 장로교 선교부가 다른 대응을 한 이유는 선교원칙의 차이, 종교의 자유에 대한 관심의 차이 때문이라고 한다. 선교원칙의 차이와 관련해서는 모두 복음전파가 첫 번째 과제였지만 장로교는 비기독교인에게 세속적 교육을 제공할 필요가 없다는 원칙 때문에 기독교학교에서 성서교육 금지를 선교활동의 포기 요구로 받아들인 데에 비해 감리교는 세속교육의 의미를 상대적으로 더 인정했다는 주장이다. 종교의 자유에 대한 관심의 차이와 관련해서는 장로교가 헌법에 '양심의 자유'와 '교회의 자유'를 명기한 데에 비해 감리교는 〈기독교조선감리회 교리와 장정〉(1935)에 종교의 자유에 관한 조항을 넣지 않아 국가권력의 교회간섭에 대항할 이론적 무기가 상대적으로 약했다는 주장이다.[144] 이 주장을 정리하면, 학교의 설립 목적 실현에 대해 감리교는 기독교인 교사들을 통해 가능하다는 입장, 장로교는 종교교육을 통해 가능하다는 입장에 강조점을 두었다고 할 수 있다.

(2) 1920년대 선교사의 요구와 반영

1919년 3·1운동은 조선총독부가 종교 정책을 바꾸는 계기가 된다. 3·1운동 이후 총독과 정무총감이 각각 齋藤實(사이토 마코토)과 水野鍊太郎(미즈노 렌타로우)으로 바뀌는데, 이들은 3·1운동을 이끈 인물들이 대부분 기독교와 천도교 신자들이라는 점을 인식한다. 또한 이 두 종교에 대해 엄중한 취체와 탄압을 하면 종종 관헌과 오해가 생기기 쉬워 정치적으로나 대외 관계에서 불리한 사태를 초래한다고 인식한다. 그리고 경무

감독을 받는 지정학교가 있다(제9조, 제23조).
144 이진구, 앞의 글, 2005, 224-226쪽.

국이 관할하는 천도교와 달리, 기독교와 불교 등의 관할을 위해 관제 개정 후 학무국에 종교과를 신설한다. 당시 종교과 설치는 '종교행정을 중시하고 사회교화 임무 수행을 원조하려는 방침'을 표현한 것으로, 종교가에게 호감을 받았다고 한다.[145]

실제로 조선총독부 자료를 보면, 3·1운동에 대해 '소요 사건 관계자 가운데 특히 천도교도와 기독교도가 많았다는 사실'과 기독교라는 맥락(脈絡)을 무시할 수 없다는 점에 주목한다. 그리고 기독교 가운데 영국성공회, 프랑스[佛國]천주교, 구세군에 속한 신자들이 이 사건에 거의 개입되지 않았다는 점에도 주목하는데,[146] 이는 이후 종교단체 법인화에 영향을 미친다.

또한 3·1운동과 관련해, 선교사들이 조선인을 동정하고 일본인과 일본의 조선통치에 편견을 가지고 있다고 판단한다. 이는 다수 선교사들이 총독정치가 조선인을 강압하고 조선 내 일본인이 조선인을 학대한다거나 한일병합이 '조선민족의 멸망을 막는 도리'임을 깨닫지 못한 채 조선인의 경거망동을 방관묵시(傍觀黙視)했다는 내용이다. 이와 함께, 정치운동을 벌이는 독립운동가들이 선교사, 특히 미국인 선교사에게 의지해 숨을 장소를 교회에서 구해도 '조선민족의 영원한 번영을 도모'한다면

---

145 朝鮮行政 編輯總局 編, *Op. cit.*, 1937, p.290.
146 朝鮮總督府(i), *Op. cit.*, 1923, p.8. 이 자료에 따르면 1918년 1월 미국 대통령 윌슨(T. W. Wilson, 재임: 1913-1921)이 의회 연두교서에 제출한 '강화기초조건 14개조' 중에 식민지 문제 등 주권에 관한 사항은 '민족자결주의'에 따라야 한다는 조항, 폴란드 민족의 독립을 승인하고 대소(大小) 국가의 정치상 독립 및 영토 보전을 확보하기 위해 국제연맹을 조직하려는 조항이 있었고, 윌슨이 1919년 1월에 프랑스 파리 강화회의에 참석해 이 주장을 실현하기 위해 힘쓴다. 그리고 3·1운동은 '민족자결주의' 원칙에 영향을 받은 천도교 인사들이 조선민족도 궐기해 각국의 주목을 끌어 폴란드 민족의 독립처럼 강화회의 의제에 올려 독립을 승인받아야 한다는 생각으로 동년 1월부터 준비해 기독교 인사들과 연합한 사건이다(같은 책, pp.8-13).

돕지 말아야 한다고 주장한다. 이는 독립운동이 정치운동이므로 종교가들이 간여하지 말아야 한다는 내용이다.[147]

그렇다면 조선총독부는 3·1운동 이후 기독교와 어떤 관계가 필요하다고 인식했을까? 먼저 기독교에 접근해 오해를 풀고, 새로운 정치의 정신과 실제의 시설을 이해(了解)시키는 것이 급선무라고 인식한다. 그리고 기독교와 관계에서 전도와 교육사업을 목적으로 운영하는 미션스쿨을 감독해 개선하는 것, 〈사립학교규칙〉 개정해 감독을 엄밀히 하는 것, 〈포교규칙〉을 간소화(簡易化)하는 것, 종교단체를 법인(法人)으로 인정해 사회교화 사명을 달성하게 하는 것이 가장 중요하다고 인식한다.[148]

이에 따라, 조선총독부는 일시동인(一視同仁)의 '평등' 정신을 앞세우면서 '종교과의 신설, 선교사와의 양해 친화(諒解 親和), 〈포교규칙〉과 〈사립학교규칙〉 개정, 종교단체의 재단법인 허가' 등을 추진하면서 3·1운동 1주년에 독립운동이 재발하지 않도록 경계한다.[149] 그렇지만 그 이면에 3·1운동이 '종교와 정치의 무분별한 영합(政敎苟合)'이고, 이러한 '정교구합'이 조선의 '만성적 고질(痼疾)'이라는 인식을 고집한다.[150] 이는 조선에서 정교 미분리가 고치기 어려운 문제이고, 이러한 정교 미분리 문제

---

147 加藤房藏, 『朝鮮騷擾の眞相』, 京城: 京城日報社, 1920, pp.86-90.

148 朝鮮行政 編輯總局 編, *Op. cit.*, 1937, p.291.

149 朝鮮總督府(i), *Op. cit.*, 1923, pp.14-21. 조선총독부는 3·1운동 1주년에 기독교 각파가 사경회나 특별전도를 시도할 때 이를 이용한 시위가 발생할 가능성을 고민한다. 이 가능성을 막기 위해 赤池(아카이케) 경무국장과 紫田(시바타) 학무국장은 중진급 외국 인선교사 2명과 만나 협조를 구한다. 그리고 결과적으로 경성과 평양의 3개 학교 교장에 대해 직위 해제한 것을 제외하면 대체로 눈에 띄는 사고가 발생하지 않았다고 자평한다(같은 책, pp.20-21).

150 朝鮮總督府(i), *Ibid.*, pp.13-14. '종교와 정치의 구합(苟合)' 사례로는 '고려와 불교의 연관성, 조선과 양유억불(揚儒抑佛) 사례, 천도교의 사례(각각 좌도혹민의 죄와 동학당 소요로 인해 사형을 당한 최제우와 최시형)'를 들고 있다(같은 책, pp.13-14).

가 표면화된 것이 3·1운동이라는 해석이다.

사실 조선총독부가 추진한 1920년대 종교 정책의 변화는 선교사들의 건의 내용과 밀접한 관련이 있다. 이 과정을 보면, 3·1운동 이후 학무국에 종교과가 신설되고 종교과에 사무관 1명, 촉탁 1명, 판임관 이하 수명이 배치된다. 그리고 과원으로 영어에 능통한 기독교인 2명을 촉탁으로 배치해 외국인과 의사소통을 맡게 한 후, 촉탁과 판임관을 증원한다. 그 결과, 종교과 설치 1년도 못되어 외국인이 종교에 한정되지 않은 문제까지 종교과에 상의하는 현상이 나타난다. 그리고 외국인과 의사소통을 위해 학무국장이 1919년 9월 경성의 외국인선교사 연합대회에 참석해 조선총독부 방침을 설명한 후 선교사들의 진정서를 받아 일부 내용을 정책에 반영한다.[151]

선교사들의 진정서 제출과 관련해, 1919년 9월, 남·북감리회, 미국남·북장로파, 캐나다장로파, 호주장로파의 6개 교파로 구성된 '신교복음전도단연합회(일명 장·감선교단체연합회)'가 '연합대회대표자(Hugh Miller, 1872-1957, 閔休)와 간사(B. W. Billings)' 명의로 총독에게 〈전선 선교사연합대회 진정서〉(1919.9.29)를 제출한다. 이 진정서에는 '전도·교육·의료·종교문학사업, 소유권과 재정상 문제, 도덕적 개선' 등 6개 사항의 개선을 요청하는 내용이 담긴다.[152] 이 내용은 사실상 1920년경까지 선교사들이 주로 인식한 애로 사항에 해당한다.

구체적으로, 1919년 9월의 장·감선교단체연합회 진정서에는 도입과 본론 부분이 있다. 우선, 도입 부분에 따르면, 연합회는 한국합병 후 일

---

151 朝鮮總督府(i), *Ibid.*, pp.15-17.
152 朝鮮總督府(i), *Ibid.*, pp.50-65. 이 자료는 〈조선통치와 기독교〉라는 제목으로 번역되어 있다(김승태 편역, 『일제강점기 종교정책사 자료집―기독교편, 1910-1945』, 한국기독교역사연구소, 1996, 134-176쪽).

본이 기대와 달리 무단정치를 시행하고, 대한제국시대에 누리던 '종교와 교육의 자유'를 제한하고, 조선인을 차별적으로 대우하고 억압하고 가혹하게 취급해 1919년 '독립소요(獨立騷擾)'에 이른 것에 통절(痛切)한 실망을 느낀다. 비무장 독립운동 참가자에 대한 만행(蠻行)에 가슴 깊은 분노감을 느낀다. 그런데 새로운 시정방침에 크게 만족하면서 '종교상·교육상 자유'를 얻기 위해 급히 고칠 점을 정부에 진정한다. 이 진정서에서 정부 규칙과 방침의 변경에 관한 의견은 어떤 정치문제 해결에 관한 제안이 아니라 단지 '진정한 종교적 자유를 획득하고 인민의 도덕적 향상을 촉구하고 교회가 직·간접으로 정부를 방해하는 것이 아니라 발전의 자유를 확보하기 위해 필요한 의견'이다.[153]

당시 1919년 9월의 장·감선교단체연합회 진정서에서 개신교가 가장 기대한 것은 '종교의 자유'이다. 선교사들은 먼저 일본제국이 헌법에서 이미 보증한 종교적 자유를 조선에서 실제 향유할 수 있기를 기대한다고 언급하면서, 조선총독부 시정 9년 경험에 비추어볼 때 현행 법규 하에서 진정한 종교적 자유의 향유가 불가능하다고 주장한다. 그리고 조선총독부가 세세하게 간섭해 교회 관련 사항을 규정하는 것, 교회와 전도단과 기독교주의 학교와 전도단이 경영하는 병원에 너무 많은 보고를 요구하는 것, 전도·교육·의료에 관한 뒤섞인 규칙, 종교문학 간행에 관한 검열과 감살(減殺), 종교적 목적으로 하는 집회의 자유를 제한한 규칙, 경관들이 교화나 전도단 사정에 참견[參喙]해 교회에 허가와 금지를 명령할 권리가 있다고 생각하는 것 등을 종교적 자유를 제한하거나 거스르는 사례로 제시한다.[154]

---

153 朝鮮總督府(i), *Ibid.*, pp.53-54.
154 朝鮮總督府(i), *Ibid.*, p.54.

다음으로, 본론 부분에는 6가지 요구사항이 담겨 있다. 이 6가지 요구사항과 이후의 반영 결과를 정리해보면 다음과 같다.[155]

〈표 3〉 1919년 9월의 진정서의 6가지 요구사항과 그 반영 결과

영역	주요 요구 사항	반영 결과
1. 전도사업	① 교회와 전도사에 대한 단속(取締) 완화 ② 기독교와 기독교신자에 대한 관리의 차별적 취급 금지 ③ 선교사와 조선인신자가 조선총독부에 청원·항고(抗告)할 권리 조장	〈포교규칙〉 개정
2. 교육사업	① 기독교주의 사립학교에 성서와 종교적 의식을 과목에 포함 ② 조선어 사용 제한을 철폐 ③ 사립학교 경영에 대한 현재 이상의 자유 부여와 불필요한 관헌의 간섭을 폐지 ④ 기독교학교 생도에게 양심의 자유를 인정할 것 ⑤ 조선인에게 일본인과 동일한 교육 기회와 교과서 선택의 자유를 부여하고 〈조선사〉·〈세계사〉 교수 제한을 철폐 ⑥ 조선총독부 허가를 받은 사립학교의 졸업생에게 같은 정도의 관립학교 졸업생과 동일한 특전을 부여 ⑦ 사립학교에 대해 과도한 재산상 요구를 하지 말 것	〈사립학교 규칙〉 개정
3. 의료사업	① 사립병원 경영상 세목은 간섭하지 말고 병원 직원에게 맡길 것 (※제17조 2항)	
4. 종교문학 사업	① 기독교 서적[書類]의 검열을 폐지 ② 교회의 신문·잡지·기타출판물은 교회일과 종교에 관한 문학만으로 제한하지 말 것 ③ 지방관청은 성서 소책자와 기타 기독교문서 판매에 종사하는 행상(行商)과 기타 사람의 영업을 방해하지 말 것	
5. 소유권과 재정상 문제	① 조선인교회와 전도단 명의로 재산을 소유·등기할 수 있도록 법인의 길을 열 것 ② 병원·학교 및 자선사업 기부금 모집허가에 관한 현행법규가 지나치게 엄중함 ③ 교회회당과 그 재산이 정부관계자에게 파괴를 당하고 있으며 많은 경우 어떤 배상도 받지 못하고 있다는 사실에 대해 정부가 주의를 환기	종교단체의 법인화 시행
6. 도덕적 개선	- 유곽(遊廓) 설립에 관한 법규를 개선 (현행 유곽제도에 반대함) - 아편·몰핀의 생산·제조·판매에 관한 법률을 개정 - 주류 판매에 관한 법률을 수정할 것 (촌민이 주점 개설 금지 권리를 향유) - 미성년 일본인에 대한 금연령을 조선인에게도 적용[適當]	

---

155 朝鮮總督府(i), *Ibid.,* pp.50-65.

	- 유년(幼年) 노동을 제한할 법률, 공장·광산노동자 주변[四圍]을 개선할 법률을 제정 - 정치범으로 수감[入獄]된 기독교신도에게 일요일 노동, 기타 그 양심에 어긋나는 작업을 강제하지 말 것	
기타	〈결론〉 부분 - 태형 및 즉결 재판에서 조선인에 대한 차별 대우 폐지	태형 폐지

위의 요구 사항 가운데 전도사업에서 교회와 전도사에 대한 취체 완화 부분은 '포교령'의 보고제를 폐지하거나 개정해 간단하게 해달라는 내용이다.[156] 기독교신자에 대한 관리의 차별적 취급 금지 부분은 기독교인이라는 이유로 관리가 조선인을 위협[威嚇]하는 것, 관립학교 교사가 학생의 기독교 일요학교 출석을 금지하거나 출석하지 않도록 장려하는 것, 3·1운동으로 체포된 사람들에 대해 기독교신자 여부를 따져 비신자일 때 방면하고 신자일 때 구속하는 것, 관리가 신자들을 조롱해 기독교와 선교사에 관해 모욕적 언사를 하는 것 등을 막아달라는 내용이다. 선교사와 조선인신자가 조선총독부에 청원하고 항고할 권리 조장 부분은 지방관헌의 처치(處置)에 대해 괴로운 사정[苦情]이 있을 때 선교사와 조선인 기독교신자들이 조선총독부에 보고할 자유와 현행 법규의 변경 또는 그 적용의 완화를 청원할 자유를 달라는 내용이다.[157]

두 번째 교육사업에 대한 7가지 요청 가운데, '기독교주의 사립학교에서 성서와 종교적 의식을 과목에 포함할 것' 부분의 주요 내용을 보면,

---

156 朝鮮總督府(i), *Ibid.*, p.55. 거리[路傍街]나 시장에서 설교하는 것에 간섭하거나, 신자가 가정에서 예배를 위해 집회를 가질 때 집회 허가를 받거나, 교회나 전도소를 개설하거나 회당을 건축·개축할 때 당국에 허가를 신청해도 연기하거나 거절해 사업에 장애가 생기는 경우가 많다거나, 교회 역원(役員, 임원)의 성서연구회와 전도집회 등도 지나치게 제한해 간섭하고, 선교자가 여행할 때 당국자가 감시하고, 외국인 손님에 대해 24시간 내에 경찰에게 신고하는 등의 사례가 언급되고 있다(같은 책, p.55).

157 朝鮮總督府(i), *Ibid.*, pp.55-56. 이는 당국자가 청원을 반칙(反則)으로 여기거나 청원인을 원수[仇敵]로 대해 공포를 주지 말라는 요청이다(같은 책, p.56).

선교사들은 기독교주의 사립학교의 목적이 '기독교에 기초해 고등보통교육을 시행함'에 있고 이런 종류의 학교가 성서를 가르쳐 종교적 의식을 행하는 것이 세계 각국에서 일반적으로 향유하는 특권이라고 본다. 또한 성서와 종교의 진가(眞價)를 인정하고 '[성서교육이] 선량한 국민을 양성할 최선의 방편'이라고 믿어 기독교주의 학교의 성서 교수를 희망한다. 그리고 '개정교육령'에 따라 기독교주의 학교가 교과목에서 성서를 제외해야 정부 보호를 받는 정책이 공평하지 않으며, 조선의 사립학교에도 종교교육상 일본과 동일한 자유를 부여해야 한다고 희망한다.[158]

'생도의 양심의 자유를 인정할 것' 부분의 주요 내용은 기독교주의 학교 생도에게 일요일에 여러 행렬에 참가하게 하거나 관리의 출영(出迎, 마중)을 지시하는 것, '천황 예배 프로그램의 하나인 의식(儀式)'에 참가해 천황(陛下) 사진에 경례하라는 것, 교사 시험을 일요일에 시행하는 것은 기독교도의 양심이 허락하지 않아 반대한다는 주장이다. 그리고 이러한 반대는 '불충 행위'가 아니며, 제왕을 존경해 순응(柔順)하게 하는 것이 기독교도가 성서와 교사에게 배우는 도의(道義)이고, 폐하나 위정자를 위한 축복 기도가 일요예배의 일부지만, 폐하를 신(神) 또는 신과 동등한 지고자로 예배하는 것은 기독교도에게 불가능하므로 무리한 요구라고 주장한다. 이는 기독교도에게 양심의 자유를 인정하라는 요청이다. 또한 '소유권과 재정상 문제' 부분의 내용은 조선인교회와 전도단 명의의

---

158 朝鮮總督府(i), *Ibid.*, pp.56-59. 이 가운데 '총독 허가를 받은 사립학교의 졸업생에게 같은 정도의 관립학교 졸업생과 동일한 특전을 부여할 것'의 내용에는 의학전문학교 졸업생에게는 무시험으로 '의사면허장'을 주지만 세브란스의학전문학교 졸업생에게는 조선총독부 시험을 거쳐야 면허장을 주는 사례, 고등보통학교 졸업생에게는 '교원양성소 입학'을 주지만 수준이 더 높은 사립학교 졸업생에게는 입학 자격을 주지 않는 사례, 관립학교 졸업생에게 전문학교의 '교사 채용'을 허용하지만 평양기독교연합대학 졸업생에게는 시험을 보게 하는 사례 등이 들어 있다(같은 책, p.59).

재산 소유·등기를 위해 법인으로 해달라는 것이다. 여기에는 병원·학교·자선사업 기부금 모집 허가를 제한하는 현행 법규를 개정하고, 교회·회당과 그 재산이 정부관계자(政府筋の者)에게 파괴된 경우 배상(賠償) 해달라는 요구도 포함된다.[159]

특히 '교회 및 전도단의 법인화' 요청은 선교사들이 한일병합 당시부터 추진하지만 거부된 부분이다. 선교사들이 보기에 교회에 속해야 할 다액의 가치가 있는 토지·건물이 개인 명의로 등기되어 종종 혼잡·불편을 겪거나 불필요한 비용이 든다. 게다가 이 상태에서 교회에 호의적이지 않은 관헌이 쉽게 교회재산에 소송을 제기할 수 있고, 소유권 논쟁이 생길 때 교회 권리의 법률 승인이 없어 교회재산 명의자가 싸움(喧嘩)을 좋아하거나 상속인이 기독교인이 아닌 경우에 교회재산을 횡령할 수 있지만, 교회에는 법률 상 배상 요구권이 없다. 전도단도 법인 자격이 없어 병합 이후 전도단이 매입한 재산을 모두 전도사 개인 명의로 등기해 해당 전도사가 사망·사직하거나 휴가(賜暇)로 귀국할 때 종종 분규와 곤란한 사태가 생기거나 비용이 든다. 이러한 맥락에서 선교사들은 개인 명의로 된 전도단 또는 교회의 재산소유권을 등기료 없이 정당한 소유자인 단체에 이전하도록 허가해줄 것을 요청한다.[160]

그렇다면 조선총독부는 이 진정서에 어떤 반응을 보였을까? 조선총독부는 3·1운동 이후 사회 민심의 지도에 종교가 가장 중요한 지위를 차지하고, 특히 정책에 대한 선교사의 이해가 부족하다는 인식 등을 토대로 학무국에 종교과를 신설해 종교 연구자들을 촉탁으로 채용하는 등[161]

---

159 朝鮮總督府(i), *Ibid.*, pp.58-63.
160 朝鮮總督府(i), *Ibid.*, pp.61-62.
161 朝鮮總督府(i), *Ibid.*, pp.45-47(紫田善三郎, 〈在鮮外國人宣敎師に望む〉).

진정서 내용을 적지 않게 수용했다고 자평한다. 전도사업에 대한 요구는 〈포교규칙〉 개정, 교육사업에 대해서는 〈사립학교규칙〉 개정, 소유권과 재정상 문제에 대해서는 종교단체의 법인화 시행, 기타 부분에 대해서는 태형 폐지 등의 조치를 취했다는 주장이다.

실제로 조선총독부는 1920년 3월에 〈사립학교규칙〉과 4월에 〈포교규칙〉 등을 개정한다. 〈사립학교규칙〉 개정으로 절차의 간소화뿐 아니라, 종교에 관한 과목을 가설할 수 있는 학교 범위를 확장해 학과과정이 법령으로 정해지지 않은 이른 바 '특종학교(特種學校)'에 종교에 관한 과목을 부과할 자유를 인정한다. 또한 〈포교규칙〉 개정으로 교회당·포교소 등의 설립 허가제를 신고제로 바꾸고, 신고 사항도 간소화한다. 다만, 종교 선포의 이름으로 안녕 질서를 문란하게 하는 경우에 교회당·설교소 사용을 정지하거나 금지하는 조항을 신설하면서, 이에 대해 종교 선포의 이름을 이용해 불온한 행동을 감행하는 불령자(不逞者)를 단속하기 위해 만일의 필요에 대비한 것으로 조선 사정에서 부득이한 차선책이라고 설명한다.[162]

특히 〈사립학교규칙〉 개정에 대해서는 '일본과 같은 특권'을 조선에 허가한 것이라는 호평도 보인다. 이 호평은 1910년대에 '교육-종교의 분리'에 입각해 학교를 정부기관으로 만들려는 설립 인가제를 취해 '허가'된 학교에 규칙을 준수하게 했고, 소수 감리교학교가 이런 종류의 '인가'를 취득해 경영했는데 1920년부터 사립학교에 특별히 종교교육이나 기타 필요사항을 교수할 자유, 또 소학교에서 일본어를 제외하지 못하지만 다른 과목에 해로움이 없는 범위 내에서 교수할 자유가 주어졌

---

162 朝鮮總督府(i), *Ibid.,* p.19.

다는 내용이다.[163]

1920년 4월부터는 종교단체의 재단법인 설립을 허가한다. 조선총독
부는 조선에서 교회 재산이 개인 명의로 등록된 것이 많아 재산이 불안
전하고 명의인이 바뀔 때마다 많은 금액을 내므로 선교사들이 다년 간
교회재산을 기본으로 하는 종교법인 설립을 희망했다고 본다. 그에 따
라 법인 설립 인가 방침을 결정해 1920년 4월에 천주교경성교구유지재
단 설립을 허가하고, 그 후에도 4-5개 교파의 유사한 청원을 수용해 법인
설립을 허가한다.[164]

조선총독부가 장·감선교단체연합회 진정서에 보인 반응은 1920년과
1921년 자료에서 확인할 수 있다. 1920년, 학무국장 紫田善三郞(시바타
젠자부로우)은 선교사연합대회에 다시 참석해 작년의 진정서대로 〈사립학
교규칙〉과 〈포교규칙〉의 개정, 종교법인 허가, 태형 폐지, 한글신문 발간
등 주요 사항이 대부분 해결되어 당국도 만족한다고 자평한다. 다만,
오해에서 비롯된 요청 사항들은 받아들일 수 없는 의견이라고 설명한다.
그 내용을 보면, 첫째, 교회·전도단 및 사립학교 관련 규정들을 종교와
교육을 압박하려는 취지로 속단했다는 지적이다. 국가가 자국 영토 내
여러 사업이 공적 질서(公の秩序) 아래 행해지도록 필요 법령을 설치해
사업내용과 운영을 알려고 하는 것은 당연하다는 반박이다. 둘째, 일본제

---

163 「朝鮮統治改良에 對한 外國人의 觀察 (十二), 푸런크 해론 스미트, 敎育에 誠意업는
朝鮮人, 宗敎敎育」, 『동아일보』, 1920.5.4, 1면. 다만, 이 자료에 따르면, 1910년대에
인가를 받은 학교에서 종교과목을 교과목에 삽입거나 종교를 교실에서 교수하지 못하
게 한 규정이 철저히 실행되지 못했다고 한다. 이와 관련해, 종교와 교육을 분리하기
위해 종교 의식을 거행할 장소를 정하기까지 교실에서 거행하는 것을 허락했고, 총독
허가를 받은 인근 학교에서는 매일 오전 8시 반부터 9시 반까지 종교교육 시간으로
정하고, 기타 학교에서도 종교교육에 불편도 없었으며, 이 제도에 불평을 품은 사람은
'성경을 강제로 교수하고자 하는 사람'이었다고 한다.
164 朝鮮總督府(i), Op. cit., 1923, pp.19-20.

국의 국민성과 제도를 연구하지 않고 그리스도교주의의 국민성 또는 자기 나라의 제도·풍속·습관을 그대로 일본제국에 적용하면 여러 오해와 어려움이 발생하는데, 천황(陛下) 사진에 경례하는 것을 예배로 오인해 반대하는 것은 일본의 국민성을 이해하지 못한 것이며, 제국 영토에서 포교에 종사하려면 제국의 국민성과 제도를 깊이 연구·양해해야 한다는 지적이다. 셋째, 사립학교에서 국민교육의 본지와 관계없다는 태도를 보인 사례가 있지만, 사립학교가 설립자 주의(主義)에 따라 학교를 경영하고 교육을 베푸는 것도 '교육령에 따라 제국의 국가교육을 시행함을 전제로 허용'된다는 지적이다.[165]

1921년 9월 水野鍊太郎(미즈노 렌타로우) 정무총감은 조선기독교신교전도단연합회의에 참석해 1919년 9월의 진정서에서 실현 가능한 것을 거의 실행했다고 자평하고 조선총독부 입장을 밝힌다. 그에 따르면, 선교사들이, 입장이 다르지만, 동일 목적을 위해 일하는 협력자이므로 기독교를 존중·보급하기 위한 편의를 고려해 1920년 3월과 4월에 〈사립학교규칙〉과 〈포교규칙〉을 개정하고 6월부터 종교단체를 법인으로 공인한다. 조선총독부 시정(施政)도 선교사들의 사업처럼 정의·인도의 원칙을 기초로 조선인과 일본인의 차별적 취급을 허용하지 않으며, 태형 폐지, 교육제도 개정, 의료 위생기관 개선, 지방제도 개정도 이 원칙에 따른 것이다. 또 조선의 학제를 일본의 제도와 완전히 동일하도록 조선교

---

165 朝鮮總督府(i), *Ibid.*, pp.47-49(紫田善三郎, 〈全鮮宣敎師聯合大會 席上 談〉). 출판·언론 단속의 경우, 아직 조선이 민심의 동요를 면치 못하고 있어 일본과 같은 자유를 인정할 수 없다고 한다. 또한 조선어를 금지한 사실이 없어 각 학교마다 상당한 시간을 과하고 있지만, 일본인·조선인의 융화혼화(內鮮人の 融和混和)는 말을 통하게 하는 것이 제일 중요 요건이므로 일본어를 충분히 숙달해야 한다고 한다(같은 책, pp.45-47). 다만, 둘째와 셋째 부분은 원자료에서 확인할 수 없어 번역 자료를 활용한다(김승태 편역, 앞의 책, 1996, 165-168쪽).

육령을 개정 중이다. 다만, 진정서에 단순 오해 또는 악의로 날조(捏造)된 말을 기초로 한 요청도 있어 모든 의견이 정당한 것은 아니며, 고의적 허구와 법을 어기는(無法) 과장을 배척하고 진리의 평화를 위해 사실에 기초할 것을 당부한다.[166]

(3) 1920년대 기독교와 재단법인화

조선총독부는 1912년 3월에 〈조선민사령〉(제령 제7호), 〈조선부동산등기령〉(제령 제9호), 〈조선부동산증명령〉(제령 제15호), 〈법인 설립과 감독에 관한 규정〉(부령 제71호)을 제정한다.[167] 이 가운데 82개 조항의 〈조선민사령〉은 제1조에 〈조선민사령〉 외의 법령에 특별히 정한 경우를 제외하고 〈민법〉, 〈민법시행법〉, 〈상법〉 등 23개 법규에 따라야 한다는 내용, 제13조에 부동산 물권의 취득·상실·변경에 대해 〈조선부동산등기령〉 또는 〈조선부동산증명령〉에 따라 등기 또는 증명을 받아야 제3자에 대항할 수 있다는 내용을 명시한다. 이는 〈조선민사령〉을 근거로 법인

---

166 朝鮮總督府(i), *Ibid.*, pp.39-44(水野鍊太郎, 〈朝鮮基督敎信敎傳道團聯合會議に於ける 水野政務總監の演說〉). 이 내용은 1921년 9월 21일 水野鍊太郎(미즈노 렌타로우) 정무 총감이 경성 피어슨기념관에서 개최된 조선기독교신교전도단연합회의(제10회)에서 연설한 내용이다(같은 책, pp.39-44).
167 〈조선민사령〉(시행 1912.4.1, 조선총독부제령 제7호, 1912.3.18 제정); 〈조선부동산등 기령〉(시행 1912.3.26, 조선총독부제령 제9호, 1912.3.18 제정); 〈조선부동산증명령〉 (시행 1912.4.1, 조선총독부제령 제15호, 1912.3.22 제정); 〈법인 설립과 감독에 관한 규정〉(1912.3.30, 시행 1912.4.1, 부령 제71호). 〈조선부동산등기령〉 제7조 ①(이 영 시행 전의 부동산등기법 또는 조선부동산증명령에 의하여 행한 등기 또는 증명은 이 영에 의하여 행한 등기로 본다)에 따르면, 기존의 등기와 증명 관련 법규는 폐지된 것으로 보인다. 그리고 〈조선부동산증명령〉 제39조(이 영은 조선부동산등기령을 시 행하는 지역에서는 적용하지 아니한다)에 따르면, 증명제도는 등기제도의 미시행 지 역에 적용된 것으로 보인다.

제도와 '등기 또는 증명' 제도를 통한 부동산의 '배타적 소유권' 제도를 도입했다는 것을 의미한다.

실제로 〈조선민사령〉과 〈법인 설립과 감독에 관한 규정〉[168]은 법인 허가 근거로 작용한다. 다만, 〈법인 설립과 감독에 관한 규정〉 시행 전에 설립 허가를 받은 법인도 있다. 이와 관련해, 사립숙명여자고등보통학교가 1912년 1월 13일자로 '재단법인 사립숙명여자고등보통학교'로 변경 허가를 받은 바 있다.[169]

〈조선민사령〉 공포 이후, 기독교에서는 장로교가 법인화를 추진한다. 장로교는 1912년 9월 제1회 총회에서 사단법인 조직을 결의하고 11월에 관련 서류를 제출한다. 그러나 조선총독부는 1914년 1월에 법률상 문제가 있어 인허할 수 없다고 회답한다. 이에 장로교는 변호사 工藤忠輔(구도 타다스케)를 고용해 사단법인이 아닌 재단법인화에 착수하고, 변호사와 내무장관 宇佐美藤夫(우사미 가쯔오)의 교섭에 근거해 1914년 9월 제3

---

168 〈法人ノ設立及監督ニ關スル規程〉(부령 제71호, 명치 45.3.30, 시행 명치 45.4.1), 『조선총독부관보』 제475호, 1912.3.30. 그에 따르면, 〈민법〉 제34조에 의거해 총독 허가를 받아 사단 또는 재단을 법인으로 할 때 사단은 정관, 자산 총액, 사원 수, 재단은 기부행위, 자산총액을 갖춰 조선총독에게 신청해야 한다(제1조). 법인 설립 허가를 받았을 때는 '3가지(①정관 또는 기부행위, ②이사·감사 이름과 주소, ③재산목록(사단법인은 사원 수)'을, 그리고 '①항과 ②항'을 변경할 때도 사무소 소재지의 도장관에게 보고해야 한다(제2조). 법인은 매년 3월 말 조사해 익월 중에 재산목록을 첨가해 3가지(①법인의 목적 사업 상황, ②전년 중의 처무 요목, ③전년 중의 경비와 수입과 지출금액 및 그 비목)를, 사단법인은 사원 수까지 조선총독에게 보고하되, 특히 연말에 사업연도를 조사해 그 연도 종료일로부터 30일 이내에 보고해야 한다(제3조). 도장관은 법인 업무를 감독하고(제4조), 법인 감독을 위해 필요한 보고를 받거나 업무와 재산 상황을 검사할 수 있으며, 이 보고나 검사 성적을 곧바로 조선총독에게 보고해야 한다(제5조). 또한 도장관은 법인에게서 〈민법〉 제71조에 해당하는 행위를 인지할 때는 그 사유를 상세히 적어 조선총독에게 보고해야 한다(제6조). 이 규정 시행 전에 설립 허가를 받은 법인은 이 규정 시행일로부터 30일 이내에 제2조의 사항을 도장관에게 보고해야 한다(부칙).
169 〈財團法人設立許可(五)〉(조선총독부 고시 제5호, 명치 45.1.16), 『조선총독부관보』 제413호, 1912.1.16.

회 총회에서 노회별로 1~2개 재단을 두기로 의결한다. 그 후 이 의결에 따라 먼저 평남노회가 재단 설립 준비를 시작하지만, 1915년 8월 〈포교 규칙〉(부령 제83호) 공포에 따른 사무가 많아져 1919년 8월 총회까지 지연된다.[170]

다만, 〈법인 설립과 감독에 관한 규정〉 시행 이후 조선총독부는 교육과 의료 등과 관련된 재단법인을 허가한다. 이와 관련해, 1913년 2월 22일자로 사립 양정의숙(養正義塾)에 대해 '재단법인 사립 양정의숙' 변경을 허가한다.[171] 그리고 1917년 4월 7일자로 경기도 경성부 '사립연희전문학교기독교연합재단법인' 설립을,[172] 1917년 5월 14일자로 경기도 경성부 '사립세브란스연합의학전문학교 재단법인' 설립을 허가한다.[173]

조선총독부의 법인화 정책은 일본의 경우와 비교하면 늦은 편이다. 이미 일본은 1899년 8월 〈민법〉에 근거한 〈문부대신의 주관에 속한 법인의 설립과 감독에 관한 규정〉(문부성령 제39호)을 공포한다.[174] 그리고 그로부터 1년 후인 1900년에 내무성령 제6호(1898)를 개정한 내무성령 제38호를 공포하고 동시에 〈종교 선포나 종교상 의식 집행을 목적으로 하는 법인의 설립 등에 관한 규정〉(내무성령 제39호)을 공포한다.

---

170 안유림, 「조선총독부의 기독교 단체 법인화(法人化) 정책─1920년대 선교회·교회 재단법인 설립을 중심으로」, 『한국기독교와 역사』 31, 2009, 131-132쪽. 1912년 3월 〈조선 등록세령〉의 공포로 부동산 등기 시의 세금이 정해져 법인화 필요성이 커졌다고 한다 (같은 글, 130쪽).

171 〈京城府西部都染洞私立養正義塾ヲ財團法人私立養正義塾ト爲スノ件〉(조선총독부 고시 제46호, 대정 2.2.25), 『조선총독부관보』 제169호, 1913.2.25.

172 〈私立延禧專門學校基督敎聯合財團法人設立許可〉(조선총독부 고시 제80호, 대정 6.4.10), 『조선총독부관보』 제1402호, 1917.4.10.

173 〈セブランス聯合醫學專門學校財團法人設立許可〉(조선총독부 고시 제123호, 대정 6.5.16), 『조선총독부관보』 제1433호, 1917.5.16.

174 〈文部大臣ノ主管ニ屬スル法人ノ設立及監督ニ關スル規程〉(明治 32.8.16, 文部省令 第39号), 『官報』 第4838号, 1899.8.16.

구체적으로, 일본의 법인화 관련 법규를 보면, 1898년 내무성령 제6호는 신사·사원·불당이 참배료를 징수할 수 없고(제1조), 관람료를 징수할 때나 씨자(氏子)·단도(檀徒)·신도(信徒)에 한정된 모집이 아닌 기부금을 모집할 때 지방장관 '허가'를 받아야 하며(제2조, 제3조), 이를 위반하면 관리자를 20원 이하 벌금에 처한다(제4조)는 내용이다. 그렇지만 1900년 내무성령 제38호에서는 종래 '신사·사원·불당'이라는 표현을 '신사·사원·사우(祠宇)·불당·기타종교의 선포 또는 종교상 의식 집행을 목적으로 하는 법인'(제3조, 제4조)으로 바꾸고 '허가제'를 유지한다. 그리고 1900년 내무성령 제39호는 '종교 선포 또는 종교상 의식 집행이 목적인 사단법인이나 재단법인을 설립'할 때 제출할 서류(제1조), 신고(제2조)와 인가(제3조) 사항 등을 규정한다.[175]

이 법규들에 근거해 1899년부터 1915년까지 일본에는 48개 기독교계 법인(사단 30개, 재단18개)이 설립된다. 사단법인의 사례는 1901년 2월의 사단법인 벱티스트(Baptist)전도(バプテスト傳道)이다. 재단법인의 사례는 1903년 9월에 설립된 동경기독교청년회를 시작으로, 일본하리스트스(ハリストス/Khristos)정교회(명치 41.10), 오사카(大阪)기독청년회(명치 43.12), 메서디스트(メソジスト)구단(九段)교회(명치 44.12), 후지미[富士見]교회(명치 44.11), 일

---

175 〈神社, 寺院及佛堂ニテ參拜料金, 縱覽料金及寄附金募集ニ關スル件〉(明治 31.7.7, 內務省令 第6号, 시행 明治 31.8.1), 『官報』 第4505号, 1898.7.7; 〈明治三十一年省令第六號中改正〉(明治 33.8.1, 內務省令 第38号, 施行 明治 33.8.5), 『官報』 第5124号, 1900.8.1; 〈宗敎ノ宣布又ハ宗敎上ノ儀式執行ヲ目的トスル法人ノ設立等ニ關スル規程〉(明治 33.8.1, 內務省令 第39号), 『官報』 第5124号, 1900.8.1. 내무성령 제39호에 따르면, 설립자가 정관(定款) 또는 기부행위 외에 종교 명칭과 소속교파·종파의 명칭 등 6개 사항을 제출해야 하고(제1조), 6개 사항 가운데 '종교 명칭이나 신도와 법인의 관계'를 변경할 때는 곧바로 '신고'해야 하고(제2조), '의식·포교방법 또는 포교자 자격과 선정 방법'을 변경할 때는 '인가'를 받아야 하며(제3조), 신불교(神佛敎) 교파 또는 종파에 속한 경우에는 서류를 제출할 때 관장의 첨서(添書)를 붙여야 한다(제4조).

본구세군(명치 45.1), 일본기독청년회(대정 1.8), 기독청년교국제위원(대정 1.9), 지로(指路)기독교회(대정 1.11), 오사카[大阪]서(西)교회(대정 2.6), 다문(多聞)기독교회전도(대정 3.2), 조합(組合)고베[神戶]기독교(대정 3.4), 요코하마[橫濱]기독청년회(대정 3.6), 성공회고베[神戶]교회(대정 3.8), 일본기독교전도(대정 3.9), 오사카[大阪]기독교회(대정 3.10), 일본기독여자청년회(대정 3.11), 松山기독교회(대정 4.10) 등이 보인다.[176] 다만, 1901년부터 1915년까지 기독교계는 사단법인 설립 경향을 보이다가 1911년 이후부터 재단법인 설립 경향을 보인다.

1916년경 일본의 법인화 정책을 보면, 법인은 공법인(公法人)·사법인(私法人), 사단법인·재단법인, 공익법인·영리법인으로 구분된다. 공법인은 국가의 정치조직과 관련된 것으로 단체와 단체원이 권력관계이고, 사법인의 경우는 평등관계이다. 사단법인과 재단법인은 모두 사법인으로 각각 2인 이상이 설립한 경우와 일정한 목적의 재산을 모아 설립한 경우이다. 공익법인과 영리법인도 모두 사법인으로 각각 목적 사업이 공익과 관련된 경우와 사익과 관련된 경우이다. 이와 관련해, 제사·종교·자선·학술·기예(技藝)에 관한 법인은 대체로 공익법인, 상사회사(商事會社) 등은 영리법인이다.[177] 따라서 당시 일본에서 종교단체들은 사법인 가운데 대체로 재단법인이면서 공익법인 형태를 띤다.

일본의 경우와 달리, 조선총독부의 종교단체 법인화 정책 시행 시기는 1920년대부터이다. 그 이전까지는 '제사·종교·자선·학술·기예·기타 공익'에 관한 사단 또는 재단의 법인화를 규정한 〈민법〉 제34조에도 불구하고 〈민법시행법〉 제28조에 따라 종교 법인화 정책을 시행하지 않는

---

176 松岡良友 編, *Op. cit.,* 1917, pp.84-88, pp.158-162.
177 阪上綱吉, 『法律講義 - 朝鮮諸官廳受驗者必携』, 東京: 大阪屋号出版部, 1916, pp.171-174.

다. 다만, 〈민법시행법〉 제19조 제1항에는 〈민법〉 시행 전에 사단 또는 재단이 〈민법〉 제34조의 목적을 가졌다면 법인으로 한다는 내용이 보이기는 한다.[178]

조선총독부는 선교사와 의사소통 과정에서 '종교 선포를 목적으로 한 재단법인의 허가' 조치를 취한다. 조선총독부에 따르면, 조선 기독교가 의지하는 외국 종교단체에 법인격(法人格)을 인정할 것인지 아닌지는 다년 간 현안(懸案)으로 존재한다. 그러다가 1920년부터 "종교의 선포를 목적으로 하는 재단을 〈조선민사령〉에 의한 공익법인으로서 내국법인(內國法人)으로 허가"한다.[179] 이로써 조선에서 종교단체는 법인격을 받으면 기본재산을 관리·유지할 수 있게 된다.[180]

실제로 조선총독부는 프랑스 선교사 뮈텔(Gustave Charles Marie Mutel)이 경성구천주교유지재단(京城區天主敎維持財團) 설립을 신청하자 1920년 5월 9일자로 허가한 후, 다른 교파 혹은 교회가 같은 종류의 신청을 하면 허가할 예정이라고 밝힌다.[181] 천주교가 가장 먼저 법인 허가를 받은 이

---

178 〈민법시행법(民法施行法)〉(명치 31.6.21, 법률 제11호)는 '〈민법〉 중 법인에 관한 규정은 당분 간 신사, 사원, 사우(祠宇)와 불당(佛堂)에 적용하지 않는다'(靑木法律事務所 編, 『民法判例集－條文揷入』, 東京: 有斐閣, 1910, pp.496-497)는 내용이고, 〈민법시행법〉 제19조 제1항은 '〈민법〉 시행 전에 독립 재산을 가진 사단 또는 재단에 대해 〈민법〉 제34조에 있는 목적을 가진 것은 법인으로 한다'는 내용이며(같은 책, p.495), 〈민법〉 제34조는 '제사, 종교, 자선, 학술, 기예, 기타 공익에 관한 사단 또는 재단에 대해 영리 목적이 아닌 한 주무관청 허가를 얻어 법인으로 할 수 있다'는 내용이다(같은 책, pp.11-12).

179 細井肇, 『鮮滿の經營－朝鮮問題の根本解決』, 東京: 自由討究社, 1921, pp.65-66. 두 가지 조치 가운데 하나는 〈포교규칙〉의 개정이다. 〈포교규칙〉의 개정은 종교단체의 편의를 봐준 것처럼 보이지만, 그 궁극적인 의도는 종교를 정치적으로 이용하지 못하도록 하는 데에 있었다고 한다.

180 朝鮮總督府 編(f), 『朝鮮總督府施政年報』(自大正 7年度 至大正 9年), 朝鮮總督府, 1922, pp.153-154.

181 「敎會法人 許可」, 『동아일보』, 1920.5.9, 2면; 「宗敎宣布와 法人許可」, 『매일신보』,

유는 명확하지 않다. 다만, 일본에서는 이미 1909년 9월 '사단법인 일본 함관교구 천주공교 선교사(日本函館敎區 天主公敎 宣敎師)'와 1913년 5월 '사단법인 일본사국교구(日本四國敎區) 천주공교 성도미니크회 선교사'의 허가 사례가 보인다.[182]

당시 천주교 선교사들이 재단법인 허가를 추진한 이유에 대해서는 교회자산의 보존, 그 배경에 대해서는 식민지 통치자들로부터 닥쳐올 위협에 대한 교회의 보호와 교권의 확보라는 지적이 있다. 당시 교회가 많은 재산을 소유하고 있어 인적 구성이 설립 요건인 사단법인이 아니라 자산 보전이 목적인 재단법인의 설립을 추진했다고 한다. 많은 부동산을 소유한 종교단체들로서는 재단법인에 매력을 느낄 수밖에 없었다고 한다.[183] 이러한 지적은 천주교의 재단법인화 추진이 미등기 상태나 개인 명의의 등기 상태에 있던 교회자산을 수탈(收奪) 대상에서 제외시킬 수 있는 방법이었다는 점을 시사한다.

1920.5.9. 동아일보 기사에 따르면 '기독교의 교파 혹은 교회에 속한 재산을 기본으로 해 교파 또는 교회를 법인으로 하는 일'은 선교사 등이 수년래 희망하던 일이고, 경성 구천주교유지재단의 법인 허가 일자는 1920년 5월 9일이다.

182 文部省宗敎局 編, 『宗敎要覽』, 東京: 文部省宗敎局, 1916, pp.193-198; 文部大臣官房文書課 編, 『文部省統計摘要』(大正 11年), 東京: 文部大臣官房文書課, 1925, p.125. 앞의 『종교요람』을 보면, 1916년까지 일본의 '종교 법인(宗敎ニ關スル法人)' 총 105개 가운데 천주교로 분류된 법인은 1909년에 설립한 '日本函館敎區 天主公敎 宣敎師(사단, 명치 42.9.7)'과 1913년에 설립한 '日本四國敎區 天主公敎 聖도미니크會 宣敎師(社團法人, 대정 2.5.8)' 2개이다. 한편, 1922년경 상황을 보면, 일본에서 문부대신 주관에 속한 종교 관련 법인은 총 177개(사단법인 32개, 재단법인 145개)로 나타나는데, 이 수치는 교육회(총 151개: 사단 133개, 재단 18개)와 학교(총174개: 사단 18개, 재단 156개) 관련 법인보다 많은 수치이다.

183 윤선자, 『한국근대사와 종교』, 국학자료원, 2002, 28-29쪽. 종교법인은 영리가 아닌 공익이 목적으로 소득세·자산이자세·법인등록세 면제, 무상 또는 기부로 취득한 부동산의 등록세의 저율 처리 등의 혜택을 받는다(田中藤次郎, 「宗敎及祭祀に關する法人」, 『朝鮮』 192, 1931.5, pp.127-130).

그렇지만 재단법인화 추진이 기독교의 식민 지배와 침략정책에 대한 순응이라는 의지의 표현으로 볼 수 있다는 점도 지적되고 있다. 기독교 단체의 재단법인 허가는 조선총독부가 기독교를 통치체제 안에 포함시킨다는 의미였다는 주장이다.[184] 사실, 재단법인 정책은, 다른 자료에서 유추해볼 때,[185] 유력한 선교사와 조선인에 대한 조선총독부의 '합법적' 관리라는 측면이 있다.

이와 관련해, 1924년 11월 28일자 관보에 실린 '재단법인 경성구천주교회유지재단'의 내용을 보면, 사무소는 '경성부 명치정 2정 1번지', 목적은 '경성구 천주교회에 속한 여러 교회와 동 교회에서 경영하는 전도·교육·구료(求療)·기타 자선사업을 위해 필요한 토지·건물·설비품을 소유 관리하고 또는 필요한 자산을 공급할 목적으로 함'이다. 인가 연월일은 '1924년 10월 27일', 자산 총액은 부동산 가격 금1,947,147원 42전, 출자 방법은 ①기본재산, ②장래 특수 기본재산으로 법인에 기부한 재산, ③특별 조건으로 법인에 기부한 재산, ④법인의 목적을 위해 매년 프랑스 파리 외방선교회에서 기부한 재산, ⑤법인 소유 재산에서 발생한 과실(果實)'이다. 이사는 뮈텔(グスタブ ミューテル), 드브레(エ, デブレ), 푸아넬(ベ, ポアネル), 조세(ジ, ゾーセ), 한기근(韓基根)이다.[186] 이 내용은 조선총독부가

---

184 위의 책, 28-29쪽.
185 蠟川新, 『亞細亞に生きるの途』, 東京: 日本書院出版部, 1929, pp.63-65. 이 자료에는 '재단법인 동아보민회' 설립 추진 내용이 있다. 그에 따르면, 만몽(滿蒙)의 토지 경작에는 노력 외에 자본과 능력이 필요한데, 이것을 갖추는 방법에 영리법인과 공익재단법인이 있다. 그러나 이익 창출이 목적인 사익회사[영리회사]로는 조선인을 소작인으로 사용해도 회사 이익을 위한 고용일 뿐이고, 결국 소작인인 조선인의 반감으로 일본인과 조선인 사이에 반목이 생겨 조선인 구제 사업이 불가능하다. 재외 조선인 200만 명 구제 사업은 일본의 식량 문제와 만몽 문제를 해결해 일본 국민의 해외 발전을 위한 국책 수행이므로 이 일을 위해 새로 공익법인을 조직해 대표적인 조선 일류의 명사(名士)를 모아, 정당과 정파를 초월한 국책 수행의 일대 기관을 마련해야 한다.

법인화를 통해 종교단체의 재산과 관계자에 대한 주요 정보를 합법적으로 취득했다는 점을 시사한다.

천주교의 재단법인 인가 이후 종교계 재단법인 수를 보면, 1921년에는 천주교 경성관구 외에도 다른 2~3개 단체가 재단법인 설립 허가를 받는다. 그로부터 약 4년만인 1925년에는 종교 선포를 목적으로 하는 재단법인 수가 26개, 1926년에는 29개가 된다.[187] 그리고 『조선총독부시정연보』(1931)에 따르면, 1927년과 1928년의 종교계 재단법인은 29개(기독교계 25개, 불교계 2개, 제사 관련 2개)이다.[188] 이 수치는 1929년에 30개(기독교계 26개, 불교 2개, 제사 관련 2개), 1930년에 33개(기독교계 28개, 불교계 3개, 제사 관련 2개)로 증가된다.[189] 다만, 1931년·1932년 상황을 정리한 1934년판 『조선총독부시정연보』부터 '제사와 종교' 부분에 종교 법인격이나 재단법인 관련 내용이 없어,[190] 이후의 종교계 재단법인 상황을 정확히 파

---

186 〈商業及法人登記〉, 『조선총독부관보』제3688호, 1924.11.28. 관보에 따르면, 경성구천주교회유지재단은 대정 13년 10월 27일 설립허가취소에 의해 해산하고 또는(タリ) 같은 날 경성부 명치정(明治町)2정목(丁目) 1번지의 뮈텔을 청산인(淸算人, 해산 법인의 청산 사무를 관장하기 위해 선임된 사람)으로 선임한다. 관보에 등장하는 인물 가운데 뮈텔은 Gustave Muttel(閔德孝), 푸아넬은 명동성당 설계와 감독을 맡았던 Victor Louis Poisnel(朴道行, 1855-1925), 드브레는 1904년 강원도 원주시에 용소막(龍召幕)성당을 설립한 Emile Alexandre Joseph Devred(兪世竣, 1877-1926), 한기근(韓基根, 1868-1939)은 뮈텔에게 사제 서품을 받은 1897년경부터 5년 동안 용산 예수성심신학교 교수로 재직하다가, 1914년부터 경향잡지사 사장으로 활동한 인물이다. 그리고 조제는 연도를 고려했을 때 히폴리테 조셉 소세(Hippolyte Joseph Saucet, 1877-1921)가 아니라 조셉 조제(Joseph Jaugey, 1884-1955)를 말하는 것으로 보인다.

187 朝鮮總督府 編, 『朝鮮總督府施政年報』(大正 10年), 朝鮮總督府, 1922, p.180; 朝鮮總督府 編, 『朝鮮總督府施政年報』(大正 13年), 朝鮮總督府, 1926, p.189; 朝鮮總督府 編, 『朝鮮總督府施政年報』(大正 14年), 朝鮮總督府, 1927, p.177; 朝鮮總督府 編, 『朝鮮總督府施政年報』(昭和 元年), 朝鮮總督府, 1928, pp.189-190. 대정 14년에는 28개, 소화 원년에는 29개로 기록되어 있다.

188 朝鮮總督府 編(a), Op. cit., 1929, p.196; 朝鮮總督府 編(b), Op. cit., 1930, p.196.

189 朝鮮總督府 編(c), Op. cit., 1931, p.202; 朝鮮總督府 編(d), Op. cit., 1933, p.174. 『시정연보』에는 1927년부터 종교계 재단법인을 제시한다.

악하기는 어렵다. 그렇지만 1930년대까지 종교계 재단법인 수치를 보면 특히 기독교가 법인화 정책에 긍정적이었다는 점을 알 수 있다. 재단법인 명칭은 다음의 국가기록원 자료에서 확인할 수 있다.

〈표 4〉 종교계 재단법인 사례

일반문서 / 생산기관	생산
재단법인조서 (기독교대한감리교유지재단-충남)/ 문교부 보통교육국 교육행정과	1909
재단법인조서 (예수재림교 한국연합회 유지재단-경기)/ 문교부 보통교육국 교육행정과	1922
재단법인조서 (제7일안식일 예수재림교한국연합회-전남)/ 문교부 보통교육국 교육행정과	1922
〈포교관리자 관계 및 재단법인 기타 관계 서류〉 내(內)/ 생산기관 미상 ▶ 조선회중기독교회재단법인 설립허가원의 건 ▶ **재단법인 약초정일본기독교회유지재단 설립허가 신청의** 건 ▶ 조선야소교장로회 경북노회유지재단 인가신청에 관한 건 ▶ 경성기독교청년회재단법인 토지소유권 취득의 건(지령안)	1922
재단법인조서 (경성구천주교회유지재단-충남)/ 문교부 보통교육국 교육행정과	1924
〈기독교 천주교 재단법인 관계서류〉 내(內)/ 생산기관 미상 ▶ 재단법인 호주빅토리아국장로교 조선선교회유지재단에 관한인가 신청의 건 ▶ 재소선야소교장로파선교회 신학교유지재단 인가신청의 건 ▶ 피어선기념성경학원유지재단 인가신청의 건 ▶ 조선중앙기독교청년회유지재단 인가신청의 건 ▶ 평양구천주교회유지재단 인가신청의 건 ▶ 원산구천주교회유지재단 인가신청의 건 ▶ 경성구천주교회유지재단 설립허가취소 건 및 경성구천주교회유지재단 ▶ 미감리교회 조선부인선교부유지재단 규정사항 중 일부변경 인가신청의 건 ▶ 재조선외국전성교회유지재단 인가신청의 건 ▶ 조선기독교청년회 국제위원간사유지재단 인가신청의 건	1924
〈기독교천주교재단법인관계서류〉 내(內)/ 생산기관 미상 ▶ 재단법인 조선야소교 가나타장로교회유지재단 인가신청의 건 ▶ 남감리교회 조선선교부유지재단 인가신청에 관한 건 지령안-교회재단의 법인설립허가 지령의 조건 삭제의 건 ▶ 제7일안식일야소재림교 조선회합유지재단 설립허가 지령 변경원 ▶ 전주일본기독전도교회유지재단 설립허가신청의 건	1925
재단법인조서 (대한예수교장노회순천노회유지재단-전남)/ 문교부 보통교육국 교육행정과	1932
〈기독교 천주교 재단법인 관계서류〉 내(內)/ 생산기관 미상 ▶ 재단법인 조선야소교장로회 의산로회유지재단 설립허가신청의 건-평북 ▶ 조선야소교장로회 경안로회유지재단 설립허가신청의 건-경북 ▶ 조선야소교장로회 황해로회유지재단 설립허가신청의 건-황해 ▶ 조선야소교장로회 평양로회유지재단 설립허가신청의 건-평북 ▶ 기독교조선감리회유지재단 규정사항중 변경인가의 건-경기	1933

190 朝鮮總督府 編(e), *Op. cit.*, 1934, pp.173-179.

〈종교사원 창립허가 및 재단법인 기타 관계서류〉 내(內)/ 생산기관 미상 ▶ 재단법인 대구구천주교회유지재단 기부행위 변경인가신청의 건-경북 ▶ 전주구천주교회유지재단 기부행위 변경인가신청의 건-전북 ▶ 조선야소교장로회 평양노회유지재단 기부행위 변경인가신청의 건 ▶ 대구구천주교회유지재단 소유토지 처분인가신청의 건-경북 ▶ **조선불교중앙교무원 재산처분인가신청의 건** ▶ 전주구천주교회유지재단 기본재산처분인가신청의 건-전북	1939
〈신도사원법인기독교법인인가관계서류〉 내(內)/ 생산기관 미상 ▶ 재단법인 대구구천주교회유지재단 소유토지 기부 및 매각처분 인가의 건 ▶ 미감리교회조선선교부유지재단 기부행위 변경인가신청의 건 ▶ 야소교동양선교회유지재단 기부행위 변경인가의 건 ▶ 조선외국전성교회유지재단 기부행위 변경인가의 건 ▶ 대구구천주교회유지재단 소유기본재산 처분의 건 ▶ 재조선구세군유지재단 기부행위 변경인가의 건	1941
〈종교법인사원관계서류〉 내(內)/ 생산기관 미상 ▶ 재단법인 조선야소교장로회 용천노회유지재단 기본재산 처분 인가신청에 관한 건 ▶ **조계학원 소유기본재산 처분에 관한 건** ▶ **조선불교협회 기부행위변경 인가신청의 건**	1942

(4) 1930년대 이후 신사참배와 학교 교육

조선총독부의 신사참배 정책은 일본의 신사참배 의무화 정책과 연결되어 있다. 이와 관련해, 1910년대 전후 일본 학교에는 1890년 10월에 메이지 천황이 반포한 〈교육칙어〉[191]와 어진영(御眞影)을 통해 천황에 대한 숭경심 함양 의식이 정착된다.[192] 이와 관련해, 아이치현[愛知縣]에 있던 신성심상고등소학교의 1918년 요람을 보면 〈신사참배에 관한 규정〉이 있다. 신사참배 목적이 신사에 대한 숭경 관념(崇敬の念)을 함양하고, 조상숭배의 미풍을 발휘하고, 충군애국 정신을 공고(鞏固)히 하는 데에

---

191 교육칙어의 핵심 내용은 역대 천황이 도의국가의 실현을 목표로 일본을 세웠고, 교육의 근본도 도의국가를 이루는 데에(道義立國の達成)에 있다는 점, 그에 따라 효도, 부부의 조화, 형제애, 학문, 준법정신 등 12가지 덕목을 지켜야 하며, 천황 자신도 조상의 가르침을 가슴에 품고 훌륭한 일본인이 되기 위해 진심으로 영원할 것이라는 점이다 (石橋臥波 編纂, 『敎育勅語釋義』, 神戸市: 吉岡敎育書房, 1891, pp.1-21; 山口縣內務部, 『現行敎育法規』, 山口縣: 山口縣內務部, 1897).

192 히우라 사토코, 이언숙 역, 『신사·학교·식민지』, 고려대학교출판문화원, 2016, 16-17쪽.

있고, 입학일·졸업일을 포함해 신사참배 기일에 학교 직원과 아동이 참여하되 아동을 제사의식[祭典]에 참렬(參列)시키고, 신사 앞을 통과할 때 반드시 경례하게 해야 한다는 것이 핵심 내용이다.[193]

조선에는 〈교육칙어〉가 한일병합 이후 점차 보급된다. 이와 관련해, 1910년 10월 기사에는 "교과서에 일황의 〈교육칙어〉를 한 과정 만들어 일본 천황을 존경하는 마음이 생기게 하고"라는 표현이 있다.[194] 1912년 1월 기사에는 '요즈음 〈교육칙어〉를 인쇄하는 중이고 인쇄가 완료되면 각 도에 나누어 줄 것'이라는 내용이 담겨 있다.[195]

그렇지만 조선에서 신사참배가 주목을 받은 시기는 관폐대사인 조선신궁 건립이 마무리되던 1925년경이다. 이와 관련해, 1920년대에 충남 강경(江景) 공립보통학교 학생들이 신사참배를 거부한 두 가지 사례가 보인다. 하나는, 여교사에게 학생들을 인솔해 신사에 가서 참배하라고 했는데 학생들이 거부하자 여교사가 부득이 학생들을 데리고 돌아온 사건이다. 이 사실을 탐문한 당국자는 여교사에게 사직을 권고하고 여교사가 반발하자 휴직을 명령한다.[196]

이 사건으로 인해 1925년 2월경 경기도평의회에서 '신사가 종교냐 아니냐'에 대한 논의가 진행된다. 당시 경기도 학무과장은 이미 일본 의회(議會)가 신사를 종교가 아니라 일본 조상(祖先) 숭배 기관이라고 했고,

---

193 新城尋常高等小學校 編, 『愛知縣南設樂郡新城尋常高等小學校要覽』, 愛知縣: 前澤印刷所, 1918, p.52, 제10조-제15조 참조. 당시 학교 위치는 현재 아이치현(愛知縣) 미나미시타라군(南設樂郡) 신죠우시(新城市)이다.
194 「파측코 독훈 정책, 한국말과 글ᄉᆞ지 업시훌 쥬의」, 『신한민보』, 1910.10.12, 3면.
195 「교육계의 강도 칙어」, 『신한민보』, 1912.1.22, 2면.
196 이와 관련해, 1924년 가을에 강경공립보통학교의 궁모례(宮牟禮) 교장이 신사참배 반대를 구실로 여훈도(女訓導·여교사) 김복희(金福姬) 외 학생 7명을 희생시켰다는 기사가 있는데, 동일 사건인지는 분명하지 않다.

부모에게 효성을 하지 않는 아이들에게 효성을 다하라고 하듯이 듣지 않는 아이들에게 강제로라도 시킬 수밖에 없다고 대답한다. 이어, 조선 총독부 학무국의 平井三男(히라이 미츠오) 과장은 향후 신사참배 문제의 발생에 대비해 다음과 같이 당국의 소견을 밝힌다.[197]

> 신교(神敎, 교파신도 – 필자)는 일종의 종교지만 신사(神社)는 영웅을 숭배하는, 즉 자아(自我)보다 고상한 인격을 가진 인격자에 경의를 표하는 영조물(營造物)이다. 조선인이 단군이나 기자라는 위인(偉人)의 묘에 참배하는 것과 마찬가지이다. 따라서 신사참배를 할 수 없다는 것은 조상[祖先] 참배까지도 부정하는 것이다. 따라서 여교사에 대한 처분과 경기도평의회에서 대답한 학무과장의 말은 조선총독부의 방침이다.

그렇지만 '신사가 종교가 아니라 일본인이 조상 중에서도 위인을 숭배해 감화를 받는 기관'이라는 조선총독부 논리는 비판을 받는다. 그 핵심은 일본인 조상에 대한 일본인과 조선인의 감정 차이를 고려해야 한다는 내용이다. 그에 따르면, 일본인이 신사에 숭고한 경의를 표시하는 것은 일본민족이기에 의미가 있고, 일본인만을 위한 신사에 일본인 이외의 민족이 일본인과 같은 감정으로 존중하기를 바랄 수 없다. 게다가 역사적 이해(利害) 관계도 같지 않고 그 신사에 대한 이해(理解)가 없는 조선 아이들은 신사에 대한 일본인의 숭배 감정을 가질 수 없다. 일본민족 간에도 평씨(平氏) 후손이 원씨(源氏) 조상에 갖는 감정과 그 반대 감정이 같지 않다. 따라서 일본인이 자기 조상에게 갖는 감정과 조선인이 일본인 조상에게 갖는 감정을 동일시 할 수 없다. 만일 조선인이 일본인

---

197 「強制 參拜問題 (上), 逆理에 徹底한 敎育當局者」, 『동아일보』, 1925.3.18, 1면.

아동에게 조선인 조상 분묘에 가서 신사를 대하는 감정으로 참배하게
하면 상식 있는 사람은 조선인이 '동화정책'을 비소(鼻笑)하는 이상의 비
소로 반박할 것이므로 일본인과 같은 감정으로 신사참배를 하라고 강제
하는 것은 무지·무리(無理)하다.[198]

다른 하나는, 1925년 5월경, 강경 공립보통학교 6학년생 한준석(韓俊
錫, 15세)이 개신교 신자라는 이유로 '은혼식(銀婚式)'[199]에서 전체 학생이
하는 신사참배를 거부하자, 학교가 등교를 못하게 한 사건이다. 학교는
신사참배를 하면 용서하고 그렇지 않으면 퇴학시키겠다는 입장을 취하
지만, 학생은 신사참배를 못하겠다는 입장을 고수하며 등교를 거부한
다.[200]

이러한 신사참배와 종교의 관계는 1920년대에 계속 문제가 된다. 조
선총독부는 신사가 종교적 대상이 아니라는 입장을 취한다. 그렇지만
이 입장은 신사참배가 '도덕적 권위로 정신상 감화를 의미하는 것이라면
신앙에 해당한다'는, 또한 신앙이 개인 심령의 직접 내증(內證, 진리를 깨우
침), 즉 자기의 독득(獨得)한 경험이 상련(相連)되어야 하므로 자진해서 취
해야 하는 것이지 타인이 간섭·변경할 수 없다는 반박 논리에 직면한다.

---

198 「强制 參拜問題 (上), 逆理에 徹底한 敎育當局者」, 『동아일보』, 1925.3.18, 1면.
199 은혼식(銀婚式)은 결혼 25년주년 기념식이다(「銀婚式과 警戒 綱」, 『동아일보』, 1925.5.9,
　　2면; 「橫說竪說」, 『동아일보』, 1925.5.14, 1면).
200 「휴지통」, 『동아일보』, 1925.5.25, 2면. 이 기사에 따르면, 충청남도 강경(江景)공립보
　　통학교에서는 6학년 한준호(韓俊鎬, 15세)가 본래 공부도 착실히 하고 품행도 얌전하
　　지만, "예수를 너무 진실히 밋고 신사(神社)에는 참배하지 안는다고 동교당국자 사이
　　에 말성거리가 되여" 지금 그 학생을 등교치 못하게 하고 있다고. 그런데 학교당국에
　　서는 이제라도 그 학생이 신사에 참배만 하겟다면 복교식히겟다하고 그 학생은 학교
　　에를 못단닐지언뎡 신사에는 참배할 수 업다고 주장하는 중이라고.
　　「江景普校生徒 神社參拜를 拒絕, 예수 밋는다고 신사참배 거절, 절대로 참배는 안한다
　　고 휴도」, 『동아일보』, 1925.5.29, 6면.

그리고 현대 문명국이 신앙의 자유를 인정하고 있음에도 불구하고 당국자가 개신교 학교 측의 신사참배 거부에 대해 협량(狹量)으로 대하면 극히 졸(拙)한 일이라는 비판도 보인다.[201]

1920년대 신사참배 문제와 관련해, 1924년 12월말 정무총감 下岡忠治(시모오카 쥬지)와 서울기독교인연합의 회합 결과로 신사 관할 업무가 학무국 종교과에서 내무국 사회과로 옮겨진다.[202] 이 조치는 조선총독부가 신사와 종교를 분리 방침, 즉 신사가 종교가 아니라는 방침을 표면화했다는 것을 의미한다.

그렇지만 신사행정과 종무행정을 분리한 이후에도 조선총독부는 1920년대 중반의 신사참배 거부에 강력 대응하지 않는다. 1930년대 중반까지도 마찬가지 상황이다. 예를 들어, 1925년경 강경 공립보통학교 학생의 신사참배 거부 사건에 대해서도 선교사들과 교섭해 문제를 해소한다. 또한 1932년 9월 만주사변 1주기를 맞아 평양에서 개최된 추계황령제에 기독교계 학교들이 참가를 거부했지만 타협해 일부 학생들을 제례 직후의 국민의례에만 참가시키기로 한다.[203]

---

201 「神宮 鎭座祭日에 예수敎 學校는 不參拜, 학교당국자들이 모히어서 결의하엿다. 어령대가 도착되든 당일도 출영치 안어, 參拜强要는 안는다고(時實知事談)」, 『동아일보』, 1925.10.15, 3면; 「信仰은 自由, 當局의 注意를 要한다」, 『동아일보』, 1925.10.16, 1면.
202 澤正彦(사와 마사히코), 〈일제하 '신사문제'와 기독교주의 학교〉, 김승태 편, 『한국기독교와 신사참배문제』, 한국기독교역사연구소, 1992, 396쪽. 근거는 W. C. Kerr, "Shinto Shrines in Chosen", The Korea Mission Field, 1925.4(April)이다. 이 잡지는 성균관대학교 동아시아역사연구소의 '한인발행근현대신문잡지DB'(http://eahistory.or.kr/)에 실려 있는데 해당 자료가 빠져 있다.
203 澤正彦(사와 마사히코), 위의 글, 1992, 395-398쪽, 401쪽. 신사참배가 단계적으로 강제된 역사적 배경으로 大正(다이쇼) 데모크라시 이후 1925년에 '국체를 변혁하거나 사유재산제를 부인하는' 결사와 개인을 겨냥해 공포된 〈치안유지법〉, 경제 정치에 위기감을 주고 조선에서 소작쟁의와 노동쟁의를 발생시킨 昭和(쇼와) 초기의 대공황, 조선공산당의 결성과 전국적인 신간회 조직 등도 언급된다(같은 책, 399쪽).

1932년 9월의 신사참배 거부 사건은 사립 숭실전문학교 외 평양부(平
壤府) 소재 개신교계 장로교파 10개 사립학교가 '만주사변1주년기념 전
몰자위령제 참석'이라는 평남도지사 통첩을 무시한 사건이다. 이에 대해
평남도 학무과는 조선총독부 학무국에 보고하고 고등경찰과에 연락해
교장과 교직원을 '사상 요시찰인(思想 要視察人, 감시가 필요한 사람)'으로 엄
중히 감시해 달라고 요청한다. 그리고 조선총독부 학무국 감독에 속한
숭실전문학교를 제외하고, 숭실(중등)학교 등 10개교에 위령제 참배 거
부 관련 시말서 제출을 명령하고, 시말서 내용에 따라 학교를 폐교처분
한다는 방침을 세운 후 외국인 학교장의 국외 추방을 위해 외사과(外事
課)와 협의한다. 이러한 단호한 태도는 사상적 악영향 또는 다른 학교에
미칠 여파를 경계한다는 명분이다.[204] 그렇지만 이러한 강경 처리 방침
은 결과적으로 타협으로 이어진다.

조선총독부의 신사참배 정책은 공립학교에 시행하다가 종립학교를
포함해 사립학교로 확대되는데, 이 정책의 법적 근거가 무엇이었을까?
신사참배 정책과 관련된 특정한 법적 근거는 보이지 않는다. 오히려 법
적 집행이 아니라 경찰력을 활용해 삶을 협박하는 방식으로 정책이 추
진된다.[205] 이는 신사참배 거부자를 처벌할 법적 근거가 없어 경찰이 구

---

204 「崇實校はじめ十校に始末書如何で斷然廢校處分, 戰沒者慰靈祭に不參拜, 基敎系學校の奇
    怪事」, 『大阪每日新聞 朝鮮版』, 1932.11.9(한국사데이터베이스, http://db.history.go.kr/,
    접속: 2017.11.11);「基敎系學校の戰歿者慰靈祭不參拜問題, 訓令に悖らば斷乎として處
    分, 平南道當局に報告を命ず, 總督府決然として臨む」, 『大阪每日新聞 朝鮮版』, 1932.11.
    12(한국사데이터베이스, http://db.history.go.kr/, 접속: 2017.11.11.).
205 澤正彦(사와 마사히코), 앞의 글, 1992, 398쪽. 사와 마사히코는 "C. R. Holtom, State
    Shinto and Religion, The International Review of Missions, 1938, p.165"를 근거 자료로
    이용해 신사정책의 법적 근거를 굳이 말한다면 1911년 桂 太郎(카츠라 타로우)내각
    당시의 문부성령(같은 책, 399쪽)이라고 하지만, 이 문부성령을 구체적으로 확인하기
    어렵다.

금해 심문해도 검찰로 송치(送致)하기가 어려웠다는 것을 의미한다.

그렇다면 일본의 경우에는 신사참배 정책이 어떻게 진행되었을까? 일본정부는 이미 1899년에 교육과 종교의 분리 방침을 세운다. 구체적으로, 1899년 8월 〈사립학교령〉(칙령 제359호)으로 '설립과 대표자 인가제'를 추진하고, 제17조(본령 시행에 필요한 문부대신의 명령 발포권)에 근거해 사립학교 설치 인가제가 담긴 '1881년 5월의 문부성달 제15호'를 폐지한다.[206] 또한 같은 해에 '일반 교육을 종교 외에 특별히 세우는 것이 학정상(學政上) 가장 필요하므로 관·공립학교와 학과(學科)과정에 관해 법령 규정이 있는 학교에서 [학과]과정 외 종교상의 교육이나 의식을 행하는 것을 허가할 수 없다'는 내용의 〈일반교육을 종교 외에 특립하는 건〉(문부성 훈령 제12호)을 공포한다.[207]

1899년의 〈사립학교령〉과 문부성 훈령 제12호는 기독교를 배제하기 위한 법규로 평가되고 있다. 그에 따르면, 〈사립학교령〉은, 종교교육 금지조항이 없었지만, 기독교계 사립학교를 감독하기 위한, 그리고 문부성 훈령 제12호는 교육과 종교의 분리를 내세워 기독교를 막고 〈교육

---

206 문부성달 제15호, 즉 '〈町村立私立學校(小學校ヲ除) ク)ノ設置ヲ認可〉(明治 14.5.5, 文部省達 第15号)'에는 사립학교 설립 인가에 필요한 조건(명칭, 교칙, 교과서, 試業, 입학생도의 연령, 입학생도의 학력, 휴업)과 학교학과과정표 양식과 교과서표(敎科書表)가 담겨 있다(竹田喜太郎, 橫山正太郎 同編, 『敎育法規』 第1編, 三重縣: 有終社, 1883, pp.55-59).

207 〈私立學校令〉(明治 32.8.2, 勅令 第359号, 시행 明治 32.8.4); 〈私立學校令施行規則〉(明治 32.8.3, 文部省令 第38号); 〈一般ノ敎育ヲシテ宗敎外ニ特立セシムルノ件〉(明治 32.8.3, 文部省 訓令 第12号), 『官報』 第4827号, 1899.8.3. 〈사립학교령시행규칙〉 제4조에 따르면, 〈사립학교령〉 제6조에 의거해 실시할 시험은 소학교, 맹아학교, 소학교 류의 각종학교(各種學校) 교원에게는 소학교교원검정위원, 기타에게는 사범학교, 중학교, 고등여학교 교원검정위원 또는 문부대신이 특별히 선정한 위원이 시행한다. 훈령 제12호는 당시 문부대신이 북해도청 부현 문부성 직할학교(北海道廳 府縣 文部省直轄學校)에 보낸 것이다.

칙어〉로 대변되는 천황의 신격화체제를 확립하기 위한 포석이며 기독교계 사립학교에 '종교교육 포기'나 '각종학교화'라는 선택을 강요한 법규이다. 또한 문부성 훈령 제12호는 외국인이 경영하는 사립학교, 특히 기독교계 학교를 단속하기 위한 목적의 〈사립학교령〉을 보완해 교육과 종교의 분리 방침을 제시하면서 사립을 포함한 관·공립학교교육에서 기독교를 배제하기 위한 것이다.[208] 다만, 문부성 훈령 제12호의 경우, 영국·미국공사를 동원한 선교사들과 기독교계의 항의, 여론의 비판, 소학교 폐교 상황의 속출 등 여러 원인으로 1900년 10월에 '학과과정 외의 종교교육'이 가능하도록 개정되어, 일부 학교가 과정 외로 종교교육을 진행하게 된다. 다만, 기독교계 학교는 '정규학교 등록과 사립각종학교' 가운데 하나를 선택하게 된다.[209]

이 부분에서 고려할 지점은 1899년 문부성 훈령 제12호가 교육 영역에서 정교분리 원칙을 구현한 장치였다는 점이다. '법령에 근거한 학교에서 종교 교육이나 의식이 불가능하다'는 것은 종교와 분리되어야 하는 학교교육이 정치에 속한다는 의미이기 때문이다. 따라서 정부는 신사의례를 종교의례로 인정하는 순간 논리적 모순에 빠지게 되어 신사의례를 종교의례가 아니라 일본 신민(臣民)의 '애국적 의례'라고, 신사참배를 강요하는 국가신도를 교파신도와 달리 초종교적 존재로 설명할 수밖에 없게 된다.

게다가 기독교인에게 신사참배는 일본정부나 조선총독부의 신도와 신사에 대한 규정보다 근본적인 지점에서 문제가 된다. 신관(神官)과 신체(神體)가 있는 신사에서 본전(本殿) 앞에 있는 배전(拜殿, はいでん)에 배례

---

208 關川悅雄, 「敎育と宗敎第二次論爭－倫理觀·人間觀の對立を中心に」, 『敎育學雜誌』 21, 1987, pp.1-13(특히 p.1 참조).
209 안유림, 『일제하 기독교 통제법령과 조선기독교』, 이화여자대학교 박사논문, 2013, 41-47쪽.

(拜禮)하고 신에게 축사(祝詞, のりと)를 올리고 신전(神前)에 옥곶(玉串, たまぐ し, 供物)을 바치고 부정을 없애는 기요메(淸め; きよめ, 정결의식)를 하는 행 위가 종교적 행위로 해석되었기 때문이다.[210]

이러한 충돌은 1930년대 중반부터 조선총독부가 신사참배를 강제하 면서 표면화된다. 특히 선교사와 총독정치는 1935년 11월 신사참배 거 부 문제로 정면 충돌한다. 이 사건은 1935년 11월 평양 시내의 중고교장 회의에서 신사참배 후 회의를 시작하자는 安武直夫(야스타케 다다오) 지사 의 제안을 숭실학교 교장 매큔(G. S. McCune)과 안식교의 리(H. M. Lee) 선교사와 숭의여학교 교장 스눅(Miss Snook) 대리로 출석한 정익성 등 5 명이 거부하면서 시작된다. 야스타케 지사는 '신사참배 거부가 천황 모 독 행위이고 신사참배를 거부하면 교장 자격을 박탈할 것이므로 60일의 유예 기간 동안 판단하라'고 주문한다. 이러한 강경 대응은 돌발적인 것 이 아니라 1935년 3월에 일본 내에서 헌법학자 출신의 美濃部達吉(미노 베 다쓰키치)가 부각시킨 천황기관설(天皇機關說)을 공격하며 국체명징(國體 明徵)을 결의한 것과 연결되어 있다는 지적을 받고 있다.[211]

실제로, 1935년 3월 일본에서는 美濃部達吉가 부각시킨 천황기관설 에 대해 귀족원이 정교(政敎) 쇄신 건의안, 중의원이 국체명징에 관한 결의안을 정부에 제출하면서 정치적 공격을 가한다.[212] 천황기관설은 독 일의 국가법인설에 근거해 국가통치권이 법인인 국가에 속하고 국가최

---

210 澤正彦(사와 마사히코), 앞의 글, 1992, 399-401쪽. 이 자료에서 '1899년 문부성령 제12 호'는 〈實業學校設置廢止規則〉(명치 32.3.3)을 의미하므로 '1899년 문부성 훈령 제12 호'로 수정되어야 한다(같은 책, 399쪽). 1930년대 언론기사를 보면 신도 측에서도 신 도비종교론에 대한 끈질긴 반대가 나타나고 있다는 점도 지적되고 있다.
211 위의 글, 402-403쪽.
212 「政府 處置 如何론, 學說 問題 惡化」, 『동아일보』, 1935.3.24, 1면.

고기관인 천황이 통치권을 행사하더라도 〈헌법〉의 제한을 받는다는 헌법학설이다. 이 천황기관설과 그 전제인 국가법인격설은 大正(다이쇼) 데모크라시 시기에 통설이 된다. 그렇지만 국체명징운동을 토대로 1935년에 우익과 군부의 정치적 공격 대상이 된다.[213]

특히 육해군이 천황기관설을 부정하고 천황이 국가 최고결정권을 갖는다는 천황주권설을 주장하면서 일본정부는 1935년 4월 이후 국체명징정책을 시행한다.[214] 그리고 1935년부터 대학 강의, 각종 출판물 발매, 국체명징과 관련한 부적당한 교과서 사용 금지 등의 방식으로 천황기관설을 확산시킨다. 또한 전국 교사들에게 국체명징의 효과를 거둘 방법으로 '일본 국체의 진의를 이해할 것, 문화방면뿐 아니라 이과(理科)에서도 일본국체의 존엄성을 파악할 것, 지육(智育)보다 덕육에 치중할 것'을 협의하게 한다. 그리고 국체명징을 위해 '국민정신문화연구소'를 설립해 각종 연구물을 보급하고, 학교에서 국체와 국민성과 사상문제에 대한 특별강좌를 개최하고, 이를 '각종학교(各種學校)'까지 확산시킨다.[215]

1936년 초에는 岡田啓介(오카다 게이스케) 내각(1934.7-1936.3)이 국체명징에 철저하지 않다는 이유로 타도설이 제기되기도 한다.[216] 실제로 1936년 2월 반란군이 오카다 수상을 살해하려는 '2·26사건'이 발생하면서 岡田啓介 수상이 3월에 내각총리대신에서 물러난다. 이어, 廣田弘毅 (히로타 고키) 내각(1936.3-1937.2, 제32대)은 군부 요구를 수용해 국체명징정

213 山崎又次郎,『國体明徵を中心として帝國憲法を論ず』, 東京: 清水書店, 1935, pp.56-126.
214 「松田 文相, 國體明徵 訓示, 東京帝大 視察 時」,『동아일보』, 1935.4.18, 1면;「首相 訓示 內容 大綱, 地方長官會議에서 할 것」,『동아일보』, 1935.5.3, 1면;「機關說 問題에 對하야 根本 解決을 强調」,『동아일보』, 1935.5.21, 1면.
215 「國體明徵에 關한 政府의 報告書」,『동아일보』, 1935.10.2, 1면.
216 「國體明徵에 不徹底한 岡田內閣을 打倒」,『동아일보』, 1936.1.20, 1면.

책을 강조하지만 역시 국체명징의 불철저 등을 이유로 공격을 당해 약 1년 만에 무너진다.[217] 이어, 육군 출신으로 만주사변 당시 조선군사령관을 지낸 林銑十郎(하야시 센주로) 내각(1937.2-1937.6, 제33대)을 거쳐, 近衛文麿(고노에 후미마로) 내각(1937.6-1939.1, 제34대)이 성립되면서 1937년 7월에 중일전쟁이 발발한다.[218]

이러한 흐름을 보면, 일본에서는 1935년부터 국체명징의 핵심인 '천황주권설'이 최고 가치가 된다. 이는 천황 숭배를 지향한 신사참배가 '일본의 최고 가치에 복종하기 위해 반드시 참여할 의례'가 되었음을 시사한다. 실제로 1935년 이후 조선에서도 신사참배가 더 이상 타협 대상이 아니라 강요 대상이 된다. 그리고 이러한 강요는 1937년 중일전쟁, 1941년 태평양전쟁으로 이어지는 일본 군국주의 상황에서 더욱 심해진다.

게다가 조선에서는 1939년경부터 신사참배 거부자들에게 천황에 대한 '불경죄'가 적용되기 시작한다. 이와 관련해, 1939년 7월 10일부터 해방 때까지 신사참배 거부로 6년간 수감된 한상동(목사)은 경남도경(慶南道警)에 구금된 당시 신사참배 반대자를 처벌할 법적 근거가 없어 정식 송치 없이 1년 동안 유치장에서 물먹이기, 거꾸로 매달기 등 고문을 받다가 결국 '천황에 대한 불경죄 혐의'로 평양형무소로 이감되어 예심범(豫審犯)으로 재판도 받지 못하고 해방을 맞이했다고 회고한 바 있다.[219]

---

217 「三原則과 四條件, 廣田內閣의 슬로간」, 『동아일보』, 1936.3.25, 3면; 「廣田 政策을 攻擊」, 『동아일보』, 1936.5.8, 1면.

218 일본 내각은 이후 법학박사 출신의 平沼 騏一郎(히라누마 기이치로) 내각(1939.1-1939.8, 제35대), 육군 출신으로 마지막 조선총독을 지낸 阿部 信行(아베 노부유키) 내각(1939.8-1940.1, 제36대), 해군 출신의 米内 光政(요나이 미쓰마사) 내각(1940.1-1940.7, 제37대) 등을 거쳐, 육군 출신의 東條 英機(도조 히데키) 내각(1941년 10월 18일-1944년 7월 18일, 제40대)이 내각 초기인 1941년 12월에 진주만을 습격해 태평양전쟁을 일으키게 된다.

219 「내가 겪은 二十世紀(36), 白髮의 証人, 元老와의 對話」, 『경향신문』, 1972.11.11, 6면.

신사참배 거부자를 천황에 대한 불경죄로 연결시킨 것은 1939년 당시 법원이 만든 논리이다. 1939년 5월 이후 법원은 신궁대마가 〈형법〉 제74조 제2항의 '신궁'에 해당하며, 이 신궁대마의 본질을 이해하는 자가 신궁대마에 대한 오독(汚瀆)행위를 하면 간접적으로 천조황대어신의 존엄을 모독한 행위가 되어 '신궁에 대한 불경죄'를 구성한다고 선언한다. 그리고 불경죄가 〈경찰범처벌규칙〉 제1조 66의 적용 대상이라고 선언한다.[220] 여기서 〈형법〉 제74조는 '천황·태황태후(太皇太后)·황태후·황후·황태자 또는 황태손(皇太孫), 그리고 신궁 또는 황릉(皇陵)에 대한 불경(不敬) 행위 자에게 3개월 이상 5년 이하 징역에 처한다'(제1항, 제2항)는 내용이고, 〈경찰범처벌규칙〉 제1조 66은 '신사·불당·예배소·묘소·비표(碑表)·형상과 기타 그와 유사한 것을 오독(汚瀆)하는 자에게 구류(拘留) 또는 과료(科料, 벌금)에 처한다'는 내용이다.[221]

이러한 신사참배 강요에 대해 특히 1937년 이후 기독교계 사립학교들은 '교육 인퇴(引退)'로 대응하기도 한다.[222] 비록 1937년 7월의 개정 〈사립학교규칙〉(부령 제90호)에서 사립학교 폐지가 신고[届出]제에서 '인가제'로 바뀌었지만,[223] 교육 인퇴를 결정하는 선교사들에게 큰 영향을 주지

이 기사에 따르면 10월 유신에 대해 한상동은 "성경에도 나라의 지도자를 존중하고 따르라고 말씀하셨다"면서 나라의 통일과 앞날을 하나님께 기도한다고 덧붙였다.
220 김승태 편역, 앞의 책, 1996, 330-332쪽(출전: 조선총독부 고등법원 검사국 사상부, 『思想彙報』 제23호, 1940.6, pp.1-14).
221 文明社編輯部 編, 『實用六法全書』, 東京: 文明社, 1930, p.8〈刑法〉, 明治 40年, 法律45號); 〈警察犯處罰規則〉(명치 45.3.25, 府令 제40호, 시행 명치 45.4.1), 『조선총독부관보』 제470호, 1912.3.25.
222 「注目되는 北長老系의 敎育引退, 大邱의 啓聖·信明, 經營中止를 決意, 五十六對卅三으로 今日 미슌總會서 決意, 徵新·貞信은 明日附議」, 『동아일보』, 1937.6.30, 2면.
223 「私立學校規則 改正에 對하야, 鹽原 學務局長 談」, 『동아일보』, 1937.7.22, 3면. 조선총독부는 신고제에서 인가제로 바꾼 이유에 대해 사립학교가 사인(私人)의 경영에 위임되어 있었지만 그 성질이 국가적 사업에 속하고 공(公)의 사명을 가진 영구적 시설이

는 못한다. 이와 관련해, 1937년 7월, 미국 본부가 결정한 교육 인퇴 원칙에 따라 장로회 소속 학교들이 폐교를 결정해 개정 〈사립학교규칙〉에 따른 내용을 조선총독부에 제출하기로 한 바 있다.[224] 이러한 신사참배 문제와 관련된 교육 인퇴 움직임은 1940년대까지 이어진다.

2. 신종교 관련 사건과 대응

1) 신종교 정책과 대응

조선정부는 최제우(崔濟愚, 1824-1864)의 1860년 종교체험으로 등장한 동학을 경계하다가, 1864년(고종 1)에 혹세무민(惑世誣民)이라는 죄명으로 최제우를 사형시킨다. 이후, 동학교도들이 최제우의 죄명을 벗기기 위해 1871년부터 1893년까지 4차례의 교조신원운동(敎祖伸寃運動)을 벌이지만 조선정부는 수용하지 않는다. 이러한 상황에서 1894년 봄부터 동학교도들은 갑오동학농민운동을 통해 조선정부와 대립한다.[225]

므로 국가의 관리가 필요하고, 일본이나 대만에서도 당초부터 인가제를 취하고 있어 제도를 동일하게 한다고 설명한다.

224 「再燃된 微新學校問題, 宣敎側, 廢校願 提出과 生徒 不募集을 通告, 學校側에서는 理事會열고 反對決議를 一致可決」, 『동아일보』, 1937.12.8, 2면.

225 4차례 교조신원운동에서 제1차, 즉 '이필제의 난'은 1871년 3월(음) 이필제가 최시형과 약 2백명의 교도를 모아 영해(寧海)에서 부사를 죽이고 군기를 탈취한 병란(兵亂)이다. 제2차는 1892년 10월 최시형 제자인 서병학(徐丙鶴)과 남접(南接) 서장옥(徐長玉)이 최시형의 승낙을 받아 교도를 모아 충청감사 조병식(趙秉式)에게 '신원과 금폭(禁暴)'의 소장(訴狀)을 제출하고, 11월 1일에 수천 명의 교도를 전라도 삼례역(參禮驛)에 모아(삼례집회) 전라감사 이경직(李耕稙)에게 '동학 공인과 교도에 대한 지방관·토호의 부당한 주구(誅求) 중지'를 담은 소장을 제출한 사건이다. 당시 이경직이 동학금령 해제 문제가 조정의 일이라고 답변하자, 교도들은 서울에서 복합상소(伏閣上疏)를 계

조선정부는 1894년 7월부터 갑오개혁(1894.7-1896.2)을 시작해, 1894년에 사사국(社寺局)을 설치하고 1895년 3월에 승려 입성금지 조치를 해제하지만, 동학에 대해 여전히 단속 대상으로 삼는다. 무속의 경우도 내무아문의 1895년 3월 조치를 보면 동학처럼 단속 대상이다. 『고종실록』에 따르면, 내무아문은 각 도에 제반 규례를 훈시하면서 동학과 남학당(南學黨)의 명색(名色)을 특별히 금지시킨다. 그리고 병이 있을 때 즉시 약을 먹고 무당(巫堂)과 소경의 주술을 쓰지 못하게 하며, 무녀(巫女)와 '난잡한 무리들'을 일체 금지시킨다.[226]

아관파천(俄館播遷, 1896.2-1897.2) 이후 1897년 10월 원구단(圜丘壇)에서의 황제즉위식과 함께 성립한 대한제국(1897.10-1910.8)도 여전히 동학을 단속 대상으로 삼는다. 이와 관련해, 고종은 최시형(崔時亨, 1827-1898) 사후인 1904년 9월에도 조령(詔令)을 내려 각도 관찰사 등에게 동학교도를 소탕하라고 지시한다.[227] 무속도 여전히 단속 대상이 된다. 이와 관련해, 1904

획하고 해산한다. 제3차는 박광호(朴光浩) 등 교도 약 40명이 1893년 2월에 광화문 앞에서 사흘 간 교조신원을 호소한 사건이다. 이에 고종이 소원대로 시행하겠다는 비답(批答)을 내려 해산하게 하지만, 정부는 상소 주모자를 체포하고, 전라감사 이경직 등을 문책한다. 제4차는 1893년 3월 동학지도부가 약 2만명의 교도를 보은 장내리에 모아(보은집회) '척왜양창의(斥倭洋倡義)'를 주장하고, 서장옥·손화중(孫華中)·전봉준(全琫準) 등이 전라도 교도인 남접 교도들을 금구(金溝)에 모은 후(금구집회) 북상해 보은의 교도와 합세해 '척양척왜'를 주장한 사건이다. 당시 조정은 선무사(宣撫使) 어윤중(魚允中)을 보은으로 급파해 위무하게 한다. 동학지도부(후의 북접)는 선무사의 효유(曉諭)를 수용해 4월 해산한다. 이후 호남지방 접주 전봉준·김개남(金開南)·손화중·김덕명(金德明) 등의 지도 아래 1894년 1월 고부(古阜)봉기를 기점으로 갑오동학농민운동이 발생한다(『한국민족문화대백과』, 교조신원운동 항목).

226 『고종실록』 33권(32년 3.10, 신사 1번째 기사).
227 『고종실록』 44권(41년 9.20, 양력 1번째 기사); 『고종실록』 44권(41년 9.22, 양력 1번째 기사). 1904년 9월 20일자 조령의 요지는 동학 비적의 잔당[東匪餘孽]이 다시 퍼져 인심을 미혹케 하니 "두목은 즉석에서 처단하고 추종의 무리는 잘 타이르고 해산시켜 반역의 싹을 자르고 지방을 안정시키라[渠魁則登時誅鋤, 徒黨則曉諭解散, 以遏亂萌, 以靖地方]"는 내용이다. 그리고 9월 22일자 조령의 요지는 동학 무리[東徒]가 사방에서 소란

년 7월 봉상사 부제조(奉常司 副提調) 송규헌(宋奎憲)의 상소에는 "점쟁이나 관상가·음양가(陰陽家)·둔갑술사·무당·기도술사·역사(力士)·신장(神張) 등과 같이 요사한 술법을 하는 무리들을 일체 엄하게 신칙하고 경무청(警務廳)에 붙들어다 정법(正法)을 시행하여 대궐을 깨끗이 하고 관청 준칙이 더러워지지 않게 하소서"라는 내용이 보인다.[228] 그런데 이러한 조치는 대한제국이 1899년 8월에 전제군주제를 담은 〈대한국국제(大韓國國制)〉를 공포할 당시 불교에 대법산−중법산 체제를 갖추게 하고 이어 1902년부터 〈사찰령〉으로 관리하던 변화에 맞지 않는 흐름이다.

그러다가 대한제국은 불교계의 명진학교 설립(1906)을 승인한 다음 해인 1907년부터 동학을 단속이 아닌 묵인 대상으로 삼는다. 1907년 7월에 동학이 서학(西學)과 대조될 뿐이고 교세도 약 200만 명에 달하므로 그들의 소원에 부합해 최제우·최시형의 죄명을 삭제해달라는 내각총리대신(이완용)과 법부대신(조중응)의 주본(奏本)이 윤허를 받았기 때문이다.[229] 대한제국 성립 후 약 10년이 지나 최제우·최시형의 신원(伸冤) 회복이 이루어진 셈이다.

이처럼 동학을 묵인한 1907년경은 통감부(1906.2-1910.8) 설치 이후이다. 일본공사가 이미 1893년에 동학을 '동학파(東學派, 일명 革命黨)로 칭하

을 피우고 수령(守令)까지 살해하는 상황이니 순찰사(巡察使)를 특별히 선발해 순행(巡行)하면서 "백성의 고통을 알아보고 미혹된 무리를 효유(曉諭)하여 난리를 일으키려는 마음을 풀어 주며 장리(贓吏)를 파면시키고 비적(匪賊)의 우두머리를 처단[詢民瘼, 曉諭迷惑之徒, 慰釋思亂之心. 屛黜贓吏, 鋤除匪魁]"하라라는 내용이다.

228 『고종실록』 44권(41년 7.25, 양력 2번째 기사).
229 『고종실록』 48권(44년 7.11, 양력 3번째 기사). 이 자료에 따르면, 1907년 7월, 고종은 내각총리대신(李完用)과 법부대신(趙重應)이 한성부남서(漢城府南署) 미동(美洞)에 사는 박형채(朴衡采)의 청원서를 근거로, 각각 1864년과 1898년에 사형을 당한 최제우와 최시형을 '죄인 대장'에서 없애달라고 하자 이를 윤허한다. 당시 주본에 따르면 동학은 서학(西學)과 대조되는 명칭일 뿐이고, 교세도 약 200만 명(恰滿二百餘萬人)이다.

는 일종의 종교'라고 명시해 일본정부에 보고한 적도 있지만,[230] 게다가 이미 1905년 12월에 손병희가 동학의 '천도교 개신'을 선언하면서 종교의 자유(各教之自由信仰)를 언급했지만,[231] 통감부 시기에 신종교나 무속만을 대상으로 제정된 법규는 없다. 물론 신종교나 무속에 적용될 법규가 없었던 것은 아니다. 당시 1906년 4월의 〈보안규칙〉(통감부령 제10호), 1907년 7월의 〈보안법〉(법률 제2호), 1908년 10월의 〈경찰범처벌령〉(통감부령 제44호), 1909년 11월의 〈한국에 있어서의 범죄즉결령(犯罪卽決令)〉(칙령 제240호), 1910년 8월의 〈정치에 관한 옥외 대중집회(多衆集會)를 금(禁)하는 건〉(통감부 경무총감부령 제3호) 등 집회 금지나 경찰범에 관한 법규가 있었기 때문이다.

대한제국과 통감부는 특히 〈보안법〉(1907.7)에 근거해 안녕질서를 명분으로 정치에 관해 언급할만한 단체나 집회, 심지어 사립학교의 야외 운동회도 해산 대상으로 삼는다. 또한 경무총감부는 한일병합 발표 전에 공안질서를 명분으로 1910년 8월에 부령을 공포해 정치에 관한 집회나 옥외(屋外) 집회를 금지하고, 한일병합 직후인 9월에 이 부령을 개정해 '옥외 설교 또는 학교·학생의 체육운동 모임도 소관 경찰서 허가를 받게 한다. 또한 종래의 결사에 대해 안녕질서를 명분으로 해산 명령을 내려, 1910년 8월 25일부터 1주일 동안 잔무 정리의 유예기간을 준 후 일제히 해산을 실행한다. 해산 대상에는 일진회도 포함되어 있다.[232]

---

230 〈公使館及領事館報告 ─ 朝鮮國東學派捕獲〉,『官報』第2928号, 1893.4.7, 일본의 1894년 자료를 보면, 동학은 '동학당(東學黨)'으로도 표기된다(柵瀨軍之佐 著, 久保田米僊 画,『朝鮮時事 ─ 見聞随記』, 東京: 春陽堂, 1894, pp.91-93.

231 「夫吾教는 天道之大原일식 日天道教라」,『대한매일신보』, 1905.12.1, 3면.

232 統監府b,『第2次 韓國施政年報』(明治 41年), 統監府, 1910.4, pp.117-118. 이 자료에 따르면, 일진회의 창립연월은 명치 37년 8월, 회원개산수(會員槪算數)는 140,715명이다.

그렇지만 1900년대에는 통감부가 '식민지 하부구조를 다지는 작업'으로 종교 정책에 큰 관심을 두지 않는다.[233] 통감부나 내부 경무국은 종교 현상보다 전국에서 발생한 '폭도' 토벌에 관심을 둔다. 여기서 폭도는 주로 '항일 의병'을 말한다. 이와 관련해, 통감부는 1908년 5월에 폭도 토벌에 관한 사무를 '군사령관'이 총괄하는 것으로 통일시킨다. 이는 종래 한국주차군(韓國駐箚軍)·헌병대·경찰관이 각각 담당한 폭도 토벌에 관한 정보를 모두 군사령부에 보내 각 기관 위원들이 협의해 방침을 결정하는 체제로 바꾼 것이다. 이 체제 하에서 토벌 사무는 수비대와 헌병대가 맡고, 경찰관은 긴급한 경우 외에 오로지 정찰(偵察)과 초무(招撫)를 맡는다.[234] 그럼에도 불구하고, 한국 내부 경무국이 1909년 1월부터 11월까지 발표한 폭도 현황을 보면, 경찰의 체포 인원은 552명(수괴 45명, 부하 507명), 자수 인원은 61명, 충돌 회수는 1,298건이다. 피해자는 일본인 27명, 한국인 201명, 피해 규모는 약 17,695원 등이다.[235]

이러한 '폭도' 진압 정책은 통감부의 관심이 종교 영역이 아니라 한국 병합의 준비에 따른 물리적 반발 세력의 약화에 있었다는 점을 시사한다. 당시 의병활동을 제외하면 신종교나 무속이 물리적 차원에서 반발한 사례도 드물다. 다만, 1910년 3월 일본 유학생인 정병조(鄭𪷠朝)가 손병희의 양자(養子)라는 등 일부 천도교인들이 외국인 요시찰 대상에 포함되었다는 점[236]을 보면, 종교계 인물에 대한 관심이 전혀 없었다고 볼

233 박승길,「일제 무단 통치 시대의 종교 정책과 그 영향」,『사회와 역사』 35, 1992, 39쪽. 정치색이 짙었던 천도교에 대해서도 1907년의 〈보안법〉으로 통제가 가능했다고 한다.
234 統監府b, *Op. cit.*, 1910, pp.58-59.
235 韓國內部警務局 編,『警察事務槪要』(隆熙 3年), 韓國內部警務局, 1910, pp.156-157.
236 〈(66) 天一舍二關スル件〉(乙秘第七九二號, 明治四十三年三月九日/1910년 03월 09일), ≪韓國近代史資料集成 3권, 要視察韓國人擧動 3≫(한국사데이터베이스, http://db.history.go.kr/id/hk_003_0090_0660).

수는 없다.

이상의 내용을 볼 때 1900년대에 대한제국이나 통감부는 신종교나 무속에 큰 관심을 두지 않고, 유관 법규도 시행하지 않는다. 통감부가 설정한 '폭도' 범위에 신종교나 무속이 포함된 사례도 거의 없다. 다만, 1906년의 〈종교 선포에 관한 규칙〉은 조선에 진출한 일본의 '신도, 불교, 그 외 종교에 속하는 교파 종파'가 주요 적용 대상이었지만 간접적으로 신종교나 무속에 영향을 미친다. 이 법규가 종교를 신도·불교·기독교로 한정시켜, 신종교와 무속이 종교로 인식되지 않도록 만든 측면이 있었기 때문이다.

1906년 이후 통감부 시정연보나 한국 내부 경무국이 발간한 1909년 경찰사무자료 항목에 '종교'가 없었다는 점도 1900년대에 종교에 대한 정책적 관심이 거의 없었다는 점을 시사한다. 다만, 통감부가 일진회(1906)나 대한자강회(1906) 등이 '교육 또는 종교를 표방해 몰래 정치적 결사'를 실현한다고 의심해 치안 관련 '결사' 문제로 인식한 사례는 있다. 그리고 이 단체들이 1907년 7월의 헤이그 특사사건과 관련해 민심을 동요시킨다는 인식은 동년 7월 〈보안법〉(법률 제2호) 제정으로 이어진다. 〈보안법〉의 초점은 '결사와 집회 등에 대한 내부대신이나 경찰관의 해산 명령'이다. 실제로 1907년 8월에 내부대신은 이 법규에 근거해 수개의 결사단체에 해산 명령을 내린 바 있다.[237]

1910년대에는 1900년대에 비해 신종교 단체 수가 늘어난다. 1905년 이후에 등장한 천도교, 시천교, 태극교, 대종교(大宗敎), 단군교 등이 지속되었고 대종교(大倧敎)와 원종교 등이 등장해 약 10개의 단체가 활동하게

---

237 統監官房, 『韓國施政年報』(明治 39年, 明治 40年), 統監府, 1908(명치 41.12), pp.128-151; 統監府b, Op. cit., 1910; 韓國內部警務局 編, Op. cit., 1910.

된다. 당시 신종교와 무속에 적용할 수 있었던 법규는 1900년대의 법규 외에도 1910년 12월의 〈범죄즉결례〉(제령 제10호), 1912년 3월의 〈경찰범 처벌규칙〉(부령 제40호), 1919년 4월의 〈정치에 관한 범죄처벌 건〉(제령 제7호) 등이다. 다만, 이러한 법규들은 신종교와 무속에만 적용된 것이 아니라 조선 통치를 위해 전반적으로 적용된다.

1910년대에 신종교단체 수가 늘지만 조선총독부는 '치안' 영역에서 '집회결사의 취체' 대상으로 삼아 해산을 유도한다.[238] 이와 관련해, 1912 년 3월 함경북도 경성군(鏡城郡)에 있던 헌병대장이 정무국장에게 간도 의 종교상황을 보고한 문건에 천주교와 기독교(야소교) 외에 '단군교, 천 도교, 시천교' 신자 현황이 포함되어 있는데,[239] 이 부분도 조선총독부가 신종교단체를 '치안' 영역에서 다루었다는 점을 시사한다.

치안을 위한 신종교 해산 정책은 1910년 『조선총독부시정연보』에 '치 안'이라는 대항목 아래에 '종교취체'라는 소항목이 있다는 점에서 확인 할 수 있다. 이 자료에 따르면, 조선총독부는 조선인이 조직한 종교를 '천도교, 시천교, 대종교(大倧敎), 대동교, 대극교(大極敎, 태극교-필자), 원종 (圓宗)종무원, 공자교, 대종교(大宗敎), 경천교(敬天敎), 대성종교(大成宗敎)' 등으로 파악하고, 이에 대해 정교를 혼동해 순연히 종교로 인정하기 어 려운 것'으로 보면서 적절한 취체가 필요하다고 본다. 아울러 '집회결사 의 취체'라는 소항목에 따르면 '종교유사 단체'에 대해 '공안 유지를 위해 (公安保持上) 상당한 처분을 하거나 단체 스스로 해산을 신고하게 한다. 이에 해당하는 사례는 일본인과 조선인이 합동으로 만든 신궁경의회(神

---

238 朝鮮總督府 編, 『朝鮮總督府施政年報』(明治 43年), 朝鮮總督府, 1912(명치 45.3), pp.117-119.
239 「間島 宗敎狀況 ノ件」(朝憲機 제463호, 1912년 03월 30일), ≪不逞團關係雜件-朝鮮人의 部-在西比利亞 3≫(한국사데이터베이스, http://db.history.go.kr/id/haf_002_0920).

宮敬義會, 해산 명치 44.6), 유교(儒道)를 기초로 한 백백도(白白道, 해산 1911.4)
와 청림도(靑林道, 해산 1911.10)를 들고 있다. 이 가운데 백백도와 청림도
를 공안 방해로 인식하고, 청림도의 경우에 설득(說諭)해 해산시켰다고
한다.[240]

　신종교와 관련해 흥미로운 부분은 1910년대 신종교단체가 조선총독
부의 '포교자 승인' 정책을 숙지했었다는 점이다. 이 부분은 1911년 2월
경의 단군교(檀君敎, 1909.1.15)와 대종교(大倧敎, 1910.8) 사례에서 확인할 수
있다. 이와 관련해, 1911년 초에 대종교와 단군교는 충청남도의 여러
학교에서 포교하면서 총독에게 '포교자 승인'을 받았다고 주장한다. 이
에 충청남도 장관 박중양(朴重陽)이 내무부에 대종교와 단군교의 종교
공인 여부를 문의하자 동년 2월에 내무부는 종래에 한국정부가 이들을
종교로 인정하거나 종교로 감시 또는 보호하지 않았고, 현재 종교가 신
도·불교·기독교로 한정되므로 종교로 인정할 수 없다고 회답한다.[241]

　1911년 2월 사례는 법령상 종교를 '신도·불도(佛道)·기독교'로 한정시
킨 〈포교규칙〉의 제정 시점이 1915년 8월이었음에도 불구하고 1915년
이전에 종교를 '신도·불교·기독교로 한정'하고 있었다는 점을 보여준다.
이는 1906년의 〈종교 선포에 관한 규칙〉이 종교를 '신도·불교·기독교로
한정'시켜 동학이나 무속을 정책상 종교 범주에서 배제시킨 효과가 지속
되었다는 것을 시사한다. 물론 법규상 종교를 '신도·불도·기독교'로 한

---

240 朝鮮總督府 編, 『朝鮮總督府施政年報』(明治 44年), 朝鮮總督府, 1913(대정 2.3), pp.76-81
　　(第四章 治安 第13節 宗敎取締).
241 〈大倧敎 檀君敎 ノ件〉(내무부 지방국 지방과, 1911), 『사사종교』, 국가기록원 기록철,
　　관리번호 CJA0004741(문서번호 88-11). 이 자료는 1911년 2월 9일 접수해 동월 13일에
　　기안한 문서로, 회답에는 내무부장관, 지방국장, 지방과장, 학무국장, 학무과장의 직인
　　이 찍혀 있다. 이 자료에는 〈단군교포명서(檀君敎佈明書)〉와 〈단군교오대종지포명서
　　(檀君敎五大宗旨佈明書)〉가 첨부되어 있다.

정하면서 신종교나 무속을 종교 범주에서 배제시키는 정책은 1915년 10월부터 〈포교규칙〉의 시행으로 확고해진다. 이러한 맥락에서 1906년의 〈종교 선포에 관한 규칙〉과 1915년의 〈포교규칙〉도 신종교나 무속에 영향을 주었다고 볼 수 있다.

1920년대의 경우, 1910년대에 비해 신종교단체들이 활발하게 활동한 시기이다. 조선총독부도 천도교와 개신교계 인물이 1919년 3·1운동을 주도한 것을 인식하고 종교 상황에 관심을 두기 시작한다. 이러한 관심은 1918년부터 1920년까지 시정 상황이 담긴 『조선총독부시정연보』에서 확인할 수 있다. 이 자료에는, 종래와 달리, 대항목에 '제사와 종교(祭祀及宗敎)', 중항목에 '종교', 소항목에 '종교유사단체' 부분이 있다. 이 소항목에는 대종교, 단군교, 청림교, 흠치교(吽哆敎), 태을교, 선도교(仙道敎) 등에 대해 '동학의 말류(末流)로 유·불·노(老) 삼교를 절충(折衷)한 천도교·시천교, 유교 부흥을 표방한 태극교, 조선민족의 비조(鼻祖)라는 단군을 봉사(奉祀)하는 단군교·대종교, 청림교 이하의 미신적 종교' 등 4종류로 구분하고 있다. 그리고 이 '종교유사단체'들에 대해 법령에서 아직 종교로 인정하지 않았고, 근래에 많이 발생했지만 설파하는 것이 미신으로 흘러 아직 종교 영역에 도달한 것이 없고, 특히 대종교 등이 황당무계(荒唐無稽)한 설을 유포시켜 우민(愚民)을 미혹시키고 사복(私服)을 살찌우고 있어 엄격한 취체가 필요하다는 점 등을 지적하고 있다.[242]

이러한 조선총독부의 신종교 인식은 1921년의 시정 자료에도 거의 그대로 나타난다. 다만, 신종교단체의 종류가 늘었다는 점, 황당무계한

---

242 朝鮮總督府 編(f), *Op. cit.*, 1922, pp.143-154(第六章 祭祀及宗敎: 第二十八節 祭祀, 第二十九節 宗敎), pp.145-146. 이 자료에서 경학원과 문묘는 '교육'이라는 대항목(第五章 敎育)에 포함되어 있다. 한편, 이 자료의 발행 시점이 1922년 3월이라는 점을 고려하면 1920년대 틀에 맞춘 자료 편집에 따라 '제사와 종교'가 독립된 항목이 된 것으로 보인다.

설을 유포시켜 엄격한 취체가 필요한 대상 범위에서 대종교를 제외했다는 점, 신종교단체를 4가지 종류로 구분하면서도 그 안의 내용이 다르다는 점 등에서 차이를 보인다. 이와 관련해, 1918년부터 1920년까지 종래의 시정 자료에 비해 '종교유사단체' 범위에 인도교(人道敎), 관성교(關聖敎), 기자교(箕子敎), 제우교(濟愚敎), 제세교(濟世敎), 대종교(大宗敎), 보천교(普天敎), 보화교(普化敎), 부화교(富化敎), 백백교(白白敎), 통천교(統天敎), 숭신교(崇神敎)가 추가된다. 그리고 '종교유사단체' 종류는 '동학의 말류인 천도교·시천교·제우교·청림교·제세교, 유교 부흥을 표방한 태극교·인도교, 단군을 봉사하는 단군교·대종교, 대종교(大宗敎) 이하의 미신적 종교'로 분류된다.[243]

조선총독부가 1920년대에 신종교나 무속에만 적용할 법규를 별도로 제정한 것은 아니다. 신종교와 무속에 적용할 수 있는 종래의 법규가 지속되었기 때문이다. 조선총독부는 '문화정치'를 표방하면서도 1923년 9월에 〈치안유지를 위한 벌칙에 관한 건〉(칙령 제403호)을 제정하고, 다시 이 법규를 폐지하면서 1925년 5월 12일부터 〈치안유지법〉(법률 제46호)을 조선, 대만, 사할린(樺太)섬에 적용하는데, 신종교와 무속도 적용 대상이 된다.

1920년대에도 신종교는 종교 정책이 아니라 경찰의 해산 대상이 된다. 즉 신종교나 무속단체는 〈포교규칙〉 적용뿐 아니라 조선총독부 종교과의 종무행정 대상이 되지 않는다. 여전히 일반 집회결사로 간주되어 경찰의 '해산' 대상이라는 위치에 있게 된다. 이는 1910년대 치안을

---

243 朝鮮總督府 編, 『朝鮮總督府施政年報』(大正 10年), 朝鮮總督府, 1922, pp. 170-181. '종교유사단체' 교도 수를 보면, 천도교 약 13만, 시천교 3만, 청림교 약 5천 등이고, 다른 단체는 교도 수가 적다(같은 책, p. 171).

위한 해산 정책의 지속성을 의미한다.

신종교단체가 경찰의 해산 대상이 된 사례는 1920년대 초 태을교 사례에서 확인할 수 있다. 그와 관련해, 1920년 봄에 태을교도 3명이 경북 청도군 적천면의 적천사(碩川寺)에 불을 놓고 경관 수명을 살상한 사건을 계기로 밀양 경찰서는 태을교 해산을 유도한다.[244] 다음의 인용문은 1919년 3·1운동을 주도한 천도교의 경우를 포함해 1920년대에도 1910년대의 해산 정책이 이어졌다는 것을 시사한다.

> 턴도교에 대하야는 아직 불교이나 예수교와 가치 종교로 인명치 아니하얏스나 조선에서 생긴 종교로는 력사도 잇고 신자도 만흔 고로 이를 불교이나 예수교와 갓치 인명할는지 아니할는지 이에 대하야는 총독부 당국에서 오래동안 조사도 한 바 세상에서는 여러 가지 풍설을 젼하는 모양이나 총독부편에서는 아직 구례덕으로 그 방침을 강구하기에 아르지 못하얏스며 기타 종교의 명칭을 부친 단톄에 대하야는 아직 종교로 인명하기에 이른 것이 별로 업는 고로 아직 그대로 경찰의 취톄에 맛겨 두어 보통 집회이나 결사를 취톄하는 것과 가치되고 종교과에서 직접으로 상관하지 아니한다"하는데 사실이 이와 가트면 총독부의 종교에 대한 방침은 아직 별로히 변동이 업슬 듯 하더라.[245]

---

244 「太乙敎徒 逮捕, 제턴식 중에 십삼명 톄포」, 『동아일보』, 1920.6.3, 3면. 태을교는 1919년 3·1운동 때 밀양군 방면에서 농민을 선동했다고 한다. 밀양 경찰서에서는 적천사 사건이 발생한 이래로 그 교도를 해산케 하려고 노력하였는데, 지난 2월 14일 장날을 이용해 박성하와 진경오가 농민을 모아 16일 밀양읍 동추화산성(東推火山城)에서 제천식(祭天式)을 거행한다는 말을 듯고 밀양경찰서에서 2명의 형사와 조선인 순사 2명이 그날 밤 10시에 산으로 올라갔으나 한 사람도 없어 다시 내려옴. 그러나 밀양군 내이동 상송정리(內二洞 上松亭里) 이호룡(李浩龍)의 집에서 성대히 제천식을 행하고 있음으로 식에 맞추기를 기다려 일시에 뛰어 들어가 2명(박성하와 진경오)과 교도 11명을 포박하고 교도명부 한 권 교문추○동○ 문서를 압수한 후 경찰서로 구인해 엄중 취포중이라더라.

245 「簇生하는 宗敎에 對하야, 종교당국자의 처치는 엇더한가, 턴도교 처리가 가장 어려웁

신종교 가운데 비교적 교세 규모가 컸던 천도교의 경우에는 단체 해
산보다 집회 통제 대상이 된다. 예를 들어, 1921년 7월 동경(東京) 천도교
청년회 지회(支會)의 순회강연단 일행이 진남포(鎭南浦) 천도교구실에서
진행한 강연회가 임석한 경관에게 중지를 당한다.[246] 또한 1924년 5월에
는 폐습 개혁과 제도 일신(一新)을 위해 천도교 신파(新派)가 4월 총회에
서 의결한 공약장(公約章)이 그 안에 담긴 '평등생활'이 공산주의를 의미
한다는 이유로 압수된다.[247] 흥미로운 부분은 이 사건에 대해 '당국자
태도가 애매몽롱하고 신경과민'이고, 치안유지를 위한 경계와 취체의 적
절한 범위와 한도를 무시한 가혹한 구속과 지독한 제재가 '문화정치의
근본적 정신을 잃어 인민의 반감만 초래할 것'이라는 비판과 함께, 다음
과 같이, '종교 자유의 보장'을 문화정치의 정신과 연결시킨 부분이다.[248]

> 당국자여, 共存共榮이라는 標榜 하에서 '평등생활'이란 말을 不穩타
> 하면 너무도 모순이 아닌가. 基督의 博愛 平等, 釋伽의 慈悲 平等을 듣
> 지도 못하였는가. 宗敎家에서 '平等生活'을 말함이 무슨 不穩인가? 當局
> 者여 文化政治의 體面을 보아서 反省하라. '信敎自由'까지 侵害함은 文
> 化政治의 色彩가 너무도 鮮明하지 아니한가. "禁止, 解散, 押收病에 걸
> 인 當局者여 反省하라"(安國洞 素笑生).

다고」, 『동아일보』, 1920.7.22, 3면.
246 「天道敎靑年會 講演」, 『동아일보』, 1921.7.17, 4면. 당시 중지를 당한 강연 주제는 '교
　육과 노력', '人類의 自然性과 宗敎' 등이다.
247 「色眼鏡과 押收病」, 『동아일보』, 1924.5.23, 1면. 이 기사에 따르면, 신파의 '공약장'은
　'미신적 종교는 타파하고 인본도덕을 창명(彰明)할 일, 문호적(門戶的) 관념은 타파하
　고 인류해방에 노력할 일, 계급적 제도는 타파하고 평등생활을 실현할 일' 등 3개조로
　구성되어 있다.
248 「色眼鏡과 押收病」, 『동아일보』, 1924.5.23, 1면.

그렇지만 천도교 외에 다른 신종교단체에 대해서는 단체 해산 정책을 추진한다. 예를 들어, 1929년 10월에는 주문으로 병을 고친다고 하면서 우매한 백성에게 금전을 편취했다는 이유로 삼리교(三理敎) 간부들을 서대문경찰서 고등계가 인치해 취조한다. 이 조치는 삼리교가 서대문경찰서의 해산 명령을 수용하지 않으면서 벌어진 현상이다.[249]

1920년대 신종교 해산 정책은 부정적인 신종교 담론과 연결되어 정당성을 획득하기도 한다. 대표적 사례가 1922년경부터 부정적으로 묘사된 백백교이다. 당시 백백교를 묘사한 용어는 '허무맹랑, 미혹, 괴상한 주문, 금전 편취, 작첩(作妾)' 등이다.[250] 이러한 부정적 담론은 결과적으로 신종교단체를 해산 대상으로 삼는 정책에 정당성을 부여하게 된다.

1930년대에도 1920년대처럼 신종교단체에 대한 집회 통제 정책이 계속된다. 예를 들어, 1931년 12월에는 종로경찰서장이 '시천교 교조탄진(敎祖誕辰) 기념식'에 대해 집회 일시, 장소, 주최자, 사회자, 집회 목적, 주요 집회자, 집회인원 종별(種別), 연제(演題)와 연사(演士) 등으로 집회취체 상황을 정리해 강연 내용에 불온한 점이 없다고 경무국장과 경기도경찰부장에게 보고한다.[251] 1934년 5월에는 대전경찰서 고등계 주임과 경관들이 5개 종교단체(예수교·천도교·보천교·시천교·수운교)의 포교 대강연회 주모자들을 검거하고 군중을 해산시킨다.[252]

249 「西門署 活動, 幽靈宗敎 解散, 삼리교 간부들은 석방코 畢竟 命令을 할 듯 해」, 『동아일보』, 1929.10.28, 2면;「橫說竪說」, 『동아일보』, 1929.10.29, 1면.
250 「白白敎란 果然 何인가, 계룡산을 중심 삼은 전설로 어리석은 사람을 미혹케 해」, 『동아일보』, 1922.5.30, 3면;「愛妾 四十名을 두고 간 白々敎의 一世 敎主」, 『동아일보』, 1923.10.16, 3면;「白白敎事件」, 『동아일보』, 1924.12.2, 2면 등.
251 「集會取締 狀況報告(通報)」(京鍾警高秘 제15507호, 1931.12.21), ≪思想에 關한 情報 1≫(한국사데이터베이스, http://db.history.go.kr/). 이 모임은 시천교 신자 약 100명(여자 23명 포함).
252 「五派 聯合布敎한다고 數千敎徒가 雲集, 警察은 解散시키고 主謀 檢擧」, 『동아일보』,

1930년대 신종교 해산 정책은 1920년대처럼 부정적인 신종교 담론과 연결된다. 오히려 1930년대에는 백백교의 살인 기사가 자주 등장해[253] 신종교 해산 정책을 '사교 취체'라는 이름으로 정당화한다.[254] 그리고 부정적인 신종교 담론은 다른 신종교단체를 '제2의 백백교' 또는 '신판 백백교'라고 명명하는 방식으로 계속된다.[255] 이와 관련해, 1936년 6월 기사를 보면, 백백교, 자하교(紫霞敎), 증산교(甑山敎), 동화교(東華敎) 등을 '유사사교(類似邪敎)'로 보고 이들 모두에게 철추(鐵錐)를 내리는 것을 긍정하는 모습이 보인다. 심지어 이들을 '유사괴물(類似怪物)'로 표현하면서 압수물을 검사하고 교지(敎旨) 검토 없이 무조건 해산시키고 이후에도 절대 엄금해야 한다는 주장도 제기된다.[256] 다만, 조선총독부의 결사 해산 정책이, '탄압 일관의 당국 정책'으로 수많은 사회단체가 그림자도 없게 모조리 해산되어 소개할 만한 단체가 없다는 1935년 12월의 언론 기사처럼,[257] 신종교에 국한되지는 않는다.

1930년대 이후의 신종교 해산 정책은 특히 일본에서 군부가 1935년에 국체명칭을 선언한 사건, 그리고 중일전쟁으로 강화된 전시체제와 연관

    1934.5.14, 3면; 「미신단체를 □□, 沈奎煥만 昨日 送局」, 『동아일보』, 1934.6.21, 6면. 이들 기사에 따르면, 1934년 5월의 5개 종교 연합 포교대회 꾸며 '충남 연기군 금남면 금병산의 종교유사단체인 소위 금강도'를 속여 참가 선전비로 수천원을 편취하고 동 교도 수천명을 당일 대전에 동원하려고 했다가 목적을 이루지도 못한 것이라고 한다.
253 「白白下 暴露된 罪狀, 戰慄할 被告 供述」, 『동아일보』, 1931.2.4, 2면; 「發掘 屍體 三百八十, 또 楊平서 發掘에 着手」, 『동아일보』, 1937.6.9, 2면; 「殺人 白白敎 公判」, 『동아일보』, 1940.2.26, 2면 등.
254 「邪敎 取締의 强化, 指導와 彈壓의 倂行 期待」, 『동아일보』, 1938.1.15, 3면; 「家庭婦女를 노리는 巫女, 卜術輩가 跋扈」, 『동아일보』, 1938.4.8, 7면.
255 「第二 白白敎, 慶北 靑林彌勒道의 罪狀」, 『동아일보』, 1938.1.14, 1면; 「新版 '桃色 白白敎」, 『동아일보』, 1939.3.7, 2면.
256 「橫說竪說」, 『동아일보』, 1936.6.13, 1면.
257 「各界 團體 一覽」, 『동아일보』, 1935.12.11, 5면; 「抗日熱을 煽動하는 政治的 結社 禁止 解散」, 『매일신보』, 1939.5.2.

되어 있다. 중일전쟁의 이면에 국체 이데올로기가 있었다는 점을 고려하면 국체명징과 중일전쟁은 뗄 수 없는 부분이다. 이와 관련해, 흥미로운 부분은 1937년 8월 전시체제 하에서 南次郞(미나미 지로) 총독이 관민일치(官民一致) 및 일본과 조선의 완전한 일치의 실현을 강조하면서 '유사종교단체'까지 '애국운동에 매진'할 것을 촉구했다는 점이다.[258] 국체명징의 주체로 신종교단체까지 호명한 셈이다. 그리고 이에 대해 불법연구회(현, 원불교), 천도교 중앙종리원, 국민정신총동원 천도교연맹, 시천교 중앙종무부 등이 국방헌금 또는 국방 성미 등을 통해 부응하는 모습을 보여준다.[259]

중일전쟁 이후, 대부분의 신종교단체에는 '불로장생 혹은 사후향락(死後享樂)을 표방해 우매한 민중에게 금품을 사취(詐取)한다는 평가', 그리고 '사교(邪敎)'에 농락되는 것이 개인의 우매한 소치도 있지만 전체사회의 민도(民度)가 저위(低位)에 있다는 증명이라는 평가도 내려한다. 이러한 평가는 예방적 감시를 부지런히 하되 사건 관련자에게 철퇴를 가해 동류배(同類輩)의 재현을 근절시켜야 한다는 주장, 그리고 종교생활을 희구하는 민중에게는 '신앙의식의 계몽과 종교적 정조의 선도 정책이 근본'이라는 주장으로 이어진다.[260] 그렇지만 이러한 평가와 주장은 결국 신

---

258 「事業界 奮起 要望, 全朝鮮 各團體 總動員」, 『동아일보』, 1937.8.9, 2면.
259 「遝至하는 國防獻金」, 『동아일보』, 1937.8.10, 4면(불법연구회); 「天道敎에서 千圓을 獻金」, 『동아일보』, 1937.7.20, 2면; 「獻金의 가지 가지」, 『동아일보』, 1940.2.11, 2면(천도교의 국방 성미); 「國防獻金·慰問金」, 『동아일보』, 1937.8.24, 2면(시천교).
260 「邪敎取締의 强化, 指導와 彈壓의 倂行 期待」, 『동아일보』, 1938.1.15, 3면. 이 기사에 따르면, 조선에서 유사종교단체 종류가 60여 개인데 정치결사 또는 사상단체의 형태로 창교(創敎)된 것도 있지만 이보다도 "一部 惡德輩들의 營利的 亨樂的 企業 行爲로써 創案된 것이 더 만타"고 한다. 또한 기자는 일반인에게는 진보된 과학적 방법과 정당한 노력으로 이상사회를 건설하되 후세 명복(後世 冥福)을 바란다면 좀 더 고상한 종교적 정조(情操)로서 진실한 신앙생활을 해야 한다는 점을, 그리고 당국에게는 단체

종교단체의 해산을 유도해 국체명징에 부응해야 한다는 맥락에서 나온 것일 뿐이다.

2) 무속 정책과 대응

1910년대 무속을 규제한 법규는 주로 1912년의 〈경찰범처벌규칙〉이다. 1910년대 무속은 엄격한 금지와 단속 대상이 되어 벌금형·구류형·태형 등의 대상이 된다. 무속행위를 하지 않은 무당을 단속해 구류형을 내리기도 하고 무구(巫具)나 신복(神服)을 압수하기도 한다.

1920년대에는 무속을 단속하기도 하지만, 묵인하는 양상이 강하게 나타난다. 무속에 대한 단속은 〈경찰범처벌규칙〉에 근거한다. 그렇지만 이와 관련해, 인가에서 멀리 떨어진 곳에서 자정을 넘기지 않고 길가로 나오지 않는다는 조건으로 조건부 묵인이 이루어지는 경우, 마을굿처럼 경찰 허가를 받은 경우, 숭신인조합(崇神人組合)·신리교(神理敎)·대신교(大神敎)·신도동영사 소속 무당들의 무속행위가 허용되는 경우 등의 현상이 보인다.[261]

조선총독부는 3.1운동을 계기로 무속이 조선인의 삶과 분리되기 어렵다고 보고 단속과 금지보다 무속의 현실적 존재를 인정하되 통제하는 정책을 시행한다. 이는 무속을 일상 삶의 자리에서 분리시켜 규제하려는 정책이다. 이 정책의 결과는 무속이 점차 일상 삶에서 분리되어 멀어지고, 일상 삶의 자리에서 허용될 수 없다는 부정적 인식을 낳게 된다.[262]

의 검거 탄압만이 아니라 적절한 지도와 구호(救護)의 혜택을 주는 대책이 필요하다고 제안한다.

261 이용범, 「일제의 무속 규제정책과 무속의 변화—매일신보와 동아일보 기사를 중심으로」, 『역사민속학』 49, 2015, 11-19쪽.

1910년대와 1920년대의 무속 정책이 변화되었다는 관점은 1932년 기사에도 보인다. 그에 따르면, '경을 읽고 굿하고 기도하는 행동'에 대해 寺內正毅(데라우치 마사다케) 총독 이래 〈경찰범취체규칙〉을 적용해 '엄금'하다가 齋藤實(사이토 마코토) 총독이 문화정치를 표방하면서 '단속을 완화하기 시작'한다.[263] 이는 무속이 1910년대 무단정치 상황에서 '엄격한 단속 대상'이었다가, 1920년대 문화정치 상황에서 '완화된 단속 대상'이 되었다는 것을 의미한다.

무속에 대한 규제 주체는 주로 경찰부 보안과이다. 이와 관련된 사례를 보면, 1922년 10월에 숭신인조합의 활동이 평양에서 활발해지자 평양시민 500여 명이 발기해 숭신인조합을 반대하는 진정서를 평안남도청 제출하지만, 별다른 조치가 이루어지지 않는다. 발기인 대표자들이 경찰부에 재차 대답을 요구하자, 보안과장은 '각 경찰서에 굿과 경으로 병을 치료한다는 사람과 무당이나 판수라도 허가 받고 세금만 내면 아무 관계가 없다고 거짓말을 하는 자와 시내에서 굿을 하거나 경을 읽는 자가 있으면 엄혹히 취체할 것'을 통지할 것이라고 대답한다.[264] 1924년 3월에는 경기도 경찰부 보안과 조사를 토대로 '무당이나 점쟁이'의 수효가 보도되면서, 경찰 취체보다 청년회나 기타 단체나 유지자들의 미신방지 활동이 필요하다는 의견이 제시된다.[265] 이처럼 보안과장이 무속의

---

262 위의 글, 2015, 7-35쪽. 이용범에 따르면, 오늘날 한국인의 일상 삶에서 필요에 따라 무속을 실천하면서도 그것을 부끄러워하는 이중적 인식의 된 단초가 일제의 무속 규제정책으로부터 비롯된다(같은 글, 8쪽).

263 「무당, 판수 等 團束을 內命, 피해가 점차 늘어간다고, 微溫的으로 制裁」,『동아일보』, 1932.11.4, 2면.

264 「崇神人을 嚴重 團束, 평양시민대표의 진정으로 평남경찰부 당국에서 엄명」,『동아일보』, 1922.10.9, 3면.

265 「迷信으로 밥 먹는 者 경긔도 내에 백삼십사명, 警察取締보다 有志活動이 必要」,『동아일보』, 1924.3.25, 2면. 그에 따르면 경성 50명(조선인 40명, 일본인 9명 중국인 1명),

단속을 언급한 1922년 10월 사례, '보안과'가 무속인을 조사한 1924년 3월 사례 등은 1920년대 무속의 규제 주체가 경찰부 보안과였다는 점을 보여주고 있다.

1930년대에도 무속은 여전히 단속 대상이 되고, 단속 건수도 많아진다. 그 배경으로는 일차적으로 무속행위가 성행했다는 점, 농촌진흥운동 가운데 생활개선사업으로 미신타파가 주창되었다는 점, 중일전쟁 상황 등이 거론된다. 다만, 1933년 5월에 황해도 경찰이 무속 규제 방안으로 조건부 허용 범위를 밝힌 경우, 1935년 3월에 경기도 경찰이 무속행위의 허용 범위를 밝힌 경우 등은 1930년대에도 1920년대에 이어 엄격한 단속이 이루어지지 않았다는 것을 시사한다. 즉 〈경찰범처벌규칙〉에 근거해 단속은 하되 조건부 허가 정책이 시행된 것이다.[266]

조선총독부가 무속에 대해 무조건적 단속이 아닌 조건부 허가 정책을 시행했다는 점은 흥미로운 부분이다. 이와 관련해, 1931년 3월 기사에는 언론, 출판, 집회, 결사 등 당연히 있는 자유도 없는 조선에서 "무당, 판수, 사교(邪敎) 등은 절대자유를 향락(享樂)한다. 숭신인조합이니 전례ㅅ집이니 하는 데서 밤새도록 뚱땅거려서 이웃 사람의 안면(安眠)을 방해하드라도 경찰은 이를 방임(放任)할 뿐더러 도리혀 허가를 준다"는 내용이 보인다.[267]

또한 1932년 11월에는 경무국이 '경을 읽고 굿하고 기도하는 행동'에

양주(楊州) 조선인 29명, 개성 조선인 13명, 고양(高陽) 조선인 12명 등 134명이다.
266 이용범, 앞의 글, 2015, 19-23쪽.
267 「衛生行政의 等閑. 一. 迷信의 自由」, 『동아일보』, 1931.3.9, 1면. 이 기사는 무당의 모임 목적이 희락(戲樂)이라서 묵허(黙許)한다면 이해할 수 있지만, 질병 치료가 목적이라면 국가의 허가를 도저히 이해하기 어렵고, 이러한 미신을 허가하기 때문에 질병의 과학적 치료의 기회를 놓치게 되고 인민의 과학에 대한 신뢰를 희박하게 만들어 간접으로 인민의 병사(病死)를 돕는 결과를 생기게 한다고 지적한다.

대해 1920년대 완화된 단속으로 여러 폐단이 속출한다고 판단해 〈경찰범취체규칙〉을 엄격히 운용해 제재하라는 명령을 내린다. 다만, 그 내용은 '미신적 행위를 단연히 금지함'이 좋겠다는 설이 유력하지만 '의약이 발달하지 못하고 과학이 보급되지 못한 조선 민중의 다수가 아직도 미신적 행위를 신뢰하고 있고 어느 정도까지 심령 작용으로 병자의 위안적 치료가 되는 수도 있어 엄금하기보다 모법적(冒法的) 행위의 어느 정도까지만 제재하기로 한다는 것'이다.[268] 이 기사 내용은 무속에 대한 조선총독부의 방임에 가까운 '조건부 허가' 정책을 시사한다.

　그렇다고 조선총독부가 무속에 대해 '허가'에 방점을 둔 것은 아니다. 이와 관련해, 1934년 3월에는 100명 이상의 무녀·판수·점쟁이가 소속된 개성의 숭신인조합 2곳의 폐해를 조사한 개성경찰서가 2곳의 숭신인조합 경영자와 무녀 87명에게 3개월 유예기간 동안 직업을 전환하라는 명령을 내린다. 또한 강원도 안변(安邊)경찰서도 관내 무녀 100여 명의 폐해를 조사한다.[269] 경무국은 엄격한 단속을 위해 〈경찰범처벌규칙〉보다 강력한 법령 안을 각도 경찰부장회의와 중추원에 올리기도 한다. 그렇지만 그 회의에서는 강압하면 폐해가 생긴다는 이유로 '종교유사단체' 모양으로 조합 형식을 만들어 단속하도록 한다. 즉 숭신인조합을 각처에 만들게 하고 굿을 조합이나 실내에서만 하도록 하고, 시간을 제한해 안면을 방해하지 않도록 하라는 내용이다.[270] 이와 함께 1934년 6월, 경

---

268 「무당, 판수 等 團束을 內命, 피해가 점차 늘어간다고, 微溫的으로 制裁」, 『동아일보』, 1932.11.4, 2면.

269 金正實, 「무당이야기, 무당 취체와 '宗敎類似團體' (二)」, 『동아일보』, 1934.7.21, 6면.

270 金正實, 「무당이야기, 무당 취체와 '宗敎類似團體' (二)」, 『동아일보』, 1934.7.21, 6면; 〈警察犯處罰規則〉(시행 1912.4.1, 부령 제40호, 제정 1912.3.25). 이 소식이 전해지자 한편에서는 숭신인조합을 설립하겠다는 진정서를, 평양절제회 등 다른 한편에서는 '미신을 팔고 재물을 허비하는 이 무리들'을 종교유사단체로 인정할 수 없으며 철저한

무국은 '시대를 역행하는 미신업자'를 명분으로 무녀 등 약 18,000명에 대한 취체를 시도한다.[271]

무속인들이 생존을 위해 숭신인조합뿐만 아니라 교파신도에 가입한 사례도 보인다. 이와 관련해, 1935년 6월 기사를 보면, 미신타파 취체원을 자처한 어떤 사람이 '미신타파 시대에 무당이나 판수 노릇을 용서하지 않지만 진언종고의(眞言宗古義) 강경교회에 입교하면 마음대로 할 수 있다'는 말로 약 10여 명을 입교시켜 발기인으로 삼고 건축비를 분담시킨다. 이들은 다른 무당이나 판수나 단골집에 다니며 129명에게 비용을 걷은 후, 강경교회 개교사(開敎師)가 공사를 맡아 1934년 11월에 상량을 하고 1935년 6월에 낙성식을 한다. 그렇지만 탄천주재소 순사가 와서 집회 금지와 군중 해산 조치를 취한 후 개교사 외 5인을 주재소로 데려가 취조한다.[272]

1930년대에도 '보안과'는 무속의 단속 주체가 된다. 이는 무속인에 대한 보고가 경찰서에서 보안과로 이어졌다는 점에서 유추할 수 있다. 이와 관련해, 1935년 3월 경기도 남산정(南山町) 영광원(靈光園)에 무속인들이 매일같이 모이자 영등포경찰서가 '경기도 보안과'에 보고한다. 이에 보안과장은 그 전부터 영광원 이야기를 듣고 철저한 취체 필요를 느껴, 영광원에 무당 500여 명이 모인다는 말을 듣고 즉시 금지시켰다고 한다. 그리고 도방침에 따라 경기도 내에서 철저한 취체를 할 작정이라고 밝힌다.[273]

단속해야 한다는 항의서를 경무국에 제출한다.

271 「時代逆行의 '迷信業者', 巫女 等 萬八千名, 漸進的 取締를 하겟다하는 警務當局 對策如何」 『조선중앙일보』, 1934.6.10, 2면.

272 「教會堂 落成式 中의 開敎師 等을 檢擧, 공주일대 무녀들을 망라하야 宗敎看板 걸고 새로 出世」, 『동아일보』, 1935.6.15, 3면.

1935년에는 정책적으로 무속의 근절(根絶)을 위해 종래의 소극적 취체를 적극적 취체로 전환하기도 한다. 이와 관련해, 1935년 3월에는 경기도 경찰부 보안과가 무당 근절 문제가 중추원 자문사항이고 보안과장회의에서도 논의했다고 밝히면서, 인심 미혹과 의료 방해 등 폐해가 크지만 오랜 역사가 있고 대체할 신앙이 아직 없다는 이유로 '절대 금지'를 전제한 제한적 허용 정책을 추진한다. 무당 취체를 위해 '특별히 3종류의 기도' 외에는 '관계 각 법규'를 적용해 엄중 처벌한다는 내용이다. 여기서 3종류의 기도는 '일반 관습상 위령(慰靈)이나 초혼(招魂)을 위한 것, 병자의 의료를 방해하지 않는 정도의 정신적 요법, 단순히 기도만을 위한 것으로 폐해가 없다고 인정하는 것' 등이다. 다만, 3종류에 해당해도 '시끄러운 가무나 종·북을 울리거나, 도회지에서 경찰서장이 특정한 장소 외의 민가에서 하거나, 밤 11시를 넘기거나, 부당한 보수를 요구하거나, 기타 공안 풍속상 지장이 있는 기도'는 금지한다. 아울러, 취체와 함께 '무당, 판수, 화랭이' 등에게 다른 업종으로 전향하도록 설득하는 방법을 병행한다고 한다.[274] 이러한 보안과의 조치는 무속의 범위를 좁혀 무속을 근절하겠다는 취지이고, 이는 당시 일본에서 국체명징을 강조하던 것과 연관된 것으로 보인다.

　　일제강점기 전체를 볼 때 무속에 대한 정책 방향은 '단속과 금지를

273 「迷信과 巫黨의 巢窟, '靈光園' 撤去 要望, 風紀上 害毒 잇다고 明水臺 住民들이, 道에서 徹底히 取締할 方針」, 『동아일보』, 1935.7.13, 2면. 이 기사에 따르면, 명수대에 있는 영광원은 '무당의 소굴'로 산본치랑(山本治郎, 假名)이 100여 평 기지에 13,000원으로 2층 건물을 지어 창립한 것이다. 그리고 영광원에는 당시 경성 부근의 1,000여 명의 무당이 매일같이 각 패에 3, 4명씩 4, 5패가 와서 기도했는데 1인이 한 번 사용하는 데에 3원 이상의 회비를 냈다고 한다. 이에 부근 주민들이 풍기상이나 도회 발전상 해독이 많다고 해서 강제 철폐를 도 당국에 진정할 예정이라고 한다.
274 「慰靈, 招魂과 弊害 없는 祈禱, 세 가지 특별한 규정 외에 違反者는 嚴重 處罰」, 『동아일보』, 1935.3.14, 2면.

통한 타파'보다 무속이 조선인의 삶에서 차지하는 정도를 고려한 '조건부 통제'이다. 그에 따라 정기의례뿐만 아니라 비정기적인 임시의례가 지속적으로 행해진다. 그럼에도 불구하고 무속의례의 공간을 거주지 밖의 특정 공간으로 제한하고 의례 참여자를 개인과 가족으로 한정한 조치, 무속의례에서 춤·노래·놀이·악기연주 등 예능적 성격의 문화적 요소를 배제한 조치 등은 결국 무속을 일상 삶의 자리에서 분리해 부정적으로 인식하게 만드는 효과로 이어지게 된다.[275]

3) 신종교와 무속, 그리고 조합운동

한일병합 이후 조선에는 학교조합, 지방금융조합[276] 등 여러 조합(組合)이 보인다. 이 현상은 일본에서 유입된 것으로 보인다. 이와 관련해, 일본에서는 〈민법〉에 조합 조항이 있다. 〈민법〉에서 조합은 각 당사자가 출자해 공동 목적 사업을 경영하기로 약속한 '조합계약'으로 생긴 단체이다. 조합원은 동산, 부동산, 채권뿐 아니라 노무(勞務)까지를 대상으로 상호 출자 의무를 지며, 업무 집행 권리와 의무를 갖게 된다. 재산은 조합원 개인이 아닌 공유(公有, 공동소유)이고, 각 조합원은 지분(持分)을 갖고 제3자에 대한 권리를 주장하게 된다. 계약 종료는 조합원 탈퇴(임의 탈퇴·사망·파산·금치산 제명[禁治産 除名]), 조합 해산(기한 만료, 계약상 정한 해산

---

275 이용범, 앞의 글, 2015, 10쪽, 24-32쪽.
276 〈地方金融組合令〉(大正 3.5.22, 制令 第22号, 시행 1914.9.1), 『官報』 第547号, 1914.5.29. 지방금융조합은 농민 금융을 완화하여 경제 발달을 기도하는 '사단법인'으로 하며(제1조), 조합원은 그 업무구역 안에 1년 이상 주소를 가진 자로 농업에 종사하며 생계를 영위하는 자에 한정된다(제2조). 담당 업무는 조합원을 대상으로 농사 자금 대부, 예금, 농업 재료의 구입과 분배, 조합원이 위탁한 생산물 판매, 조합원의 생산물 보관, 조합원 공동의 이익을 한 농사상 시설 등이다(제5조).

이유의 발생, 총원(總員)의 동의, 목적 사업의 성공 또는 불능, 조합원의 청구) 등으로 이루어진다.[277]

조선에 유입된 조합 사례들을 보면, 먼저, 1909년 12월에 조선인과 일본인의 교육을 따로 실시한다는 전제로 일본인 교육을 위해 일본인이 통감 인가를 받아 '법인'으로 학교조합을 설립할 수 있게 한 〈학교조합령〉이 있다. 이 규정은 종래 각종 일본인단체가 운영했던 재조선 일본인 교육에 대해 단체 구성원이 경비를 부담할 법적 근거가 되어 일본 이주민의 확산과 정착이라는 식민정책에 기여했다는 평가를 받는다.[278] 〈학교조합령〉은 1913년 10월 등 몇 차례 개정되지만 일제강점기 내내 지속된다. 1937년 11월에는 〈재만학교조합령〉을 공포해 만주 지역에도 조합 문화가 생기게 된다.[279]

1919년 3·1운동 이후, 일본인에 의해 무속에 조합 문화가 도입된다.

---

277 鈴木喜三郎 講述, 『民法』, 東京: 早稻田大學出版部, 1909, pp.137-138(第十二節 組合).
278 〈學校組合令〉(明治 42.12.27, 統監府令 第71号, 施行 明治 43.1.1), 『官報』 第7957号, 1910.1.4; 조미은, 「일제시기 재조선 일본인 학교조합제도의 변천과 성격 ─ 〈학교조합령〉 제정과 개정 내용을 중심으로」, 『史林』 41, 2012, 213-214쪽, 235-236쪽. 다만, 부 지역의 경우, 1931년 학교조합을 폐지하였으나 부 내에 제1부 특별경제와 제1교육부회를 두고 학교조합 기능을 계승해 사실상 조선인과 일본인과의 교육 구분과 차별성이 유지되었으며, 결국 일제가 패망 때까지 학교조합 제도를 유지한 것은 일본인과 조선인의 교육적 차별을 유지하기 위한 것이었다고 한다(조미은, 같은 글, 236쪽).
279 〈學校組合令〉(大正 2.10.30, 制令 第8号, 施行 1914.4.1), 『官報』 第381号, 1913.11.5; 〈府制及改正學校組合令施行期日〉(大正 3.3.31, 朝鮮總督府令 第28号), 『官報』 第504号, 1914.4.7; 〈學校組合令中改正〉(昭和 5.12.1, 制令 第14号, 施行 昭和 6.4.1), 『官報』 第1192号, 1930.12.17; 〈在滿學校組合令〉(공포·시행 소화 12.11.30, 勅令 第695号), 『官報』 第3275号, 1937.12.1. 1913년 10월 개정에 따르면, 학교조합은 '법인'이고 관의 감독을 받아 '일본인 교육 사무'를 처리한다(제1조). 학교조합을 설치하려면 발기인이 구역을 정해 그 조합구역에 주소를 두고 생계를 영위하는 일본인 3분의 2이상 동의를 얻은 조합규약을 작성해 총독 허가를 받아야 한다(제2조). 조합원은 조합구역에 주소를 둔 일본인이며, 영조물(營造物, 건축물)을 공유할 권리와 조합 부담을 분임할 의무를 가진다(제3조).

대표적인 조합 단체로는 무녀조합으로 불렸던 숭신인조합, 신도동영사 (神道同榮社), 영신회(靈神會) 등이 있다. 다만, 이 단체들이 조합 허가를 받았는지는 분명하지 않은데, 여러 기사에 따르면 조선총독부 허가 없 이 조합을 내세운 것으로 보인다.

구체적으로, 숭신인조합이 만들어진 경위는 다음과 같다. 1919년 3월 이후 일본인 小峯源作(고미네 켄사쿠)이 천도교도의 독립운동에 대항해 조선과 일본 민족의 동화를 철저히 실현해 보겠다는 목적으로 1919년 9월에 천도교 취지를 빌려 제세교(濟世敎)를 설립하고 천도교도의 입교 를 유도한다. 그러나 별로 응하는 사람이 없자 제세교를 한화석(韓華錫) 에게 맡기고 다시 민간에 유행한 태을교(太乙敎)를 이용해 1920년에 제화 교(濟化敎)를 설립해 교인을 모집한다. 역시 응하는 사람이 없자 그 이유 를 자신의 일본 이름 때문이라고 여겨 일본 이름을 김재현(金在顯)으로 바꾼다. 그래도 큰 효과가 없자 다시 숭신인조합을 설립해 경기도 제3부 에 설립 청원서를 제출한 후, 정식 허가 없이, 제3부 소속인 경부 윤병희 의 말을 듣고 청진동 삼화여관에 숭신인조합사무소라는 간판을 붙인 다.[280] 당시 경찰은 숭신인조합에 대해 법규상 허가 또는 불허가할 성질 이 아니며, 조선총독부나 경기도 제3부에서 1920년 6월 1일자로 설립 신청을 반환했다고 밝힌다. 이는 무속을 치안과 의료 방해로 보고 취체 한다는 방침이다.[281]

---

[280] 「崇神人組合이란 何, 텬도교도와 조션민족의 사상을 어지럽게 하랴는 백주의 요마= 소봉원작」, 『동아일보』, 1920.6.3, 3면. 이 기사에 따르면, 이 내용은 제화교(서대문정 2정목)의 한 사람인 김종만의 설명이다. 다른 자료에 따르면, 小峯源作(개명 金在賢)은 제세교(濟世敎) 조직에 실패하자 구연철(具然澈)·황종하(黃宗河)와 제화교(濟化敎)를 창시한 인물이다. 고등경찰은 제화교가 최제우의 유교(遺敎)를 포교하려고 만든 제세 교의 부흥을 위한 단체로 파악한다(朝鮮總督府警務局, 『高等警察用語辭典』, 朝鮮總督 府警務局, 1933, p.124).

숭신인조합은 설립 이후 지속적으로 비판을 받는다. 이와 관련해, 1921년 9월 기사는 조선총독부가 노인들의 환심을 사기 위해 〈묘지규칙〉을 변경한 것처럼 '무지한 촌맹(村氓, 촌민)의 환심'을 사기 위해 굿과 경을 묵인하였을지 모른다고 전한다. 그리고 숭신인조합에 대해 '〈경찰범처벌령〉이 있지만 미신이라도 정도(程度)만 넘지 않으면 관계가 없을 것'이라는 당국자의 말을 소개하며, 어떤 종교단체도 미신(迷信)만을 교리 전체로 하는 곳이 없어 그 정도를 판단하기 어렵고, 불법 행위라도 조합(組合)을 만들어 패(牌, 간판)를 달면 묵인한다는 것은 있을 수 없다고 비판한다.[282] 1922년 1월에는 경성부 관훈동의 박계산(朴桂山, 27세)이 숭인인조합에 가입한 후 1921년 초 포천군의 여러 무당에게 숭신인조합 가입비를 받고, 기부금을 모집한 것이 발각되어 경성지방법원에서 징역 6개월 선고를 받았다고 한다.[283]

숭신인조합은 1930년대까지 지속된 것으로 보인다. 1933년에 조선총독부 경무국이 발간한 『고등경찰용어사전』에 '숭신인조합' 항목이 실려 있기도 하다.[284] 이와 관련해, 1932년 12월 기사는 경성의 무당 수를 약 737명으로 보도하면서, 숭신인조합이 경무국장 허가를 받았다거나 경찰서장의 묵인을 받았다고 하지만 사실은 일언반사의 교섭도 없었다고 전한다.[285] 그리고 1933년 1월 22일, 본정서(本町署) 사법계에서 숭신인조합본부(종로 6정목)를 습격해 조합장 정광태(鄭光泰)와 총무 김동필, 회계

---

281 「巫女組合 許可는 아니하엿다고」, 『동아일보』, 1920.6.3, 3면.
282 「歲月 맛난 巫女와 卜術」, 『동아일보』, 1921.9.6, 4면. 이 기사에는 '20세기 무녀와 복술의 부흥은 시대를 역행하는 기괴한 일'이라는 시선이 담겨 있다.
283 「崇神人組合의 挾雜, 조합비를 횡령」, 『동아일보』, 1922.1.21, 3면.
284 朝鮮總督府警務局, Op. cit., 1933, p.191.
285 「惑世誣民하는 巫女 等 徹底的 撲滅에 着手, 숭신인조합 등에 대철퇴 京城에만 巫女 七百餘名」, 『동아일보』, 1932.12.9, 2면.

신태진 등 3명을 검거하고 가택을 수색해 장부 등을 압수한다. 내용은 검거된 3명이 당국 허가 없이 숭신인조합본부 간판을 걸어 당국 허가가 있는 듯이 선전했고, 재작년 만주동포 수난 당시 조합원들과 각 방면에서 현금과 의복 등을 모은 후 목적한 구제가 아니라 자기들의 사복을 채우는 데에 사용했다는 것이다.[286]

다음으로, 신도동영사(神道同榮社)의 경우, 1927년 죽첨정 1정목 36번지에 설립된 신도계 숭신단체이다.[287] 설립 이후인 1927영 12월경에는 숭신인조합(연지동 46번지)과 무녀 쟁탈전을 벌이며 동대문서 관내와 종로서 관내에서 여러 번 충돌해 폭행 상해로 서로 고소를 하기도 하고, 숭신인조합의 정광태가 약 20명을 모아 신도동영사 무녀들이 국사당(國師堂)에서 진행한 기도회를 습격해 폭행하려다가 경찰 방지로 실패하기도 한다.[288] 이 기사에서 확인할 수 있는 부분은 신도동영사가 숭신인조합과 마찬가지로 '조합'으로 명시되어 있다는 점이다.

다음으로, 영신회(靈神會)는 1932년 경성부 의주통에 설립된 신도계 숭신단체로 알려져 있지만,[289] 1931년에 54명으로 시작해 1933년에 900명의 회원을 보유했던 단체이다.[290] 숭신인조합보다 회원 규모가 큰 셈이다. 1932년 3월 기사에 따르면, '영신회라는 무복조합(巫卜組合)'의 회원 2명이 각 무당의 집을 방문해 영신회가 총독 인가를 받은 것이라고 사칭

---

286 「在滿同胞 팔아 金品을 詐欺, 본정서에서 내용을 탐지, 崇神人組合에 鐵槌」, 『동아일보』, 1933.1.24, 2면.
287 문혜진, 「일제식민지기 숭신단체의 양상과 변화―경성·경기 지역 숭신단체를 중심으로」, 『민속학연구』 34, 2014, 95-99쪽.
288 「崇神人組合 巫女 爭奪戰, 무당을 서로 뺏으랴고 쌈질, 警察은 嚴重 監視中」, 『동아일보』, 1927.12.16, 5면.
289 문혜진, 앞의 글, 2014, 95-99쪽.
290 한국사데이터베이스(http://db.history.go.kr/id/had_186_0420, 경성지방법원 검사국 문서, 『昭和 9年 3月 治安情況』 '附表, 宗敎類似團體敎勢調査表').

하며 가입과 가입금을 강청하다가 경찰서에 고발당했다고 한다.[291] 신도 동영사의 경우처럼 이 기사에서 영신회는 '조합'으로 명시되어 있다.

한편, 조선의 신종교단체 가운데 '저축조합'을 활용한 경우는 원불교 사례에서 확인할 수 있다. 이와 관련해, 박중빈(朴重彬, 1891-1943)이라는 인물이 1916년 4월 28일(음 3.26, 원기 1)에 깨우침을 얻은 후 9인 제자를 뽑아 십인 일단(十人 一團) 조직을 만들고, 1917년 8월경 전라남도 영광군 백수면 길룡리에서 '저축조합'을 설치한다. 그리고 저축조합 활동에서 확보한 기금으로 1918년 4월부터 1년 동안 방언공사(防堰工事)를 벌여 농토를 확보한다. 방언공사 후에는 9인 제자들과 혈인(血印)기도를 한 후 1919년 8월경에 '불법연구회기성조합(佛法硏究會期成組合)'을 창설해 스스로 조합장이 된다.[292] 그러다가 동년 10월경 전북 부안군 산내면 봉래산에 있던 봉래정사로 들어가 약 4년 동안 머물다가 1924년에 불법연구회를 조직하게 된다.

1924년 6월 기사에 따르면, 불법연구회는 '조선 불교를 일대 확장하기 위해 서상인(徐相仁), 송상호(宋相浩) 오창건(吳昌建), 이동완(李東完), 문정규(文正規) 등의 발기로 1924년 6월 1일에 익산군 이리 보광사(普光寺)에서 조직된 단체'이다. 당시 모임에서는 여러 결의를 채택하고 회장 서상인 외 여러 의원(議員)을 선거했다고 한다.[293] 이어, 불법연구회는 북일면 신

---

291 「靈神會員이 加入金 强請, 마침내 고발」, 『중앙일보』, 1932.3.11, 2면.

292 정산[명산], 「불법연구회창건사 — 第十章 大宗師의 敎化方法과 本會 期成組合」, 『圓佛敎敎故叢刊』(제5권), 원불교정화사, 1973, 23-26쪽. 당시 금주·금연, 의복·음식 절약, 재래 휴식일 축소, 매시(每時)의 시미(匙米; 佛米), 천제(天祭) 폐지 등에 따른 절약대액(節約代額)과 소비대액(消費代額)을 '조합에 저축해 장래 사업이 쓸 수 있게 하라는 박중빈의 지시, 그리고 박중빈이 조합장이 되고 단원들을 조합원으로 해서 저축 금액과 빌린 돈으로 목탄(木炭, 숯)을 구입해 1년 만에 8-9천원의 자금을 얻었다는 내용을 보면, 기성조합은 비록 목적에 차이가 있겠지만 저축조합과 크게 다르지 않았던 것으로 보인다.

룡리(현 신룡동)로 기지를 정해 1924년 9월(음)부터 11월경까지 목조 초가 2동 17칸 규모의 건물을 짓고, 전무출신들로 구성한 공동생활을 시작한다. 불법연구회는 해방 후인 1948년에 원불교로 개명한다.

원불교의 역사를 보면, 박중빈과 그 제자들이 1917년에 저축조합을 설립하고, 다시 1919년 10월경에 불법연구회기성조합을 설립해 경제적 토대를 마련했다는 점을 알 수 있다. 그리고 1910년대 이후 저축조합이 계속 활성화되었다는 점을 고려하면,[294] 박중빈과 그 제자들은 1919년 3·1운동 이후에도 조합이라는 제도적 측면을 적극 활용했다고 볼 수 있다. 이와 관련해, '전북 익산군 북일면 신리 황등가 도변에 하나의 큰 건축이 섰는데 이것은 근경(近頃)에 새로 조직된 불법연구회에서 경영하는 농업조합사무소(農業組合事務所)'라는 1925년 5월의 기사 내용은[295] 불법연구회가 창립 이후에도 조합 형태를 유지했다는 것을 시사한다.

3. 유교 관련 사건과 대응

대한제국기(1897.10-1910.8)에, 법규나 제도적 차원은 아니지만, 유교가 '종교'라는 인식이 보인다. 이와 관련해, 1906년 5월에 종2품 서긍순(徐肯淳)이 유도(儒道)가 '우리 한국에서 3,000년 동안 전승해오는 종교[儒道者, 乃吾韓三千年相傳之宗教也]'이며 이 종교를 밝히기 위해 성균관을 태학(太學)

---

293 「(裡里)佛法硏究會 創立」, 『시대일보』, 1924.6.4, 4면.
294 〈物品貯蓄組合狀況(平安南道)〉, 『조선총독부관보』 제389호, 1911.12.13; 〈貯蓄組合二關スル件〉(咸鏡南道 訓令 제7호), 『조선총독부관보』 제1136호, 1916.5.19; 「貯蓄組合 盛況」, 『매일신보』, 1916.8.1, 3면.
295 「益山에 修道院, 耕夜讀으로 佛法을 硏究해(裡里)」, 『동아일보』, 1925.5.26, 3면.

으로 만들어 독립시켜야 한다고 상소하자, 고종이 '종교를 숭상하고 학교를 설치하고 자제를 모아 교육하고 흥성하도록 장려하는 것은 참으로 지금의 급무(崇宗敎, 設學校, 募敎子弟, 而興勸之, 誠爲當今之急務)'라고 비답(批答)한다.[296]

그렇지만 유교는 점차 법규와 제도 차원에서 '종교 아닌 것'으로 인식된다. 유교가 종교라는 인식은 통감부가 신도·불교·기독교만을 '종교'로 인정한 〈종교선포에 관한 규칙〉(1906)을 시행하면서 법규와 제도의 차원에서 약화된다. 또한 1908년에 〈향사 이정(享祀釐正)에 관한 건〉이 시행되면서 "歷代 廟, 殿, 陵, 祠及地方에 설치한 社稷壇과 文廟는 모두 정부의 소관"이 되는데,[297] 여기서 정부의 소관은 결국 통감부의 관리를 의미한다. 게다가 조선총독부도 유교에 종교 법규가 아니라 〈경학원규정〉이나 〈향교재산관리규칙〉 등의 법규를 적용한다.

통감부나 조선총독부의 활동에 대한 유교계 반응은 관점에 따라 다양하게 정리될 수 있다. 주로 거론되는 부분은 대한제국기의 항일운동, 일제강점기 이후의 독립운동, 유교의 종교화운동, 친일활동 등이다. 이 가운데 친일활동은 경학원과 향교 활동을 중심으로 조선총독부에 협력한 사례가 대표적이다.

우선, 항일운동은 주로 한일병합 이전에 유림이 벌인 의병활동을 말한다. 이와 관련해, 대한제국기 의병장들은 조선 후기 위정척사론의 기초를 형성한 이항로(李恒老, 1792-1868)의 문인들을 포함해 거의 유생들이다. 그리고 이들은 한일병합 이후 순국(殉國)하거나 작위와 은사금을 거절하거나 세금과 호적등록을 거부하는 등의 방식으로 반일 움직임을

---

296 『고종실록』 47권(43년 5.25, 양력 5번째 기사).
297 〈享祀釐正ニ關スル件〉(융희 2년 7월 칙령 제50호) 제8조.

보인다. 다만, 1910년대가 되면 유림과 조선총독부의 본격적 갈등 사례는 보이지 않는다.[298]

그렇지만 1920년대 전후 시기에 유림은, 비록 1919년 3·1 독립선언에 불참했지만, 각 지역별 만세시위에 적극 참가한다. 특히 1919년 3월에는 '파리장서사건(巴里長書事件)', 즉 김창숙(金昌淑), 곽종석(郭鍾錫), 김복한(金福漢) 등이 영남·호남·충청 지역의 중장년층 유림을 규합해 한국독립을 호소하는 서한을 파리 강화회의[299]에 보내 독립을 청원하려는 움직임이 보인다. 유림 약 137명의 서명이 담긴 서한은 3월말에 김창숙이 중국 상해로 가져가 신한청년당(新韓青年黨) 대표로 파리에 있던 김규식(金奎植)과 국내의 각 향교에 우송한다. 그런데 동년 4월에 경상북도 성주의 만세시위 참가자들이 체포되어 조사받는 과정에 서한의 서명자들이 포함되면서 서한의 존재가 발각된다. 그리고 경찰이 서명자 137명 중 70% 이상을 체포해 서명자의 34%를 검사국에 송치하고, 검사국이 서명자의 20%를 기소한다. 그리고 7회의 재판을 통해 서명자 4명에게 실형이 선고된다. 이 운동은 1920-1921년의 제2·3차 독립청원원동, 1925-1026년 '제2차 유림단 의거' 등으로 계승되었다고 한다.[300]

---

298 이명화, 「朝鮮總督府의 儒教政策(1910-1920年代)」, 『한국독립운동사연구』 7, 1993, 88-89쪽; 서동일, 「조선총독부의 파리장서운동 참가자에 대한 사법처리와 관련 수감자의 대응」, 『한국민족운동사연구』 68, 2011, 42쪽.

299 파리 강화 회의(Paris Peace Conference)는 제1차 세계대전 승전국들이 연합국과 동맹국 간의 평화 조약을 협의하기 위해 1919년 1월부터 6월까지 개최한 국제회의로, 동년 1월에 국제연맹 창설이 결의된 바 있다.

300 이명화, 앞의 글, 1993, 107쪽; 서동일, 앞의 글, 2011, 43-72쪽. 파리에 파견할 인물로 선정된 김창숙은 파리 행을 목표로 1919년 3월 23일에 경성을 떠나 3월 27일이 상해에 도착했지만, 이미 김규식이 파리 강화회의에 파견되어 민족 대표로 활약한다는 것을 알고 파리행을 포기하고 파리장서를 번역·인쇄해 우편으로 파리 강화회의, 서양 각국의 대사, 공사, 영사관, 중국의 각 정계 요인 등에 보냈다고 한다(임경석, 「유교 지식인의 독립운동 — 1919년 파리장서의 작성 경위와 문안 변동」, 『대동문화연구』 37, 2000,

1930년대 이후, 유림의 항일운동 사례는 뚜렷하지 않다. 다만, 일부
유림은 1939년 전국 조직인 조선유도연합회 간부들의 시국강연에 대해
논변의 가치도 없는 사설(邪說)이라고 비판하는 등으로[301] 항일의식을 표
출한다. 물론 김창숙의 경우처럼, 중국에서 대한민국임시정부 활동에
참여하다가 1927년 6월에 체포되어 1934년 9월에 형집행정지로 풀려나
면서도 창씨개명을 거부한 비타협적 항일운동 사례도 보인다.[302]

다음으로, 종교화 운동을 보면, 유교의 종교화 운동은 1905년 을사보
호 조약과 1910년 한일병합 상황에서 주로 강유위(1858-1927)의 사상과
종교 자유 담론 등에 영향을 받은 유학자들이 시작한다. 이와 관련해,
박은식(朴殷植, 1859-1925)은 50대 초반인 1909년 9월에 대동교 창립을 주
도한다. 1913년에는 당시 68세 나이인 김정규(金鼎奎, 惠山, 1846-1922)가 간
도공교회(墾島孔敎會)를, 67세 나이인 이승희(李承熙, 1847-1916)가 동삼성한
인공교회(東三省韓人孔敎會) 창립을 주도한다. 1917년에는 70대 초반인 이
상규(李祥奎, 1846-1922)가 경남 진주 연산(硯山) 도통사(道統祠)에서 공교지
회(孔敎支會)를 시작한다. 그리고 1920년대에는 1919년 50세 나이로 공교
운동을 주도하던 이병헌(李炳憲, 1870-1940)이 1923년에 경남 산청군 배산
서당(培山書堂)에서 조선공교회(朝鮮孔敎會) 창립을 주도한다.[303]

137-139쪽). 한편, 3·1운동 직후인 3월 28일에는 경학원 대제학 김윤식과 부제학 이용
직이 〈대일본장서(大日本長書)〉라는 독립청원서를 조선총독과 일본내각 총리대신에
게 제출하기도 한다. 이 사건으로 김윤식은 징역 2년, 집행위예 3년을, 이용직은 징역
1년 6개월, 집행유예 3년을 선고받고, 그 해 7월에 각각 대제학과 부제학에서 면직되고
자작위도 박탈당했다고 한다(이명화, 같은 글, 107쪽).

301 정욱재, 「조선유도연합회의 결성과 '皇道儒學'」, 『한국독립운동사연구』 33, 2009,
238-239쪽, 253쪽.

302 김기승, 「심산 김창숙의 사상적 변화와 민족운동」, 『한국독립운동사연구』 42, 2012,
122-128쪽.

303 이종수, 「李祥奎와 道統祠 孔敎支會」, 『대동문화연구』 85, 2014, 321-328쪽, 336쪽.

유교의 종교화운동을 전개한 인물들이 주로 유교의 진흥·개혁과 함께 종교적 우월성을 내세웠다는 점을 고려하면, 강유위의 사상 외에도 1883년 〈조영수호통상조약〉 이후 당시까지 확산된 종교 자유 담론의 영향을 받았다고 볼 수 있다.[304] 유교를 종교 범주에서 보고 그 우월성을 주장했기 때문이다. 다만, 시기상 1917년 이상규의 공교지회, 이병헌의 1919년 공교운동과 1923년 조선공교회 등을 공인교정책이 담긴 1915년 〈포교규칙〉과 연관시킬 수 있지만, 연관관계를 명확히 드러낸 자료는 찾기 어렵다.

다음으로, 친일활동의 경우를 보면, 유림은 통감부의 친일화 대상이 된다. 통감부는 1907년 3월에 친일관료의 영향으로 조직된 대동학회(大同學會), 이어 1909년 10월에 대동학회를 개칭한 공자교(孔子敎)를 후원한 바 있다. 조선총독부도 연령이 많은 유생들에게 상치은금(尙齒恩金)을 주거나 작위를 주고, 효자와 절부(節婦)들에게 표창을 주는 등 유림 우대정책을 시행한다. 그렇지만 1911년 6월에 성균관을 경학원으로 개편하고, 1910년 4월의 〈향교재산관리규정〉에 근거해 향교재산 수입을 보통교육 경비로 사용하게 하고, 조선 유교가 중국식 유교를 추종한다고 비판하면서 유교혁신을 강조하기도 한다.[305]

구체적으로, 경학원 사례를 보면, 조선총독부는 1911년 6월에 경학원을 설립하면서 설립에 공로가 있거나 친일관료 출신자를 직원으로 채용한다. 이후 경학원은 봄·가을의 석전제(釋奠祭), 강연회 등을 통해 친일유

---

304 1883년에 체결된 〈조영수호통상조약〉 제4관(款) 2항에는 "二. 英國商民이 위의 指定處所에서 土地나 家屋을 貸借하고 購買하며 住宅 倉庫 工場을 建立하는 權利를 갖는다. 그들은 그들의 宗敎를 自由롭게 享有할 수 있다"는 내용이 있다(〈앞서 督辦交涉通商事務 閔泳穆을 全權大臣에〉, 『고종시대사』 제2집, 1883.10.27).
305 이명화, 앞의 글, 1993, 88-91쪽.

림이 모여 조선총독부 정책을 선전하는 중심 공간이 된다. 1913년 12월부터는 『경학원잡지』를 기관지로 발간해 경학뿐 아니라 강연 내용, 총독의 유고(諭告), 조선총독부 정책의 취지, 관련 법규 등을 홍보한다. 1915년 9월의 추계 석전 이후부터는 강연회마다 교육칙어를 봉독하게 하고, 경학(經學)강연회뿐 아니라 식민지교육의 취지나 사회교화 정책에 부응하는 보통(普通)강연회를 진행한다.[306]

향교의 경우, 대한제국은 1907년부터 각도 향교 소유지의 실측에 착수한 내용을 토대로 1910년 4월에 〈향교재산관리규정〉을 공포해 향교재산의 관유화(官有化) 정책을 시행한다. 그 핵심은 부윤·군수에게 관찰사의 지휘감독을 받아 향교재산을 관리하게 하고, 향교재산 수입을 향교 소재지의 공립학교나 관찰사가 지정한 학교의 경비로 사용하게 한다는 내용이다. 이러한 향교재산의 관유화 정책은 한일병합 이후에도 지속된다. 특히 학무국은 1916년에 전국 향교재산을 다시 조사해 기존 조사에서 제외된 부분까지 관유 재산화하고, 향교재산 수입을 식민지 보통교육의 확대를 위한 재정원으로 활용한다. 향교 직원들도 경학원처럼 친일유림이 맡게 된다.[307]

그렇지만 1920년대에는 조선총독부가 경학원에 관한 사항을 학무국 학무과, 향교재산에 관한 사항을 지방 내무부 학무과에서 관장하게 한다. 이는 여전히 유교를 종무행정 대상으로 간주하지 않았다는 것을 시

---

306 위의 글, 91-104쪽. 『경학원잡지(經學院雜誌)』는 1913년 12월부터 1944년 4월까지 통권 48호가 발행된다. 초기 편집 겸 발행인은 1906년 「혈(血)의 누(淚)」를 『만세보』에 연재하며 우리나라 최초의 신소설가로 알려진 이인직(李人稙, 1862-1916)이다. 이인직은 1900년 관비유학생을 시작으로, 1904년 러일전쟁 당시의 한국어 통역관, 『국민신보』와 『만세보』 주필, 1907년 『대한신문』 창간(사장), 중추원 부참의(副參議) 등을 거쳐, 1912년 6월 경학원 사성(司成)에 오른 인물이다.
307 위의 글, 105-106쪽.

사한다. 그리고 경학원의 강연보다 교육과 교과 관련 지방강연의 비중을 높인다. 1922년 1월에는 경학원 규정을 개정해 수당 지급 대상을 종래 60세 이상 강사가 아니라 '경학원의 강사와 직원, 경성 이외의 강사로 공로 또는 덕망이 뛰어난 자'로 확대해 실제로 교화정책 관련 활동을 수행할 수 있는 강사를 임용하게 한다. 또한 석전제에 조선총독부 지도를 받는 친일유림단체 회원뿐 아니라 일본 동경사문회(東京斯文會) 대표들도 참여시키고, 관·공립학교 학생들도 동원한다.[308]

흥미로운 부분은 조선총독부가 1920년 6월에 〈향교재산관리규칙〉을 공포하고 9월경부터 향교재산의 수입과 지출 관리를 맡는 장의(掌議)제도를 운영하는데, 이 법규가 대동사문회(大東斯文會, 설립: 1920.1), 유도진흥회(儒道振興會, 설립: 1920.1) 등의 친일 유림단체가 주장한 향교재산의 향교 환부(還付, 환급) 요청을 수용한 결과라는 점이다. 조선총독부는 이 법규에 근거해 향교재산 수입을 관·공립학교 비용이 아닌 향교와 사회 교화 관련 비용으로 사용하게 한다.[309] 이 과정에서 인도공의소(人道公議所, 설립: 1920.9), 유도대동회(儒道大同會), 유도천명회(儒道闡明會, 설립: 1921), 유도창명회(儒道彰明會, 설립: 1922.3) 등 친일 유림단체들이 조직된다.

1930년대는 1931년 만주사변을 시작으로 전시체제가 강화되면서 조선총독부가 유림계의 조직적 친일화를 유도한다. 이와 관련해, 유림들은 1935년 11월 평양 문묘 명륜당에서 개최된 전선유림대회(全鮮儒林大會)에서 군(郡)에 유림회, 도(道)에 유림연합회, 경성에 유림총연합회 설치를 결정한다. 이 결정은 곧바로 실행되지 않는다. 그러다가 1936년에 서로 연합해 심전개발을 추진하라는 조선총독부 지침에 따라 1937년 4월에

---

308 위의 글, 93쪽, 107-109쪽, 115-119쪽.
309 위의 글, 1993, 109-112쪽.

유림단체 조직 움직임이 나타나고,[310] 1937년 중일전쟁 이후 실행에 옮겨진다. 즉 1939년 10월 전국 단위의 조선유도연합회(총재: 大野綠一郎 정무총감, 회장: 윤덕영 경학원 대제학)를 조직해 경학원에 본부를 두고, 그 하부단위로 11월부터 충청북도 유도연합회를 시작으로 1941년 3월 강원도 유도연합회까지 각 도별 유도연합회를 조직한다. 각 지방의 유도연합회 회장은 도지사가 맡고, 연합회 회원 자격은 유림에 국한되지 않는다. 이로써 조선유도연합회는 명목상 유림단체일 뿐, 실상은 조선총독부가 운영하는 관변단체라는 성격을 보인다.[311]

조선유도연합회 구성원들은 高橋亨(다카하시 토오루) 류의 황도유학(皇道儒學) 이념을 전제로 각종 시국 강연과 강습 등을 전개하며 조선인의 전쟁 참여를 독려한다. 高橋亨에 따르면, 황도유도는 중국 유학인 왕도유도(王道儒道)에서 역성혁명(易姓革命) 부분을 제외하고 수용한 유도, 즉 천황을 정점에 두고 충효 등 유교 가치를 수용한 일본화된 유도이다. 역성혁명 부분을 제외한 이유는 일본이 천황가로 이어져 신들의 보호를 받는 신국(神國)이라는, 즉 일본 국체가 '만세일계(萬世一系)의 천황제'라는 이유 때문이다. 여기서 일본 국체는 근대에 '천황을 정점으로 한 충효일체'라는 국가주의적·전체주의적 논리를 지닌 '만들어진 전통'이다.[312]

---

310 류미나, 「전시체제기 조선총독부의 유림정책」, 『역사와 현실』 63, 2007, 314쪽.
311 정욱재, 앞의 글, 2009, 227-264쪽.
312 위의 글, 239-244쪽; 高橋亨, 「王道儒道より皇道儒道へ」, 『朝鮮』 295, 1939. 정욱재는 황도유학을 추종하고 확대한 인물로 황도유학의 실시 방법이 교육칙어를 받드는 것이며 천황 중심의 군민일체로 국민이 충효도의(忠孝道義)를 다해 나라를 위해 살고 죽을 수 있어야 한다고 주장한 안인식(1883-1969), 전쟁을 미국과 영국의 죄악을 성토하고 응징하기 위한 의전(義戰)으로 강변하고 동양의 서양 식민지화를 막기 위해 일본이 수행하는 성전으로 포장한 이명세(1893-1972)를 든다. 그리고 안인식이 해방 후 반민특위에 체포된 바 있고, 이명세가 1954년 4월 30일 재단법인 성균관대학교 이사장이 되었다는 점을 지적한다(같은 글, 244-256쪽).

조선총독부의 大野綠一郞(오노 로쿠이치로) 정무총감에 따르면, 황도유학은 일시동인(一視同仁)의 논리로 '조선인의 일본인[皇國臣民]화'라는 지향 속에서 조선 유교를 '황도정신(皇道精神)에 기초한 유도(儒道)'로 바꾸려는, "반도유학(半島儒學)의 일본화"이다.[313] 이는 황도유학이 조선 유교의 일본화이고, 1937년 중일전쟁 이후 조선인의 전쟁 참여라는 목적을 실현하는 맥락에 위치해 있었다는 것을 시사한다.

이상의 내용을 보면, 유교 정책을 관통하는 부분은 경학원과 향교를 토대로 유림을 '식민지통치에 대한 조선인의 순응·복종을 유도하는 정신교육'의 주체로 만들려는 의도라고 할 수 있다.[314] 이 의도는 1935년경 일본의 국체명징정책에 기반을 두고 중일전쟁 이후 강조한 황도유도, 그리고 1939년 2월 '황국정신에 입각한 유학 연찬과 이를 통한 황국신민 양성'을 목적으로 내세운 명륜전문학원과 조선유도연합회의 활동 등에서 정점에 이른다.[315]

한편, 유교계 대응과 관련해 법규나 정책에 대한 대응도 지적할 수 있다. 유교 관련 법규 가운데 유교계가 주로 관심을 보인 부분은 향교재산 문제, 법인화 정책, 의례준칙 등이다. 이와 관련해, 1910년대에는 향교재산 환부 청원 움직임, 1920년대부터 1930년대에는 재단법인 설립 움직임, 1930년대에는 의례준칙에 대한 순응 또는 반발 움직임이 보인다.

우선, 향교재산의 경우, 유림계는 한일합병 이전부터 향교재산의 환부를 주장한 바 있다. 이와 관련해, 1910년 3월경 태극교종(太極敎宗)본부는 향교가 '유림이 연구해 몸과 마음을 닦는 강수(講修)의 처소'일뿐 아니라

---

313 「現下의 險難 突破, 政務總監 大野綠一郞」, 『동아일보』, 1940.1.1, 2면.
314 이명화, 앞의 글, 1993, 91쪽.
315 류미나, 앞의 글, 『역사와 현실』 63, 2007, 309-341쪽. 1939년 2월에 설치된 명륜전문학원과 1930년 2월에 설치된 명륜학원의 목적에서 드러나는 차이는 '같은 글, 330쪽' 참조.

문헌으로 고증해도 각군(各郡)의 유생들이 힘을 모아 건축한 경우가 많으므로 유림에게 향교를 부여(附與)해달라는 내용을 학부(學部)에 청원한 바 있다.[316] 당시 태극교는 1907년 송병화(宋炳華, 1852-1916)가 창시한 유교계 신종교로, 이완용 내각의 학부대신에 발탁된 이용직(李容稙), 민영채(閔泳采), 김학진(金鶴鎭) 등을 강사로 위촉하는 등 친일관료들과 연관성이 보인다.[317] 1909년 자료인『태극교종교헌』에 실린 교헌을 보면, 태극교는 공자(孔夫子)의 교를 복명(復命)하기 위해 설립된(제1조), 그리고 '태극과 같은 공부자'(제2조)라는 맥락에서 명칭을 정한 단체이다. 또한 설립 목적을 '자수(自修) 규모(規模)와 교육 보급과 실업의 발달함'에 두고(제7조), 본부를 경성에, 총지부를 각 도 요지(要地)에, 지부를 지방 각 군 향교 또는 읍내를 포함해 향교 외의 중요 지역에 두던 단체이다(제8조-제10조).[318]

1911년 10월, 정무총감은 태극교의 향교 재산 환부 청원에 대해 각도장관에게 부정적 내용의 지침을 내린다. 핵심은 근래에 종종 태극교의 교장(敎長)·강장(講長)·강사(講師)·교원(敎員)이 연서해 향교 가실(家室)과 재산 환부를 청원하지만, 향교는 정부가 '교육보급 기관'으로 각 지방 요지에 설비하고 그 유지를 위해 학전(學田)을 공급하고, 그 학전에서 생기는 수지(收支)의 여잉(餘剩)과 독지가가 기부한 금곡(金穀) 등을 모아 조성된 것으로 각인(各人)의 사유물이 아니라는 내용이다. 그리고 〈향교재산관리규정〉에 근거해 향교재산을 교육과 문묘의 경비로 사용하는 취지를 간시(懇示)해 불필요한 청원이 없도록 할 것, 금후 향교재산 환부 청원서를

---

316 「太極敎 請願」,『대한매일신보』, 1910.3.24, 3면.
317 〈太極敎宗ノ講演會〉(憲機第一一五一號, 明治42.6.2./1909.6.2),『統監府文書』 6권(한국사데이터베이스, http://db.history.go.kr/).
318 태극교종본부,『太極敎宗敎憲－全』, 太極敎宗本部, 1909, 7-9쪽. 이 자료에 있는 '孔子 誕降 2,460年 己酉 2月 甲子'은 1909년 2월을 말한다.

제출해도 특별히 처분 수속을 하지 말 것을 명령한다.[319]

그렇지만 태극교 이후의 친일 유림단체들이 청원한 향교재산 환부 요청을 수용한 1920년대 이후에는 1920년 6월의 〈향교재산관리규칙〉에 근거해 향교재산상 수입의 지출 상황이 달라진다. 유림단체의 희망대로 종래 재산상 수입의 대부분을 공립보통학교 경비가 아니라 향사비(享祀費)에 충당하도록 했기 때문이다.[320] 이 법규로 종래 향교재산의 세입 26만여 원 중 보통학교 경비로 지출하던 177,000여 원 전부를 향교 향사비에 충용하게 된다.[321]

이러한 〈향교재산관리규칙〉 시행은 1910년대 이전부터 있었던 향교재산 환부 청원이 다른 방식으로 받아들여진 것으로 볼 수 있다. 이 조치에 대해서는 "종래 향교(공자묘)의 소유재산은 십 수 년 전부터 석채(釋菜)와 관련된 이외에는 모두 학교비에 충용하다가 1919년 조선통치 방침으로 문화정치를 선언하던 벽두에 유자(儒者)들은 은전(恩典)을 입은 것"으로 평가된다.[322] 이 조치 이후 적지 않은 친일 유림단체들이 조직된 것도 1920년대에 보이는 유교계의 모습이다.

그렇다면 향교재산 수입의 대부분을 학교비가 아니라 향사비로 사용하게 된 1920년대 유교의 풍경은 어떠했을까? 1924년 1월, 어느 유생에 따르면, 유림회에 입회만 하면 양반이 되는 줄 알고 자기 성명도 모르면

---

319 〈鄕校財産還附ヲ願フ者ニ對シ告諭方ノ件〉(관통첩 제283호, 명치 44.10.2), 『조선총독부관보』 제330호, 1911.10.2.

320 「鄕財管理規則 改正 要旨」, 『동아일보』, 1920.6.24, 2면. 이 기사에 따르면, 1919년 향교재산 세출입 예산을 보면, 수입 266,122원(재산수입 222,979원, 기타수입 43,143원) 세출 266,122원(공립보통학교경비 177,402원, 향사비 4,552원, 수리비 18,989원, 雜給雜費 11,154원 관리비 2,028원, 公課 34,076원, 예비비 5,190원, 기타 12,731원)이다.

321 「鄕財管理規則 發表」, 『동아일보』, 1920.6.30, 2면.

322 「潭陽鄕校 財産管理者에게」, 『동아일보』, 1924.11.16, 3면.

서 입회한 자가 많은 현상, 장의첩(掌議帖)·훈장첩(訓長帖)·재장첩(齋長帖) 각각 5원·10원·15원 등 첩지(帖紙)를 파는 현상, 첩문(帖文)만 타면 면장(面長) 추천을 기대하는 현상, 장의(掌議) 출신이 한학(漢學)을 몰라 강연석상에서 청중이 많이 모였을 때를 '유감(遺憾)'으로, 지방상황(地方狀況)을 지방'장'황으로, 근검저축(勤儉貯蓄)을 근'험'저축으로 읽으면서도 장의 덕에 면장이 된 후 훈장첩과 재장첩까지 요구하는 현상, 회비 1원만 내면 양반이 되어 자손까지 유전되는 줄 알다가 2회분 회비를 독촉하니 경제가 곤란해 탈퇴하려는 현상 등이 유교의 풍경을 구성한다. 이에 유생은 "시대착오의 儒道에 精力을 虛費"하지 말고 그 정력과 회비로 교육협회를 조직해 교육을 장려하는 것이 급선무라고 주장한다.[323] 1924년 11월 기사 내용은 좀 더 구체적이다.

> 담양 향유(潭陽 鄕儒)들은 토지 수입으로 사우(祠宇)를 중창하고 유정(遊亭)을 중시하고 일본 황태자 식일(式日)에 백일장(白日場)을 개최하고, 금년 봄에는 900여 원의 건축비를 책정하여 도서관을 설치하고 현대서적을 구입한다. 그러나 도서관의 간판만 걸고 일본인과 관공리(官公吏)로 조직된 유희성 구락부를 포용하고, 장기나 바둑을 두고, 술자리를 열고 면장회의나 서기(書記) 연회 등을 하니 이것이 유희장이나 연회관(宴會館)이 아니고 무엇인가? 진주 향유처럼 향교재산을 교육기관 설립에 쓰면 어떤가?[324]

---

323 「時代錯誤의 儒林會」, 『동아일보』, 1924.1.3, 1면. 이 기사의 시작은 평안남도 덕천군 군수(孔濯)가 부임 벽두에 유림회를 조직하는 모습에 대해 '자신이 공자의 후손으로 생각해 선조인 공자를 흠모함인가보다'는 조롱으로 시작된다. 그리고 "공자님이 선조라고 효성이 있거든 산동성으로 가라. 자기가 공씨라고 선조되는 공자님을 모시려거든 중국 산동성 공자묘에 가서 寓居함이 어떠할까? 공자님의 도덕을 그르다고 평론하는 것이 아니라 그의 誠力과 그의 회비 즉 유림회의 재산으로써 급무중 급무인 학교 1개소라도 증설하기를 갈망하는 바이다"로 마무리된다.

1930년대에는 1920년대 풍경을 넘어 유교 가치가 상실되었다는 자조적 인식도 보인다. 이와 관련해, 아래 인용문은 1932년 11월 당시, 유교적 가치 상실에 대한 인식을 보여준다. 이 인용문에는 유교가 오륜 가운데 네 가지를 각각 '재판소·이혼·도장·학교'에 빼앗겨, '돈·여자·모정(母情)'만 있다는 풍자가 담겨 있다. 오륜 가운데 '군신유의' 부분은 국가를 잃은 상황 때문에 제외된 것으로 보인다.

　　그러니 세상 안 망하고 백이는 재주잇나. 흥! 글세 원, 제기 이게 사람 사는 겐가? 망하고 말고 망하고 말아! 글세 오륜(五倫)까지 없어젓다니까. / 오륜이라니?

　　내 말을 들어보게나. 오륜은 부자유친(父子有親) 군신유의(君臣有義) 부부유별(夫婦有別) 붕우유신(朋友有信) 장유유서(長幼有序) 이러치 않은가? / 그야 그러치!

　　그러니 말이야 이 다섯 가지가 다 없어 젓단 말이어. 첫재 부자유친은 재판소(裁判所)에서 가저갓단 말이야. 다음 부부유별은 리혼(離婚)이 가저갓지. 그리고 붕우유신은 고만 도장(印章)이 빼서 갓단 말이어? 웨 자네도 그러치 않은가? 나중 나문 장유유서는 학교(學校)서 가저갓단 말이거든. 앗다 자네 아들인가도 아 전문학교니 무어니 땅팔아 시켜놓니 이놈이 건방지기가 한량이 없다고 말하지 않엇나? 난 아들은 없네만 딸색기도 학교하면 그 모양이거든. 내 딸색기를 보게 보아! 안 그런 놈도 잇데마는. 글세 그러고 보니 무어 잇나? / 하긴 그러치 그러치만 잇는 게야 잇지.

　　잇는 게야 잇다니? / 잇는 게래야 첫재 돈 잇지 그러치 않은가? 하기야 돈 때문에 제애비도 죽이려는 세상! 그다음 게집잇지 게집! 그리고 나중 잇는 것 이거야 변하겟나? 어미가 색기를 사랑하는 마음말이야. 당정 우리

---

324 「潭陽鄉校 財産管理者에게」, 『동아일보』, 1924.11.16, 3면.

아니 자네만 해도 이 죽을 지경이 되었어도 그래도 못살게 한 아들을
자식이라고 그 … 에구 말도 말게 그것들은 언제 철이 날른지 …

아구 여게 이제 말 말게. 그런 말 귀 아프니 손자 색기라도 좋을 것들
을 하래비 위하듯이 하는 우리! 세상 망해야.[325]

특히 1920년대 이후 향교재산 수입의 대부분이 공립고통학교 비용이
아닌 향사비 등으로 전환되면서 유교와 근대교육의 충돌현상이 빈번하
게 보인다. 예를 들어, 1925년 3월, 황해도 안악(安岳) 명륜회(明倫會)가
입학난을 겪는 아동을 구제하려고 총회 때 명륜학원 설치를 가결하지
만, 유도(儒道) 숭상이 바람직하고 신식 학문 연구가 옳지 않다는 주장이
제기되면서 명륜회 내부에 갈등이 생긴다.[326] 1926년 11월 군위(軍威) 유
도진흥회는 향교 광풍루 개축을 시도하다가 무산아동(無産兒童) 교육을
담당하는 근일학원(槿—學院)의 7~8년간 유지비를 소비하면서도 근일학
원의 재정난을 방치한다는 비판을 받는다.[327]

무엇보다 1923년 말 이전까지 유림계가 〈향교재산관리규칙〉에 담긴
부윤·군수·도사(島司)의 향교재산 관리권, 향교재산의 매각·양여·교환
등에 대한 총독 인가권에 문제를 제기한 사례는 거의 없다. 오히려 향교
재산 수입과 그 활용에 치중한 모습을 보인다. 이는 〈향교재산관리규
칙〉의 목적이 궁극적으로 지방 교화를 통한 조선인의 일본화, '국가(일본)
의 진운(進運)에 공헌'[328]하는 데에 있었다는 점을 간과한 것이라고 할
수 있다.

---

325 박노홍, 「實話募集 – 다섯은 잃고 셋을 찾은 사람들」, 『동광』 제39호, 1932, 94-95쪽.
326 「儒生의 學院 反對, 학원 설치의 반대로 안악명륜회에 풍파」, 『동아일보』, 1925.4.3,
　　 2면; 「學院 反對派여!」, 『동아일보』, 1925.4.10, 5면.
327 「儒道振興會의 反省을 促함」, 『동아일보』, 1926.11.23, 4면.
328 「鄕財管理規則 發表」, 『동아일보』, 1920.6.30, 2면.

다음으로, 법인화의 경우, 유림계는 1920년대부터 법인화 움직임을 보인다. 이러한 움직임은 조선총독부가 유림계의 향교재산 관리권 요청을 수용해 향교재산 수입 대부분을 향교와 지방교화비로 사용하도록 조치한 이후부터 나타난다. 다만, 기독교나 불교가 종교단체 유지를 위해 법인화를 시도했다면, 유교의 경우는 다소 다르다. 법규상 유교는 종교단체가 아니었기 때문이다. 유교의 법인화 요청은 주로 '교육'과 관련이 있다.

유교의 법인화 요청과 관련해, 1923년 12월, 황해도 도민대회에서는 향교 토지를 군수가 관리해 그 수입 대부분을 교사(校舍) 수리비와 향사비 외에 지방교화비로 사용하는 것이 민중의 실생활에 이익이 없고 실효성도 없는 바, 그 관리권을 유림에게 반환한 후 황해도를 총괄해 교육목적의 재단법인을 설립하자고 결의한 바 있다.[329] 또한 1924년 3월, 평양대동유림회 총회에서는 향교재산을 유림회에서 관리하도록 교섭한 후 평안남도 각 군의 향교재산을 '평남유림연합회'에서 관리하고, 각 도에서도 이 방법을 취해 경성과 같은 중앙지에 재단법인제도의 대학 설립안을 결의한 바 있다.[330] 1924년 10월경 경남 마산의 유림대회에서는 '유도협성회(儒道協成會)'를 조직하고, 1925년 2월 제2회 총회에서 회관 건축과 문화사업 실현을 위한 후보지 선정건과 함께 재단법인을 설립해 교육사업에 공헌할 것을 결의해 임원을 증선하고, 각지 회원에게 15,000원에 달하는 의연금(義捐金)을 모집한다.[331] 또한 1926년 2월 전남육영회는 향교재산과 기타 지방비, 유지기부금 등으로 토대로 재단법인 설립

---

329 「黃海道 道民大會, 決意事項」, 『동아일보』, 1923. 12. 25, 3면.
330 「鄕校財産 還收 運動, 주목할 평양대동유림회의 결의」, 『동아일보』, 1924. 3. 11, 2면.
331 「慶南 儒林의 覺醒, 舊殼을 脫去하고 進新에 興起, 敎育을 爲하야 財團法人 計劃, 馬山에서 第二回 總會」, 『동아일보』, 1925. 2. 18, 3면.

을 신청한다.[332]

1930년대에도 유림계의 법인화 움직임은 지속된다. 이와 관련해, 1930년 3월, 전북교육조성회는 스스로 해산해 다시 전북육영회를 조직하고 향교 유림 및 전북도와 교섭해 향교재산에서 2,000원, 전북도 지방비에서 1,000원씩 매년 보조받기로 하고, 종래 기본금 8,000원으로 재단법인 설립 신청 계획을 세운다.[333] 1933년 1월에는 당시 황해도 해주군 고산면에 있던 이율곡의 유적 보존을 명분으로 도지사(회장), 해주군수, 이율곡 종손 이종문(李鍾文) 등이 재단법인 소현회(紹賢會)를 조직해 총독 허가를 받는다. 조선총독부는 이율곡의 향약(鄕約)과 유교(遺敎)가 당시의 '사회풍교 또는 농촌자력갱생의 유익한 교훈'이 되므로 보존해야 한다고 판단한다.[334]

중일전쟁 이후, 조선총독부는 향교재산으로 사회교화단체의 재단법인을 조직하기 위해 유림단체 결성을 추진한다. 구체적으로, 1938년 8월, 조선총독부와 유지자들은 지방 향교를 중심으로 세포 유림단체를 만들어 종래 노인만 모이던 향교에 '제1선을 담당할 분자들'을 넣어 각도로 연결하고 다시 전조선적으로 연결한다는 구상을 한다. 그리고 여기에 향교재산을 배합해 강력한 사회교화단체의 재단법인을 조직하기 위

---

332 「法人으로 完成될 全南育英會, 불일간에 인가가 된다」, 『동아일보』, 1926.2.21, 5면. 이 기사에 따르면, 전남육영회의 전신은 원전라남도 참여관 석진형이 조직한 '유도창명회(儒道彰明會)'이다. 다른 사례지만, 학교재단에 향교재산을 기부한 경우도 보인다. 이와 관련해, 1924년 9월, 정주오산학교(定州五山學校) 재단법인 설립을 신청할 때 평안북도 정주군 유림이 결의해 표절사(表節祠, 馬山面 新五洞)가 소유한 논(畓) 23,492평과 밭(田) 6,684평, 산림 106,800평을 재단에 기부한다. 그렇지만 일부 유림은 향교 토지를 오산학교 재산법인에 기부하는 것에 반대를 표명한다(「五山財團 設立과 一部 儒林의 妨害」, 『동아일보』, 1924.9.9, 3면).

333 「五名씩 選拔, 學費를 補助, 전북육영회」, 『동아일보』, 1930.3.28, 2면.

334 「李栗谷의 遺跡, 財團法人으로 保存, 九日부로 정식인가」, 『동아일보』, 1933.1.22, 3면.

해 유림단체 결성을 추진한다.[335] 이는 1939년 10월의 조선유도연합회 조직으로 나타난다.

다음으로, 의례준칙의 경우를 보면, 의례준칙은 1933년 8월경부터 조선총독부 학무국의 제안으로 중추원에서 논의되다가 1934년 11월 10일 조서환발(詔書渙發) 기념일에 맞춰 반포된다. 반포 목적은 '의례 개선을 통한 생활개선과 자력갱생운동, 생활의 합리화와 민풍(民風)의 작흥, 의례의 형식에 얽매이지 않는 정신의 회복' 등 3가지이다.[336] 의례준칙의 반포는 종래 의례에 변화를 주어 의례를 중시하던 당시 유교에 직접적으로 영향을 미치게 된다.

조선총독부는 의례준칙을 '사회교화' 차원에서 다룬다.[337] 그리고 농촌진흥위원회, 교화주사와 지도원의 현장 감시와 제재, 강연회와 강습회, 실연(實演)과 영화, 유력한 문중과 유학자 포섭 및 유림회를 통한 강연회, 소책자와 전단지 배포 등을 통해 의례준칙의 내용을 빠르게 확산시킨다. 다만, 조선총독부가 시달한 의례준칙은 '표본'이었기 때문에 각 지역은 표본의 범위 내에서 상황에 맞추어 의례준칙의 내용을 조금씩 바꿔 시행하게 된다.[338]

---

335 「鄕校를 中心細胞로 財團法人을 組織, 從來의 弊害도 一掃!」, 『동아일보』, 1938.8.23, 2면. 이 기사에서 유교를 비판하는 내용은 "종래 악질의 유림들이 500년 당쟁의 여습에 젖어 파벌을 찾고 또 열녀, 효자를 표창하느니 등 구실로 경학원 등을 팔아 사복을 채우거나 향교 장의(掌儀)니 직원(直員)이니를 시켜준다는 명목으로 재물을 착취하는 것 등을 스스로 경계하여 막고 또 종래 직원이니 장의니 등의 직을 일종의 명예로만 여겨 낡은 양반 폐습에 빠진 것"이다.

336 김혜영, 「조선총독부 제정 '의례준칙'의 보급과 시행실태」, 『민속학연구』 39, 2016, 168-170쪽. 환발조서기념일의 의미는 '같은 글, 169-170쪽' 참조.

337 「社會事業 槪觀, 渡邊 學務局長 談」, 『동아일보』, 1935.10.4, 4면; 朝鮮總督府學務局, 『朝鮮社會敎化要覽』, 朝鮮總督府學務局社會敎育課, 1937, pp.36-37.

338 김혜영, 앞의 글, 2016, 166쪽, 174-181쪽. 김혜영은 여러 의례준칙 자료들을 '의례준칙류로 명명하면서 경상남도의 『의례준칙』(1934), 전라북도의 『신정의례편람』(1935),

특히 의례준칙은 조선총독부의 농촌진흥위원회를 통해 빠르게 확산된다.[339] 이 조직은 1932년 9월 말의 농산어촌(農山漁村) 진흥 방침과 시설·통제에 관한 사항을 심의하기 위해 설치된 조직이다. 위원장은 정무총감이 맡고, 위원 또는 임시위원은 총독이 지명하거나 위탁한다. 1932년 10월부터는 도(道)·군(郡)·읍면(邑面) 단위에 농촌진흥위원회가 조직된다. 경기도 사례를 보면, 농촌진흥위원회는 '농촌진흥에 관한 연구조사, 도·군·경찰서·읍면·금융조합·기타 기관의 연락통제를 도모'하려는 목적을 띤다. 도 단위 농촌진흥위원회(위원장 도지사)에는 참여관, 각 부장, 관방주사와 각 과장, 금융조합연합회 이사장, 군 단위에는 군수(위원장), 경찰서장, 군양계(郡兩係) 주임, 군청소재지 금융조합이사, 읍면 단위에는 읍면장(위원장), 경찰관 주재소 수석(首席), 공립초등학교장, 금융조합이사 또는 부이사가 회원이다.[340] 이 농촌진흥위원회제도는 1941년 4월 1일자로 폐지될 때까지[341] 조선총독부 정책을 읍면 단위까지 보급하는 역할을 한다.

의례준칙은 빠른 보급 노력에도 불구하고 쉽게 정착된 것으로 보이지 않는다. 이와 관련해, 1935년에는 충청북도에서 의례준칙 반대자들을 단속한다는 기사, 경북 김천군청 직원들이 기년제(朞年祭) 때문에 다른 지역에서 온 친척들을 취식객(取食客) 근절의 명분으로 대문 밖에서 돌려

충청북도의 『의례제요』(1937) 등을 연구한다(같은 글, 166쪽). 이와 관련해, 의례준칙의 이본들과 의례준칙이 민속종교에 영향을 미쳤다는 연구도 나온 바 있다(최종성, 「일제강점기의 의례 매뉴얼과 민속종교」, 『역사민속학』 52, 2017, 197-250쪽).

339 김혜영, 위의 글, 2016, 170쪽.
340 〈朝鮮總督府農村振興委員會規程〉(조선총독부 훈령 제62호, 소화 7.9.30), 『조선총독부관보』 제1721호, 1932.9.30; 〈農村振興委員會規程〉(조선총독부 경기도 훈령 제15호, 소화 7.10.1), 『조선총독부관보』 제1733호, 1932.10.15.
341 〈朝鮮總督府農村振興委員會規程等廢止(二六)〉(조선총독부 경기도 훈령 제26호, 소화 16.4.1), 『조선총독부관보』 제4255호, 1941.4.1.

보냈다는 기사, 평안북도에서 의례준칙 위반자에게 위약금을 징수한다는 기사 등이 보인다.[342] 이 기사들은 의례준칙 위반 사례들이 적지 않았다는 것을 반증하고 있다.

의례준칙에 반발한 움직임도 보인다. 이와 관련해, 1936년 기사에는 경북 예천(醴泉)에서 의례준칙 시행을 근거로 면(面)과 경찰이 함께 혼가(婚家)를 감시해 축하객이 거의 없고 감시가 너무 심하다는 기사, 의례준칙 때문에 빈한(貧寒)한 사람은 혼장대례(婚葬大禮)와 환갑대연(還甲大宴)에서도 떡고물을 못 차리니 분(忿)하다는 내용 등이 보인다.[343]

그렇지만 의례준칙은 준수 여부가 계속 단속 대상이 되면서, 점차 정착 수준에 들어간다. 유림은 강연회 등을 통해 이 보급·정착 과정에 참여하게 된다. 의례준칙과 관련해 경학원이 결혼식장으로 개방되기도 한다.[344] 물론 의례준칙은, 그 핵심이 조선인의 일상 의례 간소화에 있었다는 점을 고려하면, 유림계에 한정된 것은 아니다. 그렇지만 당시 일상 의례 문화와 유교의 밀접한 연관성을 고려하면, 의례준칙의 영향을 강하게 받은 존재는 역시 유림계였다고 할 수 있다. 다만, 유림계가 의례준칙에 집단적으로 반발한 사례는 찾아보기 어렵다.

---

342 「儀禮準則 反對에 附和雷同은 不可, 忠北道 各郡을 團束」, 『매일신보』, 1935.5.11, 3면;
「遠來客의 喪主 面會까지 敎化主事가 拒絶, 위문객과 주인측의 불평이 자자, 金泉 儀禮準則 强制 勵行」, 『동아일보』, 1935.7.11, 5면; 「儀禮準則 違反者에 違約金을 徵收, 熙川郡 西面에서」, 『매일신보』, 1935.12.24, 8면.

343 「沒書－醴泉」, 『동아일보』, 1936.2.21, 7면; 「應接室－裡里 不平生」, 『동아일보』, 1936.7.8, 6면(독자의 의견에 대해 기자는 '의례는 簡便을 爲主함'이 좋다고 답변함).

344 「結婚式場으로 經學院을 開放」, 『동아일보』, 1937.6.3, 2면.

4. 종교별 대응의 여파

일제하 종교 관련 법규와 정책에 대한 종교계 반응을 공인종교, 신종교와 무속, 유교로 구분해 검토하면 일괄적으로 항일운동이나 독립운동에 기여했다는 식의 평가가 불가능하다. 그리고 종교계의 반응을 범주별·층위별로 보는 작업은 법규상 최초로 종교 범위를 규정한 1906년의 〈종교 선포에 관한 규칙〉 이후 가능하다. 이 법규가 일본 종교를 넘어 한국 종교까지 적용 범위로 삼았기 때문이다. 이 적용 범위는 1907년 6월 경성 이사청이 법규의 제3조 제3호에 명시된 관리인이나 제6조에 명시된 포교소속자를 일본인으로 한정하는지 아니면 한국인과 외국인까지 포함할 수 있는지를 문의하자 통감부가 제3조와 제6조 모두 한국인에게 적용할 수 있다는 유권해석을 내렸다는 데에서[345] 확인할 수 있다. 당시 경성 이사청의 문의는 대한제국에 일본 종교의 포교가 다소 이루어졌다는 점을, 통감부의 유권해석은 대한제국 국민에 대한 일본 종교의 포교를 인정하면서 일본의 종교 범주를 대한제국에 적용한 것이라고 이해할 수 있다.

당시부터 공인종교로 분류된 불교의 대응을 시기별로 보면, 대한제국 시기에는 불교 법제화와 원종 설립, 1910년대에는 〈사찰령〉 수용, 1920년대에는 〈사찰령〉의 개정 요구와 재단법인화와 학교 교육 등을 들 수 있다. 특히 1920년대에는 초반에 〈사찰령〉 폐지운동이 시작되다가 중반

---

345 박광수·이부용·장혜진·최세경·편용우, 『국역 '종교에 관한 잡건철' 1906-1909』, 집문당, 2016, 59-60쪽. 이 법규의 제3조는 종교 시설을 설립할 때 [시설] 명칭과 소재지, 종교 명칭, 관리·유지 방법'을 갖추어 소재지 관할 이사관의 인가를 받아야 한다는, 제6조는 제1조의 일본 종교단체나 제2조의 포교자의 경우에 소속 포교자의 이름과 자격을 소관 이사관에게 제출해야 한다는 내용이다.

부터 〈사찰령〉 개정운동으로 선회하는 흐름, 불교계 통일기관이 재단법인 형태로 변모한 부분 등을 통해 불교에 대한 조선총독부의 적극적 개입을 확인할 수 있다.

이 가운데 재단법인화 문제에 대한 해석은 후대까지 논란이 되고 있다. 이와 관련해, 선학원(선우공제회)에서 재단법인 선리참구원으로 전환한 것이 총독 정치를 인정한 것이라는 해석과 '수좌 보호, 전통 수호, 수행을 통한 중생교화'를 위한 차선책이라는 해석이 충돌하는 식이다. 후자의 경우, 일제하에서 존립하려면 선리참구원이 실정법 안으로 들어간 것을 비판할 수 없고, 당시 수좌들이 제도권 안에서 조선불교선종(朝鮮佛教禪宗)을 내세운 것도 선학원의 설립 정신이 퇴색되지 않았다는 것을 보여주는 것이라는 주장이다.[346] 그 해석의 적절성은 이 문제가 불교뿐만 아니라 공인종교로 분류된 기독교에도 적용될 수 있으므로 여러 상황에 대한 비교를 통해 판단될 수 있을 것으로 보인다.

불교와 마찬가지로 공인종교로 분류된 기독교의 대응을 시기별로 보면, 1910년대에는 학교 교육, 1920년대에는 선교사의 적극적 요청과 재단법인화, 1930년대 이후에는 신사참배 거부 및 수용과 학교 교육 등을 지적할 수 있다. 이 과정에서 특히 1920년대에 〈포교규칙〉이나 〈사립학교규칙〉을 개정하고, 종교단체의 법인화 정책을 시행하는 등 종교 법규와 정책에 변화를 준 것이 주로 기독교 선교사의 부정적 반응을 회유하기 위한 것이었다는 점을 확인할 수 있다.

공인종교 범주에 포함되지 못한 신종교와 무속의 대응을 시기별로

---

346 김광식, 앞의 글, 2006, 290쪽. 김광식은 선리참구원으로 전환시킨 수좌들이 수좌들이 1935년에 선종을 내세운 것은, 비록 선종의 종헌 가운데 일부 조항의 내용이 후대의 정화운동 당시에 손질되었을 가능성을 고려할 수 있지만, 분명하다고 본다(같은 글, 291-296쪽).

보면, 양자가 다소 차이를 보인다. 신종교의 경우에는 1910년대부터 1940년대까지 해산 정책의 대상이 될 뿐만 아니라, 사회적으로도 끊임 없이 미신파타 담론 속에서 해산 대상이 된다. 물론 천도교의 경우처럼 해산보다 통제 대상으로 삼은 경우는 신종교 정책이 균일하지 않았다는 점을 시사하기도 한다. 일제하 법규와 정책에 대한 신종교의 주된 대응 경향은 지속적인 단체 설립이다. 또한 법규상 신도·기독교·불교만이 공인종교로 분류되었음에도 불구하고 대종교의 사례처럼 공인을 위해 시도한 경우가 있었고, 불법연구회처럼 존립 기반을 마련하기 위해 '조합'을 활용한 경우도 보인다. 그에 비해 무속의 대응 경향을 보면, 1920년대 전후부터 1930년대 중반까지는 조합의 결성, 1930년대에는 교파신도의 가입 등을 들 수 있다.

유교의 대응 경향을 보면, 1910년대부터 1920년대까지는 향교 재산 환부 운동과 종교화 운동, 1920년대에는 친일유림단체 설립, 1920년대 이후부터는 재단법인화, 1930년대에는 의례준칙의 확산과 전쟁 수행 관련 협조 등을 들 수 있다. 그리고 이 과정에서 확인할 수 있는 부분은 적지 않은 유림이 대체로 향교재산 수입을 자신들의 존립 기반으로 여겼다는 점이다.

이상의 내용을 보면, 종교별로 다른 법규가 적용되거나 정책이 추진 되었다는 점, 그리고 동일한 법규나 정책을 적용한 때에도 강조점을 달리 두는 경우가 있었다는 점을 알 수 있다. 예를 들어, 1912년의 〈경찰범 처벌규칙〉은 다른 종교인에게도 적용되었지만, 무속에 대해서는 '미신 타파'의 관점에서 더 강하게 적용되는 측면이 있다.

조선총독부의 종교 관련 법규나 정책에서 일관성을 보이는 부분도 있다. 바로 '조선인의 일본인화' 또는 '조선종교의 일본종교화'라는 종교

법규나 정책의 방향성이다. 이 부분은 불교의 일원적 통제를 위해 중앙
불교무원을 조계학원으로 개칭해 총본산 태고사의 통제를 받게 한 후
중앙선리참구원을 조사하는 중이라는 1942년 8월의 불교 관련 기사를
통해 유추할 수 있다.

조선의 종교 통제문제는 다년간의 현안으로서 총독부 사회교육과에
서는 이미 착착 실시하야 오는 중인데 우선 조선인 관계의 불교를 일원
적으로 통제하야 불교의 내선제휴를 강화한 다음 국체본의투철을 중심
으로 하는 황민화의 힘찬 심전개발운동을 일으킬 터이며 …

여기서 가장 문제되는 것은 조선인 측의 불교엿다. 전선 각처에 잇는
사찰 총수 실로 이천수백에 그 교도는 삼십만 명이나 된다. 그러나 몇
해 전만 해도 이가튼 사찰과 각 종파를 일원적으로 통제 지도할 기관이
업섯다. 즉 중앙불교무원과 중앙선리참구원의 두 가지가 중앙에 잇서
가지고 제각기 지도적 역할을 해 왓든 것이다. 중앙교무원은 전선불교
관계의 연락과 부내 혜화전문의 경영을 마터 보았고 중앙선리참구원에
서는 『선』(禪)을 하는 사람과의 연락 연구기관으로 각기 존재했지만 두
기관이 다 가치 전 사찰에 대하야 관계를 가지고 잇섯다. 그래서 총독부
에서는 작년 4월 사찰령의 개정과 동시에 조선불교도의 총의에 따라 『
선』과 『교』를 일원적으로 통제하고 태고사를 맨들고 전선 31본산의 총
본산으로 하야 전선불교의 중앙지도기관으로 햇다.

그러나 여전히 중앙교무원과 선리참구원은 존재하야 만흔 폐해가 잇
섯슴으로 금년 3월에 총독부에서는 이 두 가지 단체를 통제하고자 결심
하고 그 제일 착수로 금년 삼월에는 중앙교무원을 조계학원으로 개칭하
는 동시에 총본산 태고사의 통제 하에 두게 되엿다. 이와 동시에 혜화전
문학교를 경영하는 재단의 역원도 태고사의 간부로 하야금 겸임케 하야
실질적 통제를 완성식힌 것이다.

여기사 남은 문제는 존립할 아모런 가치가 업는 중앙선리참구원을 어

떠케 하는 것이냐 하는 것이다. 통제가 완성되어 가는 현재 과정에 잇서서 이것은 당연히 발전적 해소를 해야 할 것이다. 더구나 이 선리참구원이라는 것은 법령상 사찰도 아니요 포교상 아모런 존재 이유를 가지지 못하는 것이다. 솔직히 말하면 정당한 불교를 하는데 암(癌)으로서의 존재밧게 안 되는 것이다. 그래서 총독부에서는 지금 그 내용과 구성 인원 등 자세한 상황을 조사하는 중이다. 조사가 끝나는 대로 이것도 그 통제될 단계에 이른 것만으로 명확한 일이다. 여기서 조선의 종교통제 문제는 불교의 일원적 통제로부터 시작하야 기독교 등에도 미치게 될 터이다.[347]

일제하 종교 법규와 정책이나 그에 따른 종교계의 대응 경향에는 크게 두 가지 전환 지점이 보인다. 첫 번째 전환 지점은 1919년 3·1운동의 영향이다. 일본정부는 3·1운동을 기점으로 종래 정치를 무단정치로 규정하면서 문화정치를 표방하고, 〈향교재산관리규칙〉 개정, 태형 폐지 등 여러 그에 따른 조치들을 시행한다. 종래에 비해 상대적으로 종교의 자유도 강조한다. 물론 정치적인 접근 방식만 달라질 뿐 '조선인의 일본인화'라는 궁극적인 목표는 달라지지 않는다.

1919년 3·1운동의 영향에서 주목할 부분은 일본정부가 3·1운동 주도 세력으로 천도교와 기독교에 주목해 대책을 강구했다는 점이다. 그 대책은 학무국 내 종교과의 신설과 종교 관련 촉탁의 임명에서 시작된다. 촉탁에는 주로 제국대학의 종교 관련 연구자들을 임명한다. 그 외에 〈포교규칙〉 개정, 〈사립학교규칙〉 개정, 종교단체의 법인화 시행 등도 주요 대책으로 채택된다.

다만, 천도교에 대해서는 계속해서 경무국의 감시 대상으로 삼는다.

---

347 「佛敎서도 內鮮一體로 宗敎報國에 新機軸」, 『매일신보』, 1942.8.6.

이는 종교의 자유를 종래의 고착된 종교 범주 내에서만 인정하는 정책을 실질적으로 전환하지 않았다는 점을 시사한다. 이러한 조치는 당시 조선인의 입장에서 볼 때 일본정부가 1921년 봄 교파신도로 공인종교에 해당하던 천리교에 대해 〈민법〉 제34조 규정을 적용해 '재단법인 천리교교회본부' 설립 신청을 허가하고, 이어 고안(高安)대교회유지재단과 무양(撫養)대교회유지재단 설립을 인가한 경우와 차이를 보인 조치였다고 할 수 있다.[348]

결과적으로 1919년 3·1운동은 1920년대 종교 법규나 정책의 변화를 보면, 주로 공인종교나 유교 관련 법규나 정책에 영향을 주었다고 볼 수 있다. 다만, 1920년대부터 조선총독부가 문화정치를 표방했다고 해서 공인종교의 행위를 모두 허용한 것은 아니다. 예를 들어, 기독교의 전도강연회일지라도 집회계(集會屆)를 제출하지 않는 경우에는 중지와 해산의 대상이 된다.[349]

두 번째의 전환 지점은 1935년 일본 군부가 선언한 국체명징의 영향이다. 이와 관련된 주요 정책 가운데 하나가 국민정신총동원정책이다. 이미 일본은 1931년 9월 만주사변 직후 1932년 1월에 인적·물적 자원의 총동원 계획을 세운 바 있지만,[350] 1937년 7월 중일전쟁 시기부터 〈국가총동원법〉을 적극 추진한다.[351] 특히 〈국가총동원법〉과 관련해, 南次郎

---

348 天理敎道友社編輯部 編, 『天理敎地場案內』, 奈良縣: 天理敎道友社, 1921, pp.58-59.
349 「三角靑年講團 來槐」, 『동아일보』, 1921.8.19, 4면; 「傳道講演도 解散을 命令, 량해를 엇고 겨우 진행해, 載寧警察署가 한 일」, 『동아일보』, 1931.1.24, 3면.
350 일본 내무성은 1932년 1월에 〈昭和皇政維新 國家總動員法案大綱〉(昭和皇政維新促進同盟), 즉 천황 밑에 계엄사령관을 두고 그 밑에 육해군과 국가총동원성(國家總動員省)을 두는 국가총동원법안의 대강을 마련한 바 있다(內務省 警保局 保安課, 『(昭和十年五月)國家改造論策集』, 東京: 皇道會出版部, 1934, pp.85-92).
351 「平時도 戰時와 같다, 衆院 國家總動員法 委員會」, 『동아일보』, 1936.5.26, 1면; 「非常時에 備하야 國家總動員 計劃, 內務省 具體案 作成中」, 『동아일보』, 1937.7.18, 1면;

(미나미 지로) 총독은 1937년 9월에 유고를 발표하고[352] 국민정신 작흥주간(作興週間)이나 국방방화일(國防防火日) 등을 만들어낸다.[353] 1938년 4월에는 〈국가총동원법〉이 현실화된다.[354]

1939년 2월에는 진주군이나 국민정신총동원 경성연맹 등에서 기원절(紀元節)을 계기로 일주일동안 '일본정신 발양주간(發揚週間)'을 설정하기도 한다.[355] 1940년 5월에는 일본 내무성이 지방 장관회의에 9가지 사항을 지시하는데, 그 안에 신사행정의 진흥 건과 국민정신총동원 건이 있고, 총독이 각도 경찰부장회의에서 병참기지(兵站基地)의 치안과 민중생

「總理大臣의 告諭」, 『동아일보』, 1937.9.10, 1면;「官吏에 對한 內閣 訓令」, 『동아일보』, 1937.9.10, 1면;「國民精神總動員 計劃 實施 要綱 發表, (東京電話)」, 『동아일보』, 1937.9.16, 3면;「國家總動員 法律案」, 『동아일보』, 1937.11.12, 3면;「總動員法案 成立」, 『동아일보』, 1938.3.26, 3면.

352 「南總督의 諭告」, 『동아일보』, 1937.9.11, 3면. 유고의 핵심은 중일전쟁이 '동양평화(東亞平和)의 확립'을 위한 것이라는 점, 전쟁이 장기간 지속될 것으로 인식해 생업보국(生業報國)의 신념을 견지(堅持)하고 진충보국(盡忠報國)의 정신을 다하여 국민정신을 총동원해야 한다는 점이다. 이와 관련하여 동년 9월 23일에 '생업보국 선서식'을 거행하고 농어산촌(農漁山村)을 총동원하여 생업보국 행사를 할 것을 추진한다.

353 「精神 作興 週間, 十一月 七日부터 十三日까지 各 團體, 男女老少 總動」, 『동아일보』, 1937.9.14, 2면;「國民精神 作興 週間, 時局의 重大性을 反映시키도록 精神的 大運動 展開」, 『동아일보』, 1937.10.3, 2면;「國民精神總動員 十三日부터一週間 各種 行事, 國威祈願祭도 擧行」, 『동아일보』, 1937.10.7, 2면;「精神作興運動 來月七日로 一週間」, 『동아일보』, 1937.10.10, 2면;「國防防火'데이', 今朝 슈旨奉讀式 盛大히 擧行, 神宮에선 防火祈願祭」, 『동아일보』, 1937.12.2, 2면;「第二回 精神週間, 紀元節부터 擧行」, 『동아일보』, 1938.1.20, 2면.

354 〈國家總動員法〉(법률 제55호, 소화 13.3.31);〈國家總動員法施行期日ノ件〉(칙령 제315호, 소화 13.5.3);〈國家總動員法ヲ朝鮮, 臺灣及樺太ニ施行スルノ件〉(勅令 제316호, 소화 13.5.3), 松島信藏 編, 『戰時法令集』, 岐阜縣: 德行新聞社, 1938, pp.51-67. 이 법규(본문 50개조와 부칙)의 핵심은 전시나 준(準)전시사태에 국방 목적을 달성하기 위해 국가의 인적·물적 자원을 통제·운용하고(제1조), 신문지·출판물 등(제20조) 언론의 자유를 포함한 인간의 자유를 통제하고(제2조-제31조), 이를 어기면 강력 처벌한다는 데에 있다(제31조-제49조).

355 「日本精神 發揚週間」, 『동아일보』, 1939.2.3, 3면;「精神 發揚週間 講演」, 『동아일보』, 1939.2.7, 2면.

활의 불건전한 현상을 시정하라고 지시하는데,[356] 그 이면에 일본 군부
가 강조한 국체명징이 자리하고 있다.

사실, 1930년대 중반은 종교계가 국체명징의 이데올로기에서 벗어나
기 위해 노력했다기보다 그 이데올로기의 수행 주체로 호명되는 상황
이 보인다. 이와 관련된 사례를 보면, 1937년 8월에는 군인가족 보호와
구조를 목적으로 전조선 종교단체와 각종 사회사업단체가 연합해 조선
군사후원연맹을 조직한다.[357] 동년 9월에는 포교보국 차원에서 불교 인
사가 의성경찰서 연무장에서 종교와 정신총동원을 연계한 시국강연을
한다.[358]

이어, 1938년 4월에는 부여군 내 기독교 단체 34개소 교역자가 부여경
찰서에서 '교역자 시국좌담회'를 개최하고 국체명징 실현을 위해 예배
순서에 '국가 합창, 신민서사'를 넣을 것, 교회에 국기게양대를 설치해
동방요배를 할 것, 축제일에 신사참배를 할 것을 결의한다.[359] 이 시기는
조선총독부가 국민정신총동원운동의 계발 선전 방법으로 '총후보국 강
조주간'을 설정해, 대규모 행사를 진행하던 때이다.[360] 이어, 동년 6월
三橋孝一郎(미츠하시 고이치로) 경무국장이 정례 국장회의에서 국민정신
총동원 관련 기독교 지도성적으로 '교회당 국기 게양 88%, 각종 집회

356 「內務 指示 事項」, 『동아일보』, 1940.5.5, 1면; 「警察部長會議 開催, 銃後治安을 確保,
    不健全 現象을 是正하라, 南總督 訓示」, 『동아일보』, 1940.5.14, 1면.
357 「卅萬圓 程度의 寄附金 募集, 軍事後援聯盟에서」, 『동아일보』, 1937.8.1, 2면.
358 「義城 時局 宗敎講演會」, 『동아일보』, 1937.9.17, 4면(강연자: 大邱 禪林寺 石井禪定師).
359 「扶餘 基督敎會에서 國旗揭揚臺 設置, 교역자좌담회 결의」, 『동아일보』, 1938.5.8, 3면
    (결의 사항을 국민정신총동원주간에 실천한다).
360 〈國民精神總動員銃後報國强調週間實施ニ關スル件〉(官通牒 第11號, 소화 13.4.9), 『조
    선총독부관보』 제3367호, 1938.4.9(政務總監이 조선총독부 각 局部長, 관방과장, 소속
    관공서 장에게 국민정신총동원 총후보국 강조주간의 설립 취지를 설명한 통첩). 「銃後
    報國 强調週間, 六百六十萬 動員」, 『동아일보』, 1938.4.29, 2면.

시 국기 경례 93%, 국가 봉창 79%, 황거요배 95%, 황국신민서사 봉창 93%, 서력 연호 거부 90%, 기독교도 신사참배 53%이라는 수치가 '종교의 일본화' 결과라고 보고한다.[361] 또한 이 시기에 '내선일치, 거국일치, 국민정신총동원'의 취지 달성이라는 명분으로 58개 단체와 윤치호 외 각 방면 대표자 55명이 '국민정신총동원 조선연맹' 발기인회를 개최하고, 그 세포 조직으로 '각도연맹(各道聯盟)'을 둔다.[362] 그리고 국민정신총동원 조선연맹 발회식 전후 경성연맹 등 각 지역에서 연맹이 결성된다.[363]

1938년 7월에는 '국민정신총동원 조선연맹' 창립총회에 앞서 경성부윤(佐伯顯)을 필두로 윤치호, 최린, 구자옥(具滋玉: 경성불교각종연합회), 김활란 등 종교인들이 '국민정신총동원 경성연맹' 창립총회를 개최한다.[364] 또한 중일전쟁 1주년을 기념해 천주교경성교구 등 10개 종교단체를 포함한 한국인 단체 25개와 일본인 단체 34개 단체가 '국민정신총동원 조선연맹' 결성식을 진행한다.[365] 이 조선연맹에는 경성불교 각종(各宗)연

---

361 「宗敎團體의 統制, 全體的으로 好成績, 海外依存主義 一消」, 『동아일보』, 1938.6.29, 3면.

362 「五十八個 團體 網羅, 總動員 朝鮮聯盟 結成, 講演會, 座談會 등 隨時 開催, 事變 週年日에 發會式」, 『동아일보』, 1938.6.23, 2면; 「總動員 朝鮮聯盟 밑에 各道聯盟 結成 計劃」, 『동아일보』, 1938.6.24, 2면. 6월 23일 자료에 따르면, 大野綠一郎(오노 로쿠이치로) 정무총감이 '명예총재'가 되어 사무소를 조선총독부 내에 두고 자문에 응한다. 한편, 조선총독부는 국민정신총동원 조선연맹이 만주의 협화회(協和會)와 달리, 관제(官製)단체가 아니라 자발적 민간단체이며, 정치적 색채가 있는 것이 아니라 교화단체로 중일전쟁 제2년을 맞아 모든 단체를 통합해 국민정신총동원을 더욱 강화하자는 데에 취지가 있다는 입장을 취한다(「敎化團體로 活用, 監原 學務局長 談」, 『동아일보』, 1938.6.24, 2면). 그렇지만 1939년 5월 기사를 보면, 국민정신총동원운동사항은 조선총독부 문서과(文書課)에서 담당하게 된다(「總督府 分掌規程 改正」, 『동아일보』, 1939.5.7, 1면).

363 「京城聯盟을 創立」, 『동아일보』, 1938.7.2, 2면; 「中央聯盟에 呼應해 各地方 聯盟 結成」, 『동아일보』, 1938.7.4, 2면; 「國民精神總動員 各地 聯盟 結成式」, 『동아일보』, 1938.7.9, 3면.

364 「京城聯盟을 創立 各界의 有志로 相談役을 選定. 理事長에 佐伯府尹」, 『동아일보』, 1938.7.2, 2면.

합회, 구세군조선본영, 성공회, 조선감리교총리원, 조선기독교연합회, 조선불교중앙교무원, 조선장로회총회, 천주공교경성교구, 천도교중앙교회와 천도교중앙종리원 등이 포함된다.[366] 그리고 중일전쟁 1주년 기념일에는 신도, 기독교회, 사원, 사찰 각 포교소 등에 위령법요(慰靈法要)와 국위선양과 무운장구기원제(武運長久祈願祭)를 진행하라는 지시가 하달된다.[367]

1938년 8월과 9월에는 조선중앙교무원이 종교보국 차원에서 국민정신총동원운동 참가 요강을 결정해 31본산에 지시하면서 '각 말사 또는 포교당에 천황 어전패(御殿牌)를 봉안하고 조석 기도에서 황군의 무운장구를 기원할 것'을 첫 번째 내용으로 제시한다.[368] 구세군조선본영은 전 각지 소대장에게 통첩을 보내 주일예배 전에 황국신민서사를 외울 것, 사대절(四大節)에 '국기 게양, 국가 합창, 황거요배, 황국신민서사 등'을 거행하도록 지시한다.[369] 동년 9월에는 제27회 장로교총회가 선교사들의 반대를 무릅쓰고 '신사참배는 종교의식이 아니라 국가의식'이라는 논리로 신사참배를 가결하고, 총회 부회장과 노회장 28인이 평양신사에 가서 참배한다.[370]

---

365 윤선자, 앞의 책, 2002, 34-35쪽.
366 박광종, 「(자료소개)국민정신총동원 조선연맹 조직대강」, 『민족문제연구』 12, 민족문제연구소, 1996, 46-47쪽. '국민정신총동원 조선연맹'은 1940년 10월 '국민총력 조선연맹'으로 기구를 확대해 재발족된다.
367 「明日, 事變 一週年 記念」, 『동아일보』, 1938.7.6, 2면; 「各 宗敎團體 總動員, 武運長久를 祈願, 오늘엔 歌舞音曲 모다 停止」, 『동아일보』, 1938.7.7, 2면.
368 「佛敎信徒도 斷髮 節約 貯蓄」, 『동아일보』, 1938.8.1, 2면.
369 「救世軍서 總動員 通牒」, 『동아일보』, 1938.8.3, 2면.
370 「卄七回 長老敎 總會에서 今日 神社參拜를 可決, '神社參拜는 宗敎儀式이 아니라'고, 各 老會長 卽日로 參拜」, 1938.9.11, 2면; 「宣言」, 『동아일보』, 1938.9.11, 2면. "아등은 신사는 종교가 아니오 기독교의 교리에 위반치 안는 본의를 리해하고 신사참배가 애국적 국가의식임을 자각하고 또 이에 신사참배를 솔선해 하고 나아가서 국민정신총동원에

이어, 1939년 3월, 조선총독부는 내선일체 구현 차원에서 부여를 '일본과 삼한(三韓)의 관계, 백제와 정치·경제·문화 교섭 등의 골육(骨肉) 관계'로 만들기 위해 부여신궁 건립을 추진한다.[371] 동년 4월 천도교청년당은 제13차 전당대회를 열어 해체를 결의하고, 천도교 가입 단체인 국민정신총동원 연맹에 합류하기로 결정한다.[372] 동년 7월 국민정신총동원 천도교연맹은 중일전쟁 2주년과 국민정신총동원조선연맹 창립 1주년을 기념해 지방 군연맹 200여 개소에 기념행사 관련 통문을 보낸다.[373] 또한 동년 7월, 중일전쟁 기념일에 개최된 조선기독교연합회 제2회 총회에서는 대표자 97명이 총회 전에 신궁 참배 후, 총회에서 시국순회전도 건, 황군위문 건, 국민정신총동원 기념대회 출석 건, 일본기독교연맹 가입 건 등을 논의한다.[374]

당시 유교 사례를 봐도, 1939년 10월 경학원이 유림대회를 개최하고 '황국신민의 자각'과 사회 교화의 매진을 위해 조선유도연합회의 결성을 결정한다. 조선총독부도 국민정신총동원운동을 위해 大野綠一郎(오노 로쿠이치로) 정무총감이 각 도지사에 유도 진흥 관련 통첩을 발송해 도연합회뿐 아니라 부군(府郡)에 지부를 결성하게 한다.[375] 동년 11월에 결성

참가하야 비상시국하에서 총후황국신민으로서 적성을 다하기로 함 소화 13년 9월 10일, 27회 노회장 홍택기(洪澤麒)". 이와 함께 전조선장로교총회에서 신사참배가 결의되자 평양남녀신학교(교장: 羅富悅, Stacy L. Roberts, 1881-1946)의 존폐문제가 주목을 받는다. 신학교의 이사회 이사 가운데 미션회측 서양인 8명, 조선인 6명이 근일에 이사회를 소집해 결의할 예정인 바 미션회측이 다수이므로 신학교의 존속이 우려된다.

371 「扶餘官幣社 御創立과 總督府 當局 談」, 『동아일보』, 1939.3.9, 1면.
372 「天道敎靑年黨 解體, 所屬黨員만 二萬餘名」, 『동아일보』, 1939.4.5, 2면.
373 「天道敎聯盟, 七月七日 記念行事」, 『동아일보』, 1939.7.3, 2면.
374 「基督敎聯合會 慰靈祈禱式, 佛敎도 聯合 追悼法要」, 『동아일보』, 1939.7.8, 2면. 조선기독교연합회는 중일전쟁 1주년 기념일인 1938년 7월 7일에 40여 개의 연합회로 결성된 단체이다.
375 「儒道의 本義 顯揚, 儒林大會와 南總督 告辭」, 『동아일보』, 1939.10.17, 1면; 「儒道 振興

된 전라남도 유도연합회 서약을 보면 첫 번째가 '국체를 체득해 황국신민인 자각(自覺)을 익익(益益) 공고(鞏固)히 함'이고, 마지막 다섯 번째가 '국민정신총동원연맹의 실천 요목의 필행(必行)을 기(期)함'이다.[376]

이처럼 1930년대 중반 이후 주로 조선의 종교계에 벌어졌던 다소 장황한 사례들을 관통하는 지점은 앞서 언급한 국체명징이다. 특히 국체명징은 1936년 8월에 총독으로 부임한 南次郎(미나지 지로)이 5대 강령에서 첫 번째 항목으로 설정한 것으로, 내선일체를 위한 이데올로기로 사용된다. 내선일체는 지배층에게 '동화' 논리가 되고 피지배층에게 '차별로부터의 탈출' 논리가 될 수 있었다는 평가를 받고 있기도 하다.[377] 그렇지만 이러한 동화와 차별로부터의 탈출이라는 두 가지 논리도 천황주권설을 뒷받침하는 국체명징이라는 지점에서 만나게 된다.

을 通牒, 道에 聯合會를 설치, 府郡에는 支部를 결성」, 『동아일보』, 1939.10.31, 2면(府·郡·島의 지부에서는 부윤, 군수, 도사가 지부장, 도연합회에서는 각 도지사가 회장을 담당하게 된다).
376 「全南 儒道聯合會 盛大히 結成」, 『동아일보』, 1939.11.18, 7면; 「仁義道德을 根幹으로 京畿 儒道聯合 結成」, 『동아일보』, 1939.11.20, 2면; 「三百五十餘會員 參集 儒道聯合會 結成」, 『동아일보』, 1939.12.3, 7면(충청남도 유도연합회).
377 宮田節子, 이형랑 역, 『朝鮮民衆과 '皇民化' 정책』, 일조각, 1997, 159쪽.

V

나오면서

1. 종교 법규, 정책, 그리고 대응

이 연구의 내용은 일제강점기의 종교 관련 법규와 인식, 종교 정책과 그 변화, 종교계의 대응으로 구성된다. 이를 위해 공인종교·유사종교(신종교·무속)·유교라는 분석틀과 시기별 서술 방식을 도입해 종교 관련 법규와 정책과 그 안에 담긴 종교 인식, 종무행정 조직과 역할, 종교계의 대응을 살펴보았다. 이 과정에서 일제하 종교 법규와 정책에 대해 크게 세 부분에 주목한다.

첫 번째는 일제강점기에 통치를 위해 제정·시행된 각종 법규에 종교 관련 법규들이 있었다는 점이다. 그와 관련해, 통감부는 법률(法律), 통감부령(統令), 칙령(勅令), 훈령(訓令), 학부령(學部令) 등의 각종 법규를 제정·시행한다. 조선총독부는 법률, 제령, 부령, 칙령, 훈령, 관통첩(官通牒) 등의 각종 법규를 제정·시행한다. 특히, 제1대 총독 寺內正毅는 1910년 10월 1일자로 〈조선총독부령 공문식〉(부령 제1호), 〈조선총독부 도령(道令) 공문식〉(부령 제2호), 〈조선총독부 경무총감부령 공문식〉(부령 제3호), 〈조선총독부 경무부령 공문식〉(부령 제4호)을 공포한다. 이는 총독, 도장관, 경무총장, 경무부장이 각각 '조선총독부령, 도령, 경무총감부령, 경무부령'을 공포·시행하는 근거가 된다.[1]

이러한 법규들은 대체로 일본 법규를 모법으로 삼아 제정·시행·보급된 것으로 정책의 근거가 되어 조선에서 종래의 현상을 억압하거나 새로운 현상을 유도해 사회 변화를 유도한다. 이는 조선 사회 구성원들을 '식민 정치체의 법규와 정책'에 적응하게 만드는 과정이기도 하다. 이러

---

1   조선총독부령의 경우, 총독이 서명하고 공포 연월일을 기입해 공포하면 별다른 시행 기일이 없는 한 각 관청에 도달한 다음 날부터 만7일을 지난 시점부터 시행된다.

한 과정은 종교 영역에도 적용되어 조선의 종교 지형을 달라지게 만든다. 특히 조선총독부가 조선 통치를 위해 자의적으로 설정한 종교 지형과 인식의 범주적 장치는 해방 이후에도 거의 그대로 수용되고 있다.

일제강점기 종교 법규들은 종교만을 대상으로 삼은 법규와 종교에 간접적으로 영향을 미칠 수 있는 법규로 구분되어, 신도·불교·기독교를 '종교'로, 신종교·무속을 유사종교나 사이비종교 등으로, 그리고 조선시대의 유교를 종교가 아닌 것으로 고착시키는 역할을 하게 된다. 그 결과는 신도·불교·기독교에 대한 긍정적 인식, 신종교·무속에 대한 부정적 인식, 그리고 유교의 비종교화 현상으로 이어진다.

또한 일제가 법규에 근거해 설정한 종교 범주는 범주 안(공인종교)과 바깥(유사종교·유교)을 차별적으로 구별하게 만든다. 이 차별은 〈宗敎ノ宣布二關スル規則〉(1906), 〈各地方寺刹ノ所有財産保護二關スル件〉(1908), 〈布敎管理者認可〉(1910), 〈寺刹令〉(1911)과 〈寺刹令施行規則〉(1911), 〈寺刹寶物目錄牒調製ノ件〉(1911), 〈寺刹ノ住持就職認可二付取扱方ノ件〉(1911), 〈朝鮮寺刹有財産管理二關スル件〉(1915), 〈神社寺院規則〉(1915), 〈祝祭日當日私立宗敎學敎擧式禮拜二關スル件〉(1915), 〈私立學校 聖書敎授に關する件〉(1915), 〈布敎規則〉(1915)과 〈布敎規則中改正〉(1920), 〈寺院規則〉(1936)·〈神社規則〉(1936) 등을 통해 공고해진다.

특히 신종교와 무속에 적용된 주요 법규들은 종교 담론에 '사이비' 또는 '혹세무민' 등의 용어를 배치해 만들어진 부정적 인식과 결합해 억제 장치로 활용된다. 이와 관련된 주요 법규는 〈保安法〉(1907), 〈集會取締令〉(1910), 〈犯罪卽決例〉(1910), 〈犯罪卽決例 施行手續〉(1910), 〈犯罪卽決例中改正〉(1912), 〈警察犯處罰規則〉(1912), 〈政治二關スル犯罪處罰ノ件〉(1919), 〈治安維持ノ爲ニスル罪則二關スル件〉(1923), 〈治安維持法〉(1925) 등이다. 물론

신종교와 무속에 적용된 법규들은 사회 구성원 전체를 대상으로 한 것이기 때문에 공인종교에도 적용된다.

그 외에 일반 사회 구성원들을 대상으로 한 법규들도 주로 공인종교와 관련되어 있어 간접적 차원에서 종교 범주를 고착시키는 역할을 하게 된다. 이와 관련된 법규들로는 〈私立學校令〉(1908), 〈朝鮮敎育令〉(1911),[2] 〈私立學校規則〉(1911),[3] 〈普通學校規則〉(1911), 〈朝鮮民事令〉(1912), 〈朝鮮刑事令〉(1912), 〈國家總動員準備ノ件〉(1937)과 〈國家總動員法ヲ朝鮮, 臺灣及樺太二施行スルノ件〉(1938), 〈朝鮮人ノ氏名二關スル件〉(1940), 〈國防保安法〉(1941)과 〈國防保安法施行令〉(1941), 〈國家總動員法中改正〉(1941) 등을 들 수 있다. 이는 종교 법규만이 아니라 일반 법규의 분석도 일제강점기의 종교 정책 연구에서 중요한 부분이라는 점을 시사한다.

유교의 경우에는 유교를 종교로 인식하는 흐름도 있었지만, 법규상 비종교화되어 종교가 아닌 존재로 인식된다. 즉 유교가 종교가 아닌 존재로 고착되는 현상의 이면에는 〈享祀釐正二關スル件〉(1908), 〈鄕校財産管理規程〉(1910), 〈經學院規程〉(1911), 〈鄕校財産管理規程施行細則〉(1915), 〈鄕校財産管理規則〉(1920) 등이 있다. 물론 유교의 경우에도 공인종교의 경우처럼 사회 일반을 대상으로 삼은 보안법이나 집회 관련 법규들의 적용을 받는다.

두 번째는 종교 관련 법규들에 근거해 종교 정책을 추진한 종무행정 조직과 유관 조직이 있었다는 점이다. 종교 관련 법규는 종무행정 조직이 존재하는 제도적 근거이면서 이 조직이 종교 정책을 수립하는 근거

2　〈조선교육령〉(1911)의 주요 개정은 1922년, 1938년, 1943년에 이루어진 바 있다.
3　〈사립학교규칙〉(1911)은 여러 차례 개정되었지만, 특히 종교교육과 관련해 주목할 만한 개정은 1915년에 이루어진 바 있다.

가 된다. 따라서 통감부나 조선총독부의 종교 관련 법규와 종교 정책은 종무행정 조직을 매개로 한다. 이 지점에서 종무행정 조직도 종교 관련 법규와 정책을 살펴볼 때 반드시 포함되어야 하는 대상이 된다.

통감부 시기에는 각각 통감부와 이사청에 종무행정 담당 인력을 둔다. 다만, 통감부가 〈宗敎ノ宣布二關スル規則〉(1906)과 함께, 지방부, 탁지부 사세국 세무과 등에 종무행정을 배정하지만, 조선총독부에 비해 종무행정에 적극적 관심이 있었다고 보기는 어렵다. 이사청이, 대구 이사청을 제외하면, 대체로 경제활동을 하는 개항지의 일본인을 보호하려는 기구였고 종무행정의 주요 대상도 일본 종교였기 때문이다.

조선총독부 시기에는 중앙 조직인 내무부 지방국 지방과(地方課), 경무총감부 고등경찰과 비밀계(機密係), 지방조직인 각도의 내무부 학무계(學務界)가 종무행정 조직에 해당한다. 구체적으로, 조선총독부의 내무부 지방국 지방과와 각도의 내무부 학무계는 '종교와 향사(享祀)에 관한 사항', 경무총감부 고등경찰과 기밀계는 사찰(査察), 집회·다중운동(多衆運動)·결사(結社), 외국인, 암호(暗號)와 함께, '종교취체에 관한 사항'을 담당한다.[4]

그렇지만 실제는 종무행정 담당 조직의 범위가 더 넓었다고 볼 수 있다. 이와 관련해, 경무총감부의 경우를 보면, 종교취체 업무 담당 부서는 '고등경찰과 기밀계'였지만, '고등경찰과 도서계(圖書係)'가 종교 관련 언론, '보안과 행정경찰계'가 폭도나 풍속 등의 취체, '사법경찰계(司法警察係)'가 범죄자의 수색과 검거 등을 통해 종교 문제에 관여할 수 있었기

---

4 〈조선총독부 사무 분장 규정〉(1910.10.1, 훈령 제2호); 〈조선총독부 지방관 관제 제12조 제2항에 의한 도사무분장규정〉(1910.10.1, 훈령 제3호); 〈조선총독부 경무총감부 사무분장 규정〉(1910.10.1, 훈령 제4호).

때문이다.[5] 이러한 복합적 종무행정 현상은 조선총독부가 통감부와 달리, 그리고 설립 초기부터 종교 문제를 중시했다는 점을 시사한다.

특히 1919년 3·1운동 이후 조선총독부가 학무국에 종교과(宗敎課)를 신설한 이면에는 종교계와 타협하려는 목적이 있다. 그 후 종교과가 맡던 종무행정은 1930년대에 학무국의 사회과와 사회교육과, 1940년대에 학무국의 연성과와 교무과로 이어진다. 그 과정에서 총독관방 외사과, 경찰청 경무국 등도 종무행정과 연관된 조직으로 존재한다.

세 번째는 종교 관련 법규와 정책의 시행 과정에서 여러 충돌이 발생해 종교 법규와 정책이 개정·수정된 경우들이 있다는 점이다. 이는 종교 법규와 정책의 대상인 조선의 종교가 피동적으로만 존재하지 않았다는 점을 시사한다. 다만, 종교 법규와 정책의 개정·수정 대상이 주로 공인 종교와 유교에 한정되었다는 점에서, 즉 조선의 종교계 모두가 법규와 정책의 개정·수정 주체가 아니었다는 점에서 능동적인 대응 사례들이 많은 것은 아니다.

이와 관련해, 학교에서 종교교육, 특히 성서교육을 금지시킨 〈(개정) 사립학교규칙〉(1915)은 기독교계 종립학교의 반발에 직면하면서 일부가 개정된다. 〈사찰령〉(1911)도 조선 불교계의 반발에 직면하면서 일부 개정된다. 그 외에 〈포교규칙〉이나 법인화정책도 공인종교계와 타협하는 과정에서 일부 개정·수정된다. 그리고 향교재산과 관련된 규정은 유교계와 타협하는 과정에서 일부 개정된다. 그에 비해 신종교나 무속의 경우에는 해당 법규가 없어, 이들의 반응으로 법규가 개정되거나 정책이 수정된 사례를 찾기 어렵다. 예를 들어, 〈보안법〉(1907)이나 〈경찰범처

---

5   〈朝鮮總督府 警務總監部 事務分掌 規程〉(1910.10.1, 훈령 제4호) 제5조.

벌규칙〉(1912)이나 〈치안유지법〉(1925) 등은 1918년 보천교 신자 검거 사건 등을 포함해 신종교의 억압 근거가 되지만, 신종교와 무속의 반응으로 이 법규들이 개정된 사례는 보이지 않는다.

이상에서 언급한 세 부분은 다시 네 개의 지점들을 드러낸다. 첫째, 조선에서 시행된 대부분의 종교 관련 법규가 일본 법규를 모법으로 삼아 제정되어, 종교정책에 일본의 종교 경험이 반영되어 있다는 점이다. 이 부분은 조선총독이 일본정부에서 비교적 요직을 차지했던 인물이고, 조선총독부의 주요 법규들이 일본정부의 승인을 거쳐야 했다는 점에서도 유추할 수 있다.

이와 관련해, 일본 법규를 모법으로 삼은 종교 관련 법규로는 〈종교 선포에 관한 규칙〉(1906), 〈사찰령〉(1911), 〈신사·사원규칙〉(1915), 〈포교 규칙〉(1915), 〈신사규칙〉(1936), 〈사원규칙〉(1936) 등을 들 수 있다. 〈사립 학교규칙〉(1911)도 마찬가지이다. 게다가 〈치안유지법〉(1925)의 경우처럼 일본 법규를 그대로 조선에 적용한 사례도 보인다. 다만, 〈신사(神祠) 에 관한 건〉(1917, 부령 제21호)처럼, 일본과 다소 다른 법규가 제정되기도 한다. 특히 총독의 '제령'은 조선에만 적용되었기 때문에 일본 법규를 모법으로 삼았다고 하더라도 조선의 상황을 중점적으로 반영하고 있다고 할 수 있다.

조선과 일본의 종교 관련 법규와 정책을 비교해보면, 조선총독부가 일본의 종교 관련 법규와 정책을 조정하거나 축소해 활용했다는 점을 알 수 있다. 이 부분은 일본의 종교 관련 법규가 자국의 종교 경험에 대한 정책적 대응이었다는 점, 그리고 조선총독부가 제정한 종교 관련 법규들이 대체로 일본 법규들을 모법으로 삼았을 뿐만 아니라 일본정부의 승인을 거쳐야 했다는 점을 고려할 때 분명해진다. 따라서 조선의

종교 관련 법규와 정책에 대한 접근은 당시 일본의 사례와 함께 이루어
질 필요가 있다.

둘째, 조선총독부의 종교 관련 법규와 정책이 궁극적으로 일본의 정
책적인 목표 실현을 지향했다는 점이다. 일본의 정책적 목표는 시기별
로 다소 변화를 보인다. 1910년대에는 조선인을 '일본에 충량(忠良)한 존
재'로 만들려고 시도한다. 이 목표 달성을 위해 일제는 조선의 상황을
파악하고 통제⁶를 시도한다. 1920년대에는 문화정치를 통해 '조선인의
일본인화'를 시도한다. 문화정치의 본질은 조선인에 대한 '정신적 동화
(同化)'이다. 그리고 1930년대 이후에는 만주사변을 거치면서 '조선인의
이상적 일본인화'를 시도한다. 이는 조선인을 '일본인보다 더 이상적인
일본인'으로 만들려는 시도이다. 이러한 1930년대 이후의 정책적 목표는
1935년에 일본의 내각·정당을 장악한 군부가 지향한 '천황 중심의 정신
적 통일', 즉 국체명징(國體明徵) 담론이 조선에 유입된 것과 연관이 있다.
물론 시기별 정책적 목표는 이질성이 아닌 연속성을 보이고 있다.

조선총독부의 종교 관련 법규와 정책이 지향한 목표를 좀 더 구체적
으로 보면, 우선, 일제는 1910년대에 조선의 종교 상황을 파악하고 통제
를 시도한다. 조선에 진출한 일본 종교의 상황에 대해서는 통감부가 〈종
교 선포에 관한 규칙〉(1906)의 인가제를 통해 파악한 바 있다. 그에 비해
조선총독부는 〈신사·사원규칙〉(1915)과 〈신사(神祠)에 관한 건〉(1917)의
허가제를 통해 일본 종교의 조선 진출 상황을 파악하고 관리한다.

조선의 불교에 대해서는 〈사찰령〉(1911)의 허가제를 통해, 기독교에
대해서는 〈포교규칙〉(1915)에 근거한 포교자 신고제와 종교시설 허가제

---

6   여기서 통제(統制, control)는 '목적'에 따라 행위를 제한한다는, 규제(規制, restriction)
    는 '규칙·규정'에 따라 한도를 정한다는 의미가 강하다.

를 통해 종교 상황을 파악하고 관리한다. 그리고 유교에 대해서는 〈향교 재산관리규정〉(1910.4)에 근거한 부윤·군수의 관리제를 통해 재산 상황을 파악하고, 유림에 대해서는 〈경학원규정〉(1911)과 〈문묘직원에 관한 건〉(1911)에 근거해 각각 총독과 도장관이 직접 관리한다.

학교교육에 대해서는 통감부가 〈사립학교령〉(1908)에 근거해 설립 인가제를 실시한 바 있지만 조선총독부도 〈사립학교규칙〉(1911)에 근거한 인가제를 통해 사립학교 상황을 파악하면서 '사립학교의 관공립학교화'를 추진한다. 그리고 1915년에는 〈사립학교규칙〉을 개정해 사립학교에서 종교 교육과 의식을 불허하면서 특히 기독교계에 타격을 가한다. 또한 재단법인화의 경우, 〈법인 설립과 감독에 관한 규정〉(1912)을 시행하면서도, 정책적으로 조선의 종교에 적용하지 않아 법인 설립을 희망하던 선교사들의 요구를 배제시킨다.

1920년대에는 문화통치를 내세우며 종래의 법규를 개정하거나 정책을 수정해 종교의 자유를 보장한다는 입장을 취한다. 조선총독부가 종래 법규와 정책을 전환한 직접적 계기는 1919년 3·1운동을 주도한 종교계의 역할이다. 일본정부와 조선총독부가 종교계의 역할을 인식하면서 조선 통치를 위해 정책적으로 종교계의 반발을 사지 않으려는 태도를 취했기 때문이다. 여기서 종교계는 특히 기독교계를 말한다.

일제는 3·1운동의 핵심에 특히 천도교계와 개신교계 인물이 있다고 인식했지만, 천도교에 대해서는 계속 종교 관련 법규와 무관한 존재로 대한다. 그에 비해 기독교계 협조를 구하기 위해서는 〈사립학교규칙〉을 개정하고 종교법인화 정책을 시행한다. 이와 관련해, 1920년 〈사립학교규칙〉 개정에서는 제6조에서 사립학교가 보통·고등보통·여자고등보통·실업·전문학교 규칙 외에 다른 교과과정을 부과할 수 없다는 내용(제

6조의 2)을 삭제해[7] 종교교육의 가능성을 인정한다. 종교법인화 정책과 관련해서는 1912년의 〈조선민사령〉(제령 제7호)과 〈법인의 설립과 감독에 관한 규정〉(부령 제71호)을 토대로 천주교계의 법인 설립을 먼저 허가하고, 이어, 개신교계와 불교계의 법인 설립을 허가한다. 특히 기독교에 대해서는 1920년에 〈포교규칙〉을 개정해 한편으로 신고사항을 축소하고 종교시설 설립의 허가제를 '신고제'로 바꾼다. 동시에 다른 한편으로 '안녕질서를 문란하게 할 우려가 있는 종교시설에 대한 사용 정지 또는 금지제'를 포함시켜 규제를 강화한다.

기독교계에 비해, 신도계나 불교계에는 큰 변화를 주지 않는다. 불교와 관련해서는 1924년, 1929년, 1941년 등에 걸쳐 〈사찰령〉(1911)을 개정하지만 종래의 핵심 내용을 거의 유지한다. 1924년 개정에서도 전남 구례 화엄사를 본산에 포함시켰을 뿐 큰 변화가 보이지 않는다. 오히려 1929년 개정에서는 사찰 재산의 처분·취득에 대한 '총독 허가제'를 신설해 주지의 사찰재산 활용권을 제한한다.

유교에 대해서는 1920년에 〈향교재산관리규칙〉(부령 제91호)을 제정해 유림의 협조를 요청하는 태도를 취한다. 이 법규는 종래 〈향교재산관리규칙〉(1910)에 비해 부윤·군수 관리제를 유지하면서도 향교재산 수입을 공립 또는 지정학교 경비가 아니라 문묘 유지와 사회교화 시설에 투자하게 했다는 점에서 차이를 보인다.

---

7 〈私立學校規則改正〉(부령 第21号, 發布·施行 大正 9.3.1), 『官報』第2276号, 1920.3.8. 제6조는 '1. 보통교육을 하는 사립학교는 보통학교규칙, 고등보통학교규칙, 여자고등보통학교규칙 또는 조선공립소학교규칙, 조선공립고등여학교규칙, 조선총독부 중학교규칙에서 정한 각 교과목의 요지와 교수 상의 주의에 의거해 교수해야 한다. 2. 전항의 학교에서는 수신, 국어를 빠뜨릴 수 없다'는 내용이다. 단, 제6조의 규정은 1920년 (대정 9) 4월 1일자로 시행된다(부칙의 1).

1930년대 이후에는 1931년 9월의 만주사변, 1932년 3월의 만주국 건국, 1937년 7월의 중일전쟁 등이 있었지만, 특히 일본 군부가 1935년경부터 국체명징을 강조하면서 종교 관련 법규와 정책의 방향을 국가신도[神社神道]를 통한 국민교화의 실현에 맞춘다. 이는 '신도의 권위'를 세우려는 시도와 함께 신사참배의 강제 집행 정책을 시행하고, 전시체제에 대해 종교계 협조를 강요하는 방식으로 나타난다.

이 가운데, 신도의 권위를 세우려는 시도는 1936년에 〈신사규칙〉과 〈사원규칙〉을 각각 제정하는 것으로 나타난다. 이 법규들의 공통점은 신사(神社)와 사원에 대한 '총독 허가제', 그리고 신사와 사원의 시설 완비에 있다. 또한 1936년에는 종래 〈신사(神祠)에 관한 건〉(1917)을 개정해 신사(神祠)의 난립을 막고, 1939년에는 '총독의 신사 폐지권'을 신설해 신사(神祠)에 관한 규제를 강화한다.

게다가 1938년에는 기독교계에 신사참배를 강요하면서 〈포교규칙〉을 개정해 종교시설 설립 신고제를 '허가제'로 바꾸는 작업을 추진한다. 그렇지만 개정 작업은 일본에서 제정 움직임이 활발해진 〈종교단체법〉과의 연계성을 위해 보류된다. 일본에서 〈종교단체법〉(법률 제77호)[8]은 1939년에 귀족원·중의원을 통과해 동년 4월에 공포되고 12월에 〈同 시행령〉, 1940년 1월에 〈同 시행규칙〉이 공포되면서 동년 4월 1일자로 시행된다. 그렇지만 〈포교규칙〉은 국제정세의 변화와 1940년 11월 이후 선교사의 대거 철수 등 여러 상황으로 인해 그대로 유지된다.

한편, 신종교와 무속은 1910년대부터 해방 전후까지 종교 관련 법규

---

8   〈宗教團體法〉(法律 第77号, 昭和 14.4.7), 『官報』 第3675号, 1939.4.8; 〈宗教團體法施行期日〉(勅令 第855号, 昭和 14.12.22), 〈宗教團體法施行令〉(勅令 第856号, 昭和 14.12.22), 『官報』 第3891号, 1939.12.23; 〈宗教團體法施行規則〉(文部省 省令 第1号, 昭和 15.1.10), 『官報』 第3900号, 1940.1.10. 〈종교단체법〉의 시행기일은 1940년 4월 1일이다.

의 대상이 되지 못하고, 〈보안법〉(1907, 법률 제2호), 〈정치에 관한 범죄처벌의 건〉(1919, 제령 제7호), 〈치안유지법〉(1925, 법률 제46호)의 적용 대상이 된다. 예를 들어, 1919년 3·1운동 이후 천도교계 인물들에게는 제령 제7호 위반과 〈치안유지법〉 위반이 적용된다.[9] 물론 1927년 2월 경북 유림단(儒林團)사건[제2차 유림단사건] 관련자들에게 〈정치에 관한 범죄처벌의 건〉 위반, 〈치안유지법〉 위반, 강도죄 등이 적용된 것처럼,[10] 이 법규들이 신종교와 무속에만 적용된 것은 아니다.

이상의 내용은 조선총독부의 종교 관련 법규와 정책이 단일하지 않았다는 점을 보여주고 있다. 그렇지만 그 변화에도 불구하고 종교 관련 법규와 정책이 일본의 상황과 연관되어 있었고, 아울러 궁극적으로 일본의 정책적 목표를 실현하기 위한 도구로 기능했다는 점은 분명해 보인다. 이는 1910년대 조선의 상황 파악과 통제 정책, 1920년대의 유화정책, 1930년대의 황민화정책이 각각 '충량한 조선인 만들기', '조선인의 일본인화', '조선인의 이상적 일본인화'라는 당시의 궁극적 목표 아래 진행된 것임을 의미한다.

셋째, 조선총독부가 설립 초기부터 종교 영역을 관리하기 위해 '중앙

---

9 「再昨年 騷擾犯, 이제야 공소까지」, 『동아일보』, 1921.4.26, 3면; 「李德和氏 出獄, 팔년만에 출옥」, 『동아일보』, 1927.11.9, 2면; 「講演 不穩타고 八個月에 求刑」, 『동아일보』, 1929.12.16, 2면; 「己巳 一年間 重大 事件 日誌」, 『동아일보』, 1930.1.2, 3면; 「許憲 等 事件, 豫審決定書」, 『동아일보』, 1930.9.10, 2면; 「轉向 聲明, 警務局長 談」, 『동아일보』, 1938.5.1, 2면 등.

10 「儒林團事件 眞相(一)」, 『동아일보』, 1927.2.11, 2면. 당시 검사는 김창숙(金昌淑)에게 무기, 정수기(鄭守基)에게 3년을 구형한다(「儒林團事件, 金は無期 鄭は三年求刑」, 『朝鮮思想通信』第812号, 朝鮮思想通信社, 1928, p.117). 1919년 김창숙(金昌淑) 등의 유림들이 파리 평화회의에 독립탄원서를 보내려다가 발각된 사건을 '제1차 유림단사건', 1925년 독립운동 기지 건설을 위해 김창숙 등의 유림들이 자금을 마련하다가 발각된 사건을 '제2차 유림단사건'이라고 하는데, 경북 유림단사건은 제2차 유림단사건을 말한다.

-지방-경찰의 3자 구도'로 종무행정체계를 구축했다는 점이다. 통감부도 이 3자 구도의 종무행정체제를 활용했지만, 조선총독부는 이 구도를 조선의 종교 상황을 규율하는 데에 적극적으로 활용한다.

좀 더 구체적으로 보면, 우선, 조선총독부는 통감부 시기에 비해 설립 초기부터 종교 문제를 중시한다. 이와 관련해, 통감부는 1906년 11월에 〈종교 선포에 관한 규칙〉(통감부령 제45호)을 공포하면서 1907년 4월부터 총무부 지방과와 이사청 지방계에 종교에 관한 사항을 배정한다. 그리고 한일병합을 준비하던 과정에서 1910년 7월부터 경무총감부 보안과 행정경찰계에 종교와 풍속 취체에 관한 사항을 배정한다. 그에 비해 조선총독부는 경무총감부의 보안과 행정경찰계가 아니라 고등경찰과 기밀계에 종교 취체 사무를 배정한다.[11] 고등경찰과의 종무행정은 1919년 8월 이후 조선총독부 경무국으로 이관되지만, 종무행정은 일제강점기 내내 헌병과 경찰의 긴밀한 협조 관계 속에 놓이게 된다. 특히, 1919년 8월 이후, 조선총독부가 학무국에 종교과를 신설했다는 점은 종교 문제에 대한 높은 관심을 시사한다. 학무국 내 종교과의 종무행정은 이후에 학무과 내에서 사회과, 사회교육과, 연성과, 교무과 등으로 바뀌면서 지속된다.

다음으로, 조선총독부는 중앙-지방-경찰이라는 3자 구도의 종무행정체제를 적극 활용한다. 이는 통감부 시기의 종무행정 구도, 즉 1910년 7월 이후 중앙의 통감부, 지방의 이사청, 그리고 중앙과 지방에 걸친

11　〈朝鮮總督府 警務總監部 事務分掌 規程〉(1910.10.1, 훈령 제4호) 제4조, 제5조. 고등경찰과 기밀계는 사찰(査察), 집회·다중운동(多衆運動)·결사(結社)에 관한 업무를 통해서도 종교 취체가 가능하다. 그와 함께 고등경찰과 도서계(圖書係)는 신문, 잡지, 출판물, 저작물에 관한 업무를 통해 종교 관련 언론을 규제하고, 보안과 행정경찰계도 풍속 취체 등을 통해 종교 문제에 관여할 수 있게 한다.

경찰 조직이라는 종무행정 구도를 계승해 확대한 것이다. 조선총독부의 경우를 보면, 중앙에서는 1910년 10월 당시 내무부가 종무행정을 담당하다가 1919년 8월 이후 내무국·학무국·경무국으로 확장된다. 지방에서는, 비록 다소 변화가 있지만, 1910년 10월 당시 내무부가 맡던 종무행정이 1919년 8월 이후 1부(이후 내무부)와 3부(이후 경찰부)로 분산된다. 그리고 경찰 조직에서는 1910년 10월 당시 조선총독부 외국(外局)인 경무총감부의 고등경찰과·보안과·위생과가 종교 취체를 맡다가 1919년 8월 이후 조선총독부 내국(內局)인 경무국과 지방의 경찰부가 종교 취체를 맡게 된다. 다만, 1919년 8월 이후에도 종교 취체는 헌병과 경찰 조직이 긴밀한 관계를 유지하면서 진행된다.

1919년 8월 이후 종무행정 조직의 변화는 종교에 대한 통제 일변도 정책이 통제와 관리의 이원화 정책으로 분산되었다는 점을 시사한다. 즉 통감부 말기의 통제 일변도 종무행정을 계승한 조선총독부는 1919년 3·1운동을 계기로 '문화정치'를 내세우면서 종교정책과 함께 종무행정 조직에 변화를 준다. 이는 당시의 일본정부가 중앙과 지방행정기구에 경찰권을 부여해 헌병과의 긴밀한 협조 관계를 강조하며 종무행정에 변화를 시도하던 것과 맞물려 있는 현상이다.

그렇지만 1919년 8월 이후, 일본정부가 조선 통치 방식을 문화정치로 바꾸고, 그에 따라 조선총독부가 행정 제도나 방식을 바꾸었다고 해서 '조선의 일본화'라는 정책의 궁극적 목표가 바뀐 것은 아니다. 오히려 이 정책적 목표는 1935년 이후 일본에서 국체명징 담론이 확대되어 경신숭조(敬神崇祖) 대상이 시조신(始祖神)에서 황조신(皇祖神)으로 강조되던, 즉 국가신도에서 '황도신도' 또는 '제국신도'의 성격이 부각되던 과정에서[12] 뚜렷해진다. 게다가 국체명징이라는 정책적 목표는 1942년 11월에 조선총독부 관제를 대대적으로 개정한 목적이 '일본과 조선 행정[內外地 行政]의 일원화'에 있었다는 데에서도 확인할 수 있다.[13]

넷째, 종교 관련 법규와 정책이 조선인의 대응으로 인해 개정 또는 수정된 사례들이 있었다는 점이다. 이 사례들은 식민지 조선의 종교인들을 피동적 존재로만 볼 수 없게 만든다. 동시에 이 부분은 한일병합이라는 통감부의 목표, '교육 칙어에 근거한 충량한 국민 만들기' 또는 '황민화'라는 조선총독부의 목표 실현에 대해 조선인이 능동적으로 대응한 측면에 주목할 수 있게 만든다.

특히 조선인들이 전개한 1919년 3·1운동은 일본정부가 3·1운동을 주도한 천도교의 역할, 그리고 외국 세력과 연계된 기독교의 역할에 주목하게 만든다. 그 결과, 조선총독부가 기독교 선교사들의 의견을 중심으로 1920년대에 종교 법규를 개정하고 정책을 수정하는 모습을 보인다. 〈사립학교규칙〉 개정, 〈포교규칙〉 개정, 종교단체 법인화 정책 등이 그에 해당한다. 유림을 포섭하기 위해 〈향교재산관리규칙〉 개정도 이루어지고, 1929년에는 〈사찰령〉 개정도 이루어진다.

1920년대의 정책적 변화 이후에도 조선총독부는 계속해서 '정교 분리'와 '종교 자유'를 주장한다.[14] 다만, 점차 정교 분리에서 정치는 천황제를 지향하는 실천 영역으로, 종교는 그 실천을 방해하지 말고 오히려 적응해야 존립할 수 있는 존재로 고착된다. 종교의 자유도 근대 헌법상의

12 靑野正明, 『帝國神道の形成―植民地朝鮮と國家神道の論理』, 東京: 岩波書店, 2015, pp.127-189.
13 山崎丹照, 『外地統治機構の硏究』, 東京: 高山書院, 1943, p.118; 〈行政簡素化及內外地 行政一元化 ノ實施 ノ爲ニスル朝鮮總督府官制中改正〉(勅令 第727号, 昭和 17.11.1), 『官報』 号外, 1942.11.1.
14 박승길, 「일제 무단 통치 시대의 종교 정책과 그 영향」, 『사회와 역사』 35, 1992, 61쪽.

양심에 근거한 자유가 아니라 천황제를 지향한 실천 안에서 누리는 제한된 자유를 의미하게 된다. 이는 1920년대 이후 조선총독부가 강조한 정교분리나 교육-종교 분리나 종교의 자유도 고정된 개념이 아니라 현실 인식과 반응에 따라 바뀌는 자의적인 개념이라는 점을 시사한다. 그리고 이 부분은 해방 이후 한국 사회에서 정교 분리나 종교의 자유라는 원칙이 어떤 개념을 담아가는지를 성찰할 과제로 이어진다.

2. 일제하 종교 법규·정책과 한국 사회

법규, 정책, 종교의 관계는 어떻게 정립할 수 있을까? 삼자의 영향 관계를 보면 다소 복잡하다. 종교 상황에 대한 인식이 법규 제정이나 정책 수립에 영향을 주기도 하고, 법규나 정책이 종교 상황에 영향을 주기도 한다. 그리고 다시 종교 상황의 변화에 따라 법규나 정책이 바뀌기도 한다. 예를 들어, 〈사찰령〉(1911)은 조선의 불교 상황에 대한 법규이고, 이 법규는 조선총독부의 불교 정책의 근거가 된다. 그리고 〈사찰령〉에 근거한 불교 정책이 조선의 불교 상황에 영향을 주게 되고, 조선 불교계의 반응에 따라 〈사찰령〉 개정이 이루어진다.

법규, 정책, 종교의 영향 관계가 다소 복잡하지만, 대체로 종교 상황에 대해 법규의 제정·개정이 이루어지고, 법규에 근거해 정책이 시행되어 종교 상황에 영향을 미친다는 측면을 고려하면, 법규는 정책과 종교를 제도적으로 매개하는 장치이다. 그리고 종교 상황에 대해 법규가 만들어지고, 법규에 근거한 정책 시행 이후에 종교계의 반응에 따라 법규

개정 과정이 반복된다는 점에서 보면, 법규와 종교의 관계는 쌍방향적이다. 조선총독부의 경우에도 종교 관련 법규들이 통치자가 일방적으로 제정한 것이라는 평가를 피하기 어렵지만, 종래 법규를 대체한 법규의 제정이나 법규 조항의 수정·폐지·신설 과정에서 종교계 반응을 고려하는 모습을 보이기도 한다.

이처럼 법규와 종교의 영향 관계가 쌍방향적이라면 '법규·정책=독립변수, 종교=종속변수'라는 일반 도식은 법규 대상자들이 법규·정책에 미친 영향을 간과한다는 문제에 노출된다. 그렇지만 일본이 1920년대에 종래 '무단정치'를 '문화정치'로 전환한 것은 1919년 3·1운동이 미친 영향이고, 조선총독부가 종교에 주목해 학무국에 종교과(宗敎課)를 신설하고 종래 종교 관련 법규들을 개정한 것이 1919년 3·1운동에서 보여준 종교인들의 역할이었다는 점을 간과할 수는 없다.

물론 1930년대에 1931년 만주사변 이후 전시체제가 시작되면서 조선총독부가 보여준 종교 정책의 변화는 다소 일방적이다. 이 시기의 종교 정책을 관통하는 핵심어는 '사회 교화, 합병, 해산' 등이다. 조선총독부는 사회 교화에 종교계를 동원했고, 조선의 종교단체들을 통합하거나 조선과 일본 종교의 합병을 유도했고, 이러한 흐름에 맞지 않는다고 판단한 종교단체에게 해산을 유도했기 때문이다. 이러한 종교 정책은 1937년 중일전쟁을 거쳐 1940년대까지 이어진다.

그럼에도 불구하고, 법규와 종교의 영향 관계를 일방향으로 보면 '법규 대상자의 대응' 부분을 놓치게 된다. 대체로 법규의 제정·개정이 법규 대상자의 반응이나 변화를 전제로 한다면, 법규 연구는 법규에 근거한 정책과 그 변화뿐만 아니라 법규 대상자의 대응과 변화를 읽어내는 일이다. 게다가 통감부나 조선총독부의 주요 칙령, 부령, 고시, 훈령 등이 일본 내각의 승인을 거쳤다는 점까지 고려하면, 법규 연구는 일본정부의 조선 인식을 읽을 수 있는 통로이기도 하다. 예를 들어, 1920년대 종교 관련 법규의 변화를 검토하면 일본 내 조선 인식의 변화, 조선총독부의 정책적 변화, 종교계의 반응 등을 읽을 수 있게 된다.

법규와 종교의 영향 관계를 고려하면 여러 물음이 가능하다. 예를 들어, 통감부나 조선총독부 시기의 법규들이 어떤 종교 상황을 고려한 것인지, 종교계가 종교 관련 법규들에 어떻게 대응했는지, 종교계의 대응이 법규의 제정·개정에 어느 정도의 영향을 미쳤는지, 종교 관련 법규들의 제정·개정에 대한 일본정부의 승인이 조선의 상황에 대한 어떤 인식을 전제하는지 등이 기본적인 물음이 될 수 있다. 이러한 물음들은 당시의 종교 관련 사회상을 구체적으로 이해하는 데에 도움이 될 수 있다.

나아가 근대 이후의 법규와 종교의 관계가 현재 한국 사회에 어떤 영향을 미치고 있는지도 빠뜨릴 수 없는 물음이다. 현재 한국 사회에는 종교 관련 법규, 종무행정 조직, 그리고 종교 업무를 담당하는 경찰 조직이 있다. 법규의 경우, 1962년 1월에야 종래의 〈사찰령〉, 〈사원규칙〉, 〈포교규칙〉이 폐지된다.[15] 특히 불교와 관련해서는 1962년 5월부터 〈불교재산관리법〉이 제정·시행되다가,[16] 1987년 11월에 제정된 〈전통사찰보존법〉이 1988년 5월부터 시행된다. 이 법규는 2009년 3월부터 〈전통사찰의 보존 및 지원에 관한 법률〉으로 개정되어 동년 6월부터 현재까지 시행되고 있다.[17] 유교와 관련해서는 1962년 1월부터 〈향교재산관리

---

15 〈사찰령·사원규칙·포교규칙폐지에관한법률〉(일괄폐지 1962.1.20, 법률 제994호, 시행 1962.1.20).
16 〈불교재산관리법〉(제정 1962.5.31, 법률 제1087호, 시행 1962.5.31.).
17 〈전통사찰보존법〉(제정 1987.11.28, 법률 제3974호, 시행 1988.5.29); 〈전통사찰의 보존 및 지원에 관한 법률〉(일부개정 2009.3.5, 법률 제9473호, 시행 2009.6.6).

에관한건〉(군정법령 제194호, 1947.5)이 폐지되고 〈향교재산법〉이 제정·시행된다.[18] 이외에 종교 법인과 관련된 〈부동산등기법〉과 〈법인 아닌 사단·재단 및 외국인의 부동산등기용 등록번호 부여절차에 관한 규정〉등[19] 다수의 종교 관련 법규가 존재한다.

종무행정 조직의 경우, 중앙정부는 해방 이후부터 종무행정 조직을 운용하고 있다. 이와 관련해, 문화체육관광부 종무실은 종무1담당관과 종무2담당관이 실장을 보좌하는 체계를 갖추고 있다. 대체로 종무1담당관은 '종무행정에 관한 종합계획의 수립 및 시행, 종교간 협력 및 연합활동 지원, 불교 관련 단체·법인의 업무 및 활동 지원, 불교문화활동 지원, 불교 관련 남북 및 국제교류의 지원, 전통사찰 지정·지원·보존 및 관리에 관한 사항, 종교활동 실태에 관한 조사 및 연구, 종교문화콘텐츠 개발 관련 업무, 그 밖에 [종무실 내 다른 담당관의 주관에 속하지 아니하는 사항' 등 9가지 업무, 종무2담당관은 '기독교·천주교 등 외래종교 관련 단체·법인의 업무 및 활동 지원, 유교·민족종교 관련 단체·법인의 업무 및 활동 지원, 기독교·천주교·유교·민족종교 등과 관련된 남북 및 국제교류 지원, 향교재산의 보존·관리에 관한 사항, 종교시설의 문화공간화 지원에 관한 사항, 공직자 종교차별 예방 관련 업무' 등 6가지 업무를 맡는다.[20]

---

18 〈향교재산관리에관한건〉(폐지 1962.1.10, 군정법령 제194호, 시행 1962.1.10); 〈향교재산법〉(제정 1962.1.10, 법률 제958호, 시행 1962.1.10.).
19 〈부동산등기법〉(일부개정 2017.10.13, 법률 제14901호, 시행 2017.10.13.) 제49조 제1항 제3호 및 제4호; 〈법인 아닌 사단·재단 및 외국인의 부동산등기용 등록번호 부여절차에 관한 규정〉(일부개정 2014.3.5, 대통령령 제25225호, 시행 2014.3.5); 〈법인 아닌 사단·재단 및 외국인의 부동산등기용 등록번호 부여절차에 관한 규정 시행규칙〉(일부개정 2014.3.5, 법무부령 제814호, 시행 2014.3.5) 제2조(등록번호의 구성체계), 별표2 [종교구분번호].
20 〈문화체육관광부와 그 소속기관 직제〉(일부개정 2017.11.28, 대통령령 제28446호, 시

지방자치단체가 종무행정 조직을 갖춘 경우도 있다. 예를 들어, 서울시는 문화본부 내 문화정책과에 팀장과 주무관으로 구성된 '종무팀'을 두고 있다. 이 종무팀에는 개신교 지원 및 소통업무(조찬기도회, 교시협의회, 기독교역사문화관 건립지원 등), 불교·원불교 지원 및 소통업무(원불교·천태종 기념관 건립지원), 템플스테이 지원 업무, 불교박람회 등 불교행사 개최 지원, 천주교 지원 및 소통업무(교황청 세계공식 순례지 등재, 성지순례 행사지원), 성공회·전통종교·외래종교 지원 및 소통, 서원·향교 지원 및 소통업무, 종교법인 설립허가 및 정관변경 등의 업무가 배정되어 있다.[21] 별도의 종무 조직이 없이 종무업무를 진행하는 경우도 있다. 또한 광주광역시의 경우에는 문화관광체육실 문화예술진흥과에 문화재종무담당과 주무관을 두고 있다.[22]

경찰 조직도 종무행정을 담당하고 있다. 이와 관련해, 경찰청은 정보국 소속 부서에 '종교 분야에 관련되는 치안정보의 수집·종합·분석·작성 및 배포, 종교 분야에 관련되는 집회·시위 등 집단사태의 관리에 관한 지도 및 조정' 업무를 배정하고, 정보관리부 소속 부서에 종교 분야에 관련되는 치안정보의 수집·종합·분석·작성 및 배포에 관한 사항을 분장하게 한다. 그 외에 사법경찰이나 특별사법경찰의 피의자 조사사항에도 '종교'가 포함되어 있다.[23]

행 2017.11.28) 제12조; 〈문화체육관광부와 그 소속기관 직제 시행규칙〉(일부개정 2017.11.28, 문화체육관광부령 제310호, 시행 2017.11.28) 제9조.

21 서울특별시청(http://www.seoul.go.kr/, 부서안내, 접속: 2017.12.18).

22 광주광역시청(http://www.gwangju.go.kr, 시청안내, 접속: 2017.12.18).

23 〈경찰청과 그 소속기관 직제 시행규칙〉(일부개정 2017.6.20, 행정자치부령 제122호, 시행 2017.6.20) 제11조(정보국에 두는 과), 제31조(정보관리부에 두는 과); 〈사법경찰관리 집무규칙〉(일부개정 2011.10.6, 법무부령 제751호, 시행 2011.10.6) 제17조(피의자에 대한 조사사항); 〈특별사법경찰관리 집무규칙〉(일부개정 2013.3.26, 법무부령 제785호, 시행 2013.3.26) 제19조.

현대 한국 사회에서 종교의 존재 양태도 일제강점기 상황과 크게 다르지 않다. 예를 들어, 다소 규모를 갖춘 종교단체들은 법인으로 존재하는 경우가 많고, 주로 학교, 사회사업, 의료 등의 영역에서 활동하고 있다. 실제로 2012년 종교별 법인현황을 보면, 불교계가 207개, 개신교계가 344개, 천주교계가 98개, 유교계가 24개, 기타 종교계가 31개 등 모두 705개 법인(재단 322개, 사단 382개)이 존재한다. 그에 비해 2018년 종교별 법인 현황을 보면, 불교계가 353개, 개신교계가 633개, 천주교계가 118개, 유교계가 38개, 기타 종교계가 39개 등 모두 1,181개가 존재한다.[24] 종교계 법인 수가 2012년보다 증가되었다는 것을 알 수 있다.

이러한 상황을 종합해보면, 현대 한국 사회의 종교 관련 영역은 일제강점기의 종교 관련 구도와 크게 다르지 않은 구도를 보이고 있다. 구체적으로, 일제강점기의 경우처럼, 종교 관련 법규와 정책, 종무행정 조직, 그리고 종교계라는 요소들이 있다. 그리고 종무행정은 '중앙－지방－경찰의 3자 구도'를 보인다. 다만, 종교 관련 법규나 종무행정의 조직과 업무가 과거와 동일한 것은 아니다. 예를 들어, 문화체육관광부 종무실과 지방자치단체 종무행정 조직의 연결성, 중앙이든 지방이든 종무행정 조직과 경찰 조직의 연결성은 과거보다 적은 편이다. 그렇지만 종무행정 체제의 3자 구도 자체는 일제강점기 종무행정 구도의 잔존물로 이해할 수 있다.

현대 한국 사회에서 일제강점기의 종교 관련 잔존물에 대해 끊임없이 성찰할 필요가 있지만, 특히 공인종교 정책의 잔재 부분은 종교 차별의 야기 가능성이라는 문제 소지도 가지고 있다. 주지하다시피, 일제는 종

---

24 고병철·강돈구·박종수,『한국의 종교 현황』, 문화체육관광부, 2013, 54쪽; 고병철·강돈구·조현범,『2018년 한국의 종교 현황』, 문화체육관광부, 2019, 1234쪽.

교 관련 법규에 근거해 공인종교 정책을 시행하면서 각 종교단체들을 자의적인 종교 범주에 넣거나 배제시킨다. 종교 범주에 포함시킨 종교단체들에 대해서도 동일한 대우가 아닌 차별적인 대우를 한다. 이러한 측면에서 현대 한국의 종교 정책에 대해서는 일제강점기의 종교 범주와 그 구도의 잔존물과 관련해 차별적인 부분들에 대해 성찰이 필요하다.

　사실, 현대 한국 사회의 종교 관련 정책에서 차별성이 없다고 보기는 쉽지 않다. 이러한 차별성은 군종제도와 교정위원제도의 사례에서 확인할 수 있다. 구체적으로, 군종제도를 보면, 국방부는 위원장 1명을 포함해 8명 이상 11명 이하 위원(특정종교 신자 비율이 3분의 1 미만)으로 구성된 '군종장교운영심사위원회'를 두어, 군종사관후보생 선발대상 종교의 선정 또는 취소, 군종 분야 현역장교[25]의 선발, 그 밖에 군종장교제도의 운영에 관한 사항을 심의·의결(재적위원 3분의 2 이상 출석, 출석위원 과반수 찬성)하게 한다. 여기서 법규상, 군종사관후보생의 병역 편입 가능 대상은 병역판정검사 대상자, 현역병입영 대상자 및 사회복무요원 소집 대상자 중 국방부장관이 지정한 신학대학·불교대학이나 그 밖에 성직자 양성이 목적인 대학에 재학 중인 사람으로서 28세까지 그 과정을 마칠 수 있는 사람이다. 이들에 대한 선발은 군종장교 지원자가 관련 서류를 제출하거나 국방부장관이 선발시험일 60일 전까지 해당 종교단체의 대표자에게 추천을 의뢰하면, 대상자가 서류심사·필기시험·면접시험·신체검사·인성검사 및 신원조사를 받아 적격 여부의 결과를 통지하는 과정으로 진행된다.[26]

25　군종 분야 현역 장교의 대상은 '학사 이상의 학위를 가진 목사·신부·승려 또는 그 밖에 이와 동등한 직무를 수행하는 사람으로 각 소속 종교단체에서 자격을 인정한 사람'이다.

26　〈병역법〉(타법개정 2017.7.26, 법률 제14839호, 시행 2017.7.26) 제58조(의무·법무·군

군종제도와 달리, 교정위원제도는 법무부가 교정시설에서 민간인을 교정위원으로 활용하기 위해 도입된 제도이다. 교정위원제도와 함께 준교정위원 제도도 운영되고 있다. 이 제도는 1963년부터 교정시설에서 민간인이 활동한 이래, 1975년에 '독지방문위원제도' 강화 방안을 마련해 일반인의 교정 참여를 활성화하고, 1983년에 독지방문위원제도의 위원을 '교화위원 및 종교위원제도로 개칭하면서[27] 현재에 이르고 있다.

교정위원은 법무부장관 위촉을 받은 민간자원봉사자이고 준교정위원은 교도소·소년교도소·구치소·지소의 장으로부터 승인을 받은 민간자원봉사자라는 점에서 양자의 차이가 있다. 그렇지만 수용자 교육 및 교화활동에 참여한다는 점에서는 별 차이가 없다.[28] 법무부가 위촉한 교정위원 가운데 종교 교정위원은 수감자가 신앙생활을 할 수 있도록 돕는 민간인으로, 목사·신부·승려의 신분이다. 이들은 종교집회, 교리지도, 상담 등 다양한 종교행사를 진행하거나 일정기간 교리교육을 받은 수용자에게 각각 세례·영세·수계를 줄 수 있다.[29]

이 두 제도의 문제는 제도에 참여할 종교를 '자의적으로 선별'하는 차별성에 있다. 우선, 군종제도의 경우, 군종 분야 병적 편입 대상 종교의 선정기준이 명확하지 않다. 법규상 기준은 '①사회통념상 종교로서 인정되는 교리와 조직을 갖추고 성직의 승인·취소 및 성직자 양성교육이

종·수의장교 등의 병적 편입); 〈병역법 시행령〉(타법개정 2017.11.21, 대통령령 제28440호, 시행 2017.11.21) 제118조의 2(군종 분야 병적 편입 대상 종교의 선정기준), 제119조(의무·법무·군종·수의사관후보생의 병적 편입), 제119조의 2(군종장교운영심사위원회); 〈군종장교 등의 선발에 관한 규칙〉(타법개정 2016.11.29, 국방부령 제907호, 시행 2016.11.30).

27 유용원, 「교정행정 발전을 위한 교정위원의 참여와 역할―종교위원 중심」, 『교정연구』 65, 2014, 80쪽.

28 〈교정위원 운영지침〉(일부개정·시행 2016.1.4, 법무부예규 제1104호).

29 교정본부(http://www.corrections.go.kr/, 접속: 2017.12.18).

제도화되어 있을 것, ②교리의 내용 및 종교의식 등이 장병의 올바른 가치관의 확립, 도덕심 및 준법성의 함양과 정신전력의 강화에 이바지할 수 있을 것, ③국민 전체 및 군내 신자의 수, 종교 의식·행사의 원활한 수행 가능성 등을 고려할 때 선정의 필요성이 있다고 인정될 것' 등 3가지이다.[30] 그렇지만 '사회통념상 종교로 인정되는 교리와 조직'이라는 부분부터 명확하지 않다.

다음으로, 교정위원제도의 경우도 군종제도와 유사한 문제 소지를 보인다. 법규상 종교분야에 참여할 교정위원의 기준은 '기독교·불교·천주교 등 우리나라의 국민정서에 반하지 않는 종교단체에 소속된 자로서 수용자 신앙 지도에 헌신적으로 봉사할 수 있는 자질과 능력을 갖추어야 한다'[31]로 규정되어 있다. 그렇지만 '국민정서에 반하지 않는 종교단체'라는 기준이 명확하다고 보기는 쉽지 않다. 이 판단에는 자의성이 개입될 소지가 있다.

실제로 군종제도에는 천주교·개신교·불교(조계종)·원불교만 참여할 수 있다. 종교 교정위원제도도 이와 크게 다르지 않다. 그렇지만 이러한 현상은 국방부와 법무부가, 그 의도에도 불구하고, 특정 종교단체만을 공인종교화하는 결과를 초래하게 된다. 즉 일제하 공인종교 정책의 차별성이 여전히 국방과 법무 영역에서 지속되고 있는 셈이다.

이러한 현상을 고려할 때 앞으로도 종교 관련 법규와 정책에 대해 지속적인 관심이 필요하다. 특히 일제하 종교 법규, 종교 정책, 종교계의 대응에 대한 종합적·유기적 이해를 위해, 그리고 일제하의 종교 관련

---

30 〈병역법〉(타법개정 2017.7.26, 법률 제14839호, 시행 2017.7.26.) 제58조 제1항; 〈병역법 시행령〉(타법개정 2017.11.21, 대통령령 제28440호, 시행 2017.11.21) 제118조의 2 (군종 분야 병적 편입 대상 종교의 선정기준).
31 〈교정위원 운영지침〉(일부개정·시행 2016.1.4, 법무부예규 제1104호) 제4조 제2항.

상황과 해방 이후의 종교 관련 상황을 연결시켜 이해하기 위해 향후 몇 가지 노력이 필요하다.

우선, 종교 관련 법규와 정책을 둘러싼 조선총독부와 일본정부의 연관성을 드러내면서도 대만총독부와 일본정부의 연관성 등 다른 식민지 상황과 세밀하게 비교하는 연구가 필요하다. 일본정부의 요직에 있던 인물이 조선총독부나 대만총독부의 관료가 되거나, 조선총독부나 대만총독부의 관료가 일본정부의 요직을 맡는 연결고리를 고려하면, 식민지들의 종교 관련 법규와 정책도 상호 연결성을 가질 수 있기 때문이다. 이와 관련해, 일본의 종교 경험과 그 정책적 대응이 식민지의 종교 관련 법규나 정책에 반영된다는 점을 고려하면, 일본의 종교 경험과 그 정책적 대응에 대한 연구도 필요하다.

다음으로, 조선총독부의 종교 관련 법규를 기획하거나 종교 정책을 입안한 인물 또는 그 소속 부서에 대한 연구가 필요하다. 예를 들어, 寺內正毅(데라우치 마사타케, 1910-1916)나 長谷川好道(하세가와 요시미치, 1916-1919)나 齋藤實(사이토 마코토, 1919-1927, 1929-1931) 등의 총독에 대한 연구, 山縣伊三郎(야마가타 이사부로우, 1910-1919)나 水野 錬太郎(미즈노 렌타로우, 1919-1922)나 有吉忠一(아리요시 주이치, 1922-1924) 등의 정무총감에 대한 연구는 정책 입안의 전반적 맥락을 이해하는 데에 필요하다.

그리고 關屋貞三郎(세키야 테이자부로우, 1910.10-1919.1), 柴田善三郎(시바타 젠자부로우, 1919.8-1922.10), 長野幹(나가노 미키, 1922.10-1924.12), 이진호(李軫鎬, 1924.12-1929.1) 등 15명의 학무국장에 대한 연구도 필요하고,[32] 특히 1919년 8월에 설치되어 1932년 2월에 사회과로 업무를 이관해 폐지된

---

32 『ウィキペディア(Wikipedia)』, '朝鮮總督府學務局' 항목 참조.

종교과와 역대 종무과장에 대한 연구도 필요하다. 학무과장을 겸임한 松村松盛(마츠무라 마츠모리)·萩原彦三(하기와라 히코조)·平井三男(히라이 마츠오), 유만겸(兪萬兼), 홍승균(洪承均), 그리고 종무과장 대리(宗敎課長心得)에서 종무과장으로 승진한 이창근(李昌根) 등이 그에 해당한다.[33] 학무국과 종교과에 대한 연구는 종교 관련 법규와 종교 정책을 기획한 배경과 의도를 구체적으로 드러내는 데에 도움이 될 수 있다.

다음으로, 종교 법규나 종교 정책과 관련해 심화된 연구를 위해 법규와 정책 전체를 넓게 조망하는 연구가 필요하다. 현재까지 진행된 연구는 대체로 특정 종교와 관련된 법규의 일부나 종교 정책을 다룬 경우 또는 특정 시기의 종교 정책이나 종교 정책의 일부를 다룬 경우가 대부분이다. 그렇지만 이러한 연구들도 종교 법규나 종교 정책을 전체적으로 조망하는 시야에서 이루어질 때 특정 종교 법규나 정책의 맥락을 좀 더 명료하게 드러낼 수 있다.

끝으로, 이러한 연구 주제들이 일제하 종교 관련 법규나 정책이 해방 이후의 종교 관련 법규나 정책과 어떤 측면에서 잔존 관계로 이어지는지를 살펴보는 연구가 필요하다. 법규나 정책이 특정 범주나 현상들을 일종의 고착된 문화로 만드는 데에 역할을 한다는 점을 고려하면 과거를 돌아보는 일은 현재 우리의 모습을 성찰하는 데에 도움이 될 수 있다.

---

33 アジ歴グロッサリー(https://www.jacar.go.jp/, 접속: 2019.4.24), '學務局 → 宗敎課' 항목 참조.

• 참고문헌 •

〈국내 자료〉

강돈구, 『어느 종교학자가 본 한국의 종교교단, 박문사, 2017
강돈구, 『종교이론과 한국종교』, 박문사, 2011
강돈구·고병철, 「대종교의 종교민족주의」, 『고조선단군학』 6, 2002
강위조, 서정민 역, 『한국 기독교사와 정치』, 한국기독교역사연구소, 2005
강효숙, 「통감부 시기까지의 동학, 천도교를 중심으로」, 『한국종교』 38, 원광대학교
　　　종교문제연구소, 2015
고병철, 『한국 중등학교의 종교교과교육론』, 박문사, 2012
고병철·강돈구·박종수, 『한국의 종교 현황』, 문화체육관광부, 2013
고병철·강돈구·조현범, 『2018년 한국의 종교 현황』, 문화체육관광부, 2019
김경집, 「近代 元興寺의 創建과 時代的 意義」, 『회당학보』 7, 2002
김광식, 「각황사의 설립과 운영 － 근대불교 최초의 포교당 연구」, 『대각사상』 6, 대각
　　　사상연구원, 2003
김광식, 「선학원의 설립과 전개」, 『선문화연구』 1, 2006
김광식, 「조선불교 청년회의 사적고찰」, 『한국불교학』 19, 1994
김광식, 「조선불교여자청년회의 창립과 변천」, 『한국 근현대사 연구』 7, 1997
김기승, 「심산 김창숙의 사상적 변화와 민족운동」, 『한국독립운동사연구』 42, 2012
김기전, 「在京城 各敎會의 本部를 歷訪하고」, 『개벽』 제48호, 1924
김덕순, 『신사참배 문제가 한국교회에 미친 영향에 관한 연구 － 경안노회 사례를 중심
　　　으로』, 칼빈대학교 박사논문, 2011
김만수, 『일제와 미군정기의 종교정책이 불교 종립학교에 미친 영향』, 동국대학교 박
　　　사논문, 2007
김명우, 「일제강점기 향교 直員과 掌議」, 『중앙사론』 25, 한국중앙사학회, 2007
김명우, 『日帝 植民地時期 鄕校 硏究』, 중앙대학교 박사논문, 2007
김문연, 「掃雪種春」, 『기호흥학회월보』 제2호, 1908
김성연, 「재단법인 朝鮮佛敎中央敎務院의 자산 운영과 한계」, 『불교학연구』 27, 2011
김성연, 『일제하 불교 종단의 형성과정 연구 － 중앙기구의 조직구성과 재정운영을 중
　　　심으로』, 동국대학교 박사논문, 2018
김세정, 「判例를 通해 본 保安法과 制令 第七號(續)」, 『批判』, 批判社, 1931(6月)
김세정, 「判例를 通해 본 保安法과 制令 第七號(續)」, 『批判』, 批判社, 1931(7月)

김순석, 「일제의 불교정책과 본사 주지의 권한 연구」, 『일본학』 31, 2010

김순석, 「朝鮮總督府의 〈寺刹令〉 공포와 30 본사 체제의 성립」, 『한국사상사학』 18, 2002

김순석, 「중일전쟁 이후 선학원의 성격 변화」, 『선문화연구』 1, 2006

김순석, 『일제시대 조선총독부의 불교정책과 불교계의 대응』, 경인문화사, 2003

김순석, 『조선총독부의 불교정책과 불교계의 대응』, 고려대학교 박사논문, 2001

김승태 편역, 『일제강점기 종교정책사 자료집 - 기독교편, 1910~1945』, 한국기독교역사연구소, 1996

김승태, 「'조선총독부관보'의 종교·교육 관련 규정 색인」, 『한국기독교역사연구소소식』 49, 2001

김승태, 『식민권력과 종교』, 한국기독교역사연구소, 2012

김승태, 『일제의 식민지 종교정책과 한국 기독교계의 대응, 1931-1945』, 한국학중앙연구원 박사논문, 2006

김윤식, 「儒林界를 爲하야」, 『개벽』 제7호, 1921

김익한, 「1910년 전후 山縣, 伊藤系의 대한정책 기조와 종교정책」, 『한국사연구』 114, 2001

김재득, 「일제의 종교정책과 가톨릭교회 - 조선총독부의 법, 제도 및 행정을 중심으로」, 『가톨릭사회과학연구』 14, 2003

김창록, 「한국의 법체계는 어디로 나아가고 있는가?」, 『법학연구』 38-1, 1997

김철수, 「조선신궁 설립을 둘러싼 논쟁의 검토」, 『순천향 인문과학논총』 27, 순천향대학교, 2010

김혜영, 「조선총독부 제정 '의례준칙'의 보급과 시행실태」, 『민속학연구』 39, 2016

노치준, 「근대 한국의 종교와 민족주의의 문제 - 외래 종교인 그리스도교를 중심으로」, 『인문과학연구』 1, 1995

대한불교조계종교육원 불학연구소, 『한국근현대 불교사 연표』, 대한불교조계종교육원, 2000

류미나, 「식민지기 조선의 명륜학원 - 조선총독부의 유교지식인 정책과 조선인의 대응」, 『교육사학연구』 17-1, 2007

류미나, 「일본의 '조선 신민화' 정책과 유림 동원의 실태」, 『일본학』 31, 2010

류미나, 「전시체제기 조선총독부의 유림정책」, 『역사와 현실』 63, 2007

류성민, 「근대 이후 한국 사회변동과 개신교 학교의 '종교교육' - 종교의 자유와 정교분리 문제를 중심으로」, 『원불교사상과 종교문화』 51, 2012

류성민, 「일제 강점기의 한국 종교와 민족주의 - 일제의 식민지 종교 정책에 대한 한국 종교들의 대응을 중심으로」, 『한국종교』 24, 1999

문혜진, 「1930~1945년 신궁대마(神宮大麻)의 배포와 가정제사」, 『한국문화인류학』 48-2, 2015

문혜진, 「일제식민지기 숭신단체의 양상과 변화 - 경성·경기 지역 숭신단체를 중심으로」, 『민속학연구』 34, 2014

박경룡, 「統監府의 조직과 역할 고찰」, 『아시아문화』 18, 한림대학교 아시아문화연구
　　소, 2002
박광수·이부용·장혜진·최세경·편용우, 『국역 '종교에 관한 잡건철' 1906-1909』, 집문
　　당, 2016
박광수·이부용·장혜진·최세경·편용우, 『조선총독부 공문서 사사종교 1911』, 집문당,
　　2018
박광종, 「(자료소개)국민정신총동원 조선연맹 조직대강」, 『민족문제연구』 12, 민족문
　　제연구소, 1996
박균섭, 「조선총독 宇垣一成의 조선관과 교육정책에 관한 고찰」, 『일본학보』 46, 한국
　　일본학회, 2001
박균섭, 「친일유림의 수사학 - 유교적 가르침의 실종」, 『퇴계학과 유교문화』 57, 경북
　　대학교 퇴계연구소, 2015
박노홍, 「實話募集 - 다섯은 잃고 셋을 찾은 사람들」, 『동광』 제39호, 1932
박승길, 「관제개혁 이후 일제의 종교 정책과 그 영향」, 『법정연구』 3, 1997
박승길, 「일제 무단 통치 시대의 종교 정책과 그 영향」, 『사회와 역사』 35, 1992
박영미, 「經學院에 보이는 근대 일본 유학의 경향 - 東京斯文會의 관계를 중심으로」,
　　『일본학연구』 27, 2009
박용권, 『1930년대 조선예수교장로회 연구 - 국가주의에 대한 대응을 중심으로』, 장로
　　회신학대학교 박사논문, 2007
박이택, 「조선총독부의 인사관리제도」, 『정신문화연구』 29-2, 2006
박태영, 『구한말과 일제식민통치 시대의 북미 선교사들의 정교분리 연구』, 숭실대학교
　　박사논문, 2014
서동일, 「조선총독부의 파리장서운동 참가자에 대한 사법처리와 관련 수감자의 대응」,
　　『한국민족운동사연구』 68, 2011
성주현, 「1920년대 초 태을교인의 민족운동」, 『한국민족운동사연구』 29, 2001
성주현, 『식민지시기 종교와 민족운동』, 선인, 2013
손정목, 「日帝下 扶餘神宮 造營과 소위 扶餘神都建設」, 『한국학보』 13-4, 1987
송병기 외 2인 편저, 『한말근대법령자료집』 Ⅰ, 대한민국국회도서관, 1970
송병기 외 2인 편저, 『한말근대법령자료집』 Ⅱ, 대한민국국회도서관, 1971
송병기 외 3인 편저, 『한말근대법령자료집』 Ⅲ, 대한민국국회도서관, 1971
송병기 외 3인 편저, 『한말근대법령자료집』 Ⅳ, 대한민국국회도서관, 1971
송병기 외 3인 편저, 『한말근대법령자료집』 Ⅴ, 대한민국국회도서관, 1971
송병기 외 3인 편저, 『한말근대법령자료집』 Ⅶ, 대한민국국회도서관, 1971
송병기 외 3인 편저, 『한말근대법령자료집』 Ⅸ, 대한민국국회도서관, 1972
송병기 편, 『통감부법령자료집』 上, 대한민국국회도서관, 1972
송병기 편, 『통감부법령자료집』 中, 대한민국국회도서관, 1972
송병기 편, 『통감부법령자료집』 下, 대한민국국회도서관, 1972
신혜원, 「조선시대 지방 단유(壇壝)건축 신실(神室)의 유형과 변화」, 『건축역사연구』

26-6, 2017

안유림, 「일제의 기독교 통제정책과 〈포교규칙〉」, 『한국기독교와 역사』 29, 2008

안유림, 「조선총독부의 기독교 단체 법인화(法人化) 정책－1920년대 선교회·교회 재
　　단법인 설립을 중심으로」, 『한국기독교와 역사』 31, 2009

안유림, 『일본제국의 법과 조선기독교』, 경인문화사, 2018

안유림, 『일제하 기독교 통제법령과 조선기독교』, 이화여자대학교 박사논문, 2013

원불교정화사 편, 『圓佛敎故叢刊』(제5권), 원불교정화사, 1973

원영상, 「근대일본과 조선총독부의 종교정책 관계에 대한 연구」, 『일본불교문화연구』
　　11, 2014

유용원, 「교정행정 발전을 위한 교정위원의 참여와 역할－종교위원 중심」, 『교정연
　　구』 65, 2014

유준기, 「1910년대 전후 일제의 유림 친일화정책과 유림계의 대응」, 『한국사연구』 114,
　　2001

윤경로, 「한국 기독교의 수난과 105인사건－일제 식민지 초기(1910년대)를 중심으로」,
　　『한성사학』 15, 2002

윤상훈, 『宗敎寶鑑』, 京城: 崔基龍方, 1915

윤선자, 「1915년 〈포교규칙〉 공포 이후 종교기관 설립 현황」, 『한국기독교와 역사』
　　8, 1998

윤선자, 「일본 군국주의 종교정책과 조선 천주교회의 신사참배」, 『한국사연구』 98,
　　1997

윤선자, 「일제의 종교정책과 신종교」, 『한국 근현대사 연구』 13, 2000

윤선자, 「日帝下 朝鮮天主敎會의 法人化 과정」, 『북악사론』 4, 북악사학회, 1997

윤선자, 「일제하 종교단체의 경제적 기반 확보 과정」, 『한국 근현대사 연구』 24, 2003,

윤선자, 『일제의 종교정책과 천주교회』, 경인문화사, 2001

윤선자, 『한국근대사와 종교』, 국학자료원, 2002

윤은순, 「1920~30년대 기독교 절제운동의 논리와 양상－금주금연운동을 중심으로」,
　　『한국민족운동사연구』 59, 2009

윤이흠, 『일제의 한국 민족종교 말살책－그 정책의 실상과 자료』, 모시는사람들, 2007

이경원, 「한국 신종교의 시대적 전개와 사상적 특질」, 『한국사상사학』 24, 2005

이능화(尙玄居士), 「布敎規則과 吾人의 覺悟」, 『朝鮮佛敎界』 제1권, 佛敎振興會, 1916

이능화, 조선불교통사역주편찬위원회 역, 『역주 조선불교통사』 6, 동국대학교출판부,
　　2010

이능화, 『朝鮮仏敎通史』(下編), 新文館, 1918

이달순, 「(제3장)일본의 한국통치(1910~1919)－독립외교자료의 진실성 해부」, 『한국
　　정치외교사논총』 10-1, 1994

이돈화(夜雷), 「人乃天의 硏究」, 『개벽』 제2호, 1920

이돈화(猪巖), 「暗影 中에 무쳐 잇는 普天敎의 眞相」, 『개벽』 제38호, 1923

이돈화(滄海居士), 「槿花三千里를 踏破하고서, 南北鮮의 現在文化程度를 比較함」,

『개벽』제7호, 1921

이만열, 『한국기독교문화운동사』, 대한기독교출판사, 1989

이명화, 「朝鮮總督府의 儒敎政策(1910~1920年代)」, 『한국독립운동사연구』 7, 1993

이방원, 「일제하 미신에 대한 통제와 일상생활의 변화」, 『동양고전연구』 24, 2006

이방현, 「식민지 조선에서의 정신병자에 대한 근대적 접근」, 『의사학』 22-2(통권 제44호), 2013

이성전, 「선교사와 일제하 조선의 교육」, 『한국기독교와 역사』 3, 1994

이승일, 『조선총독부 법제 정책』, 역사비평사, 2008

이용범, 「일제의 무속 규제정책과 무속의 변화－매일신보와 동아일보 기사를 중심으로」, 『역사민속학』 49, 2015

이인, 「法律戰線에서의 우리의 最小 要求, 辯護士大會의 提案解說」, 『동광』 제29호, 1931

이종수, 「19세기 불교 外緣의 변화와 그 영향－국가 권력층을 중심으로」, 『동국사학』 61, 2016

이종수, 「李祥奎와 道統祠 孔敎支會」, 『대동문화연구』 85, 2014

이지광, 「中央學林 刱設에 對ᄒ야」, 『불교진흥회월보』 1-5, 불교진흥회, 1915

이진구, 「일제의 종교/교육 정책과 종교자유의 문제－기독교학교를 중심으로」, 『종교연구』 38, 2005

이진구, 「일제하 신사참배 논쟁과 기독교－신사비종교론과 신사종교론을 중심으로」, 『일본학』 31, 2010

이진구, 「한국 근대 개신교에 나타난 자타인식의 구조－『만종일련』과 『종교변론』을 중심으로」, 『종교문화비평』 11, 2007

이진구, 『종교자유에 대한 한국 개신교의 이해에 관한 연구－일제시대를 중심으로』, 서울대학교 박사논문, 1996

이희복, 「日本 神道의 이해」, 『일본사상』 2, 한국일본사상사학회, 2000

이희재, 「일제강점기의 유교의례 변화양상－1930년대 『의례준칙』에서의 가정의례를 중심으로」, 『일본연구』 15, 2011

임경석, 「유교 지식인의 독립운동－1919년 파리장서의 작성 경위와 문안 변동」, 『대동문화연구』 37, 2000

임혜봉, 『친일 승려 108인』, 청년사, 2005

장신, 「일제하 이왕직의 직제와 인사」, 『장서각』 35, 2016

전덕기, 「(聯合會演說 續)法律은 治安의 機關」, 『만세보』, 1907

정긍식, 『통감부법령 체계분석』, 한국법제연구원, 1995

정긍식, 『한말법령체계분석』, 한국법제연구원, 1991

정용서, 「1930년대 천도교세력의 정치운동론과 시중회 참여」, 『한국민족운동사연구』 68, 2011

정욱재, 「조선유도연합회의 결성과 '皇道儒學'」, 『한국독립운동사연구』 33, 2009

정일영, 「1910년대 묘지 통제에 담긴 일제 식민지배의 논리」, 『한국민족운동사연구』

80, 2014

정태식, 「1930년대 이후의 일제의 종교정책에 대한 일 고찰－대구 경북지역 기독교관련 공문서를 중심으로」, 『대구사학』 78, 2005

조규태, 「일제의 한국강점과 東學系列의 변화」, 『한국사연구』 114, 2001

조미은, 「일제시기 재조선 일본인 학교조합제도의 변천과 성격－〈학교조합령〉 제정과 개정 내용을 중심으로」, 『史林』 41, 2012

조선유교회, 『日月時報』 創刊號, 朝鮮儒敎會總部, 1933

조선총독부 고등법원 검사국 사상부, 『思想彙報』 제23호, 1940

조선혜, 「1941년 '만국부인기도회사건' 연구」, 『한국기독교와 역사』 5, 1996

조성운, 「『佛敎時報』를 통해 본 心田開發運動」, 『한국민족운동사연구』 67, 2011

최경숙, 「일제의 종교정책과 기독교」, 『비교문화연구』 14, 2003

최덕교 편저, 『한국잡지백년1』, 현암사, 2004

최병헌, 『萬宗一臠』, 京城: 朝鮮耶蘇敎書會, 1922

최석영, 「일제의 구관(舊慣)조사와 식민정책」, 『비교민속학』 14, 1997

최석영, 「일제하 일본인에 의한 무속조사의 계보」, 『일본학연보』 8, 1998

최석영, 『植民地朝鮮における宗敎政策と巫俗の硏究』, 廣島大學 박사논문, 1998

최종성, 「일제강점기의 의례 매뉴얼과 민속종교」, 『역사민속학』 52, 2017

최혜경, 「1910년 전후 일제의 종교정책과 종교계의 민족운동」, 『동학연구』 17, 2004

태극교종본부, 『太極敎宗敎憲－全』, 太極敎宗本部, 1909

하영휘, 「경남대 소장 데라우치문고의 서첩자료」, 『사림(성대사림)』 50, 수선사학회, 2014

한국기독교역사연구소, 『한국 기독교의 역사』 Ⅰ, 기독교문사, 1997(a)

한국기독교역사연구소, 『한국 기독교의 역사』 Ⅱ, 기독교문사, 1997(b)

한동민, 「대한제국기 불교의 국가관리와 寺社管理署」, 『중앙사론』 25, 2007

한동민, 『'사찰령' 체제하 본산제도 연구』, 중앙대학교 박사논문, 2006

한상범, 「한국법의 계보와 사상－일본법과 한국법」, 『아・태 공법연구』 8, 2000

한성민, 「제2회 헤이그 만국평화회의 特使에 대한 일본의 대응」, 『한일관계사연구』 51, 한일관계사학회, 2015

한승연, 「制令을 통해 본 총독정치의 목표와 조선총독의 행정적 권한 연구」, 『정부학연구』 15-2, 2009

한용운, 「나는 웨 僧이 되엇나?」, 『삼천리』 제6호, 1930

한지헌, 「이사청 직제와 운영」, 『역사학연구』 58, 호남사학회, 2015

한철호, 「개화기(1880~1906) 역대 주한 일본공사의 경력과 한국 인식」, 『한국사상사학』 25, 2005

허병식, 「폐허의 고도와 창조된 신도(神都)」, 『한국문학연구』 36, 2009

허영란, 「식민지 구관조사의 목적과 실태」, 『사학연구』 86, 2007

홍인근, 「일본의 대한제국외교공관 폐쇄」, 『국제고려학회 서울지회 논문집』 9, 국제고려학회 서울지회, 2007

황묘희, 「동학이단교파 제우교의 성립과 친일활동」, 『동학학보』 20, 2010

〈국외 자료〉

「警察犯卽決」, 警視総監官房文書課統計係 編, 『警視廳統計書, 제50回』, 東京: 警視総監官房文書課, 1940

「儒林團事件, 金は無期 鄭は三年求刑」, 『朝鮮思想通信』 제812호, 朝鮮思想通信社, 1928

「朝鮮 寺刹令 改正－法制局で審議中」, 『朝鮮思想通信』 848, 朝鮮思想通信社, 1929

「彙報(朝鮮神社 上棟祭)」, 『朝鮮』 第109號, 1924

ヘルマン・リョースレル, 江木衷 訳, 『社会行政法論』, 東京: 警視庁, 1885

ルウドルフ・キエルレン, 秦豊吉 訳, 『欧洲戦争と民族主義』, 東京: 富山房, 1917

加藤文教, 『韓国開教論』, 京都府: 福知山關活版所, 1900

加藤房蔵, 『朝鮮騒擾の真相』, 京城: 京城日報社, 1920

加藤政之助, 『韓国経営』, 東京: 実業之日本社, 1905

가토 마사노스케, 구태훈·김주영 역주, 『100년 전 일본인의 한국 넘보기』, 재팬리서치 21, 2010

江見清風, 『神社者国家之宗祀也』, 東京: 国晃館, 1915

江木衷, 『日本刑法(各論之部)』, 菊池武夫 編輯, 東京: 東京法学校, 1893

江木衷, 『刑法(本邦)(各論ノ部)』, 東京: 東京法学校, 1888

江戸學人, 「百二十萬名의 在內地 朝鮮人의 戰時下 活躍」, 『삼천리』 第13-9호, 1941

鎌田茂雄(기마타 시게오), 신현숙 역, 『한국불교사』, 민족사, 1994

京城日報社 編, 『時局下の朝鮮』, 京城: 京城日報東京支社, 1938

警視局 編, 『警事行政要録. 第1編』, 東京: 内務省警視局, 1879

警視庁, 『警吏須知』, 東京: 警視庁, 1882

警視庁, 『警視提要』(明治 19年), 東京: 警視庁, 1889

警視庁, 『警視提要』(明治 22年), 東京: 警視庁, 1889

警視庁, 『警視庁 権限類抄』, 東京: 警視庁, 1893

警視庁, 『警察法令類纂』 上, 東京: 警視庁, 1900

警視庁, 『警察要務』(上), 神田區: 警視庁第一部, 1900

警視庁第二部, 『警察要務目録』(明治 27年), 東京: 警視庁, 1895

警視庁総監官房文書課 編, 『警察法令類纂』 第2輯, 東京: 自警会, 1927

高橋亨, 「王道儒道より皇道儒道へ」, 『朝鮮』 295, 1939

高橋亨, 『李朝佛教』, 東京: 國書刊行會, 1929

高松泰介 編, 『現行宗教法令』, 東京: 有斐閣書房, 1902

高野弦月 編,『全国神社祭神銘鑑－敬神崇祖』, 大阪: 伊藤筆吉, 1919

関川悦雄,「教育と宗教'第二次論争－倫理観・人間観の対立を中心に」,『教育学雑誌』 21, 1987

広島県内務部 第三課員 編纂,『教育法規全書』, 広島県: 松村書房, 1892

広島県神職管理所 編,『現行神社法令』, 広島県: 広島県神職管理所, 1914

久留米初等教員会,『(郷土資料)修身之部』, 久留米: 秋松活版所, 1935

国務院 総務庁 統計処 編纂,『満洲帝国年報』(康徳 3年版 第2次), 新京: 満州統計協会, 1936

国務院文教部 編,『第三次 満洲帝国 文教年鑑』, 新京: [満洲国]国務院文教部, 1937

国務院法制局 編纂,『満洲国法令輯覧』第2巻, 新京: 満洲行政学会, 1943

国民精神総動員朝鮮聯盟 編,『内鮮一体の霊地扶余』(調査資料 第1輯), 京城: 国民精神総動員朝鮮聯盟, 1939

国民学校制度研究会 編,『小学校対比国民学校法規事項別解義』, 東京: 文教書院, 1941

菊池謙譲,『朝鮮王国』, 東京: 民友社, 1896

宮本隆範 編,『新義真言宗智山派宗規類纂』, 東京: 智嶺新報社, 1916

宮城県内務部第五課,『会計法規』(上), 仙台: 宮城県内務部, 1904

宮田節子, 이형랑 역,『朝鮮民衆과 '皇民化' 정책』, 일조각, 1997

宮川寛,『巡査・看守警部補合格準備試験問題と解答集－内地, 北海道, 満, 鮮, 台, 樺 各官公署』, 東京: 東江堂, 1938

蜷川新,『亜細亜に生きるの途』, 東京: 日本書院出版部, 1929

磯前順一・尹海東 編著,『植民地朝鮮と宗教: 帝国史・国家神道・固有信仰』, 三元社, 2013

金田謙,『帝国法典』, 東京: 自治館, 1912

南満洲鉄道株式会社 社長室 調査課, 八木奘三郎 編,『満蒙歴史地理研究』, 大連市: 満蒙文化協会, 1922

南波登発,『天理教会之害毒』, 陽濤館, 1896

納炭爾布礼(ネッケル・フレー), 奥宮健之 訳,『共和政体論』, 福田區: 政治書院, 1883

内閣大臣官房文書課,『法規類抄 上券』(明治 43年刊), 東京: 内閣大臣官房文書課, 1910

内閣法制局,『法規提要』(明治 20年編 下巻), 東京: 法制局, 1903

内閣拓殖局,『朝鮮台湾関東州及樺太一覧』, 東京: 内閣拓殖局, 1921

内務省 警保局 保安課,『(昭和十年五月)国家改造論策集』, 東京: 皇道會出版部, 1934

内務省 編,『内務省処務要覧』, 東京: 内務省, 1924

内務省,『内務卿年報』(第3回 附録4冊 略之), 東京: 内務省, 1878

内務省警視局,『警視類聚規則』, 東京: 警視局, 1879

内務省大臣官房文書課,『内務省処務要覧』, 東京: 内務省, 1943

内務省地理局,『地理局例規』, 東京: 内務省地理局, 1891

内務省総務局,『法規類抄』(明治 43年刊 上), 東京: 内務省総務局, 1910

內務省總務局文書課, 『(訂正增補)法規類抄』(下), 東京: 內務省總務局文書課, 1900

內山正如・瑜伽理円, 『世界宗教一斑』, 東京: 博文館, 1900

能勢栄, 『德育鎮定論』, 東京: 興文社, 1890

大谷派本願寺文書科, 『大谷派達令類纂』, 京都市: 本願寺(大谷派), 1910

大陸神道聯盟 編, 『大陸神社大觀』, 京城: 大陸神道聯盟, 1941

大森茂作 編, 『現行教育事務要錄』, 東京: 高崎修助, 1881

大日本文明協会 編, 『世界の宗教』, 東京: 大日本文明協会, 1910

大日本法令普及会 編, 『国民法規(憲法・官制關係法)』, 東京: 大日本法令普及会, 1931

大河內貫靜 編, 『現行寺院財務関係法規集』, 京都: 仏教聯合会京都府支部, 1935

渡辺兵吉 編, 『宗教法案雑纂』, 東京: 六合館, 1900

東亜同文会調査部 編, 『新満洲国要覧』, 東京: 斯文書院, 1932

藤堂融, 『文明各国宗教法論』, 東京: 宮川保全, 1898

藤郷了澄 述, 『巣鴨監獄教誨問題 演説要領, 附一各国公認教一斑』, 北村浄照, 1899

鈴木大拙, 『新宗教論』(宗教文庫 第1編), 京都: 貝葉書院, 1896

鈴木喜三郎 講述, 『民法』, 東京: 早稲田大學出版部, 1909

林儀一郎, 『現行 願届書式 大全一附 契約證書文案』, 東京: 弘明館書店, 1919

満州国 国務院 法制処 編, 『満洲国法令輯覧』第2巻, 新京: 満洲行政学会, 1943

満洲国法令輯覧刊行会 編, 『満洲国法令輯覧』, 東京: 満洲国法令輯覧刊行会, 1932

梅田義彦, 『日本宗教法制史, 第4巻 近代篇』, 東京: 東宣出版, 1971

文明社編輯部 編, 『実用六法全書』, 東京: 文明社, 1930

文部大臣官房文書課 編, 『教育統計摘要 附宗教』(大正 4年12月刊行), 東京: 文部大臣
　　官房文書課, 1915

文部大臣官房文書課 編, 『文部省統計摘要』(大正 11年), 東京: 文部大臣官房文書課,
　　1925

文部省, 『学校通論, 明治七年四月』, 文部省, 1876

文部省普通学務局 編, 『公益法人一覧』, 文部省, 1934

文部省宗教局 編, 『宗教要覧』, 東京: 文部省宗教局, 1916

文部省宗教局 編纂, 『宗教關係法規集』, 內閣印刷局, 1942

物集高材 編, 『官職一覧』上, 東京: 東京書林, 1875

米田富次郎, 『警察三大法令正解』, 東京: 明倫館, 1900

法制局, 『法規提要 下巻』(明治 20年4月編輯), 東京: 內閣法制局, 1903

兵庫県 編, 『兵庫県庁要録』(昭和 15年8月), 兵庫県, 1940

福崎毅一 編, 『京仁通覧』, 大阪: 三交堂印刷所, 1912

服部正貞, 『僧侶必携 現行寺院法規』, 東京: 寿永堂, 1891

福井万次郎, 『官幣大社参詣記』, 東京: 綾楽居, 1926

福井清通, 『(大正十年二月本会創設以来)宣言及決議事項並其経過要覧』, 東京: 全国
　　町村長会, 1929

釜山理事廳, 『釜山理事廳 法規類集』, 釜山理事廳, 1909

比屋根安定,『日本宗教史』, 東京: 三共出版社, 1925

司法省刑事局 編,『不敬事件』(思想研究資料 第8輯), 東京: 司法省刑事局, 1928

山口県内務部,『現行教育法規』, 山口県: 山口県内務部, 1897

山崎丹照,『外地統治機構の研究』, 東京: 高山書院, 1943

山崎力之介,『地方小学校経営細案及各科設備標準』, 東京: 第一出版協会, 1929

山崎又次郎,『国体明徴を中心として帝国憲法を論ず』, 東京: 清水書店, 1935

山田猪太郎,『報徳及結社の栞』, 静岡県: 大日本報徳学友会, 1913

山田早苗,「家庭に於ける神棚に就て」,『警務彙報』第353号, 警務總監部, 1935

杉山要人 編,『現行宗教法令抜萃』, 静岡県: 陰陽道修明館, 1910

常盤大定,『仏陀之聖訓』, 東京: 博文館, 1924

上別府正信,『近現代 韓日 宗教政策 比較研究 - 佛教敎團의 變遷을 中心으로』, 지식과교양, 2011

上田庄三郎,『新しき教育への出発』, 東京: 啓文社, 1938

西村隼太郎 編,『官員録. 明治 10年4月』, 東京: 西村組出版局, 1877

石橋臥波 編纂,『教育勅語釈義』, 神戸市: 吉岡教育書房, 1891

石原純,『科学的精神』, 名古屋: 教育思潮研究会, 1939

細井肇,『鮮滿の經營 - 朝鮮問題の根本解決』, 東京: 自由討究社, 1921

細川広世 編,『(重訂)日本帝国形勢総覧』, 東京: 細川広世, 1886

細川広世 編,『日本帝国形勢総覧』, 東京: 細川広世, 1883

小關紹夫,「宗教法人について」,『彦根高商論叢』 第19号(彦根高等商業学校研究会 編), 滋賀県: 彦根高等商業学校研究会, 1936

小島徳弥,『明治大正政治と時代思想』, 東京: 教文社, 1926

小林唯乗,『宗教団体関係法令集』, 京都: 真宗本願寺派本願寺, 1940

小笠原省三,『朝鮮神宮を拝して内鮮両民族の将来に及ぶ』, 東京: 顕彰日本社, 1926

小笠原省三,『朝鮮神宮を中心としたる内鮮融和の一考察』, 東京: 顕彰日本社, 1925

小松悦次,『新撰韓国事情 - 附 韓国紳士録』, 東京: 東亜研究会, 1909

小池善次郎,『方位家相早操図解』, 東京: 東陽堂, 1886

小川陽治郎 編,『官省分画官民必携』, 東京: 竹原鼎, 1879

松岡良友 編,『日本の宗教及び其現勢』, 東京: 大鐙閣書店, 1917

松島信藏 編,『戦時法令集』, 岐阜県: 徳行新聞社, 1938

松山伝五郎 編,『教育法令』, 東京: 教育報知社, 1886

市岡正一 編,『大日本地方政典』, 東京: 博文館, 1897

神宮神部署 編,『神宮大麻及暦頒布関係例規』, 宇治山田市: 神宮神部署, 1934

新城尋常高等小学校 編,『愛知県南設楽郡新城尋常高等小学校要覧』, 愛知県: 前澤印刷所, 1918

神戸高等工業学校 編,『神戸高等工業学校一覧』, 神戸市: 神戸高等工業学校, 1939

辻本末吉,『改正日本民法 - 附・民法施行法』, 東京: 修学堂, 1910

野間凌空 編,『第十四議会 宗教法案之顛末』, 京都: 柘植庄三郎, 1900

野村鉄太郎, 『静岡繁昌記』, 静岡縣: 光風社, 1893

呂圭亨 編, 『孔子敎會之旣往及將來』, 1912

塩野季彦, 『警察犯処罰令釈義－附·改正違警罪即決例釈義』, 東京: 巌翠堂書店, 1933

鈴木庫之助 編輯, 『宗教法令抜萃』, 名古屋: 愛知県神道一致会, 1936

永野清·田口春二郎, 『朝鮮行政法要論』, 京城: 巌松堂京城店, 1915

呉文聡, 『統計講話』, 大分県: 大分県知事官房, 1904

月輪望天, 石丸蜻民 編, 『仏教最近之敵－一名·天理教之害毒』, 神戸: 日東館, 1895

葦名慶一郎 編纂, 『耶蘇教非公認論』, 東京: 仏教国民同盟会出版部, 1899

葦原林元, 『各国公認教要略』, 東京: 秀英舎, 1898

銀行問題研究会, 『大東亞戦争完遂法令解説』(戦時統制法令叢書 第3輯), 大阪: 銀行問
     題研究会, 1944

伊達光美, 『日本寺院法論』, 東京: 巌松堂書店, 1930

伊豆宥法 編, 『日蓮宗法規提要』, 東京: 日宗新報社, 1912

伊豆宥法, 『豊山派宗憲宗規』, 東京: 加持世界社, 1914

伊藤博文, 『帝国憲法義解』, 国家学会, 1889

人見一太郎, 『欧洲見聞録』, 東京: 民友社, 1901

日吉紋次郎 編, 『現行府県社以下神社法規』, 宮崎県: 宮崎県神職会, 1915

日本基督教会同盟 編, 『教会便覧』, 東京: 日本基督教会同盟, 1914

日本法律研究会 編, 『願届書式総覧』, 東京: 三光社, 1920,

日本法理研究会 編, 『(日本法理叢書 特輯四)日本刑事手続要綱』, 東京: 日本法理研究
     会, 1943

田口春二郎, 『朝鮮警察犯要論』, 京城: 文星社, 1912

田崎治久 編, 『日本之憲兵』, 東京: 軍事警察雑誌社, 1913

田山宗堯 編, 『憲兵要規』, 未詳, 1898

田淵麻蔵, 『宗教法規概要』, 奈良縣: 道友社編輯部, 1923

田中藤次郎, 「宗敎及祭祀に關する法人」, 『朝鮮』 192, 1931

田中次郎, 『日本帝国憲法論』(帝国百科全書 第33編), 東京: 秀英舎, 1906

田中勲, 『内鮮同化論』, 東京: 大杉印刷所, 1925

田川大吉郎, 『国家と宗教』, 東京: 教文館, 1938

静岡県教育協会 編, 『教育法規類聚』, 静岡市: 吉見書店, 1912

井島政五郎, 『戦時行政法令集』, 岐阜県: 徳行館, 1943

正木亮, 『監獄法概論』, 東京: 有斐閣, 1934

井上道甫 編, 『東京一覧. 上』, 東京: 須原屋茂兵衛, 1875

井上順孝, 『神道』, 東京: ナツメ社, 2006

井上毅, 『日本政教論』, 東京: 哲学書院, 1889

井倉和欽 編, 『日清韓要事便覧』, 東京: 群玉閣, 1894

帝国警務学会 編, 『最新警察法規全書』, 東京: 教文社, 1930

帝国議会事務局, 『法規便覧』, 東京: 帝国議会事務局, 1890

朝鮮総督府 編(a),『朝鮮総督府施政年報』(昭和 2年), 朝鮮総督府, 1929

朝鮮総督府 編(b),『朝鮮総督府施政年報』(昭和3年), 朝鮮総督府, 1930

朝鮮総督府 編(c),『朝鮮総督府施政年報』(昭和4年), 朝鮮総督府, 1931

朝鮮総督府 編(d),『朝鮮総督府施政年報』(昭和5年), 朝鮮総督府, 1933

朝鮮総督府 編(e),『朝鮮総督府施政年報』(昭和6年度, 昭和7年), 朝鮮総督府, 1934

朝鮮総督府 編(f),『朝鮮総督府施政年報』(自大正 7年度 至大正 9年), 朝鮮総督府, 1922

朝鮮総督府 編,『昭和 17年 朝鮮総督府統計年報』, 京城: 大海堂印刷株式會社, 1944

朝鮮総督府 編,『朝鮮の犯罪と環境』(朝鮮総督府 調査資料 第23輯), 朝鮮総督府 總督官房 總務課, 1935

朝鮮総督府 編,『朝鮮教育要覽』, 朝鮮総督府, 1919

朝鮮総督府 編,『朝鮮法令輯覽』(大正 13年版), 東京: 帝国地方行政学会, 1924

朝鮮総督府 編,『朝鮮法令輯覽』(上), 東京: 帝国地方行政学会, 1932

朝鮮總督府 編,『朝鮮法令輯覽』(上), 朝鮮書籍印刷, 1936

朝鮮総督府 編,『朝鮮総督府施政年報』(大正 10年), 朝鮮総督府, 1922

朝鮮総督府 編,『朝鮮総督府施政年報』(大正 13年), 朝鮮総督府, 1926

朝鮮総督府 編,『朝鮮総督府施政年報』(大正 14年), 朝鮮総督府, 1927

朝鮮総督府 編,『朝鮮総督府施政年報』(明治 43年), 朝鮮総督府, 1912

朝鮮総督府 編,『朝鮮総督府施政年報』(明治 44年), 朝鮮総督府, 1913

朝鮮総督府 編,『朝鮮総督府施政年報』(昭和 元年), 朝鮮総督府, 1928

朝鮮総督府 編,『朝鮮総督府統計要覽』, 朝鮮総督官房 總務局, 1912

朝鮮總督府 編纂,『朝鮮法令輯覽』(上), 京城: 朝鮮行政學會, 1940

朝鮮總督府 編纂,『朝鮮法令輯覽』, 東京: 巖松堂書店, 1916

朝鮮総督府 学務局社会課,『(昭和七年十二月末調)朝鮮に於ける宗教及亨祀一覽』, 朝鮮総督府, 1934

朝鮮總督府 學務局社會教育課,『(昭和十四年十二月末調)朝鮮に於ける宗教及亨祀一覽』, 朝鮮總督府, 1940

朝鮮總督府(a),『大正 13年度 朝鮮総督府統計年報』第7編, 京城: 京城印刷所, 1926

朝鮮總督府(b),『大正 4年度 朝鮮総督府統計年報』, 朝鮮総督官房 總務局印刷所, 1917

朝鮮總督府(c),『昭和 9年 朝鮮総督府統計要覽』, 京城: 近澤商店印刷部, 1936

朝鮮總督府(d),『第1次 朝鮮総督府統計要覽』, 朝鮮総督府印刷局, 1911

朝鮮總督府(e),『昭和 17年 朝鮮総督府統計年報』, 京城: 大海堂印刷株式會社, 1944

朝鮮總督府(f),『昭和 2年 朝鮮総督府統計要覽』, 京城: 大海堂, 1929

朝鮮總督府(g),『昭和 8年 朝鮮総督府統計年報』, 京城: 大海堂印刷株式會社, 1935

朝鮮總督府(h),『第4次 朝鮮總督府統計年報』, 東京: 濱田活版所, 1911

朝鮮總督府(i),『朝鮮の統治と基督教』, 朝鮮総督府, 1923

朝鮮総督府,「(雜纂)朝鮮寺刹令 改正」,『朝鮮』第141号, 1929

朝鮮総督府,『京畿道の教育と宗教』(昭和 12년), 京城: 朝鮮総督府, 1937

朝鮮総督府, 『京畿道ノ教育卜宗教』(昭和八年), 京城: 朝鮮総督府, 1933

朝鮮總督府, 『大正 10年度 朝鮮総督府統計年報 第7編』, 京城: 朝鮮印刷株式會社, 1923

朝鮮總督府, 『大正 2年 朝鮮総督府統計要覽』, 朝鮮總督府 官房總務局印刷所, 1914

朝鮮總督府, 『大正 2年度 朝鮮総督府統計年報』, 朝鮮総督官房 總務局印刷所, 1915

朝鮮總督府, 『大正 3年度 朝鮮総督府統計年報』, 朝鮮総督官房 總務局印刷所, 1916

朝鮮總督府, 『大正 5年度 朝鮮総督府統計年報』, 朝鮮総督官房 總務局印刷所, 1918

朝鮮總督府, 『大正 6年度 朝鮮総督府統計年報』, 朝鮮総督官房 總務局印刷所, 1919

朝鮮總督府, 『大正 7年度 朝鮮総督府統計年報』, 朝鮮総督官房 庶務部印刷所, 1920

朝鮮總督府, 『大正 8年度 朝鮮総督府統計年報』, 京城: 高島印刷所, 1920

朝鮮總督府, 『大正 9年度 朝鮮総督府統計年報』 第7編, 京城: 大和商會印刷所, 1922

朝鮮總督府, 『大正 元年 朝鮮総督府統計要覽』, 朝鮮總督府 官房總務局印刷所, 1912

朝鮮總督府, 『昭和 7年 朝鮮総督府統計要覽』, 京城: 行政學會印刷所, 1934

朝鮮總督府, 『朝鮮総督府及所属官署職員録』, 京城: 朝鮮総督府, 1912

朝鮮総督府, 『朝鮮総督府施政年報』(明治 43年), 京城: 朝鮮総督府, 1912

朝鮮総督府, 『朝鮮総督府施政年報』(昭和 14年), 京城: 朝鮮総督府, 1941

朝鮮総督府, 『朝鮮総督府施政年報』(昭和 9年), 京城: 朝鮮総督府, 1936

朝鮮総督府警務局, 『高等警察用語辭典』, 朝鮮総督府警務局, 1933

朝鮮総督府警務局, 『朝鮮警察の概要』, 京城: 朝鮮総督府警務局, 1927

朝鮮総督府内務局地方課 編, 『朝鮮地方行政例規』, 京城: 帝国地方行政学会朝鮮本部, 1932

朝鮮総督府法務局, 『朝鮮司法一覽』(昭和 18年版), 京城: 朝鮮總督府法務局, 1943

朝鮮総督府法務局法務課, 『朝鮮の司法制度－昭和十年朝鮮總督府施政二十五年記念』, 京城: 朝鮮總督府法務局法務課, 1936

朝鮮総督府社會課長, 「朝鮮の社会事業(八)」, 『朝鮮社會事業』 12-6, 朝鮮社會事業協會, 1934

朝鮮総督府情報課 編, 『前進する朝鮮』, 京城: 朝鮮総督府情報課, 1942

朝鮮総督府中枢院 編, 『朝鮮舊慣制度調査事業概要』, 朝鮮総督府中枢院, 1938

朝鮮総督府学務局, 『朝鮮社会教化要覽』, 朝鮮総督府学務局社会教育課, 1937

朝鮮總督府學務局社会教育課, 『朝鮮に於ける宗教及享祀要覽－昭和十四年十二月末調』, 朝鮮總督府, 1940

朝鮮総督府学務局社会教育課, 『朝鮮社会教化要覽』, 朝鮮総督府, 1937

朝鮮行政 編輯總局 編, 『朝鮮統治祕話』, 東京: 帝国地方行政学会, 1937

宗教法規研究会 編纂, 『現行宗教法規類纂』, 神戸市: 宗教法規研究会, 1932

宗教行政研究會 編, 『(昭和 9年版)宗教法令類纂』, 東京: 宗教行政研究會, 1934

佐藤範雄先生興学基金, 『佐藤範雄先生金光教々学講演』, 岡山県: 佐藤範雄先生興学基金, 1927

佐藤顗吉 編, 『東京独案内－図入』, 未詳, 1881

佐藤厚, 「조선불교회의 역사와 성격」, 『불교학연구회 학술대회 논문집』 2016 춘계, 2016

竹田喜太郎, 横山正太郎 同編, 『教育法規』 第1編, 三重県: 有終社, 1883

中山整爾, 『日本宗教維持確論』, 東京: 九春堂, 1887

中川矩方, 『内地・鮮・台・満洲国思想犯罪捜査提要』, 東京: 新光閣, 1934

中村古峡, 『近代犯罪科学全集』 第4篇, 東京: 武侠社, 1930

中沢倉太郎・丹生谷一 編, 『袖珍小学校法規』, 島根県: 武永貞助, 1913

池田良吉, 『天理教処分論』, 東京: 護法書院, 1896

池田龍藏, 『朝鮮經濟管見』, 大阪: 大阪巖松堂, 1925

池田常太郎, 『日韓合邦小史』, 東京: 読売新聞社, 1910

真言宗各宗派聯合京都大学, 『冠註 文筆眼心抄』, 京都: 六大新報社印刷部, 1910

真宗福音協会, 『真宗宝鑑』, 東京: 真宗福音協会, 1903

柵瀬軍之佐, 久保田米僊 画, 『朝鮮時事 ― 見聞随記』, 東京: 春陽堂, 1894

天理教道友社編輯部 編, 『天理教地場案内』, 奈良県: 天理教道友社, 1921

淺利基道 編, 『今般新に発表された宗教法案』, 東京: 宗教時報社, 1926

川西房治郎 編, 『改正日本六法全書』, 東京: 修学堂書店, 1914

川西誠, 『日本憲法研究要綱』, 東京: 蛍雪書院, 1941

天野久之丞 編, 『文武官民必携』 大阪: 赤川孫兵衛, 1891

川田孝吉 編, 『家相方位早わかり』, 東京: 吉沢富太郎, 1888

青柳南冥, 『朝鮮独立騒擾史論』, 朝鮮研究会, 1921

青柳南冥, 『朝鮮宗教史』, 京城: 朝鮮研究会, 1911

青木法律事務所 編, 『民法判例集 ― 条文挿入』, 東京: 有斐閣, 1910

青木浩蔵 編, 『訓解官令類聚』 沿革附 第1號, 東京: 右文社, 1878

靑野正明, 『帝國神道の形成 ― 植民地朝鮮と國家神道の論理』, 東京: 岩波書店, 2015

村岡典嗣, 박규태 역, 『일본 신도사』, 예문서원, 1998

村山智順, 『朝鮮の類似宗教』(調査資料 第42輯), 朝鮮総督府, 1935

村形吉作, 『大日本帝国憲法』, 東京: 永昌堂, 1889

出口王仁三郎 編, 『八面鋒』, 京都: 皇道大本 大日本修斎会, 1921

弾舜平 編纂, 『区画改正 戸長必携 丙編』, 日新斎, 1979

湯本武比古, 石川岩吉 共編, 『日本倫理史稿』, 東京: 開発社, 1901

台湾総督府民政部, 『ボスニイン・ヘイツィゴヴィナ国拓殖視察復命書』, 台北: 台湾総督府民政部, 1907

太田稲主, 『大政教農工業起元報恩祝詞集 ― 大日本帝国』, 群馬県: 成立舎支店, 1903

太政官 編, 『太政官布達』(明治 17年), 不明, 1900

澤正彦(사와 마사히코), 「일제하 '신사문제'와 기독교주의 학교」, 김승태 편, 『한국기독교와 신사참배문제』, 한국기독교역사연구소, 1992

土屋詮教, 『日本宗教史(東京専門學校文學教育科第一回一學年講義録)』, 東京: 早稲田大學出版部, 1800

統監官房,『韓国施政年報』(明治 39年, 明治 40年), 統監府, 1908

統監官房,『韓国施政年報』, 東京: 高島活版所, 1908

統監官房文書課,『第1次 統監府統計年報』, 東京: 高島活版所, 1908

統監官房文書課,『第2次 統監府統計年報』, 東京: 高島活版所, 1909

統監府 地方部 編纂,『居留民団事情要覧』, 京城: 大和商會, 1909

統監府 總務部 內事課 編,『韓国事情要覧』, 京城: 日韓圖署印刷會社, 1906

統監府 總務部 編,『韓国事情要覧』第2輯, 京城: 京城日報社, 1907

統監府 編,『韓国最近事情一覧』, 東京: 民友社, 1908

統監府,『韓国条約類纂』, 統監府, 1908

統監府a,『第2次 統監府統計年報』, 東京: 高島活版所, 1909

統監府b,『第2次 韓国施政年報』(明治 41年), 統監府, 1910

統監府c,『第3次 統監府統計年報』(明治 41年), 東京: 東京製本合資會社, 1910

統監府d,『最近韓国事情要覧』, 東京: 川流堂, 1909

統監府總務部 總務部 內事課 編,『韓国事情要覧』, 京城: 日韓圖署印刷會社, 1906

統監府總務部 編,『韓国事情要覧』第2輯, 京城: 京城日報社印刷部, 1907

阪上綱吉,『法律講義: 朝鮮諸官庁受験者必携』, 東京: 大阪屋号出版部, 1916

阪井勳,『高等警察法提要』, 東京: 有斐閣, 1908

平山 洋(히라야마 요),「朝鮮總督府の宗教政策と國內法の関係」,『第28回韓國日本近
    代學會 國際學術大會發表』, 2013

平安南道,『平安南道の教育と宗教』, 平安南道, 1930

河野省三,『神道大綱』, 東京: 臼井書店, 1927

韓国内部警務局 編,『警察事務概要』(隆熙 3年), 韓国内部警務局, 1910

韓国駐箚憲兵隊司令部,『韓国社会略説』, 韓国駐箚憲兵隊司令部, 1910

韓哲曦,『日本の朝鮮支配と宗教政策』, 東京: 未來社, 1988

現代公論社,『天理教の秘密をアバク』, 大阪: 現代公論社, 1935

戸川残花,『世界三大宗教』, 東京: 博文館, 1895

丸山鶴吉(總督府 事務官),『朝鮮治安の現狀及將來』, 朝鮮總督府, 1922

荒木良仙,『仏教制度之研究』, 東京: 仏教制度之研究発行所, 1921

黒住教本庁 編,『黒住教規教則説明 並宗教法令抄』, 岡山市: 黒住教本庁, 1910

히우라 사토코, 이언숙 역,『신사·학교·식민지』, 고려대학교출판문화원, 2016

〈기타 자료〉

〈大倧敎 檀君敎 ノ件〉(내무부 지방국 지방과, 1911),『사사종교』, 국가기록원 기록철,
    관리번호 CJA0004741

〈申告書 却下 ノ件〉(내무부 지방국 지방과, 1910.11.16),『사사종교』, 국가기록원 기록
    철, 관리번호 CJA0004741

〈朝鮮僧侶 寺院設立ニ關スル件〉(내무부 지방국 지방과, 1911), 『사사종교』, 국가기록
　　　원 기록철, 관리번호 CJA0004741
『개벽』
『경국대전』
『京鄕雜誌』(京鄕雜誌社)
『고종시대사』
『고종실록』
『官報』(大藏省印刷局)
『官報』(內閣 法制局 官報課)
『대동사문회보』(大東斯文會)
『대동학회월보』
『대한흥학보』
『별건곤』
『순종실록부록』
『순종실록』
『儒道』(儒道振興會)
『정종실록』
『조선불교월보』
『朝鮮諸寺本末寺法』 제1권, 1912
『조선총독부관보』
『朝鮮』(조선총독부)
『한국민족문화대백과』
『海洋硏究所報』
『會報』(江原道儒道闡明會)
『大阪每日新聞 朝鮮版』
『朝鮮新聞』
『統監府文書』
『平壤每日新聞』

『경남일보』
『京城日報』
『경향신문』
『대한매일신보』
『東京朝日新聞』
『동아일보』
『만세보』
『매일신보』
『부산일보』

『시대일보』
『신한민보』
『조선중앙일보』
『중앙일보』
『황성신문』

홈페이지 ― アジ歴グロッサリー(https://www.jacar.go.jp)
홈페이지 ― 광주광역시청(http://www.gwangju.go.kr)
홈페이지 ― 교정본부(http://www.corrections.go.kr)
홈페이지 ― 규장각한국학연구원 원문서비스(http://kyudb.snu.ac.kr)
홈페이지 ― 文化廳(http://www.bunka.go.jp)
홈페이지 ― 美術人名辞典(http://www.weblio.jp)
홈페이지 ― 서울특별시청(http://www.seoul.go.kr/)
홈페이지 ― 성균관대학교 동아시아역사연구소 한인발행근현대신문잡지DB(http://eah
    istory.or.kr/)
홈페이지 ― 장서각(http://jsg.aks.ac.kr/)
홈페이지 ― 한국사데이터베이스(http://db.history.go.kr/)
홈페이지 ―『20世紀日本人名事典』(https://kotobank.jp/)

한국인

(ㄱ)

강돈구   22, 372, 604, 610
강위조   610
강효숙   419, 610
고병철   22, 129, 354, 604, 610
김경집   443, 610
김광식   450, 461, 465, 468, 477, 478, 571, 610
김기승   554, 610
김기전   474, 610
김덕순   21, 610
김만수   20, 610
김명우   189, 610
김문연   368, 610
김성연   475, 610
김세정   144, 610
김순석   20, 21, 89, 95, 98, 469, 478, 611
김승태   20, 21, 98, 301, 493, 501, 516, 523, 611, 623
김윤식   404, 554, 611
김익한   21, 611
김재득   20, 611
김창록   48, 611
김철수   295, 611
김혜영   567, 568, 611

(ㄴ)

노치준   22, 611

(ㄹ)

류미나   407, 409, 558, 559, 611
류성민   21, 22, 611

(ㅁ)

문혜진   324, 382, 383, 549, 611

(ㅂ)

박경룡   250, 612
박광수   68, 204, 570, 612
박광종   579, 612
박균섭   220, 400, 405, 612
박노홍   564, 612
박승길   20, 528, 598, 612
박영미   183, 612
박용권   22, 612
박이택   89, 612
박태영   22, 612

(ㅅ)

서동일   553, 612
성주현   22, 25, 612
손정목   317, 612
송병기   19, 37, 39, 43, 122, 141, 147, 154, 204, 262, 612
신혜원   169, 612

(ㅇ)

안유림   20, 21, 22, 24, 111, 113, 131, 504, 519, 613

원영상 22, 613
유용원 606, 613
유준기 400, 403, 613
윤경로 352, 613
윤상훈 371, 613
윤선자 20, 21, 113, 131, 362, 395, 508, 579, 613
윤은순 22, 613
윤이흠 21, 613
이경원 369, 613
이능화 112, 197, 357, 442, 443, 447, 448, 453, 460, 613
이달순 214, 613
이돈화 370, 399, 613
이만열 350, 614
이명화 553, 554, 555, 559, 614
이방원 383, 614
이방현 383, 614
이성전 22, 614
이승일 26, 614
이용범 539, 540, 541, 545, 614
이인 146, 614
이종수 446, 554, 614
이지광 479, 614
이진구 21, 22, 371, 482, 483, 488, 489, 490, 614
이희복 246, 614
이희재 199, 200, 614
임경석 553, 614
임혜봉 467, 614

(ㅈ)

장신 89, 614
전덕기 158, 614

정긍식 26, 36, 40, 42, 43, 44, 294, 614
정용서 22, 614
정욱재 554, 558, 614
정일영 195, 614
정태식 20, 615
조규태 369, 615
조미은 546, 615
조선혜 121, 367, 615
조성운 220, 615
조현범 604, 610

(ㅊ)

최경숙 20, 615
최덕교 468, 615
최병헌 371, 615
최석영 20, 268, 382, 615
최종성 568, 615
최혜경 20, 615

(ㅎ)

하영휘 69, 615
한동민 21, 94, 360, 362, 395, 442, 443, 471, 615
한상범 26, 615
한성민 257, 615
한승연 48, 615
한용운 204, 341, 452, 453, 454, 460, 468, 475, 477, 615
한지헌 255, 615
한철호 248, 615
허병식 316, 615
허영란 268, 615
홍인근 249, 250, 251, 615
황묘희 22, 616

외국인

(ㄱ)

가토 마사노스케   179, 616

(ㅎ)

히우라 사토코   512, 624

(上)

上別府正信   21, 619

上田庄三郎   619

(中)

中山整爾   430, 623

中川矩方   376, 623

中村古峽   623

中沢倉太郎   623

(丸)

丸山鶴吉   159, 624

(丹)

丹生谷一   130, 623

(井)

井上毅   373, 620

井上道甫   229, 620

井上順孝   312, 620

井倉和欽   247, 620

井島政五郎   620

(人)

人見一太郎   620

(伊)

伊藤博文   42, 56, 62, 69, 121, 140, 141, 146, 147, 155, 251, 257, 370, 400, 620

伊豆宥法   344, 620

伊達光美   435, 620

(佐)

佐藤厚   460, 623

佐藤穎吉   622

(兵)

兵庫県   618

(内)

内山正如   618

(出)

出口王仁三郎   623

(加)

加藤房蔵   616

加藤政之助   179, 616

加藤文教   616

(呉)

呉文聡   620

(土)

土屋詮教   623

(塩)

塩野季彦   78, 209, 620

(大)

大森茂作   484, 618

大河内貫静   88, 618

(天)

天野久之丞   231, 623

(太)

太田稲主   623

(宮)

宮本隆範 135, 617
宮田節子 301, 303, 581, 617

(小)

小島德弥 619
小川陽治郎 619
小松悦次 619
小林唯乗 435, 619
小池善次郎 619
小笠原省三 303, 312, 619
小關紹夫 132, 619

(山)

山崎丹照 252, 285, 286, 289, 360, 598, 619
山崎力之介 294, 619
山崎又次郎 619
山田早苗 319, 619
山田猪太郎 619

(川)

川田孝吉 318, 623
川西房治郎 623
川西誠 161, 623

(市)

市岡正一 74, 619

(常)

常盤大定 453, 619

(平)

平安南道 374, 624

(弾)

弾舜平 623

(戸)

戸川残花 624

(日)

日吉紋次郎 620

(月)

月輪望天 297, 620

(服)

服部正貞 74, 618

(杉)

杉山要人 234, 619

(村)

村山智順 139, 370, 372, 392, 623
村岡典嗣 418, 623
村形吉作 56, 623

(松)

松山伝五郎 619
松岡良友 471, 506, 619
松島信藏 56, 207, 576, 619

(林)

林儀一郎 618

(梅)

梅田義彦 242, 618

(正)

正木亮 162, 620

(比)

比屋根安定 392, 619

(永)

永野清 620

(江)

江戸學人 323, 616
江木衷 208, 430, 616

江見清風　　　　　　　616

（池）

池田常太郎　　　　　　623
池田良吉　　　　　139, 623
池田龍藏　　　　　218, 623

（河）

河野省三　　　　　296, 624

（淺）

淺利基道　　　　　　88, 623

（渡）

渡辺兵吉　　　98, 208, 618

（湯）

湯本武比古　　　　391, 623

（澤）

澤正彦　　516, 517, 520, 623

（物）

物集高材　　　　　226, 618

（瑜）

瑜伽理円　　　211, 431, 618

（田）

田中勲　　　　　　　　620
田中次郎　　　　　　　620
田中藤次郎　　　　508, 620
田口春二郎 46, 288, 372, 425, 432, 620
田山宗尭　　　　　　　620
田崎治久　　252, 260, 288, 620

田川大吉郎　　　　　　620
田淵麻蔵　　　　　　　620

（石）

石原純　　　　　　432, 619
石橋臥波　　　　　512, 619

（磯）

磯前順一　　　　　　23, 617

（福）

福井万次郎　　　　　　618
福井清通　　　　　88, 618
福崎毅一　　　　　451, 618

（竹）

竹田喜太郎　　　　　　623

（米）

米田富次郎　　　　　　618

（細）

細井肇　　　　　　507, 619
細川広世　　　　　　　619

（能）

能勢栄　　　　　　　　618

（荒）

荒木良仙　　227, 236, 624

（菊）

菊池謙讓　　　　　　　617

（葦）

葦原林元　　　　　373, 620

葦名慶一郎　　　　　　373, 620

　　　　　(藤)

藤堂融　　　　　　　　54, 618
藤郷了澄　　　　　　　　　618

　　　　　(西)

西村隼太郎　　　　　　　　619

　　　　　(辻)

辻本末吉　　　　　　　354, 619

　　　　　(野)

野村鉄太郎　　　　　　　　620
野間凌空　　　　　　　482, 619

　　　　　(金)

金田謙　　　　　　　　135, 617

　　　　　(釜)

釜山理事廳　　　　　　255, 618

　　　　　(鈴)

鈴木喜三郎　　　　　　　　618
鈴木大拙　　　　　　　139, 618

　　　　　(鎌)

鎌田茂雄　　　　　　　345, 616

　　　　　(関)

関川悦雄　　　　　　　　　617

　　　　　(阪)

阪上綱吉　　　　　　　506, 624
阪井勲　　　　　　　　　　624

　　　　　(靑)

靑野正明　　　　　　　598, 623

　　　　　(靑)

靑木浩蔵　　　　　　　　　623
靑柳南冥　　　　　　　　　623

　　　　　(韓)

韓晳曦　　　　21, 441, 442, 624

　　　　　(高)

高松泰介　　　　54, 156, 431, 616
高橋亨　　183, 442, 444, 558, 616
高野弦月　　　　　　　308, 617

　　　　　(呂)

呂圭亨　　　　　177, 401, 620

일제하 종교 법규와 정책, 그리고 대응

초판인쇄 2019년 6월 21일
초판발행 2019년 6월 28일

저   자 고병철
발 행 인 윤석현
발 행 처 도서출판 박문사
등록번호 제2009-11호
우편주소 서울시 도봉구 우이천로 353 성주빌딩 3F
대표전화 (02) 992-3253
전   송 (02) 991-1285
전자우편 bakmunsa@daum.net
책임편집 박인려

ⓒ 한국학중앙연구원, 2019, Printed in KOREA.

ISBN 979-11-89292-37-9 93210   정가 36,000원

이 저서는 2014년도 대한민국 교육부와 한국학중앙연구원(한국학진흥사업단)을 통해 창의연구지원시범
사업의 지원을 받아 수행된 연구임(AKS-2014-ORS-1120009).